자평명리
신해
子平命理新解

나명기 혜원(慧源)

1961년 경남 함안 출생
부산대학교 경제학과 졸업
창원에서 세무사나명기사무소 개업 중
십수년간 자연의 이치와 자평명리학 연구 중

기존저서
《새로운 적천수풀이 1, 2, 3》
《완역 명학신의》
《새롭게 옮긴 명리약언》

자평명리신해子平命理新解

초판 1쇄 발행 2020년 6월 20일

지은이 나명기
펴낸이 장길수
펴낸곳 지식과감성#
출판등록 제2012-000081호

디자인 박예은
편집 박예은, 윤혜성
교정 김혜련
마케팅 고은빛

주소 서울시 금천구 벚꽃로298 대륭포스트타워6차 1212호
전화 070-4651-3730~4
팩스 070-4325-7006
이메일 ksbookup@naver.com
홈페이지 www.knsbookup.com

ISBN 979-11-6552-234-6(03180)
값 43,000원

ⓒ 나명기 2020 Printed in Korea

잘못된 책은 구입하신 곳에서 바꾸어 드립니다.
이 책의 전부 또는 일부 내용을 재사용하려면 사전에 저작권자와 펴낸곳의 동의를 받아야 합니다.

이 도서의 국립중앙도서관 출판예정도서목록(CIP)은 서지정보유통지원시스템
홈페이지(http://seoji.nl.go.kr)와 국가자료공동목록시스템(http://www.nl.go.kr/kolisnet)에서
이용하실 수 있습니다. (CIP제어번호 : CIP2020024881)

홈페이지 바로가기

자평명리를
새로운 관점으로 조명하다

혜원(慧源) 나명기 지음

子平命理新解

한 사람의 성격과 심리는 그 사람의 행동양식뿐만 아니라
운명까지도 결정한다

머리말

'미신(迷信)이란 다른 게 아니라 어떤 것을 그 이유나 근거(根據)를 알지 못한 채 남들이 말하는 대로 맹목적(盲目的)으로 믿으면 미신(迷信)이 된다'는 말이 있다. 그렇게 본다면 이 세상에서 일어나는 여러 현상과 사상(思想)에 대해 그 이유나 근거를 알고서 믿는 경우는 얼마 되지 않을 것이다. 그래도 지성(知性)이 있는 사람들은 어떤 것을 남들이 말하는 대로 무조건 믿으려고 하지 않고, 그 이유나 근거를 알아낸 후에 믿든지 믿지 않든지 하기 위해 끊임없이 탐구(探究)하고 있는 것으로 알고 있다.

그런데 어떤 것에 대해 그 이유나 근거를 알아볼 생각도 하지 않고 남들이 말하는 것을 듣기만 하고서 무조건 미신(迷信)이라고 단정(斷定)하는 경우도 있다. 이처럼 무조건 미신(迷信)이라고 단정하는 태도도 무조건 받아들여 믿는 태도만큼이나 미신적(迷信的)인 태도라 아니할 수 없다. 그만큼 우리 인간들은 미신적인 태도에서 벗어나지 못한 채 살아가고 있다고 해도 과언(誇言)이 아닐 만큼 맹목적(盲目的)인 믿음을 갖고 있는지도 모른다. 어찌 보면 어떤 것에 대해 스스로 일일이 그 이유나 근거를 찾기보다 남들이 말하는 대로 믿거나 믿지 않거나 하는 것이 더 속 편하고 손쉬운 일이라고 생각하기 때문이 아닐까 싶다.

일명(一名) 사주(四柱)라고도 하는 자평명리(子平命理)도 마찬가지다. 자평명리를 공부하지 않은 사람들은 흔히 사주는 미신이라고 말한다. 그렇게 말하는 까닭은 대개 어떤 이유나 근거가 있기 때문이 아니라 언젠가부터 많은 사람들이 그렇게 말해온 것을 아무런 비판 없이 받아들이기 때문일 것이다. 필자(筆者)도 자평명리를 공부하기 전에는 한때 많은 사람들이 단순하게 얘기하는 대로 사주를 미신이라고 생각했던 적이 있다. 하지만 자평명리를 접하고 어느 정도 공부를 하고나서부터는 사주, 즉 자평명리야말로 미신(迷信)이기는커녕 오히려 현대과학과 심리학으로도 밝히지 못하는 자연의 이치(理致)와 개개인(個個人)의 정신세계에 대해 깊이 있게 들여다볼 수 있는 학문이라는 것을 깨닫게 되었다. 그래서 그 오묘(奧妙)한 이치를 하나하나 알아가는 데 매료(魅了)되어 지금껏 자평명리를 꾸준히 연구해오고 있다고 자신 있게 말할 수 있다.

문제는 자평명리의 학설(學說) 중에는 앞에서 말한 미신적(迷信的) 요소가 많은 부분도 있다는 사실이다. 그래서 사주는 미신이라는 말이 나온 것도 지나친 말이 아니라는 생각이 든다. 자평명리 공부를 하다가 실제 임상(臨床)을 해본 결과, 각종 신살(神殺)과 공망(空亡)과 십이운성(十二運星) 등은 맞지 않는 경우가 많았고 설사 맞는 것 같아도 사실은 이현령비현령(耳懸鈴鼻懸鈴) 하는 식이 아닌가 싶기도 했다. 또 자평명리로 어떤 일의 성패(成敗)와 출신(出身)과 지위(地位)와 직업(職業) 등 인간의 운명적(運命的) 요소를 다 알 수 있다고 주장하는 자평명리학자도 적지 않은 것으로 알고 있는데, 이러한 태도도 미신적인 태도나 다름없다는 생각이 든다. 필자의 임상경험(臨床經驗)으로 볼 때, 자평명리로는 인간의 운명(運命)에 대해 결코 전부 다 알 수는 없다고 생각한다. 다시 말해 자평명리로는 인간의 운명 중에서 뜻한 바를 이루고 이루지 못하고에 따른 만족감이나 불만족감을 비롯하여 개개인(個個人)의 타고난 심리적(心理的) 특성과 적성(適性)과 인간관계의 길흉(吉凶) 정도를 대체적으로 알 수 있을 뿐이지, 어떤 일의 구체적인 성패(成敗)와 출신(出身)과 지위(地位)와 직업(職業)과 수명(壽命)과 질병(疾病) 등은 결코 알 수 없다고 생각한다. 이러한 것들에 대해서는 자평명리보다 다른 점술(占術)을 통해서 그나마 좀 더 구체적으로 알 수는 있을 것이다.

그래서 이 책에서는 인간의 운명을 모두 다 알 수는 없고 대체적으로 알 수밖에 없다는 것을 전제로 했으며, 대체적으로 알 수 있는 부분으로는 뜻한 바를 성취하여 만족할지 그 여부와 타고난 심리적 특성과 인간관계의 길흉을 분석하는 데 큰 비중을 두었다. 물론 이러한 것들을 분석하기 위해서는 자평명리의 기초 지식이 절대적으로 필요하므로, 음양오행(陰陽五行)과 간지(干支)의 특성과 용신(用神)을 찾는 법 등을 비롯한 자평명리의 기초 이론을 다루는 데도 최대한 지면(紙面)을 할애(割愛)했다.

자평명리의 이론을 다루면서 임상(臨床)해본 결과 기존의 이론이 부당(不當)하다고 판단될 때에는 더 타당하다고 생각되는 이론을 제시했거나 타당성 여부를 보류(保留)해두었음을 밝힌다. 예를 들어 지장간(支藏干)의 구성 요소에 대해 기존의 지장간보다 더 타당하다고 생각되는 지장간을 제시했을 뿐 아니라 당령(當令) 이론의 부당함에 대해서도 필자의 견해를 나름대로 제시했으며, 대운(大運)이나 주운(柱運)의 적용에 대해서는 타당하지 않은 부분이 있음을 인식하고 있는데도 대안(代案)을 찾지 못해서 문제점만 제시하고 적용의 타당성을 보류해두었다.

한정된 지면(紙面)에 가능한 한 많은 내용을 담으려 하다 보니 설명이 자세하지 못해서 어렵다고 느껴지는 부분이 있음을 부인(否認)할 수 없지만, 이해를 돕기 위해 관련 명조(命造)를 가능한 한 충분히 제시했으니, 여러 번 반복해서 읽다 보면 웬만한 내용은 이해가 될 것이라고 본다. 하지만 자평명리에 처음으로 입문(入門)하는 독자(讀者)는 이 책의 내용이 더더욱 이해하기 힘들 수 있으므로, 다른 기본서(基本書)를 읽어보고 나서 이 책을 보는 것이 좋지 않을까 싶다.

끝으로 이 책을 보는 독자(讀者)들에게 당부하고 싶은 말이 있는데, 다름이 아니라 자평명리 공부는 한두 권의 책을 보는 것만으로는 턱없이 부족하니, 공부에 도움이 된다고 생각되는 관련 서적[특히 이론의 노선(路線)이 같거나 비슷한 서적]을 가능한 한 많이 읽어본 후에, 책으로 배운 이론이 타당한지 타당하지 않은지 검증(檢證)하기 위해 반드시 주위 사람들을 통해 임상(臨床)을 해볼 필요가 있다는 점을 강조하고 싶다.

징검다리가 물살이 가파른 내를 손쉽게 건널 수 있게 해주듯이, 이 책이 자평명리를 공부하는 어려운 과정을 무난(無難)하게 통과할 수 있게 해주는 징검다리 역할을 해주기를 바라며, 어떻게 해서든지 운명의 오묘(奧妙)한 이치를 깊이 있게 이해해보겠다는 마음으로 중간에서 포기하지 않고 꾸준하고 줄기차게 나아간다면 반드시 목표한 곳에 도달할 것임을 믿어 의심치 않는다.

庚子年(2020년) 꽃이 만발(滿發)한 仲春에
혜원(慧源) 나명기 씀

차례

머리말 4

제1장 자평명리(子平命理)란 무엇인가 ——————— 21

제1절 자평명리(子平命理)의 개념 ————————— 22
제2절 자평명리(子平命理)의 역사 ————————— 23
    1. 간지(干支)의 기원
    2. 음양오행(陰陽五行)의 기원
    3. 자평명리(子平命理)의 역사
제3절 자평명리(子平命理)의 의의(意義) ——————— 27

제2장 음양(陰陽) ————————————————— 29

제1절 음양(陰陽)의 특성 ———————————— 30
제2절 음양(陰陽)의 분류 ———————————— 32
제3절 음양(陰陽)의 변화 ———————————— 33
제4절 음양(陰陽)의 균형 ———————————— 35

제3장 오행(五行) ————————————————— 37

제1절 오행(五行)과 음양(陰陽)의 관계 ——————— 38
    1. 오행(五行)은 음양(陰陽)을 세분화(細分化)한 것이다
    2. 음양(陰陽)은 상대적(相對的)인 개념이고 오행(五行)은 절대적
       (絕對的)인 개념이다
제2절 오행(五行)의 종류와 특성 ————————— 40
    1. 木
    2. 火
    3. 土
    4. 金
    5. 水
제3절 오행(五行)의 분류 ———————————— 42

제4절 오행(五行)의 상생(相生)과 상극(相剋) ─────── 43
1. 오행(五行)의 상생(相生)
2. 오행(五行)의 상극(相剋)

제5절 오행(五行)의 전도(顚倒) ──────────────── 46
1. 생조(生助)해주는 오행(五行)이 과다(過多)한 경우
2. 생조(生助)를 받는 오행(五行)이 과다(過多)한 경우
3. 극제(剋制)하는 오행(五行)이 과다(過多)한 경우
4. 극제(剋制)를 받는 오행(五行)이 과다(過多)한 경우
5. 지나치게 강한 오행(五行)을 적절하게 처리하는 경우

제4장 천간(天干) ────────────────────────── 59

제1절 오행(五行)을 음양(陰陽)으로 나눈 것이 십천간(十天干)이다 ── 60
제2절 천간(天干)의 순서 ──────────────────── 62
제3절 천간(天干)의 특성 ──────────────────── 63
1. 甲木의 특성
2. 乙木의 특성
3. 丙火의 특성
4. 丁火의 특성
5. 戊土의 특성
6. 己土의 특성
7. 庚金의 특성
8. 辛金의 특성
9. 壬水의 특성
10. 癸水의 특성

제5장 지지(地支) ────────────────────────── 69

제1절 십이지지(十二地支) ──────────────────── 70
제2절 지지(地支)의 순서 ──────────────────── 73
제3절 지장간(支藏干) ────────────────────── 74
1. 현재 통용(通用)되고 있는 지장간(支藏干)
2. 새로운 지장간(支藏干)
3. 두 지장간(支藏干) 중 어느 것이 더 합리적인가
4. 지장간(支藏干)의 적용
5. 巳午火와 亥子水의 체용(體用)의 변화

제4절 지지(地支)의 특성 ─────────────── 84
　　1. 子水
　　2. 丑土
　　3. 寅木
　　4. 卯木
　　5. 辰土
　　6. 巳火
　　7. 午火
　　8. 未土
　　9. 申金
　　10. 酉金
　　11. 戌土
　　12. 亥水

제6장 간지(干支) ─────────────────── 95

제1절 육십간지(六十干支) ──────────────── 96
제2절 간지(干支)의 상생관계(相生關係) ─────────── 99
제3절 간지(干支)의 상극관계(相剋關係) ─────────── 101
제4절 간지(干支)의 동일관계(同一關係) ─────────── 103
제5절 간지(干支)의 음양(陰陽)의 생극관계(生剋關係) ───── 105
　　1. 천간(天干)의 음양(陰陽)의 생극관계(生剋關係)
　　2. 지지(地支)의 음양(陰陽)의 생극관계(生剋關係)
제6절 생극(生剋)의 이해관계(利害關係) ─────────── 109

제7장 왕상휴수사(旺相休囚死) ─────────────── 111

제1절 왕상휴수사(旺相休囚死)의 개념 ──────────── 112
　　1. 왕(旺)
　　2. 상(相)
　　3. 휴(休)
　　4. 수(囚)
　　5. 사(死)
제2절 왕상수휴사(旺相囚休死)가 옳다 ─────────── 115
제3절 십이운성(十二運星)의 왕상수휴사(旺相囚休死) ───── 116

제8장 통근(通根)과 투출(透出) ── 119

제1절 통근(通根) ── 120
제2절 천간(天干)이 지지(地支)에 통근(通根)하는 순위 ── 122
  1. 甲乙木의 통근(通根) 순위
  2. 丙丁火의 통근(通根) 순위
  3. 戊己土의 통근(通根) 순위
  4. 庚辛金의 통근(通根) 순위
  5. 壬癸水의 통근(通根) 순위
제3절 살인상생(殺印相生)의 구조로 된 간지(干支) ── 125
제4절 辰戌丑未土의 특수성(特殊性) ── 128
제5절 투출(透出) ── 133
제6절 월령(月令)에 사령(司令)한다는 말의 진위(眞僞) ── 135

제9장 천간(天干) 오합(五合) 또는 간합(干合) ── 137

제1절 간합(干合)의 종류 ── 138
  1. 간합의 개념
  2. 명합(明合)과 암합(暗合)
제2절 간합(干合)의 특성 ── 140
제3절 간합(干合)하여 화(化)하는 경우 ── 142
제4절 간합(干合)하여 화(化)하지 않는 경우 ── 143
제5절 간합(干合)의 유형(類型) ── 144
  1. 일간(日干) 외의 천간(天干)이 간합(干合)하는 경우
  2. 일간(日干)이 간합(干合)하는 경우
  3. 간합(干合)이 암시(暗示)하는 의미

제10장 투합(妬合)과 쟁합(爭合) ── 157

제1절 투합(妬合) ── 158
  1. 투합(妬合)의 정의
  2. 투합(妬合)의 효력
  3. 일주(日主)가 정재(正財)와 투합(妬合)하는 경우
  4. 일주(日主)가 정관(正官)과 투합(妬合)하는 경우

제2절 쟁합(爭合) ────── 169

1. 쟁합(爭合)의 정의
2. 쟁합(爭合)의 효력
3. 일주(日主)가 정재(正財)를 사이에 두고 비견(比肩)과 쟁합(爭合)하는 경우
4. 일주(日主)가 정관(正官)을 사이에 두고 비견(比肩)과 쟁합(爭合)하는 경우

제11장 지지(地支)의 삼합(三合) ────── 179

제1절 삼합(三合)의 정의 및 종류 ────── 180
제2절 삼합(三合)의 요건 ────── 182
제3절 삼합(三合)의 효력 ────── 183

1. 삼합(三合)이 되더라도 생지(生支)와 고지(庫支)가 왕지(旺支)의 성분으로 화(化)하지 않는 경우
2. 삼합(三合)이 되면서 생지(生支)와 고지(庫支)가 왕지(旺支)의 성분으로 화(化)하는 경우

제12장 지지(地支)의 방합(方合) ────── 191

제1절 방합(方合)의 정의 및 종류 ────── 192
제2절 방합(方合)의 요건 ────── 193
제3절 방합의 효력 ────── 194
제4절 삼합(三合)과 방합(方合)의 비교 ────── 195

제13장 육합(六合) ────── 197

제1절 육합(六合)의 정의 및 종류 ────── 198
제2절 육합(六合) 요건 및 효력 ────── 199

제14장 지지(地支)의 충형파해(沖刑破害) ────── 201

제1절 충(沖) ────── 202

1. 충(沖)의 정의 및 종류
2. 충(沖)의 요건

3. 충(沖)의 실질적 의미(意味)
4. 충(沖)의 효력
5. 충(沖)의 암시(暗示)

제2절 형(刑) ──────────── 210
1. 형(刑)의 정의 및 종류
2. 형(刑)의 효력

제3절 파(破) 및 해(害) ──────────── 213

제15장 공망(空亡) ──────────── 215

제1절 공망(空亡)의 구조 ──────────── 216
제2절 공망(空亡)은 말 그대로 헛된 것이다 ──────────── 218

제16장 사주(四柱) 작성법 ──────────── 221

제1절 사주명조(四柱命造)의 용어(用語) 해설 ──────────── 222
제2절 연주(年柱) 작성법 ──────────── 224
1. 연주(年柱)의 기준
2. 동지기준(冬至基準)과 입춘기준(立春基準)

제3절 월주(月柱) 작성법 ──────────── 227
1. 월주(月柱)의 기준
2. 음력(陰曆) 윤달의 고려

제4절 일주(日柱) 작성법 ──────────── 229
1. 일주(日柱)의 기준
2. 야자시(夜子時)와 조자시(朝子時)
3. 야자시(夜子時)의 타당성

제5절 시주(時柱) 작성법 ──────────── 237
1. 자연시(自然時)와 표준시(標準時)
2. 시주(時柱)의 정확성 여부
3. 출생시(出生時)를 모르는 경우

제17장 십성(十星) ──────────── 241

제1절 십성(十星)의 개념 ──────────── 242

제2절 십성(十星)의 명칭 —————————— 244
    1. 비견(比肩)
    2. 겁재(劫財)
    3. 식신(食神)
    4. 상관(傷官)
    5. 편재(偏財)
    6. 정재(正財)
    7. 편관(偏官)
    8. 정관(正官)
    9. 편인(偏印)
    10. 정인(正印)
    11. 일간(日干)과 십성(十星) 상호간의 관계

제3절 십성(十星)의 특성 —————————— 248
    1. 비견(比肩)
    2. 겁재(劫財)
    3. 식신(食神)
    4. 상관(傷官)
    5. 편재(偏財)
    6. 정재(正財)
    7. 편관(偏官)
    8. 정관(正官)
    9. 편인(偏印)
    10. 정인(正印)

제18장 용신(用神)을 찾는 법 —————————— 267

제1절 용신(用神)의 정의 —————————— 268
제2절 용신(用神)의 용도 —————————— 269
제3절 희용기구한(喜用忌仇閑)의 개념 —————————— 271
제4절 용신(用神)의 최적조건 —————————— 272
제5절 용신(用神)의 종류 —————————— 276
    1. 억부용신(抑扶用神)
    2. 병약용신(病藥用神)
    3. 통관용신(通關用神)
    4. 조후용신(調候用神)
    5. 전왕용신(全旺用神)

제6절 용신격(用神格) ──────────────── 323
    1. 용신격(用神格)의 의의(意義)
    2. 용신격(用神格)의 종류

제19장 희신(喜神)을 찾는 법 ──────── 363

제1절 희신(喜神)의 정의 ──────────── 364
제2절 신약(身弱)한 경우의 희신(喜神) ─────── 365
    1. 인성(印星)이 용신(用神)인 경우
    2. 비겁(比劫)이 용신(用神)인 경우
    3. 식상(食傷)이 용신(用神)인 경우: 식상제살격(食傷制殺格)
제3절 신강(身强)한 경우의 희신(喜神) ─────── 368
    1. 식상(食傷)이 용신(用神)인 경우
    2. 재성(財星)이 용신(用神)인 경우
    3. 관살(官殺)이 용신(用神)인 경우
제4절 희신(喜神)의 정리 ──────────── 371
제5절 희용신(喜用神)의 개수 ─────────── 372

제20장 용신운(用神運)과 기신운(忌神運)의 길흉(吉凶) - 375

제1절 일반적인 경우 ───────────── 376
제2절 용신운(用神運)에 오히려 흉(凶)한 경우 ───── 377
제3절 기신운(忌神運)에 그다지 흉(凶)하지 않고
    별 어려움이 없이 무난한 경우 ──────── 378
제4절 희신운(喜神運)을 대입(代入)할 때 주의해야 할 사항 ── 380
제5절 왕한 성분과 쇠약한 성분의 충극(沖剋)으로 인한 희기(喜忌) ─ 381
    1. 왕자충쇠쇠자발(旺者沖衰衰者拔): 왕한 성분이 쇠약한 성분을
       충(沖)하면 쇠약한 성분은 뿌리가 뽑혀버린다.
    2. 쇠신충왕왕신발(衰神沖旺旺神發): 쇠약한 성분이 왕한 성분을
       충(沖)하면 왕한 성분은 오히려 격발하여 노하게 된다.
    3. 한신운(閑神運)이 사주원국(四柱原局)의 왕한 기구신(忌仇神)을
       충(沖)하거나 극(剋)하는 경우

제21장 육친(六親) ──────────── 407

제1절 육친(六親)의 적용 ──────────── 408

제2절 부부(夫婦)의 인연(因緣) ──────── 411

1. 배우자성(配偶者星), 즉 아내성[妻星]·남편성[夫星]과 배우자궁(配偶者宮), 즉 아내궁[妻宮]·남편궁[夫宮]
2. 아내[妻]의 인연
3. 남편[夫]의 인연
4. 외도(外道)를 하거나 결혼을 두 번 이상 할 가능성이 많은 명조(命造)
5. 의처증(疑妻症) 및 의부증(疑夫症)이 있는 명조(命造)

제3절 자녀(子女)의 인연(因緣) ──────── 448

1. 자녀성(子女星)과 자녀궁(子女宮)
2. 자녀(子女)의 인연이 길(吉)하거나 흉(凶)한 경우
3. 자녀(子女)의 인연이 무난한 경우
4. 자녀성(子女星)이 없는 경우
5. 자녀(子女)에 대한 감정

제4절 부모(父母)의 인연(因緣) ──────── 454

1. 부모성(父母星)과 부모궁(父母宮)
2. 부모(父母)의 인연이 길(吉)하거나 흉(凶)한 경우
3. 부모(父母)의 인연이 무난한 경우
4. 부모성(父母星)이 없는 경우
5. 부모(父母)에 대한 감정

제5절 형제자매(兄弟姉妹)의 인연(因緣) ──────── 461

1. 형제성(兄弟星)과 형제궁(兄弟宮)
2. 형제자매(兄弟姉妹)의 인연이 길(吉)하거나 흉(凶)한 경우
3. 형제자매(兄弟姉妹)의 인연이 무난한 경우
4. 형제성(兄弟星)이 없는 경우
5. 형제자매(兄弟姉妹)에 대한 감정

제6절 육친(六親)의 호불호(好不好) 및 영향력 ──────── 466

제7절 육친(六親)의 운(運) ──────── 472

1. 비겁운(比劫運)
2. 식상운(食傷運)
3. 재성운(財星運)
4. 관살운(官殺運)
5. 인성운(印星運)

제22장 운세(運勢)의 해석 ——— 497

제1절 대운(大運) 및 세운(歲運) ——— 498
1. 대운수(大運數) 계산법
2. 사주(四柱)와 대운(大運) 및 세운(歲運)의 관계
3. 대운(大運) 및 세운(歲運)의 비중
4. 대운(大運)과 세운(歲運)의 간지(干支) 해석법
5. 월운(月運)과 일운(日運)과 시운(時運)

제2절 대운(大運) 및 세운(歲運) 해석 시 주의할 사항 ——— 512
1. 사주원국(四柱原局)의 상황에 따른 운(運)의 변수(變數)
2. 운(運)의 작용력의 대소(大小)
3. 운(運)의 제약요인(制約要因)
4. 사주(四柱)와 운(運)으로써 해석할 수 없는 것들
5. 운(運)의 해석이 맞지 않는 경우
6. 개운(改運)

제3절 대운(大運)의 허실(虛實) ——— 548

제23장 주운(柱運)의 적용문제 ——— 551

제1절 주운(柱運)이란 ——— 552
제2절 주운(柱運)은 대운(大運)을 대체할 수 있는가 ——— 554

제24장 사주심리분석(四柱心理分析)과 적성(適性) ——— 557

제1절 음양(陰陽)의 심리적(心理的) 특성 ——— 561
1. 일주(日主)가 양(陽)의 기운이 강한 십간(十干)인 경우의 심리적(心理的) 특성
2. 일주(日主)가 음(陰)의 기운이 강한 십간(十干)인 경우의 심리적(心理的) 특성
3. 양간(陽干)은 정재(正財)와 합(合)하고 음간(陰干)은 정관(正官)과 합(合)한다

제2절 십간(十干)의 심리적(心理的) 특성 ——— 566
1. 甲木의 심리적(心理的) 특성: 대체적으로 편재(偏財)의 심리적(心理的) 특성과 유사함
2. 乙木의 심리적(心理的) 특성: 대체적으로 정재(正財)의 심리적(心理的) 특성과 유사함

3. 丙火의 심리적(心理的) 특성: 대체적으로 편관(偏官)의
      심리적(心理的) 특성과 유사함
   4. 丁火의 심리적(心理的) 특성: 대체적으로 정관(正官)의
      심리적(心理的) 특성과 유사함
   5. 戊土의 심리적(心理的) 특성: 대체적으로 편인(偏印)의
      심리적(心理的) 특성과 유사함
   6. 己土의 심리적(心理的) 특성: 대체적으로 정인(正印)의
      심리적(心理的) 특성과 유사함
   7. 庚金의 심리적(心理的) 특성: 대체적으로 비견(比肩)의
      심리적(心理的) 특성과 유사함
   8. 辛金의 심리적(心理的) 특성: 대체적으로 겁재(劫財)의
      심리적(心理的) 특성과 유사함
   9. 壬水의 심리적(心理的) 특성: 대체적으로 식신(食神)의
      심리적(心理的) 특성과 유사함
   10. 癸水의 심리적(心理的) 특성: 대체적으로 상관(傷官)의
       심리적(心理的) 특성과 유사함

제3절 십성(十星)의 심리적(心理的) 특성 ──────── 576
   1. 비견(比肩)의 심리적(心理的) 특성
   2. 겁재(劫財)의 심리적(心理的) 특성
   3. 식신(食神)의 심리적(心理的) 특성
   4. 상관(傷官)의 심리적(心理的) 특성
   5. 편재(偏財)의 심리적(心理的) 특성
   6. 정재(正財)의 심리적(心理的) 특성
   7. 편관(偏官)의 심리적(心理的) 특성
   8. 정관(正官)의 심리적(心理的) 특성
   9. 편인(偏印)의 심리적(心理的) 특성
   10. 정인(正印)의 심리적(心理的) 특성

제4절 십성(十星)이 서로 충극(沖剋)[양대양(陽對陽)이나
     음대음(陰對陰)의 충극]하는 경우의 심리(心理) 현상 ──── 651
   1. 식상(食傷)이 관살(官殺)을 충극(沖剋)하고 있는 경우
   2. 인성(印星)이 식상(食傷)을 충극(沖剋)하고 있는 경우
   3. 재성(財星)이 인성(印星)을 충극(沖剋)하고 있는 경우
   4. 비겁(比劫)이 재성(財星)을 충극(沖剋)하고 있는 경우
   5. 관살(官殺)이 비겁(比劫)을 충극(沖剋)하고 있는 경우

제5절 심리적(心理的) 특성의 적용 순서 ──────── 662
   1. 심리적(心理的) 특성을 적용하는 우선순위
   2. 심리적(心理的) 특성의 우선순위의 적용 사례

3. 일주(日主) 주위(일지와 월간과 시간)와 월지(月支)에 있는
십성(十星)의 심리적(心理的) 특성이 변화를 일으키는
(즉, 강화되거나 약화되는) 경우

제6절 행운(行運)에서 변화하는 심리적(心理的) 특성 —————— 673

제7절 십성(十星)의 적성(適性) ————————————— 674

제25장 재물운(財物運) ————————————— 679

제1절 재물(財物)과 재성(財星)의 관계 ————————— 680

제2절 재물(財物)과 아버지[父]의 관계 ————————— 682

제3절 재물(財物)과 아내[妻]의 관계 ————————— 683

제4절 재성(財星)의 다과(多寡)와 유무(有無) ——————— 684

제5절 재물(財物)을 얻을 운(運)과 잃을 운(運) —————— 687

제26장 궁합(宮合) ————————————— 689

제1절 궁합(宮合)이 좋거나 무난한 경우 ————————— 692

    1. 남명(男命)인 경우

    2. 여명(女命)인 경우

제2절 궁합(宮合)이 좋지 않은 경우 ————————— 695

    1. 남명(男命)인 경우

    2. 여명(女命)인 경우

제3절 부부(夫婦)의 일간(日干)의 관계가 좋은 순서 ————— 705

제4절 결혼(結婚)의 시기(時期) ————————————— 707

제5절 이혼(離婚)의 시기(時期) ————————————— 710

제6절 자녀(子女)를 얻을 시기(時期) ————————————— 714

제27장 질병(疾病)과 수명(壽命)이 사주(四柱)와
관계가 있는가 ————————————— 717

제1절 질병(疾病) ————————————————————— 718

제2절 수명(壽命)의 장단(長短)과 죽음 ————————— 722

참고문헌(參考文獻) 724

제1장
자평명리(子平命理)란 무엇인가

자평명리(子平命理)의 개념

　자평명리(子平命理)는 명리학(命理學)의 한 분야이다. 명리학은 사람의 운명(運命)이 어떻게 흘러가는지 그 이치(理致)를 연구하여 해석하는 학문으로서, 이에는 자평명리를 비롯하여 자미두수(紫微斗數)·기문둔갑(奇門遁甲)·하락이수(河洛理數)·육임(六壬)·풍수지리(風水地理)·점성술(占星術)·관상(觀相)·수상(手相)·족상(足相) 등등이 있다.

　이 중에서 자평명리는 태어난 생년월일시(生年月日時)를 활용하여 운명의 이치를 연구하여 해석하는 학문이다. 다시 말해 자평명리는 생년(生年)의 간지(干支) 두 글자[위의 글자를 천간(天干)이라 하고 아래의 글자를 지지(地支)라 한다. 이하 같다]와 생월(生月)의 간지 두 글자와 생일(生日)의 간지 두 글자와 생시(生時)의 간지 두 글자를 순서대로 배열하여 네 기둥(생년의 한 기둥과 생월의 한 기둥과 생일의 한 기둥과 생시의 한 기둥)과 여덟 글자를 만듦으로써, 사주 주인공(생일의 간지 중 위의 글자, 즉 천간을 사주 주인공으로 삼는다)이 태어나서 죽을 때까지 타고난 성정(性情)과 그에 따른 길흉화복(吉凶禍福)이 대체로 정해져 있다고 보고서 운명의 이치를 연구하여 해석하는 학문이다. 그래서 자평명리를 사주팔자(四柱八字) 또는 사주명리학(四柱命理學) 또는 추명학(推命學)이라고도 명명(命名)한다.

자평명리(子平命理)의 역사

1. 간지(干支)의 기원

 간지(干支)는 천간(天干: 하늘의 기운을 일정한 부호로 나타낸 것)과 지지(地支: 땅의 기운을 일정한 부호로 나타낸 것)를 말한다. 자연의 기운이 흘러가는 이치라고 할 수 있는 간지가 언제, 어떻게, 누구에 의해 발견되었는지는 아직까지 정립된 학설이 없고 주장이 구구(區區)하다. 간지의 기원에 관한 기록을 보면 황제(皇帝) 창제설·대요(大撓) 창제설·천황씨(天皇氏) 창제설 등이 있으나, 어느 설(說)이 옳은지 지금으로서는 증명할 길이 없으므로, 시기적으로 보아 가장 오래된 것으로 보이는 천황씨 창제설에 대해 간략히 알아보기로 하겠다.

 「역대신선통감(歷代神仙通鑑)」과 「유학수지(幼學須知)」와 「四要聚選(사요취선)」이라는 문헌들을 보면, 'B.C8937년에 천황씨는 묻혀져 있던 것을 다시 열기 시작했다. 이 말은 B.C8937년에 천황씨가 간지(干支)를 다시 하늘 아래 개방하여 쓰기로 했다는 말이다. 다시 말해 B.C8937년에 천황씨가 천문(天文)을 연구하고 기록하는 체계를 재정립하여 오랫동안 암흑시대가 계속됨에 따라 그동안 감추어져 있어서 사람들이 알지 못했던 간지(干支)의 이치를 드러내어 다시 활용했는데, 구체적으로는 천황씨의 명(命)을 받은 천황씨의 아들 지갱(地鏗)이 하늘의 해와 달과 별들의 운행을 연구하여 간지로써 연월일시(年月日時)를 정립한 간지력법(干支曆法)을 완성하여 천황씨에게 바치니, 천황씨가 이를 발표하여 천지만물의 운행의 기준으로 삼았다는 말이다'라는 뜻의 내용이 기록되어 있다고 한다. 이들 문헌에 기록된 내용을 바탕으로 간지의 기원 연대를 계산해보면 참으로 까마득한 옛날인 B.C8937년이라고 하며, 이를 상원갑자원년(上元甲子元年)이라고 한다. 이러한 내용이 사실인지 아닌지는 알 도리가 없지만, 간지의 기원이 까마득한 옛날로 거슬러 올라간다는 점과 옛날 성현(聖賢)들의 혜안(慧眼)이 그야말로 시공(時空)을 초월할 정도에까지 이르렀을 수도 있다는 점을 생각해보면 그야말로 놀라울 따름이다.

2. 음양오행(陰陽五行)의 기원

음양(陰陽)의 기원에 대한 학설에는 주역(周易)의 효상(爻象)인 양효(陽爻)와 음효(陰爻)에서 음양이 나왔다는 '주역기원설(周易基源說)'과 남녀 생식기에서 음양이 나왔다는 '성기기원설(性器基源說)'과 자연현상의 변화에서 음양이 나왔다는 '자연취상설(自然取象說)' 등이 있다고 한다. 그리고 오행(五行)의 기원에 대해서는 학설이 분명하지 않은데, 오행이라는 글자가 최초로 나오는 공인된 문헌은 「상서(尙書)」의 감서편(甘誓編)과 홍범편(洪範編)이라고 한다. 특히 오행이라는 글자뿐만 아니라 오행의 종류인 木火土金水가 최초로 나오는 문헌은 「상서(尙書)」의 홍범편(洪範編)이라고 한다. 이렇게 음양과 오행의 기원은 다르지만, 춘추전국시대에 추연(鄒衍)이 음양과 오행을 결합하여 오덕상승설(五德相勝說)을 내놓았고, 그 뒤를 이어 전한(前漢)의 동중서(董仲舒)가 음양오행설을 세밀하게 체계화하여 획기적으로 발전시켰고, 그 이후 전한(前漢)의 유향(劉向)과 유흠(劉歆) 부자(父子)가 오덕종시설(五德終始說)을 창안하여 음양오행설을 완성했다고 한다.

그런데 간지는 오행을 음양으로 나눈 것이므로, 간지의 기원이 위와 같이

B.C8937년이라고 한다면 음양오행의 기원도 간지의 기원과 같거나 간지의 기원보다 더 오래되었다고 보는 것이 합리적일 것이다.

3. 자평명리(子平命理)의 역사

기록상으로 생년(生年)과 생월(生月)의 간지(干支)를 활용하여 최초로 사람의 운명을 예측하는 방법을 창안한 사람은 B.C1122년경에 동주(東周)의 낙록자(珞祿子)라고 하며, 그 이후 A.D880년경에 당대(唐代)의 이허중(李虛中)이 생일(生日)의 간지를 활용하여 사람의 운명을 예측하는 방법을 창안하여 자평명리(子平命理)의 시원(始原)을 마련했다고 한다. 그러다가 이허중(李虛中)의 생일간지법(生日干支法)에 많은 영향을 받아 송(宋)의 서자평(徐子平: 이름은 徐居易라고 함)이 생일의 간지 중 일간(日干)을 사주(四柱)의 주체로 삼아 운명을 예측하는 방법을 창안해냄으로써 현재의 사주명리의 토대를 구축했다고 할 수 있다. 서자평(徐子平)이 저술한 「연해자평(淵海子平)」은 자평명리이론의 체계를 세우는 데 지대한 공헌을 한 유명한 서적이라 할 수 있다.

명대(明代)에는 장남(張楠)이 「명리정종(命理正宗)」을 저술하고, 만육오(萬育吾)가 「삼명통회(三命通會)」를 저술하고, 유백온(劉伯溫)이 「적천수(滴天髓)」를 저술함으로써, 자평명리의 둥치를 더욱더 튼튼하게 했다고 할 수 있다.

청대(清代)에는 진소암(陳素菴)이 「적천수집요(滴天髓輯要)」·「명리약언(命理約言)」을 저술하고, 심효첨(沈孝瞻)이 「자평진전(子平眞詮)」을 저술하고, 임철초(任鐵樵)가 「적천수천미(滴天髓闡微)」를 저술함으로써, 자평명리의 꽃을 활짝 피웠다고 할 수 있다.

근대(近代)와 현대(現代)에는 서낙오(徐落吾)가 「적천수징의평주(滴天

髓徵義評註)」·「적천수보주(滴天髓補註)」·「궁통보감(窮通寶鑑)」·「자평수언(子平粹言)」 등을 저술하고, 원수산(袁樹珊)이 「명리탐원(命理探原)」·「명보(命譜)」를 저술하고, 위천리(韋千里)가 「명학강의(命學講義)」·「팔자제요(八字提要)」를 저술하고, 수요화제관주(水繞花堤舘主)가 「명학신의(命學新義)」를 저술하고, 하건충(何建忠)이 「팔자심리추명학(八字心理推命學)」·「천고팔자비결총해(千古八字秘訣總解)」를 저술하고, 오준민(吳俊民)이 「명리신론(命理辛論)」을 저술하고, 주작교(朱鵲橋)가 「작교명리(鵲橋命理)」를 저술하고, 종의명(鐘義明)이 「현대파역적천수(現代破譯滴天髓)」 등을 저술하고, 진춘익(陳椿益)이 「팔자명리신해(八字命理新解)」 등을 저술하고, 일본의 아부태산(阿部泰山)이 「적천수화해(滴天髓和解)」 등을 저술하고, 그 외에 수많은 자평명리학자들이 앞다투어 저술 활동에 뛰어들고 있음으로써, 바야흐로 자평명리의 춘추전국시대를 방불케 하고 있다.

우리나라에는 대한민국 건국 이후에 대표적으로 박재완(朴在玩)이 위천리(韋千里)의 「명학강의(命學講義)」를 번역한 「명리요강(命理要綱)」과 위천리(韋千里)의 「팔자제요(八字提要)」를 번역한 다음 일지론(日支論)만 새로 추가한 「명리사전(命理辭典)」과 실제 명조(命造)를 감정(鑑定)해놓은 「명리실관(命理實觀)」을 저술하고, 이석영(李錫暎)이 「사주첩경(四柱捷徑)」을 저술하고, 그 외에 수많은 자평명리학자들이 저술 활동을 함으로써, 그야말로 군웅할거(群雄割據)의 형세를 이루고 있다고 할 수 있다.

자평명리(子平命理)의 의의(意義)

　서자평(徐子平)이 일간주체법(日干主體法)을 창안한 이후부터, 현재의 자평명리(子平命理)는 일간(日干)을 사주(四柱)의 주체(主體), 즉 사주 주인공으로 삼고 월지(月支)를 세력(勢力)의 중심으로 삼고서 사주의 간지(干支)의 변화를 세밀하게 파악하여 그 사람의 운명(運命)을 예측하는 학문으로 자리 잡고 있다. 이처럼 자평명리에서 간지의 변화를 운명 해석의 중요한 척도로 삼고 있다 보니 자평명리를 간지학(干支學)이라고도 하는데, 간지의 변화를 파악할 때에는 간지의 생극제화(生剋制化)의 이치를 적용하게 된다. 생극제화(生剋制化)의 이치를 적용하는 목적은 사주에서 음양(陰陽)과 오행(五行)의 중화(中和)를 이루기 위해서이고, 음양과 오행이 중화를 이루지 못했을 때는 음양과 오행이 중화를 이루는 데 도움을 주는 용신(用神)이라는 개념을 활용하는데, 이렇게 본다면 자평명리는 사주의 음양과 오행이 어느 한쪽으로 치우치지 않고 어느 정도나마 균형(均衡)을 이루게 하는 중화(中和) 또는 중용(中庸)을 추구하는 것에 아주 큰 비중을 두고 있다고 해도 과언(誇言)이 아니다.
　그런데 여기서 한 가지 기억하고 넘어가야 할 점이 있는데, 그것은 자평명리로써 사람의 모든 운명을 다 해석할 수는 없다는 점이다. 다시 말해 자평명리로써 운명을 해석하는 데는 일정한 한계가 있어서, 자평명리로써 해석할 수 있는 운명이 있는 반면에 자평명리로써 해석할 수 없는 운명도 있다는 점이다. 그러니까 사람의 운명에는 자평명리로써 해석할 수 없는 환경적인 요소도 적잖게 작용한다는 사실을 분명히 인식해야 할 것이다. 이에 대해서는 나중에 운세(運勢)를 해석할 때 자세하게 다룰 것이다.

제2장
음양(陰陽)

음양(陰陽)의 특성

음양(陰陽)은 언제나 상대적(相對的)인 개념으로 파악해야 한다. 다시 말해 음(陰)은 절대적으로 어떤 것으로 고정(固定)되어 있고 양(陽)도 절대적으로 다른 어떤 것으로 고정되어 있는 것이 아니라, 음(陰)과 양(陽)은 비교대상(比較對象)이 무엇이냐에 따라서 음(陰)이 양(陽)이 되기도 하고 양(陽)이 음(陰)이 되기도 한다는 말이다. 예컨대 촛불은 일반적으로 양(陽)으로 보지만 등불과 비교하면 상대적으로 음(陰)이 되고, 등불도 전등불과 비교하면 상대적으로 음(陰)이 되고, 전등불도 태양과 비교하면 상대적으로 음(陰)이 된다. 또 보름달 밤은 일반적으로 음(陰)으로 보지만 반달 밤이나 초승달 밤과 비교하면 양(陽)이 되고, 반달 밤이나 초승달 밤도 달이 뜨지 않고 별만 뜬 밤과 비교하면 양(陽)이 되고, 별만 뜬 밤도 칠흑같이 어두운 밤과 비교하면 양(陽)이 된다. 이처럼 음양의 개념은 언제나 상대적인 개념이라서 비교대상이 없으면 절대 성립할 수 없는 개념이라는 것을 반드시 기억해야 할 것이다.

일반적으로 양(陽)은 '밝다, 따뜻하다, 덥다, 좋다, 강하다, 굳세다, 많다, 크다, 높다, 넓다, 앞으로 나아간다, 외향적(外向的)이다[밖으로 발산(發散)하여 드러낸다], 대범(大汎)하나 조심성이 부족하다, 경솔하다, 즉흥적이다, 시끄럽다, 활발하다, 동적(動的)이다, 적극적이다, 충동적이다, 들떠 있다, 개방적이고 진취적이다, 미래지향적(未來指向的)이다'라는 특성을 지니고 있다. 여기서 주의해야 할 것은 양의 특성 앞에 반드시 '비교대상에 비해 상대적으로 더'라는 말을 덧붙여서 생각해야 한다는 점이다. 예컨대 '밝다'라는 특성은 '비교대상에 비해 상대적으로 더 밝다'라는 뜻으로 생각해야 한다.

그리고 음(陰)은 '어둡다, 차갑다, 춥다, 나쁘다, 약하다, 부드럽다, 적다, 작다, 낮다, 좁다, 뒤로 물러난다, 내성적(內省的)이다[안으로 수렴(收斂)하여 숨긴다], 소심(小心)하나 조심성이 많고 세심(細心)하다, 신중하다, 계산적이다, 조용하다, 침체되어 있다, 정적(靜的)이다, 소극적이고 수동적이다, 사색적이다, 안정적이다, 폐쇄적이고 수구적(守舊的)이다, 과거집착적(過去執着的)이다'라는 특성을 지니고 있다. 여기서도 주의해야 할 것은 음의 특성 앞에 반드시 '비교대상에 비해 상대적으로 더'라는 말을 덧붙여서 생각해야 한다는 점이다. 예컨대 '어둡다'라는 특성은 '비교대상에 비해 상대적으로 더 어둡다'라는 뜻으로 생각해야 한다.

음양(陰陽)의 분류

 음양(陰陽)의 특성을 숙지(熟知)하고 있으면 자연의 사물과 현상에 대해 음양으로 분류하는 것이 쉬울 것 같지만, 사실 음양을 분류하는 것은 말처럼 그리 쉽지 않다. 그래서 음양을 분류하는 기준을 세워서 생각해보는 것이 음양을 분류하는 데 도움이 될 것이다.

 기본적으로 음양을 분류하는 기준은 다음과 같다.
 ① 체용(體用): 체(體)는 음(陰)이고 용(用)은 양(陽)이다.
 ② 동정(動靜): 동(動)은 양(陽)이고 정(靜)은 음(陰)이다.
 ③ 강유(剛柔): 강(剛)은 양(陽)이고 유(柔)는 음(陰)이다.
 ④ 명암(明暗): 명(明)은 양(陽)이고 암(暗)은 음(陰)이다.
 ⑤ 자웅(雌雄): 자(雌: 암컷)는 음(陰)이고 웅(雄: 수컷)은 양(陽)이다.
 ⑥ 표리(表裏): 표(表)는 양(陽)이고 리(裏)는 음(陰)이다.
 ⑦ 대소(大小): 대(大)는 양(陽)이고 소(小)는 음(陰)이다.
 ⑧ 상하(上下): 상(上)은 양(陽)이고 하(下)는 음(陰)이다.
 ⑨ 전후(前後): 전(前)은 양(陽)이고 후(後)는 음(陰)이다.
 ⑩ 좌우(左右): 좌(左)는 음(陰)이고 우(右)는 양(陽)이다.
 ⑪ 한열(寒熱): 한(寒)은 음(陰)이고 열(熱)은 양(陽)이다.
 ⑫ 유무(有無): 유(有)는 양(陽)이고 무(無)는 음(陰)이다.

 이상의 분류기준(分類基準)을 바탕으로 음양을 상대적인 관점으로 분류해보면, 자연의 사물과 현상에 대해 좀 더 쉽게 음양으로 분류할 수 있을 것이다.

음양(陰陽)의 변화

 음(陰)과 양(陽)은 하나가 아니면서도 서로 분리되어 독립하여 존재하지 않고 늘 함께 존재한다. 자연의 사물과 현상을 관찰해보면, 음과 양이 함께 섞여 있으면서 고정되어 있지 않고 어느 순간에는 음이 왕성해지고 양이 쇠약해지며, 어느 순간에는 양이 왕성해지고 음이 쇠약해지며, 어느 순간에는 음이 양에 흡수되며, 어느 순간에는 양이 음에 흡수되는 과정을 되풀이하면서 음양이 끊임없이 교류하고 순환하는 것을 볼 수 있다. 그리고 음이 극(極)에 달하면 양이 생겨나고 양이 극(極)에 달하면 음이 생겨나게 되어 있다(陰極卽陽生, 陽極卽陰生). 이렇게 음양이 함께 존재하면서 고정(固定)되어 있지 않고 왕성(旺盛)해지기도 하고 쇠약(衰弱)해지기도 함으로써 서로 교류(交流)하고 순환(循環)하는 것을 음양의 변화(變化)라 한다.

 하루를 예로 들어보면, 한밤중에는 음의 기운은 가득 차서 아주 왕성하고 양의 기운은 거의 다 없어져서 아주 쇠약하며, 새벽에는 음의 기운은 서서히 줄어들지만 여전히 왕성하고 양의 기운은 서서히 늘어나지만 여전히 쇠약하며, 아침에는 음의 기운은 많이 줄어들면서 쇠약해지고 양의 기운은 많이 늘어나면서 왕성해지며, 한낮에는 음의 기운은 거의 다 없어져서 아주 쇠약하고 양의 기운은 가득 차서 아주 왕성해지며, 오후에는 양의 기운은 서서히 줄어들지만 여전히 왕성하고 음의 기운은 서서히 늘어나지만 여전히 쇠약하며, 저녁에는 음의 기운은 많이 늘어나면서 왕성해지고 양의 기운은 많이 줄어들면서 쇠약해진다. 이처럼 하루 중에도 음양의 기운은 함께 존재하면서 왕성해지기도 하고 쇠약해지기도 하고 거의 다 없어지기도 하는 과정을 반복하는 것, 즉 음양의 기운이 교류하고 순환하는 것을 알 수 있다. 게다가 '음이 극에 달하면 양이 생겨나고, 양이 극에 달하면 음이 생겨난다(陰極卽陽生, 陽極卽陰生)'는 것도 알 수 있다. 여기서 음이나 양의 기운이 거의 다 없어졌다고 해서 완전히 소멸했다고 생각해서는 안 되고 기운이 너무 약해서 힘을 쓰지 못하고 잠복(潛伏)하고 있을 뿐이라고 생각해야 한다.

  사주팔자(四柱八字)를 보더라도, 음의 기운이 왕성하고 양의 기운은 쇠약한 사주(四柱)가 있는가 하면, 양의 기운이 왕성하고 음의 기운은 쇠약한 사주도 있는데, 왕성함과 쇠약함의 정도를 보면 사주마다 천차만별(千差萬別)이다. 사주에서 음양의 변화, 즉 음양의 왕성함과 쇠약함의 정도를 읽어내는 것은 오행(五行)의 왕성함과 쇠약함의 정도를 읽어내는 것과 함께 사주해석법(四柱解釋法)의 핵심이라 할 수 있다.

음양(陰陽)의 균형

　자연에서는 음(陰)과 양(陽)의 기운이 어느 한쪽으로 치우치지 않고 중간에서 균형(均衡)을 이루고 있는 상태가 이상적이라고 할 수 있다. 다시 말해 음의 기운과 양의 기운이 각각 50%인 상태를 이상적으로 본다. 예컨대 날씨가 너무 춥지도 덥지도 않으면 살기가 가장 좋으며, 키가 너무 크지도 작지도 않고 적당하게 크면 활동하기가 좋으므로, 이러한 상태를 이상적으로 본다.

　사주팔자도 음과 양의 기운이 어느 한쪽으로 치우치지 않고 중간에서 균형(均衡)을 이루고 있는 상태를 이상적으로 본다. 그러나 불행하게도 음과 양이 완벽하게 균형을 이루고 있는 사주는 없다고 해도 과언이 아니다. 물론 음의 기운이 조금 많거나 양의 기운이 조금 많은 정도라서 균형에 가까운 상태를 이룬 사주는 가끔 볼 수 있으나, 대부분의 사주는 음의 기운이 양의 기운보다 더 많거나 양의 기운이 음의 기운보다 더 많아서 음양의 기운이 어느 한쪽으로 치우쳐 있다고 할 수 있다. 이처럼 음양(과 오행)의 기운이 어느 한쪽으로 치우쳐 있는 사주가 대부분이다 보니 인생은 파란만장(波瀾萬丈)한 여정(旅程)이라는 말이 무색(無色)하지 않음을 느끼게 된다.

　이렇게 볼 때 자평명리(子平命理)는 앞에서 살펴본 바와 같이 용신(用神)이라는 개념을 활용하여 사주의 음양과 오행이 어느 한쪽으로 치우치지 않고 어느 정도나마 균형(均衡)을 이루게 하는 중화(中和) 또는 중용(中庸)을 추구하는 학문이라는 점이 더욱더 분명해진다고 할 수 있다.

제3장
오행(五行)

오행(五行)과 음양(陰陽)의 관계

1. 오행(五行)은 음양(陰陽)을 세분화(細分化)한 것이다

오행(五行)은 木火土金水의 다섯 가지 기운(氣運)을 말한다. 이는 음양(陰陽)을 크게 다섯 가지로 나눈 것이라 할 수 있다. 木火는 양(陽)의 기운이고 金水는 음(陰)의 기운이고 土는 양과 음이 거의 비슷하게 섞여 있어서 중화(中和)를 이룬 기운이라고 보면 된다. 木火 중에서도 火가 木에 비해 양의 기운이 더 많으며, 金水 중에서도 水가 金에 비해 음의 기운이 더 많다. 그러니까 木은 음이 조금 섞여 있는 양이라 할 수 있고, 金은 양이 조금 섞여 있는 음이라 할 수 있다. 이를 정리해보면 다음과 같다.

火: 양중양(陽中陽)

木: 양중음(陽中陰)

水: 음중음(陰中陰)

金: 음중양(陰中陽)

土: 음양(陰陽)의 중화(中和)

오행을 양이 많은 순서대로 나열하면 火木土金水가 되고, 음이 많은 순서대로 나열하면 그 반대인 水金土木火가 된다. 그리고 각각의 오행도 양과 음으로 구분되는데, 이는 나중에 천간(天干)에서 설명하기로 한다.

2. 음양(陰陽)은 상대적(相對的)인 개념이고 오행(五行)은 절대적(絶對的)인 개념이다

앞에서 음양(陰陽)은 상대적(相對的)인 개념으로 파악해야 한다고 했는데, 이에 비해 오행(五行)은 절대적(絶對的)인 개념으로 파악해야 한다. 다시 말해 음양은 절대적으로 어떤 것으로 고정(固定)되어 있는 것이 아니라, 비교대상(比較對象)이 무엇이냐에 따라서 음(陰)이 양(陽)이 되기도 하고 양(陽)이 음(陰)이 되기도 하지만, 오행은 음양을 다섯 가지의 고정된 범주(範疇)로 분류해놓은 것이기 때문에 절대적인 개념으로 파악해야 한다.

좀 더 구체적으로 살펴보면, 오행 중에서 火는 양의 기운이 가장 많은 오행으로 분류된 것이며, 木은 火 다음으로 양의 기운이 많은 오행으로 분류된 것이며, 水는 음의 기운이 가장 많은 오행으로 분류된 것이며, 金은 水 다음으로 음의 기운이 많은 오행으로 분류된 것이며, 土는 양과 음이 거의 비슷하게 섞여 있는 오행으로 분류된 것이다. 그러니까 오행은 음양과는 달리 비교대상(比較對象)에 따라 고유의 기운이 변하는 것이 아니라 고정되어 있다. 예컨대 木은 어떤 대상과 비교해도 木의 기운이 변하지 않고 木으로 고정되어 있고, 火도 역시 어떤 대상과 비교해도 火의 기운이 변하지 않고 火로 고정되어 있고, 土도 역시 어떤 대상과 비교해도 土의 기운이 변하지 않고 土로 고정되어 있고, 金도 역시 어떤 대상과 비교해도 金의 기운이 변하지 않고 金으로 고정되어 있고, 水도 역시 어떤 대상과 비교해도 水의 기운이 변하지 않고 水로 고정되어 있다.

요컨대 음양은 비교대상에 따라 양이 음이 되기도 하고 음이 양이 되기도 하는 상대적인 개념이지만, 오행은 음양을 다섯 가지의 고정된 범주(範疇)로 분류해놓은 것이기 때문에 비교대상에 따라 고유의 기운이 변하지 않고 고정되어 있는 절대적인 개념이다.

오행(五行)의 종류와 특성

앞에서 살펴본 대로 오행(五行)의 종류에는 木火土金水의 다섯 가지가 있는데, 여기서는 각각의 오행의 특성에 대해 알아보기로 한다.

1. 木

木은 앞으로, 위로, 한 방향으로 쉼 없이 뻗어 나가고 뒤를 돌아볼 줄 모르는 특성을 지니고 있다. 木의 상징(象徵)으로는 초목(草木)·봄·로켓·문명(文明)·미래·희망·어린이[유소년(幼少年)·신경계(神經系)] 등이 있다. 木에도 양목(陽木)인 甲木과 음목(陰木)인 乙木이 있는데, 이에 대해서는 천간(天干)에서 알아보기로 한다. 다른 오행의 경우도 마찬가지다.

2. 火

火는 사방팔방으로 폭발적으로 분산(分散) 또는 확산(擴散) 또는 팽창(膨脹)해나가는 특성을 지니고 있다. 火의 상징으로는 빛[광선(光線)]·불[열기(熱氣)]·여름·폭탄·폭죽·광명정대(光明正大)·청년(靑年) 등이 있다.

3. 土

土는 어느 한쪽으로 치우치지 않고 중립(中立)을 견지(堅持)하여 자신의 존재를 드러내지 않고 모든 것을 포용하고 조절하는 특성을 지니고 있다. 그래서 土에는 木火金水가 다 포함이 되어 있다고 할 수 있다. 土의 상징으로는 흙[토양(土壤)]·대기권(大氣圈)·중력(重力)·환절기(換節期)·중재(仲裁)·수용(受容)·자애(慈愛)·어머니·중년(中年) 등이 있다.

4. 金

金은 생장(生長)과 확산(擴散)을 멈추게 하여 수렴(收斂)하는 특성을 지니고 있다. 또 金은 자라나는 생명력(生命力)을 죽이거나 억제해서 결실(結實)을 맺게 하는 특성도 지니고 있다. 이는 木의 특성과 반대되는 특성이라고 볼 수 있다. 金의 상징으로는 광물질(鑛物質)·암석(巖石)·보석(寶石)·가을·주체(主體)·고집(固執)·장년(壯年) 등이 있다.

5. 水

水는 어디든지 파고들어 흡수(吸收)하고 차갑게 응결(凝結)시키는 특성을 지니고 있다. 이는 火의 특성과 반대되는 특성이라고 볼 수 있다. 水의 상징으로는 물[얼음]·기체(氣體)·액체(液體)·겨울·유연성(柔軟性)·노년(老年) 등이 있다.

오행(五行)의 분류

오행(五行)의 특성을 숙지(熟知)하고 있으면 자연의 사물과 현상에 대해 오행으로 분류하는 것이 가능할 것이다. 분류방법은 여러 가지가 있겠지만, 대표적인 자연의 사물과 현상에 대해 다음 도표와 같이 간략하게 분류해보기로 한다.

〈오행(五行)의 특성에 따른 분류〉

	木	火	土	金	水
인생	유소년(幼小年)	청년(靑年)	중년(中年)	장년(壯年)	노년(老年)
한 해	봄	여름	환절기	가을	겨울
하루	아침과 오전	한낮	오후	저녁	밤
물질	나무 [초목(草木)]	불	흙	암석(巖石)	물
심리현상	물욕(物慾)	용맹(勇猛)	중용(中庸)	주체(主體)와 고집(固執)	사유(思惟)
초목(草木)	묘목(苗木)	화목 (花木: 꽃이 핀 나무)	거목(巨木)	과수(果樹)	노목(老木)
물	우물물	계곡물	냇물	강물	바닷물
색깔	청색(靑色)	적색(赤色)	황색(黃色)	백색(白色) 또는 투명색	흑색(黑色)
맛	신맛	쓴맛	단맛	매운맛	짠맛
방위(方位)	동방(東方)	남방(南方)	중앙(中央)	서방(西方)	북방(北方)

제4절

오행(五行)의 상생(相生)과 상극(相剋)

오행(五行)은 서로 생조(生助)해주는 관계에 있는 경우도 있고, 서로 극제(剋制)하는 관계에 있는 것도 있다. 그리고 같은 오행끼리는 서로 협력(協力)하기도 하고 경쟁(競爭)하기도 하는 관계에 있다.

사주팔자(四柱八字)를 해석할 때 오행의 생극관계(生剋關係)와 오행이 균형(均衡)을 이루지 못하고 많거나 적음으로 인해 발생하는 문제를 충분히 이해하지 못하면, 사주의 구조와 길흉(吉凶)을 파악할 수 없다. 그 정도로 오행의 생극(生剋)은 사주를 해석하는 데 매우 큰 비중을 차지하고 있다고 할 수 있다.

1. 오행(五行)의 상생(相生)

木生火: 木은 火를 보면 생조(生助)한다.
火生土: 火는 土를 보면 생조(生助)한다.
土生金: 土는 金을 보면 생조(生助)한다.
金生水: 金은 水를 보면 생조(生助)한다.
水生木: 水는 木을 보면 생조(生助)한다.

오행(五行)의 순서는 木火土金水라고 했는데, 오행의 순서대로 한 오행은 위와 같이 그다음 오행을 생조(生助)한다고 보면 된다. 여기서 생조(生助)

한다는 말은 말 그대로 힘을 보태어 도와준다는 뜻이다. 그리고 한 방향으로만 생조(生助)하지 거꾸로는 생조(生助)하지 않는다. 다시 말해 木은 火를 생조(生助)하지만 火는 木을 생조(生助)하지 않으며, 火는 土를 생조(生助)하지만 土는 火를 생조(生助)하지 않으며, 土는 金을 생조(生助)하지만 金은 土를 생조(生助)하지 않으며, 金은 水를 생조(生助)하지만 水는 金을 생조(生助)하지 않으며, 水는 木을 생조(生助)하지만 木은 水를 생조하지 않는다. 상생(相生)이라는 글자를 보면 서로 생조한다는 뜻으로 볼 수도 있으나, 여기서 '相'은 우리가 일반적으로 알고 있는 '서로'라는 뜻이 아니라 '동작이나 행위가 어느 한쪽으로만 작용하여 일방적이다'라는 뜻이다. 그리고 木이 火를 생조하는 경우에, 木이 강하든 약하든 火가 강하든 약하든 상관없이 무조건 木이 火를 생조한다는 사실을 알아야 한다. 다른 오행의 생조관계(生助關係)도 마찬가지다. 이것이 상생(相生)의 기본적인 이치(理致)이다.

한편 한 오행이 다른 오행을 생조(生助)한다고 해서 무조건 좋은 것이 아니라 사주의 상황에 따라 좋을 수도 있고 나쁠 수도 있음을 알아야 한다. 이에 대해서는 다음 절의 〈오행의 전도(顚倒)〉에서 자세히 다룰 것이다.

2. 오행(五行)의 상극(相剋)

木剋土: 木은 土를 보면 극제(剋制)한다.
土剋水: 土는 水를 보면 극제(剋制)한다.
水剋火: 水는 火를 보면 극제(剋制)한다.
火剋金: 火는 金을 보면 극제(剋制)한다.
金剋木: 金은 木을 보면 극제(剋制)한다.

오행(五行)의 순서는 木火土金水라고 했는데, 오행의 순서에서 한 오행은 위와 같이 한 단계 건너뛴 오행을 극제(剋制)한다고 보면 된다. 여기서 극제(剋制)한다는 말은 제대로 활동하지 못하도록 억압(抑壓)한다는 뜻이다. 그리고 한 방향으로만 극제(剋制)하지 거꾸로는 극제(剋制)하지 않는다. 다시 말해 木은 土를 극제(剋制)하지만 土는 木을 극제(剋制)하지 않으며, 土는 水를 극제(剋制)하지만 水는 土를 극제(剋制)하지 않으며, 水는 火를 극제(剋制)하지만 火는 水를 극제(剋制)하지 않으며, 火는 金을 극제(剋制)하지만 金은 火를 극제(剋制)하지 않으며, 金은 木을 극제(剋制)하지만 木은 金을 극제(剋制)하지 않는다. 상극(相剋)이라는 글자를 보면 서로 극제한다는 뜻으로 볼 수도 있으나, 여기서 '相'은 우리가 일반적으로 알고 있는 '서로'라는 뜻이 아니라 '동작이나 행위가 어느 한쪽으로만 작용하여 일방적이다'라는 뜻이다. 그리고 木이 土를 극제하는 경우에, 木이 강하든 약하든 土가 강하든 약하든 상관없이 무조건 木이 土를 극제한다는 사실을 알아야 한다. 다른 오행의 상극관계(相剋關係)도 마찬가지다. 이것이 상극(相剋)의 기본적인 이치(理致)이다.

한편 한 오행이 다른 오행을 극제(剋制)한다고 해서 무조건 나쁜 것이 아니라 사주의 상황에 따라 나쁠 수도 있고 좋을 수도 있음을 알아야 한다. 이에 대해서는 다음 절의 〈오행의 전도(顚倒)〉에서 자세히 다룰 것이다.

오행(五行)의 전도(顚倒)

지금까지 오행(五行)의 기본적인 이치(理致)에 대해 알아보았는데, 여기서는 기본적인 이치의 변화(變化)에 대해 알아보기로 한다. 오행의 기본적인 이치만 알고 변화하는 이치는 모른다면 결코 사주(四柱)와 운(運)을 해석할 수 없으니, 오행이 변화하는 이치를 아는 것은 매우 중요하다고 하겠다.

오행이 변화하는 이치를 전도(顚倒)의 이치라고 하는데, 이는 일상적인 생극(生剋)의 이치가 뒤바뀌어 거꾸로 되었다는 뜻이다. 전도(顚倒)의 이치는 남송(南宋)의 서대승(徐大升)이 저술한 「생극제화의기(生剋制化宜忌)」에 나오는데, 이에 대한 자세한 내용을 살펴보기로 한다.

1. 생조(生助)해주는 오행(五行)이 과다(過多)한 경우

일반적으로 한 오행(五行)이 다른 오행을 생조(生助)해주면 생조를 받는 오행에게 도움이 되어 좋다고 생각한다. 물론 생조해주는 것이 적절한 경우에는 타당한 말이다. 그러나 생조해주는 것이 과다(過多)한 경우에는 생조를 받는 오행에게 도움이 되기는커녕 오히려 해롭게 되어, 다음과 같은 부작용(不作用)을 일으키게 된다.

자평명리에서는 이러한 이치를 '모자멸자(母慈滅子: 어머니가 지나치게 자애로우면 자식을 죽게 만든다)'라고 한다. 여기서 주체(主體)가 되는 오행은 생조를 받는 오행이 된다.

(1) 금뢰토생, 토다금매(金賴土生, 土多金埋)

이를 직역(直譯)하면, '金은 土가 생조해주는 것에 의지하여 힘을 얻지만, 土가 많으면 金이 土에 묻혀버린다'라는 말이다. 이 말은 '보통은 土가 金을 생조해주면 金에게 도움이 되어 좋지만, 너무 많은 土가 金을 생조해주면 金이 土의 생조를 감당하지 못해서 土에 묻혀버린다'라는 뜻이다.

(2) 토뢰화생, 화다토초(土賴火生, 火多土焦)

이를 직역하면, '土는 火가 생조해주는 것에 의지하여 힘을 얻지만, 火가 많으면 土가 (火에) 그을려 갈라져버린다'라는 말이다. 이 말은 '보통은 火가 土를 생조해주면 土에게 도움이 되어 좋지만, 너무 많은 火가 土를 생조해주면 土가 火의 생조를 감당하지 못해서 (火에) 그을려 갈라져버린다'라는 뜻이다.

(3) 화뢰목생, 목다화식(火賴木生, 木多火熄)

이를 직역하면, '火는 木이 생조해주는 것에 의지하여 힘을 얻지만, 木이 많으면 火가 (木에 눌려) 피어오르지 못하고 꺼져버린다'라는 말이다. 이 말은 '보통은 木이 火를 생조해주면 火에게 도움이 되어 좋지만, 너무 많은 木이 火를 생조해주면 火가 木의 생조를 감당하지 못해서 피어오르지 못하고 꺼져버린다'라는 뜻이다.

(4) 목뢰수생, 수다목표(木賴水生, 水多木漂)

이를 직역하면, '木은 水가 생조해주는 것에 의지하여 힘을 얻지만, 水가 많으면 木이 (水 위에) 둥둥 떠버린다'라는 말이다. 이 말은 '보통은 水가 木을 생조해주면 木에게 도움이 되어 좋지만, 너무 많은 水가 木을 생조해주면 木

이 水의 생조를 감당하지 못해서 (水 위에) 둥둥 떠버린다'라는 뜻이다.

(5) 수뢰금생, 금다수탁(水賴金生, 金多水濁)

이를 직역하면, '水는 金이 생조해주는 것에 의지하여 힘을 얻지만, 金이 많으면 水가 혼탁(混濁)해져버린다'라는 말이다. 이 말은 '보통은 金이 水를 생조해주면 水에게 도움이 되어 좋지만, 너무 많은 金이 水를 생조해주면 水가 金의 생조를 감당하지 못해서 혼탁(混濁)해져버린다'라는 뜻이다.

이상으로 생조(生助)해주는 오행(五行)이 과다(過多)한 경우를 살펴보았는데, 내용을 보면 오행을 물상(物象)에 빗대어 설명하다 보니 선뜻 이해하기가 힘든 부분이 있다. 원래 나무는 木 자체가 아니라 木의 상징일 뿐이며, 불도 火 자체가 아니라 火의 상징일 뿐이며, 흙도 土 자체가 아니라 土의 상징일 뿐이며, 광물질도 金 자체가 아니라 金의 상징일 뿐이며, 물도 水 자체가 아니라 水의 상징일 뿐이다. 그런데도 木·火·土·金·水의 상징인 나무·불·흙·광물질·물의 상태를 가지고 오행의 전도(顚倒)를 설명하다 보니, 상식적으로 이해하기가 힘들지 않나 싶다. 예컨대 木[나무]이 많으면 火[불]가 피어오르지 못하고 꺼져버린다는 말이나 金[광물질]이 많으면 水[물]가 혼탁해진다는 말은 상식적으로 이해가 잘 되지 않는 말이라고 할 수 있다.

그래서 위의 경우 모두 생조해주는 오행이 많으면 생조를 받는 오행에게 도움이 되기는커녕 오히려 부작용(不作用), 즉 많이 먹으면 소화(消化)가 잘 되지 않아 배탈이 나는 것과 같은 부작용(不作用)을 일으킨다고 받아들이는 것이 이해하기가 더 쉬울 것이다.

2. 생조(生助)를 받는 오행(五行)이 과다(過多)한 경우

앞의 경우와는 반대되는 이치인데, 한 오행(五行)이 다른 오행을 생조(生助)해주는 경우에 생조를 받는 오행이 과다하면 생조해주는 오행이 힘이 다 빠져버려서 매우 약해지는 이치이다. 이러한 이치는 한 어머니가 많은 자식들을 먹여살리기 위해 동분서주(東奔西走)하느라 기력(氣力)이 쇠잔(衰殘)해져버리는 것과 같은 이치라고 할 수 있다.

자평명리에서는 이러한 이치를 '설기(洩氣: 생조해주는 오행이 생조를 받는 오행에게 자신의 기운을 흘려보내는 것)가 과다(過多)하다'는 말로 표현한다. 여기서 주체가 되는 오행은 생조해주는 오행이 된다.

(1) 금능생수, 수다금침(金能生水, 水多金沈)

이를 직역(直譯)하면, '金은 능히 水를 생조해주지만, 水가 많으면 金이 (水에) 잠겨버린다'라는 말이다. 이 말은 '보통은 金이 능히 水를 생조해줄 수 있을 정도로 힘이 있지만, 水가 많으면 金이 水에 흡수(吸收)되어 水를 생조해줄 힘이 달려서 약해져버린다'라는 뜻이다.

(2) 수능생목, 목다수삼(水能生木, 木多水滲)

이를 직역하면, '水는 능히 木을 생조해주지만, 木이 많으면 水가 (木에) 스며들어버린다'라는 말이다. 이 말은 '보통은 水가 능히 木을 생조해줄 수 있을 정도로 힘이 있지만, 木이 많으면 水가 木에 흡수되어 木을 생조해줄 힘이 달려서 약해져버린다'라는 뜻이다.

(3) 목능생화, 화다목분(木能生火, 火多木焚)

이를 직역하면, '木은 능히 火를 생조해주지만, 火가 많으면 木이 불타버린다'라는 말이다. 이 말은 '보통은 木이 능히 火를 생조해줄 수 있을 정도로 힘이 있지만, 火가 많으면 木이 火에 흡수되어 火를 생조해줄 힘이 달려서 약해져버린다'라는 뜻이다.

(4) 화능생토, 토다화회(火能生土, 土多火晦)

이를 직역하면, '火는 능히 土를 생조해주지만, 土가 많으면 火가 어두워져서 꺼져버린다'라는 말이다. 이 말은 '보통은 火가 능히 土를 생조해줄 수 있을 정도로 힘이 있지만, 土가 많으면 火가 土에 흡수되어 土를 생조해줄 힘이 달려서 약해져버린다'라는 뜻이다.

(5) 토능생금, 금다토약(土能生金, 金多土弱)

이를 직역하면, '土는 능히 金을 생조해주지만, 金이 많으면 土는 약해져버린다'라는 말이다. 이 말은 '보통은 土가 능히 金을 생조해줄 수 있을 정도로 힘이 있지만, 金이 많으면 土가 金에 흡수되어 金을 생조해줄 힘이 달려서 약해져버린다'라는 뜻이다.

3. 극제(剋制)하는 오행(五行)이 과다(過多)한 경우

일반적으로 한 오행(五行)이 다른 오행을 극제(剋制)하면 극제를 받는 오행은 견제(牽制)를 받거나 단련(鍛鍊)을 받아서 절제(節制)를 하거나 내실

(內實)을 다지게 되므로 별문제가 없거나 좋다고 한다. 물론 극제하는 것이 적절한 경우에는 타당한 말이다.

그러나 극제하는 것이 과다(過多)한 경우에는 극제를 받는 오행에게 좋기는커녕 오히려 해롭게 되어, 극제를 받는 오행이 심한 억압(抑壓)을 받아 활기가 없어지고 침체되기 쉬운 부작용(不作用)을 일으키게 된다. 그 부작용(不作用)을 각각의 오행에 따라 살펴보면, 다음과 같다. 여기서 주체(主體)가 되는 오행은 극제를 받는 오행이 된다.

(1) 금극목, 금다목분(金剋木, 金多木粉)

이를 직역(直譯)하면, '金이 木을 극제하는 경우에, 金이 많으면 木은 부서져서 가루가 되어버린다'라는 말이다. 이 말은 '보통은 金이 木을 극제하면 木은 견제(牽制)를 받거나 단련(鍛鍊)을 받아서 절제(節制)를 하거나 내실(內實)을 다지게 되지만, 金이 많으면 木은 金의 극제, 즉 金의 심한 억압(抑壓)을 견디지 못해 매우 약해진다'라는 뜻이다.

(2) 수극화, 수다화멸(水剋火, 水多火滅)

이를 직역하면, '水가 火를 극제하는 경우에, 水가 많으면 火는 소멸해버린다'라는 말이다. 이 말은 '보통은 水가 火를 극제하면 火는 견제를 받거나 단련을 받아서 절제를 하거나 내실을 다지게 되지만, 水가 많으면 火는 水의 극제, 즉 水의 심한 억압을 견디지 못해 매우 약해진다'라는 뜻이다.

(3) 목극토, 목다토괴(木剋土, 木多土壤)

이를 직역하면, '木이 土를 극제하는 경우에, 木이 많으면 土는 허물어져 버린다'라는 말이다. 이 말은 '보통은 木이 土를 극제하면 土는 견제를 받거나 단련을 받아서 절제를 하거나 내실을 다지게 되지만, 木이 많으면 土는 木의 극제, 즉 木의 심한 억압을 견디지 못해 매우 약해진다'라는 뜻이다.

(4) 화극금, 화다금용(火剋金, 火多金熔)

이를 직역하면, '火가 金을 극제하는 경우에, 火가 많으면 金은 흔적도 없이 녹아버린다'라는 말이다. 이 말은 '보통은 火가 金을 극제하면 金은 견제를 받거나 단련을 받아서 절제를 하거나 내실을 다지게 되지만, 火가 많으면 金은 火의 극제, 즉 火의 심한 억압을 견디지 못해 매우 약해진다'라는 뜻이다.

(5) 토극수, 토다수삼(土剋水, 土多水滲)

이를 직역하면, '土가 水를 극하는 경우에, 土가 많으면 水는 (土에) 스며들어버린다'라는 말이다. 이 말은 '보통은 土가 水를 극제하면 水는 견제를 받거나 단련을 받아서 절제를 하거나 내실을 다지게 되지만, 土가 많으면 水는 土의 극제, 즉 土의 심한 억압을 견디지 못해 매우 약해진다'라는 뜻이다.

4. 극제(剋制)를 받는 오행(五行)이 과다(過多)한 경우

앞의 경우와는 반대되는 이치인데, 한 오행(五行)이 다른 오행을 극제(剋制)하는 경우에 극제를 받는 오행이 과다하면 극제하는 오행이 힘이 다 빠져버려서 극제를 할 수 없을 정도로 매우 약해지는 이치이다. 이러한 이치는 한 임금이 많은 신하들을 거느리고 있을 때, 신하들이 자신들의 왕성한 세력을 믿고 자신들의 요구를 관철시키기 위해 임금에게 대든다면, 힘을 잃은 임금이 오히려 신하들의 눈치를 보느라 신하들을 다스리지 못하는 것과 같은 이치라고 할 수 있다.

자평명리에서는 이러한 이치를 '재다신약(財多身弱)'으로 표현한다. 여기서 주체가 되는 오행은 극제하는 오행이 된다.

(1) 금능극목, 목다금결(金能剋木, 木多金缺)

이를 직역(直譯)하면, '金은 능히 木을 극제하지만, 木이 많으면 金은 이지러져버린다'라는 말이다. 이 말은 '보통은 金이 능히 木을 극제할 수 있을 정도로 힘이 있지만, 木이 많으면 오히려 金이 木의 왕성(旺盛)한 세력에 눌려 木을 극제할 힘이 없어져서 매우 약해진다'라는 뜻이다. 물론 金도 木에 못지않게 힘이 있는 경우는 이에 해당하지 않는다.

(2) 수능극화, 화다수증(水能剋火, 火多水蒸)

이를 직역하면, '水는 능히 火를 극제하지만, 火가 많으면 水가 증발해버린다'라는 말이다. 이 말은 '보통은 水가 능히 火를 극제할 수 있을 정도로 힘이 있지만, 火가 많으면 오히려 水가 火의 왕성한 세력에 눌려 火를 극제할 힘이 없어져서 매우 약해진다'라는 뜻이다. 물론 水도 火에 못지않게 힘이 있는 경우는 이에 해당하지 않는다.

(3) 목능극토, 토다목절(木能剋土, 土多木折)

이를 직역(直譯)하면, '木은 능히 土를 극제하지만, 土가 많으면 木이 꺾여서 부러져버린다'라는 말이다. 이 말은 '보통은 木이 능히 土를 극제할 수 있을 정도로 힘이 있지만, 土가 많으면 오히려 木이 土의 왕성한 세력에 눌려 土를 극제할 힘이 없어져서 매우 약해진다'라는 뜻이다. 물론 木도 土에 못지않게 힘이 있는 경우는 이에 해당하지 않는다.

(4) 화능극금, 금다화식(火能剋金, 金多火熄)

이를 직역하면, '火는 능히 金을 극제하지만, 金이 많으면 火가 꺼져버린다'라는 말이다. 이 말은 '보통은 火가 능히 金을 극제할 수 있을 정도로 힘이 있지만, 金이 많으면 오히려 火가 金의 왕성한 세력에 눌려 金을 극제할 힘이 없어져서 매우 약해진다'라는 뜻이다. 물론 火도 金에 못지않게 힘이 있는 경우는 이에 해당하지 않는다.

(5) 토능극수, 수다토류(土能剋水, 水多土流)

이를 직역하면, '土는 능히 水를 극제하지만, 水가 많으면 土가 (水에) 휩쓸려가버린다'라는 말이다. 이 말은 '보통은 土가 능히 水를 극제할 수 있을 정도로 힘이 있지만, 水가 많으면 오히려 土가 水의 왕성한 세력에 눌려 水를 극제할 힘이 없어져서 매우 약해진다'라는 뜻이다. 물론 土도 水에 못지않게 힘이 있는 경우는 이에 해당하지 않는다.

5. 지나치게 강한 오행(五行)을 적절하게 처리하는 경우

이번에는 한 오행(五行)이 강한 경우에 이를 극제(剋制)하는 것이 좋은지 설기(洩氣洩氣: 생조해주는 오행이 생조를 받는 오행에게 자신의 기운을 흘려보내는 것)하는 것이 좋은지를 알아보기로 한다.

한 오행이 어느 정도 강하면 그 오행을 다른 오행으로 극제할 수도 있고 설기할 수도 있지만, 한 오행이 지나치게 강한 경우에는 그 오행을 극제하는 것은 좋지 않고 설기하는 것이 좋다. 왜냐하면 지나치게 강한 오행을 극제하면 그 오행의 성질을 건드리는 결과가 되어 극제를 당하기는커녕 오히려 자극을 받아 날뛰게 되어 매우 해로우므로(극제하는 오행이 지나치게 강한 오행을 극제할 힘이 없어져서 매우 약해지다 보니 오히려 거꾸로 극제를 받는다는 뜻인데, 이에 대해서는 앞의 4항에서 자세히 살펴보았다), 지나치게 강한 오행을 설기하는 것이 그 성질을 누그러뜨려 강한 힘을 자연스럽게 뺄 수 있어서 이롭다고 보기 때문이다. 이는 항우와 같은 천하장사를 무력(武力)으로 억누르려고 하는 것은 바위에 계란을 던지는 격이라서 너무 위험하므로, 미인계(美人計)를 써서 천하장사의 힘을 자연스럽게 빼서 얌전하게 만드는 것이 최상책(最上策)인 것과 같은 이치라고 할 수 있다.

(1) 강금득수, 방좌기봉(强金得水, 方挫其鋒)

이를 직역(直譯)하면, '(지나치게) 강한 金은 水를 만나야만 비로소 金의 뾰족한 칼날을 꺾게 된다'라는 말이다. 이 말은 '지나치게 강한 金은 火로써 극제해봐야 극제가 되지 않아서 아무 소용이 없고, 水로써 설기해야만 비로소 지나치게 강한 金의 기운이 꺾이게 된다'라는 뜻이다.

(2) 강수득목, 방완기세(强水得木, 方緩其勢)

이를 직역하면, '(지나치게) 강한 水는 木을 만나야만 비로소 水의 기세(氣勢)를 부드럽게 한다'라는 말이다. 이 말은 '지나치게 강한 水는 土로써 극제해봐야 극제가 되지 않아서 아무 소용이 없고, 木으로써 설기해야만 비로소 지나치게 강한 水의 기운이 부드럽게 된다'라는 뜻이다.

(3) 강목득화, 방설기영(强木得火, 方洩其英)

이를 직역하면, '(지나치게) 강한 木은 火를 만나야만 비로소 木의 꽃부리를 펼치게 된다'라는 말이다. 이 말은 '지나치게 강한 木은 金으로써 극제해봐야 극제가 되지 않아서 아무 소용이 없고, 火로써 설기해야만 비로소 지나치게 강한 木의 빼어난 기운이 활짝 펼쳐지게 된다'라는 뜻이다.

(4) 강화득토, 방렴기염(强火得土, 方斂其焰)

이를 직역하면, '(지나치게) 강한 火는 土를 만나야만 비로소 火의 불꽃을 거두게 된다'라는 말이다. 이 말은 '지나치게 강한 火는 水로써 극제해봐야 극제가 되지 않아서 아무 소용이 없고, 土로써 설기해야만 비로소 지나치게 강한 火의 기운이 거두어지게 된다'라는 뜻이다.

(5) 강토득금, 방화기완(强土得金, 方化其頑)

이를 직역하면, '(지나치게) 강한 土는 金을 만나야만 비로소 土의 완고(頑固)함을 부드럽게 바꾸게 된다'라는 말이다. 이 말은 '지나치게 강한 土는 木으로써 극제해봐야 극제가 되지 않아서 아무 소용이 없고, 金으로써 설기해야만 비로소 지나치게 강한 土의 기운이 부드럽게 바뀌게 된다'라는 뜻이다.

이상으로 지나치게 강한 오행(五行)을 적절하게 처리하는 경우를 살펴보았는데, 이러한 이치는 사주(四柱)를 해석할 때 사주의 상황에 따라 적용되지 않는 경우도 있다는 문제점이 있다. 구체적으로 말하자면, 이러한 이치가 적용되는 경우는 관살(官殺)이 지나치게 강하면 인성(印星)으로써 설기(洩氣)하는 것이 좋고, 비겁(比劫)이 지나치게 강하면 식상(食傷)으로써 설기하는 것이 좋은 경우이다.

   그러나 이러한 이치가 적용되지 않는 경우도 있는데, 인성(印星)이 지나치게 강하면 비겁(比劫)으로써 설기하면 안 되고 비록 재성(財星)이 무력(無力)하더라도 부득이 재성(財星)으로써 극제해야 하며, 식상(食傷)이 지나치게 강하면 재성(財星)으로써 설기하면 안 되고 비록 인성(印星)이 무력(無力)하더라도 부득이 인성(印星)으로써 극제해야 하며, 재성(財星)이 지나치게 강하면 관살(官殺)로써 설기하면 안 되고 비록 비겁(比劫)이 무력(無力)하더라도 부득이 비겁(比劫)으로써 극제해야 하는 경우가 바로 그러한 경우이다. 그러한 경우에 해당하는 사주팔자는 사주원국(四柱原局)의 구조가 좋지 않다고 볼 수 있다.

   이에 대해서는 나중에 〈제18장 용신(用神)을 찾는 법〉에서 상세히 살펴볼 것이니, 여기서는 이러한 문제점이 있다는 정도만 기억하고 있으면 될 것이다.

제4장
천간(天干)

오행(五行)을 음양(陰陽)으로 나눈 것이 십천간(十天干)이다

천간(天干)은 열 가지로 이루어져 있는데, 곧 甲木과 乙木과 丙火와 丁火와 戊土와 己土와 庚金과 辛金과 壬水와 癸水이다. 그래서 십천간(十天干)이라 한다. 음양(陰陽)을 다섯 가지로 나눈 것이 오행(五行), 즉 木火土金水이고, 각각의 오행을 다시 음(陰)과 양(陽)으로 나눈 것이 십천간(十天干)이다. 구체적으로 살펴보면, 火를 음과 양으로 나눈 것이 丙火와 丁火이고, 木을 음과 양으로 나눈 것이 甲木과 乙木이고, 水를 음과 양으로 나눈 것이 壬水와 癸水이고, 金을 음과 양으로 나눈 것이 庚金과 辛金이고, 土를 음과 양으로 나눈 것이 戊土와 己土이다. 이 중에서 양의 천간인 丙火 · 甲木 · 戊土 · 庚金 · 壬水를 양간(陽干)이라 하고, 음의 천간인 丁火 · 乙木 · 己土 · 辛金 · 癸水를 음간(陰干)이라 한다.

오행 중에서 火를 양의 기운이 가장 많다고 했는데, 火 중에서도 양의 火인 丙火는 음의 火인 丁火보다 양의 기운이 더 많다. 그리고 水를 음의 기운이 가장 많다고 했는데, 水 중에서도 음의 水인 癸水는 양의 水인 壬水보다 음의 기운이 더 많다. 土는 음양이 거의 비슷하게 섞여 있어서 중화(中和)를 이루고 있지만, 그래도 양의 土인 戊土는 양의 기운이 조금 더 많고 음의 土인 己土는 음의 기운이 조금 더 많다. 木과 金도 마찬가지다. 이에 따라 양의 기운이 많은 순서대로 십천간(十天干)을 나열해보면 丙火 · 丁火 · 甲木 · 乙木 · 戊土 · 己土 · 庚金 · 辛金 · 壬水 · 癸水가 되며, 음의 기운이 많은 순서대로 십천간(十天干)을 나열해보면 반대 방향으로 癸水 · 壬水 · 辛金 · 庚金 · 己土 · 戊土 · 乙木 · 甲木 · 丁火 · 丙火가 된다.

그런데 일반적으로는 丙火 다음으로 양의 기운이 많은 천간은 丁火가 아닌 甲木으로 보고, 癸水 다음으로 음의 기운이 강한 천간은 壬水가 아닌 辛金으로 본다. 왜냐하면 木火의 경우에는 양간(陽干)이 음간(陰干)보다 양의 기운이 더 많다고 보고, 金水의 경우에는 음간(陰干)이 양간(陽干)보다 음의 기운이 더 많다고 보기 때문이다.

따라서 양의 기운이 많은 순서대로 십천간(十天干)을 다시 나열해보면 丙火 · 甲木 · 丁火 · 乙木 · 戊土 · 己土 · 庚金 · 壬水 · 辛金 · 癸水가 되며, 음의 기운이 많은 순서대로 십천간(十天干)을 나열해보면 반대 방향으로 癸水 · 辛金 · 壬水 · 庚金 · 己土 · 戊土 · 乙木 · 丁火 · 甲木 · 丙火가 된다.

천간(天干)의 순서

일반적으로 천간(天干)은 甲木·乙木·丙火·丁火·戊土·己土·庚金·辛金·壬水·癸水의 순서로 배열된다. 이러한 배열은 오행(五行)의 배열순서에 따르고 각 오행에 해당하는 양간(陽干)이 음간(陰干)의 앞에 배열된다. 다시 말해 木火土金水의 순서로 배열하되, 木에 해당하는 甲木과 乙木 중 양간(陽干)인 甲木을 음간(陰干)인 乙木보다 먼저 배열하고, 火에 해당하는 丙火와 丁火 중 양간인 丙火를 음간인 丁火보다 먼저 배열하고, 土에 해당하는 戊土와 己土 중 양간인 戊土를 음간인 己土보다 먼저 배열하고, 金에 해당하는 庚金과 辛金 중 양간인 庚金을 음간인 辛金보다 먼저 배열하고, 水에 해당하는 壬水와 癸水 중 양간인 壬水를 음간인 癸水보다 먼저 배열한다. 달력의 간지(干支) 중 천간을 보면 위와 같은 순서로 배열되어 있는 것을 알 수 있는데, 자연의 기운이 이러한 순서대로 변화하고 순환하기 때문이다.

이처럼 십천간(十天干)은 순환하고 있기 때문에 어느 천간에서부터 시작을 하든 상관없다. 그러니까 甲木부터 시작해도 상관없고, 丙火부터 시작해도 상관없고, 戊土부터 시작해도 상관없고, 庚金부터 시작해도 상관없고, 癸水부터 시작해도 상관없다. 그렇지만 일반적으로 편의상 위와 같이 甲木에서부터 시작하여 癸水에서 끝나는 순서로 배열하고 있다.

제3절

천간(天干)의 특성

1. 甲木의 특성

甲木은 木의 양간(陽干)을 나타낸 부호(符號)이자 木의 기(氣)에 해당한다. 甲木은 쉼 없이 움직여 뻗어나가 생장(生長)하는 기운으로서, 생기(生氣)·생명력(生命力)·활동력(活動力)으로 나타난다.

甲木의 상징(象徵)이 되는 사물을 들자면, 초목(草木)의 새싹과 생물(生物)의 신경계(神經系)와 역동적(力動的)으로 움직이는 사물을 들 수 있다. 甲木을 거목(巨木)이라거나 생목(生木: 살아 있는 나무)이라거나 대들보라고 하는 것은 옳지 않다고 봐야 한다.

甲木의 심리적인 특성으로는, 끊임없이 성장(成長)하고 발전하여 선두(先頭)에 서고자 하는 욕구와 사람과 사물을 통제하고자 하는 욕구가 강하다.

2. 乙木의 특성

乙木은 木의 음간(陰干)을 나타낸 부호이자 木의 질(質)에 해당한다. 乙木은 쉼 없이 움직여 뻗어나가 생장(生長)하는 기운이 고정된 형체(形體)를 지닌 것으로서, 생명체(生命體)로 나타난다. 그래서 乙木은 甲木의 쉼 없이 뻗어나가는 기운이 고정된 틀 속에 들어가면서 실속을 차린 것이라서, 甲木에 비해 움직임이 훨씬 둔화(鈍化)되어 있는 상태라고 볼 수 있다.

乙木의 상징이 되는 사물을 들자면, 고정된 형체를 지닌 모든 생명체, 특히 식물(植物)을 들 수 있다. 초목(草木)은 대표적인 식물이다. 乙木은 크든 작든 살아 있는 초목(草木)이라고 봐야지, 乙木을 화초(花草)와 같이 작은 나무나 풀이라고 하거나 덩굴나무라 하거나 사목(死木: 죽은 나무)이라고 하는 것은 옳지 않다고 봐야 한다.

乙木의 심리적인 특성으로는, 생존(生存)을 위한 생활력과 재물에 대한 소유욕(所有慾)이 강하고, 치밀(緻密)하고 꼼꼼하게 일을 처리한다.

3. 丙火의 특성

丙火는 火의 양간(陽干)을 나타낸 부호이자 火의 기(氣)에 해당한다. 丙火는 사방팔방으로 확산(擴散)하여 분산(分散)되는 기운으로서, 빛[광선(光線)]·광명(光明)·폭발력(爆發力)으로 나타난다.

丙火의 상징이 되는 사물을 들자면, 빛줄기·햇빛·레이저·밝게 빛나는 사물(예컨대 플래시·네온사인)을 들 수 있다. 태양은 丙火이고 등불이나 촛불은 丁火라고 하는 것은 올바르게 분류한 것이 아니다. 태양과 등불과 촛불은 丙火와 丁火를 겸하고 있다고 보는 것이 타당한데, 그 까닭은 태양과 등불과 촛불은 丙火의 특성인 빛[광선(光線)]도 있고 丁火의 특성인 열(熱)도 지니고 있기 때문이다.

丙火의 심리적인 특성으로는, 맹렬(猛烈)해서 저돌적(猪突的)이고 성급(性急)하며, 흥분을 잘 하고 직설적이며, 광명정대(光明正大)하고 사리분별(事理分別)이 명확하고 인정사정(人情事情)이 없다.

4. 丁火의 특성

丁火는 火의 음간(陰干)을 나타낸 부호이자 火의 질(質)에 해당한다. 丁火는 사방팔방으로 확산(擴散)하여 분산(分散)되는 기운이 고정된 형체로 작용하는 것으로서, 열(熱)로 나타난다.

丁火의 상징이 되는 사물을 들자면, 태양열(太陽熱)·지열(地熱)·대기열(大氣熱)·따뜻하거나 뜨거운 사물[예컨대 전열기(電熱器)]을 들 수 있다. 그런데 丙火를 설명할 때 살펴본 바와 같이, 태양과 등불과 촛불은 빛과 열을 함께 지니고 있기 때문에 丙火와 丁火를 겸하고 있다고 보는 것이 타당하다.

丁火의 심리적인 특성으로는, 온화(溫和)하고 남을 잘 배려하며, 합리적(合理的)이고 객관적(客觀的)이며, 공명정대(公明正大)하고 원칙(原則)을 중시하고 정직하다.

5. 戊土의 특성

戊土는 土의 양간(陽干)을 나타낸 부호이자 土의 기(氣)에 해당한다. 戊土는 자신의 존재를 드러내지 않고서 수용(收容)하고 조절(調節)하는 기운으로서, 중력(重力)·중재력(仲裁力)으로 나타난다.

戊土의 상징이 되는 사물을 들자면, 중력(重力)·대기권(大氣圈)·조절기(調節器)·중재자(仲裁者)를 들 수 있다. 戊土를 산이나 언덕이라고 하는 것은 옳지 않다고 봐야 한다.

戊土의 심리적인 특성으로는, 앞에 나서는 것을 싫어하고 뒤에서 중재(仲裁)를 잘하며, 신비(神秘)한 현상에 관심이 많으며, 묵묵하게 중심(中心)을 잡고 있어서 믿음직하다.

6. 己土의 특성

己土는 土의 음간(陰干)을 나타낸 부호이자 土의 질(質)에 해당한다. 己土는 자신의 존재를 드러내지 않고서 수용(收容)하고 조절(調節)하는 기운이 고정된 형체를 지닌 것으로서, 토양(土壤: 땅)으로 나타난다.

己土의 상징이 되는 사물을 들자면, 토양(土壤: 땅)·어머니·스승·집[가정(家庭)]을 들 수 있다. 토양(土壤: 땅)은 모두 己土이므로, 戊土를 산이나 언덕이라 하고 己土를 들판이나 평지(平地)라고 하는 것은 옳지 않다고 봐야 한다.

己土의 심리적인 특성으로는, 앞에 나서는 것을 싫어하며, 수용력(收容力)과 포용력(包容力)이 좋아서 자애(慈愛)롭고 자상(仔詳)하며, 중립적(中立的)이고 남의 처지를 배려하다 보니 자기주장이 거의 없다.

7. 庚金의 특성

庚金은 金의 양간(陽干)을 나타낸 부호이자 金의 기(氣)에 해당한다. 庚金은 생장(生長)과 확산(擴散)을 멈추게 하여 수렴(收斂)하고 결실(結實)을 맺게 하는 기운으로서, 숙살지기(肅殺之氣: 생명력을 죽이는 쌀쌀하고 매서운 기운)로 나타난다.

庚金의 상징이 되는 사물을 들자면, 냉풍(冷風)·브레이크·철탑(鐵塔)·사물의 본체(本體)를 들 수 있다. 庚金을 가공되지 않은 광물질(鑛物質)이나 바위라고 하는 것은 옳지 않다고 봐야 한다. 왜냐하면 광물질(鑛物質)이나 바위는 辛金에 해당한다고 봐야 하기 때문이다.

庚金의 심리적인 특성으로는, 주체성(主體性)과 주관(主觀)과 고집(固

執)과 소신(所信)이 강해서 자기주장을 절대로 굽히지 않고 밀고 나가며, 독립적(獨立的)이고 자주적(自主的)이며, 태평스럽고 천진난만(天眞爛漫) 하다.

8. 辛金의 특성

辛金은 金의 음간(陰干)을 나타낸 부호이자 金의 질(質)에 해당한다. 辛金은 생장(生長)과 확산(擴散)을 멈추게 하여 수렴(收斂)하고 결실(結實)을 맺게 하는 기운이 고정된 형체로 맺힌 것으로서, 광물질(鑛物質)로 나타난다.

辛金의 상징이 되는 사물을 들자면, 광물질(鑛物質)·바위·돌·보석(寶石)·금속(金屬)·도검(刀劍)·빛[광선(光線)]을 흡수(吸收)하는 물질을 들 수 있다.

辛金의 심리적인 특성으로는, 경쟁심(競爭心)과 비교심(比較心)이 많아서 남에게 지기 싫어하고 남의 관심을 끌고 싶어 멋을 잘 부리며, 억울한 일을 당하면 훌훌 털어버리지 못하고 마음속에 오래 담아두며, 남의 소유물(所有物)을 부당(不當)하게 탈취(奪取)하려고 하면서 자신의 소유물은 남에게 빼앗기지 않으려고 하는 탐욕(貪慾)이 많다.

9. 壬水의 특성

壬水는 水의 양간(陽干)을 나타낸 부호이자 水의 기(氣)에 해당한다. 壬水는 어디든지 파고들어 흡수(吸收)하고 차갑게 응결(凝結)시키는 기운으로서, 냉기[冷氣: 차가운 공기(空氣)]·흡수력(吸收力)으로 나타난다.

壬水의 상징이 되는 사물을 들자면, 공기(空氣)·기체(氣體)·전류(電流)·뉴스·정보(情報)를 들 수 있다. 壬水를 바다나 강이나 호수나 하천(河川)이라고 하는 것은 옳지 않다고 봐야 한다. 왜냐하면 바다나 강이나 호수나 하천은 癸水에 해당한다고 봐야 하기 때문이다.

壬水의 심리적인 특성으로는, 생각이 유연(柔軟)해서 고루(固陋)하지 않으며, 생각이 깊어서 궁리(窮理)와 연구(研究)를 많이 하며, 새로운 것에 대한 호기심이 많아서 창의성(創意性)이 뛰어나다.

10. 癸水의 특성

癸水는 水의 음간(陰干)을 나타낸 부호이자 水의 질(質)에 해당한다. 癸水는 어디든지 파고들어 흡수(吸收)하고 차갑게 응결(凝結)시키는 기운이 고정된 형체를 지닌 것으로서, 물[얼음]·응결체(凝結體)·생명의 원천(源泉)으로 나타난다.

癸水의 상징이 되는 사물을 들자면, 물·얼음·수증기·안개·바다·강·호수·하천(河川)·흐르는 액체(液體)[예컨대 혈액(血液)·눈물·땀]를 들 수 있다.

癸水의 심리적인 특성으로는, 흐르는 샘물과 같이 늘 잔잔한 생동감(生動感)이 넘쳐서 누구에게나 재잘거리며, 표현력이 활발하고 사교성(社交性)이 좋으나 자신의 생각과 감정을 비밀스럽게 숨기고서 잘 드러내지 않으며, 늘 새로운 것을 찾아다니고 변덕(變德)이 심하다.

제5장
지지(地支)

십이지지(十二地支)

　지지(地支)는 12가지로 이루어져 있는데, 곧 子·丑·寅·卯·辰·巳·午·未·申·酉·戌·亥이다. 그래서 십이지지(十二地支)라고 한다. 그런데 지지의 각 기운은 천간(天干)과는 다른 별도의 기운으로 이루어져 있는 것이 아니라, 각 지지마다 천간의 기운이 일정한 비율로 섞여 있다.

　구체적으로 살펴보면, 子는 천간의 癸水로만 구성되어 있고, 丑은 천간의 癸水와 辛金과 己土가 일정한 비율로 섞여서 구성되어 있고, 寅은 천간의 丙火와 甲木이 일정한 비율로 섞여서 구성되어 있고, 卯는 천간의 乙木으로만 구성되어 있고, 辰은 천간의 乙木과 癸水와 戊土가 일정한 비율로 섞여서 구성되어 있고, 巳는 천간의 庚金과 丙火가 일정한 비율로 섞여서 구성되어 있고, 午는 천간의 丁火로만 구성되어 있고, 未는 천간의 丁火와 乙木과 己土가 일정한 비율로 섞여서 구성되어 있고, 申은 천간의 壬水와 庚金이 일정한 비율로 섞여서 구성되어 있고, 酉는 천간의 辛金으로만 구성되어 있고, 戌은 천간의 辛金과 丁火와 戊土가 일정한 비율로 섞여서 구성되어 있고, 亥는 천간의 甲木과 壬水가 일정한 비율로 섞여서 구성되어 있다. 寅·申·巳·亥의 경우에 여기(餘氣)인 戊土가 있고 午의 경우에는 중기(中氣)인 己土가 있다고 하는 독자(讀者)가 있을 줄 알지만, 戊土나 己土를 표시하지 않은 이유에 대해서는 나중에 상세히 설명하기로 한다.

　십이지지를 子水·丑土·寅木·卯木·辰土·巳火·午火·未土·申金·酉金·戌土·亥水로 표기(表記)하기도 하는데[이것이 일반적인 표기법(表

記法)이다], 이는 각 지지마다 가장 큰 비중을 차지하고 있는 천간의 오행을 뒤에 덧붙인 것이다. 다시 말해 천간의 癸水로만 이루어져 있는 子水는 子 다음에 水字를 덧붙인 것이고, 천간의 癸水와 辛金과 己土로 이루어져 있는 丑土는 그 속에 己土가 가장 큰 비중(比重)을 차지하고 있어서 丑 다음에 土字를 덧붙인 것이고, 천간의 丙火와 甲木으로 이루어져 있는 寅木은 그 속에 甲木이 더 큰 비중을 차지하고 있어서 寅 다음에 木字를 덧붙인 것이고, 천간의 乙木으로만 이루어져 있는 卯木은 卯 다음에 木字를 덧붙인 것이고, 천간의 乙木과 癸水와 戊土로 이루어져 있는 辰土는 그 속에 戊土가 가장 큰 비중을 차지하고 있어서 辰 다음에 土字를 덧붙인 것이고, 천간의 庚金과 丙火로 이루어져 있는 巳火는 그 속에 丙火가 더 큰 비중을 차지하고 있어서 巳 다음에 火字를 덧붙인 것이고, 천간의 丁火로만 이루어져 있는 午火는 午 다음에 火字를 덧붙인 것이고, 천간의 丁火와 乙木과 己土로 이루어져 있는 未土는 그 속에 己土가 가장 큰 비중을 차지하고 있어서 土字를 덧붙인 것이고, 천간의 壬水와 庚金으로 이루어져 있는 申金은 그 속에 庚金이 더 큰 비중을 차지하고 있어서 申 다음에 金字를 덧붙인 것이고, 천간의 辛金으로만 이루어져 있는 酉金은 酉 다음에 金字를 덧붙인 것이고, 천간의 辛金과 丁火와 戊土로 이루어져 있는 戌土는 그 속에 戊土가 가장 큰 비중을 차지하고 있어서 戌 다음에 土字를 덧붙인 것이고, 천간의 甲木과 壬水로 이루어져 있는 亥水는 그 속에 壬水가 더 큰 비중을 차지하고 있어서 亥 다음에 水字를 덧붙인 것이다.

이상과 같이 지지는 천간의 기운이 한 개 또는 두 개 또는 세 개로 구성되어 있는 집합체(集合體)라서, 그 구조가 천간에 비해 훨씬 복잡하긴 하지만, 결국은 지지의 기운은 천간의 기운에 비해 새로운 것은 전혀 없다고 하겠다. 다만 차이가 있다면, 천간은 양(陽)인 기(氣)로 보고 지지는 음(陰)인

질(質)로 보기 때문에, 천간은 지지에 비해 더 유동적(流動的)이고 덜 고정적(固定的)이며, 지지는 천간에 비해 더 고정적이고 덜 유동적인 형체, 즉 응고(凝固)된 형체를 지녔다고 보면 될 것이다.

그래서 천간과 지지는 본질(本質)은 같으나 활용법(活用法)이 좀 다르다고 할 수 있다. 그러니까 천간은 양(陽)인 기(氣)이고 순일(純一)해서 신속(迅速)하고(그 결과 겉으로 잘 드러나고) 단순(單純)하게 작용하는 반면에, 지지는 음(陰)인 질(質)이고 잡(雜)되어서 완만(緩慢)하고(그 결과 겉으로 잘 드러나지 않고) 복잡(複雜)하게 작용을 한다고 보면 된다.

지지(地支)의 순서

일반적으로는 지지를 子水·丑土·寅木·卯木·辰土·巳火·午火·未土·申金·酉金·戌土·亥水의 순서로 배열(配列)한다. 하루의 시간도 子時·丑時·寅時·卯時·辰時·巳時·午時·未時·申時·酉時·戌時·亥時의 순서로 배열한다.

그런데 계절(季節)을 나타낼 때는 寅月·卯月·辰月·巳月·午月·未月·申月·酉月·戌月·亥月·子月·丑月의 순서로 배열한다. 이는 자평명리에서 한 해의 시작을 寅月의 시작점인 입춘(立春)으로 보기 때문이다. 물론 한 해의 시작을 子月의 중간점인 동지(冬至)로 보는 주장도 있으나, 현재로서는 동지(冬至)보다 입춘(立春)을 한 해의 시작으로 보는 학설(學說)이 지배적이다. 참고로 자평명리를 제외한 다른 역학(易學)에서는 동지(冬至)를 한 해의 시작으로 보고 있다.

제3절

지장간(支藏干)

앞에서 살펴본 바와 같이, 지지(地支)의 기운은 천간(天干)의 기운이 일정한 비율로 섞여 있는 집합체에 지나지 않지만, 천간은 양(陽)인 기(氣)로 보고 지지는 음(陰)인 질(質)로 보기 때문에 천간과 지지의 작용은 좀 다르게 나타난다.

여기서는 지장간(支藏干)에 대해서 알아보기로 하겠는데, 지장간은 글자 그대로 '지지 속에 (일정한 비율만큼) 들어 있는 천간'이라는 말이다. 예컨대 丑土 속에는 癸水와 辛金과 己土가 일정한 비율만큼 들어 있는데, 丑土 속에 들어 있는 癸水와 辛金과 己土 각각을 지장간(支藏干)이라고 한다. 그러면 각 지지 속에 어떤 천간이 얼마만큼의 비율로 들어 있는지 상세히 살펴보기로 한다.

1. 현재 통용(通用)되고 있는 지장간(支藏干)

	餘氣	中氣	本氣		餘氣	中氣	本氣
子	壬 10日	癸 20日		午	丙 10日	己 9日	丁 11일
丑	癸 9日	辛 3日	己 18日	未	丁 9日	乙 3日	己 18日
寅	戊 7日	丙 7日	甲 16日	申	己戊 7日	壬 7日	庚 16日
卯	甲 10日	乙 20日		酉	庚 10日	辛 20日	
辰	乙 9日	癸 3日	戊 18日	戌	辛 9日	丁 3日	戊 18日
巳	戊 7日	庚 7日	丙 16日	亥	戊 7日	甲 7日	壬 16日

현재 통용되고 있는 지장간표(支藏干表)는 월률분야(月律分野), 즉 매월(每月)의 한 절기(節氣)에 해당하는 기간인 30일을 기준으로 하여 구성되어 있는데, 월지(月支: 月의 지지)뿐 아니라 연지(年支: 年의 지지)와 일지(日支: 日의 지지)와 시지(時支: 時의 지지)에도 똑같이 적용하고 있다.

표 안의 숫자는 각 지장간이 월지(月支)에 있는 경우에는, 특정 월(月)에서 각 지장간이 순서대로 당령(當令)하고 있는 일수(日數)를 나타내고 있다. 가령 丑月에는 처음 9일간은 癸水가 사령(司令)하고 있고 다음 3일간은 辛金이 사령하고 있고 그다음 18일간은 己土가 사령하고 있다는 뜻이다. 그리고 각 지장간이 월지(月支)가 아닌 연지(年支)나 일지(日支)나 시지(時支)에 있는 경우에는, 각 숫자에서 30을 나눈 값이 각 지장간이 지지에서 차지하고 있는 비중을 나타낸다고 보면 된다. 가령 일지에 辰土가 있는 경우에는 辰土 속의 乙木이 30%의 비중을 차지하고 있고 辰土 속의 癸水가 10%의 비중을 차지하고 있고 辰土 속의 戊土가 60%의 비중을 차지하고 있다는 뜻이다.

그런데 지지 중 寅申巳亥와 午의 경우에는, 이들이 월지에 있든 일지나 시지나 연지에 있든 寅申巳亥의 여기(餘氣)인 戊己土와 午의 중기(中氣)인 己土는 너무 무력해서 꺼내 쓰거나 천간에 있는 戊己土나 庚辛金의 뿌리가 될 수 없으며, 설사 寅申巳亥나 午가 월령(月令: 월지)을 잡고 있으면서 寅申巳亥의 여기(餘氣)인 戊己土와 午의 중기(中氣)인 己土가 당령(當令)하고 있더라도, 寅申巳亥나 午 속의 戊己土를 꺼내 쓰거나 천간에 있는 戊己土나 庚辛金이 寅申巳亥나 午 속의 戊己土에 뿌리를 내릴 수 있을 정도로 寅申巳亥나 午 속의 戊己土가 유력(有力)해지지는 않는다고 보는 것이 타당하다.

2. 새로운 지장간(支藏干)

	0.3	0.2	0.5		0.3	0.2	0.5
子		癸(本氣)		午		丁(本氣)	
丑	辛(中氣)	癸(餘氣)	己(本氣)	未	乙(中氣)	丁(餘氣)	己(本氣)
寅	丙(中氣)	甲(本氣)		申	壬(中氣)	庚(本氣)	
卯		乙(本氣)		酉		辛(本氣)	
辰	癸(中氣)	乙(餘氣)	戊(本氣)	戌	丁(中氣)	辛(餘氣)	戊(本氣)
巳	庚(中氣)	丙(本氣)		亥	甲(中氣)	壬(本氣)	

　대만의 명리학자인 진춘익(陳椿益) 선생이 저술한「팔자명리신해(八字命理新解)」를 보면, 현재 통용되는 지장간표(支藏干表)와는 달리 위와 같은 새로운 지장간표(支藏干表)를 제시하고 있다. 표 안의 숫자는 각 지장간이 해당 지지에서 차지하고 있는 비중을 나타내며, 그 비중에 따라서 힘의 세기가 다르다. 가령 寅木 속에 들어 있는 丙火의 비중은 0.3이고 甲木의 비중은 0.7이므로, 寅木 속에 들어 있는 甲木의 힘이 寅木 속에 들어 있는 丙火의 힘보다 2배 이상 더 세다고 보면 된다.

　위의 새로운 지장간표를 보면, 몇 가지 특징이 있다. 먼저 辰戌丑未를 제외하고는 여기(餘氣)에 해당하는 지장간이 없고(즉, 寅申巳亥에는 여기인 戊己土가 없고 子午卯酉에도 여기인 壬水와 丙火와 甲木와 庚金이 없다), 午의 중기에는 己土가 없다는 것을 알 수 있다. 사실 寅申巳亥의 여기(餘氣)라고 하는 戊土는 심리분석(心理分析)을 해보면 그 심리적 특성이 나타나지 않는 것을 확인할 수 있다. 또 午火 속에 들어 있다고 본 己土와 巳火 속에 들어 있다고 본 戊土는 십이운성(十二運星)에서 유입(流入)이 되었다고 하는데, 십이운성에서는 木火金水는 각각 그 나름의 독자적인 체계를 갖추고 있으나 土는 火에 기생(寄生)하여 움직이고 있다. 하지만 土도 다른 오행과 마찬가지로 독립한 오행으로 볼 때 火에 기생(寄生)하여 움직인다고 하는 것은 이치에 맞지 않다고 봐야 할 것이다. 다음으로 辰戌丑未의 경우에는, 현재 통용되는 지장간표와는 달리, 중기(中氣)에 해당하는 지장간의 비중(0.3)이 여기(餘氣)에 해당하는 지장간의 비중(0.2)보다 더 크다는 것을 알 수 있다.

이 지장간표에 의하면, 寅申巳亥의 지장간에는 戊己土가 전혀 없고 午의 지장간에는 己土가 전혀 없으므로, 간지 庚寅의 庚金은 寅木에 전혀 뿌리를 내리지 못하고, 간지 戊申의 戊土도 申金에 전혀 뿌리를 내리지 못하고, 간지 己亥의 己土도 亥水에 전혀 뿌리를 내리지 못하고, 간지 辛亥의 辛金도 亥水에 전혀 뿌리를 내리지 못하고, 간지 庚午의 庚金도 午火에 전혀 뿌리를 내리지 못하게 된다.

3. 두 지장간(支藏干) 중 어느 것이 더 합리적인가

필자가 보기로는, 현재 통용되는 지장간표보다는 진춘익 선생이 제시한 새로운 지장간표가 더 타당하다고 본다. 왜냐하면 辰戌丑未를 제외하고는 여기(餘氣)에 해당하는 지장간이 없고 午의 중기에는 己土가 없다고 하는 견해와, 辰戌丑未의 경우에 현재 통용되는 지장간표와는 달리 중기(中氣)에 해당하는 지장간의 비중이 여기(餘氣)에 해당하는 지장간의 비중보다 더 크다고 하는 견해가 더 현실적이라고 생각하기 때문이다.

4. 지장간(支藏干)의 적용

위와 같은 이유로 필자는 현재 통용되는 지장간표 대신 진춘익 선생이 제시한 새로운 지장간표를 다른 지지뿐 아니라 월률분야(月律分野), 즉 월지에도 활용하고 있으며, 월령(月令)에 어떤 성분이 당령(當令)했는지는 고려하지 않고[또 월령(月令)의 날짜에 따른 지장간(支藏干)의 배치 순서도 고려하지 않고] 매월(每月)의 어느 날이든지 상관없이 해당 월령(月令)의 지장간(支藏干)의 비중대로 세력을 판단하고 있다.

특히 천간의 성분이 지지에 통근(通根)했는지 그 여부를 판단할 때와 일주[日主: 일간(日干)의 다른 말]나 용신(用神)의 강약(强弱)을 판정할 때와 사주 주인공의 심리(心理)를 분석할 때에는 진춘익 선생이 제시한 새로운 지장간표를 전적으로 활용하고 있다.

진춘익 선생이 제시한 새로운 지장간표에 의거하여 월률분야(月律分野)를 필자 나름대로 새롭게 적용하여 해석해보면, 다음과 같다.

(1) 寅月: 丙(0.3) 甲(0.7) - 한 달 동안 매일 똑같은 비율대로 작용함

① 체(體)와 용(用) 모두 양(陽)이다.
② 직전의 水氣를 억제하기 위해 丙火가 작용한다. 그리고 쉼 없이 움직여 뻗어나가 생장(生長)하는 기운인 木氣, 즉 甲木이 활발해진다.
③ 미약한 丙火가 甲木의 생조(生助)를 받으므로, 火의 생지(生支)이다.

(2) 卯月: 乙(1.0)

① 체(體)와 용(用) 모두 음(陰)이다.
② 木質[생명체]인 乙木이 왕성해지면서 만물이 활발하게 생장(生長)한다.
③ 木이 왕(旺)하므로, 木의 왕지(旺支)이다.

(3) 辰月: 乙(0.2) 癸(0.3) 戊(0.5) - 한 달 동안 매일 똑같은 비율대로 작용함

① 체(體)와 용(用) 모두 양(陽)이다.

② 木質인 乙木이 쇠(衰)해지는데, 水質인 癸水의 생조(生助)를 받으면서 간신히 버티고 있다.

③ 체(體)가 음(陰)인 卯木 다음이므로, 양토(陽土)인 辰中 戊土로 木氣를 조절한다.

④ 癸水가 허약한 乙木을 생조(生助)해주고 나서 다음에 다시 올 자신의 때를 기다리면서 저장되므로, 水의 고지(庫支)이다.

(4) 巳月: 庚(0.3) 丙(0.7) - 한 달 동안 매일 똑같은 비율대로 작용함

① 체(體)는 음(陰)이지만 용(用)은 양(陽)이다. 이하 巳午火와 亥子水는 체(體)와 용(用)의 음양(陰陽)이 반대이다. 다시 말해 巳火와 亥水는 체(體), 즉 근본은 음(陰)이지만 용(用), 즉 자평명리학에 활용할 때는 지장간(支藏干)이 양(陽)이라서 양(陽)으로 보며, 午火와 子水는 체(體), 즉 근본은 양(陽)이지만 용(用), 즉 자평명리학에 활용할 때는 지장간(支藏干)이 음(陰)이라서 음(陰)으로 본다.

② 직전의 木氣를 억제하기 위해 庚金이 작용한다. 그리고 사방팔방으로 확산(擴散)하여 꽃을 피우는 기운인 火氣, 즉 丙火가 활발해진다.

③ 미약한 庚金이 丙火의 단련을 받으므로, 金의 생지(生支)이다. 庚金은 土의 생조(生助)가 아니라 丙火의 단련을 받아야 기운이 더 매서워지고 더 단단해진다고 해석한다.

(5) 午月: 丁(1.0)

① 체(體)는 양(陽)이지만 용(用)은 음(陰)이다.
② 火質[열기(熱氣)]인 丁火가 왕성해지면서 만물이 가지와 잎을 내고 꽃을 피운다.
③ 火가 왕(旺)하므로, 火의 왕지(旺支)이다.

(6) 未月: 丁(0.2) 乙(0.3) 己(0.5) - 한 달 동안 매일 똑같은 비율대로 작용함

① 체(體)와 용(用) 모두 음(陰)이다.
② 火質인 丁火가 쇠(衰)해지는데, 木質인 乙木의 생조(生助)를 받으면서 간신히 버티고 있다.
③ 체(體)가 양(陽)인 午火 다음이므로, 음토(陰土)인 未中 己土로 火氣를 조절한다.
④ 乙木이 허약한 丁火를 생조(生助)해주고 나서 다음에 다시 올 자신의 때를 기다리면서 저장되므로, 木의 고지(庫支)이다.

(7) 申月: 壬(0.3) 庚(0.7) - 한 달 동안 매일 똑같은 비율대로 작용함

① 체(體)와 용(用) 모두 양(陽)이다.
② 직전의 火氣를 억제하기 위해 壬水가 작용한다. 그리고 생장(生長)과 확산(擴散)을 멈추게 하는 기운[숙살지기(肅殺之氣)]인 金氣, 즉 庚金이 활발해진다.
③ 미약한 壬水가 庚金의 생조(生助)를 받으므로, 水의 생지(生支)이다.

(8) 酉月: 辛(1.0)

① 체(體)와 용(用) 모두 음(陰)이다.
② 金質[결실(結實)]인 辛金이 왕성해지면서 만물이 열매를 맺는다.
③ 金이 왕(旺)하므로, 金의 왕지(旺支)이다.

(9) 戌月: 辛(0.2) 丁(0.3) 戊(0.5) - 한 달 동안 매일 똑같은 비율대로 작용함

① 체(體)와 용(用) 모두 양(陽)이다.
② 金質인 辛金이 쇠(衰)해지는데, 火質인 丁火의 극제(剋制)를 받음과 동시에 戊土의 생조(生助)를 받으면서 간신히 버티고 있다.
③ 체(體)가 음(陰)인 酉金 다음이므로, 양토(陽土)인 戌中 戊土로 金氣를 조절한다.
④ 丁火가 허약한 辛金을 극제(剋制)하고 나서 다음에 다시 올 자신의 때를 기다리면서 저장되므로, 火의 고지(庫支)이다.

(10) 亥月: 甲(0.3) 壬(0.7) - 한 달 동안 매일 똑같은 비율대로 작용함

① 체(體)는 음(陰)이지만 용(用)은 양(陽)이다.
② 직전의 金氣를 억제하기 위해 甲木이 작용한다. 그리고 어디든지 파고들어 흡수(吸收)하고 응결(凝結)시키는 기운인 水氣, 즉 壬水가 활발해진다.
③ 미약한 甲木이 壬水의 생조(生助)를 받으므로, 木의 생지(生支)이다.

(11) 子月: 癸(1.0)

① 체(體)는 양(陽)이지만 용(用)은 음(陰)이다.
② 水質[얼음]인 癸水가 왕성해지면서 만물이 활동을 멈추고 동면(冬眠)

하거나 휴식한다.

③ 水가 왕(旺)하므로, 水의 왕지(旺支)이다.

(12) 丑月: 癸(0.2) 辛(0.3) 己(0.5) - 한 달 동안 매일 똑같은 비율대로 작용함

① 체(體)와 용(用) 모두 음(陰)이다.

② 水質인 癸水가 쇠(衰)해지는데, 金質인 辛金의 생조(生助)를 받으면서 간신히 버티고 있다.

③ 체(體)가 양(陽)인 子水 다음이므로, 음토(陰土)인 丑中 己土로 水氣를 조절한다.

④ 辛金이 허약한 癸水를 생조(生助)해주고 나서 다음에 다시 올 자신의 때를 기다리면서 저장되므로, 金의 고지(庫支)이다.

5. 巳午火와 亥子水의 체용(體用)의 변화

체(體)는 본체(本體)로서 고정된 것이고, 용(用)은 용도(用途: 쓰임)에 따라 변하는 것이다. 자평명리는 체(體)보다 용(用)을 더 중시(重視)하는 학문이다. 자평명리에서 가장 중요한 개념 중의 하나인 용신(用神)이라는 말을 봐도 용(用)을 얼마나 중시하는지 알 수 있다. 자평명리를 제외한 다른 역학(易學)에서는 체(體)를 더 중시해서, 체(體)가 양(陽)이면 용(用)도 양(陽)이고 체(體)가 음(陰)이면 용(用)도 음(陰)이 된다.

자평명리에서도 대부분의 지지(地支)는 체(體)가 양(陽)이면 용(用)도 양(陽)이고 체(體)가 음(陰)이면 용(用)도 음(陰)이 되지만, 巳午火와 亥子水는 체(體)와 용(用)이 반대로 작용해서 체(體)가 양(陽)이면 용(用)은 음

(陰)이고 체(體)가 음(陰)이면 용(用)은 양(陽)이 된다. 구체적으로 살펴보면, 다음과 같다.

체(體)를 중시하는 다른 역학(易學)에서는 양(陽)의 지지는 子寅辰午申戌이고 음(陰)의 지지는 丑卯巳未酉亥인데, 용(用)을 중시하는 자평명리에서는 양(陽)의 지지는 寅辰巳申戌亥이고 음(陰)의 지지는 子丑卯午未酉이다. 그러니까 巳火와 亥水는 체(體)의 기준으로 보면 음(陰)의 지지가 되지만, 용(用)의 기준으로 보면 양(陽)의 지지가 되며, 午火와 子水는 체(體)의 기준으로 보면 양(陽)의 지지가 되지만 용(用)의 기준으로 보면 음(陰)의 지지가 된다.

그런데 필자의 견해로는, 위와 같이 체(體)와 용(用)으로 구분하기보다는 지장간(支藏干)에 들어 있는 천간의 음양(陰陽)으로 구분하는 것이 더 합리적이라고 생각한다. 그러니까 巳火의 지장간에는 양간(陽干)인 庚金과 丙火가 들어 있으므로 양지(陽支), 즉 양(陽)의 지지가 되며, 亥水의 지장간에도 양간(陽干)인 甲木과 壬水가 들어 있으므로 양지(陽支), 즉 양(陽)의 지지가 된다. 반면에 午火의 지장간에는 음간(陰干)인 丁火만 들어 있으므로 음지(陰支), 즉 음(陰)의 지지가 되며, 子水의 지장간에도 음간(陰干)인 癸水만 들어 있으므로 음지(陰支), 즉 음(陰)의 지지가 된다. 다른 지지도 마찬가지로 구분하면 되며, 辰戌丑未土는 본기(本氣)의 음양으로 구분하면 된다. 이렇게 구분해야만 지지의 십성[十星: 육친(六親)이라고도 함]을 올바르게 판단할 수 있게 된다. 그리고 십성(十星)을 올바르게 판단해야만 사주의 해석, 특히 심리분석(心理分析)과 육친분석(六親分析)을 정확하게 할 수 있다. 따라서 양(陽)의 지지는 寅辰巳申戌亥이고 음(陰)의 지지는 子丑卯午未酉라고 기억하면 된다.

지지(地支)의 특성

1. 子水

子水는 지장간(支藏干)을 보면 그 속에 癸水만 들어 있다. 그래서 子水는 천간의 癸水와 똑같은 특성을 지니고 있다고 볼 수 있다. 다만 천간(天干)은 양(陽)인 기(氣)이고 지지(地支)는 음(陰)인 질(質)이라서, 천간의 癸水는 지지의 子水에 비해 더 유동적(流動的)이고 덜 고정적(固定的)이며, 지지의 子水는 천간의 癸水에 비해 더 고정적이고 덜 유동적인 형체, 즉 응고(凝固)된 형체를 지녔다고 보면 될 것이다. 다시 말해 지지의 子水는 천간의 癸水에 비해 차가운 기운이 좀 더 구체적인 물질로 응결(凝結)되고 응축(凝縮)되고 저장(貯藏)된 형태(形態)라고 할 수 있다. 그러니까 지지의 子水는 水의 질(質)이 왕성(旺盛)한 차가운 물이나 얼음이라고 보면 될 것이다.

子水가 상징하는 계절은 가장 추운 한겨울이며, 절기력(節氣曆)으로는 동짓달, 즉 11月이다.

子水가 상징하는 사물로는, 얼음·차가운 물과 액체(液體)·동물의 씨앗[정자(精子)와 난자(卵子)]·식물의 종자(種子)·응결(凝結)되고 응축(凝縮)된 사물을 들 수 있다.

子水가 상징하는 띠는 쥐띠인데, 십이지지에 띠를 대입(代入)한 것은 호사가(好事家)들이 재미 삼아 갖다 붙인 것으로서, 이론적인 근거가 거의 없다고 하겠다.

2. 丑土

丑土는 지장간을 보면 그 속에 癸水(20%)와 辛金(30%)과 己土(50%)가 들어 있다. 지장간이 모두 질(質)에 해당하는 음간(陰干)으로만 이루어져 있는데, 본기(本氣)가 음토(陰土)인 己土이고 여기(餘氣)에 차가운 癸水가 있어서, 구체적인 형체를 지닌 한습(寒濕)한 토양(土壤)으로 볼 수 있다. 이처럼 丑土 속에는 癸水와 辛金이 들어 있어서 辰土보다 더 한습(寒濕)하다. 그래서 丑土는 차가운 습토(濕土)라서, 뜨겁고 건조(乾燥)한 환경에서는 열기(熱氣)를 식혀 사물을 시원하게 해주므로 환영을 받지만, 차갑고 습(濕)한 환경에서는 냉습(冷濕)함을 더해 사물을 얼어 죽게 하므로 꺼리게 된다.

丑土가 상징하는 계절은 혹한(酷寒)의 늦겨울이며, 절기력(節氣曆)으로는 환절기(換節期) 중의 하나인 섣달, 즉 12월이다.

丑土가 상징하는 사물로는, 골짜기의 한토(寒土: 추운 땅)·습토[濕土: 습기(濕氣)가 많아서 축축한 땅]·물과 자갈이 섞여 있는 땅을 들 수 있다.

丑土가 상징하는 띠는 소띠이다.

3. 寅木

寅木은 지장간을 보면 그 속에 丙火(30%)와 甲木(70%)이 들어 있다. 지장간이 모두 양간(陽干), 특히 양목(陽木)과 양화(陽火)로만 이루어져 있으므로, 매우 역동적(力動的)이라서 활동력(活動力)과 추진력(推進力)이 강한 형태라고 할 수 있다. 다만 천간(天干)은 양(陽)인 기(氣)이고 지지(地支)는 음(陰)인 질(質)이라서, 천간의 甲木은 지지의 寅木에 비해 더 유동적(流動的)이고 덜 고정적(固定的)이며, 지지의 寅木은 천간의 甲木에 비해 더 고정적이고 덜 유동적인 형태, 즉 응고(凝固)된 형태라고 보면 될 것이다.

寅木은 고온건조(高溫乾燥)해서, 냉습(冷濕)한 기운이 많은 환경에서는 卯木과는 달리 냉습(冷濕)한 기운을 제거(除去)해주므로, 환영을 받는다.

寅木이 상징하는 계절은 해동(解凍)하는 초봄이며, 절기력(節氣曆)으로는 정월(正月), 즉 1월이다.

寅木이 상징하는 사물로는, 활목[活木: 생기(生氣)가 넘치는 아름드리나무]·나무둥치·미사일·로켓을 들 수 있다.

寅木이 상징하는 띠는 범띠[호랑이띠]이다.

4. 卯木

卯木은 지장간을 보면 그 속에 乙木만 들어 있다. 그래서 卯木은 천간의 乙木과 똑같은 특성을 지니고 있다고 볼 수 있다. 다만 천간(天干)은 양(陽)인 기(氣)이고 지지(地支)는 음(陰)인 질(質)이라서, 천간의 乙木은 지지의 卯木에 비해 더 유동적(流動的)이고 덜 고정적(固定的)이며, 지지의 卯木은 천간의 乙木에 비해 더 고정적이고 덜 유동적인 형체, 즉 응고(凝固)된 형체를 지녔다고 보면 될 것이다. 다시 말해 지지의 卯木은 천간의 乙木에 비해 木의 물질적인 특성이 더 많은 형태라고 할 수 있다. 그러니까 木의 질(質)이 왕성(旺盛)한 초목(草木)이라고 보면 될 것이다.

그런데 卯木은 寅木과는 달리 고온건조(高溫乾燥)하지 않아서, 냉습(冷濕)한 기운이 많은 환경에서는 냉습(冷濕)한 기운을 제거(除去)해주지 못하므로, 환영을 받지 못한다.

卯木이 상징하는 계절은 木이 왕성(旺盛)하고 파종(播種)하는 중춘(仲春)이며, 절기력(節氣曆)으로는 2월이다.

卯木이 상징하는 사물로는, 초목(草木)·거목(巨木)·초목의 뿌리를 들 수 있다.

卯木이 상징하는 띠는 토끼띠이다.

5. 辰土

辰土는 지장간을 보면 그 속에 乙木(20%)과 癸水(30%)와 戊土(50%)가 들어 있다. 그런데 辰土는 본기(本氣)는 양토(陽土)이지만, 여기(餘氣)와 중기(中氣)는 음목(陰木)인 乙木과 음수(陰水)인 癸水이기 때문에, 식물을 배양(培養)하는 데 가장 적합한 토양(土壤)으로 볼 수 있다. 그래서 간지(干支) 중에서 甲辰에 대해 설명하기를, 옥토(沃土: 기름진 땅)에 뿌리를 내려서 매우 안정적으로 자라는 나무라고 한다.

辰土는 덥지도 춥지도 않은 따뜻한 상태의 늪지라고 할 수 있다. 그래서 辰土는 습토(濕土)라서, 더위에는 건조(乾燥)해지지 않고 잘 견디는 반면에 추위에는 잘 견디지 못해 얼어버릴 수 있다.

辰土의 본기(本氣)인 戊土는 양토(陽土)이지만 辰土 속의 乙木과 癸水는 음(陰)이라서, 즉 외양내음(外陽內陰)이라서, 겉으로는 감정적으로 보이지만 속으로는 오히려 차분한 면을 품고 있다고 할 수 있다.

辰土가 상징하는 계절은 따뜻해서 활동하기가 가장 좋은 늦봄이며, 절기력(節氣曆)으로는 환절기(換節期) 중의 하나인 3월이다.

辰土가 상징하는 사물로는, 옥토(沃土: 기름진 땅)·따뜻한 늪지·축축한 부엽토(腐葉土: 풀이나 낙엽 따위가 썩어서 된 흙)를 들 수 있다.

辰土가 상징하는 띠는 용띠이다.

6. 巳火

巳火는 지장간을 보면 그 속에 庚金(30%)과 丙火(70%)가 들어 있다. 지장간이 모두 양간(陽干)으로 이루어져 있는 데다가 양화(陽火)인 丙火가 큰 비중을 차지하고 있어서, 巳火는 강력한 火의 기(氣)인 빛이 주(主)를 이루고 있다고 할 수 있다. 물론 천간(天干)은 양(陽)인 기(氣)이고 지지(地支)는 음(陰)인 질(質)이라서, 천간의 밝은 기운인 丙火는 지지의 밝은 기운인 巳火에 비해 더 유동적(流動的)이고 덜 고정적(固定的)이며, 지지의 밝은 기운인 巳火는 천간의 밝은 기운인 丙火에 비해 더 고정적이고 덜 유동적인 형태, 즉 응고(凝固)된 형태라고 보면 될 것이다.

寅申巳亥를 4생지(生支)라 하는데, 寅木 속의 丙火와 甲木, 申金 속의 壬水와 庚金, 亥水 속의 甲木과 壬水는 한 천간이 다른 천간을 생조(生助)해 주는 관계이지만, 巳火는 생지(生支)이면서도 그 속의 庚金과 丙火는 丙火가 庚金을 극제(剋制)하는 관계라서, 그러한 관계를 이치에 맞게 명확하게 설명하지 못하는 명리학자들을 곤혹스럽게 하고 있다.

巳火가 상징하는 계절은 밝은 햇빛이 가득하고 더위가 시작되는 초여름이며, 절기력(節氣曆)으로는 4월이다.

巳火가 상징하는 사물로는, 빛줄기 · 햇빛 · 레이저 · 밝게 빛나는 사물(예컨대 플래시 · 네온사인)을 들 수 있다.

巳火가 상징하는 띠는 뱀띠이다.

7. 午火

午火는 지장간을 보면 그 속에 丁火만 들어 있다. 그래서 午火는 천간의 丁火와 똑같은 특성을 지니고 있다고 볼 수 있다. 다만 천간(天干)은 양(陽)인 기(氣)이고 지지(地支)는 음(陰)인 질(質)이라서, 천간의 丁火는 지지의 午火에 비해 더 유동적(流動的)이고 덜 고정적(固定的)이며, 지지의 午火는 천간의 丁火에 비해 더 고정적이고 덜 유동적인 형체, 즉 응고(凝固)된 형체를 지녔다고 보면 될 것이다. 다시 말해 지지의 午火는 천간의 丁火에 비해 火의 물질적인 특성이 더 많은 형태라고 할 수 있다. 그러니까 지지의 午火는 火의 질(質)이 왕성(旺盛)한 뜨거운 열(熱)이라고 보면 될 것이다. 그래서 午火는 적당하면 삼라만상(森羅萬象)을 따뜻하게 해주지만, 그 기운이 지나쳐서 넘치면 삼라만상을 불태워버리는 작용을 한다.

午火가 상징하는 계절은 폭염(暴炎: 불볕더위)이 기승(氣勝)을 부리는 한여름이며, 절기력(節氣曆)으로는 5월이다.

午火가 상징하는 사물로는, 불·태양열(太陽熱)·지열(地熱)·대기열(大氣熱)·따뜻하거나 뜨거운 사물[예컨대 전열기(電熱器)]을 들 수 있다.

午火가 상징하는 띠는 말띠이다.

8. 未土

未土는 지장간을 보면 그 속에 丁火(20%)와 乙木(30%)과 己土(50%)가 들어 있다. 지장간이 모두 질(質)에 해당하는 음간(陰干)으로만 이루어져 있는데, 본기(本氣)가 음토(陰土)인 己土이고 여기(餘氣)에 뜨거운 丁火가 있어서, 구체적인 형체를 지닌 뜨겁고 건조(乾燥)한 토양(土壤)으로 볼 수 있다. 그래서 未土는 조토(燥土)라서, 차갑고 습(濕)한 환경에서는 냉습(冷濕)함을 제거하여 사물을 길러주므로 환영을 받지만, 뜨겁고 건조(乾燥)한 환경에서는 열기(熱氣)와 건조(乾燥)함을 더하여 사물을 말라 죽게 하므로 꺼리게 된다.

未土가 상징하는 계절은 삼복(三伏) 더위가 세력을 떨치는 늦여름이며, 절기력(節氣曆)으로는 환절기(換節期) 중의 하나인 6월이다.

未土가 상징하는 사물로는, 고온건조(高溫乾燥)한 토양(土壤) · 고원(高原: 높은 곳에 있는 넓은 벌판)을 들 수 있다.

未土가 상징하는 띠는 양[염소]띠이다.

9. 申金

申金은 지장간을 보면 그 속에 壬水와 庚金이 들어 있다. 지장간이 모두 양간(陽干)으로만 이루어져 있어서 역동적(力動的)이지만, 지장간이 金水로만 이루어져 있어서 서늘하고 차가운 기운이 강하다고 할 수 있다. 물론 천간(天干)은 양(陽)인 기(氣)이고 지지(地支)는 음(陰)인 질(質)이라서, 천간의 서늘하고 차가운 기운인 庚金과 壬水는 지지의 서늘하고 차가운 기운인 申金에 비해 더 유동적(流動的)이고 덜 고정적(固定的)이며, 지지의 서늘하고 차가운 기운인 申金은 천간의 서늘하고 차가운 기운인 庚金과 壬水에 비해 더 고정적이고 덜 유동적인 형태, 즉 응고(凝固)된 형태라고 보면 될 것이다.

참고로 4생지(生支)에 해당하는 寅申巳亥는 응고(凝固)된 형태의 기(氣)가 강하게 작용하는 데 반해, 4왕지(旺支)에 해당하는 子午卯酉는 응고(凝固)된 형태의 질(質)이 강하게 작용한다고 할 수 있다. 그리고 4고지(庫支)

에 해당하는 辰戌丑未는 각종 물건을 보관하는 창고와 같이 각각 본기(本氣)인 戊己土가 여기(餘氣)와 중기(中氣), 특히 중기(中氣)인 木火金水를 저장(貯藏)하여 보관하는 작용을 한다고 할 수 있다.

申金이 상징하는 계절은 결실(結實)의 준비단계에 해당하는 초가을이며, 절기력(節氣曆)으로는 7월이다.

申金이 상징하는 사물로는, 냉풍(冷風)·광물질(鑛物質)·암반(巖盤)을 들 수 있다.

申金이 상징하는 띠는 원숭이[잔나비]띠이다.

10. 酉金

酉金은 지장간을 보면 그 속에 辛金만 들어 있다. 그래서 酉金은 천간의 辛金과 똑같은 특성을 지니고 있다고 볼 수 있다. 다만 천간(天干)은 양(陽)인 기(氣)이고 지지(地支)는 음(陰)인 질(質)이라서, 천간의 辛金은 지지의 酉金에 비해 더 유동적(流動的)이고 덜 고정적(固定的)이며, 지지의 酉金은 천간의 辛金에 비해 더 고정적이고 덜 유동적인 형체, 즉 응고(凝固)된 형체를 지녔다고 보면 될 것이다. 다시 말해 지지의 酉金은 천간의 辛金에 비해 金의 물질적인 특성이 더 많은 형태라고 할 수 있다. 그러니까 金의 질(質)이 왕성(旺盛)한 광물질(鑛物質)이라고 보면 될 것이다.

酉金이 상징하는 계절은 결실(結實)을 맺어 추수(秋收)하는 중추(中秋)이며, 절기력(節氣曆)으로는 8월이다.

酉金이 상징하는 사물로는, 광물질(鑛物質)·암석(巖石)·금속(金屬)·도검(刀劍)·보석(寶石)을 들 수 있다.

酉金이 상징하는 띠는 닭띠이다.

11. 戌土

戌土는 지장간을 보면 그 속에 辛金(20%)과 丁火(30%)와 戌土(50%)가 들어 있다. 戌土의 지강간에는 丁火가 30%나 들어 있어서 丁火가 20% 들어 있는 未土보다 열기(熱氣)가 더 많고 더 건조(乾燥)하다. 그래서 戌土는 조토(燥土)라서, 차갑고 습(濕)한 환경에서는 냉습(冷濕)함을 제거해주므로 환영을 받지만, 뜨겁고 건조(乾燥)한 환경에서는 열기(熱氣)와 건조(乾燥)함을 더하여 사물을 말라 죽게 하므로 꺼리게 된다.

戌土의 본기(本氣)인 戌土는 양토(陽土)이지만 戌土 속의 辛金과 丁火는 음(陰)이라서, 즉 외양내음(外陽內陰)이라서, 겉으로는 감정적으로 보이지만 속으로는 오히려 차분한 면을 품고 있다고 할 수 있다.

戌土가 상징하는 계절은 한 해 중에 가장 건조(乾燥)한 늦가을이며, 절기력(節氣曆)으로는 환절기(換節期) 중의 하나인 9월이다.

戌土가 상징하는 띠는 개띠이다.

12. 亥水

亥水는 지장간을 보면 그 속에 甲木(30%)과 壬水(70%)가 들어 있다. 지장간이 모두 양간(陽干)으로만 이루어져 있어서 역동적(力動的)이지만, 壬水의 비중이 높아서 차가운 기운이 강하다고 할 수 있다. 물론 천간(天干)은 양(陽)인 기(氣)이고 지지(地支)는 음(陰)인 질(質)이라서, 천간의 차가운 기운인 壬水는 지지의 차가운 기운인 亥水에 비해 더 유동적(流動的)이고 덜 고정적(固定的)이며, 지지의 차가운 기운인 亥水는 천간의 차가운 기운인 壬水에 비해 더 고정적이고 덜 유동적인 형태, 즉 응고(凝固)된 형태를 지녔다고 보면 될 것이다.

亥水 속에 들어 있는 甲木의 상태에 대해서는 말이 많은데, 일반적으로 甲木은 쉼 없이 움직여 뻗어나가 생장(生長)하는 기운이라서 새싹으로 보지만, 여기서는 亥水 속의 壬水에 잠겨 있어서 움직여 뻗어나가는 힘이 매우 부족하므로 씨앗의 형태로 존재한다고 보는 것이 타당하다. 물론 씨앗 속에 움직여 뻗어나가는 힘이 내재되어 있으므로, 亥水 주위에 木火가 많으면 甲木의 기운이 씨앗을 깨고 나와 움직여 뻗어나가는 본래의 힘이 제대로 작용할 것이다.

亥水가 상징하는 계절은 삼라만상(森羅萬象)이 활동을 멈추고 휴식(休息)하는 초겨울이며, 절기력(節氣曆)으로는 10월이다.

亥水가 상징하는 사물로는, 바다·강·호수·하천(河川)을 들 수 있다.

亥水가 상징하는 띠는 돼지띠이다.

제6장
간지(干支)

육십간지(六十干支)

1. 육십간지(六十干支)의 조합법(組合法)

간지(干支)는 모두 60가지로 이루어져 있다. 간지가 60가지로 조합(組合)되는 원리는 다음과 같다.

천간(天干): 甲乙丙丁戊己庚辛壬癸
지지(地支): 子丑寅卯辰巳午未申酉戌亥

먼저 천간의 첫 글자인 甲木과 지지의 첫 글자인 子水가 조합되어 간지 甲子가 되고, 그다음에 천간의 두 번째 글자인 乙木과 지지의 두 번째 글자인 丑土가 조합되어 간지 乙丑이 되고 … 천간의 열 번째 글자인 癸水와 지지의 열 번째 글자인 亥水가 조합되어 간지 癸亥가 된다. 여기까지 오면 천간은 열 개가 다 조합이 되었는데 지지는 두 개(戌土와 亥水)가 남아 있다. 그러면 천간은 다시 甲木부터 시작해서 지지와 조합된다. 그러니까 다음에는 천간의 甲木과 지지의 戌土가 조합되어 간지 甲戌이 되고, 그다음에는 천간의 乙木과 지지의 亥水가 조합되어 간지 乙亥가 된다. 여기까지 오면 지지도 열두 개가 다 조합이 되었으므로, 다시 子水부터 시작해서 천간과 조합된다. 그러니까 다음에는 천간의 丙火와 지지의 子水가 조합되어 간지 丙子가 되고, 그다음에는 천간의 丁火와 지지의 丑土가 조합되어 간지 丁丑이 되고 … 이런 식으로 계속해서 조합이 되다 보면 마지막에는 천간의 癸

水와 지지의 亥水가 조합되어 간지 癸亥가 된다. 이렇게 조합이 된 간지의 가짓수가 60가지라서 육십간지(六十干支)라고 한다. 그다음부터는 같은 간지의 조합이 되풀이된다.

육십간지(六十干支)를 甲子로 시작한다고 해서 육십갑자(六十甲子)라고도 하는데, 다음에 육십갑자(六十甲子) 조견표(早見表)를 제시한다.

〈육십갑자(六十甲子) 조견표(早見表)〉

순(旬)	육십갑자(六十甲子)									
甲子旬	甲子	乙丑	丙寅	丁卯	戊辰	己巳	庚午	辛未	壬申	癸酉
甲戌旬	甲戌	乙亥	丙子	丁丑	戊寅	己卯	庚辰	辛巳	壬午	癸未
甲申旬	甲申	乙酉	丙戌	丁亥	戊子	己丑	庚寅	辛卯	壬辰	癸巳
甲午旬	甲午	乙未	丙申	丁酉	戊戌	己亥	庚子	辛丑	壬寅	癸卯
甲辰旬	甲辰	乙巳	丙午	丁未	戊申	己酉	庚戌	辛亥	壬子	癸丑
甲寅旬	甲寅	乙卯	丙辰	丁巳	戊午	己未	庚申	辛酉	壬戌	癸亥

위의 육십갑자조견표(六十甲子早見表)는 억지로 암기할 필요가 없다. 왜냐하면 위에서 설명한 대로 십천간(十天干)과 십이지지(十二地支)만 순서대로 외우고 나서 천간과 지지의 조합법(組合法)만 알고 있으면 되기 때문이다. 물론 조합법에 따르더라도 처음에는 빨리 조합이 되지 않겠지만, 시간이 지나면 빠르게 조합할 수 있게 되어 저절로 암기가 될 것이다.

2. 육십간지(六十干支)의 생극(生剋)

이상에서 살펴본 바와 같이 육십간지(六十干支)는 십천간(十天干)과 십이지지(十二地支)의 조합(組合)으로 이루어져 있고, 십천간(十天干)과 십이지지(十二地支)는 오행(五行)이 변화(變化)하여 확장(擴張)한 형태라고 할 수 있으므로, 오행(五行)의 생극관계(生剋關係)는 육십간지(六十干支)에도 당연히 그대로 적용이 된다고 해야 할 것이다. 물론 육십간지(六十干支)의 생극관계(生剋關係)는 지장간(支藏干)까지 고려해야 하다 보니 오행(五行)의 생극관계(生剋關係)에 비해 훨씬 더 다양하고 복잡하긴 하지만, 생극관계(生剋關係)의 원리(原理)는 오행(五行)과 육십간지(六十干支)가 똑같다고 보면 될 것이다.

간지(干支)의 상생관계(相生關係)

　천간(天干)의 甲木과 乙木은 丙火와 丁火를 생조(生助)하고, 丙火와 丁火는 戊土와 己土를 생조하고, 戊土와 己土는 庚金과 辛金을 생조하고, 庚金과 辛金은 壬水와 癸水를 생조하고, 壬水와 癸水는 甲木과 乙木을 생조한다. 그리고 지지(地支)의 寅木과 卯木은 巳火와 午火를 생조하고, 巳火와 午火는 丑土와 辰土와 未土와 戌土를 생조하고, 丑土와 辰土와 未土와 戌土는 申金과 酉金을 생조하고, 申金과 酉金은 亥水와 子水를 생조하고, 亥水와 子水는 寅木과 卯木을 생조한다.

　천간과 지지의 상생관계(相生關係)도 똑같이 성립이 된다. 예컨대 甲午라는 간지의 경우에 천간의 甲木이 지지의 午火를 생조하고, 丁卯라는 간지의 경우에 지지의 卯木이 천간의 丁火를 생조하고, 丙辰이라는 간지의 경우에 천간의 丙火가 지지의 辰土를 생조하고, 己巳라는 간지의 경우에 지지의 巳火가 천간의 己土를 생조하고, 己酉라는 간지의 경우에 천간의 己土가 지지의 酉金을 생조하고, 庚辰이라는 간지의 경우에 지지의 辰土가 천간의 庚金을 생조하고, 辛亥라는 간지의 경우에 천간의 辛金이 지지의 亥水를 생조하고, 壬申이라는 간지의 경우에 지지의 申金이 천간의 壬水를 생조하고, 壬寅이라는 간지의 경우에 천간의 壬水가 지지의 寅木을 생조하고, 甲子라는 간지의 경우에 지지의 子水가 천간의 甲木을 생조한다.

　그런데 간지가 생조를 하는 경우에 음양(陰陽)이 같은 생조가 있고 음양이 다른 생조가 있는데, 음양이 같은 생조는 서로 밀치는 성질이 있어서 끈끈하지 못하다 보니 무정(無情)한 생조라 하고, 음양이 다른 생조는 서로 끌어당기는 성질이 있어서 끈끈하다 보니 유정(有情)한 생조라 한다. 예컨대 甲木이 丙火를 생조하거나, 午火가 未土를 생조하거나, 간지 壬申에서 申金이 壬水를 생조하거나, 간지 丙戌에서 丙火가 戌土를 생조하는 경우는 음양이 같은 생조라서 무정(無情)한 생조라 하며, 甲木이 丁火를 생조하거나, 午火가 辰土를 생조하거나, 간지 甲子에서 子水가 甲木을 생조하거나, 간지 乙巳에서 乙木이 巳火를 생조하는 경우에는 음양이 다른 생조라서 유정(有情)한 생조라 한다. 일반적으로는 음양이 다른 생조가 밀착력(密着力)이 있어서 더 좋다고 하지만, 항상 그런 것은 아니다. 그리고 생조해주는 천간 또는 지지가 생조를 받는 천간 또는 지지와 서로 붙어 있지 않고 떨어져 있으면, 직접적인 생조(生助)를 주고받지 못하다 보니 생조하는 힘이 약해서 무정(無情)하다고 한다.

그런데 유의할 점이 하나 있는데, 사주명식(四柱命式)을 예로 들어 설명하기로 한다.

시주(時柱)	일주(日柱)	월주(月柱)	연주(年柱)	
乙	壬	丁	庚	干
巳	申	亥	辰	支

위의 사주명식에서 대각선(對角線)으로는 생조를 할 수 없다는 점을 유의해야 한다. 예컨대 연간(年干)의 庚金은 월지(月支)의 亥水를 생조할 수 없으며, 월간(月干)의 丁火는 연지(年支)의 辰土를 생조할 수 없으며, 월지(月支)의 亥水는 시간(時干)의 乙木을 생조할 수 없다. 요컨대 좌우(左右)와 상하(上下)로만 생조를 할 수 있지 대각선으로는 생조를 할 수 없다는 점을 유의해야 한다.

100

간지(干支)의 상극관계(相剋關係)

　천간(天干)의 甲木과 乙木은 戊土와 己土를 극제(剋制)하고, 丙火와 丁火는 庚金과 辛金을 극제하고, 戊土와 己土는 壬水와 癸水를 극제하고, 庚金과 辛金은 甲木과 乙木을 극제하고, 壬水와 癸水는 丙火와 丁火를 극제한다. 그리고 지지(地支)의 寅木과 卯木은 丑土와 辰土와 未土와 戌土를 극제하고, 巳火와 午火는 申金과 酉金을 극제하고, 丑土와 辰土와 未土와 戌土는 亥水와 子水를 극제하고, 申金과 酉金은 寅木과 卯木을 극제하고, 亥水와 子水는 巳火와 午火를 극제한다.

　천간과 지지의 극제관계(剋制關係)도 똑같이 성립이 된다. 예컨대 甲辰이라는 간지의 경우에 천간의 甲木이 지지의 辰土를 극제하고, 己卯라는 간지의 경우에 지지의 卯木이 천간의 己土를 극제하고, 丙申이라는 간지의 경우에 천간의 丙火가 지지의 申金을 극제하고, 庚午라는 간지의 경우에 지지의 午火가 천간의 庚金을 극제하고, 己亥라는 간지의 경우에 천간의 己土가 지지의 亥水를 극제하고, 壬戌이라는 간지의 경우에 지지의 戌土가 천간의 壬水를 극제하고, 辛卯라는 간지의 경우에 천간의 辛金이 지지의 卯木을 극제하고, 甲申이라는 간지의 경우에 지지의 申金이 천간의 甲木을 극제하고, 癸巳라는 간지의 경우에 천간의 癸水가 지지의 巳火를 극제하고, 丙子라는 간지의 경우에 지지의 子水가 천간의 丙火를 극제한다.

　그런데 간지가 극제를 하는 경우에 음양(陰陽)이 같은 극제가 있고 음양이 다른 극제가 있는데, 음양이 같은 극제는 서로 밀치는 성질이 있어서 인정사정(人情事情)없이 극제를 하고, 음양이 다른 극제는 서로 끌어당기는 성질이 있어서 심하게 극제하지는 않는다. 예컨대 甲木이 戊土를 극제하거나, 午火가 酉金을 극제하거나, 간지 乙酉에서 酉金이 乙木을 극제하거나, 간지 甲辰에서 甲木이 辰土를 극제하는 경우는 음양이 같은 극제라서 인정사정없이 극제를 하며, 乙木이 戊土를 극제하거나, 午火가 申金을 극제하거나, 간지 丙子에서 子水가 丙火를 극제하거나, 간지 己亥에서 己土가 亥水를 극제하는 경우는 음양이 다른 극제라서 심하게 극제하지는 않는다. 일반적으로는 음양이 다른 극제가 그나마 밀착력(密着力)이 있어서 더 좋다고 하지만, 항상 그런 것은 아니다. 그리고 극제하는 천간 또는 지지가 극제를 받는 천간 또는 지지와 서로 붙어 있지 않고 떨어져 있으면, 직접적인 극제(剋制)를 하지 못하다 보니 극제하는 힘이 약하다고 할 수 있다.

그런데 여기서도 유의할 점이 하나 있는데, 앞에서 예를 든 사주명식(四柱命式)에서 대각선(對角線)으로는 생조뿐만 아니라 극제도 할 수 없다는 점을 유의해야 한다. 예컨대 월간(月干)의 丁火는 일지(日支)의 申金을 극제할 수 없으며, 일간(日干)의 壬水는 시지의 巳火를 극제할 수 없으며, 시간(時干)의 乙木은 연지(年支)의 辰土를 극제할 수 없으며, 연지(年支)의 辰土는 일간(日干)의 壬水를 극제할 수 없으며, 시지(時支)의 巳火는 연간(年干)의 庚金을 극제할 수 없다. 요컨대 좌우(左右)와 상하(上下)로만 극제를 할 수 있지 대각선으로는 극제를 할 수 없다는 점을 유의해야 한다.

간지(干支)의 동일관계(同一關係)

한 오행(五行)이 같은 오행을 만나면, 서로 의지(依支)하여 도움을 준다. 다시 말해 木이 木을 만나거나 火가 火를 만나거나 土가 土를 만나거나 金이 金을 만나거나 水가 水를 만나면, 서로 의지하여 도움을 준다. 이처럼 같은 오행끼리 도움을 주는 것을 방조(幇助)라 한다.

천간과 지지의 동일관계(同一關係)도 똑같이 성립이 된다. 천간(天干)의 甲木이 甲木이나 乙木을 만나거나, 丙火가 丙火나 丁火를 만나거나, 戊土가 戊土나 己土를 만나거나 庚金이 庚金이나 辛金을 만나거나 壬水가 壬水나 癸水를 만나면, 서로 도움을 준다. 또 지지의 子水가 子水나 亥水를 만나거나, 丑土가 丑土나 未土나 辰土나 戌土를 만나거나 寅木이 寅木이나 卯木을 만나거나, 巳火가 巳火나 午火를 만나거나, 申金이 申金이나 酉金을 만나면, 역시 서로 도움을 준다. 또 간지 甲寅과 乙卯와 丙午와 丁巳와 戊辰과 戊戌과 己丑과 己未와 庚申과 辛酉와 壬子와 癸亥의 경우에, 甲木과 寅木, 乙木과 卯木, 丙火와 午火, 丁火와 巳火, 戊土와 辰土, 戊土와 戌土, 己土와 丑土, 己土와 未土, 庚金과 申金, 辛金과 酉金, 壬水와 子水, 癸水와 亥水는 서로 도움을 준다.

일반적으로 방조(幇助)의 경우에는 생조(生助)나 극제(剋制)와는 달리 음양이 같은 방조든 음양이 다른 방조든 별로 상관하지 않는다. 그리고 방조(幇助)해주는 천간 또는 지지가 서로 붙어 있지 않고 떨어져 있으면, 직접적인 방조(幇助)를 하지 못하다 보니 방조(幇助)해주는 힘이 약하다고 할 수 있다.

  그런데 여기서도 유의할 점이 하나 있는데, 앞에서 예를 든 사주명식(四柱命式)에서 대각선(對角線)으로는 방조(幇助)도 할 수 없다는 점을 유의해야 한다. 예컨대 연간(年干)의 庚金과 일지(日支)의 申金은 서로 방조(幇助)해줄 수 없으며, 월간(月干)의 丁火와 시지(時支)의 巳火는 서로 방조(幇助)해줄 수 없으며, 월지(月支)의 亥水와 일간(日干)의 壬水는 서로 방조(幇助)해줄 수 없다.

제5절

간지(干支)의 음양(陰陽)의 생극관계(生剋關係)

앞에서 간지(干支)가 생조(生助)를 하는 경우에 음양(陰陽)이 같은 생조가 있고 음양이 다른 생조가 있는데, 음양이 같은 생조는 서로 밀치는 성질이 있어서 끈끈하지 못하다 보니 무정(無情)한 생조라 하고, 음양이 다른 생조는 서로 끌어당기는 성질이 있어서 끈끈하다 보니 유정(有情)한 생조라 한다고 했다. 또 간지가 극제(剋制)를 하는 경우에 음양(陰陽)이 같은 극제가 있고 음양이 다른 극제가 있는데, 음양이 같은 극제는 서로 밀치는 성질이 있어서 인정사정(人情事情)없이 극제를 하고, 음양이 다른 극제는 서로 끌어당기는 성질이 있어서 심하게 극제하지는 않는다고 했다.

여기서는 천간과 지지로 나누어 이에 대해 좀 더 구체적으로 살펴보기로 한다. 내용을 보면 합(合)과 충(沖)이라는 말이 나오는데, 이에 대해서는 〈제9장 천간(天干) 오합(五合) 또는 간합(干合)〉과 〈제14장 제1절 충(沖)〉을 참고하면 될 것이다.

1. 천간(天干)의 음양(陰陽)의 생극관계(生剋關係)

기본적으로 양간(陽干)은 양간(陽干)보다 음간(陰干)을 더 잘 생조(生助)하고 양간보다 음간(陰干)을 덜 극제(剋制)한다. 십간(十干)별로 구체적으로 살펴보면 다음과 같다.

① 甲木은 丙火보다 丁火를 더 잘 생조하고 戊土보다 己土를 덜 극제한다. 그런데 甲木은 己土를 극제하는 동시에 己土와 간합(干合)하여 서로 묶여버린다.

② 乙木은 丁火보다 丙火를 더 잘 생조하고 己土보다 戊土를 덜 극제한다.

③ 丙火는 戊土보다 己土를 더 잘 생조하고 庚金보다 辛金을 덜 극제한다. 그런데 丙火는 辛金을 극제하는 동시에 辛金과 간합(干合)하여 서로 묶여버린다.

④ 丁火는 己土보다 戊土를 더 잘 생조하고 辛金보다 庚金을 덜 극제한다.

⑤ 戊土는 庚金보다 辛金을 더 잘 생조하고 壬水보다 癸水를 덜 극제한다. 그런데 戊土는 癸水를 극제하는 동시에 癸水와 간합(干合)하여 서로 묶여버린다.

⑥ 己土는 辛金보다 庚金을 더 잘 생조하고 癸水보다 壬水를 덜 극제한다.

⑦ 庚金은 壬水보다 癸水를 더 잘 생조하고 甲木보다 乙木을 덜 극제한다. 그런데 庚金은 乙木을 극제하는 동시에 乙木과 간합(干合)하여 서로 묶여버린다.

⑧ 辛金은 癸水보다 壬水를 더 잘 생조하고 乙木보다 甲木을 덜 극제한다.

⑨ 壬水는 甲木보다 乙木을 더 잘 생조하고 丙火보다 丁火를 덜 극제한다. 그런데 壬水는 丁火를 극제하는 동시에 丁火와 간합(干合)하여 서로 묶여버린다.

⑩ 癸水는 乙木보다 甲木을 더 잘 생조하고 丁火보다 丙火를 덜 극제한다.

2. 지지(地支)의 음양(陰陽)의 생극관계(生剋關係)

기본적으로 양지(陽支)는 양지(陽支)보다 음지(陰支)를 더 잘 생조(生助)하고 양지(陽支)보다 음지(陰支)를 덜 극제(剋制)하지만, 지장간의 구성에 따라 반대의 결과가 나타나는 경우도 많다.

십이지지(十二地支)별로 구체적으로 살펴보면 다음과 같다.

① 寅木은 巳火보다 午火를 더 잘 생조한다. 그리고 寅木은 辰土를 가장 잘 극제하고 그다음으로 未土를 잘 극제하지만, 戌土와 丑土의 경우에는 寅木 속에 들어 있는 甲木이 戌丑土 속에 들어 있는 辛金의 극제를 받아서 寅木이 戌土와 丑土를 쉽게 극제하지는 못한다.

② 卯木은 巳火보다 午火를 더 잘 생조한다. 왜냐하면 巳火 속에는 庚金이 들어 있어서 卯木이 庚金의 극제도 다소 받기 때문이다. 그리고 卯木은 未土를 가장 잘 극제하고 그다음으로 辰土를 잘 극제하지만, 戌土와 丑土의 경우에는 卯木 속에 들어 있는 乙木이 戌丑土 속에 들어 있는 辛金의 극제를 받아서 卯木이 戌土와 丑土를 쉽게 극제하지는 못한다.

③ 巳午火(특히 午火)는 습토(濕土)인 辰丑土(특히 丑土)를 아주 잘 생조하지만 조토(燥土)인 戌未土는 제대로 생조하지 못한다. 그리고 午火는 申酉金(특히 酉金)을 심하게 극제하지만, 巳火는 申酉金을 심하게 극제하지는 않는다.

④ 辰丑土(특히 丑土)는 습토라서 申酉金을 아주 잘 생조하지만, 戌未土(특히 未土)는 조토라서 申酉金을 제대로 생조하지 못한다. 그리고 戌未土는 조토라서 亥子水를 심하게 극제하지만(특히 戌土는 亥水를 더 심하게 극제하고 未土는 子水를 더 심하게 극제한다), 辰丑土(특히 丑土)는 亥子水를 별로 극제하지 않으며 亥子水가 아주 왕한 경우에는 亥子水를 극제하기는커녕 오히려 亥子水에게 동화(同化)되어버리기도 한다.

⑤ 申酉金은 亥水보다 子水를 더 잘 생조한다. 그리고 申金은 寅木을 심하게 충(沖)하지만 卯木을 심하게 극제하지는 않으며[申金 속의 庚金과 卯木 속의 乙木이 암합(暗合)하기 때문에 申金은 卯木을 심하게 극제하지는 않는다], 酉金은 卯木을 심하게 충(沖)하지만 寅木을 심하게 극제하지는 못한다(酉金 속의 辛金이 寅木 속의 丙火에게 극제를 받기 때문에 酉金은 寅木을 심하게 극제하지는 못한다).

⑥ 亥水는 子水보다 寅卯木을 더 잘 생조한다. 그리고 亥水는 巳火를 심하게 충(沖)하지만 午火를 심하게 극제하지는 않으며, 子水는 午火를 심하게 충(沖)하지만 巳火를 심하게 극제하지는 않는다.

생극(生剋)의 이해관계(利害關係)

 보통 생조(生助)와 방조(幫助)는 좋고 극제(剋制)는 나쁘다고 보기 쉬운데, 현실적으로 사주(四柱)를 해석하다 보면 그렇지 않은 경우를 얼마든지 만나게 된다. 그러니까 생조(生助)와 방조(幫助)는 오히려 나쁘고 극제(剋制)는 오히려 좋은 경우도 얼마든지 있다는 말이다. 간지(干支)는 오행(五行)이 분화(分化)된 것이므로, 오행으로써 이에 대해 살펴보기로 한다.
 어느 오행이 약할수록 그 오행을 생조(生助)해주거나 방조(幫助)해주는 것이 좋다. 그리고 어느 오행이 강할수록 그 오행을 극제(剋制)하거나 설기(洩氣)하는 것이 좋다. 그런데 어느 오행이 지나치게 강한 경우에는 그 오행을 극제(剋制)하는 것은 오히려 나쁘고 설기(洩氣)하는 것이 좋다. 이에 대해서는 〈제3장 제5절 오행(五行)의 전도(顚倒)〉에서 상세하게 설명하였으니, 위의 내용이 이해가 잘 되지 않는다면 앞에서 설명한 부분을 다시 한 번 읽어보는 것이 도움이 될 것이다.
 이에 대한 실제적인 적용은 나중에 〈제18장 용신(用神)을 찾는 법〉에서 자세하게 다룰 것이다.

제7장
왕상휴수사(旺相休囚死)

왕상휴수사(旺相休囚死)의 개념

왕상휴수사(旺相休囚死)는 앞에서 살펴본 바와 같이 오행(五行)이 생조(生助)와 방조(幇助)와 극제(剋制)를 주고받는 경우에 어느 오행의 힘의 세기가 어느 정도인가를 측정(測定)하여 힘의 세기가 큰 순서대로 구분해놓은 것이다.

일간(日干)을 기준으로 해서 볼 때, 왕(旺)은 비겁(比劫)이고 상(相)은 인성(印星)이고 수(囚)는 재성(財星)이고 휴(休)는 식상(食傷)이고 사(死)는 관살(官殺)이다. 다른 간지(干支)를 기준으로 해서 볼 때도 다른 간지를 일간으로 간주하고서 판단하면 된다.

오행의 왕상휴수사(旺相休囚死) 관계표(關係表)를 먼저 제시하고 나서 왕상휴수사(旺相休囚死) 각각의 개념에 대해 살펴보기로 한다.

〈오행(五行)의 왕상휴수사(旺相休囚死) 관계표(關係表)〉

관계 오행[일간]	旺(비겁)	相(인성)	休(식상)	囚(재성)	死(관살)
木 일간	木	水	火	土	金
火 일간	火	木	土	金	水
土 일간	土	火	金	水	木
金 일간	金	土	水	木	火
水 일간	水	金	木	火	土

1. 왕(旺)

왕(旺)이라 함은 일간(日干)을 방조(幇助)해주는 오행(五行), 즉 일간과 같은 오행을 만난 경우를 말한다. 예컨대 甲木 일간이나 乙木 일간이 甲乙木이나 寅卯木을 만난 경우이다.

2. 상(相)

상(相)이라 함은 일간을 생조(生助)해주는 오행을 만난 경우를 말한다. 예컨대 戊土 일간이나 己土 일간이 丙丁火나 巳午火를 만난 경우이다.

3. 휴(休)

휴(休)라 함은 일간이 생조(生助)해주는 오행을 만난 경우를 말한다. 예컨대 庚金 일간이나 辛金 일간이 壬癸水나 亥子水를 만난 경우이다.

4. 수(囚)

수(囚)라 함은 일간이 극제(剋制)하는 오행을 만난 경우를 말한다. 예컨대 丙火 일간이나 丁火 일간이 庚辛金이나 申酉金을 만난 경우이다.

5. 사(死)

사(死)라 함은 일간을 극제(剋制)하는 오행을 만난 경우를 말한다. 예컨대 壬水 일간이나 癸水 일간이 戊己土나 辰戌丑未土를 만난 경우이다.

제2절

왕상수휴사(旺相囚休死)가 옳다

  이상으로 왕상휴수사(旺相休囚死)의 개념에 대해 살펴보았는데, 일간(日干) 또는 다른 간지(干支)는 왕(旺)인 비겁(比劫)에서 가장 큰 힘을 얻고 상(相)인 인성(印星)에서도 왕(旺)인 비겁(比劫)에서와 비슷한 힘을 얻지만, 수(囚)인 재성(財星)에서는 힘을 빼앗기고 휴(休)인 식상(食傷)에서는 힘을 더 빼앗기고 사(死)인 관살(官殺)에서는 힘을 가장 많이 빼앗긴다. 일반적으로는 일간이 휴(休)인 식상(食傷)에서보다 수(囚)인 재성(財星)에서 힘을 더 빼앗긴다고 하지만, 임상(臨床) 경험으로 볼 때 일간이 수(囚)인 재성(財星)보다 휴(休)인 식상(食傷)에서 힘을 더 빼앗기는 것을 알 수 있다.

  따라서 일간 또는 다른 간지에 힘을 주는 순서대로 나열해볼 때, 왕상휴수사(旺相休囚死)로 명명(命名)하는 것은 타당하지 않으며, 왕상수휴사(旺相囚休死)로 명명(命名)하는 것이 타당할 것이다.

십이운성(十二運星)의 왕상수휴사(旺相囚休死)

    십이운성(十二運星)은 포태법(胞胎法)이라고도 하는데, 이는 오래전에 생긴 오행(五行)의 왕상휴수사(旺相休囚死) 적용법이라 할 수 있다. 십이운성(十二運星)에 대해서는 국내외 대부분의 명리서적(命理書籍)에서 소개가 되고 있으나, 그 이론적인 근거가 오행의 생극제화(生剋制化)의 이치에 맞지 않으므로, 필자는 십이운성을 전혀 활용하지 않고 있다. 그래도 워낙 많이 알려진 내용이라서 참고라도 할 필요가 있겠기에, 간단하게나마 살펴보기로 한다.

〈십이운성(十二運星) 도표(圖表)〉

	甲	乙	丙戊	丁己	庚	辛	壬	癸
장생(長生)	亥	午	寅	酉	巳	子	申	卯
목욕(沐浴)	子	巳	卯	申	午	亥	酉	寅
관대(冠帶)	丑	辰	辰	未	未	戌	戌	丑
건록(建祿)	寅	卯	巳	午	申	酉	亥	子
제왕(帝旺)	卯	寅	午	巳	酉	申	子	亥
쇠(衰)	辰	丑	未	辰	戌	未	丑	戌
병(病)	巳	子	申	卯	亥	午	寅	酉
사(死)	午	亥	酉	寅	子	巳	卯	申
묘(墓)	未	戌	戌	丑	丑	辰	辰	未
절(絶)	申	酉	亥	子	寅	卯	巳	午
태(胎)	酉	申	子	亥	卯	寅	午	巳
양(養)	戌	未	丑	戌	辰	丑	未	辰

위 표의 각 용어(用語)에 대해 순서대로 설명하면 다음과 같다. 장생(長生)은 마치 사람이 처음으로 태어나는 것과 같다. 목욕(沐浴)은 마치 사람이 처음 태어날 때 목욕을 시켜 때를 벗겨내는 것과 같다. 관대(冠帶)라고 함은 외모와 기운이 점차로 자라는 것을 말하는데, 마치 사람이 나이가 들면 머리에 관을 쓰고 허리에 띠를 매는 것과 같다. 건록(建祿)이라고 함은 자라서 외모와 기운이 왕성하게 되는 것을 말하는데, 마치 사람이 벼슬길에 나갈 수 있는 것과 같다. 제왕(帝旺)이라고 함은 왕성함이 거의 극에 달한 것을 말하는데, 마치 사람이 제왕(帝王)을 보좌하여 큰일을 이루는 것과 같다. 쇠(衰)라고 함은 왕성함이 이미 극에 달하여 서서히 쇠약해지는 것을 말하는데, 곧 만물이 처음으로 변화하는 것을 말한다. 병(病)이라고 함은 쇠약한 정도가 심해지는 것을 말한다. 사(死)라고 함은 기운이 다 빠져서 남아 있는 것이 없는 것을 말한다. 묘(墓)라고 함은 천지자연 속에 거두어들여서 간직해 놓는 것을 말하는데, 마치 사람이 땅속에 묻히는 것과 같다. 절(絕)이라고 함은 이전의 기운이 끊어지고 난 다음에 그 기운이 앞으로 계속 이어지기를 기다리는 것을 말한다. 태(胎)라고 함은 다음의 기운으로 이어져서 잉태가 되는 것을 말한다. 양(養)은 마치 사람이 어머니의 배 속에서 양육되는 것과 같다. 양(養)에서 다시 장생(長生)으로 이어지니, 이러한 과정이 끝없이 순환한다.

이를 왕상수휴사(旺相囚休死)와 비교하면, 장생(長生)·목욕(沐浴)·관대(冠帶)·건록(建祿)·제왕(帝旺)은 왕(旺)이나 상(相)과 비교할 수 있고, 쇠(衰)·묘(墓)·양(養)은 수(囚)와 비교할 수 있고, 병(病)·사(死)·절(絕)·태(胎)는 휴(休)나 사(死)와 비교할 수 있으나, 왕상수휴사(旺相囚休死)와 같지는 않다. 그래도 양간(陽干)의 십이운성은 그런대로 왕상수휴사(旺相囚休死)와 닮은 점이 있으나, 음간(陰干)의 십이운성은 왕상수휴사

(旺相囚休死)와 닮기는커녕 전혀 다르다. 예컨대 甲木의 장생(長生)은 亥水인데 乙木의 장생(長生)은 午火이며, 甲木의 사(死)는 午火인데 乙木의 사(死)는 亥水이다. 이러한 이상한 현상을 '양생음사(陽生陰死: 양이 생겨나는 곳에서 음은 죽는다는 말), 음생양사(陰生陽死: 음이 생겨나는 곳에서 양은 죽는다는 말)'라고 한다. 丙火와 丁火, 庚金과 辛金, 壬水와 癸水의 경우도 마찬가지다.

그런데 甲木과 乙木은 같은 오행 木이고, 丙火와 丁火는 같은 오행 火이고, 庚金과 辛金은 같은 오행 金이고, 壬水와 癸水는 같은 오행 水인데, 어찌 장생(長生)과 사(死)가 양목(陽木)과 음목(陰木), 양화(陽火)와 음화(陰火), 양금(陽金)과 음금(陰金), 양수(陽水)와 음수(陰水)에 따라 다르다는 말인가. 그리고 土도 독립한 오행인데, 어찌 土를 火에 묶어서(즉, 丙戊와 丁己로 묶어서) 火와 똑같이 적용하는가. 그래서 십이운성(十二運星), 특히 '양생음사(陽生陰死), 음생양사(陰生陽死)' 이론은 오행의 생극제화(生剋制化)의 이치에 어긋나는 황당무계(荒唐無稽)한 이론이라 하는 것이다. 청대(淸代)의 임철초(任鐵樵) 선생이 저술(著述)한 「적천수천미(滴天髓闡微)」에서도 십이운성(十二運星)의 터무니없는 논리를 통렬(痛烈)하게 비판한 바 있다. 그러니 이처럼 불합리한 십이운성을 사주(四柱)를 해석하는 데 절대 수용(收容)해서는 안 될 것이다. 각종 신살(神殺)도 십이운성과 마찬가지로 오행의 생극제화(生剋制化)의 이치에 어긋나는 터무니없는 것들이므로, 자평명리(子平命理)에서 영원히 퇴출(退出)시키는 것이 마땅할 것이다.

제8장
통근(通根)과 투출(透出)

통근(通根)

통근(通根: 뿌리를 통했다[내렸다]는 뜻임)은 앞에서 살펴본 왕상수휴사(旺相囚休死)의 원리를 적용한 것인데, 천간(天干)의 오행(五行)이 왕(旺)이나 상(相)에 해당하는 지지(地支)를 깔고 앉아 있으면 통근했다고 한다. 이에 반해 천간의 오행이 수(囚)나 휴(休)나 사(死)에 해당하는 지지를 깔고 앉아 있으면 무근(無根: 뿌리를 내리지 못했다는 뜻임)이라고 한다.

그런데 지지는 지장간(支藏干)으로 이루어져 있으므로, 통근의 정도를 판단할 때는 지장간의 비율을 고려하여 판단해야 한다. 그리고 통근의 순위를 따질 때는 왕(旺)과 상(相)의 비율이 어느 정도인지만 고려하고 수(囚)나 휴(休)나 사(死)의 비율이 어느 정도인지는 고려하지 않는다.

예컨대 간지 甲子의 경우에, 子水 속에는 상(相)에 해당하는 癸水만 들어 있으므로, 천간의 甲木이 지지의 子水에 100% 통근했다고 한다. 또 간지 乙亥의 경우에, 亥水 속에는 왕(旺)에 해당하는 甲木(30%)과 상(相)에 해당하는 壬水(70%)가 들어 있으므로, 천간의 乙木이 지지의 亥水에 100% 통근했다고 한다. 또 간지 庚申의 경우에, 申金 속에는 휴(休)에 해당하는 壬水(30%)와 왕(旺)에 해당하는 庚金(70%)이 들어 있으므로, 천간의 庚金이 지지의 申金에 70% 통근했다고 한다. 또 간지 己未의 경우에, 未土 속에는 상(相)에 해당하는 丁火(20%)와 사(死)에 해당하는 乙木(30%)과 왕(旺)에 해당하는 己土(50%)가 들어 있으므로, 천간의 己土가 지지의 未土에 70% 통근했다고 한다. 또 간지 丙辰의 경우에, 辰土 속에는 상(相)에 해당하는 乙木(20%)과 사(死)에 해당하는 癸水(30%)와 휴(休)에 해당하는 戊土(50%)가 들어 있으므로, 천간 丙火가 지지 辰土에 20% 통근했다고 한다. 그러나 간지 甲戌의 경우에는, 戌土 속에는 사(死)에 해당하는 辛金(20%)과 휴(休)에 해당하는 丁火(30%)와 수(囚)에 해당하는 戊土(50%)가 들어 있어서 지장간에 왕(旺)이나 상(相)에 해당하는 천간이 없으므로, 통근(通根)이 아닌 무근(無根)하다고 한다.

한편 왕(旺)과 상(相) 중에서, 비겁(比劫)이 도움을 주는 왕(旺)이 인성(印星)이 도움을 주는 상(相)보다 더 큰 힘을 실어주는 것은 분명하다. 그런데 왕(旺)과 상(相)을 물에 비유하자면, 비겁(比劫)이 도움을 주는 왕(旺)은 우물물에 비유할 수 있고 인성(印星)이 도움을 주는 상(相)은 계곡물이나 샘물에 비유할 수 있다. 우물물은 당장 필요한 만큼 퍼올려 식수(食水)로 쓸 수 있으나 오랜 시간이 지나면 물이 말라버릴 가능성이 많은 반면에, 계곡물이나 샘물은 당장 많은 양(量)을 식수(食數)로 쓰기는 어려우나 그 원천(源泉)이 깊어서 오랫동안 물이 마르지 않아 두고두고 식수(食數)로 쓸 수 있다. 이런 이유 때문에 사주(四柱)를 해석할 때 비겁(比劫)이 도움을 주는 왕(旺)보다는 인성(印星)이 도움을 주는 상(相)을 더 높이 평가한다. 예컨대 간지 丙午의 경우에 丙火는 비겁(比劫)의 방조(幇助)를 받고 있어서 우물물에 해당한다고 할 수 있고, 간지 丙寅의 경우에 丙火는 인성(印星) 寅木의 생조(生助)를 받고 있어서 계곡물이나 샘물에 해당한다고 할 수 있는데, 대체로 간지 丙寅의 구조를 간지 丙午의 구조보다 더 좋은 것으로 평가한다.

제2절

천간(天干)이 지지(地支)에 통근(通根)하는 순위

이상으로 통근(通根)에 대해 살펴보았는데, 여기서는 각 천간(天干)이 각 지지(地支)에 통근하는 순위를 구체적으로 살펴보기로 한다.

1. 甲乙木의 통근(通根) 순위

순위	1	2	3	4	5	6	7	8	無根	無根	無根	無根
지지	卯	亥	子	寅	辰	未	丑	申	午	戌	巳	酉
지장간	乙(1)	甲(0.3) 壬(0.7)	癸(1)	丙(0.3) 甲(0.7)	乙(0.2) 癸(0.3) 戊(0.5)	丁(0.2) 乙(0.3) 己(0.5)	癸(0.2) 辛(0.3) 己(0.5)	壬(0.3) 庚(0.7)	丁(1)	辛(0.2) 丁(0.3) 戊(0.5)	庚(0.3) 丙(0.7)	辛(1)

2. 丙丁火의 통근(通根) 순위

순위	1	2	3	4	5	6	7	8	無根	無根	無根	無根
지지	午	寅	卯	巳	未	戌	辰	亥	酉	申	丑	子
지장간	丁(1)	丙(0.3) 甲(0.7)	乙(1)	庚(0.3) 丙(0.7)	丁(0.2) 乙(0.3) 己(0.5)	辛(0.2) 丁(0.3) 戊(0.5)	乙(0.2) 癸(0.3) 戊(0.5)	甲(0.3) 壬(0.7)	辛(1)	壬(0.3) 庚(0.7)	癸(0.2) 辛(0.3) 己(0.5)	癸(1)

3. 戊己土의 통근(通根) 순위

순위	1	2	3	4	5	6	7	無根	無根	無根	無根	無根
지지	午	未	戌	巳	辰	丑	寅	子	申	酉	亥	卯
지장간	丁(1)	丁(0.2) 乙(0.3) 己(0.5)	辛(0.2) 丁(0.3) 戊(0.5)	庚(0.3) 丙(0.7)	乙(0.2) 癸(0.3) 戊(0.5)	癸(0.2) 辛(0.3) 己(0.5)	丙(0.3) 甲(0.7)	癸(1)	壬(0.3) 庚(0.7)	辛(1)	甲(0.3) 壬(0.7)	乙(1)

4. 庚辛金의 통근(通根) 순위

순위	1	2	3	4	5	6	7	無根	無根	無根	無根	無根
지지	酉	申	丑	戌	辰	未	巳	卯	亥	子	寅	午
지장간	辛(1)	壬(0.3) 庚(0.7)	癸(0.2) 辛(0.3) 己(0.5)	辛(0.2) 丁(0.3) 戊(0.5)	乙(0.2) 癸(0.3) 戊(0.5)	丁(0.2) 乙(0.3) 己(0.5)	庚(0.3) 丙(0.7)	乙(1)	甲(0.3) 壬(0.7)	癸(1)	丙(0.3) 甲(0.7)	丁(1)

5. 壬癸水의 통근(通根) 순위

순위	1	2	3	4	5	6	7	8	無根	無根	無根	無根
지지	子	申	酉	亥	丑	辰	巳	戌	午	寅	卯	未
지장간	癸(1)	壬(0.3) 庚(0.7)	辛(1)	甲(0.3) 壬(0.7)	癸(0.2) 辛(0.3) 己(0.5)	乙(0.2) 癸(0.3) 戊(0.5)	庚(0.3) 丙(0.7)	辛(0.2) 丁(0.3) 戊(0.5)	丁(1)	丙(0.3) 甲(0.7)	乙(1)	丁(0.2) 乙(0.3) 己(0.5)

위의 표에서, 천간의 각 오행(五行)이 지지에 통근하는 순위 중에서 1순위부터 7, 8순위까지는 지지에 적어도 다소나마 통근했다고 할 수 있으나 (물론 천간이 통근하는 정도는 순위가 빠를수록 커진다. 보통 50% 이상 통근되어야 통근의 힘이 있다고 본다), 무근(無根)으로 표시한 부분은 지지에

통근하기는커녕 오히려 천간이 지지에게 힘을 빼앗긴다고 할 수 있다(물론 천간이 지지에게 힘을 빼앗기는 정도는 순위가 늦을수록 커진다).

그런데 자신의 고지(庫支) 위에 앉은 간지인 乙未·丙戌·壬辰의 경우에는, 계산상으로는 乙木이 未土 속의 乙木에 30%, 丙火가 戌土 속의 丁火에 30%, 壬水가 辰土 속의 癸水에 30%만큼 통근한 것으로 보게 되지만, 실제로는 乙木과 丙火와 壬水가 각각 자신의 고지(庫支)인 未土와 戌土와 辰土에 50%만큼은 통근했다고 보는 것이 타당하다. 이는 고지(庫支)가 갖고 있는 특성이라고 할 수 있다. 그러나 간지 辛丑의 경우에는 실제로도 계산상과 마찬가지로 辛金이 자신의 고지(庫支)이자 인성인 丑土에 80%만큼 통근한 것으로 본다.

그리고 戊己土의 통근 순위를 보면 未土가 戌土보다 앞서는데, 지장간의 비율로만 본다면 戊己土가 戌土에는 80% 통근하고 未土에는 70% 통근하는 것으로 보지만, 현실적으로는 戊己土가 戌土보다 未土에 통근하는 정도가 조금 더 크다고 보므로, 未土의 통근 순위를 戌土보다 더 앞에 놓은 것이라고 보면 될 것이다.

살인상생(殺印相生)의 구조로 된 간지(干支)

「적천수(滴天髓)」라는 책에 보면, '甲申戊寅. 眞爲殺印相生. 庚寅癸丑. 也坐兩神興旺[甲寅과 戊寅의 간지는 참으로 살인상생(殺印相生)의 구조로 되어 있으며, 庚寅과 癸丑의 간지도 庚金과 癸水가 양신兩神: 칠살(七殺: 편관)과 인성이 흥왕(興旺)한 지지 위에 앉아 있는 구조로 되어 있다네]'라는 구절이 있다. 여기서 살인상생(殺印相生)의 구조라 함은 천간이 본기(本氣)가 칠살[편관]인 지지를 깔고 앉아 있으면서 지장간(支藏干)에 인성도 함께 들어 있는 간지(干支)의 구조, 즉 천간이 지지의 칠살[편관]에게 극제를 받으면서 동시에 인성의 생조도 받는 구조를 말한다. 인성이 칠살[편관]과 함께 들어 있어서 천만다행이라고 하겠는데, 이런 의미에서 절처봉생(絶處逢生: 오지도 가지도 못할 막다른 골목에서 요행히 살길이 생김)이라고도 한다.

간지 甲申을 보면, 申金 속에는 壬水(30%)와 庚金(70%)이 들어 있어서 甲木은 申金에 30%밖에 통근하지 못하고 있으며, 庚金(70%)이 칠살[편관]이고 壬水(30%)가 인성이니 살인상생(殺印相生)의 구조이다. 칠살[편관] 庚金(70%)의 힘이 인성 壬水(30%)보다 배 이상으로 세긴 하지만 인성 壬水(30%)가 칠살[편관] 庚金(70%)의 생조를 받아 천간의 甲木을 생조해주고 있으므로, 다시 말해 천간의 甲木으로서는 비록 庚金의 극제를 받고 있더라도 庚金의 생조를 받고 있는 壬水의 생조를 (샘물처럼) 줄기차게 받게 되므로, 이러한 경우에는 甲木이 申金에 30% 이상(대략 4, 50% 정도) 통근한 것으로 봐준다. 또 간지 戊寅을 보면, 寅木 속에는 丙火(30%)와 甲木(70%)이 들어 있어서 戊土는 丙火에 30%밖에 통근하지 못하고 있으며, 甲木(70%)이 칠살[편관]이고 丙火(30%)가 인성이니 살인상생(殺印相生)의 구조이다. 칠살[편관] 甲木(70%)의 힘이 인성 丙火(30%)보다 배 이상으로 세긴 하지만 인성 丙火(30%)가 칠살[편관] 甲木(70%)의 생조를 받아 천간의 戊土를 생조해주고 있으므로, 다시 말해 천간의 戊土로서는 비록 甲木의 극제를 받고 있더라도 甲木의 생조를 받고 있는 丙火의 생조를 (샘물처럼) 줄기차게 받게 되므로, 이러한 경우에는 戊土가 丙火에 30% 이상(대략 4, 50% 정도) 통근한 것으로 봐준다. 그만큼 살인상생(殺印相生)의 구조에서 인성의 역할이 크다는 것을 알 수 있다.

그런데 간지 庚寅은 살인상생의 구조로 볼 수 없다. 왜냐하면 寅木 속에는 丙火(30%)와 甲木(70%)이 들어 있어서 庚金이 寅木에 전혀 뿌리를 내리지 못하게 되므로, 庚寅은 살인상생의 구조와는 거리가 멀게 된다. 그리고「적천수(滴天髓)」에서는 언급하지 않았지만, 壬戌도 庚寅보다는 좀 나은 편이지만 庚寅과 비슷한 구조이므로 마찬가지라고 하겠다. 그러니까 戊土 속의 인성 辛金(20%)은 비록 칠살[편관] 戊土(50%)의 생조를 받고 있더라도 戊土 속의 재성 丁火(30%)에게 극을 받고 있는 처지인 데다가 여기(餘氣)라서 무력(無力)하다 보니 천간의 壬水를 생조해주기에는 역시 역부족이므로, 살인상생의 구조로 보기에는 무리가 있다.

그러므로 간지 庚寅은「적천수(滴天髓)」에서 말한 것과는 달리 칠살[편관]과 인성이 함께 흥왕(興旺)한 지지 위에 앉아 있는 구조가 결코 아니다. 반면에 간지 癸丑은 丑土 속에 칠살[편관] 기토(50%)와 인성 辛金(30%) 외에도 비견 癸水(20%)까지 들어 있어서(즉, 50% 통근하고 있어서) 천간의 癸水가 甲申이나 戊寅에 비해 훨씬 더 편안한 구조이므로, 살인상생(殺印相

生)이라고 하기보다는 천간의 癸水가 생지(生支)에 앉아 있다고 볼 수 있을 정도이다.

　만약 亥子丑月의 癸丑이라고 한다면, 丑土의 본기인 己土는 무력하고 여기인 癸水와 중기인 辛金이 왕한 편이라서 丑土는 癸水의 거의 완벽한 생지라고 할 수 있다. 그러므로 癸丑은 「적천수(滴天髓)」에서 말한 것처럼 그야말로 칠살[편관]과 인성이 함께 흥왕한 지지 위에 앉아 있는 구조라고 할 수도 있지만, 亥子丑月의 癸丑인 경우에는 인성과 비겁이 함께 흥왕한 구조라고 할 수도 있다. 이처럼 위의 살인상생(殺印相生)의 간지도 주변 상황에 따라 생지(生支)와 다름없는 역할을 하기도 한다고 할 수 있다.

辰戌丑未土의 특수성(特殊性)

　천간(天干)이 지지(地支)에 통근(通根)하는 경우에, 사주(四柱)의 상황에 따라 통근의 정도가 달라진다고 볼 수 있는데, 특히 지지가 辰戌丑未土일 때는 사주의 상황에 따라 통근의 정도가 달라지는 것을 넘어서 거의 통근이 되지 않을 수도 있다.

　보통 戌土와 未土는 지장간(支藏干)에 水는 없고 火가 들어 있기 때문에 조토(燥土)라 하며, 丑土와 辰土는 지장간에 火는 없고 水가 들어 있기 때문에 습토(濕土)라 한다. 이처럼 조토(燥土)와 습토(濕土)로 구분되는 辰戌丑未土는 다른 오행과 달리 사주의 상황에 따라 천간이 辰戌丑未土에 통근하는 정도가 큰 차이가 난다. 그런데 같은 土라도 천간의 戊土와 己土는 조토와 습토로 구분되지 않으므로, 戊土나 己土는 조토도 아니고 습토도 아닌 중성토(中性土)라고 봐야 한다. 물론 戊土가 조토인 戌土를 깔고 앉아 있으면 戊土도 조토가 되고, 습토인 辰土를 깔고 앉아 있으면 습토가 된다고 할 수 있다. 또 己土가 조토인 未土를 깔고 앉아 있으면 己土도 조토가 되고, 습토인 丑土를 깔고 앉아 있으면 己土도 습토가 된다고 할 수 있다.

　조토인 戌未土는 사주 주인공이 巳午月에 태어나고 지지에 巳午火가 많을수록 土의 기능을 많이 상실하고 火에 가깝게 변해버리며(그 결과 火에 동화되어 火를 제대로 설기(洩氣)할 수 없게 된다), 습토인 丑辰土는 사주 주인공이 亥子月에 태어나고 지지에 亥子水가 많을수록 土의 기능을 많이 상실하고 水에 가깝게 변해버린다(그 결과 水에 동화되어 水를 제대로 극제하지 못하게 된다). 그리고 조토인 戌未土는 사주 주인공이 亥子月에 태어나고 지지에 亥子水가 많을수록 천간이 통근하는 정도가 더 커지며, 습토인 丑辰土는 사주 주인공이 巳午月에 태어나고 지지에 巳午火가 많을수록 천간이 통근하는 정도가 더 커진다.

예컨대 간지 庚戌의 경우에, 계산상으로는 천간의 庚金이 지지의 戌土에 70% 통근하는 것이 되지만, 사주 주인공이 巳午月에 태어나고 지지에 巳午火가 많으면 戌土가 土의 기능을 많이 상실하고 火에 더 가깝게 변해버리므로 庚金이 戌土에 통근하는 정도가 2, 30% 정도로 매우 낮아진다고 보며, 사주 주인공이 亥子月에 태어나고 지지에 亥子水가 많으면 조토의 장점이 두드러져서 庚金이 戌土에 통근하는 정도가 8, 90% 정도로까지 높아진다고 본다. 간지 辛未의 경우도 마찬가지로 판단하면 될 것이다. 또 간지 庚辰의 경우에, 계산상으로는 천간의 庚金이 지지의 辰土에 50% 통근하는 것이 되지만, 사주 주인공이 亥子月에 태어나고 지지에 亥子水가 많으면 辰土가 土의 기능을 많이 상실하고 水에 더 가깝게 변해버리므로 庚金이 辰土에 통근하는 정도가 2, 30% 정도로 매우 낮아진다고 보며, 사주 주인공이 巳午月에 태어나고 지지에 巳午火가 많으면 습토의 장점이 두드러져서 庚金이 辰土에 통근하는 정도가 8, 90% 정도로까지 높아진다고 본다. 간지 辛丑의 경우는 간지 庚辰에 비해 火가 많은 상황과 水가 많은 상황에 훨씬 더 민감하게 작용한다고 보면 될 것이다. 왜냐하면 丑土가 辰土에 비해 훨씬 더 한습(寒濕)하다고 보기 때문이다.

말이 나온 김에 습토와 조토가 火를 설기(洩氣)하는 능력이 어떻게 다른지 예시를 통해 살펴보기로 한다.

ⓐ 時 日 月 年	ⓑ 時 日 月 年	ⓒ 時 日 月 年
乙 丙 戊 甲	己 丙 乙 丁	丁 丙 戊 辛
未 午 辰 午	亥 戌 巳 酉	酉 子 戌 丑
ⓓ 時 日 月 年	ⓔ 時 日 月 年	ⓕ 時 日 月 年
戊 丁 己 壬	丙 丁 己 戊	甲 丙 丁 戊
申 巳 酉 戌	午 巳 未 午	午 戌 巳 午

ⓐ는 월간(月干)의 식신 戊土가 습토인 辰土를 깔고 앉아 있어서 매우 유력하므로, 비록 인성 甲木의 극을 받고 있긴 해도 일간(日干) 丙火를 아주 잘 설기하고 있다. 이 명조의 주인공은 대기업의 부사장까지 역임(歷任)하고서 퇴직했는데, 아주 총명하고 연구열이 높고 논리정연하고 주관이 뚜렷하고 경쟁심이 많으며 스태미나가 왕성하다. 그야말로 식신과 인성과 겁재의 특성이 뚜렷이 드러나는 사람이다.

식신 戊土는 습토인 辰土를 깔고 앉은 덕분에 일간 丙火를 시원스럽게 설기하고 있으니 습토가 되었다고 본다. 그러나 식신 戊土가 조토인 戌土를 깔고 앉아 있다면, 戊土도 말 그대로 조토가 되어 丙火를 거의 설기하지 못할 것이므로, 식신의 빼어난 기운도 발설되지 않을 것이고 사주의 등급도 형편없이 낮아질 것이다.

ⓑ는 일지(日支)의 식신 戊土가 비록 조토이긴 해도 바로 옆에 있는 亥水가 戊土를 적셔주고 있으니, 戊土가 일간 丙火를 어느 정도 설기한다고 본다. 이 명조의 주인공은 세무사인데 역시 연구열과 스태미나가 왕성한 편이다. 물론 시간의 상관 己土의 특성이 더 많이 나타나다 보니 자신의 능력을 과신하는 편이긴 하다.

ⓒ는 월간의 식신 戊土가 조토인 戌土를 깔고 앉아 있어서 일간 丙火를 거의 설기하지 못할 것으로 보이나, 戊土 옆에 子水가 있어서 戊土를 적셔

주고 있으므로 戊土가 丙火를 어느 정도 설기한다고 본다. 이처럼 지지의 조토 옆에 水가 있으면 조토라도 설기하는 능력이 있다고 하겠다. 이 명조의 주인공은 현재 경찰관인데, 경찰 간부 시험에 수석으로 합격할 정도로 집중력이 있는 사람이다. 그러나 학창 시절에는 집중력을 제대로 발휘하지 못해서 공부를 썩 잘한 편은 아니었다.

ⓓ는 상관 戊土와 식신 己土가 둘 다 있는데 앉은자리에 다 같이 재성 金을 깔고 앉아 있다. 성격을 보면 식신 己土의 특성보다 상관 戊土의 특성이 더 잘 나타난다. 대인관계가 부드럽고 호기심이 많으며, 말이 많을 뿐 아니라 아주 빠르고, 불만이 있더라도 우회적으로 표현하며, 자신의 재능을 과신하는 편이다. 만약 戊土가 조토라면 설기가 잘 안 되므로 식신 己土의 특성이 더 잘 드러나야 하겠지만 실제로는 정반대이니, 어찌 戊土를 조토라고 하겠는가. 戊土라도 조토인 戌土를 깔고 앉아 있지 않는 한 火를 설기하는 능력이 己土 못지않거나 오히려 己土보다 더 좋을 수도 있다고 하겠다.

ⓔ는 丁火 일간이 늦여름인 未月에 태어난 데다가 사주원국에 火가 많으므로 식상 土가 설기해주는 것을 기뻐한다. 그런데 월간의 식신 己土는 조토인 未土를 깔고 앉은 데다가 사주 원국에 수분(水分)도 전혀 없어서 조토나 다름없이 되어버렸으니, 일간 丁火를 제대로 설기하지 못한다고 봐야 한다. 그러나 만약 식신 己土가 습토인 丑土를 깔고 앉아 있다면, 己土도 습토나 다름없이 되어 일간 丁火를 시원스럽게 설기할 수 있을 것이다.

ⓕ는 丙火 일간이 초여름인 巳月에 태어난 데다가 사주원국에 火가 아주 많으므로 식상 土가 설기해주는 것을 기뻐한다. 그러나 일지(日支)의 식신 戌土는 일간 丙火와 지지의 왕한 巳午火를 거의 설기하지 못하고 있다. 다시 말해 일지의 식신 戌土는 土의 역할을 거의 하지 못하고 있다고 할 수 있다. 연간(年干)의 식신 戊土도 마찬가지로 조토에 가까워서 土의 역할을 제

대로 못하고 있다. 그러나 만약 일지에 조토인 戌土가 아니라 습토인 辰土가 있다면, 습토인 辰土는 일간 丙火와 지지의 왕한 巳午火를 시원스레 설기하여 土의 역할을 다할 것이다. 그렇게 되면 연간의 戊土도 왕한 火를 제대로 설기할 수 있을 것이다.

이상에서 살펴보았듯이 戊土도 己土에 못지않게 火를 설기할 수 있으며, 戊土가 조토인 戌土를 깔고 앉은 상태에서 주변에 水나 습토가 없는 경우에만 조토에 가까워져서 火를 설기하는 능력이 거의 없다고 봐야 한다. 또 己土라도 조토인 未土를 깔고 앉은 데다가 주변에 水나 습토가 없다면 조토에 가까워져서 火를 설기하는 능력이 거의 없어짐을 알아야 할 것이다.

투출(透出)

투출(透出)을 통근(通根)과 유사한 개념으로 인식하는 경우가 있는데, 천간(天干)이 지지(地支)에 어느 정도 뿌리를 내리고 있는지를 보는 것이 통근(通根)이라면, 투출(透出)은 지지의 지장간(支藏干)이 천간에 드러나 있는지를 보는 것이다. 그러니까 통근은 천간의 처지에서 바라본 것이고, 투출은 지장간의 처지에서 바라본 것이다. 다시 말해 통근의 주체(主體)는 천간이고, 투출의 주체는 지장간이라 할 수 있다.

시주(時柱)	일주(日柱)	월주(月柱)	연주(年柱)	
乙	壬	丁	庚	干
巳	申	亥	辰	支

앞에서 제시한 사주명식(四柱命式)인데, 이 사주명식에서 투출의 예를 들어보기로 한다.

연지(年支)에 있는 辰土의 지장간은 乙木과 癸水와 戊土인데, 이 중에서 천간에 드러나 있는 것은 乙木이다. 그래서 이 경우에는 연지 辰土 속의 乙木이 시간(時干)에 투출되었다고 한다. 그리고 월지(月支)에 있는 亥水의 지장간은 甲木과 壬水인데, 이 중에서 천간에 드러나 있는 것은 壬水이다. 그래서 이 경우에는 월지 亥水 속의 壬水가 일간(日干)에 투출되었다고 한다. 그리고 일지(日支)에 있는 申金의 지장간은 壬水와 庚金인데, 이 중에서 천간에 드러나 있는 것은 壬水와 庚金 모두이다. 그래서 이 경우에는 일지

申金 속의 庚金과 壬水가 연간(年干)과 일간에 모두 투출되었다고 한다. 그리고 시지(時支)에 있는 巳火의 지장간은 庚金과 丙火인데, 이 중에서 천간에 드러나 있는 것은 庚金이다. 그래서 이 경우에는 시지 巳火 속의 庚金이 연간에 투출되었다고 한다.

그런데 만약 지지에 寅木이 있다고 가정(假定)한다면, 寅木의 지장간은 丙火와 甲木인데 이 중에서 천간에 드러나 있는 것은 하나도 없다. 그래서 이 경우에는 寅木 속의 丙火와 甲木은 둘 다 천간에 투출되지 않았다고 한다.

여기서 주의해야 할 점이 있는데, 통근의 경우에는 같은 오행이면 양(陽)과 음(陰)을 가리지 않고 지지에 통근이 되었다고 보는 데 반해, 투출의 경우에는 같은 오행이라도 음양(陰陽)이 다르면, 즉 같은 십간(十干)이 아니면 천간에 투출되었다고 보지 않는다는 점이다. 예컨대 위의 예에서 시지의 巳火 속에 丙火가 들어 있고 월간(月干)에 같은 오행인 丁火가 있지만 丙火와 丁火는 음양이 다르기 때문에, 시지 巳火 속의 丙火가 월간에 투출되었다고 보지 않는 것이다. 물론 월간의 丁火는 시지 巳火 속의 丙火에 통근했다고 보는 것은 앞의 통근에서 살펴본 바와 같다.

월령(月令)에 사령(司令)한다는 말의 진위(眞僞)

월령[月令: 월지(月支)의 다른 말]에 사령(司令)한다는 말, 즉 당령(當令)에 관한 이론(理論)은 자평명리에서 지금까지 당연한 것으로 수용(收容)하고 있는 학설(學說)이지만, 대만의 명리학자인 진춘익(陳椿益) 선생이 저술한 『팔자명리신해(八字命理新解)』를 읽어보고서 곰곰이 숙고(熟考)해본 결과 월령(月令)의 날짜에 따라 지장간(支藏干)이 순서대로 배치되어 있는 게 아니라 각 날짜마다 순서 없이 특정한 비율만큼 섞여 있다는 나름의 확신이 들어, 당령(當令)[사령(司令)]의 이론은 공론(空論)에 지나지 않는다고 판단하기에 이르렀다.

게다가 생지(生支)인 寅申巳亥에는 중기(中氣)와 본기(本氣)뿐이고 여기(餘氣)인 戊己土는 없으며, 왕지(旺支)인 子午卯酉에도 본기(本氣)뿐이고 여기(餘氣)인 壬水와 丙火와 甲木과 庚金이 없고 午의 중기(中氣)인 己土가 없다는 사실도 확신하게 되었다(이에 대한 자세한 내용은 〈제5장 제3절 지장간(支藏干)〉에 게재해놓은 '진춘익 선생이 제시한 새로운 지장간표(支藏干表)'를 참고하면 될 것이다).

예컨대 寅月의 경우에, 각 날짜에 따라 처음 7일간은 戊土가 당령[사령]하고 다음 7일간은 丙火가 당령[사령]하고 그다음 16일간은 甲木이 당령[사령]하는 것이 아니라, 각 날짜마다 지장간인 丙火와 甲木이 특정한 비율만큼 섞여서 함께 작용한다고 봐야 할 것이다. 다시 말해 처음 7일간도 지장간인 丙火와 甲木이 함께 작용하고 다음 7일간도 마찬가지고 그다음 16일간도 마찬가지라고 봐야 할 것이다. 만약 월주(月柱)의 간지(干支)가 甲寅이라고 한다면, 甲木은 寅木 속의 甲木에 통근했다고 한다. 그런데 사주 주인공이 寅月의 다음 7일간 사이에 태어났을 경우에, 당령[사령]의 이론에 의하면 寅木 속의 丙火가 사령하는 때이므로 본기인 甲木은 힘을 행사하지 못하게 되어(즉, 없는 것이나 다름없게 되어) 천간의 甲木은 寅木 속의 甲木에 통근하지 못한다는 결론이 나온다. 이렇게 되면 자평명리(子平命理)의 전반적인 체계가 흔들리게 되는 결과를 초래하게 될 것이므로, 이상과 같은 당령[사령]의 이론은 무의미한 이론이라서 설 자리를 잃을 수밖에 없다고 본다. 그렇다면 당령[사령]의 이론은 사라지는 것이 마땅할 것이다.

그래서 천간의 성분이 지지에 통근(通根)했는지 그 여부를 판단할 때와 일간(日干)의 강약(强弱)과 용신(用神)의 강약을 판단할 때에는, 당령[사령]의 이론을 전혀 고려하지 않고 월지(月支)든 기타 지지든 상관없이, 무조건 지지의 본기 위주로(정확히 말하자면 지장간의 특정한 비율에 비중을 두어) 통근 여부와 일간(日干)과 용신(用神)의 세력의 강약(强弱)을 판단하는 것이 타당하다고 본다. 물론 필자는 '진춘익 선생이 제시한 새로운 지장간표(支藏干表)'를 접하기 전부터 당령[사령]의 이론에 의구심이 들어서 지지의 본기 위주로 통근 여부와 일간과 용신의 세력의 강약을 판단해왔다.

제9장
천간(天干) 오합(五合) 또는 간합(干合)

간합(干合)의 종류

1. 간합의 개념

　십천간(十天干)을 순서대로 나열하면, 앞의 다섯 글자는 甲乙丙丁戊이고 뒤의 다섯 글자는 己庚辛壬癸인데, 앞의 글자와 뒤의 글자는 차례대로 하나씩 합(合)을 한다. 그러니까 앞의 첫 번째 글자 甲木이 뒤의 첫 번째 글자 己土를 만나면 서로 합하고, 앞의 두 번째 글자 乙木이 뒤의 두 번째 글자 庚金을 만나면 서로 합하고, 앞의 세 번째 글자 丙火가 뒤의 세 번째 글자 辛金을 만나면 서로 합하고, 앞의 네 번째 글자 丁火가 뒤의 네 번째 글자 壬水를 만나면 서로 합하고, 앞의 다섯 번째 글자 戊土가 뒤의 다섯 번째 글자 癸水를 만나면 서로 합한다. 이상과 같이 간합(干合)에는 甲己合·乙庚合·丙辛合·丁壬合·戊癸合의 다섯 가지가 있는데, 이러한 합을 천간(天干) 오합(五合) 또는 이를 줄여서 간합(干合)이라 한다.

2. 명합(明合)과 암합(暗合)

　간합(干合)에는 천간(天干)과 천간(天干)의 합(合), 천간과 지장간의 합, 지장간(支藏干)과 지장간(支藏干)의 합(合)이 있는데, 천간과 천간의 합을 명합(明合)이라 하고, 천간과 지장간의 합과 지장간과 지장간의 합을 암합(暗合)이라 한다. 사주명식(四柱命式)을 예로 들어 설명하기로 한다.

시주(時柱)	일주(日柱)	월주(月柱)	연주(年柱)	
乙	庚	壬	乙	干
酉	辰	午	亥	支

위의 사주명식에서, 일간(日干) 庚金과 시간(時干)의 乙木이 합하는 것은 천간과 천간의 합이므로, 명합이라 하며, 월간의 壬水와 월지의 午火 속에 들어 있는 丁火가 합하는 것은 천간과 지장간의 합이므로 암합이라 하며, 월지의 午火 속에 들어 있는 丁火와 연지의 亥水 속에 들어 있는 壬水가 합하는 것은 지장간과 지장간의 합이므로 역시 암합이라 한다.

천간과 천간의 합, 즉 명합의 종류는 앞에서 살펴본 바와 같이 甲己合·乙庚合·丙辛合·丁壬合·戊癸合의 다섯 가지가 있으며, 천간과 지장간의 암합의 종류는 간지 丁亥·戊子·辛巳·壬午의 네 가지가 있으며(이 경우에는 천간과 지장간의 본기(本氣)가 서로 합한다), 지장간과 지장간의 암합은 卯申·午亥·子辰·子戌·寅丑·寅未·巳酉의 일곱 가지가 있다(이 경우에는 지장간의 본기와 본기가 서로 합한다).

그런데 지장간의 여기(餘氣)나 중기(中氣)와 합하는 경우에는 합하는 힘이 약해서 암합으로 보지 않는다. 예컨대 간지 戊辰은 천간의 戊土가 辰土의 중기에 해당하는 癸水와 합하지만 합하는 힘이 약하므로 암합으로 보지 않는다. 또 지지 卯巳는 卯木의 본기 乙木과 巳火의 중기 庚金이 서로 합하지만 합하는 힘이 약하므로 암합으로 보지 않는다. 또 지지 寅戌은 寅木의 중기 丙火와 戌土의 중기 丁火가 서로 합하지만 합하는 힘이 약하므로 역시 암합으로 보지 않는다.

명합(明合)은 공공연하게 겉으로 드러난 합이라 하여 주위의 사람들이 합의 영향을 쉽게 알 수 있는 반면에, 암합(暗合)은 속으로 은밀(隱密)하게 이루어지는 합이라 하여 합의 영향을 주위 사람들이 잘 모른다고 할 수 있다.

간합(干合)의 특성

간합(干合)은 한쪽이 다른 쪽을 극[剋: 극제(剋制)의 준말]을 하면서 동시에 합(合)을 하는 특수한 관계라고 할 수 있다. 예컨대 甲木은 己土를 극(剋)을 하면서 동시에 합(合)을 한다. 그러니까 합(合)하는 관계라고 해서 극(剋)을 하지 않는다고 생각해서는 안 된다. 간합(干合)은 한쪽이 다른 쪽을 극(剋)하면서도 서로 결속(結束)하는 힘이 강하다고 생각하면 될 것이다.

이 경우에 어느 한쪽을 일간(日干)으로 본다면 정재(正財)나 정관(正官)과 합이 되는 경우뿐이다. 예컨대 甲己合의 경우에, 일간(日干)을 甲木으로 본다면 己土는 정재가 되고, 일간(日干)을 己土로 본다면 甲木은 정관이 된다. 다른 합도 마찬가지다. 육친(六親)으로 볼 때 남편은 정관이고 아내는 정재이므로, 간합(干合)은 부부간의 결합(結合), 더 나아가 혼외(婚外)의 남녀간의 결합을 암시하며, 간합 중 일간을 제외한 암합(暗合)은 혼외(婚外)의 남녀간의 은밀한 결합을 암시하는 것이라고 볼 수 있다.

두 글자가 합을 하면, 해당 글자끼리는 깊은 감정(感情)이 생겨서 무척 밀접한 관계가 되는데, 합이 좋은 결과를 초래(招來)할 때는 매우 유정(有情)하다고 표현하지만, 합이 나쁜 결과를 초래할 때는 집착(執着)이 강하다고 표현하다.

한편 간합이 되기 위해서는 합하는 두 글자가 반드시 좌우(左右)로나 상하(上下)로 서로 붙어 있어야 하며, 서로 떨어져 있으면 간합으로 인정하지 않는다.

예컨대 앞의 사주명식(四柱命式)에서, 일간 庚金은 시간(時干)의 乙木과는 서로 붙어 있으므로 합하는 것으로 보나, 연간(年干)의 乙木과는 서로 떨어져 있으므로 합하는 것으로 보지 않는다. 또 월지(月支) 午火 속의 丁火는 월간의 壬水와 서로 붙어 있으므로 합하는 것으로 보고, 연지(年支) 亥水와도 서로 붙어 있으므로 그 속에 들어 있는 壬水와도 합하는 것으로 본다.

제3절

간합(干合)하여 화(化)하는 경우

　간합(干合)하는 천간의 두 글자가 다른 오행으로 화(化: 변화함)하는 경우가 있다. 다시 말해 甲己合하여 土로 화(化)하고, 乙庚合하여 金으로 화(化)하고, 丙辛合하여 水로 화(化)하고, 丁壬合하여 木으로 화(化)하고, 戊癸合하여 火로 화(化)한다.
　그런데 합(合)한다고 해서 무조건 다른 오행으로 화(化)하는 것이 아니라, 사주원국에 화하는 오행이 전부를 차지하고 있어야 비로소 화하게 되고 그렇지 않으면 합만 되지 화하지는 않는다는 점을 알아야 한다. 가령 丙辛合이 되어 있는 경우에, 사주원국에 화하는 성분인 水뿐이라면 水로 화할 가능성이 많다고 할 수 있으나, 다른 성분이 하나라도 섞여 있다면 水로 화할 가능성은 아예 없다고 봐야 할 것이다.

간합(干合)하여 화(化)하지 않는 경우

 천간의 두 성분이 간합(干合)은 하되 다른 오행으로 화(化)하지 않는 경우에는 합하는 두 성분은 기반(羈絆: 굴레를 씌운다는 뜻으로, 자유를 구속하거나 억압함을 이르는 말)이 되어, 다시 말해 묶여버려서 고유(固有)의 활동력이 현저하게 상실되어버린다. 가령 甲己合이 되어 있다면, 甲木은 木의 기능을 제대로 하지 못하므로 옆에 戊土가 있어도 제대로 극하지 못하고, 己土도 土의 기능을 제대로 하지 못하므로 옆에 癸水가 있어도 제대로 극하지 못한다. 물론 기반(羈絆)의 정도는 합하는 성분의 뿌리가 깊은지 얕은지에 따라서 달라지는데, 뿌리가 깊으면 기반의 정도가 덜하고 뿌리가 얕으면 기반의 정도가 심하다. 만약 합하는 두 성분이 모두 뿌리가 깊으면 두 성분 모두 기반의 정도가 덜해서 각자 고유의 활동력을 제법 유지하고 있다고 하겠으나, 합하는 두 성분이 모두 뿌리가 얕으면 둘 다 기반의 정도가 심하다고 하겠다.
 그런데 기반이 되어 고유의 활동력이 현저하게 상실되는 경우에, 위에서 언급한 것처럼 다른 성분을 제대로 극하지는 못한다고 하더라도 다른 성분에게 극을 받는 것은 얼마든지 가능하다는 점을 알아야 한다. 물론 두 성분 중의 어느 한 성분이 극을 받으면 합 자체가 잘 되지 않는다. 가령 甲己合이 되어 있는데 옆에서 庚金이 甲木을 극하고 있다면 甲木이 손상을 입는 바람에 甲己合이 제대로 되지 않으므로, 甲木과 己土는 기반이 별로 되지 않고 고유의 활동력을 거의 유지하게 될 것이다.

간합(干合)의 유형(類型)

간합은 일간(日干)이 합하는 경우와 다른 간지(干支)가 합하는 경우가 있는데, 각각 그 효력이 다르다.

1. 일간(日干) 외의 천간(天干)이 간합(干合)하는 경우

일간(日干)을 제외한 간합은 월간(月干)과 연간(年干)이 합하는 경우와, 연간(年干)과 연지(年支)가 합하는 경우와, 월간(月干)과 월지(月支)가 합하는 경우와, 시간(時干)과 시지(時支)가 합하는 경우와, 연지(年支)와 월지(月支)가 합하는 경우와, 월지(月支)와 일지(日支)가 합하는 경우와, 일지(日支)와 시지(時支)가 합하는 경우가 있다.

그런데 연간과 시간의 합은 서로 너무 멀리 떨어져 있어서 합으로 보지 않으며, 월간과 시간의 합도 중간에 일간이 있어서 합으로 보지 않으며, 또 연지와 일지의 합과 연지와 시지의 합과 월지와 시지의 합도 서로 멀리 떨어져 있어서 합으로 보지 않는다.

이처럼 월간과 연간이나, 연지와 월지나, 월지와 일지나, 일지와 시지가 합(合)하여 다른 성분으로 화(化)하지 않는다면 두 성분은 기반(羈絆)이 되어 둘 다 고유(固有)의 활동력을 현저하게 상실하게 되며, 기반의 정도가 심할수록 활동력이 상실되는 정도도 커진다. 월간과 연간이 합하는 경우에 천간의 기반의 정도는 네 가지로 나누어볼 수 있는데, 월간과 연간이 월지와 연지에 어느 정도 깊은 뿌리를 내리고 있느냐에 따라 다르다. 즉, 뿌리가 깊은 쪽의 기반은 덜하고 뿌리가 없거나 얕은 쪽의 기반은 심하다.

甲己合으로써 예를 들어보자. 먼저 월주(月柱)가 甲寅이고 연주(年柱)가 己酉라면, 甲木은 고유의 활동력을 많이 잃지 않는 반면에 己土는 고유의 활동력을 거의 잃어버리게 되니, 甲木은 甲己合이 되어 있더라도 己土를 극할 수 있을 뿐 아니라 운에서 들어오는 戊土도 극할 수 있다고 본다. 다음으로 월주가 甲申이고 연주가 己未라면, 己土는 고유의 활동력을 많이 잃어버리지 않는 반면에 甲木은 고유의 활동력을 현저하게 잃어버리게 되니, 운에서 癸水가 들어오면 己土가 癸水를 극할 수 있다고 본다. 또 월주가 甲午이고 연주가 己亥라면, 甲木과 己土가 둘 다 극히 무력하여 거의 완전하게 합이 된다. 이렇게 되면 둘 다 기반의 정도가 심하여 고유의 활동력을 현저하게 잃어버리게 되니, 운에서 戊土나 癸水가 들어오더라도 甲木과 己土는 戊土나 癸水를 별로 극하지 못하게 된다. 마지막으로 월주가 甲子이고 연주가 己未라면, 甲木과 己土 둘 다 뿌리가 깊으니, 비록 합이 되어 기반이 되긴 해도 둘 다 고유의 활동력을 어느 정도 유지하고 있다고 본다. 즉, 기반이 되긴 해도 그 정도가 심하지는 않으므로 생극제화(生剋制化)의 작용력이 상당 부분 있다고 본다.

이 경우에 희용신(喜用神)이 합이 되어 기반이 되면 기반의 정도가 심할수록 그에 비례하여 아주 좋지 않거나 상당히 좋지 않으며, 기구신(忌仇神)이 합이 되어 기반이 되면 기반의 정도가 심할수록 그에 비례하여 좋다고 본다. 그리고 희용신이 합이 되어 기반이 되어 있는 경우에는, 운에서 희용신을 합하고 있는 성분을 제거하는 약신(藥神)의 운이 들어와야 아주 길하고 그 밖의 희용신의 운은 썩 길하지는 못하다. 그런데 희용신과 기구신이 서로 합하여 기반이 되어 있는데, 다른 간지에 별도의 희용신이 하나 더 있으면서 제대로 활동하고 있으면 좋다고 보고, 다른 간지에 별도의 희용신이 있더라도 제대로 활동하지 못하고 있거나 다른 간지에 별도의 희용신이 없으면 아주 좋지 않다고 본다. 예를 하나 들어보자.

時 日 月 年
丙 戊 壬 丁
辰 申 寅 亥

사주가 좀 어지러운 편인데, 용신인 丁火와 기신인 壬水가 합이 되어 있다. 시간에 용신인 丙火가 하나 더 있으나 무력하므로, 丁壬合이 별로 좋지는 않아 보인다. 그래도 운에서 용신 丙火가 들어오면 기신 壬水가 기반이 되어 있어서 운에서 들어오는 丙火를 심하게 극하지는 못하므로, 월간에 癸水가 있는 경우보다는 낫다. 천간으로는 기신 壬水를 제거하는 비견 戊土운이 들어와야 아주 길하고, 그 밖의 희용신의 운은 썩 길하지는 못하다고 하겠다. 그리고 편재는 아내나 아버지로 보는데, 월간의 편재 壬水가 연간의 정인 丁火와 간합(干合)하고 있는 데다가 연지의 亥水 속에 들어 있는 편재 壬水도 연간의 정인 丁火와 암합(暗合)하고 있어서, 어머니의 도움은 거의 없는 편이고 아버지에 대한 원망은 아주 큰 편이라고 할 수 있다. 만약 시주(時柱)가 丙午라면 용신 丙火가 왕하므로 사정은 많이 달라질 것이다.

이상은 사주원국(四柱原局)에서 간합하는 경우인데, 운(運)에서 들어오는 성분이 사주원국의 연간이나 월간이나 시간과 간합하는 경우나 운에서 들어오는 성분끼리 간합하는 경우는 사주원국의 간합과 다른 점이 있으므로 주의할 필요가 있다.

운에서 천간으로 들어오는 성분이 사주원국의 성분과 간합이 되는 경우는 사주원국의 성분끼리 간합하는 경우와는 달리 기반이 되더라도 고유의 활동력이 현저하게 떨어지지는 않고 반감하는 정도로 그친다고 본다. 왜냐하면 운에서 들어오는 성분은 사주원국의 성분보다 원래 활동력이 더 크다고 보기 때문이다. 비유하자면 사주원국의 성분을 날지 못하는 길짐승으로 볼 수 있고 운에서 들어오는 성분을 날아다니는 날짐승으로 볼 수 있는데, 사주원국의 성분끼리 합하여 기반이 되는 경우는 길짐승끼리 두 다리를 노끈으로 묶어 놓는 것과 같고, 사주원국의 성분과 운에서 들어오는 성분이 서로 합하여 기반이 되는 경우는 길짐승과 날짐승의 다리를 노끈으로 묶어 놓는 것과 같으며, 운에서 들어오는 성분끼리 합하여 기반이 되는 경우는 날짐승과 날짐승의 다리를 노끈으로 묶어 놓는 것과 같다. 길짐승의 두 다리가 묶여버리면 활동력이 현저하게 떨어져서 나머지의 두 다리로는 거의 다닐 수 없으나, 날짐승의 두 다리가 묶여버리면 그래도 두 날개가 있으므로 자유롭지는 못해도 어느 정도나마 날아다닐 수는 있다.

또 사주원국의 성분끼리 간합하고 있는데 운에서 천간으로 들어오는 성분이 사주원국의 성분과 또다시 간합이 되는 경우에는, 사주원국의 성분끼리 간합하지 않는 경우에 비해, 사주원국에서 사주원국의 성분과도 간합하고 운에서 들어오는 성분과도 간합하는 성분은 기반이 더 심하여 그 활동력이 더욱더 현저하게 떨어지는 데 반해, 운에서 들어오는 성분은 기반이 훨씬 덜하여 그 활동력이 약간 떨어지는 정도로 그친다고 본다.

따라서 운에서 들어오는 성분이 희용신이고 사주원국의 성분이 기구신이나 한신이면, 희용신의 활동력이 기구신이나 한신의 활동력보다 더 크므로 비록 길함이 줄어들기는 해도 흉하지는 않은 데 반해, 운에서 들어오는 성분이 기구신이나 한신이고 사주원국의 성분이 희용신이면, 기구신이나 한신의 활동력이 희용신의 활동력보다 더 크므로 흉하게 된다.

또 운에서 들어오는 성분이 한신(閑神)이고 사주원국의 성분이 기구신이면, 기구신의 활동력이 현저하게 떨어지므로 길하다고 보지만, 운에서 들어오는 성분이 기구신이고 사주원국의 성분이 한신이면, 기구신의 활동력이 어느 정도나마 살아 있으므로 비록 흉함이 줄어들기는 해도 결코 길하지는 않다고 본다.

그러나 운에서 천간으로 들어오는 성분이 운의 지지에 깊이 통근하지 못하여 무력한 경우에는, 사주원국에 있는 두 개 또는 세 개의 성분과 투합(妒合)이 되면 활동력이 현저하게 떨어지므로, 만약 운에서 들어오는 성분이 희용신이라면, 별로 길하지 않거나 오히려 흉할 수도 있으며, 또 만약 운에서 들어오는 성분이 기구신이라면 별로 흉하지 않거나 오히려 평탄하게 넘어갈 수도 있다는 점을 알아야 한다.

물론 운에서 천간으로 들어오는 성분이 운의 지지에 깊이 통근한 경우에는, 설사 사주원국에 있는 두 개 또는 세 개의 성분과 투합(妒合)을 하더라도 운에서 들어오는 성분의 기반이 심하지 않아서 고유의 활동력을 어느 정도 유지하므로, 만약 운에서 들어오는 성분이 희용신이라면 투합(妒合)에도 불구하고 제법 길할 것이고 또 만약 운에서 들어오는 성분이 기구신이라면 투합(妒合)에도 불구하고 제법 흉할 것이다.

또 운에서 들어오는 성분끼리 간합하는 경우에는, 합의 힘이 강하지 않아서 둘 다 어느 정도나마 고유의 활동력을 유지하고 있으므로, 두 성분이 사주원국에 어떠한 영향을 미치는지를 살펴봐서 길흉을 판단해야 한다.

다수의 자평명리학자들은 희용신이 간합하여 기반이 되면 무조건 흉하다고 보고 기구신이 간합하여 기반이 되면 무조건 길하다고 보는데, 이는 타당한 견해가 아니며, 위에서 언급한 대로 운에서 들어오는 성분과 사주원국의 성분으로 구분하여 판단해야 할 것이다.

2. 일간(日干)이 간합(干合)하는 경우

일간이 월간(月干)이나 시간(時干)이나 일지(日支)와 합하는 경우는 월간(月干)과 연간(年干)이 서로 합하는 경우와는 그 성질이 전혀 다르다. 월간과 연간이 서로 합하는 경우에는 둘 다 기반(羈絆)이 되어 고유의 활동력을 현저하게 상실하게 되지만, 일간이 월간이나 시간과 합하는 경우에는 두 성분이 전혀 기반이 되지 않고 고유의 활동력을 그대로 간직한 채 오히려 합이 되지 않은 경우보다 더 유정(有情)한 관계를 맺게 된다. 다시 말해 일간과 합하는 성분은 일간과 합하지 않는 성분보다 일간과의 친밀도가 더욱더 높아진다고 하겠다.

그런데 일간과 친밀도가 높아진다고 해서 무조건 좋은 것은 아니다. 일간과 합하는 성분이 무엇이냐에 따라서 일간의 간합이 좋기도 하고 나쁘기도 하다. 예컨대 일간이 용신(用神)과 합이 되어 있다면, 일간과 용신이 유정하고 친밀해지므로 합하지 않은 경우보다 더 좋을 것이다. 또 일간이 용신보다 비중이 더 작은 희신(喜神)과 합이 되어 있다면, 일간이 가장 필요로 하는 용신에게 정(情)을 주지 않고 용신에게 필요한 희신에게 정을 주게 되므로 좋을 게 없으나, 그래도 일간이 기구신(忌仇神)과 합하는 경우보다는 훨씬 낫다. 또 일간이 기구신과 합이 되어 있다면, 일간이 용신을 돌아보지 않고 기구신에게 정을 주게 되므로 결코 좋지 않다.

일간이 용신과 합하느냐 아니면 기구신과 합하느냐 하는 것은 격국(格局)의 등급의 고저(高低)를 가리는 하나의 기준이 되기는 하나, 그렇다고 해서 큰 비중을 둘 필요는 없다고 본다. 운만 좋은 방향으로 흘러간다면 일간의 간합은 그다지 중요하지 않기 때문이다.

3. 간합(干合)이 암시(暗示)하는 의미

(1) 일간(日干)의 간합(干合)이 암시하는 의미

일간(日干)은 일지(日支)나 월간(月干)이나 시간(時干)의 정관(正官)이나 정재(正財)와 간합한다. 일간이 일지나 월간이나 시간의 정관과 간합하고 있는데, 정관이 용신(用神)이고 재성(財星)의 생조를 받아 유력(有力)하고 식상(食傷)의 충극(沖剋: 충(沖)이나 극제를 말함)을 직접 받지 않고 있으면, 일간이 정관에게 애착(愛着)이 강해서 정관을 독차지하고 있는 형상(形象)이므로, 어느 누구도 넘보지 못할 사회적인 명예(名譽)를 얻을 가능성이 많다고 할 수 있다[여자의 경우에는 그 밖에도 남편이나 애인(愛人)에 대한 애정(愛情)이 많고 남편이나 애인이 자신의 사회적인 삶에 큰 도움을 줄 가능성이 많다고 할 수 있다].

또 일간이 일지나 월간이나 시간의 정재와 간합하고 있는데, 정재가 용신(用神)이고 식상(食傷)의 생조를 받아 유력(有力)하고 비겁(比劫)의 충극(沖剋)을 직접 받지 않고 있으면, 일간이 정재에 애착(愛着)이 강해서 정재를 독차지하고 있는 형상(形象)이므로, 어느 누구도 넘보지 못할 재물(財物)을 획득(獲得)할 가능성이 많다고 할 수 있다(남자의 경우에는 그 밖에도 아내나 애인에 대한 애정이 많고 아내나 애인이 자신의 사회적인 삶에 큰 도움을 줄 가능성이 많다고 할 수 있다).

그러나 일간이 일지나 월간이나 시간의 정관과 간합하고 있는데, 정관이 기구신(忌仇神)이고 유력(有力)하고 식상(食傷)의 충극(沖剋)을 직접 받지 않고 있으면, 일간이 정관에 쓸데없이 집착(執着)하여 정관에 대한 미련을 버리지 못하고 있는 형상이므로, 사회적인 명예(名譽)를 헛되이 추구하느라 가산(家産)을 탕진(蕩盡)하여 자신뿐만 아니라 가족까지 힘들게 할 가능성이 많다고 할 수 있다[여자의 경우에는 그 밖에도 남편이나 애인에 대한 집착이 강해서 자신의 사회적인 삶에 도움은커녕 오히려 사회적으로 자신을 힘들게 하는 남편이나 애인과 떨어질 수 없는 관계를 맺으면서 지속적인 고통을 받을 가능성이 많다고 할 수 있다].

또 일간이 일지나 월간이나 시간의 정재와 간합하고 있는데, 정재가 기구신(忌仇神)이고 유력(有力)하고 비겁(比劫)의 충극(沖剋)을 직접 받지 않고 있으면, 일간이 정재에 쓸데없이 집착(執着)하여 정재에 대한 미련을 버리지 못하고 있는 형상이므로, 분수(分數)에 맞게 살 생각은 하지 않고 분수에 넘치게 재물(財物)에 눈이 멀어 재물만 좇다가 돈을 벌기는커녕 오히려 가진 재산(財産)을 다 날리거나 빚더미에 앉아 망신(亡身)을 당할 가능성이 많다고 할 수 있다(남자의 경우에는 그 밖에도 아내나 애인에 대한 집착이 강해서 자신의 사회적인 삶에 도움이 되기는커녕 오히려 사회적으로 자신을 힘들게 하는 아내나 애인과 떨어질 수 없는 관계를 맺으면서 지속적인 고통을 받을 가능성이 많다고 할 수 있다).

(2) 일간(日干) 외의 간합(干合)이 암시하는 의미

일간이 실제로 의지하고 있는 희용신(喜用神)인 정관(正官)이 바로 곁에 있는 간지(干支)의 식신(食神)이나 비견(比肩)과 간합하고 있거나, 일간이 실제로 의지하고 있는 희용신인 칠살[七殺: 편관(偏官)]이 바로 곁에 있는 간지(干支)의 겁재(劫財)나 상관(傷官)과 간합하고 있으면, 세상을 살아가면서 일간이 누려야 할 명예(名譽)를 경쟁자를 비롯한 다른 사람들이 차지하여 결국 일간은 명예를 얻지 못하고 아쉬움만 남을 가능성이 많다고 할 수 있다[여자의 경우에는 그 밖에도 일간이 평소에 믿고 의지하던 남편이나 애인이 외도(外道)를 하거나, 남편이나 애인이 실제로 외도를 하지 않더라도 외도를 할지도 모른다고 여자가 의심을 하여 내심(內心)으로 노심초사(勞心焦思: 몹시 마음을 쓰며 애를 태움)할 가능성이 많다고 할 수 있다].

또 일간이 실제로 의지하고 있는 희용신인 정재(正財)가 바로 곁에 있는 간지(干支)의 비견(比肩)이나 편인(偏印)과 간합하고 있거나, 일주가 실제로 의지하고 있는 희용신인 편재(偏財)가 바로 곁에 있는 간지(干支)의 정인(正印)이나 겁재(劫財)와 간합하고 있으면, 세상을 살아가면서 일간이 획득(獲得)해야 할 재물(財物)을 경쟁자를 비롯한 다른 사람들이 차지하여 결국 일간은 재물을 획득하지 못하고 헛물만 켤 가능성이 많다고 할 수 있다[남자의 경우에는 그 밖에도 일간이 평소에 믿고 의지하던 아내나 애인이 외도(外道)를 하거나, 아내나 애인이 실제로 외도를 하지 않더라도 외도를 할지도 모른다고 남자가 의심을 하여 내심(內心)으로 노심초사(勞心焦思)할 가능성이 많다고 할 수 있다].

또 일간이 실제로 의지하고 있는 희용신인 식상(食傷)이 바로 곁에 있는 간지(干支)의 관살(官殺)이나 인성(印星)과 간합하고 있으면, 세상을 살아가면서 여러 가지 이유로 인하여 일간이 발휘하는 재능(才能)이나 능력(能力)이 제약(制約)을 받아서 결국 일간은 재능이나 능력을 제대로 발휘를 못할 가능성이 많다고 할 수 있다.

또 일간이 실제로 의지하고 있는 희용신인 인성(印星)이 바로 곁에 있는 간지(干支)의 식상(食傷)이나 재성(財星)과 간합하고 있으면, 세상을 살아가면서 일간이 정신적 · 경제적으로 많은 도움을 받을 수 있는 주위의 윗사람들(부모 포함)에게 여러 가지 사정이 생겨 결국 일간은 주위의 윗사람들(부모 포함)에게 정신적 · 경제적인 도움을 제대로 받지 못할 가능성이 많다고 할 수 있다.

또 일간이 실제로 의지하고 있는 희용신인 비겁(比劫)이 바로 곁에 있는 간지(干支)의 재성(財星)이나 관살(官殺)과 간합하고 있으면, 세상을 살아가면서 일간이 정신적·경제적으로 도움을 받을 수 있는 형제자매나 동료(同僚)들이나 동업자(同業者)들에게 여러 가지 사정이 생겨 결국 일간은 형제자매나 동료들이나 동업자들에게 정신적·경제적인 도움을 제대로 받지 못할 가능성이 많다고 할 수 있다.

그러나 용신인 비겁(比劫)을 직접 충극(沖剋)하고 있는 기구신(忌仇神)인 정관이 바로 곁에 있는 간지(干支)의 식신(食神)이나 비견(比肩)과 간합하고 있거나, 용신인 비겁을 직접 충극(沖剋)하고 있는 기구신인 칠살이 바로 곁에 있는 간지(干支)의 겁재(劫財)나 상관(傷官)과 간합하고 있으면, 세상을 살아가면서 일간이 받아야 할 업무상·사업상의 과중(過重)한 부담이 형제자매나 동료들이나 동업자들의 도움이나 슬기롭게 어려움을 헤쳐나가는 자신의 능력에 힘입어 상당히 완화(緩和)될 가능성이 많다고 할 수 있다[여자의 경우에는 그 밖에도 일간이 평소에 자신을 몹시 힘들게 한다고 여겨서 심한 부담을 느끼던 남편이나 애인이 외도(外道)를 하거나, 남편이나 애인이 실제로 외도를 하지 않더라도 외도를 할지도 모른다고 여자가 의심을 하여 바가지를 긁거나 남편이나 애인의 일거수일투족(一擧手一投足)을 감시하면서도, 한편으로는 남편이나 애인이 자신에게서 멀어져서 오히려 속 편하다고 생각할 가능성이 많다고 할 수 있다].

또 용신인 인성(印星)을 직접 충극(沖剋)하고 있는 기구신인 정재가 바로 곁에 있는 간지(干支)의 비견(比肩)이나 편인(偏印)과 간합하고 있거나, 용신인 인성을 직접 충극(沖剋)하고 있는 기구신인 편재(偏財)가 바로 곁에 있는 간지(干支)의 정인(正印)이나 겁재(劫財)와 간합하고 있으면, 세상을 살아가면서 일간이 무리한 재물의 운용(運用)으로 인해 재산(財産)을 다 날리거나 빚더미에 앉아 망신(亡身)을 당할 수 있는 처지에서, 주위의 윗사람들(부모 포함)이나 형제자매나 동료들이나 동업자들의 도움을 받아 위기(危機)를 모면(謀免)할 가능성이 많다고 할 수 있다[남자의 경우에는 그 밖에도 일간이 평소에 자신을 무척 힘들게 하고 자신이 하는 일에 따라다니면서 훼방(毀謗)만 놓는다고 여기던 아내나 애인이 외도(外道)를 하거나, 아내나 애인이 실제로 외도를 하지 않더라도 외도를 할지도 모른다고 일간이 의심을 하여 아내나 애인을 닦달하거나 아내나 애인의 일거수일투족(一擧手一投足)을 감시하면서도, 한편으로는 아내나 애인이 자신에게서 멀어져서 오히려 속 편하다고 생각할 가능성이 많다고 할 수 있다].

또 용신인 관살(官殺)을 직접 충극(沖剋)하고 있는 기구신인 식상(食傷)이 바로 곁에 있는 간지(干支)의 관살(官殺)이나 인성(印星)과 간합하고 있으면, 세상을 살아가면서 일간이 자신의 능력(能力)만 믿고서 소득(所得)도 없이 쓸데없는 일을 벌이거나 입을 잘못 놀려 구설수(口舌數)에 올라 지독한 시달림을 받을 수 있는 처지에서, 주위의 윗사람들(부모 포함)이나 상사(上司)나 남편이나 애인(여자의 경우에 한함)의 도움을 받아 위기를 모면할 가능성이 많다고 할 수 있다.

또 용신인 식상(食傷)을 직접 충극(沖剋)하고 있는 기구신인 인성(印星)이 바로 곁에 있는 간지(干支)의 식상(食傷)이나 재성(財星)과 간합하고 있으면, 세상을 살아가면서 일간이 주위의 윗사람들(부모 포함)의 지나친 간섭으로 인해 자신의 재능이나 능력을 제대로 발휘하지 못하고 그 결과 사람들에게 자신의 재능이나 능력을 인정(認定)받지 못해서 몹시 답답하고 우울한 심경(心境)이 될 수 있는 처지에서, 아내나 애인(남자의 경우에 한함)의 도움을 받거나 스스로 기지(機智)를 발휘함으로써 몹시 답답하고 우울한 상황에까지 이르지 않게 될 가능성이 많다고 할 수 있다.

또 용신인 재성(財星)을 직접 충극(沖剋)하고 있는 기구신인 비겁(比劫)

이 바로 곁의 간지(干支)의 재성(財星)이나 관살(官殺)과 간합하고 있으면, 세상을 살아가면서 일간이 형제자매나 동료들이나 동업자들로 인해 물질적·경제적으로 큰 피해를 볼 수 있는 처지에서, 아내나 남편이나 애인이나 부하직원이나 종업원이나 상사(上司)의 도움을 받아 위기를 모면할 가능성이 많다고 할 수 있다.

제10장
투합(妒合)과 쟁합(爭合)

투합(妒合)

1. 투합(妒合)의 정의

투합(妒合)이라 함은 일주[日柱: 일간(日干)을 말함]가 둘 이상의 정재(正財)나 정관(正官)과 간합(干合)하는 것을 말한다. 일주(日主)가 월간과 시간과 연간과 명합(明合)하는 경우뿐 아니라 일지의 본기(本氣)와 암합(暗合)하는 경우까지 포함하여 둘 이상 합하고 있으면, 투합(妒合)에 해당한다.

그런데 일주가 연간과 간합하고 있으나 월간에 다른 성분(연간에 있는 성분과 다른 성분)이 일주와 연간을 가로막고 있는 경우에는 일주가 연간과 간합하고 있는 것으로 보지 않는다. 따라서 일주가 월간과도 간합하고 있으면서 연간과도 간합하고 있으면, 월간에 있는 성분과 연간에 있는 성분이 같아서 월간에 있는 성분이 일주와 연간을 가로막고 있는 경우가 아니므로 투합에 해당하지만, 일주가 시간과 간합하고 있거나 일지의 본기와 암합하고 있으면서 연간과도 간합하고 있으나 월간에 다른 성분이 일주와 연간을 가로막고 있으면, (일주가 연간과는 간합하고 있는 것으로 보지 않으므로) 투합에 해당하지 않는다.

2. 투합(妬合)의 효력

일주(日主)가 합하고 있는 성분에게는 합하지 않는 성분에 비해 강한 집착(執着)을 가지게 된다. 그래서 성격(性格)에서도 일주와 합하고 있는 성분이 가장 큰 영향을 미치게 된다.

그런데 일주가 둘 이상의 성분과 합하고 있으면 그 성분에 대한 집착이 더욱더 강해진다고 볼 수 있다. 다시 말해 이것에도 집착하고 저것에도 집착하다 보니, 어느 하나라도 남 주기가 싫고 자신이 모두 소유하고 싶어하는 과다한 욕심이 생기게 된다. 그 결과 일주의 마음은 온통 그 성분에 대한 집착과 욕심으로 인해 자유롭지 못하고 불안정해지기 쉽다.

3. 일주(日主)가 정재(正財)와 투합(妬合)하는 경우

일주(日主)가 정재(正財)와 투합(投合)하고 있으면 재물이나 건강에 대한 집착이 아주 강하다고 하겠다. 오로지 재물을 쌓아 놓고 싶은 생각에 사로잡히다 보니 소비할 생각은 거의 하지 못하는 편이다. 또 지극히 계산적이다 보니 조금이라도 손해 보는 행동은 결코 하지 않을 것이다. 이런 사람에게서는 이유 없이 밥 한 끼 얻어먹기가 쉽지 않을 것이다. 재물을 벌기 위해 아주 부지런하게 살아가지만, 온통 재물에 대한 생각뿐이다 보니 강박관념이 생겨 여유가 없고 정서가 불안정하고 불만족스러워서 표정이 어둡게 될 가능성이 많다고 하겠다.

남자의 경우에는 재물이나 건강 외에도 여자에 대한 집착이 아주 강하다고 할 수 있다. 한 여자만으로는 결코 만족할 수 없어서 아내뿐 아니라 다른 여자에게도 욕심을 부리게 되어, 결국 외도(外道)를 하거나 결혼을 두 번 이상 할 가능성이 아주 많다. 아내에게 정(情)이 없어서 외도를 하는 것이 아니라 여자들을 다 차지하고 싶은 욕심 때문에 외도를 하며, 그 결과 결혼을 두 번 이상 할 가능성이 많다고 보면 되겠다. 심지어 노래방에 가서도 한 여자에게 만족을 못하고 동료의 짝을 집적거려 빈축(嚬蹙)을 사게 되는 경우도 있다. 그래서 시기(猜忌)·질투(嫉妬)가 많아서 자기 혼자 다 차지해야 속이 시원하다는 뜻으로 투합(妬合)이라고 이름지었을 것이다. 예를 들어보자.

ⓐ	ⓑ	ⓒ	ⓓ
癸 戊 癸 丁	癸 戊 癸 庚	辛 丙 甲 辛	丙 戊 癸 癸
丑 子 卯 巳	丑 午 未 戌	卯 申 午 丑	辰 子 亥 未

ⓐ는 여자의 명조(命造)인데, 일주가 정재와의 합으로 둘러싸여 있다. 즉, 戊土 일주가 월간의 정재 癸水와도 간합하고 있고 시간의 정재 癸水와도 간합하고 있을 뿐 아니라 일지의 子水 속에 들어 있는 정재 癸水와도 암합하고 있다. 일주 주위에 정재밖에 없다 보니 오로지 재물을 많이 소유하고 싶은 생각에 짓눌려 지내는 것으로 보인다. 재물을 모으려고만 하고 쓸 생각은 하지 못하는 편이다. 더욱이 월간의 정재 癸水가 연간의 용신인 정인 丁火를 극하고 있어서 탐재괴인격(貪財壞印格)까지 되어 있다 보니, 재물에 대한 욕심과 손해 보기 싫어하는 마음이 많아서 인간성을 상실해버릴 가능성도 있다. 다행스럽게도 지금까지 운이 좋지 않게 흐르지는 않았으므로 별 문제는 없어 보인다. 그래도 재물에 대한 강박관념으로 인해 항상 만족스럽지 못하고 여유가 없고 불안해하고 초조해하다 보니, 그러한 마음이 어둡고 근심에 찬 표정으로 표출되는 것 같다. 그러나 성실하고 부지런하고 계산에 치밀한 편이다.

ⓑ는 남자의 명조인데, 戊土 일주가 월간의 정재 癸水와도 간합하고 있고 시간의 정재 癸水와도 간합하고 있다. 곁에서 가만히 지켜보면 그야말로 돈을 벌기 위해 태어난 사람처럼 보인다. 아주 부지런하고 돈을 벌기 위해서라면 어디라도 찾아갈 사람이다. 그러나 인생의 목표를 너무 돈벌이에만 두고 손해 보는 행동은 절대 하지 않다 보니 인간미가 없다는 비난을 받는 편이다. 무슨 일이든지 돈벌이가 된다면 놓치지 않으려 하고 건강에 좋은 음식이라면 빚을 내서라도 먹으며 건강관리를 하는 편이다. 몸이 무조건 건강하고 봐야 일도 제대로 할 수 있지 않겠느냐는 생각이 지배적인 것으로 보인다. 여자에 대한 집착도 강해서 노래방에 가면 도우미들을 자기 마음대로 독차지하려는 나쁜 버릇이 있다. 남의 여자가 더 나아 보이면 시기심이 발동하는 모양이다. 그러나 아직까지 외도를 하지는 않는 것 같다. 아내에게 만족하지 못하고 있지만 아내를 멀리 하고자 하는 생각도 별로 없는 것으로 봐서, 설령 외도를 한다고 하더라도 아내를 버리지는 않을 것이라고 본다. 생각건대 재성 水가 용신이라서 여자가 도움이 되었으면 되었지 여자로 인해 곤란한 문제가 생기지는 않을 것이라고 본다. 아무튼 재물이든 여자든 독차지하려는 마음이 많다 보니 동료들의 빈축을 사는 것은 어쩔 수 없지 않나 싶다.

ⓒ는 남자의 명조인데, 이 여자 저 여자와 외도를 하다가 결국 남편의 외도를 참다못한 아내의 요구로 이혼한 뒤 학교 동창과 동거하고 있으나, 사흘이 멀다 하고 다투면서 헤어지고 다시 합치기를 반복하고 있는 실정이다.

ⓓ는 「인터뷰사주학(정대엽 지음)」에 나오는 남자의 명조인데, 60세가 될 때까지 처음 결혼한 아내와 헤어지지는 않았지만 바람둥이에다가 대단한 춤꾼이라서 매일같이 유흥업소에 출근하여 여러 여자들과 춤을 추고 잠자리도 같이하면서 자기 마음대로 살아가는 사람이라고 한다. 벌이가 전혀 없어

서 함께 춤을 추고 잠자리를 같이하면서 정을 주고받은 여자들이 주는 용돈으로 생활하다 보니, 아내에게는 생활비 한 푼 주지 않고 줄 능력도 되지 않는다고 한다. 아내와 한집에서 살고 있지만 잠자리를 따로 하고 식사도 혼자 해결하고 있으니 남이나 다름없이 생활하며, 언제 집에 들어오는지 나가는지도 모르는 채 살아가고 있다고 한다. 아내가 천하의 바람둥이인 남편과 헤어지지 못하고 억지로 참고서 한집에서 남이나 다름없이 살아가는 이유는 애들이 남들에게서 애비 없는 호래자식이라는 말을 들을까 봐 걱정이 되기 때문이라고 한다.

4. 일주(日主)가 정관(正官)과 투합(妬合)하는 경우

남자의 경우에는 일주(日主)가 정관(正官)과 투합(投合)해도 별문제가 없다고 본다. 다만 명예(名譽)나 대의명분(大義名分)에 집착하여 사회적으로 공명정대(公明正大)하다고 생각되는 일이라면 한 가지든 두 가지든 여러 가지든 사양 않고 무리하게 떠맡을 가능성이 많다고 본다. 그야말로 대중이 부르고 나라가 필요로 한다면 결코 마다하지 않으니, 이 역시 명예욕(名譽慾)에 집착하기 때문으로 볼 수 있으며, 이로 인해 처자식을 고생스럽게 할 수 있을 것이다.

여자의 경우에는 결혼을 하지 않고 독신(獨身)으로 사는 여자라면 정관(正官)과의 투합을 남자의 경우와 같이 보면 되고, 결혼을 하여 남편을 두고 있는 여자라면 정관을 남편과 외간 남자로 보고 투합을 논하면 된다. 정관과 투합이 되어 있는 여자라면 남편을 싫어하지 않으면서도 다른 남자에게 관심이 많아서 이 남자 저 남자의 청(請)을 거절하지 못하고 여러 남자들에게 정(情)을 주게 되어 외도(外道)를 하거나 결혼을 두 번 이상 할 가능성이 많다고 하겠다. 한 마디로 말해 남자들을 독차지하고 싶은 마음이 많다 보니, 그 마음이 은연중에 표출되어 남자들을 유혹하는 미끼로 작용하지 않을까 싶다. 이런 경우에는 남편에게 정(情)이 없어서 외도(外道)를 하는 것이 아니라 다른 남자들의 청을 뿌리치지 못해서 외도를 하며, 그 결과 결혼을 두 번 이상 할 가능성이 많다고 보면 되겠다. 비록 실제로 외도(外道)를 하거나 결혼을 두 번 이상 하지 않는다고 하더라도, 남편에게만 오롯한 정을 주지 못하고 다른 남자에게도 마음의 문을 열어놓고서 본의 아니게 교태(嬌態)를 부리는 것은 어쩔 수 없는 심리 현상인지도 모른다. 예를 들어보자.

ⓐ　　　　ⓑ　　　　ⓒ　　　　ⓓ
戊癸戊戊　丙辛壬丁　乙癸戊戊　戊癸戊丙
午酉午子　申巳子丑　卯亥午午　午亥戌申

ⓔ　　　　ⓕ
甲乙庚庚　壬丁丁壬
申丑辰子　寅巳未寅

ⓐⓑ 모두 「적천수천미(滴天髓闡微)」의 여명(女命)의 장에 나오는 명조(命造)인데, 두 여인 모두 남편이 병으로 죽고 나자 다른 남자들과 음란한 관계를 맺었다고 하여 지탄을 받았다고 한다. 필자의 생각으로는 남편이 살아 있을 적에도 남몰래 외간 남자를 만났으나 주위에서 모르고 있다가, 남편의 죽음으로 인해 행동이 어느 정도 자유로워지자 적극적으로 외도를 하는 바람에 주위에서도 알게 되지 않았을까 싶다.

ⓒⓓ 모두 「오주괘(곽목량 지음/홍수민 번역)」에 나오는 여자의 명조인데, 실제로 두 번 이상 결혼한 것으로 보인다.

ⓔ는 「인터뷰사주학(정대엽 지음)」에 나오는 여자의 명조인데, 실제로 결

혼을 세 번 했다고 한다.

ⓕ도 「인터뷰사주학(정대엽 지음)」에 나오는 여자의 명조인데, 이 경우에는 지지에 관살과 식상이 거의 없는 상황에서 일간 丁火와 월간의 비견 丁火가 시간과 연간의 정관 壬水와 사이좋게 합하고 있으므로 투합이라고 볼 수 없다. 왜냐하면 일간 丁火가 시간의 정관 壬水와는 합하고 있지만, 연간의 정관 壬水와는 월간의 비견 丁火에 가로막혀 있어서 합하고 싶은 마음만 있지 실제로 합하지 못하고 월간의 비견 丁火에게 양보할 수밖에 없는 처지이기 때문이다. 그래서 첫 번째로 결혼한 남편과 헤어지고(다른 여자에게 양보할 수밖에 없는 처지여서 헤어졌다고 보면 될 것이다) 두 번째 남편과 재혼하여 살고 있지만, 일간 丁火가 시간의 정관 壬水만 바라보고 있는 형상이라서 다른 남자와 외도는 하지 않은 것으로 보인다.

투합(妒合)을 살펴보다 보니 남녀의 외도(外道)에 대해서도 언급하게 되었는데, 외도에 대해 좀 더 언급해보기로 하겠다.

일반적으로 남자의 사주에 재성(財星)이 세 개 이상 있거나 여자의 사주에 관살(官殺)이 세 개 이상 있거나 관살혼잡(官殺混雜)이 되어 있으면 외도할 가능성이 많다고 하지만, 실제로는 그렇지 않은 경우도 있으므로, 단순히 재성이나 관살의 개수만으로 외도의 여부를 논하는 것은 옳지 않다고 해야 할 것이다.

필자의 임상 경험으로 볼 때, 남자의 사주에 재성이나 식상(食傷)[특히 상관(傷官)]이 세 개 이상 있거나 여자의 사주에 관살이나 식상(특히 상관)이 세 개 이상 있고[특히 관살과 식상(특히 상관)이 둘 다 많아서 극설교가(剋洩交加: 관살도 있고 식상도 있는 경우를 말함)가 되어 있고] 인성이 없거나 있어도 무력한 상황에서, 일주 주위인 일지(본기에 한함)와 월간과 시간과 월지에 재성이나 관살이나 식상(특히 상관)이 두 개 이상 있거나 일지(본기에 한함)와 월지(본기에 한함)에 둘 다 재성이나 관살이나 식상(특히 상관)이 있으면, 외도(外道)할 가능성이 많으며[천간에 재성이나 관살이나 식상(특히 상관)이 두 개 이상 있으면서 여자의 경우에는 인성이 일간과 관살 사이를 가로막고 있지 않으면, 결혼을 두 번 이상 할 가능성도 많다], 비록 외도를 하거나 결혼을 두 번 이상 하지 않더라도, 적어도 다른 여자나 다른 남자를 사귀고 싶어하는 마음이 많다고 하겠다. 예를 들어보자.

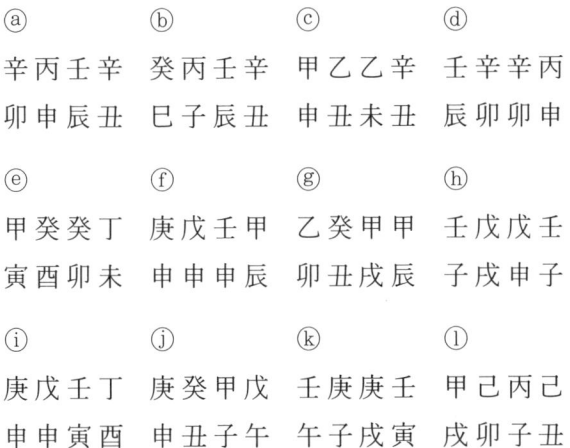

ⓐ는 남자의 명조인데, 일주 丙火가 시간의 정재 辛金과 합하고 있고 일지에도 편재 申金이 있고 연간(年干)에도 정재 辛金이 있어서 재성 金이 많으면서 정편재가 혼잡되어 있을 뿐 아니라 월지와 연지에 식상까지 있다. 아내에게 여러 가지로 불만이 많아서 윽박지르는 편이며, 아내만으로는 넘치는 성욕을 주체할 수 없어서 다른 여자들과 만나면서 성적인 관계를 맺고 있다. 그러나 본인의 말로는 성욕을 충족시키기 위해 다른 여자들을 만나기 때문에 그냥 성적으로 즐기기만 할 뿐 결코 다른 여자들에게 정(情)을 주거나 따로 살림을 차리지는 않고 있다고 하는데, 이러한 남편의 외도를 여러

번 목격한 아내가 아이들이 대학교를 졸업할 때까지 꾹 참고 있는 상황이니 앞으로 두고 볼 일이다.

ⓑ는 여자의 명조인데, 일주 丙火 주변에 온통 관살 水뿐이고 월지와 연지에도 관살 水가 암장되어 있어서 관살이 매우 많은 데다가 혼잡(混雜)까지 되어 있다 보니, 남편 외의 다른 남자들에게 관심이 많고 마음을 잘 주는 편이다. 남편과 불화가 깊어지자 결국에는 어느 한 남자와 정을 통하여 집을 나가버렸다.

ⓒ는 남자의 명조인데, 일지와 월지와 연지의 본기가 재성 己土에다가 丑未沖까지 되어 있다 보니, 아내에 대한 정이 없고 다른 여자를 좋아하여 외도를 했으나, 지금은 조용하게 지내는 것으로 안다.

ⓓ는 남자의 명조인데, 역시 일지와 월지의 재성 卯木이 아주 왕하다. 합은 되어 있지 않으니 아내에 대한 집착은 없고 다른 여자에게 관심이 아주 많아서 외도를 여러 번 했으며, 지금도 외도를 하고 있는지도 모른다.

ⓔ는 남자의 명조인데, 재성 火가 일주 주위와 월지에는 없고 겨우 연간과 연지의 여기(餘氣)와 시지의 중기(中氣)에만 있으나 식상 木이 월지의 식신 卯木과 시주(時柱)의 상관 甲寅木을 포함하여 세 개나 있어서 아주 왕하다 보니, 쾌락적인 성욕이 강해서 아내에 대한 정(情)이 거의 없고 아내 몰래 다른 여자들을 만나면서 정(情)을 통하고 있다. 그러나 아내에게 최소한의 도의적인 책임은 다하고 있는 것으로 보인다.

ⓕ는 「재미있는 역학 이야기(김소정 저)」에 나오는 여자의 명조인데, 사주 원국에 비록 관살은 연간의 칠살 甲木과 연지의 辰土 속에 들어 있는 정관 乙木뿐이지만 식신 庚金과 申金이 너무 많다 보니, 쾌락적인 성욕이 무척 강해서 보통의 외도에 그치는 것이 아니라 여러 남자들과의 성관계가 너무 문란하다고 할 정도로 음란했다고 한다. 그리고 틀림없이 남편을 불만스럽

게 여겨 남편을 은근히 무시하고 얕잡아봤을 것이다.

ⓖ는 여자의 명조인데, 사주원국에 온통 관살 土와 식상 木뿐이고 인성 金은 일지의 丑土 속에 암장되어 있어서 무력하다. 관살혼잡에다가 왕한 식상 木이 왕한 관살 土를 극하여 극설교가(剋洩交加)까지 되어 있으므로, 남편을 무시하고 얕잡아볼 뿐 아니라 예쁜 얼굴에 색기(色氣)도 많고 쾌락적인 성욕도 강해서 남자관계가 매우 복잡하고 외도를 할 암시가 있다. 실제로 그런 연유로 인해 남편에게 얻어맞고 살다가 결국 이혼하고 이 남자 저 남자를 만나면서 혼자서 자유롭게(?) 살고 있다고 한다.

ⓗ는 남자의 명조인데, 재성 水가 많으면서 정편재가 혼잡되어 있을 뿐 아니라 월지에 식신 申金까지 있어서, 아내에게 만족하지 못하고 다른 여자들에게 관심이 많을 뿐 아니라 쾌락적인 성욕도 강하다. 아내에게 너무 잦은 성관계를 요구하면서 아내를 괴롭히고 심지어 구타까지 하다가, 어느 날 가출한 여중생을 자기 집에 데리고 와서는 의식주를 해결해주면서 아내 몰래 거의 강제적으로 성관계를 하다가 결국엔 경찰에서 그 사실을 알게 된 바람에 미성년자 강간죄로 구속되었다가 합의가 잘 되어 풀려났다. 한 여자에게 만족하지 못하고 쾌락적인 성욕도 강한 데다가 사주원국에 관살 木이 전혀 없다 보니, 옳고 그름에 대한 분별심과 아내에 대한 죄책감이 없이 가출한 미성년자를 성욕 충족의 대상으로 삼음으로써 파렴치하고 교묘한 범행을 저지른 것으로 보인다.

ⓘ는 남자의 명조인데, 일주 戊土 주위에 식상 金이 많은 데다가 월간과 일지의 申金 속에 재성 壬水까지 있다 보니, 쾌락적인 성욕이 강해서 결혼하기 전부터 여러 여자들을 만나면서 성관계를 했으며, 아내에 대한 정(情)이 아예 없어서 힘들게 살다가 결국 이혼하고 나서도 여러 여자들을 만나면서 성관계를 계속했다. 그러나 결혼 후 이혼 전까지는 비록 넘쳐나는 성욕

을 억누르지 못해서 윤락가를 자주 드나들긴 했어도 어느 한 여인과 지속적으로 만나면서 외도를 하지는 않았던 것으로 안다.

ⓙ는 여자의 명조인데, 연간의 정관 戊土와 일지의 칠살 丑土가 혼잡되어 있고 월간에 상관 甲木도 있을 뿐 아니라 월간과 연간에서 상관견관(傷官見官)까지 되어 있으므로, 남편에게 불만이 많고 다른 남자들에게 관심도 많아서 외도를 하고 있다고 한다.

ⓚ는 여자의 명조인데, 식상 水가 많아서 신약한데 일지와 시지에서 상관견관(傷官見官)까지 되어 있어서, 남편을 깔보고 업신여겨서 얻어맞고 살다가 집을 뛰쳐나가 여러 남자들의 품을 거친 뒤에 마침내 자신을 아껴주는 남자를 만나 새살림을 꾸리고 있으나, 고생이 많은 것으로 보인다.

ⓛ은 「인터뷰사주학(정대엽 지음)」에 나오는 여자의 명조인데, 일간 己土가 칠살 卯木을 깔고 앉아 있는 데다가 시간의 정관 甲木과 합하고 있기까지 하므로, 넘치는 성욕을 주체할 수 없어서 첫 남자와는 정력이 약하다는 이유로 얼마 살지 못하고 헤어진 후 한 남자에 만족하지 못하고 여러 남자들을 만나다가 정력이 아주 센 나이 많은 남자와 살던 중, 남자의 부인이 간통죄로 고소한다고 으름장을 놓는 바람에 어쩔 수 없이 헤어져서는 혼자 살고 있다고 한다.

쟁합(爭合)

1. 쟁합(爭合)의 정의

쟁합(爭合)이라고 함은 일주(日主)와 비견(比肩)이 하나의 정재(正財)나 정관(正官)을 사이에 두고 경쟁적으로 합하는 것을 말한다. 쟁합(爭合)이 되는 경우는 월간(月干)의 정재나 정관을 사이에 두고 일주(日主)와 연간(年干)의 비견(比肩)이 서로 합하려고 하는 경우와, 일지(日支)의 정재나 정관을 사이에 두고 월지(月支)나 시지(時支)의 비견(比肩)이 서로 합하려고 하는 경우이다.

2. 쟁합(爭合)의 효력

쟁합(爭合)은 하나의 먹잇감을 사이에 두고 서로 차지하려고 으르렁대며 싸우는 두 맹수를 연상케 한다. 먹잇감을 누가 차지할지는 쉽게 판단하기 어렵다고 하겠다. 쟁합이 되어 있으면 자신의 몫을 동료에게 뺏기지 않으려고 마찰과 갈등을 일으키고 동료에 대한 경계심을 갖게 되므로, 투합과 마찬가지로 좋을 게 없다고 본다.

3. 일주(日主)가 정재(正財)를 사이에 두고 비견(比肩)과 쟁합(爭合)하는 경우

일주(日主)가 정재(正財)를 사이에 두고 비견(比肩)과 쟁합(爭合)하는 경우에는, 재물에 대한 소유욕(所有慾)과 집착(執着)이 매우 강하여 재물을 모으려고만 하고 적당하게 소비할 줄 모를 뿐 아니라, 재물을 빼앗기지 않으려고 형제·친구·동업자 등과 마찰·갈등을 일으키거나 이들에 대한 경계심을 갖다 보니, 불안한 마음에 전전긍긍(戰戰兢兢)할 가능성이 많다고 하겠다.

남자의 경우에는 재물 외에도 여자를 동료에게 뺏기지 않으려는 심리까지 작용하다 보니, 아내에게 강하게 집착하면서 혹시 아내가 다른 남자에게 마음을 주지 않을까 불안해하며 전전긍긍하게 되고, 그 결과 분명한 이유 없이 아내를 의심하게 될 가능성이 많다고 본다. 즉, 남자의 사주에서 일주가 정재를 사이에 두고 비견과 쟁합하고 있으면 의처증(疑妻症)이 있는 남자라고 추측할 수 있다. 이 경우 아내가 실제로 외도(外道)를 하는지 그 여부는 남편의 사주(四柱)만을 봐서는 알 수 없다고 하겠다. 예를 하나 들어보자.

時 日 月 年
丙 壬 丁 壬
午 辰 未 戌

필자의 아버지의 명조인데, 일주 壬水가 월간의 정재 丁火를 놓고 연간의 비견 壬水와 쟁합을 하고 있다. 재물에 대한 집착이 아주 강해서 꼭 필요한 데가 아니면 좀처럼 소비하지 않다 보니 자식들의 교육비마저 아까워하실 정도였다. 그러나 자신의 건강을 위해서는 아낌없이 쓰시는 편이었다. 게다가 시간의 편재 丙火도 앉은자리의 午火에 깊은 뿌리를 내려 강하다 보니, 몸에 좋다는 음식을 찾아다니며 드셨고 젊은 시절에는 술과 노래와 유흥에 빠져 지내셨으나, 가족과 남에게는 매우 인색하셨다.

또 왕한 편재 丙火의 영향으로 인해 성격이 매우 급할 뿐 아니라 집안에서 독재자 노릇을 하시다 보니, 필자를 비롯한 자식들에게는 아버지에 대한 좋은 기억이라고는 거의 없을 정도이다. 물론 자식들보다 아내인 어머니가 너무 힘들게 사셨다.

일주와 연간의 비견이 월간의 정재를 쟁합해서 그런지, 어머니가 친정에도 가지 못하도록 바깥출입을 통제했을 뿐 아니라 어머니가 동네 아저씨들과 얘기 몇 마디 나누시는 것조차 몹시 싫어하셨다. 그 당시에는 필자가 어려서 깊이 생각하지 못했으나, 지금 생각해보니 다름 아닌 의처증이었던 것이다. 그렇다고 해서 어머니는 결코 헤픈 여자가 아니었다. 헤프기는커녕 오히려 동네 사람들이 다 알아줄 정도로 정숙하고 얌전한 여자였다. 그런데 어머니의 행동을 그토록 통제하면서도 정작 아버지 본인은 술집 여자들과 한 번도 아닌 여러 번씩이나 외도를 하셨다. 단순한 외도가 아니라 별도의 살림을 차리는 바람에 그때마다 외삼촌들이 여자를 억지로 떼어내곤 했다. 아버지가 외도를 하신 까닭은 일주 주위에 재성 火가 둘 이상 있고 시지에도 재성 火가 있기 때문으로 보이는데, 만약 시간의 편재 丙火와 시지의 정재 午火가 없었다면, 비록 월간의 정재 丁火의 쟁합으로 인한 의처증은 없어지지 않는다고 하더라도 외도까지 하시지는 않았을 것이다. 물론 재성이 많다고 해서 반드시 외도를 하고 재성이 적다고 해서 외도를 하지 않는 것은 아니지만, 일주 주변에 재성이 많으면 외도의 가능성이 많다고 하겠다.

4. 일주(日主)가 정관(正官)을 사이에 두고 비견(比肩)과 쟁합(爭合)하는 경우

일주(日主)가 정관(正官)을 사이에 두고 비견(比肩)과 쟁합(爭合)하는 경우에는, 남자의 사주라면 명예나 대의명분에 대한 집착이 강하여 명예나 대의명분을 얻기 위해 동료와 앞다투어 경쟁(競爭)할 가능성이 많다고 하겠다. 예컨대 다른 동료들에게 뒤질세라 회사의 노동조합을 결성하는 일에 누구보다도 먼저 앞장서는 경우를 생각해볼 수 있다. 그러나 결국엔 동료에게 명예를 뺏기지 않을까 하는 조바심으로 인해 전전긍긍하지 않을까 싶다. 그러다 보면 공명심(功名心) 때문에 공익(公益)에 대한 순수한 마음이 생기지 않을 것이다.

그리고 독신으로 살면서 사회 활동을 하는 여자의 사주라면 남자의 경우와 같이 보면 되고, 결혼하여 남편을 두고 있는 여자의 사주라면 쟁합하는 정관을 남편으로 보면 된다. 다시 말해 결혼한 여자의 사주에서 일주가 월간의 정관을 사이에 두고 연간의 비견과 쟁합하고 있으면, 남편을 다른 여자에게 뺏기지 않을까 전전긍긍하여 남편의 일거수일투족(一擧手一投足)을 감시할 가능성이 많다고 하겠다. 이처럼 분명한 이유가 없어도 남편을 의심하므로 의부증(疑夫症)이 있는 여자라고 추측할 수 있다. 물론 남편이 실제로 외도(外道)를 하는지 그 여부는 아내의 사주만 봐서는 알 수 없다고 해야 할 것이다. 예를 하나 들어보자.

```
時 日 月 年
乙 丁 壬 丁
巳 巳 寅 未
```

여자의 명조인데, 일주 丁火가 월간의 정관 壬水를 사이에 두고 연간의 비견 丁火와 쟁합하고 있으므로, 봉사 활동을 하더라도 자신의 공명심을 위해서 봉사할 가능성이 많을 뿐 아니라, 남편이 혹시 다른 여자와 외도를 하지 않을까 하는 의부증도 있다고 할 수 있다. 그러나 실제로 남편이 외도를 하는지 그 여부는 아내의 사주만 봐서는 알 수 없다고 해야 할 것이다.

의처증(疑妻症)과 의부증(疑夫症)을 언급한 김에 이에 대해 좀 더 살펴보기로 하자. 의처증이나 의부증은 일주가 월간의 정재 또는 정관을 사이에 두고 연간의 비견과 쟁합(爭合)하고 있는 경우에도 나타나지만, 일지의 본기(本氣)와 월지의 본기가 암합(暗合)하고 있는 경우나 일지의 본기에 해당하는 재성 또는 관살과 시지의 본기에 해당하는 성분이 암합(暗合)하고 있는 경우에도 나타난다고 하겠다.

특히 일월지(日月支)간에 卯申 암합이 되어 있는 경우나, 일지의 본기에 해당하는 재성 또는 관살과 월지나 시지의 본기에 해당하는 비겁이 卯申 암합이 되어 있는 경우나, 일지의 본기에 해당하는 정재나 비견과 월지의 본기에 해당하는 비견이나 정관이 암합하고 있으면서 일주가 일지의 본기(남자의 경우에는 정재, 여자의 경우에는 정관)나 월지의 본기(여자의 경우에 한하여 정관)와 암합까지 하고 있는 경우에는 의처증이나 의부증이 심하다고 할 수 있다. 그리고 시간이나 월간의 재성이나 관살이 비록 일주와는 간합하지 않더라도 다른 성분(남자의 경우에는 인성이나 겁재, 여자의 경우에는 식상이나 겁재)과 간합 또는 암합하고 있는 경우에도 의처증이나 의부증이 나타난다고 하겠다. 예를 들어보자.

ⓐ	ⓑ	ⓒ	ⓓ
甲辛丙辛	丙己甲己	○戊壬辛	癸壬己丙
午卯申亥	寅巳戌亥	○子辰丑	卯午亥午

ⓔ	ⓕ	ⓖ	ⓗ
戊乙丙己	己乙庚丙	乙甲丁己	辛丙壬辛
寅未寅卯	卯丑寅子	丑申卯酉	卯申辰丑

ⓘ	ⓙ	ⓚ	ⓛ
庚戊壬丁	甲壬己甲	乙壬戊乙	壬辛戊丁
申申寅酉	辰戌巳寅	巳子子巳	辰卯申卯

ⓐ는 낭월 스님의 「사주문답3(Q776)」에 나오는 여자의 명조인데, 일지와 월지가 卯申 암합, 즉 일지 卯木 속의 본기인 乙木과 월지 申金 속의 본기인 庚金이 암합하고 있으므로, 남편이 다른 여자와 외도를 하지 않을까 하는 의부증이 있다고 볼 수 있다. 게다가 일주 辛金이 월간의 정관 丙火를 사이에 두고 연간의 비견 辛金과 쟁합까지 하고 있으니, 의부증이 매우 심하다고 하겠다. 낭월 스님은 쟁합을 두고서 남편이 외도할 가능성이 많다고 했지만, 이는 타당성이 별로 없다고 해야 할 것이다. 왜냐하면 아내의 사주를 가지고 남편의 외도를 논하기는 곤란하기 때문이다. 위에서 살펴본 필자의 아버지의 명조에도 일주가 정재를 쟁합하고 있지만, 아내인 필자의 어머니는 외도는커녕 다른 남자라고는 전혀 모르고 사신 분이며, 외도는 오히려 아버지가 하셨다. 따라서 쟁합이 되어 있으면 의처증이나 의부증이 있다고 보는 것은 타당하나, 배우자의 외도 여부는 알 수 없다고 해야 할 것이다.

ⓑ는 「사주팔자길잡이(금강 저)」에 나오는 여자의 명조인데, 남편에 대한 의심이 많다고 저자는 말하고 있다. 일주 己土와 연간의 비견 己土가 월간의 정관 甲木을 사이에 두고 서로 차지하려고 쟁합을 하고 있으므로, 남편

이 다른 여자와 외도를 하지 않을까 하는 의부증이 심하다고 하겠다. 그래도 일월지의 본기끼리 암합은 하지 않고 있으므로 ⓐ보다는 의부증의 정도가 다소 덜하다고 하겠다.

ⓒ는 남자의 명조인데, 출생시각을 몰라서 비워두었다. 월지 辰土 속의 비견 戊土와 일지 子水 속의 정재 癸水가 암합하고 있는 데다가 일주 戊土가 일지의 子水 속에 있는 정재 癸水와도 암합하고 있으므로, 아내가 다른 남자와 외도를 하지 않을까 하는 의처증이 심하다고 하겠다. 실제로도 의처증이 극심했는데, 걸핏하면 술을 마시고서 숨겨놓은 남자를 내놓으라고 하면서 구타를 일삼았다. 물론 그 이면에는 아내의 행실이 올바르지 못하다 보니 아내에 대한 불신이 크게 작용한 점도 있었던 것 같다. 아내는 구타를 견디다 못해 결국엔 도망치고 말았는데, 그래도 남편은 지금까지도 아내가 돌아오기를 기다리고 있는 실정이다. 한편 사주원국에 재성 水가 많은 데다가 혼잡까지 되어 있다 보니, 여러 여자들을 상대로 외도를 하면서도 아내에 대한 집착이 강했다고 한다.

ⓓ는 남자의 명조인데, 일지의 午火 속에 들어 있는 정재 丁火와 월지의 亥水 속에 들어 있는 비견 壬水가 암합을 하고 있는 데다가 일주 壬水가 일지의 午火 속에 있는 정재 丁火와도 암합하고 있으므로, 아내에 대한 집착과 의처증이 심하다고 하겠다. 실제로 집안일을 제대로 하지 않고 밖으로 싸돌아다니는 아내의 행실을 불만스럽게 여기며 아내를 의심하는 것으로 보였다. 물론 아내가 외도를 할 수도 있고 그렇지 않을 수도 있지만, 아내 자신의 명조를 보지 않고서는 그 여부를 알 수 없다고 해야 할 것이다. 한편 사주원국에 재성 火가 많은 데다가 정편재가 혼잡까지 되어 있어서 외도를 할 가능성도 많다고 하겠지만, 실제로 외도를 하고 있는지 그 여부를 확인한 것은 아니다.

ⓔ는 「새롭게 해석한 우리 사주학(전광 지음)」에 나오는 남자의 명조인데,

일지에 있는 未土 속의 편재 己土가 월지와 시지에 있는 寅木 속의 겁재 甲木과 암합하고 있으므로, 아내가 다른 남자와 외도를 하지 않을까 하는 의처증이 있을 가능성이 많다. 게다가 일지에 편재 未土가 있고 시간에도 정재 戊土가 있고 연간에도 편재 己土가 있으므로, 다른 여자와 외도할 가능성도 많다고 하겠다. 실제로 아내의 행실을 의심하다가 결국엔 이혼했다고 한다. 그러나 아내가 외도를 했는지에 대해서는 언급이 없으며, 본인이 외도를 했는지에 대해서도 언급이 없어서 확인할 수 없다.

ⓕ도「새롭게 해석한 우리 사주학(전광 지음)」에 나오는 여자의 명조인데, 일지에 있는 丑土 속의 癸辛己가 월지에 있는 寅木 속의 丙甲과 모두 암합(즉, 丙辛합과 甲己합)을 하고 있으므로, 남편이 다른 여자와 바람피우지 않을까 하는 의부증이 있을 가능성이 많다. 실제로 남편이 바람기가 많아서 외도를 하다가 결국엔 이혼했다고 하는데, 이런 경우에는 의부증이 있는 것이 어쩌면 당연하다고 하겠다.

ⓖ는 남자의 명조인데, 월지의 卯木과 일지의 申金이 암합하고 있지만 월지의 卯木이 연지의 酉金과 충하고 있어서 卯申이 암합할 겨를이 없으므로, 비록 의처증이 다소 있긴 해도 심하지는 않아 보인다.

ⓗ는 남자의 명조인데, 일지의 申金과 시지의 卯木이 암합을 하고 있다. 월일지간의 卯申 암합이 아니므로, 비록 아내를 통해 충족하지 못하는 성욕을 충족시키기 위해 다른 여자들과 성적인 관계를 맺고 있긴 해도 의처증이 심하지는 않아 보인다.

ⓘ는 남자의 명조인데, 사주원국에 식상 金이 많은 데다가 월간의 편재 壬水가 연간의 정인 丁火와 간합하고 있으므로, 왕성한 성욕을 충족시키기 위해 여러 여자들과 성관계를 맺으면서 외도를 할 뿐 아니라 아내도 다른 남자와 외도를 하지 않을까 하는 의처증이 있다고 하겠다. 실제로 아내가 외

도하는 증거를 잡기 위해 아내의 뒤를 밟기까지 했으나 증거를 잡지 못했다고 한다. 게다가 일지의 식신 申金이 용신인 인성 丁火의 유일한 뿌리인 월지의 칠살 寅木을 충하고 있어서 부부관계가 좋지 않다고 하겠는데, 실제로 부부싸움을 자주 할 뿐 아니라 잠자리도 함께 하지 않다가 결국엔 서로를 원망하면서 결혼한 지 20여 년 만에 이혼하고 말았다.

ⓙ는 여자의 명조인데, 월간의 정관 己土가 연간의 식신 甲木과 간합하고 있으므로 남편이 다른 여자와 외도를 하지 않을까 하는 의부증이 심하다고 할 수 있다. 게다가 사주원국에 관살 土와 식상 木이 많아서 극설교가(剋洩交加)까지 되어 있는데 인성 金은 지장간에 암장되어 있어서 매우 무력하므로, 다른 남자와 외도를 할 가능성도 많다고 할 수 있다(비록 외도를 하지 않더라도 적어도 다른 남자에게 관심이 많아서 다른 남자를 사귀고 싶은 마음이 많을 것이다). 그러나 위의 내용은 필자의 해석일 뿐이고 실제로 그러한지 확인하지는 못했다.

ⓚ는 여자의 명조인데, 월간의 칠살 戊土가 앉은자리의 子水 속에 들어 있는 겁재 癸水와 암합하고 있으므로 남편이 다른 여자와 외도를 하지 않을까 하는 의부증이 제법 많다고 할 수 있다. 실제로 남편의 외도를 의심하여 남편의 행동거지를 감시했을 뿐 아니라 무속인과 역술인을 몇 군데 찾아다니기도 했다.

ⓛ은 남자의 명조인데, 일지의 편재 卯木이 월지의 겁재 申金과 암합하고 있으므로 아내가 다른 남자와 외도를 하지 않을까 하는 의처증이 심하다고 할 수 있다. 실제로 아내가 외도를 하지 않을 수도 있지만, 만약 아내의 외도가 의심에 그치지 않고 사실이라면 아내가 남몰래 만나는 남자는 양다리를 걸치고 있는 것으로 보인다. 왜냐하면 월지의 겁재 申金이 일지의 편재 卯木과 암합하고 있을 뿐 아니라 연지의 편재 卯木과도 암합하고 있기 때문이다.

제11장
지지(地支)의 삼합(三合)

삼합(三合)의 정의 및 종류

　삼합(三合)이란 지지(地支)의 세 글자가 합하는 것을 말한다. 여기서 세 글자는 각 오행(五行)의 생지(生支)와 왕지(旺支)와 고지(庫支)이다. 생지(生支)라 함은 각 오행이 막 생겨나서 양육(養育)되는 지지를 말하며, 왕지(旺支)라 함은 각 오행이 한창 왕성(旺盛)한 지지를 말하며, 고지[庫支: 묘지(墓支)라고도 함]라 함은 각 오행이 왕성한 활동을 멈추고 물러나서 저장(貯藏)되는 지지를 말한다. 이상의 생지와 왕지와 고지가 삼합(三合)하면, 삼합한 오행의 세력이 국(局)을 이루어 강화(強化)된다고 한다. 그런데 土는 원래 木火金水를 다 포함하고 있는 중립적(中立的)인 오행인 데다가 土의 생지와 왕지와 고지는 없어서, 삼합(三合)을 하지 않는다.

　木의 생지는 亥水인데, 亥水 속의 甲木이 막 생겨나서 壬水에게 생조(生助)를 받고 있다. 火의 생지는 寅木인데, 寅木 속의 丙火가 막 생겨나서 甲木에게 생조를 받고 있다. 金의 생지는 巳火인데, 巳火 속의 庚金이 丙火에게 단련(鍛鍊)을 받고 있다[庚金이 왜 土의 생조를 받고 있지 않는지에 대해서는 견해가 분분(紛紛)한데, 필자의 생각으로는 삼합에 土가 없다 보니까 부득이 土의 생조 대신에 火의 단련을 받는 것으로 대체하지 않았나 싶다]. 水의 생지는 申金인데, 申金 속의 壬水가 막 생겨나서 庚金의 생조를 받고 있다.

　그리고 木의 왕지는 卯木인데, 卯木 속에는 乙木뿐이라서 木이 한창 왕성하다. 火의 왕지는 午火인데, 午火 속에는 丁火뿐이라서 火가 한창 왕성하다. 金

의 왕지는 酉金인데, 酉金 속에는 辛金뿐이라서 金이 한창 왕성하다. 水의 왕지는 子水인데, 子水 속에는 癸水뿐이라서 水가 한창 왕성하다.

그리고 木의 고지는 未土인데, 未土 속의 乙木이 왕성한 활동을 멈추고 물러나서 저장되어 있다. 火의 고지는 戌土인데, 戌土 속의 丁火가 왕성한 활동을 멈추고 물러나서 저장되어 있다. 金의 고지는 丑土인데, 丑土 속의 辛金이 왕성한 활동을 멈추고 물러나서 저장되어 있다(다른 오행과 달리 金의 고지는 辛金이 己土의 생조를 받고 있어서 힘이 상당히 세다고 본다. 그래서 丑土는 말만 金의 고지이지 金의 왕지에 버금갈 정도이다). 水의 고지는 辰土인데, 辰土 속의 癸水가 왕성한 활동을 멈추고 물러나서 저장되어 있다.

정리를 해보면, 삼합에는 다음과 같은 네 가지가 있다.

① 亥卯未가 삼합하여 목국(木局)을 이룬다.
② 寅午戌이 삼합하여 화국(火局)을 이룬다.
③ 巳酉丑이 삼합하여 금국(金局)을 이룬다.
④ 申子辰이 삼합하여 수국(水局)을 이룬다.

이 밖에도 지지에 辰戌丑未土가 다 있으면 土局이라고 하기도 하나, 土가 왕(旺)하다는 뜻일 뿐이지 삼합으로 보지는 않는다.

삼합(三合)의 요건

　삼합(三合)이 되기 위해서는 생지(生支)와 왕지(旺支)와 고지(庫支)가 지지에 순서대로 있어야 한다. 만약 순서대로 되어 있지 않으면 삼합이라고 할 수 없다. 예컨대 목국(木局)의 경우에, 亥卯未의 순서대로 되어 있어야 삼합이 되지 卯未亥나 未亥卯의 순으로 되어 있으면 삼합이라 할 수 없다.

　생지나 고지가 없이 생지·왕지의 순으로만 되어 있거나 왕지·고지의 순으로만 되어 있으면, 반합(半合)이라 하여 삼합에 준해서 본다. 그러나 왕지가 빠져 있으면 아무 의미가 없으므로 반합으로 보지 않는다. 예컨대 亥卯나 卯未는 반합으로 보나 亥未는 반합으로 보지 않는다. 물론 「자평진전(子平眞詮)」을 비롯한 거의 모든 고전(古典)에서 왕지가 빠진 경우도 반합으로 보고 있지만, 속된 말로 앙꼬 없는 찐빵을 어찌 찐빵이라 할 수 있겠는가. 亥卯未에서 卯木이 있어야만 亥水와 未土가 木의 힘에 끌려간다는 점을 알아야 할 것이다.

　그리고 지지에 亥未가 있고 천간에 甲木이나 乙木이 투출해 있는 경우에도 공합(拱合)이라 하여 삼합의 일종으로 보고 있는데, 이 역시 삼합이 되지 않는다고 보는 것이 타당하다. 따라서 공합은 아무 의미가 없으며, 왕지가 지지에 있어야만 참된 삼합이나 반합이 된다고 하겠다.

삼합(三合)의 효력

1. 삼합(三合)이 되더라도 생지(生支)와 고지(庫支)가 왕지(旺支)의 성분으로 화(化)하지 않는 경우

삼합(三合)이 되더라도 생지(生支)와 고지(庫支)가 왕지(旺支)의 성분으로 화하는 경우는 거의 없다. 가령 寅午戌이 삼합하여 火局이 되더라도 여간해서는 寅木과 戌土가 火로 화하지 않는다. 다만 일반적으로 火의 기운이 강화(强化)될 뿐이다. 다른 삼합의 경우도 마찬가지다. 즉, 亥卯未 木局이 되면 木의 기운이 강화되고, 巳酉丑 金局이 되면 金의 기운이 강화되며, 申子辰 水局이 되면 水의 기운이 강화된다.

그러나 삼합이 되었다고 해서 무조건 왕지의 기운이 강화되는 것은 아니다. 삼합다운 삼합이 되어 그야말로 왕지의 기운이 아주 강해지기 위해서는, 왕지가 월령(月令: 월지의 다른 말)을 차지하고 있을 뿐 아니라 왕지의 원신(元神)이 천간에 투출(透出)해 있어야 한다. 그렇지 않으면 왕지의 기운이 생각보다 강해지지 않는다. 申子辰 삼합을 예로 들어 자세히 살펴보기로 한다.

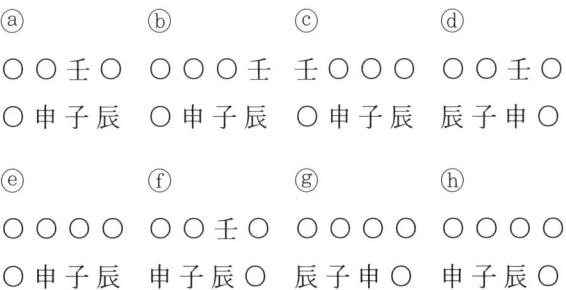

ⓐ는 왕지인 子水가 월령을 차지하고 있는 데다가 월간에 壬水가 투출해 있어서 水의 기운이 아주 강화되고, 申金과 辰土는 기반(羈絆)이 심하여 고유의 활동력을 현저하게 잃어버렸다고 할 수 있다.

ⓑ는 壬水가 辰土 위에 투출해 있어서 ⓐ보다는 못하지만 水의 기운이 아주 강화되고, 申金과 辰土는 기반이 제법 심하여 고유의 활동력을 현저하게 잃어버린 상태라고 할 수 있다.

ⓒ는 壬水가 시간에 투출해 있어서 ⓐⓑ보다는 못하지만 그래도 水의 기운이 상당히 강화되고, 申金과 辰土는 고유의 활동력을 상당히 잃어버린 상태라고 할 수 있다.

ⓓ는 왕지인 子水가 월령을 차지하지 못했으나 생지인 申金이 월지에 있으면서 壬水가 申金 위에 투출해 있으므로, 水의 기운이 제법 강화되어 있다. 생지가 월지에 있으면 고지가 월지에 있는 경우보다 왕지의 성분이 더 강하게 된다. 그런데 여기서 申金은 월령을 차지하고 있으므로 기반이 심하지 않다. 그래서 申金은 고유의 활동력을 크게 잃어버리지는 않았다고 본다.

ⓔ는 왕지인 子水가 월령을 차지하고 있으나 子水의 원신인 壬水나 癸水가 천간에 투출하지 않았으므로, 생각보다 水의 기운이 아주 강한 편은 아니다. 그래도 水의 기운이 상당히 강한 것은 사실이므로, 申金과 辰土는 기반이 되어 고유의 활동력을 제법 상실했다고 본다.

ⓕ는 고지인 辰土가 월령을 차지하고 있어서 水의 기운이 강화되었다고 하기가 곤란하나, 辰土 위에 壬水가 투출해 있으므로 水의 기운이 다소나마 강화되었다고 본다. 이 경우에 申金과 辰土가 기반이 되는 정도는 ⓐ~ⓔ보다는 상당히 약하다고 본다.

ⓖ는 왕지인 子水가 월령을 차지하지 못한 데다가 子水의 원신인 壬水나 癸水가 천간에 투출하지도 못했으므로, 水의 기운이 조금 강화되었을 뿐이고 申金과 辰土가 기반이 되는 정도도 아주 약하다고 본다.

ⓗ는 ⓖ보다도 水의 기운이 강하지 못한데, 고지인 辰土가 월령을 차지하고 있기 때문이다. 사실 이런 경우에는 삼합의 효과를 별로 기대하기 어려운 상황이므로, 申金과 辰土는 기반이 거의 되지 않고 고유의 활동력을 거의 유지하고 있다고 할 수 있다. 만약 월간에 戊土가 투출해 있기라도 한다면, 삼합으로 水의 기운이 강화되기는커녕 土의 기운이 왕해진 월지의 辰土가 오히려 子水를 극하게 될 것이다.

이상 申子辰 삼합을 예로 들어 水의 기운이 강화되는 정도와 생지·고지가 왕지에 기반이 되는 정도에 대해 살펴보았는데, 어디까지나 대체적으로 살펴본 것일 뿐이므로, 다른 간지의 상황에 따라 얼마든지 다른 결과가 나올 수 있음을 알아야 할 것이다.

그런데 巳酉丑 金局의 경우에는 다른 삼합과는 달리 생지인 巳火가 왕지인 酉金을 극하기도 하는 구조로 되어 있으므로, 삼합이 되더라도 金의 기운이 강화되기가 쉽지 않다. 巳火의 주변에 木火는 거의 없고 金水가 많으면, 삼합의 효력이 커져서 金의 기운이 강화되므로 巳火가 酉金을 극하지 못한다고 보지만, 巳火의 주변에서 木火가 巳火를 도와주고 있으면, 金의 기운이 강화되지 못해서 巳火가 酉金을 극하게 되므로 삼합의 효력이 없다고 본다. 이처럼 巳火는 酉金과 삼합 또는 반합이 되어 金의 기운을 강화시켜주기도 하지만, 상황에 따라 酉金을 극하기도 한다는 사실을 알아야 할 것이다. 그러다 보니 巳酉丑 삼합의 효력을 제대로 판단하기가 아주 어렵다고 하겠다.

한편 천간(天干)의 오합(五合), 즉 간합(干合)과 지지(地支)의 삼합(三合)은 아주 중요한 차이점이 있다. 간합이 되면 다른 성분으로 화(化)하지 않는 한 합하는 두 성분이 모두 기반(羈絆)이 되며 기반의 정도에 따라 고유(固有)의 활동력을 상당 부분 상실하게 되는 데 비해, 삼합이 되면 생지와 고지는 기반이 되어 그 기반의 정도에 따라 고유의 활동력을 상당 부분 상실하게 되나, 왕지의 성분은 기반이 되지 않고 오히려 더 강화된다. 다시 말해 삼합이 되면 왕지의 성분은 상황에 따라 조금이라도 강화되었으면 강화되었지 결코 기반이 되어 고유의 활동력을 상실하는 경우는 없다. 따라서 간합과 삼합에 대해서는 좀 더 주의 깊게 관찰할 필요가 있다.

지금까지 삼합에 대해서 살펴보았는데, 반합도 삼합과 같이 유추하면 된다. 반합에는 생지와 왕지의 반합이 있고 왕지와 고지의 반합이 있는데, 생지와 왕지의 반합이 왕지와 고지의 반합보다 합의 힘이 더 크다(즉, 왕지의 성분이 더 강화된다). 예컨대 亥卯 반합과 寅午 반합과 申子 반합이 卯未 반합과 午戌 반합과 子辰 반합보다 합의 힘이 더 크다(즉, 왕지의 힘이 더 강화된다)고 하겠다. 그러나 金局의 경우에는, 왕지와 고지의 반합인 酉丑 반합이 생지와 왕지의 반합인 巳酉 반합보다 합의 힘이 더 크다(즉, 金의 힘이 더 강화된다). 그런데 생지와 고지의 합은 왕지가 빠져 있으므로 합의 힘이 없어서 반합으로 보지 않는다. 예컨대 亥未만 있으면, 왕지인 卯木이 빠져 있어서 木의 힘이 강화되지 않으므로 반합으로 보지 않는다.

한편 반합은 삼합에 비해 일반적으로 합의 힘이 약하다고 보지만, 반드시 그런 것은 아니다. 반합이라도 왕지가 월령을 차지한 데다가 왕지의 원신(元神)이 천간에 투출까지 해 있다면, 그렇지 못한 삼합보다 오히려 왕지의 기운이 훨씬 더 강화될 수 있다. 예를 하나 들어보자.

         ⓐ   ⓑ
○ ○ ○ 癸   ○ ○ 壬 ○
申 子 辰 ○   ○ 申 子 ○

ⓐ는 申子辰 삼합이고 ⓑ는 申子 반합이지만, 水의 기운이 강화되는 정도

는 ⓐ의 삼합보다 ⓑ의 반합이 훨씬 더 크다고 하겠다. ⓐ는 삼합임에도 불구하고 고지인 辰土가 월지에 있는 데다가 천간에 투출한 癸水도 申子辰과 떨어져 있으므로, 水의 기운이 그다지 강화되었다고 보기 어려운 데 반해, ⓑ는 비록 반합이긴 해도 왕지인 子水가 월지에 있는 데다가 월지의 子水 바로 위인 월간에 壬水까지 투출해 있으므로, 水의 기운이 아주 강화되었기 때문이다. 그리고 申金이 기반이 되는 정도도 ⓐ보다 ⓑ가 훨씬 더 크다고 하겠다.

그런데 삼합이나 반합이 되어 있는데, 생지나 왕지나 고지를 충(沖)하는 경우가 있다. 생지나 고지를 충하면 삼합이나 반합의 효력이 별로 감소하지 않으나, 왕지를 충하면 충으로 인해 왕지가 파괴되므로 삼합이나 반합의 효력이 거의 없어지거나 현저하게 감소하는 경우가 대부분이다. 물론 힘의 세기에 따라 결과가 달라질 수도 있으므로, 어느 성분이 왕하고 약한지 쇠왕(衰旺)의 저울질을 잘 해야 할 것이다. 寅午戌 火局의 삼합을 예로 들어보자.

```
    ⓐ          ⓑ          ⓒ          ⓓ
 ○○丙甲    ○○甲丙    ○○丙壬    ○○丙甲
 申寅午戌    辰戌午寅    申寅午子    戌子午寅
```

ⓐ는 왕지인 午火가 월령을 차지하고 있는 데다가 午火의 원신인 丙火가 午火 위인 월간에 투출해 있을 뿐 아니라 甲木까지 丙火를 생조해주고 있으므로, 火의 기운이 아주 강하다. 이 경우에 申金이 火의 생지인 寅木을 충하여 파괴해봐야, 火의 기운이 별로 감소하지 않는다. 즉, 寅午戌 삼합의 효력이 별로 감소하지 않는다고 본다.

ⓑ는 辰土가 火의 고지인 戌土를 충해도 왕한 火의 기운을 거의 감소시키지 못한다. 즉, 寅午戌 삼합의 효력은 거의 그대로라고 본다.

ⓒ는 寅午 반합에 왕지인 午火가 월령을 차지하고 있는 데다가 午火의 원신인 丙火가 월간에 투출까지 해 있어서 반합의 효력이 큰 것처럼 보인다. 그러나 연주의 壬子가 월주의 丙午를 아래위로 충극할 뿐 아니라 申金이 寅木을 충하기까지 하니, 木火의 손상이 심하다. 이런 경우에는 寅午 火局이 되기는커녕 오히려 火가 자신의 세력을 유지하기조차 힘들다고 하겠다.

ⓓ는 子水가 중간에서 가로막고 있으니 寅午戌 삼합은 못되고 寅午 반합만 인정되지만, 천간에 木火가 투출하여 火의 기운을 강화시켜주고 있다. 비록 일지의 子水가 월지의 午火를 충하고 있긴 해도 시지의 戌土가 일지의 子水를 제어하고 있으니, 무력해진 子水는 월지를 잡고서 木의 생조까지 받고 있는 왕한 午火를 제대로 손상시키지 못하며 오히려 子午沖으로 인해 子水가 午火에게 깨질 가능성이 많다. 다시 말해 子午沖이 되어도 火의 기운이 별로 감소하지 않을 가능성이 많다고 하겠다. 그러나 시지에 戌土 대신 寅木이 있다면, 子水가 제어를 받지는 않으므로 子午沖으로 인해 午火가 손상을 입게 되어 火의 세력이 제법 줄어들 것이며, 만약 시지에 申金이나 酉金이 있다면 金의 생조를 받은 子水의 기운이 한층 더 강화되므로, 子午沖으로 인해 午火의 손상이 커서 火의 기운이 현저하게 줄어들 것이다. 따라서 이런 경우에는 삼합이나 반합의 효력이 거의 없다고 하겠다.

마지막으로 운(運)에서 들어오는 성분과 사주원국(四柱原局)의 성분이 삼합하거나 반합하는 경우도 있는데, 왕지가 월령을 차지하고 있으면서 왕지의 원신이 천간에 투출해 있으면 삼합이나 반합의 효력이 제법 있다고 하겠으나, 왕지가 월지에 없는 데다가 왕지의 원신이 천간에 투출해 있지도 않으면 삼합이나 반합의 효력이 거의 없다고 본다. 결국 운에서 들어오는 성분과 사주원국의 성분이 합해서 삼합이나 반합이 되는 경우에는, 사주원국의 성분끼리 합해서 삼합이나 반합이 되는 경우에 비해 그 효력이 크지 않으며, 심지어는 사주원국의 상황에 따라 그 효력이 거의 없을 수도 있다고 하겠다.

2. 삼합(三合)이 되면서 생지(生支)와 고지(庫支)가 왕지(旺支)의 성분으로 화(化)하는 경우

삼합국(三合局)을 이루어 생지와 고지가 왕지의 성분으로 화(化)하는 경우는 다음과 같다.

① 亥卯未 木局을 이루어 亥水와 未土가 木으로 화한다.
② 寅午戌 火局을 이루어 寅木과 戌土가 火로 화한다.
③ 巳酉丑 金局을 이루어 巳火와 丑土가 金으로 화한다.
④ 申子辰 水局을 이루어 申金과 辰土가 水로 화한다.

이상과 같이 삼합국을 이루어 생지와 고지가 왕지의 성분으로 화하기 위해서는, 왕지가 월령을 차지하고 왕지의 원신이 천간에 투출해 있을 뿐 아니라 사주원국에 화하는 성분이 가득해야 하는데, 현실적으로 그러한 경우는 거의 없다고 할 수 있으므로, 삼합국이 되더라도 화하는 경우는 좀처럼 보기 힘들다고 하겠다.

제12장
지지(地支)의 방합(方合)

방합(方合)의 정의 및 종류

 방합(方合)은 지지(地支)에 같은 오행(五行)의 세력이 모여 있는 것을 말한다. 방합은 4방위와 4계절을 나타내기도 한다. 그래서 木의 방합은 동방(東方)과 봄을 나타내고, 火의 방합은 남방(南方)과 여름을 나타내고, 金의 방합은 서방(西方)과 가을을 나타내고, 水의 방합은 북방(北方)과 겨울을 나타낸다. 그런데 土는 중앙(中央)과 환절기(換節期)를 나타내기 때문에, 土가 모여 있으면 土의 힘이 강하다고만 하지 방합이라고는 하지 않는다.
 정리를 해보면, 방합에는 다음과 같은 네 가지가 있다.

① 寅卯辰이 만나서 방합하면 東方 木局이라 한다.
② 巳午未가 만나서 방합하면 南方 火局이라 한다.
③ 申酉戌이 만나서 방합하면 西方 金局이라 한다.
④ 亥子丑이 만나서 방합하면 北方 水局이라 한다.
※ 辰戌丑未土가 만나면 방합이라고는 하지 않으나 중앙(中央) 土局이라고는 한다.

방합(方合)의 요건

 방합(方合)이 되기 위해서는 방합의 구성요소인 세 글자가 모두 차례대로 배열되어 있어야 한다. 예컨대 寅卯辰 東方 木局의 경우에, 寅木과 卯木과 辰土가 모두 차례대로 배열되어 있어야 하고 한 글자라도 빠져 있으면 방합으로 보지 않는다. 그러니까 寅辰卯나 卯寅辰이나 卯辰寅으로 배열되어 있거나, 寅卯만 있거나 卯辰만 있거나 寅辰만 있으면, 방합으로 보지 않는다.

방합의 효력

 방합(方合)이 되면 중심 오행(五行)의 세력이 강해지지만 土가 기반(羈絆)은 되지 않는다. 예컨대 巳午未 東方 火局의 경우에, 火의 세력이 강해지지만 未土가 기반은 되지 않는다. 따라서 未土는 왕(旺)한 火의 생조를 받아서 土의 고유(固有)의 기능을 충분히 발휘한다고 할 수 있다. 또 寅卯辰 東方 木局의 경우에, 木의 세력이 강해지지만 辰土가 기반은 되지 않는다. 따라서 辰土는 왕(旺)한 木의 극(剋)을 받아서 약해지긴 해도 土의 고유의 기능을 제대로 발휘한다고 할 수 있다.

제4절

삼합(三合)과 방합(方合)의 비교

 흔히 삼합(三合)은 가족의 합(合)이라 하여 결속력(結束力)이 강한 반면에 방합(方合)에 비해 힘은 다소 약하다고 보며, 방합(方合)은 친구들의 모임이라 하여 힘이 강한 반면에 삼합(三合)에 비해 결속력이 약하다고 본다. 그런데 방합은 결속력이 약한 친구들의 모임과 같다고 했는데, 이로써 볼 때 방합이라는 말 대신에, 결속력이 강한 합(合)이라는 글자보다 결속력이 약한 회(會)라는 글자를 붙여서 방회(方會)라고 명명(命名)하는 것이 더 타당할 것이다.
 그리고 삼합의 경우에는 왕성(旺盛)한 오행(五行)에 다른 오행이 기반(羈絆)이 되는 현상이 생기지만, 방합의 경우에는 왕성한 오행에 土가 기반이 되는 현상이 생기지 않는다.

제13장
육합(六合)

육합(六合)의 정의 및 종류

육합(六合)은 지지(地支)의 두 글자가 만나서 합(合)한다는 말이다. 육합에는 子丑合・寅亥合・卯戌合・辰酉合・巳申合・午未合의 여섯 가지가 있다. 그러니까 子水와 丑土가 서로 만나면 합하고, 寅木과 亥水가 서로 만나면 합하고, 卯木과 戌土가 서로 만나면 합하고, 辰土와 酉金이 서로 만나면 합하고, 巳火와 申金이 서로 만나면 합하고, 午火와 未土가 서로 만나면 합한다고 한다.

이러한 육합의 원리는 지구의 자전운동(自轉運動)에서 나왔다고 하는 말이 있으나, 이러한 기원설(起源說)은 그다지 합리적이지 않아 보인다.

육합(六合) 요건 및 효력

　육합(六合)은 합(合)하여 다른 오행(五行)으로 화(火)한다고 한다. 다시 말해 子水와 丑土는 서로 붙어 있으면 합하여 土가 되고, 寅木과 亥水는 서로 붙어 있으면 합하여 木이 되고, 卯木과 戌土는 서로 붙어 있으면 합하여 火가 되고, 辰土와 酉金은 서로 붙어 있으면 합하여 金이 되고, 巳火와 申金은 서로 붙어 있으면 합하여 水가 된다고 한다. 그런데 午火와 未土는 서로 붙어 있으면 합하긴 하되 다른 오행으로 화하지 않고, 午火와 未土가 서로 묶여서 기반(羈絆)이 된다고 한다. 午未合의 경우에는 배정(配定)할 오행이 없어서 다른 오행으로 화하지 않고 그냥 기반만 된다고 한 것 같다. 여기서 논리(論理)의 빈틈이 엿보인다. 이치적으로 보면 午火와 未土가 합하면 火로 화한다고 하는 것이 그나마 타당할 것이다. 왜냐하면 未土 속에 丁火가 있고 未土 속의 乙木도 丁火를 생조해주기 때문이다.

　필자의 임상경험(臨床經驗)으로 볼 때, 육합을 하여 다른 오행으로 화한다거나 육합하는 두 오행이 기반이 되는 현상은 찾을 수가 없었고, 오히려 육합하는 각 오행이 독자적(獨自的)으로 활동한다는 사실만 밝혀냈을 뿐이다. 물론 육합을 하여 다른 오행으로 화한다거나 육합하는 두 오행이 기반이 되는 것은 아니더라도, 두 오행이 서로 친밀감(親密感)을 어느 정도나마 갖고 있다는 점에 대해서까지는 부인(否認)할 자신이 없다. 아무튼 필자는 육합은 무의미(無意味)한 이론이라고 여기기 때문에 사주를 해석할 때 육합을 전혀 적용하지 않고 있다.

제14장
지지(地支)의 충형파해(沖刑破害)

충(沖)

1. 충(沖)의 정의 및 종류

 충(沖)은 지지(地支)끼리 서로 부딪친다는 뜻이라 할 수 있는데, 지지에는 이렇게 충(沖)이 되는 경우가 여섯 가지가 있어서 육충(六沖)이라고 한다. 지지의 육충(六沖)에는 寅申沖·巳亥沖·子午沖·卯酉沖·辰戌沖·丑未沖이 있다. 그러니까 寅木과 申金이 충(沖)하고, 巳火와 亥水가 충하고, 子水와 午火가 충하고, 卯木과 酉金이 충하고, 辰土와 戌土가 충하고, 丑土와 未土가 충한다.

 육충(六沖) 중에서 寅申沖과 巳亥沖은 생지충(生支沖)이라 하는데, 이는 火의 생지(生支)인 寅木과 水의 생지인 申金이 충하고, 金의 생지인 巳火와 木의 생지인 亥水가 충하기 때문이다. 또 子午沖과 卯酉沖은 왕지충(旺支沖)이라 하는데, 이는 水의 왕지(旺支)인 子水와 火의 왕지인 午火가 충하고, 木의 왕지인 卯木과 金의 왕지인 酉金이 충하기 때문이다. 또 辰戌沖과 丑未沖은 고지충(庫支沖)이라 하는데, 이는 水의 고지(庫支)인 辰土와 火의 고지인 戌土가 충하고, 金의 고지인 丑土와 木의 고지인 未土가 충하기 때문이다.

2. 충(沖)의 요건

충(沖)이 되기 위해서는 충하는 지지의 두 오행이 서로 붙어 있어야 하며, 서로 떨어져 있으면 충으로 보지 않는다. 예컨대 연지와 월지의 충과 월지와 일지의 충과 일지와 시지의 충은 충으로 보지만, 연지와 일지의 충과 월지와 시지의 충과 연지와 시지의 충은 충으로 보지 않는다.

그러나 충하는 두 지지가 서로 떨어져 있는 경우라도 같은 오행이 연이어 있는 경우에는 충으로 본다.

시주(時柱)	일주(日主)	월주(月柱)	연주(年柱)	
辛	戊	丙	甲	干
酉	申	寅	寅	支

위의 사주명식(四柱命式)에서, 연지의 寅木은 일지의 申金과 서로 떨어져 있으나 월지에 寅木이 또 있으므로, 연지의 寅木은 일지의 申金과 충한다고 본다. 다시 말해 일지의 申金은 월지의 寅木과도 충하고 연지의 寅木과도 충한다고 본다.

3. 충(沖)의 실질적 의미(意味)

충(沖)은 지지(地支)끼리 서로 부딪치는 것이라고 했는데, 사실은 한 지지가 다른 지지를 격렬(激烈)하게 극(剋)하는 것이라고 해야 옳다. 다시 말해 천간(天干)의 극(剋)보다 더 격렬하고 강력하게 극하는 것이라고 할 수 있다. 그러니까 충이 되면 충하는 지지 양쪽 모두 깨지는 것이 아니라 충을 받는 어느 한 지지만 심하게 깨진다고 봐야 하는 것이다. 지지의 충(沖)이 천간의 극(剋)보다 더 격렬하고 강력하게 작용하는 까닭은, 천간은 기(氣)

로 보고 지지는 질(質)로 볼 때 지지는 천간에 비해 물질적인 요소가 많기 때문이라고 보면 된다.

4. 충(沖)의 효력

생지충(生支沖)인 寅申沖의 경우에는, 申金 속의 庚金과 壬水가 寅木 속의 甲木과 丙火를 격렬하게 극하여 甲木과 丙火가 심하게 깨진다. 그래서 申金이 寅木을 충한다고 한다. 또 생지충(生支沖)인 巳亥沖의 경우에는, 亥水 속의 壬水가 巳火 속의 丙火를 격렬하게 극하여 丙火가 심하게 깨지고, 巳火 속의 庚金이 亥水 속의 甲木을 격렬하게 극하여 甲木이 심하게 깨진다. 그래서 본기(本氣) 위주로 볼 때 亥水가 巳火를 충한다고 한다.

왕지충(旺支沖)인 子午沖의 경우에는, 子水 속의 癸水가 午火 속의 丁火를 격렬하게 극하여 丁火가 심하게 깨진다. 그래서 子水가 午火를 충한다고 한다. 또 왕지충(旺支沖)인 卯酉沖의 경우에는 酉金 속의 辛金이 卯木 속의 乙木을 격렬하게 극하여 乙木이 심하게 깨진다. 그래서 酉金이 卯木을 충한다고 한다.

이상의 설명은 일대일(一對一)의 경우에 대한 설명이라고 할 수 있는데, 사주의 상황에 따라 충으로 인해 깨지는 쪽이 달라질 수 있다는 점을 유의해야 한다.

예컨대 생지충(生支沖)인 寅申沖의 경우에, 지지에 寅木과 申金이 하나씩만 있으면 申金이 寅木을 충하고, 지지에 木은 寅木 하나뿐인데 金은 申金을 포함하여 두 개 이상 있으면 申金이 寅木을 충하는 정도가 훨씬 더 커지지만, 이에 반해 지지에 金은 申金 하나뿐인데 木은 寅木을 포함하여 두 개 이상 있거나 火(특히 午火)가 있으면 오히려 寅木이 申金을 충하여 申金이 깨질 수도 있다. 또 생지충(生支沖)인 巳亥沖의 경우에, 지지에 巳火와 亥水가 하나씩만 있을 때는 亥水가 巳火를 충하고, 지지에 火는 巳火 하나뿐인데 水는 亥水를 포함하여 두 개 이상 있으면 亥水가 巳火를 충하는 정도가 훨씬 더 커지지만, 이에 반해 지지에 水는 亥水 하나뿐인데 火는 巳火를 포함하여 두 개 이상 있거나 조토(燥土: 戌土나 未土)가 있으면 오히려 巳火가 亥水를 충하여 亥水가 깨질 수도 있다.

또 왕지충(旺支沖)인 子午沖의 경우에, 지지에 子水와 午火가 하나씩만 있을 때는 子水가 午火를 충하고, 지지에 火는 午火 하나뿐인데 水는 子水를 포함하여 두 개 이상 있으면 子水가 午火를 충하는 정도가 훨씬 더 커지지만, 이에 반해 지지에 水는 子水 하나뿐인데 火는 午火를 포함하여 두 개 이상 있거나 조토(燥土: 戌土나 未土)가 있으면 오히려 午火가 子水를 충하여 子水가 깨질 수도 있다. 또 왕지충(旺支沖)인 卯酉沖의 경우에, 지지에 卯木과 酉金이 하나씩만 있으면 酉金이 卯木을 충하고, 지지에 木은 卯木 하나뿐인데 金은 酉金을 포함하여 두 개 이상 있으면 酉金이 卯木을 충하는 정도가 훨씬 더 커지지만, 이에 반해 지지에 金은 酉金 하나뿐인데 木은 卯木을 포함하여 두 개 이상 있거나 火(특히 午火)가 있으면 오히려 卯木이 酉金을 충하여 酉金이 깨질 수도 있다.

그런데 고지충(庫支沖)인 辰戌沖과 丑未沖의 경우에는 앞의 경우와 좀 다르다. 辰戌沖의 경우에는, 辰土와 戌土 속의 본기(本氣)인 戊土는 멀쩡하고, 辰土 속의 癸水가 戌土 속의 丁火를 격렬하게 극하여 丁火가 심하게 깨지고, 戌土 속의 辛金이 辰土 속의 乙木을 격렬하게 극하여 乙木이 심하게 깨진다. 또 丑未沖의 경우에는, 丑土와 未土 속의 본기(本氣)인 己土는 멀쩡하고, 丑土 속의 癸水와 辛金이 未土 속의 丁火와 乙木을 격렬하게 극하여 丁火와 乙木이 심하게 깨진다.

이처럼 고지충(庫支沖)인 辰戌沖과 丑未沖의 경우에는, 본기(本氣)인 戊土나 己土는 깨지지 않고[土는 동요(動搖)하여 자극을 받아서 오히려 더 왕해진다고 볼 수 있다] 여기(餘氣)와 중기(中氣)인 丁火와 乙木만 심하게 깨지므로, 생지충(生支沖)이나 왕지충(旺支沖)에 비해 충의 정도가 훨씬 덜하다고 할 수 있다. 따라서 생지충과 왕지충은 좋거나 나쁜 정도가 크게 나타나지만, 고지충은 좋거나 나쁜 정도가 상대적으로 적게 나타난다고 할 수 있다. 그러나 土가 기구신(忌仇神)인데 고지충으로 인해 왕해진 土가 희용신(喜用神)인 水를 극하는 경우에는 고지충의 나쁜 정도가 크게 나타난다고 하겠다.

한편 午火와 酉金의 관계를 보면, 午火 속에는 丁火만 들어 있고 酉金 속에는 辛金만 들어 있어서 午火가 酉金을 심하게 극한다고 할 수 있다. 그런데도 午火와 酉金이 서로 만나면 충이라고 하지 않는다. 그렇지만 午火와 酉金의 관계는 충에 못지않은 효력이 있으므로, 午火와 酉金이 만나면 충으로 간주하는 것이 사주를 해석하는 데 편리할 것이다.

5. 충(沖)의 암시(暗示)

일반적으로 사주원국에 충(沖)이 있으면, 사주 주인공이 한가하게 쉴 수 있는 경우는 별로 없고 이곳저곳을 분주하게 돌아다니면서 시달리거나 말 못 할 고통을 받는 암시(暗示)가 있다.

그 외에도 충(沖)은 생지충(生支沖)이든 왕지충(旺支沖)이든 고지충(庫支沖)이든 기본적으로 충(沖)하는 궁(宮)[특정 육친(六親)에 해당하는 지지를 말함] 사이의 충돌(衝突)·불화(不和)·갈등(葛藤)을 암시하고 있다. 그러다 보니 지지가 충(沖)이 되어 있으면, 충이 되어 있는 궁(宮)에 해당하는 사람들 사이에 서로 충돌·불화(不和)·갈등하는 일이 발생하거나, 그렇지 않으면 사주 주인공이 충이 되어 있는 궁(宮)에 해당하는 사람들과 충돌·불화(不和)·갈등하면서 시달리거나 말 못 할 고통을 겪는 경향이 있다.

그 정도를 보면, 생지충(生支沖)과 왕지충(旺支沖)은 그 정도가 심하고 고지충(庫支沖)은 그 정도가 약하다고 본다. 또 일월지간의 충은 그 정도가 가장 심하고, 다음이 일시지간의 충이며, 연월지간의 충은 그 정도가 가장 약하다고 본다. 좀 더 구체적으로 살펴보면, 일지와 월지가 충이 되어 있으면, 사회에 적응하기 힘들어 사회생활을 하면서 시달리거나 말 못 할 고통을 받거나, 부부 사이의 충돌·불화(不和)·갈등으로 인해 시달리거나 말 못 할 고통을 받을 암시가 있으며, 일지와 시지가 충이 되어 있으면, 가정 문제, 즉 배우자 또는 사주 주인공 본인과 자녀 사이의 충돌·불화(不和)·갈등으로 인해 시달리거나 말 못 할 고통을 받는 것을 암시한다. 또 연지와 월지가 충이 되어 있으면, 부모와 형제 사이의 충돌·불화(不和)·갈등으로 인해 시달리거나 말 못 할 고통을 받는 것을 암시하며, 여자의 경우에는 이 외에 친정 부모와 남편 사이의 충돌·불화(不和)·갈등으로 인해 시달리거나 말 못 할 고통을 받는 것도 암시하는데, 연월지간의 충은 사주 주인공에게 큰 영향을 미치지 않는 경우가 대부분이기 때문에 중요하게 고려할 필요가 없다고 본다.

이상의 경우에 충이 되어 있는 성분이 희용신(喜用神)이든 기구신(忌仇神)이든 상관없이 그러한 암시가 드러나지만, 그래도 희용신이 기구신을 충하는 구조로 되어 있으면 사주 주인공 본인의 시달림이나 고통은 한결 줄어들 것이다.

ⓐ　　　　ⓑ　　　　ⓒ　　　　ⓓ
庚戊壬丁　甲乙乙辛　丙己乙甲　戊丁己辛
申申寅酉　申丑未丑　子巳亥寅　申巳亥丑

ⓔ　　　　ⓕ
乙己己丁　己己癸丁
亥卯酉巳　巳亥丑未

ⓐ는 남자의 명조이다. 식상 金이 많아서 일주 戊土가 아주 신약한데, 연간에 있는 용신인 정인 丁火는 월간에 있는 기신인 편재 壬水와 합하여 기반(羈絆)이 되어 있는 데다가 용신인 정인 丁火의 유일한 뿌리인 월지의 칠살 寅木도 아내궁[妻宮]인 일지의 식신 申金에게 충(沖)을 당해 파괴되어 있다. 그러다 보니 꿈은 크나 하는 일마다 뜻대로 풀리지 않아서 불만과 한(恨)이 많으며 한자리에 눌러앉아 있지 못하고 틈만 나면 이리저리 잘 돌아다니는 편이다. 또 아내궁[妻宮]인 일지의 식신 申金이 용신인 정인 丁火의 유일한 뿌리인 월지의 칠살 寅木을 충하고 있는 데다가 아내성[妻星]이자 아버지성[父星]이면서 기신인 월간의 편재 壬水도 연간에 있는 용신인 정인 丁火를 합하여 묶어놓고 있어서, 아내와 아버지에 대한 불만이 아주 커서 결혼 생활이 편할 날이 별로 없을 정도로 부부 사이에 마찰(특히 아버지의 지나친 간섭으로 인한 마찰)과 갈등이 심했으며, 결국에는 딸아이를 하나 둔 채 이혼하고 말았다. 필자가 느끼기로는 아내에 대한 불만만 가득하고 애정이라곤 전혀 없어 보였다.

ⓑ는 남자의 명조인데, 일월지간의 충으로 인해 丑土 속의 용신 癸水가 깨져서 그런지 초혼은 서로 고통만 겪다가 실패하고 재혼하여 지금까지는 큰 문제 없이 사는 것처럼 보이나, 그 속은 모를 일이다.

ⓒ는 여자의 명조인데, 일지의 용신 巳火가 남편궁[夫宮]인 월지의 기신

亥水에게 충을 당해 깨져 있다. 그러다 보니 남편에 대한 불만이 매우 많아서 헤어지고 싶은 마음이 많을 뿐 아니라 생활도 안정되지 못하고 부침이 심하여 심신이 고단하다고 한다.

ⓓ는 남자의 명조인데, 일지의 용신 巳火가 월지의 亥水에게 충을 당해 깨져 있으니, 부부간의 갈등과 불화가 심하여 심신이 고단하고 생활이 불안정하다고 하겠다. 또 집 안에 붙어 있지 못하고 이리저리 잘 돌아다니는 편이다.

ⓔ는 여자의 명조인데, 용신은 연간의 인성 丁火이고 희신은 월간의 비견 己土이다. 남편궁[夫宮]인 월지에 있는 식신 酉金이 일지에 있는 남편성[夫星]인 칠살 卯木을 충하고 있으니, 생활이 불안정하여 심신이 고단할 뿐 아니라 우월 의식이 강해서 남편에게 만족하지 못하고 남편을 어린애 취급하면서 무시하거나 남편에게 대드는 경향이 있다. 남편의 의견을 존중해주지 않고 남편을 무시하거나 얕잡아보는 태도를 고수하는 한 부부 사이에 갈등과 불화가 생길 것은 자명한 일이다. 그래도 일지에 있는 남편성인 칠살 卯木이 비록 식신 酉金에게 깨져 있긴 해도 희용신이 아닌 구신인 데다가 월지의 식신 酉金이 용신인 인성 巳火의 극제를 어느 정도 받고 있으므로, 일월지간의 충이 아주 흉한 것은 아니라고 하겠다.

ⓕ는 남자의 명조인데, 일지와 시지가 巳亥沖이 되어 있고 월지와 연지가 丑未沖이 되어 있으므로, 아내와 자녀가 사이가 좋지 않아 자주 부딪치다 보니(아내가 자녀의 언행에 대해 계속 간섭하고 자녀는 아내에게 조목조목 따지고 들며 맞선다고 한다) 본인이 골치가 아프며, 어머니와 형제 사이도 별로 좋지 않다고 한다.

형(刑)

1. 형(刑)의 정의 및 종류

형(刑)은 형액(刑厄)을 당한다는 뜻, 즉 국법(國法)을 어겨서 형벌(刑罰)을 받는다는 뜻인데, 지지에는 형(刑)이 되는 경우가 여럿 있다.

형(刑)에는 寅巳申三刑·丑戌未三刑·子卯刑·辰午酉亥自刑이 있는데, 각각에 대해 알아보기로 한다.

寅巳申三刑은 寅巳申 세 글자가 다 모여 있는 경우도 있고 寅木과 巳火만 서로 붙어 있는 경우도 있고 巳火와 申金만 서로 붙어 있는 경우도 있다. 그런데 寅木과 申金만 서로 붙어 있으면 형(刑)이 아니라 충(沖)으로 봐야 한다. 왜냐하면 충이 형에 우선하기 때문이다.

丑戌未三刑은 丑戌未 세 글자가 다 모여 있는 경우도 있고 丑土와 戌土만 서로 붙어 있는 경우도 있고 戌土와 未土만 서로 붙어 있는 경우도 있다. 그런데 丑土와 未土만 서로 붙어 있으면 형(刑)이 아니라 충(沖)으로 봐야 한다. 왜냐하면 충이 형에 우선하기 때문이다.

子卯刑은 子水와 卯木이 서로 붙어 있는 경우이다.

辰午酉亥自刑은 辰土와 辰土가 서로 붙어 있거나, 午火와 午火가 서로 붙어 있거나, 酉金과 酉金이 서로 붙어 있거나, 亥水와 亥水가 서로 붙어 있는 경우이다.

2. 형(刑)의 효력

寅巳申三刑에서, 寅巳刑의 경우는 寅木 속의 甲木은 巳火 속의 丙火를 생조(生助)하지만 寅木 속의 丙火는 巳火 속의 庚金을 극(剋)하는 관계가 되므로 형(刑)이 되며, 巳申刑의 경우는 巳火 속의 庚金은 申金 속의 壬水를 생조하지만 巳火 속의 丙火는 申金 속의 庚金을 극하는 관계가 되므로 형(刑)이 된다. 형(刑)의 작용력은 寅巳申 세 글자가 다 모여 있는 경우가 寅木과 巳火만 서로 붙어 있거나 巳火와 申金만 서로 붙어 있는 경우보다 더 크다고 본다.

丑戌未三刑에서, 丑戌刑의 경우는 戌土 속의 辛金은 丑土 속의 癸水를 생조하지만 戌土 속의 丁火는 丑土 속의 辛金을 극하는 관계가 되므로 형(刑)이 되며, 戌未刑의 경우는 未土 속의 乙木은 戌土 속의 丁火를 생조하지만 未土 속의 丁火는 戌土 속의 辛金을 극하는 관계가 되므로 형(刑)이 된다. 형(刑)의 작용력은 丑戌未가 다 모여 있는 경우가 丑土와 戌土만 서로 붙어 있거나 戌土와 未土만 서로 붙어 있는 경우보다 더 크다고 본다.

子卯刑의 경우는 子水 속의 癸水는 卯木 속의 乙木을 생조하지만 卯木 속의 乙木은 癸水의 생조를 원하지 않으므로 형(刑)이 된다.

辰午酉亥自刑, 즉 辰辰刑과 午午刑과 酉酉刑과 亥亥刑은 서로가 밀쳐내므로 스스로를 형(刑)한다는 뜻의 자형(自刑)이 된다.

이상에서 살펴본 바와 같이 형(刑)은 지장간(支藏干)이 서로 생조하기도 하고 극하기도 하는 관계에 있는 것을 알 수 있는데, 이를 볼 때 지지에 이러한 형(刑)이 있다고 해서 사주 주인공이 형벌을 받아 감옥살이를 한다는 식으로 해석해서는 안 되며, 단지 생조와 극이 함께 있음으로 인해 사주 주인공에게 심적(心的)인 갈등(葛藤)이 있다는 정도로만 해석해야 할 것이다. 구체적으로는 지지에 寅巳申三刑이 있으면 겉으로 드러나서 남들이 비교적

쉽게 알 수 있는 심적인 갈등으로 인해 힘들고 괴로운 경우가 많으며, 지지에 丑戌未三刑이 있으면 남에게 말은 못하고 속으로만 곪아가는 심적인 갈등으로 인해 힘들고 괴로운 경우가 많다고 해석할 수 있다. 실제로 임상(臨床)을 해봐도, 지지에 형(刑)이 있다고 해서 누구나 감옥살이를 하는 것은 아님을 확인할 수 있다. 따라서 형(刑)은 심적인 갈등 외에는 그 효력이 전혀 없다고 해야 할 것이다.

파(破) 및 해(害)

파(破)에는 子酉破 · 丑辰破 · 寅亥破 · 卯午破 · 巳申破 · 戌亥破가 있는데, 여섯 가지가 있다고 해서 육파(六破)라고 한다. 구체적으로 살펴보면, 다음과 같다.

子水와 酉金이 서로 만나면 파(破: 깨뜨린다는 뜻)하고, 丑土와 辰土가 서로 만나면 파하고, 寅木과 亥水가 서로 만나면 파하고, 巳火와 申金이 서로 만나면 서로 파하고, 戌土와 亥水가 서로 만나면 파한다고 한다.

그런데 파(破)가 되는 지지의 지장간(支藏干)의 관계를 보면, 한쪽이 다른 쪽을 생조하거나 극하는 관계에 있기는 해도 서로 깨뜨리는 이치는 찾아볼 수 없다. 그보다 더 중요한 것은 실제로 임상(臨床)을 해보면 파(破)의 영향력을 발견할 수 없다는 점이다. 그래서 파(破)는 전혀 논리에 맞지 않고 근거가 없는 설(說)에 지나지 않으므로, 그 효력이 아예 없다고 해야 할 것이다.

그리고 해(害)에는 子未害 · 丑午害 · 寅巳害 · 卯辰害 · 酉戌害 · 申亥害가 있는데, 여섯 가지가 있다고 해서 육해(六亥)라고 한다. 구체적으로 살펴보면 다음과 같다. 子水와 未土가 서로 만나면 해(害: 해롭게 한다는 뜻)하고, 丑土와 午火가 서로 만나면 해하고, 寅木과 巳火가 서로 만나면 해하고, 卯木과 辰土가 서로 만나면 해하고, 酉金과 戌土가 서로 만나면 해하고, 申金과 亥水가 서로 만나면 해한다고 한다.

그런데 해(害)가 되는 지지의 지장간(支藏干)의 관계를 보면, 한쪽이 다른 쪽을 생조하거나 극하는 관계에 있기는 해도 서로 해롭게 하는 이치는 찾아볼 수 없다. 그보다 더 중요한 것은 실제로 임상(臨床)을 해보면 해(害)의 영향력을 발견할 수 없다는 점이다. 그래서 해(害)도 전혀 논리에 맞지 않고 근거가 없는 설(說)에 지나지 않으므로, 그 효력이 아예 없다고 해야 할 것이다.

제15장
공망(空亡)

제1절

공망(空亡)의 구조

 공망(空亡)은 비어버려서 허망(虛妄)하다는 뜻인데, 신살(神殺)의 하나로서 천중살(天中殺)이라고도 한다. 공망이 어떻게 해서 생겨났는지를 알기 위해서 육십갑자(六十甲子) 조견표(早見表)를 살펴보기로 한다.

〈육십갑자(六十甲子) 조견표(早見表)〉

순(旬)	육십갑자(六十甲子)									공망(空亡)
甲子旬	甲子	乙丑	丙寅	丁卯	戊辰	己巳	庚午	辛未	壬申	癸酉	戌亥
甲戌旬	甲戌	乙亥	丙子	丁丑	戊寅	己卯	庚辰	辛巳	壬午	癸未	申酉
甲申旬	甲申	乙酉	丙戌	丁亥	戊子	己丑	庚寅	辛卯	壬辰	癸巳	午未
甲午旬	甲午	乙未	丙申	丁酉	戊戌	己亥	庚子	辛丑	壬寅	癸卯	辰巳
甲辰旬	甲辰	乙巳	丙午	丁未	戊申	己酉	庚戌	辛亥	壬子	癸丑	寅卯
甲寅旬	甲寅	乙卯	丙辰	丁巳	戊午	己未	庚申	辛酉	壬戌	癸亥	子丑

 위 조견표의 맨 오른쪽 칸에 들어 있는 것이 공망인데, 이 조견표에서 각 가로줄마다 열 개 간지(干支)를 하나의 세트로 묶은 다음, 맨 앞의 간지를 대표로 내세워 차례대로 甲子旬·甲戌旬·甲申旬·甲午旬·甲辰旬·甲寅旬이라 부른다. 그러니까 甲子에서 癸酉까지의 간지는 甲子旬이고, 甲戌에서 癸未까지의 간지는 甲戌旬이고, 甲申에서 癸巳까지의 간지는 甲申旬이고, 甲午에서 癸卯까지의 간지는 甲午순이고, 甲辰에서 癸丑까지의 간지는 甲辰旬이고, 甲寅에서 癸亥까지의 간지는 甲寅旬이다.

그런데 甲子旬의 경우에, 천간은 10개가 다 배정이 되었는데, 지지는 12개 중에서 10개만 배정이 되고 2개는 배정이 되지 않았다. 배정이 되지 않은 지지는 戌土와 亥水가 되는데, 이 戌土와 亥水를 甲子旬의 공망이라 한다. 그러니까 甲子에서 癸酉까지의 간지는 모두 戌土와 亥水라는 같은 공망을 갖게 되고, 甲戌에서 癸未까지의 간지는 申金과 酉金이라는 같은 공망을 갖게 된다. 나머지 순(旬)의 공망도 이런 식으로 찾아내면 된다.

 그리고 사주에서 어떤 지지의 글자가 공망인지는 일주(日柱)나 연주(年柱)에 어느 순(旬)에 해당하는 간지가 있는지를 보고 판단하면 된다. 만약 일주(日柱)나 연주(年柱)에 甲子旬의 간지가 있다면 戌土와 亥水가 공망이 되며, 일주(日柱)나 연주(年柱)에 甲戌旬의 간지가 있다면 申金과 酉金이 공망이 된다.

공망(空亡)은 말 그대로 헛된 것이다

공망(空亡)이 되는 두 글자가 하나라도 사주의 지지에 있으면 공망이 들었다고 하는데, 사주에 공망이 들면 좋을 수도 있고 나쁠 수도 있다고 한다.

희용신(喜用神)이 공망이 들면 희용신이 비어버려서 허망하게 되므로 흉(凶)하다고 하며, 기구신(忌仇神)이 공망이 들면 기구신이 비어버려서 허망하게 되므로 흉(凶)하지 않거나 오히려 길(吉)하다고 한다. 예컨대 관살(官殺)이 공망이 되는 경우에, 관살이 희용신이라면 아무리 고시공부나 공무원 시험공부를 해도 합격할 수 없고 다른 길을 찾아야 하므로 흉하고, 관살이 기구신이라면 관청(官廳)이나 법원으로부터 일종의 제재(制裁)를 받더라도 별일 없이 무사히 넘어가거나 오히려 전화위복(轉禍爲福)이 되므로 흉하지 않거나 오히려 길하다는 식이다.

그런데 공망의 구조를 보면 논리상 타당한 이치가 보이지 않는다. 육십갑자(六十甲子)는 끊임없이 순환하고 있는데, 위의 육십갑자 조견표에서와 같이 간지를 열 개씩 여섯 가지 순(旬)으로 나누어 공망을 정하는 것은 타당하지 않다. 다시 말해 甲子旬의 경우에, 癸酉에서 간지가 끝나는 것이 아니라 甲戌旬의 甲戌과 乙亥로 이어진다. 그러므로 甲子旬의 戌土와 亥水가 천간과 배정이 되지 않는 것이 아니다. 또 甲戌旬의 경우에, 癸未에서 간지가 끝나는 것이 아니라 甲申旬의 甲申과 乙酉로 이어진다. 그러므로 甲戌旬의 申金과 酉金이 천간과 배정이 되지 않는 것이 아니다. 나머지의 경우도 마찬가지다. 이처럼 육십갑자는 쉬지 않고 돌고 돌기 때문에 위와 같이 열 개씩 잘라버리는 것은 간지의 순환성과 연속성을 무시한 단견(短見)이라 할 수밖에 없다.

그래서 공망의 이론은 말 그대로 헛된 설(說)이라고 할 수 있다. 일본에서는 공망을 매우 중요시한다고 하지만, 임상(臨床)을 해봐도 공망의 효력은 전혀 나타나지 않음을 알 수 있다. 이처럼 공망을 비롯한 각종 신살(神殺)은 오행의 생극제화(生剋制化)의 이치에 어긋나는 터무니없는 것들이므로, 자평명리(子平命理)에서 영원히 퇴출(退出)시키는 것이 마땅할 것이다.

제16장
사주(四柱) 작성법

사주명조(四柱命造)의 용어(用語) 해설

　개인의 운명(運命)을 해석하기 위해서는 먼저 만세력(萬歲曆)을 보고서 개인의 생년월일시(生年月日時)에 해당하는 네 기둥의 간지(干支)를 만들어야 한다. 이러한 네 기둥의 간지를 사주(四柱) 또는 사주팔자(四柱八字)라고 한다. 그리고 사주를 하나의 표(表)로 만들어 놓은 것을 사주명조(四柱命造) 또는 사주명식(四柱命式)이라 하며, 이를 줄여서 명조(命造) 또는 명식(命式)이라 하기도 한다. 명조(命造)를 예시해보면, 다음과 같다.

〈2020년 3월 3일 22시 27분에 태어난 사람의 명조(命造)〉

시주(時柱)	일주(日柱)	월주(月柱)	연주(年柱)	
시간(時干)	일간(日干)	월간(月干)	연간(年干)	干支
丁	乙	戊	庚	
亥	巳	寅	子	
시지(時支)	일지(日支)	월지(月支)	연지(年支)	

　위의 명조(命造)는 2020년 3월 3일 22시 27분에 태어난 사람의 명조이다. 연주(年柱)는 태어난 해의 기둥에 해당하는 간지(위의 명조에서는 庚子)를 말하며, 월주(月柱)는 태어난 달의 기둥에 해당하는 간지(위의 명조에서는 戊寅)를 말하며, 일주(日柱)는 태어난 날의 기둥에 해당하는 간지(위의 명조에서는 乙巳)를 말하며, 시주(時柱)는 태어난 시간의 기둥에 해당하는 간지(위의 명조에서는 丁亥)를 말한다.

　그리고 연간(年干)은 연주(年柱)의 천간(天干)(위의 명조에서는 庚)을 말하고 연지(年支)는 연주의 지지(地支)(위의 명조에서는 子)를 말하며, 월간(月干)은 월주(月柱)의 천간(위의 명조에서는 戊)을 말하며, 월지(月支)는 월주의 지지(위의 명조에서는 寅)를 말하며, 일간(日干)은 일주(日柱)의 천간(위의 명조에서는 乙)을 말하고 일지(日支)는 일주의 지지(위의 명조에서는 巳)를 말하며, 시간(時干)은 시주(時柱)의 천간(위의 명조에서는 丁)을 말하고 시간(時干)은 시주의 지지(위의 명조에서는 亥)를 말한다.

여기서 월지(月支)는 다른 말로 월령(月令)이라고도 하며, 일간(日干)은 다른 말로 일주(日主)라고도 한다. 일주(日主: 일간과 같은 말로서, 태어난 날의 주인, 즉 사주 주인공을 말함)와 일주(日柱: 태어난 날의 기둥에 해당하는 간지를 말함)는 다른 뜻이므로, 잘 구별해야 할 것이다.

그런데 연주와 월주와 일주와 시주에 해당하는 간지를 찾기 위해서는 만세력(萬歲曆)이 필요한데, 만세력은 양력(陽曆)과 음력(陰曆)의 연월일(年月日)에 해당하는 간지를 100년 내지 200년 동안 일일이 적어 놓고 시(時)에 해당하는 간지표를 별도로 만들어 놓은 책이다. 만세력은 정확해야 하는데, 만약 만세력에 오류(誤謬)가 있다면 사실과 다른 엉뚱한 간지를 얻게 될 수 있으므로, 만세력을 구입할 때는 가능한 한 정확한 만세력을 구입해야 할 것이다.

연주(年柱) 작성법

연주(年柱)는 태어난 해의 기둥에 해당하는 간지라고 했다. 자평명리에서 태어난 해는 양력(陽曆)도 음력(陰曆)도 아닌 절기력(節氣曆)을 기준으로 한다. 다시 말해 한 해의 시작은 양력이나 음력으로 1월 1일이 아니라 절기력(節氣曆)으로 1월 1일을 뜻하는 입춘(立春)이라는 절기(節氣)인데, 입춘(立春)은 특정한 날의 특정한 시각에 들어온다. 그러니까 절기력으로 한 해는 입춘 시각에서부터 다음의 입춘 시각 직전까지를 말한다고 보면 된다.

1. 연주(年柱)의 기준

연주(年柱)의 기준은 입춘시각(立春時刻)이다. 그런데 입춘시각은 해마다 똑같은 것이 아니라 매년 조금씩 달라진다. 예컨대 2018년도의 입춘시각은 양력 2월 4일 06시 28분이고, 2019년도의 입춘시각은 양력 2월 4일 12시 13분이고, 2020년도의 입춘시각은 양력 2월 4일 18시 02분이다. 해마다 입춘을 포함한 24절기(節氣)가 순환을 하고 있는데, 입춘을 포함한 24절기의 절입시각(節入時刻)이 해마다 약간씩 달라지는 이유는 지구가 태양을 한 번 공전(公轉)하는 데 365.2422…일이 걸리는데도 일 년을 365일로 정하다 보니 날짜의 오차(誤差)가 생겨서 그 오차를 바로잡는 과정이 이어지기 때문이라고 한다.

그리고 입춘을 포함한 24절기(節氣)는 비록 지구의 각 지역마다 들어오는 시각(時刻)이 다르게 표시되긴 해도 전 세계적으로 동시에 들어온다. 그렇지만 이에 대해서는 연주(年柱)를 작성할 때 신경 쓰지 않아도 된다.

아무튼 양력 2018년 2월 4일 06시 28분부터 양력 2019년 2월 4일 12시 13분 직전까지 태어난 사람은 연주가 戊戌이 되고, 양력 2019년 2월 4일 12시 13분부터 2020년 2월 4일 18시 02분 직전까지 태어난 사람은 연주가 己亥가 된다.

2. 동지기준(冬至基準)과 입춘기준(立春基準)

앞에서 한 해의 시작은 입춘시각(立春時刻)이라고 했는데, 이에 대해서는 자평명리학계에 논란(論難)이 되고 있다. 한 해의 시작을 입춘(立春)으로 보는 것이 아직까지는 자평명리학계의 정설(定說)이라고 할 수 있지만, 최근에는 한 해의 시작을 동지시각(冬至時刻)으로 보는 견해가 상당한 힘을 얻고 있다. 대만(臺灣)에서는 자평명리학자들 간에 한 해의 시작을 입춘(立春)으로 보는 견해와 동지(冬至)로 보는 견해가 팽팽히 맞서서 서로 활발한 토론을 하고 있는 것으로 알고 있지만, 우리나라의 명리학자들은 거의 대부분 한 해의 시작을 입춘으로 보는 견해를 별생각 없이 따르고 있는 것으로 보인다. 이처럼 자평명리학자들 간에 논쟁이 있는 까닭은 입춘을 한 해의 시작으로 보는 경우와 동지를 한 해의 시작으로 보는 경우는 연주(年柱)와 대운(大運)이 흘러가는 방향이 서로 달라지는 큰 차이점이 있기 때문이다.

그런데 옛날부터 전해 내려오는 민담(民譚)을 보면 '동지 팥죽을 먹으면 한 살 더 먹는다' 또는 '동지가 지나야 한 살 더 먹는다'는 말이 있는 것을 볼 때, 옛날에는 동지를 한 해의 시작으로 삼았다는 흔적을 엿볼 수 있다. 또 필자가 직접 확인해보지는 않았지만, 중국의 어느 역사책을 보면 아주 오래

전인 중국의 주(周)나라 이전에는 동지를 한 해의 시작으로 삼다가 주나라 이후부터 입춘을 한 해의 시작으로 삼아왔다는 기록도 있다고 한다.

　이치적으로 보면 간지의 출발점이 甲子이므로 한 해의 시작도 寅月의 시작인 입춘보다 子月의 중간인 동지가 되어야 더 타당할 것이다. 그런데 문제는 동지 시각 이후부터 입춘 시각 이전에 태어난 사람들을 감정해보면, 입춘을 한 해의 시작으로 삼고서 운세(運勢)를 해석해야 맞아떨어지는 경우도 있고 동지를 한 해의 시작으로 삼고서 운세를 해석해야 맞아떨어지는 경우도 있다는 점이다. 그중에서도 동지부터 소한(小寒) 이전인 子月의 후반부에 태어난 사람의 경우에는 거의 대부분 입춘을 한 해의 시작으로 삼고서 운세를 해석해야 잘 맞아떨어지는 것으로 나타나지만, 소한부터 입춘 이전인 丑月에 태어난 사람의 경우에는 동지를 한 해의 시작으로 삼고서 운세를 해석해야 잘 맞아떨어지는 경우와 입춘을 한 해의 시작으로 삼고서 운세를 해석해야 잘 맞아떨어지는 경우가 서로 뒤섞여서 나타나고 있음을 볼 수 있다.

　이를 볼 때 필자의 생각으로는 지금이야말로 입춘기준(立春基準: 한 해의 시작을 입춘 시각으로 삼는 기준)에서 옛날의 동지기준(冬至基準: 한 해의 시작을 동지 시각으로 삼는 기준)으로 되돌아가는 과도기(過渡期)가 아닌가 싶다. 다시 말해 중국의 주나라 시대에 바뀌었던 천지자연의 질서가 이즈음에 이르러 또다시 바뀌고 있는 것이 아닌가 싶다. 그래서 한 해의 시작을 입춘으로 보는 것이 현실적으로 부합(附合)한다고 하더라도, 개개인의 마음속으로는 적어도 동지부터 새로운 기운의 움직임을 느끼기 시작한다고 봐야 할 것이다. 아무튼 한 해의 시작을 子月의 중간인 동지시각으로 보는 것이 寅月의 시작점인 입춘시각으로 보는 것보다 이론적으로는 더 타당하다고 할 수 있다.

월주(月柱) 작성법

월주(月柱)를 작성하는 방법은 태어난 날짜가 12절기(節氣) 중의 어느 절기에 해당하는지를 보면 된다. 절기(節氣)에는 24절기(節氣)가 있지만, 달이 바뀌는 절기는 12절기(節氣)이다. 12절기(節氣)는 입춘(立春)·경칩(驚蟄)·청명(淸明)·입하(立夏)·망종(亡種)·소서(小暑)·입추(立秋)·백로(白露)·한로(寒露)·입동(立冬)·대설(大雪)·소한(小寒)이다.

1. 월주(月柱)의 기준

월주(月柱)의 기준은 해당 절기(節氣)가 시작되는 시각, 즉 절입시각(節入時刻)이다. 절기력(節氣曆)으로 볼 때, 입춘시각부터 경칩시각 직전까지는 寅月이고, 경칩시각부터 청명시각 직전까지는 卯月이고, 청명시각부터 입하시각 직전까지는 辰月이고, 입하시각부터 망종시각 직전까지는 巳月이고, 망종시각부터 소서시각 직전까지는 午月이고, 소서시각부터 입추시각 직전까지는 未月이고, 입추시각부터 백로시각 직전까지는 申月이고, 백로시각부터 한로시각 직전까지는 酉月이고, 한로시각부터 입동시각 직전까지는 戌월이고, 입동시각부터 대설시각 직전까지는 亥월이고, 대설시각부터 소한시각 직전까지는 子월이고, 소한시각부터 다음 해의 입춘시각 직전까지는 丑월이다. 그러니까 입춘시각과 경칩시각 사이에 태어났다면 寅月에 태어난 것이 되고, 경칩시각과 청명시각 사이에 태어났다면 卯月에 태어난 것이 된다.

2. 음력(陰曆) 윤달의 고려

음력(陰曆)으로 생일(生日)을 기억하고 있는 경우에는, 그해에 윤달이 있는지를 봐서 윤달이 있으면 윤달에 태어났는지 아닌지를 당사자에게 반드시 확인할 필요가 있다. 그런 다음에 만세력에서 태어난 윤달의 날짜가 어느 절기(節氣)에 해당하는지를 보면 된다. 그렇지 않으면 엉뚱한 사주(四柱)를 작성해버릴 수도 있다. 물론 양력(陽曆)으로 생일을 기억하고 있는 경우에는, 양력에는 윤달이 없으므로 신경 쓰지 않아도 된다.

일주(日柱) 작성법

일주(日柱)를 작성하는 방법은 만세력에서 태어난 날짜를 찾아서 그 날짜에 해당하는 간지(干支)를 적용하면 된다. 예컨대 양력 2020년 3월 4일에 태어난 경우라면, 이날의 간지는 만세력을 보면 丙午이므로 일주(日柱)는 丙午가 된다.

1. 일주(日柱)의 기준

일주(日柱)의 기준은 하루가 시작되는 시각(時刻)이다. 그런데 하루가 시작되는 시각을 보는 관점은 두 가지가 있다. 하나는 자정(子正: 00시 00분)을 하루가 시작되는 시각으로 보는 관점이고, 다른 하나는 자시(子時: 밤 11시부터 다음 날 새벽 1시 직전까지)가 시작되는 시각(밤 11시 00분)을 하루가 시작되는 시각으로 보는 관점이다.

현재 이 두 가지 관점이 자평명리학계에서 첨예한 대립을 하고 있는데, 아직까지는 두 가지 관점 모두 다 정설(定說)로 자리 잡지 못하고 있는 실정이다. 그러니까 어떤 자평명리학자들은 자정(子正)을 하루가 시작되는 시각으로 보고 있는 반면에, 어떤 자평명리학자들은 자시(子時)가 시작되는 시각을 하루가 시작되는 시각으로 보고 있다.

필자는 자정(子正)을 하루가 시작되는 시각으로 보고서 사주를 감정(鑑定)하고 있다. 왜냐하면 자정(子正)을 기준으로 하는 것이 자시(子時)를 기준으로 하는 것보다 더 타당하다고 생각하기 때문이다. 그 논거(論據)는 바로 다음 항(項)에서 나름대로 제시하기로 한다.

자정(子正: 00시 00분)을 하루가 시작되는 시각으로 보고서 일주(日柱)를 작성한다고 할 때, 자시(子時)의 앞부분인 절반, 즉 전날 밤 11시에서 전날 밤 12시 사이에 태어난 경우에는 시간은 자시(子時)를 적용하되 일주(日柱)는 전날의 간지(干支)가 되고, 자시(子時)의 뒷부분인 절반, 즉 당일 새벽 0시부터 당일 새벽 1시 사이에 태어난 경우에는 역시 시간은 자시(子時)를 적용하되 일주(日柱)는 당일의 간지(干支)가 된다. 그러니까 두 경우 각각 일주(日柱)의 간지(干支)가 달라진다는 점을 유의해야 한다.

이렇게 볼 때, 하루는 자정(子正: 00시 00분)부터 다음 자정(子正: 00시 00분) 직전까지이므로, 이 시간 사이에 태어난 경우에는 같은 날짜에 해당하는 간지를 적용하면 된다.

2. 야자시(夜子時)와 조자시(朝子時)

(1) 개념

자시(子時)는 자연시(自然時)를 기준으로 할 때 전날 밤 11시부터 당일 새벽 1시 직전까지를 말한다. 그리고 야자시(夜子時)는 자시(子時)의 앞부분인 절반, 즉 전날 밤 11시부터 전날 밤 12시 직전까지를 말한다. 그리고 조자시(朝子時)는 자시(子時)의 뒷부분인 절반, 즉 당일 새벽 0시부터 당일 새벽 1시 직전까지를 말한다.

(2) 일주(日柱)의 적용 문제

(가) 야자시(夜子時)와 조자시(朝子時)를 구분하지 않고, 자시(子時) 전체에 대해 당일의 일주(日柱)를 적용해야 한다는 견해

아주 오랜 옛날부터 자시(子時)를 하루의 시작으로 삼아서 자시가 시작되는 시각인 전날 밤 11시부터 당일의 일주(日柱)를 적용해왔다고 한다. 그러므로 야자시든 조자시든 둘 다 자시(子時)이므로 무조건 당일의 일주(日柱)를 적용해야 한다는 것이다. 「적천수징의(滴天髓徵義)」나 「적천수천미(滴天髓闡微)」에서 임철초 선생이 예시해 놓은 510여 개의 명조(命造)들 중에서 자시(子時)에 해당하는 명조가 25, 6개 되는데, 25, 6개의 명조 모두 당일의 일주(日柱)를 적용하고 있다. 이로써 볼 때 임철초 선생도 야자시에 태어났든 조자시에 태어났든 하나의 자시이므로 당일의 일주를 적용해야 한다는 견해를 지니고 있었음을 알 수 있다. 지금도 대만과 우리나라의 많은 자평명리학자들은 야자시와 조자시를 가리지 않고 자시를 당일의 시작으로 보아 당일의 일주를 적용해야 한다는 견해를 고수(固守)하고 있다. 야자시에 전날의 일주를 적용해서는 안 되고 당일의 일주를 적용해야 한다는 견해를 지닌 우리나라의 대표적인 명리학자로는 이미 작고한 도계 박재완 선생을 들 수 있다.

(나) 야자시(夜子時)와 조자시(朝子時)를 구분하여, 야자시(夜子時)는 전날의 일주(日柱)를 적용하고 조자시(朝子時)는 당일의 일주(日柱)를 적용해야 한다는 견해, 즉 야자시설(夜子時說)

야자시설(夜子時說)을 최초로 주장한 것으로 보이는 문헌으로는 명대(明

代)의 만육오(萬育吾) 선생이 저술한 「삼명통회(三命通會)」라고 할 수 있는데, 「삼명통회(三命通會)」는 청대(淸代)에 임철초 선생이 저술한 「적천수징의(滴天髓徵義)」나 「적천수천미(滴天髓闡微)」보다 더 오래전에 저술한 문헌이다. 「삼명통회(三命通會)」 권오(卷五) 논시각(論時刻)에 보면, 야자시와 조자시에 대한 다음과 같은 내용이 나온다. '子時의 경우에는, 앞부분의 절반에 해당하는 시간[앞의 60분]은 한밤중[子時]의 앞부분이라서 전날[어제]에 속하고, 뒷부분의 절반에 해당하는 시간[뒤의 60분]은 한밤중[子時]의 뒷부분이라서 오늘에 속한다. 이는 동지(冬至)가 11월 중에 있는데, 중기[中氣: 11월의 중간에 해당하는 절기(節氣)인 동지(冬至)를 뜻함]에 하나의 양(陽)이 와서 다시 천도(天道: 한 해를 뜻함)가 시작되는 것과 같다(若子時, 則上半時在夜半前屬昨日, 下半時在夜半後屬今日. 亦猶冬至得十一月, 中氣一陽來, 復爲天道之初耳).' 이처럼 명대(明代)에 이미 야자시설(夜子時說)이 주장되었지만, 그 이후의 자평명리학자들이 그 내용을 발견하지 못했거나 아니면 무가치하다고 무시한 결과 그 내용이 묻혀 있었던 게 아닌가 싶다.

최근에 들어서야 비로소 자시(子時)를 야자시와 조자시로 구분하여, 조자시(朝子時)를 하루의 시작으로 보아 조자시가 시작되는 시각인 당일 새벽 0시부터 당일의 일주를 적용하고, 야자시(夜子時)에 해당하는 전날 밤 11시부터 전날 밤 12시 직전까지는 전날의 일주(日柱)를 적용해야 한다는 견해를 지닌 자평명리학자들이 속속 등장하고 있다. 대만에는 야자시는 전날의 일주를 적용해야 한다는 견해를 지닌 자평명리학자들이 제법 많이 있는 것으로 알고 있으며, 우리나라에도 대표적으로 이미 작고한 자강 이석영 선생을 비롯하여 몇 안 되는 자평명리학자들이 이러한 견해를 지니고 있는 것으로 알고 있다.

(3) 두 견해의 이론적 근거

(가) 야자시(夜子時)와 조자시(朝子時)를 구분하지 않고, 자시(子時) 전체에 대해 당일의 일주(日柱)를 적용해야 한다는 견해

이러한 견해의 근거(根據)는 옛날부터 자시(子時)를 하루의 시작으로 삼아서 하루를 12시간으로 정하여 각 시간마다 12지지를 배속시켰는데, 야자시를 전날로 보게 되면 하루가 13시간이 되면서 하루에 새벽의 자시와 한밤중의 자시가 공존하게 되어 불합리하므로, 야자시든 조자시든 자시 전체에 대해 당일의 일주(日柱)를 적용해야 한다는 것이다.

(나) 야자시(夜子時)와 조자시(朝子時)를 구분하여, 야자시(夜子時)는 전날의 일주(日柱)를 적용하고 조자시(朝子時)는 당일의 일주(日柱)를 적용해야 한다는 견해, 즉 야자시설(夜子時說)

이러한 견해의 근거(根據)로는 쥐발가락 이론이 거론되고 있다. 자시(子時)를 쥐의 몸으로 비유하면서, 쥐의 앞발가락은 4개인데 반해 뒷발가락은 5개라서 앞뒤 발가락이 서로 차이가 나므로, 자시의 앞부분의 절반인 야자시와 뒷부분의 절반인 조자시도 구분하여 야자시는 전날의 일주를 적용하고 조자시는 당일의 일주를 적용해야 한다는 것이다. 그러나 이러한 쥐발가락 이론을 야자시설의 이론적 근거로 내세우기는 너무 유치한 데다가 터무니없을 정도로 미흡한 점이 많다고 하겠다.

3. 야자시(夜子時)의 타당성

 필자는 야자시(夜子時)와 조자시(朝子時)를 구분하여, 야자시(夜子時)는 전날의 일주(日柱)를 적용하고 조자시(朝子時)는 당일의 일주(日柱)를 적용해야 한다는 견해, 즉 야자시설(夜子時說)을 지지한다.

(1) 필자의 임상 결과

 야자시에 태어난 사람의 경우에, 당일의 일주를 적용하느냐 전일의 일주를 적용하느냐에 따라 당사자의 성격과 운세(運勢)가 판이해질 수 있는데, 필자가 지금까지 야자시에 태어난 사람들을 임상(臨床)해본 결과, 당일의 일주가 아닌 전날의 일주를 적용해야 성격과 운세의 해석이 맞아떨어진다는 사실을 알 수 있었다. 비록 많은 명조(命造)를 임상해본 것은 아니지만, 아직까지 야자시에 태어난 사람의 일주를 당일의 일주로 적용해야 당사자의 성격과 운세가 맞아떨어지는 경우는 한 번도 만나보지 못했다. 따라서 필자는 야자시설이 타당하다는 확고한 믿음을 갖고 있다고 할 수 있다.

(2) 필자의 견해의 이론적 근거

 앞에서 살펴본 쥐발가락 이론은 그 근거가 희박할 뿐 아니라 유치하기까지 하다. 즉, 자시(子時)를 쥐의 몸에 비유하고 야자시를 쥐의 앞발가락에 비유하고 조자시를 쥐의 뒷발가락에 비유하는 것은 타당성이 전혀 없으므로 적합한 비유라고 할 수 없다. 그래서 위에서 살펴본「삼명통회(三命通會)」권오(卷五) 논시각(論時刻)의 내용을 참조하여 좀 더 타당하고 체계적이라고 생각되는 필자 나름의 이론적 근거를 아래에 제시해 보기로 한다.

 사주에서 연주(年柱)와 월주(月柱)의 관계는 일주(日柱)와 시주(時柱)의 관계와 같다. 즉, 연주에서 월주의 간지가 생성되는 원리와 일주에서 시주의 간지가 생성되는 원리는 서로 같다. 예컨대 甲年과 己年에는 월주에 甲子順의 간지만 올 수 있고, 甲日과 己日에도 시주(時柱)에 甲子順의 간지만 올 수 있다. 또 乙年과 庚年에는 월주에 丙子順의 간지만 올 수 있고, 乙日과 庚日에도 시주에 丙子順의 간지만 올 수 있다. 또 丙年과 辛年에는 월주에 戊子順의 간지만 올 수 있고, 丙日과 辛日에도 시주에 戊子順의 간지만 올 수 있다. 또 丁年과 壬年에는 월주에 庚子順의 간지만 올 수 있고, 丁日과 壬日에도 시주에 庚子順의 간지만 올 수 있다. 또 戊年과 癸年에는 월주에 壬子順의 간지만 올 수 있고, 戊日과 癸日에도 시주에 壬子順의 간지만 올 수 있다.

그리고 앞의 '연주(年柱) 작성법'에서 살펴봤듯이 한 해의 시작을 입춘(立春)으로 보는 것이 아직까지는 명리학계의 정설(定說)이라고 할 수 있지만, 최근에는 한 해의 시작을 동지(冬至)로 보는 견해가 상당한 힘을 얻고 있다. 이치적으로 보더라도 간지의 출발점이 甲子이므로 한 해의 시작도 寅月의 시작인 입춘(立春)보다 子月의 중간인 동지(冬至)가 되어야 더 타당할 것이다.

그렇다면 위에서 이미 살펴본 바와 같이 연주와 월주의 간지 배합 원리와 일주와 시주의 간지 배합 원리는 서로 같으므로, 한 해의 시작을 子月의 중간인 동지(冬至)로 보는 것이 이론적으로 더 타당하듯이, 하루의 시작도 子時의 중간인 전날 밤 12시 또는 당일 새벽 0시로 보는 것이 子時가 시작되는 시각인 전날 밤 11시로 보는 것보다 이론적으로 더 타당하다고 해야 할 것이다. 다시 말해 조자시는 당일의 일주를 적용하고 야자시는 전날의 일주를 적용하는 것이 타당하다고 해야 할 것이다. 그리고 천체(天體)를 과학적으로 관측한 자료를 보더라도, 자정(子正), 즉 당일 새벽 0시가 하루 중에서 태양이 지구에서 가장 멀리 떨어져 있는 시각이고 자정 이후부터 태양이 지구와 점점 더 가까워진다고 하므로, 더더욱 야자시설(夜子時說)에 따라 자정(子正), 즉 당일 새벽 0시를 하루의 시작으로 삼아야 할 것이다.

시주(時柱) 작성법

시주(時柱)는 하루의 시간을 간지(干支)로 나타낸 것이다. 지금은 하루를 24시간으로 정하고 있지만, 간지법(干支法)에서는 하루를 12시진(時辰)으로 나누어 한 시진(時辰)마다 하나의 간지를 배속시켜 놓고 있다. 그러니까 지금의 두 시간이 한 시진(時辰)이 되는 셈이다.

하루의 시간표를 작성해보면 다음과 같다.

시지(時支)	자연시(自然時)	
조자시(朝子時)	00시 00분부터	01시 00분 직전까지
축시(丑時)	01시 00분부터	03시 00분 직전까지
인시(寅時)	03시 00분부터	05시 00분 직전까지
묘시(卯時)	05시 00분부터	07시 00분 직전까지
진시(辰時)	07시 00분부터	09시 00분 직전까지
사시(巳時)	09시 00분부터	11시 00분 직전까지
오시(午時)	11시 00분부터	13시 00분 직전까지
미시(未時)	13시 00분부터	15시 00분 직전까지
신시(申時)	15시 00분부터	17시 00분 직전까지
유시(酉時)	17시 00분부터	19시 00분 직전까지
술시(戌時)	19시 00분부터	21시 00분 직전까지
해시(亥時)	21시 00분부터	23시 00분 직전까지
야자시(夜子時)	23시 00분부터	00시 00분 직전까지

그런데 시주(時柱)에 해당하는 간지는 만세력에 나와 있지 않다. 시지(時支)에 해당하는 지지(地支)는 위의 시간표를 참고하면 되지만, 시간(時干)에 해당하는 천간(天干)은 스스로 찾아내야 한다.

다행히도 시간(時干)을 찾아내는 공식(公式)이 있는데, 다음과 같다. 이 공식을 적용할 때 육십갑자(六十甲子)를 반드시 외우고 있어야 빠른 시간 내에 시간(時干)을 찾아낼 수 있다.

① 甲일이나 己일에 태어난 경우: 甲子時에서 시작하여 乙丑時로 이어진다. 그리고 辰時는 戊辰時가 된다. 〈제9장 제3절 간합(干合)하여 화(化)하는 경우〉를 보면 甲木과 己土는 합하여 土가 된다고 했는데, 여기서 土는 양토(陽土)인 戊土로 생각하면 된다. 그러니까 甲木과 己土가 합하면 戊土가 된다고 생각하면 된다. 실제로 甲己合하여 戊[土]가 되는 것은 아니지만, 辰은 변화무쌍(變化無雙)한 지지로 보므로, 辰時의 천간을 찾을 때는 천간이 합하여 화(化: 변화함)하는 원리를 적용하면 된다.

② 乙일이나 庚일에 태어난 경우: 丙子時에서 시작하여 丁丑時로 이어진다. 그리고 辰時는 庚辰時가 된다. 즉, 乙庚合하여 庚[金]이 되므로 庚辰時가 된다.

③ 丙일이나 辛일에 태어난 경우: 戊子時에서 시작하여 己丑時로 이어진다. 그리고 辰時는 壬辰時가 된다. 즉, 丙辛合하여 壬[水]이 되므로 壬辰時가 된다.

④ 丁일이나 壬일에 태어난 경우: 庚子時에서 시작하여 辛丑時로 이어진다. 그리고 辰時는 甲辰時가 된다. 즉, 丁壬合하여 甲[木]이 되므로 甲辰時가 된다.

⑤ 戊일이나 癸일에 태어난 경우: 壬子時에서 시작하여 癸丑時로 이어진다. 그리고 辰時는 丙辰時가 된다. 즉, 戊癸合하여 丙[火]이 되므로 丙辰時가 된다.

1. 자연시(自然時)와 표준시(標準時)

자연시(自然時)는 경도선(經度線)이 같은 지역들의 실제 시각(時刻)을 말한다. 그러니까 경도선(經度線)이 다른 지역끼리는 자연시(自然時)가 다르다. 그런데 세계 각국은 특정한 경도선에 위치한 지역의 자연시(自然時)를 그 나라의 모든 지역에 공통으로 사용하고 있다. 이렇게 공통으로 사용하고 있는 어느 특정 지역의 자연시(自然時)를 표준시(標準時)라고 한다.

　우리나라는 현재 서울을 지나는 동경(東經) 127도 30분의 표준시(標準時)를 사용하지 않고 일본을 지나는 동경(東經) 135도의 표준시(標準時)를 사용하고 있다. 그래서 지금 우리나라에서 사용하는 시각(時刻)은 서울의 자연시(自然時)가 아니기 때문에 시각(時刻)을 조절하여 적용해야 한다. 동경(東經) 135도의 시각은 동경(東經) 127도 30분의 시각보다 30분 정도 빠르므로, 사주명조(四柱命造)를 작성할 때 우리가 사용하는 시간단위를 30분 정도 늦춰서 적용해야 한다. 그래야 태어난 시각을 정확하게 반영할 수 있다.

　동경(東經) 135도를 기준으로 한 표준시(標準時)에 따라 하루의 시간을 구분해보면 다음과 같다.

시지(時支)	동경(東經) 135도를 기준으로 한 표준시(標準時)	
조자시(朝子時)	00시 30분부터	01시 30분 직전까지
축시(丑時)	01시 30분부터	03시 30분 직전까지
인시(寅時)	03시 30분부터	05시 30분 직전까지
묘시(卯時)	05시 30분부터	07시 30분 직전까지
진시(辰時)	07시 30분부터	09시 30분 직전까지
사시(巳時)	09시 30분부터	11시 30분 직전까지
오시(午時)	11시 30분부터	13시 30분 직전까지
미시(未時)	13시 30분부터	15시 30분 직전까지
신시(申時)	15시 30분부터	17시 30분 직전까지
유시(酉時)	17시 30분부터	19시 30분 직전까지
술시(戌時)	19시 30분부터	21시 30분 직전까지
해시(亥時)	21시 30분부터	23시 30분 직전까지
야자시(夜子時)	23시 30분부터	00시 30분 직전까지

위의 시간표는 서울을 기준으로 작성한 것이므로, 서울보다 시간이 빠른 부산의 시간표는 위의 각 시간에 5분을 뺀 25분 정도로 해서 적용해야 하고, 서울보다 시간이 늦은 목포의 시간표는 위의 각 시간에 5분을 더한 35분 정도로 해서 적용해야 한다. 서울과 경도선(經度線)이 다른 그 외의 지역도 시간을 적당하게 가감(加減)하여 적용해야 할 것이다.

2. 시주(時柱)의 정확성 여부

보통 병원에서 태어나지 않은 경우에는 태어난 시각(時刻)을 정확하게 모르는 경우가 대부분이다. 이런 경우에는 해 질 무렵에 태어났다고 하는 경우도 있고, 아침 먹을 때 태어났다고 하는 경우도 있고, 새벽에 태어났다고 하는 경우도 있으므로, 이러한 사정을 반영하여 실제로 태어난 시각에 최대한 근접한 시각을 찾을 수밖에 없다. 이처럼 태어난 시각이 불투명한 경우에는, 태어났다고 추정하는 시각의 시주(時柱)뿐만 아니라 그 앞의 시간의 시주(時柱)와 그 뒤의 시간의 시주(時柱)도 함께 작성하여 살펴볼 필요가 있다.

3. 출생시(出生時)를 모르는 경우

태어난 시각(時刻)을 도저히 알아낼 수 없는 경우에는, 시주(時柱)를 억지로 끼워 맞추기보다는 시주(時柱)가 없이 사주를 해석하는 것이 더 낫다. 그 까닭은 시주(時柱)가 없더라도 웬만한 해석은 할 수 있기 때문이며, 시주(時柱)를 억지로 끼워 맞추어서 사주를 해석하다 보면 틀린 해석을 할 가능성이 많기 때문이다.

제17장
십성(十星)

십성(十星)의 개념

　십성(十星)을 글자 그대로 풀이하면 열 가지의 별이다. 십성(十星)은 십천간(十天干)과 십이지지(十二地支)를 오행(五行)의 음양(陰陽)에 따라서 정해 놓은 명칭인데, 자평명리학(子平命理學)에서는 십성을 자평명리학의 꽃이라고 할 정도로 아주 중요하게 여기므로, 그 개념을 정확하게 이해해야 할 것이다.
　십성에는 열 가지가 있는데, 비견(比肩)·겁재(劫財)·식신(食神)·상관(傷官)·편재(偏財)·정재(正財)·편관(偏官)·정관(正官)·편인(偏印)·정인(正印)이 그것이다. 흔히 비견과 겁재를 묶어서 비겁(比劫)이라 하고, 식신과 상관을 묶어서 식상(食傷)이라 하고, 편재와 정재를 묶어서 재성(財星)이라 하고, 칠살(七殺: 편관의 다른 말)과 정관을 묶어서 관살(官殺)이라 하고, 편인과 정인을 묶어서 인성(印星)이라 한다. 십성(十星)을 다른 말로 육신(六神) 또는 십신(十神)이라고도 하는데, 십성(十星)이라는 말이 더 타당해 보이므로 이 책에서는 십성(十星)으로 명명(命名)하기로 한다.
　십성을 논하려면 먼저 주체(主體)와 객체(客體)를 정해야 한다. 보통 일간(日干)을 주체(主體)로 삼는데, 일간(日干)이 주체가 되면 십성(十星)은 일간(日干)에 대한 객체(客體)가 된다. 이때 객체는 천간(天干)의 성분과 지지(地支)의 성분을 모두 포함하며, 지지의 성분은 지장간(支藏干)의 본기(本氣)를 각 지지를 대표하는 십성(十星)으로 간주한다. 주체가 반드시 일간(日干)이어야 할 필요는 없지만, 주체와 객체를 구분해서 십성의 명칭을 부여하지 않으면 혼란스러워서 갈피를 잡을 수 없을 것이다.

십성표(十星表)를 제시해보면 다음과 같다.

〈십성표(十星表)〉

주체 (主體)	비견 (比肩)	겁재 (劫財)	식신 (食神)	상관 (傷官)	편재 (偏財)	정재 (正財)	편관 (偏官)	정관 (正官)	편인 (偏印)	정인 (正印)
甲,寅	甲,寅	乙,卯	丙,巳	丁,午	戊,辰,戌	己,丑,未	庚,申	辛,酉	壬,亥	癸,子
乙,卯	乙,卯	甲,寅	丁,午	丙,巳	己,丑,未	戊,辰,戌	辛,酉	庚,申	癸,子	壬,亥
丙,巳	丙,巳	丁,午	戊,辰,戌	己,丑,未	庚,申	辛,酉	壬,亥	癸,子	甲,寅	乙,卯
丁,午	丁,午	丙,巳	己,丑,未	戊,辰,戌	辛,酉	庚,申	癸,子	壬,亥	乙,卯	甲,寅
戊,辰,戌	戊,辰,戌	己,丑,未	庚,申	辛,酉	壬,亥	癸,子	甲,寅	乙,卯	丙,巳	丁,午
己,丑,未	己,丑,未	戊,辰,戌	辛,酉	庚,申	癸,子	壬,亥	乙,卯	甲,寅	丁,午	丙,巳
庚,申	庚,申	辛,酉	壬,亥	癸,子	甲,寅	乙,卯	丙,巳	丁,午	戊,辰,戌	己,丑,未
辛,酉	辛,酉	庚,申	癸,子	壬,亥	乙,卯	甲,寅	丁,午	丙,巳	己,丑,未	戊,辰,戌
壬,亥	壬,亥	癸,子	甲,寅	乙,卯	丙,巳	丁,午	戊,辰,戌	己,丑,未	庚,申	辛,酉
癸,子	癸,子	壬,亥	乙,卯	甲,寅	丁,午	丙,巳	己,丑,未	戊,辰,戌	辛,酉	庚,申

〈새로운 지장간표(支藏干表)〉

	0.3	0.2	0.5		0.3	0.2	0.5
子		癸(本氣)		午		丁(本氣)	
丑	辛(中氣)	癸(餘氣)	己(本氣)	未	乙(中氣)	丁(餘氣)	己(本氣)
寅	丙(中氣)	甲(本氣)		申	壬(中氣)	庚(本氣)	
卯		乙(本氣)		酉		辛(本氣)	
辰	癸(中氣)	乙(餘氣)	戊(本氣)	戌	丁(中氣)	辛(餘氣)	戊(本氣)
巳	庚(中氣)	丙(本氣)		亥	甲(中氣)	壬(本氣)	

십성(十星)의 명칭

1. 비견(比肩)

비견(比肩)은 주체(主體)와 같은 오행(五行)이면서 음양(陰陽)도 같은 오행을 말한다. 예컨대 주체가 甲木이나 寅木이라면 비견은 甲木이나 寅木이 되고, 주체가 乙木이나 卯木이라면 비견은 乙木이나 卯木이 된다. 나머지는 앞의 십성표(十星表)를 참고하면 될 것이다.

2. 겁재(劫財)

겁재(劫財)는 주체와 같은 오행이지만 음양이 다른 오행을 말한다. 예컨대 주체가 甲木이나 寅木이라면 겁재는 乙木이나 卯木이 되고, 주체가 乙木이나 卯木이라면 甲木이나 寅木이 된다. 나머지는 앞의 십성표를 참고하면 될 것이다.

3. 식신(食神)

식신(食神)은 주체가 생조(生助)해주는 오행이면서 음양이 같은 오행을 말한다. 예컨대 주체가 甲木이나 寅木이라면 식신은 丙火나 巳火가 되고, 주체가 乙木이나 卯木이라면 식신은 丁火나 午火가 된다. 나머지는 앞의 십성표를 참고하면 될 것이다.

4. 상관(傷官)

상관(傷官)은 주체가 생조해주는 오행이면서 음양이 다른 오행을 말한다. 예컨대 주체가 甲木이나 寅木이라면 상관은 丁火나 午火가 되고, 주체가 乙木이나 卯木이라면 상관은 丙火나 巳火가 된다. 나머지는 앞의 십성표를 참고하면 될 것이다.

5. 편재(偏財)

편재(偏財)는 주체가 극제(剋制)하는 오행이면서 음양이 같은 오행을 말한다. 예컨대 주체가 甲木이나 寅木이라면 편재는 戊土나 辰土나 戌土가 되고, 주체가 乙木이나 卯木이라면 편재는 己土나 丑土나 未土가 된다. 나머지는 앞의 십성표를 참고하면 될 것이다.

6. 정재(正財)

정재(正財)는 주체가 극제하는 오행이면서 음양이 다른 오행을 말한다. 예컨대 주체가 甲木이나 寅木이라면 정재는 己土나 丑土나 未土가 되고, 주체가 乙木이나 卯木이라면 정재는 戊土나 辰土나 戌土가 된다. 나머지는 앞의 십성표를 참고하면 될 것이다.

7. 편관(偏官)

편관(偏官)은 주체를 극제하는 오행이면서 음양이 같은 오행을 말한다. 예컨대 주체가 甲木이나 寅木이라면 편관은 庚金이나 申金이 되고, 주체가 乙木이나 卯木이라면 편관은 辛金이나 酉金이 된다. 나머지는 앞의 십성표를 참고하면 될 것이다.

8. 정관(正官)

정관(正官)은 주체를 극제하는 오행이면서 음양이 다른 오행을 말한다. 예컨대 주체가 甲木이나 寅木이라면 정관은 辛金이나 酉金이 되고, 주체가 乙木이나 卯木이라면 정관은 庚金이나 申金이 된다. 나머지는 앞의 십성표를 참고하면 될 것이다.

9. 편인(偏印)

편인(偏印)은 주체를 생조해주는 오행이면서 음양이 같은 오행을 말한다. 예컨대 주체가 甲木이나 寅木이라면 편인은 壬水나 亥水가 되고, 주체가 乙木이나 卯木이라면 편인은 癸水나 子水가 된다. 나머지는 앞의 십성표를 참고하면 될 것이다.

10. 정인(正印)

정인(正印)은 주체를 생조해주는 오행이면서 음양이 다른 오행을 말한다. 예컨대 주체가 甲木이나 寅木이라면 정인은 癸水나 子水가 되고, 주체가 乙木이나 卯木이라면 정인은 壬水나 亥水가 된다. 나머지는 앞의 십성표를 참고하면 될 것이다.

11. 일간(日干)과 십성(十星) 상호간의 관계

주체를 일간(日干)으로 볼 때, 일간과 십성(十星) 상호간의 관계는 다음과 같다.

일간(日干)은 식상(食傷: 식신과 상관)을 생조(生助)하고, 식상은 재성(財星: 편재와 정재)을 생조하고, 재성은 관살[官殺: 칠살(七殺), 즉 편관과 정관]을 생조하고, 관살은 인성(印星: 편인과 정인)을 생조하고, 인성은 일간을 생조한다.

그리고 일간은 재성을 극제(剋制)하고, 재성은 인성을 극제하고, 인성은 식상을 극제하고, 식상은 관살을 극제하고, 관살은 일간을 극제한다.

이러한 상호간의 관계를 이해하면 십성(十星)을 효과적으로 암기(暗記)할 수 있을 것이다.

십성(十星)의 특성

　십성(十星)은 여러 가지로 작용을 하는데, 사주(四柱)에서 십성(十星)이 어떻게 배합(配合)되어 있느냐에 따라서 다양하면서도 심오(深奧)한 작용을 하게 된다. 십성의 이러한 작용은 십성의 특성이라고 할 수 있는데, 십성의 특성을 심리적(心理的)인 특성과 기본적으로 적합한 일과 인간관계(人間關係)로 본 특성과 사물관계(事物關係)로 본 특성으로 나누어 볼 수 있다.

　심리적인 특성이라 함은 각 십성의 배합 정도에 따라 사주 주인공의 심리(心理)와 그 변화를 파악할 수 있는 특성을 말한다. 각 십성마다 고유한 심리적 특성을 지니고 있으며, 십성이 복잡하게 배합됨으로써 심리적인 특성도 복잡하게 나타나게 된다.

　인간관계로 본 특성이라 함은 십성의 행태(行態)를 보고서 인간관계, 특히 육친(六親: 부모와 형제자매와 배우자와 자녀를 말함)의 관계에 대해 알 수 있는 특성을 말한다.

　사물관계로 본 특성이라 함은 각 십성이 상징(象徵)하고 있는 사물에 대해 살펴볼 수 있는 특성을 말한다.

　십성의 이러한 특성들에 대해 각 십성별로 대략적(大略的)으로 살펴보기로 한다.

1. 비견(比肩)

(1) 심리적(心理的)인 특성

비견(比肩)은 감정적(感情的)이며, 주체성(主體性)과 독립성(獨立性)과 자주성(自主性)이 강하다. 이러한 특성이 긍정적(肯定的)으로 작용하는 경우에는, 남에게 의지(依支)하거나 남의 의견을 따르지 않고 모든 일을 스스로 처리하고 해결하려는 의지(意志)가 강하다. 그러나 부정적(否定的)으로 작용하는 경우에는, 주관(主觀)과 고집(固執)이 강해서 남의 말은 들으려 하지 않고 모든 일을 무조건 자기주장대로 처리하고자 한다.

(2) 기본적으로 적합한 일

비견이 일간 주위(일지나 월간이나 시간)나 월지에 있는 경우에, 비견에 적합(適合)한 일로는 마땅한 것이 없다고 할 수 있다. 다만 일간 주위와 월지에 비견이 많으면, 고집이 세서 남 밑에서 남이 시키는 대로 하는 일은 원만하게 하지 못하므로, 남의 간섭을 받지 않고 독자적으로 할 수 있는 자신의 일을 찾는 것이 좋다. 독자적으로 자신의 일을 하게 되면, 무슨 일을 하든지 강한 의지(意志)로 포기(抛棄)하지 않고 밀어붙일 수 있다.

(3) 인간관계(人間關係)로 본 특성

비견은 사주 주인공과 동등(同等)한 인간관계에 있는 성(性)이 같은 사람들을 나타낸다. 육친(六親)으로는 형제(兄弟: 형이나 남자의 아우)나 자매(姉妹: 언니나 여자의 여동생)나, 남녀의 동서(同壻)나, 여자의 시아버지나, 남자의 며느리가 비견에 해당하고, 직장(職場)에서는 성(性)이 같은 동료직원(同僚職員)이나 동급직원(同級職員)이 비견에 해당하고, 사회에서는 성(性)이 같은 친구나 선후배(先後輩)나 의형제(義兄弟)나 의자매(義姉妹)나 동업자(同業者)가 비견에 해당한다.

비견은 일간(日干)과 음양(陰陽)이 같기 때문에 성(性)이 같은 사람들이 원칙이지만, 상황에 따라 성(性)이 다른 사람들도 포함할 수 있다. 다른 십성의 경우도 마찬가지로 보면 된다.

(4) 사물관계(事物關係)로 본 특성

비견이 상징하고 있는 사물은 독립적(獨立的)이고 독자적(獨自的)인 주체(主體)를 나타내고 있는 사물이라고 할 수 있다. 자연적(自然的)인 사물로는 태산(泰山)이나 큰 바위가 비견에 해당하고, 인공적(人工的)인 사물로는 탑[塔: 철탑(鐵塔)이나 석탑(石塔)이나 목탑(木塔)을 총칭(總稱)함]이나 타워(탑처럼 높게 만든 구조물)나 전주(電柱)나 문패(門牌)나 호적초본(戶籍抄本) 등이 비견에 해당한다.

2. 겁재(劫財)

(1) 심리적(心理的)인 특성

겁재(劫財)는 이성적(理性的)이며, 주체성과 독립성과 자주성과 경쟁심(競爭心)이 강하다. 이러한 특성이 긍정적으로 작용하는 경우에는, 경쟁사회(競爭社會)에서 남에게 뒤처지지 않고 자신의 입지(立地)를 구축(構築)하고자 한다. 특히 주위에 경쟁자(競爭者)가 있으면 지지 않으려고 젖 먹던 힘까지 낼 정도로 의지(意志)와 정력(精力)이 강하다. 그러나 부정적으로 작용하는 경우에는, 주위에 경쟁자가 없으면 더욱더 향상하려는 마음이 들지 않고 무력해지기 쉬우며, 주위에 자기보다 더 낫다고 생각되는 사람이 있으면 겉으로는 그 사람을 인정하는 듯하면서도 속으로는 시기(猜忌)하고 질투(嫉妬)하여 배가 아파서 밤잠을 못 이루는 경향이 있다.

(2) 기본적으로 적합한 일

겁재가 일간 주위(일지나 월간이나 시간)나 월지에 있는 경우에, 겁재에 적합한 일로는 비견과 같이 독자적으로 자신의 일(경쟁력을 요하는 일이면 안성맞춤이다)을 하거나 경쟁상대가 있는 일, 예컨대 운동선수가 적합하다.

(3) 인간관계(人間關係)로 본 특성

겁재(劫財)는 사주 주인공과 동등(同等)한 인간관계에 있는 성(性)이 다른 사람들을 나타낸다. 육친(六親)으로는 오빠나 누나, 남자의 여동생이나, 여자의 남동생이 겁재에 해당하고, 직장(職場)에서는 성(性)이 다른 동료직원(同僚職員)이나 동급직원(同級職員)이 비견에 해당하고, 사회에서는 성(性)이 다른 친구나 선후배(先後輩)나 동업자(同業者)나 남녀(男女) 간의 경쟁자(競爭者)나 자신의 재물(財物)을 겁탈(劫奪)하려는 사람이 겁재에 해당한다.

겁재는 일간(日干)과 음양(陰陽)이 다르기 때문에 성(性)이 다른 사람들이 원칙이지만, 상황에 따라 성(性)이 같은 사람들도 포함할 수 있다. 다른 십성의 경우도 마찬가지로 보면 된다.

(4) 사물관계(事物關係)로 본 특성

겁재가 상징하고 있는 사물은 경쟁적(競爭的)인 주체(主體)를 나타내고 있는 사물이라고 할 수 있다. 자연적인 사물로는 자석(磁石)이 겁재에 해당하고, 인공적인 사물로는 태양광(太陽光) 발전설비(發電設備)나 흡음판(吸音板: 소리를 빨아들이는 널빤지로서 방음(防音)을 위하여 쓰는 건축 재료를 말한다)이나 진공청소기나 각종 운동경기장 등이 겁재에 해당한다.

3. 식신(食神)

(1) 심리적(心理的)인 특성

식신(食神)은 감정적이며, 호기심(好奇心)이 많아서 관심이나 흥미가 있는 어느 한 분야에 빠져 깊이 궁리(窮理)하고 연구(硏究)하는 탐구력(探究力)이 강하다. 이러한 특성이 긍정적으로 작용하는 경우에는, 호기심(好奇心)과 창의성(創意性)을 필요로 하는 독창적(獨創的)인 분야에서 자신의 창의력(創意力)을 십분 발휘할 수 있다. 그러나 부정적으로 작용하는 경우에는, 실용성(實用性)이 없고 쓸데없는 궁리나 연구를 하다가 아까운 시간만 헛되이 낭비할 가능성이 많다.

(2) 기본적으로 적합한 일

식신이 일간 주위(일지나 월간이나 시간)나 월지에 있는 경우에, 식신이 재성과 함께 있거나 붙어 있지 않는 한 사업이나 자영업은 적합하지 않으며, 식신에 적합한 일로는 창의적(創意的)이거나 분석적(分析的)인 일, 예컨대 발명가(發明家)나 연구원(研究員)이나 전문기술자(專門技術者)나 과학자(科學者)나 심리분석가(心理分析家)나 기획담당자(企劃擔當者)가 적합하다.

특히 식신견살(食神見殺)이 되어 있으면, 법(法)을 집행(執行)하는 사람, 예컨대 판사(判事)가 적합하다. 여기서 식신견살(食神見殺)이라 함은 식신과 칠살(七殺), 즉 편관(偏官)이 일간 주위에 함께 있거나, 일간 주위에 있는 식신이 일간과 떨어져 있는 칠살을 바로 곁에서 충극(沖剋)하고 있는 경우를 말한다.

(3) 인간관계(人間關係)로 본 특성

육친(六親)으로는 여자의 자녀(子女)(딸이 원칙이지만 아들도 포함한다)나 의붓자녀나 수양자녀나 조카나, 남자의 장모(丈母)나 사위나, 남녀의 할머니나 외할아버지가 식신에 해당하고, 직장에서는 남녀 모두 자신(自身)이 돌봐주는 성(性)이 같은 부하직원(部下職員)이 식신에 해당하고, 사회에서는 남녀 모두 자신이 키우고 돌봐주는 성(性)이 같은 사람들[예컨대 보육원(保育院)에서 아이들을 돌봐주는 보모(保姆)의 경우에는 보육원생, 자신의 정기(精氣)를 빼내어 가르치고 인도(引導)하는 스승이나 교사(敎師)의 경우에는 제자(弟子)나 학생]이 식신에 해당한다.

(4) 사물관계(事物關係)로 본 특성

식신이 상징하고 있는 사물은 어디든지 깊이 파고드는 사물이나 창의적(創意的)으로 궁리(窮理)하고 연구(研究)하여 탄생하거나 그러한 용도(用途)로 사용되는 사물이라고 할 수 있다. 자연적인 사물로는 기체(氣體)가 식신에 해당하고, 인공적인 사물로는 인공위성(人工衛星)이나 우주선(宇宙船)이나 각종 발명품(發明品)이나 창작품이나 컴퓨터나 연구실(研究室)이나 실험실(實驗室) 등이 식신에 해당한다.

4. 상관(傷官)

(1) 심리적(心理的)인 특성

상관(傷官)은 이성적이며, 호기심이 많고 사교성(社交性)과 언변(言辯)이 좋고 순발력(瞬發力)이 뛰어나다. 이러한 특성이 긍정적으로 작용하는 경우에는, 자신의 목적을 달성하기 위해서 폭넓은 상식(常識)을 활용하여 자신의 감정적인 속마음을 겉으로 드러내지 않고 태연하고 차분하게 외교적(外交的)인 협상(協商)과 흥정을 잘한다. 그러나 부정적으로 작용하는 경우에는, 자신의 약점을 절대로 솔직하게 드러내지 않은 채 상대방의 의중(意中)을 시험해보려 하며, 자신의 재능(才能)을 과시(誇示)하고 잘난 체하면서 남에게 자신의 능력을 인정받고 싶어하는 공명심(功名心)이 많으며, 겉치레를 중시하고 남에게 그럴싸하게 보이고 싶어하는 허영심(虛榮心)이 많다.

(2) 기본적으로 적합한 일

상관이 일간 주위(일지나 월간이나 시간)나 월지에 있는 경우에, 상관에 적합한 일로는 타고난 언변(言辯)을 활용하는 일, 예컨대 규모가 크고 그럴싸하게 보이는 유통업이 적합하거나, 협상가(協商家)나 외교관(外交官)이나 중개인(仲介人)이나 강사(講師)나 변호사(辯護士)나 연예인(演藝人)이나 홍보담당자(弘報擔當者)가 적합하다.

특히 상관견관(傷官見官)이 되어 있으면, 옳고 그름을 잘 논(論)하는 사람이나 나의 주장을 변론(辯論)하고 상대방의 주장을 논박(論駁)하는 것을 잘하는 사람, 예컨대 논객(論客)이나 비평가(批評家)나 변호사가 적합하다. 여기서 상관견관(傷官見官)이라 함은 상관과 정관(正官)이 일간 주위에 함께 있거나, 일간 주위에 있는 상관이 일간과 떨어져 있는 정관을 바로 곁에서 충극(沖剋)하고 있는 경우를 말한다.

(3) 인간관계(人間關係)로 본 특성

육친(六親)으로는 여자의 자녀(子女)(아들이 원칙이지만 딸도 포함한다)나 의붓자녀나 조카나, 남자의 장모(丈母)나 사위나, 남녀의 할머니나 외할아버지가 상관에 해당하고, 직장에서는 남녀 모두 자신(自身)이 돌봐주는 성(性)이 다른 부하직원(部下職員)이 상관에 해당하고, 사회에서는 남녀 모두 자신이 키우고 돌봐주는 성(性)이 다른 사람들[예컨대 보육원(保育院)에서 아이들을 돌봐주는 보모(保姆)의 경우에는 보육원생, 자신의 정기(精氣)를 빼내어 가르치고 인도(引導)하는 스승이나 교사(敎師)의 경우에는 제자(弟子)나 학생]이 상관에 해당한다.

(4) 사물관계(事物關係)로 본 특성

상관이 상징하고 있는 사물은 정체(停滯)되어 있지 않고 유연(柔軟)하게 잘 어울리면서 자신의 빼어난 기운[재능(才能)]을 잘 드러내는 사교적(社交的)인 형상을 하고 있는 사물이라고 할 수 있다. 자연적인 사물로는 액체(液體)나 공작(孔雀)이나 수탉이 상관에 해당하고, 인공적인 사물로는 사교장(社交場)이나 광고시설(廣告施設)이나 오락실(娛樂室)이나 노래방이나 무대(舞臺)나 강단(講壇)이나 공연장(公演場)이나 강연장(講演場)이나 각종 악기(樂器)나 전화기 등이 상관에 해당한다.

5. 편재(偏財)

(1) 심리적(心理的)인 특성

편재(偏財)는 감정적이며, 사람이나 사물을 자기 마음대로 통제(統制)하고 관리(管理)하는 능력이 뛰어나다. 이러한 특성이 긍정적으로 작용하는 경우에는, 넓은 안목(眼目)을 갖고서 주저하지 않고 빨리 과감(果敢)하게 결단(決斷)하여 집행(執行)함으로써, 주위로부터 결단력(決斷力)이 좋다는 평가를 받는다. 그러나 부정적으로 작용하는 경우에는, 성질이 급하고 조바심이 많고 참을성이 없어서 신중(愼重)을 기해야 하는 일도 경솔(輕率)하게 처리하여 뒤늦게야 후회를 하는 경향이 있다.

(2) 기본적으로 적합한 일

편재가 일간 주위(일지나 월간이나 시간)나 월지에 있는 경우에, 편재에 적합한 일로는 자신의 판단에 따라 높은 수익을 올릴 수 있을 것으로 기대하는 사업, 즉 자영업이 적합하거나, 사람이나 사물, 특히 사람을 관리(管理)하고 감독(監督)하는 일, 예컨대 감독자(監督者)나 관리자(管理者)나 집행자(執行者)나 심판(審判)이 적합하다.

(3) 인간관계(人間關係)로 본 특성

육친(六親)으로는 남녀의 아버지나 의붓아버지나 수양아버지나 아버지의 형제자매(兄弟姉妹)나, 남자의 아내(남자의 아내는 정재가 원칙이지만 편재도 포함한다)나 애인(愛人)이나 정부(情婦)나 형수(兄嫂)나 제수(弟嫂)나 처남(妻男)이나 처형(妻兄)이나 처제(妻弟)나, 여자의 시어머니나 올케가 편재에 해당하고, 직장에서는 종업원(從業員)이나 직원(職員)이 편재에 해당하고, 사회에서는 자신의 말에 복종할 수밖에 없거나 자신의 말을 거부할 수 없는 처지에 있는 사람들, 예컨대 집사(執事: 주인 가까이에 있으면서 그 집 일을 맡아보는 사람을 말함)나 자신과 을(乙)의 관계에 있는 사람이 편재에 해당한다.

(4) 사물관계(事物關係)로 본 특성

편재가 상징하고 있는 사물은 사람이나 사물을 마음대로 통제하고 관리하거나 조작(操作)하는 역할을 하고 있는 사물이라고 할 수 있다. 자연적인 사물로는 번개나 우레나 지진(地震)이 편재에 해당하고, 인공적인 사물로는 장성(長成)이나 국경(國境)이나 검문소(檢問所)나 지휘통제실(指揮統制室)이나 교량(橋梁)이나 도로(道路)나 각종 연장·도구 등이 편재에 해당한다.

6. 정재(正財)

(1) 심리적(心理的)인 특성

정재(正財)는 이성적이며, 사람이나 사물을 치밀(緻密)하고 꼼꼼하고 철저(徹底)하게 통제(統制)하고 관리(管理)하는 능력이 뛰어나다. 이러한 특성이 긍정적으로 작용하는 경우에는, 치밀하고 꼼꼼하고 철저한 계획(計劃)

을 세워서 사물을 관리함으로써, 주위로부터 실수가 없고 계산이 정확하다는 평가를 받는다. 그러나 부정적으로 작용하는 경우에는, 너무 치밀하고 꼼꼼하고 철저해서 사소한 것까지 시시콜콜하게 통제하고 간섭하여 주위 사람들을 피곤하게 하다 보니, 사람을 관리하는 일은 오히려 역효과(逆效果)를 내기 쉽다.

그리고 정재는 편재와는 달리 조심성이 많아서 모험을 하거나 위험을 무릅쓰는 것을 몹시 싫어하므로, 모험을 하거나 위험을 무릅쓰고 투자하여 큰 돈을 벌고 싶은 마음이 전혀 없고, 합리적이고 계획적인 안전한 생활을 하면서 성실하게 일해서 착실하게 번 돈을 한 푼 두 푼 꼬박꼬박 모아 저축하고자 한다.

(2) 기본적으로 적합한 일

정재가 일간 주위(일지나 월간이나 시간)나 월지에 있는 경우에, 정재에 적합한 일로는 확실한 수익성이 보장되고 안전하다고 알려진 사업(수익성이 불확실하거나 위험성이 높은 사업은 적합하지 않다), 즉 자영업이 적합하거나, 사람보다 사물을 치밀하게 통제하고 관리하는 일, 예컨대 품질관리인(品質管理人)이나 정밀작업자(精密作業者)나 회사경리(會社經理)나 은행원(銀行員)이 적합하며, 사람을 관리하는 일로는 고객관리담당자(顧客管理擔當者)가 적합하다.

(3) 인간관계(人間關係)로 본 특성

육친(六親)으로는 남자의 아내나 처형(妻兄)이나 처제(妻弟)나 처남(妻男)이나 애인(愛人)이나 정부(情婦)(남자의 애인이나 정부는 편재가 원칙이지만 상황에 따라 정재도 포함한다), 여자의 아버지나 의붓아버지나 수양아버지나 아버지의 형제자매(兄弟姉妹)가 정재에 해당하고, 직장에서는 종업원이나 직원, 특히 세밀(細密)하고 정밀(精密)한 일을 담당하는 종업원이나 직원[예컨대 경리(經理)나 비서(秘書)]가 정재에 해당하고, 사회에서는 자신의 말을 잘 따르는 사람들이 정재에 해당한다.

(4) 사물관계(事物關係)로 본 특성

정재가 상징하고 있는 사물은 사람이나 사물을 치밀(緻密)하고 철저(徹底)하게 계획적으로 관리하는 사물이라고 할 수 있다. 자연적인 사물로는 금(金)을 비롯한 광물(鑛物)을 캐내는 광산(鑛山)이 정재에 해당하고, 인공적인 사물로는 기상대(氣象臺)나 전산실(電算室)이나 놀이공원이나 금고(金庫)나 예금통장이나 은행(銀行)이나 건강관리센터 등이 정재에 해당한다.

7. 편관(偏官)

(1) 심리적(心理的)인 특성

편관(偏官)은 감정적이며, 인내심(忍耐心)과 절제력(節制力)이 강하고 기억력이 좋고 사리사욕(私利私慾)이 없어서 남을 위해 희생하고 봉사하고자 하는 마음이 많다. 이러한 특성이 긍정적으로 작용하는 경우에는, 아무리 힘든 일을 맡아도 거의 무조건 복종(僕從)하여 인내심으로 잘 처리하며, 무슨 일이든지 당초(當初)에 세운 계획을 중도(中途)에서 결코 포기하지 않고 강한 의지(意志)로 초지일관(初志一貫)되게 밀고 나간다. 그러나 부정적으로 작용하는 경우에는, 무슨 일을 하든지 너무 소극적이고 조심성이 많으며, 맡은 대로 원칙적으로 일을 처리하려 하므로 융통성(融通性)이 없으며, 희생정신이 강한 반면에 법과 질서와 공중도덕을 지키지 않거나 옳지 않은 방법으로 자신의 이익을 추구하거나 남 생각은 하지 않고 잘난 체하는 사람을 보면 극도(極度)의 혐오감(嫌惡感)이 들어서 그 사람을 비난하면서 상대하지 않으려고 한다.

(2) 기본적으로 적합한 일

편관이 일간 주위(일지나 월간이나 시간)나 월지에 있는 경우에, 편관은 너무 소극적이고 조심성이 많아서 사업, 즉 자영업은 적합하지 않으며, 편관에 적합한 일로는 무조건 복종해야 하거나 위험하고 힘든 일, 예컨대 중간관리자(中間管理者)나 업무집행자(業務執行者)나 군인이나 소방관(消防官)이나 간호사(看護師)나 자원봉사자(自願奉仕者)가 적합하다.

(3) 인간관계(人間關係)로 본 특성

육친(六親)으로는 남자의 자녀나 의붓자녀나 수양자녀나 매형(妹兄)이나 매제(妹弟)나 조카나, 여자의 무정(無情)한 남편이나 애인이나 정부(情夫)나 시누이나 며느리나 시아주버니나 시동생이나 형부(兄夫)나 제부(弟夫)나, 남녀의 외할머니가 편관에 해당하고, 직장에서는 남녀 모두 무서운 사장(社長)이나 상사(上司)가 편관에 해당하고, 사회에서는 자신이 그 사람의 말에 복종할 수밖에 없거나 그 사람의 말을 거부할 수 없는 사람들, 예컨대 자신과 갑(甲)의 관계에 있는 사람이나 자신을 못살게 괴롭히는 사람이 편관에 해당한다.

(4) 사물관계(事物關係)로 본 특성

편관이 상징하고 있는 사물은 사람에게 위협(威脅)을 가해 공포(恐怖)와 두려움을 느끼게 하는 사물이라고 할 수 있다. 자연적인 사물로는 광선(光線)이나 폭염(暴炎)이나 폭우(暴雨)나 해일(海溢)이나 전염병(傳染病)이나 괴질(怪疾)이나 각종 감염(感染) 바이러스가 편관에 해당하고, 인공적인 사물로는 원자력발전소나 단두대(斷頭臺)나 감옥(監獄)이나 가스통이나 각종 폭발물(爆發物)이나 위험물(危險物)이나 식칼이나 고압전기선(高壓電氣線)이나 콘센트 등이 편관에 해당한다.

8. 정관(正官)

(1) 심리적(心理的)인 특성

정관(正官)은 이성적이며, 공명정대(公明正大)하고 사리사욕(私利私慾)이 없고 정직(正直)하고 합리적(合理的)이고 객관적(客觀的)이라서 무슨 일이든지 어느 편도 들지 않고 공평무사(公平無私)하게 처리하는 능력이 뛰어나다. 이러한 특성이 긍정적으로 작용하는 경우에는, 무슨 일을 하든지 늘 어느 편도 들지 않고 공평무사(公平無私)하게 합리적으로 처리하므로, 주위로부터 신뢰(信賴)하고 일을 맡길 수 있는 사람이라는 평가를 받는다. 그러나 부정적으로 작용하는 경우에는, 보수적(保守的)이고 고지식하고 융통성이 없어서 주위 사람들과 어울리는 것이 서투르며, 앞에 잘 나서지 않고 뒤에서 지켜보기만 하며, 남이 시키는 일은 잘 처리하지만 시키지 않은 일은 자발적(自發的)으로 처리하지 못한다.

(2) 기본적으로 적합한 일

정관이 일간 주위(일지나 월간이나 시간)나 월지에 있는 경우에, 정관은 고지식하고 융통성이 없어서 사업, 즉 자영업은 적합하지 않으며, 정관에 적합한 일로는 객관적이고 합리적이고 규칙적인 일, 예컨대 공무원(公務員)이나 경찰관이나 직장인(職場人)(특히 총무직)이나 중재자(仲裁者)가 적합하다.

(3) 인간관계(人間關係)로 본 특성

육친(六親)으로는 여자의 남편이나 애인이나 정부(情夫)(여자의 애인이나 정부는 편관이 원칙이지만 상황에 따라 정관도 포함한다)나 시누이나 며느리나 시아주버니나 시동생이나 형부(兄夫)나 제부(弟夫)나, 남자의 자녀나 의붓자녀나 수양자녀나 매형(妹兄)이나 매제(妹弟)나 조카나, 남녀의 외할머니가 정관에 해당하고, 직장에서는 엄격한 사장(社長)이나 상사(上司)가 정관에 해당하고, 사회에서는 자신이 부담을 갖고 따를 수밖에 없는 위치에 있는 사람들, 예컨대 각계각층의 지도자(指導者)나 경찰관이나 조세징수원(租稅徵收員)이 정관에 해당하고, 사회생활을 하면서 반드시 지켜야 하는 공중도덕(公衆道德)이나 사회규범(社會規範)이나 각종 단체의 규칙(規則)도 정관에 해당한다.

(4) 사물관계(事物關係)로 본 특성

정관이 상징하고 있는 사물은 사람이나 사물을 객관적(客觀的)이고 합리적(合理的)이고 규칙적(規則的)으로 지배하고 있는 사물이라고 할 수 있다. 자연적인 사물로는 규칙적으로 운행(運行)하고 있는 일월성신(日月星

辰)이나 사계절(四季節)이나 화산(火山)이나 조수(潮水)가 정관에 해당하고, 인공적인 사물로는 국회의사당(國會議事堂)이나 법원(法院)이나 관공서(官公署)나 시계(時計)나 교통신호등이나 저울이나 자동차의 속도계(速度計)나 일정표(日程表) 등이 정관에 해당한다.

9. 편인(偏印)

(1) 심리적(心理的)인 특성

편인(偏印)은 감정적이며, 비현실적이고 눈에 보이지 않는 신비(神秘)한 현상을 잘 믿으며, 종교나 철학이나 운명학(運命學)과 같은 정신적인 분야에 관심을 많이 갖는다. 이러한 특성이 긍정적으로 작용하는 경우에는, 현실적이고 물질적이고 구체적인 방면에 대한 관심과 이해력보다 신비하고 정신적인 현상에 대한 관심과 직관력(直觀力)이 더 민감하게 발달해 있어서, 내세(來世)나 미래에 대한 예언(豫言)이나 정신작용(精神作用)이나 상식적으로는 납득하기가 곤란한 얘기를 당연한 듯이 수용(收容)을 잘한다. 그러나 부정적으로 작용하는 경우에는, 현실 세계에 대한 애착(愛着)이 약해서 비현실적이고 염세적(厭世的)이며, 사람들에 대한 경계심(警戒心)과 의심(疑心)이 많아서 남의 말을 곧이곧대로 받아들이지 않고 부정적으로 삐딱하게 받아들여 그 말이 사실인지 아닌지를 확인하려 하며, 혹시나 남에게 속을까 봐 자신의 속내(감정이나 생각 따위)를 숨기고서 남에게 잘 드러내지 않으며, 소극적(消極的)이고 수동적(受動的)이라서 느릿하고 게으르고 시켜야 일을 하고 시키지 않으면 스스로 알아서 일을 하지 못하며, 계산하고 정리하는 능력이 많이 떨어진다.

(2) 기본적으로 적합한 일

편인이 일간 주위(일지나 월간이나 시간)나 월지에 있는 경우에, 편인은 비현실적이고 염세적이라서 영리를 목적으로 하는 직장이나 사업, 즉 자영업은 적합하지 않으며, 편인에 적합한 일로는 신비하고 정신적인 현상을 다루는 일이나 경계와 의심의 끈을 놓지 않는 일, 예컨대 종교인이나 철학자나 운명학자나 수사관(搜査官)이나 감찰관(監察官)이나 의사(醫師)나 복지사(福祉師)가 적합하다.

(3) 인간관계(人間關係)로 본 특성

육친(六親)으로는 남녀의 무정(無情)한 어머니나 의붓어머니나 수양어머니나 어머니의 형제자매(兄弟姉妹)나 할아버지나, 남자의 장인(丈人)이나, 여자의 사위가 편인에 해당하고, 직장에서는 무정(無情)하게나마 자신을 보살펴주는 상사(上司)가 편인에 해당하고, 사회에서는 반드시 필요하다고 느낄 경우에만 의무감(義務感)으로 무정(無情)하게나마 자신을 보살펴주는 사람들, 예컨대 무정(無情)한 종교인(宗敎人)이나 사회복지사업(社會福祉事業) 운영자나 스승이나 교사(敎師)가 편인에 해당한다.

(4) 사물관계(事物關係)로 본 특성

편인이 상징하고 있는 사물은 신비(神秘)한 작용을 하거나 의혹(疑惑)을 불러일으키는 사물이라고 할 수 있다. 자연적인 사물로는 중력(重力)이나 영적(靈的)인 세계나 초월적(超越的)인 신(神)이 편인에 해당하고, 인공적인 사물로는 사찰(寺刹)이나 포교당(布敎堂)이나 교회(敎會)나 성당(聖堂)이나 기도장소(祈禱場所)나 염주(念珠)나 십자가(十字架)나 조상(祖上)을 모시는 제실(祭室)이나 각종 종교용품이나 지기 · 수맥탐지기(地氣 · 水脈探

知機)나 부적(符籍)이나 피라미드나 스핑크스나 병원(病院) 등이 편인에 해당한다.

10. 정인(正印)

(1) 심리적(心理的)인 특성

정인(正印)은 이성적이며, 직관력(直觀力)과 예지력(豫知力)과 영감(靈感)이 탁월하며 수용성(受容性)이 좋고 포용심(包容心)이 많고 도량(度量)이 넓다. 이러한 특성이 긍정적으로 작용하는 경우에는, 어떤 일의 성패(成敗)나 결과를 미리 느낌으로 알아내거나 어떤 문제에 대해 물증(物證)이 없더라도 심증(心證)만으로 결론을 유추(類推)해내는 능력이 뛰어나며, 자상(仔詳)한 어머니처럼 실속을 차리지 않고 자애롭고 따뜻하게 남을 보살피고 배려하고 남의 말을 의심 없이 잘 받아들이고(심지어 거짓말인 줄 알면서도 받아들이고) 남의 심중(心中)을 잘 헤아려 잘 이해해준다. 그러나 부정적으로 작용하는 경우에는, 보수적이고 소극적이고 세상 물정에 어둡고 재물에 대한 성취욕이 거의 없으며, 남의 말을 너무 잘 받아들이다 보니 남에게 속거나 이용당하기 쉬우며, 소극적(消極的)이고 수동적(受動的)이라서 느릿하고 게으르고 시켜야 일을 하고 시키지 않으면 스스로 알아서 일을 하지 못하며, 계산하고 정리하는 능력이 많이 떨어진다.

(2) 기본적으로 적합한 일

정인이 일간 주위(일지나 월간이나 시간)나 월지에 있는 경우에, 정인은 보수적이고 소극적이고 세상 물정에 어둡고 재물에 대한 성취욕이 거의 없어서 사업, 즉 자영업은 적합하지 않으며, 정인에 적합한 일로는 보수적이고 안정적인 일이나 수용(收容)과 포용(包容)을 잘 할 필요가 있는 일, 예컨대 과거의 지식과 전통을 가르치는 교육자(敎育者)나 상담사(相談士)나 봉사기관(奉仕機關) 종사원(從事員)이나 유아교사(幼兒敎師)나 간호(보조)사나 간병인(看病人)이 적합하다.

(3) 인간관계(人間關係)로 본 특성

육친(六親)으로는 남녀의 자상(仔詳)한 어머니나 의붓어머니나 수양어머니나 어머니의 형제자매(兄弟姉妹)나 할아버지나 사위나, 남자의 장인(丈人)이나, 여자의 사위가 정인에 해당하고, 직장에서는 자상(仔詳)하게 자신을 보살펴주는 상사(上司)가 편인에 해당하고, 사회에서는 언제든지 순수하고 조건 없는 희생정신(犧牲精神)으로 자상(仔詳)하게 자신을 보살펴주는 사람들, 예컨대 순수하고 조건 없이 자신을 위해 헌신(獻身)하는 자상(仔詳)한 종교인(宗敎人)이나 사회복지사업(社會福祉事業) 운영자나 스승이나 교사(敎師)가 편인에 해당한다.

(4) 사물관계(事物關係)로 본 특성

정인이 상징하고 있는 사물은 사람이나 사물을 보살피고 가르쳐서 무탈(無頉)하고 편안하게 살아갈 수 있게 해주는 사물이라고 할 수 있다. 자연적인 사물로는 지구(地球)나 토양(土壤)이나 대지(大地)나 고향(故鄕)이나 보금자리가 정인에 해당하고, 인공적인 사물로는 주택(住宅)이나 안방이나 주방(廚房)이나 휴게소(休憩所)나 의복(衣服)이나 먹을거리나 이부자리나 학교(學校)나 학위증서(學位證書)나 교육행정기관(敎育行政機關)이나 박물관(博物館)이나 민속촌(民俗村) 등이 정인에 해당한다.

제18장
용신(用神)을 찾는 법

용신(用神)의 정의

　용신(用神)이라 함은 일간(日干)을 주체(主體)로 삼고 나머지를 객체(客體)로 삼아서, 사주(四柱)에서 꼭 필요한 성분, 즉 오행(五行)의 균형(均衡)을 유지시켜주거나 조후(調喉)를 충족시켜줌으로써 사주를 어느 정도나마 중화(中和)시켜주는 역할을 하는 성분(成分)을 말한다. 예외적으로 극도로 왕한 오행을 생조(生助)해주거나 방조(幇助)해주는 성분이 용신(用神)이 되기도 한다.

용신(用神)의 용도

 용신(用神)은 인생사의 길흉화복(吉凶禍福)을 예측(豫測)하는 데 결정적인 역할을 수행한다. 그러므로 어떤 일이 성공하거나 뜻대로 되어서 만족스러울지 아니면 실패하거나 뜻대로 되지 않아서 불만족스럽고 괴로울지 하는 것, 즉 일의 성패(成敗)를 미리 헤아려보고자 할 때 용신(用神)이 중요한 판단 기준이 된다. 또 인간관계에서 어떤 사람이 도움이 되고 어떤 사람이 해로운지도 용신(用神)을 통해서 유추해볼 수 있다.

 그러나 용신(用神)으로 해결할 수 없는 영역도 있다. 일의 성패(成敗)와는 상관없는 사주 주인공의 성격(性格)이나 직업적성(職業適性)은 용신(用神)으로 유추(類推)할 것이 아니라 일주[日主: 일간(日干)의 다른 말]에 영향을 많이 행사하는 십성(十星)으로 분석해야 올바른 해답을 얻을 수 있다. 더욱이 실제 직업이나 출신(出身)이나 지위(地位) 따위는 용신(用神)은 고사하고 사주팔자(四柱八字)로써 알 수 없는 영역이라고 하겠다. 예컨대 동일 사주(同一四柱)를 타고난 두 사람 중에서 한 사람은 의사이고 다른 한 사람은 교수이며, 또 한 사람은 재벌의 아들이고 다른 한 사람은 말단 공무원의 아들이라고 한다면, 이러한 차이의 원인을 과연 사주팔자로써 밝혀낼 수 있겠는가. 도저히 불가능하다는 것은 말할 나위가 없다고 하겠다. 그런데도 소수의 학자를 제외한 대부분의 학자들은 심리현상(心理現象)과 적성(適性)에 맞는 직업을 분석하고 판단할 때뿐만 아니라 실제 직업이나 출신이나 지위를 판단할 때에도 용신(用神)을 그 기준으로 삼는 오류를 범해 왔다고 본다.

이처럼 인생의 모든 영역을 용신(用神)으로 해결하려고 하다 보니 잘 맞아떨어지지 않는 경우가 많게 되고, 급기야 최근에는 용신(用神)을 버려야 올바른 감정(鑑定)을 할 수 있다고 하면서 용신(用神)의 효용성(效用性)을 별로 인정하지 않는 학자까지 등장하고 있다. 물론 용신(用神)의 적용 범위를 확대함으로 인한 폐단이 많았지만, 다른 사람들보다 더 잘 살고 싶다는 인간의 근본적인 욕망이 가슴 속에 자리 잡고 있는 한, 적어도 일의 성패(成敗)와 그 시기(時期)만큼은 용신(用神)의 동태(動態)에 좌우될 수밖에 없다고 본다.

제3절

희용기구한(喜用忌仇閑)의 개념

　용신(用神)의 개념은 앞에서 설명한 바와 같다. 기신(忌神)은 용신을 충극[沖剋: 충(沖)하거나 극(剋)함]하는 오행을 말한다. 희신(喜神)은 용신을 생조(生助)해주거나 기신으로 하여금 용신을 충극(沖剋)하지 못하도록 기신을 충극하여 용신을 보호해주는 오행을 말한다. 구신(仇神)은 희신을 충극하는 오행을 말한다. 한신(閑神)은 용신도 희신도 기신도 구신도 아니면서 사주원국(四柱原局)에서 특별한 역할이 없이 그냥 한가롭게 놀고 있는 오행을 말한다. 그런데 비록 한신이긴 해도 실제로는 희용신(喜用神)을 도와주거나 기구신(忌仇神)을 도와주는 경우가 있는데, 만약 희용신을 도와주는 역할을 하는 한신이라면 희신급(喜神級)으로 봐야 하고, 만약 기구신을 도와주는 역할을 하는 한신이라면 구신급(仇神級)으로 봐야 한다. 그러니까 사주원국에서 말 그대로 아무 할 일 없이 놀고 있는 한신도 있지만, 사실상 희신의 역할을 하는 한신도 있고 구신의 역할을 하는 한신도 있다는 말이다.

용신(用神)의 최적조건

　용신(用神)이 다음의 여러 조건들을 많이 충족하면 할수록, 그만큼 사주의 구조가 더 좋아져 사주가 상격(上格)이 되면서, 사주 주인공의 삶이 대체로 편안하고 뜻한 바를 잘 이루고 희용신(喜用神)의 운(運)에 발복(發福)하는 정도도 더 커지는 반면에, 다음의 여러 조건들을 적게 충족하면 할수록, 그만큼 사주의 구조가 더 나빠져 사주가 하격(下格)이 되면서, 사주 주인공의 삶이 고단하고 뜻한 바를 이루기 어렵고 희용신의 운에 발복하기도 더 어렵다고 하겠다. 또 전자(前者)의 경우에는 기구신(忌仇神)의 운에 덜 흉(凶)한 반면에, 후자(後者)의 경우에는 기구신의 운에 더 흉하게 된다고 하겠다.

　① 용신(用神)은 천간(天干)에 투출(透出)해 있으면서 지지(地支), 특히 월지(月支)나 앉은자리에 깊은 뿌리를 내리고 있을수록 더 좋다. 그러나 지지에 뿌리를 제대로 내리지 못하고서 천간에 허약하게 떠 있는 용신은 오히려 지지에 있는 용신보다 더 못하다. 그런데 운에서 들어오는 희용신은 활동하기 좋고 운에서 들어오는 기구신은 활동하기 곤란한 구조로 되어 있는 사주라면, 용신이 천간에 있든 지지에 있든 별 차이 없이 희용신의 운에 크게 발복할 것이다.
　② 용신(用神)은 일주(日主) 가까이[즉, 일지(日支)나 월간(月干)이나 시간(時干)]에 있을수록 더 좋다. 왜냐하면 일주(日主) 가까이에 있을수록 일

주(日主)와 용신(用神)의 관계가 유정(有情)해지기 때문이다. 비록 월지(月支)가 세력의 중심지이긴 해도, 용신이 월지에 있는 경우보다는 용신이 일지에 있는 경우가 더 좋다고 본다.

③ 용신(用神)의 좌우상하(左右上下)에 희신(喜神)이 바짝 붙어 있어서 기신(忌神)의 충극(冲剋)으로부터 용신을 보호해주고 있으면, 희신의 보호가 없는 경우에 비해 훨씬 더 좋다. 가령 희신인 재성(財星)이 없거나 있어도 용신인 식상(食傷)과 떨어져 있는 식상격(食傷格)보다 희용신인 식상과 재성이 바짝 붙어 있는 식상생재격(食傷生財格)이 사주의 구조가 더 좋으며, 희신인 재성이 없거나 있어도 용신인 관살(官殺)과 떨어져 있는 관살격(官殺格)보다 희용신인 관살과 재성이 바짝 붙어 있는 재자약살격(財慈弱殺格)이 사주의 구조가 더 좋으며, 희신인 관살이 없거나 있어도 용신인 인성(印星)과 떨어져 있거나 관살이나 식상이나 재성이 많은 신약용인격(身弱用印格)이나 살중용인격(殺重用印格)이나 상관용인격(傷官用印格)이나 재중용인격(財重用印格)보다 희용신인 인성과 관살이 바짝 붙어 있으면서 관살이나 식상이나 재성이 많지 않은 살인상생격(殺印相生格)이 사주의 구조가 더 좋다. 또 가령 희신인 식상이 용신인 재성을 생조해주지 않는 인중용재격(印重用財格)이나 겁중용재격(劫重用財格)보다 희신인 식상이 용신인 재성을 바짝 붙어서 생조해주고 있는 인중용재격(印重用財格)이나 겁중용재격(劫重用財格)이 사주의 구조가 더 좋으며, 희신인 인성이 용신인 비겁(比劫)을 생조해주지 않는 재중용겁격(財重用劫格)보다 희신인 인성이 용신인 비겁을 바짝 붙어서 생조해주고 있는 재중용겁격(財重用劫格)이 사주의 구조가 더 좋으며, 희신인 비겁이 용신인 식상을 바짝 붙어서 생조해주지 않는 식상제살격(食傷制殺格)보다 희신인 비겁(특히 지지의 비겁)이 용신인 식상을 바짝 붙어서 생조해주고 있는 식상제살격(食傷制殺格)이

사주의 구조가 더 좋다.

④ 용신(用神)이 천간에도 있고 지지에도 있으면 더 좋다. 왜냐하면 희용신의 운이 간지(干支) 어느 곳으로 들어오든 상관없이 발복이 더 크고, 기구신의 운에는 하나의 용신이 파괴되더라도 다른 하나의 용신이 건재(健在)하므로 덜 흉하기 때문이다. 그러나 종격(從格)과 화격(化格)의 경우에는 적용되지 않는다. 왜냐하면 종격과 화격의 경우에는 오행이 어느 한쪽으로 치우쳐 있어서 기구신의 운에는 용신이 간지에 모두 있어도 정격(正格)의 경우보다 더 흉하기 때문이다.

⑤ 용신(用神)은 기구신의 충극(沖剋)을 받아서 깨져 있지 않아야 좋고, 용신이 기구신의 충극(沖剋)을 받아서 깨져 있으면 좋지 않다.

⑥ 용신(用神)은 간합(干合)이나 암합(暗合)이나 삼합(三合)으로 인해 기반(羈絆)이 되어 있지 않아야 좋고, 용신이 간합(干合)이나 암합(暗合)이나 삼합(三合)으로 인해 기반(羈絆)이 되어 있으면 용신의 역할을 거의 하지 못하므로 좋지 않다. 그런데 지지 삼합의 경우에 왕지(旺支)에 해당하는 오행은 기반이 되었다고 보지 않고 오히려 기운이 더 강화되었다고 봐야 한다.

⑦ 용신(用神)은 천간에 투출해 있으면서 지지의 본기(本氣)에 깊은 뿌리를 내리고 있거나 비록 천간에 투출해 있지 않더라도 지지의 본기(本氣)에 드러나 있어야 좋지, 지지의 여기(餘氣)나 중기(中氣)에만 암장(暗藏)되어 있으면 매우 무력(無力)해서 좋지 않다.

⑧ 사주원국(四柱原局)에 가장 필요한 최선의 용신(用神)은 없고 차선의 용신만 있으면 좋지 않다. 예컨대 최선의 용신인 비겁이 있는 재중용겁격(財重用劫格)보다 최선의 용신인 비겁은 없고 차선의 용신인 인성만 있는 재중용인격(財重用印格)이 훨씬 못하고, 최선의 용신인 인성이 있는 살인상생격(殺印相生格)이나 살중용인격(殺重用印格)보다 최선의 용신인 인

성은 없고 차선의 용신인 비겁만 있는 살중용겁격(殺重用劫格)이 훨씬 못하고, 최선의 용신인 재성이 있는 인중용재격(印重用財格)보다 최선의 용신인 재성은 없고 차선의 용신인 관살이나 식상만 있는 인중용관살격(印重用官殺格)이나 인중용식상격(印重用食傷格)이 훨씬 못하다. 이 경우에 사주원국에 없는 최선의 용신은 희신이 되는데, 운에서라도 최선의 용신인 희신이 들어와 준다면 그 운이 작용하는 기간 동안에는 결함이 보충되므로 아주 길(吉)할 것이다.

⑨ 용신(用神)이 억부용신(抑扶用神)과 조후용신(調候用神)을 겸하고 있으면 그렇지 못한 경우에 비해 더 좋다.

⑩ 운(運)에서 들어오는 용신(用神)의 경우에는, 사주원국에 용신을 생부[生扶: 생조(生助) 또는 방조(幇助)]해주는 성분이 많고 용신을 충극(沖剋)하거나 설기(洩氣)하는 성분이 적을수록 용신의 활동력이 강해져서 발복이 더 크며, 그 반대가 되면 용신의 활동력이 약해져서 발복이 작거나 발복은커녕 오히려 재앙(災殃)이 생길 수도 있다.

⑪ 한편 기신(忌神)은 용신(用神)의 경우와 반대로 생각하면 된다. 즉, 기신은 용신을 바로 곁에서 충극(沖剋)하지 않을수록 좋고, 희신(喜神)의 충극(沖剋)을 바로 곁에서 받고 있을수록 좋고, 일주(日主)에서 멀리 떨어져 있을수록 좋고, 지지에 뿌리가 없어서 무력할수록 좋고, 지지의 본기(本氣)에 드러나 있지 않고 지지의 여기(餘氣)나 중기(中氣)에만 암장(暗藏)되어 있을수록 좋다.

용신(用神)의 종류

용신(用神)의 종류에는 전통적으로 억부용신(抑扶用神)·병약용신(病弱用神)·통관용신(通關用神)·조후용신(調候用神)·전왕용신(專旺用神)의 다섯 가지가 있으나, 병약용신(病弱用神)과 통관용신(通關用神)은 억부용신(抑扶用神)의 일종으로 볼 수 있다.

억부용신과 병약용신과 통관용신은 억부법(抑扶法)에 따라 찾게 되는 용신이고, 조후용신은 조후법(調候法)에 따라 찾게 되는 용신인데, 이처럼 억부법과 조후법에 따라 용신을 찾는 사주(四柱)를 내격(內格) 또는 정격(正格)이라 한다. 이에 반해 전왕용신은 억부법이나 조후법의 원리(原理)를 적용하지 않고 전혀 다른 방법(즉, 왕한 오행을 더 왕하게 하는 방법)으로 찾게 되는 용신인데, 이처럼 억부법이나 조후법과는 전혀 다른 방법에 따라 용신을 찾는 사주를 외격(外格)이라 한다.

1. 억부용신(抑扶用神)

(1) 정의

억부용신(抑扶用神)이라고 함은 일주[日主: 일간(日干)의 다른 말]가 강하면 강한 일주를 극(剋)하거나 설기(洩氣)함으로써 눌러주어야 하고 일주가 약하면 약한 일주를 생부[生扶: 생조(生助)나 방조(幇助)를 말함]해주어야 하는데, 이러한 역할을 수행하는 오행(五行)을 말한다.

고서(古書)에 '强者宜抑, 弱者宜扶(강한 것은 억누르는 것이 마땅하고, 약한 것은 도와주는 것이 마땅하다)'라는 말이 있는데, 이 말이야말로 억부용신(抑扶用神)을 정확히 정의(定義)해주는 말이라고 하겠다.

(2) 일주(日主)의 강약(强弱)을 판별하는 기준

일주(日主)의 강약(强弱)을 판별하는 기준에 대해서는 여러 가지 견해가 있으나, 그중에서도 가장 널리 알려져 있는 방법을 바탕으로 하여 추가로 고려해야 할 점들을 언급하고자 한다. 그러나 사주의 구조가 워낙 다양(多樣)하다 보니, 일주의 강약을 판별하기 위한 획일적(劃一的)인 기준을 정하는 것은 어찌 보면 불가능한 일이라고 할 것이다. 그러므로 아래에 언급하는 최소한의 기준에만 집착하지 말고, 사주의 전체적인 상황을 좀 더 세밀하게 살펴본 다음에 일주의 강약을 신중하게 판별해야, 혹시라도 생길지 모르는 오류(誤謬)를 최소화할 수 있을 것이다.

(가) 판별기준을 위한 용어(用語) 해설

① 득령(得令)과 실령(失令): 월령[月令: 월지(月支)의 다른 말]에 인성이나 비겁이 있으면 득령(得令)이라 하고, 월령에 식상이나 재성이나 관살이 있으면 실령(失令)이라 한다. 이 경우에 월지의 지장간(支藏干)에 인성과 비겁이 50% 이상 들어 있으면 득령한 것으로 보고, 50% 미만 들어 있으면 실령한 것으로 본다.

② 득지(得支)와 실지(失支): 일지(日支)에 인성이나 비겁이 있으면 득지(得支)라 하고, 일지에 식상이나 재성이나 관살이 있으면 실지(失支)라 한

다. 이 경우에도 일지의 지장간에 인성과 비겁이 50% 이상 들어 있으면 득지한 것으로 보고, 50% 미만 들어 있으면 실지한 것으로 본다.

③ 득세(得勢)와 실세(失勢): 사주원국(四柱原局)에 일주(日主)를 제외하고 인성이나 비겁이 3개(또는 4개) 이상 있으면 득세(得勢)라 하고, 인성이나 비겁이 3개(또는 4개) 미만 있으면 실세(失勢)라 한다. 이 경우에 지장간에 인성과 비겁이 50% 이상 들어 있는 지지는 인성이나 비겁이 1개인 지지로 본다.

(나) 일반적인 판별기준: 신강(身强)한가 신약(身弱)한가

① 득령(得令)과 득지(得地)와 득세(得勢)를 했으면, 일주(日主)가 아주 신강(身强)하다.

② 득령과 득세는 하고 득지는 하지 못했으면, 일주가 상당히 신강(身强)하다.

③ 득지와 득세는 하고 득령은 하지 못했으면, 일주가 대체로 신강(身强)하지만, 주변 상황에 따라 신약(身弱)한 경우도 간혹 있다.

④ 득령과 득지는 하고 득세는 하지 못했으면, 일주가 신강(身强)한 경우가 많지만, 주변 상황에 따라서 신약(身弱)한 경우도 제법 있다.

⑤ 득령만 하고 득지와 득세는 하지 못했으면, 일주가 신약(身弱)한 경우가 대부분이지만, 주변 상황에 따라서 신강(身强)한 경우도 간혹 있다.

⑥ 득세만 하고 득령과 득지는 하지 못했으면, 일주가 대체로 신약(身弱)하지만, 인성이나 비겁이 연지와 시지로 서로 연결되어 힘을 합치고 있으면 신강(身强)할 가능성이 많다.

⑦ 득지만 하고 득령과 득세는 하지 못했으면, 일주가 대체로 상당히 신약(身弱)하지만, 인성이나 비겁이 일주 가까이에 모여 있으면 신강(身强)한

경우도 간혹 있다.

⑧ 득령과 득지와 득세를 모두 하지 못했으면, 일주가 아주 신약(身弱)하다.

(다) 추가로 고려해야 할 사항

① 辰戌丑未土는 분석하기가 아주 까다로우므로 신중하게 판단해야 한다. 예컨대 亥子月의 丑土와 辰土는 사주에 조토(燥土)를 포함한 土가 별로 없으면 土보다 水의 특성을 더 많이 지니고 있어서[즉, 水에 동화(同化)되어서] 水를 거의 극(剋)하지 못하며 오히려 水를 도와주는 경우도 있다. 또 巳午月의 未土와 戌土는 사주에 水나 습토(濕土)가 별로 없으면 火의 특성을 많이 지니고 있어서[즉, 火에 동화(同化)되어서] 金을 별로 생조하지 못하고 오히려 金을 암암리(暗暗裡)에 극(剋)할 수도 있다. 또 寅卯辰月의 辰土는 甲辰 간지이면 木의 깊은 뿌리가 되고, 壬辰 간지이면 木의 뿌리로 보기보다는 水의 뿌리로 봐야 하고, 戊辰 간지이면 木의 뿌리로 보기보다는 土의 뿌리로 봐야 한다. 그 외에 丙辰月이나 庚辰月인 경우에도 辰土에는 木의 특성보다 土의 특성이 더 많이 나타난다. 또 申酉戌月의 戌土는 丙戌 간지이면 火의 특성을 제법 지니고 있으나, 그 외에는 寅午戌 삼합이나 午戌 반합이 되지 않는 한 조토(燥土)임에도 불구하고 비록 습토(濕土)보다는 못하긴 해도 계절[가을]의 힘을 얻어 金을 그런대로 잘 생조(生助)한다.

② 득령과 득지는 했더라도 득세는 하지 못한 경우에, 사주원국에 인성은 없거나 무력하고 관살이나 식상이 많으면, 일주가 신약할 가능성이 많다.

③ 득령과 득지는 했더라도 득세는 하지 못한 경우에, 일지나 월지의 인성이나 비겁이 충극(沖剋)을 받고 있으면, 일주가 신약할 가능성이 많다.

④ 득령만 하고 득지와 득세는 하지 못했더라도, 사주원국에 재성이 많고 관살과 식상은 없거나 무력하면, 일주가 신강할 가능성이 많다.

⑤ 득령과 득세를 했거나 득령과 득지를 했거나 득지와 득세를 했더라도, 사주원국에 관살이나 식상이 왕하면, 일주가 신약할 가능성이 많다.

⑥ 득령과 득지와 득세를 했더라도, 사주원국에 관살이나 식상이 왕하여 일주가 신약한 경우가 간혹 있다.

(3) 일주의 강약(强弱)을 판별하기 까다로운 명조의 예(例)

(가) 득령과 득세를 했거나 심지어 득령과 득지와 득세를 했더라도, 사주원국에(특히 일주 주위에) 관살이나 식상이 많아서 일주가 신약한 경우

```
     ⓐ          ⓑ
   壬癸戊庚     甲己辛辛
   戌未子子     戌丑丑酉
```

ⓐ는 癸水 일주가 비록 득령과 득세를 했으나 관살 土가 많아서 다소 신약하므로, 연간의 인성 庚金을 용신으로 삼고 비겁 水를 희신으로 삼는다. 그리고 지지에 비겁 水가 관살 土 못지않게 왕하고 인성 金은 없으므로, 지지로 들어오는 식상 木도 희신이 된다.

ⓑ는 비록 득령과 득지와 득세를 했으나, 丑月의 丑土라서 土보다는 金水의 특성이 더 많이 나타나는 데다가 식신 辛金의 설기가 심하므로, 일주 己土가 신약하다. 그래서 시지의 戌土 속에 있는 인성 丁火를 용신으로 삼고 비겁 土(지지엔 조토)를 희신으로 삼는다.

(나) 득령과 득지를 했거나 심지어 득령과 득지와 득세를 했더라도, 관살이나 식상이 일주 주위에 있으면서 왕하여 일주가 신약한 경우

ⓐ
甲 戊 甲 辛
寅 辰 午 卯

ⓐ는 비록 득령과 득지를 했으나 관살 木이 많아서 일주 戊土가 신약하므로, 월지의 인성 午火를 용신으로 삼고 비겁 土(지지엔 조토)를 희신으로 삼는다.

(다) 득령과 득지와 득세를 했더라도, 월지나 일지에 있는 인성이나 비겁이 충극을 받아 손상되는 바람에 일주가 신약한 경우

ⓐ   ⓑ
己 庚 壬 甲   庚 壬 甲 乙
卯 申 申 午   戌 子 申 巳

ⓐ는 득령과 득지와 득세를 했으므로 얼핏 보면 일주 庚金이 신강해 보이지만, 월지의 비견 申金은 왕한 정관 午火의 극을 받아 손상되어 있는 데다가 월간의 식신 壬水가 申金을 설기까지 하고 있고 시간의 인성 己土도 재성 卯木 위에 앉아 있어서 허약하므로, 일주 庚金이 다소 신약하다. 그래서 시간의 인성 己土를 용신으로 삼고 비겁 金을 희신으로 삼는다.

ⓑ는 자평명리학자인 이수 선생의 명조인데, 월지의 인성 申金은 乙木의 생조까지 받아서 왕한 재성 巳火의 극을 받아 손상되어 있고 일지의 겁재 子水도 칠살 戌土의 극을 받아 손상되어 있으므로, 일주 壬水가 다소 신약하다고 본다. 그래서 시간의 인성 庚金을 용신으로 삼고 비겁 水를 희신으로 삼는다. 여기서 巳申이 합하여 水로 화한다고 본다면 큰 오산(誤算)이다.

(라) 득령과 득세를 하지 못한 데다가 관살까지 왕하지만, 왕한 인성이 일주 가까이에서 관살을 화(化)해주어서 일주가 신강한 경우

ⓐ
癸 丙 甲 戊
巳 寅 子 戌

ⓐ는 득지만 하고 득령과 득세는 하지 못했으나, 일지와 월간의 인성 木이 월지의 정관 子水를 화하면서[설기하면서] 일주를 생조해주고 있는 데다가 지지에 비견 巳火가 있고 식신 戌土까지 정관 子水를 극하고 있으므로, 일주 丙火가 다소 신강하다고 본다. 그래서 시간의 정관 癸水를 용신으로 삼고 재성 金을 희신으로 삼는다.

(마) 득령과 득지와 득세한 것으로 간주하여 일주가 신강한 경우

ⓐ
辛 壬 己 丙
丑 辰 亥 午

ⓐ는 얼핏 보면 득령만 하고 득지와 득세는 하지 못한 것으로 보이지만, 겨울에 태어났으므로 壬辰의 辰土는 水의 특성을 많이 지니고 있고 辛丑의 丑土는 金水의 특성을 많이 지니고 있다. 그래서 득령과 득지와 득세를 하여 일주 壬水가 신강하다고 봐야 하며, 용신은 월간의 정관 己土가 되고 희신은 허약한 용신을 생조해주는 연간의 재성 丙火가 된다.

(바) 득령과 득세를 한 것으로 보이더라도 일주가 신약한 경우

ⓐ
丙 戊 乙 戊
辰 子 丑 申

ⓐ는 오행의 개수로만 보면 득령과 득세를 한 것처럼 보이지만, 丑月의 丑土는 바로 곁에 子水까지 있어서 土보다 水의 특성을 더 많이 지니고 있는 데다가 연지의 식신 申金에 설기까지 되고 있고 시지의 辰土도 子辰 반합이 되어 있는 데다가 丑月의 습토라서 일지의 子水를 극하기는커녕 오히려 도와주고 있으므로, 득령과 득지와 득세를 모두 하지 못했다고 본다. 그래서 일주 戊土가 아주 신약하다고 봐야 하며, 용신은 시간의 인성 丙火가 되고 희신은 비겁 土(지지엔 조토)가 된다.

(사) 득지와 득세를 하여 일주가 신강한 경우

ⓐ
庚 辛 己 庚
寅 丑 卯 子

ⓐ는 일지의 인성 丑土가 寅木과 卯木의 협공을 받아 손상되었다고 보기 쉬우나, 寅木은 시간의 庚金에게 눌려 있고 卯木은 丑土 속의 辛金으로 인해 丑土를 극하기 어려운 데다가 월간의 己土까지 卯木과 맞서고 있으므로, 丑土의 손상은 별로 없다고 본다. 그래서 일주 辛金이 신강하다고 보는 것이 타당하며, 용신은 월지의 재성 卯木이 되고 희신은 용신 卯木을 생조해 주면서 비겁 金을 설기하는 연지의 식신 子水가 된다.

(아) 득지와 득세를 했더라도 일주가 신약한 경우

ⓐ	ⓑ	ⓒ	ⓓ
己己癸甲	甲丁癸甲	丙戊壬丁	癸丁辛戊
巳丑酉辰	辰巳酉寅	辰午子巳	卯卯酉寅

ⓐ는 비록 득지와 득세를 했더라도, 酉丑 반합 金局인 데다가 월지가 酉金이라서 식상 金이 왕하고 연지의 辰土는 甲辰이라서 甲木의 뿌리가 되어 있고 시지의 巳火도 丑土에게 설기가 심해서 불꽃이 꺼져버렸으므로, 일주 己土가 상당히 신약하다고 본다. 그래서 시지의 인성 巳火를 용신으로 삼고 무력한 용신 巳火를 생조해주는 관살 木을 희신으로 삼으며, 비겁 土(지지엔 조토)도 나쁘지 않다. 그러나 천간으로 들어오는 관살 木은 인성 火를 생조하지는 못하고 비견 己土를 극하거나 합하기만 하므로 오히려 좋지 않다.

ⓑ는 일지의 巳火가 월령을 잡고 있는 酉金과 합이 되어 있는 데다가 시지의 辰土에게 설기까지 되어 무력하고, 연지의 寅木도 월지의 酉金에게 극을 받아서 다소 손상되어 있으며, 월간의 칠살 癸水는 재성 酉金을 깔고 있어서 왕하므로, 일주 丁火가 다소 신약하다고 본다. 그래서 시간의 인성 甲木을 용신으로 삼고 일지의 겁재 巳火를 희신으로 삼는다.

ⓒ는 비록 득지와 득세를 했더라도, 연주의 인성 丁巳火는 월주의 재성 壬子水에게 갇혀 극을 받고 있어서 일주 戊土를 생조해주지 못하고 있고 일지의 인성 午火도 월지의 子水에게 충을 당해 깨져 있어서 일주 戊土를 제대로 생조해주지 못하고 있으므로, 일주 戊土가 제법 신약하다고 본다. 그래서 시간의 인성 丙火와 일지의 인성 午火를 용신으로 삼고, 기신 壬子水를 극하여 용신 火를 구해주는 비겁 土(지지엔 조토)와 용신 火를 생조

해주는 관살 木을 희신으로 삼는다. 비록 일주 戊土가 한겨울인 子月에 태어나긴 했어도 사주원국에 火가 많으므로 조후(調候)는 고려하지 않아도 된다.

그런데 만약 연주에 재성 壬子水가 있고 월주에 인성 丁巳火가 있다면(실제로 그런 사주는 없지만), 월주의 인성 丁巳火가 일지의 인성 午火와 시간의 인성 丙火와 더불어 일주 戊土를 지나칠 정도로 충분히 생조해주므로, 일주 戊土가 아주 신강해져서 왕한 인성 火를 충극하면서 조후(調候)도 충족시키는 연주의 재성 壬子水를 오히려 용신으로 삼고 용신 壬子水를 생조해주는 식상 金을 희신으로 삼아야 할 것이다.

ⓓ는 비록 득지와 득세를 하긴 했어도, 연지의 인성 寅木은 월지의 재성 酉金에게 극을 받으면서 포위되어 있어서 일주 丁火를 도와줄 형편이 못 되므로, 일주 丁火가 신약하다고 본다. 그러나 만약 연간에 木이나 火가 있다면 월주(月柱)의 金은 힘이 약해지고 연주(年柱)의 木火는 힘이 강해지므로, 또 만약 연간에 水가 있다면 월주의 辛酉金을 설기하여 연지의 寅木을 생조해줌으로써 寅木이 생기를 얻게 되므로, 일주 丁火가 신강하게 될 것이다.

(자) 득령하고 세력도 있어 보이지만 일주가 신약한 경우

ⓐ
庚 庚 壬 甲
辰 子 申 子

ⓐ는 庚金 일주가 申月에 태어난 데다가 庚辰時까지 얻었으나, 申子辰 水局에다가 申金 주위를 식상 水가 둘러싸고 있어서 식상 水의 설기가 심하므로, 일주 庚金이 신약하다고 본다. 그래서 시지의 인성 辰土를 용신으로 삼

고 시간의 비견 庚金을 희신으로 삼는다. 조토인 戌未土운이 왕한 식상 水를 제어해주기 때문에 가장 좋다고 하겠다. 천간의 土운은 비록 연간의 甲木과 합이 되거나 甲木의 극을 받아 활동력이 떨어지긴 해도 약한 일주 庚金을 생조하면서 壬水를 극하므로 제법 길하겠고, 지지의 습토운도 비록 왕한 水를 제대로 극하지는 못하지만 허약한 일주 庚金을 생조해주므로 다소나마 길할 것이다.

(차) 득세만 하고 득령과 득지는 하지 못했어도 일주가 신강한 경우

ⓐ	ⓑ	ⓒ	ⓓ
己戊己丁	甲丁甲丁	乙甲乙壬	丙乙癸乙
未子酉未	辰亥辰卯	亥辰巳寅	子丑未亥
ⓔ	ⓕ	ⓖ	ⓗ
丁戊癸己	丁辛辛庚	癸癸乙癸	壬戊己丁
巳申酉未	酉亥巳戌	丑丑丑丑	戌子酉巳

ⓐ는 戊土 일주가 酉月에 태어나 득령과 득지를 하지 못했으나, 월지와 일지 외에는 온통 인성 火와 비겁 土로 연결되어 있으므로, 일주 戊土가 상당히 신강하다. 그래서 월지의 상관 酉金을 용신으로 삼고, 일지의 재성 子水를 희신으로 삼는다.

ⓑ는 丁火 일주가 득령과 득지를 하지 못했으나 득세를 한 데다가 월간과 시간의 인성 甲木이 둘 다 辰土 위에 앉아 있으니, 일주 丁火가 신강하다. 그래서 일지의 정관 亥水를 용신으로 삼고 운에서 재성 金이 들어오기를 간절히 기다리고 있는 구조이다. 월지와 시지의 상관 辰土는 둘 다 甲木의 뿌리가 되어 있는 데다가 일주 丁火와 비견 丁火를 설기하지 못하는 자리에 놓여 있으므로 용신으로 삼기가 곤란하다.

ⓒ는 甲木 일주가 辰土를 깔고 앉아 있는 데다가 월지 외에는 온통 인성 水와 비겁 木뿐이므로, 일주 甲木이 상당히 신강하다. 그래서 월지의 식신 巳火를 용신으로 삼고 재성 土(지지의 조토)를 희신으로 삼는다. 천간의 土운은 두 乙木의 극을 받으므로 좋지 않고, 지지의 습토운도 용신 巳火를 어둡게 하므로 좋지 않다고 하겠다.

ⓓ는 乙木 일주가 득령과 득지를 하지 못했으나 득세를 한 데다가 丑土 위에 앉아 다소 뿌리를 내리고 있으므로 신강하다. 그래서 시간의 상관 丙火를 용신으로 삼고 재성 土(지지엔 조토)를 희신으로 삼는다.

ⓔ는 戊土 일주가 득령과 득지를 하지 못했으나 득세를 했고, 일지의 식신 申金은 시지의 인성 巳火에게 극을 받고 있고, 월간의 정재 癸水도 연간의 겁재 己土에게 극을 받고 있으므로, 일주 戊土가 신강하다. 그래서 일지의 식신 申金과 월지의 상관 酉金을 용신으로 삼고 월간의 재성 癸水를 희신으로 삼는다. 그러나 만약 연지가 습토인 丑土라면 월간의 상관 酉金에게 설기가 심하여 일주 戊土가 신약해지므로, 시간의 인성 丁火를 용신으로 삼고 비겁 土를 희신으로 삼아야 할 것이다.

ⓕ는 辛金 일주가 득세만 했으나, 월지의 정관 巳火는 일지의 상관 亥水에게 충(沖)을 당하여 깨져 있어서 월간의 비견 辛金이 월지의 巳火 속에 있는 겁재 庚金에 충분히 뿌리를 내릴 수 있으므로, 일주 辛金이 신강하다. 그래서 일지의 상관 亥水를 용신으로 삼고 재성 木을 희신으로 삼는다. 그러나 만약 일지에 정관 巳火나 재성 卯木이 있다고 한다면 월지의 정관 巳火가 생부(生扶)를 받아서 왕해지므로, 일주 辛金이 신약하게 될 것이다. 이처럼 巳火의 바로 옆과 바로 위에 木火가 있으면 火의 기운이 왕해져서 金이 巳火에 뿌리를 내린다고 할 수 없지만, 巳火의 바로 옆과 바로 위에 金水, 특히 水가 있으면 火의 기운이 약해져서 그야말로 金의 생지가 되므로 金이

巳火에 뿌리를 내린다고 할 수 있다.

ⓖ는 癸水 일주가 얼핏 보면 득령과 득지와 득세를 모두 하지 못한 것으로 보이지만, 丑月의 丑土는 土보다 水의 기운이 더 왕해서 세 癸水가 네 丑土에 제법 깊은 뿌리를 내리고 있으므로, 일주 癸水가 신강하다. 그래서 월간의 식신 乙木을 용신으로 삼고 재성 火를 희신으로 삼는다.

ⓗ는 戊土 일주가 득령과 득지를 하지 못했으나 득세를 했고, 월지의 상관 酉金은 연지의 인성 巳火에게 극을 받고 있고, 일지의 재성 子水와 시간의 재성 壬水도 시지의 비견 戊土에게 극을 받고 있으므로, 일주 戊土가 신강하다. 그래서 월지의 상관 酉金을 용신으로 삼고 일지의 재성 子水를 희신으로 삼는다. 그러나 만약 월지에 상관 酉金 대신에 재성 亥水가 있다면 월지의 재성 亥水가 연지의 인성 巳火를 충하여 일주 戊土의 기반이 흔들리게 되어 일주 戊土가 신약해지므로, 월간의 겁재 己土와 시지의 비견 戊土를 용신으로 삼고 인성 火를 희신으로 삼아야 할 것이다. 또 만약 일지에 재성 子水 대신에 칠살 寅木이 있거나 시간에 재성 壬水 대신에 칠살 甲木이 있다면 일주 戊土에게 부담이 되어 역시 일주 戊土가 신약해지므로, 연주의 인성 丁巳火를 용신으로 삼고 비겁 土를 희신으로 삼아야 할 것이다.

(4) 신강한 경우의 억부용신

① 인성이 왕하여 신강하면 재성을 용신으로 삼는 것이 가장 좋고, 희신인 식상이 용신인 재성을 생조해주고 있으면 더더욱 좋다. 만약 사주원국에 재성이 없다면 식상을 용신으로 삼고서 운에서 재성이 들어오기를 기다릴 수밖에 없고, 만약 사주원국에 재성도 없고 식상도 없다면 부득이 관살을 용신으로 삼는 수밖에 없는데, 관살은 왕한 인성에게 설기가 심해서 용신의 역할을 제대로 하지 못하므로 운에서 재성이 들어와 인성을 극해주어야 관

살이 용신의 역할을 다할 수 있다.

② 비겁이 왕하여 신강하면 식상이나 관살을 용신으로 삼는 것이 좋고, 식상과 관살이 둘 다 없으면 부득이 재성을 용신으로 삼는 수밖에 없는데, 재성은 용신의 역할을 제대로 하지 못하므로 운에서 식상이나 관살이 들어와 주어야 재성이 용신의 역할을 다할 수 있고 운에서 재성이 들어온다면 쟁재(爭財)가 되므로 오히려 흉하다.

③ 비겁이 왕하여 신강한데 식상과 관살이 둘 다 있으면 식상과 관살 중에서 먼저 일주 가까이에 있는 것을 용신으로 삼는 것이 좋고, 식상과 관살이 둘 다 일주 가까이에 있으면 지지(특히 앉은자리나 월지)에 더 깊이 통근한 것을 용신으로 삼는 것이 좋다. 만약 식상과 관살이 둘 다 일주 가까이에 있으면서 지지에 통근한 정도도 비슷하다면 왕한 일주를 설기하는 식상을 용신으로 삼는 것이 좋다. 예를 들어보자.

ⓐ	ⓑ	ⓒ	ⓓ
丙庚庚戌	己辛壬甲	癸辛己壬	丁甲庚庚
子戌申申	未巳申戌	巳酉酉子	卯寅辰寅

ⓐ는 庚金 일주가 신강하므로, 시간의 칠살 丙火와 시지의 상관 子水 중에서 일주 가까이에 있는 칠살 丙火를 용신으로 삼고 무력한 용신 丙火를 생조해주는 재성 木을 희신으로 삼는다.

ⓑ는 辛金 일주가 신강하므로, 월간의 상관 壬水와 일지의 정관 巳火를 용신의 후보로 생각할 수 있는데, 사주원국에 인성 土(특히 조토)가 많고 상관 壬水가 월지의 申金에 깊이 뿌리를 내리고 있으므로, 상관 壬水를 용신으로 삼고 상관 壬水를 유통시켜주면서 土로부터 보호해주는 연간의 재성 甲木을 희신으로 삼는다.

ⓒ는 辛金 일주가 신강하므로, 일주 가까이에 있으면서 월지와 일지의 酉金에 깊은 뿌리를 내리고 있는 시간의 식신 癸水를 용신으로 삼고 재성 木을 희신으로 삼는다. 그러나 만약 한 시간 뒤인 甲午時에 태어났다면, 시지의 칠살 午火와 연간의 상관 壬水가 둘 다 일주와 떨어져 있는데, 인성 己土의 극을 받고 있는 상관 壬水보다 재성 甲木의 생조를 받고 있는 칠살 午火를 용신으로 삼고 칠살 午火를 생조해주는 시간의 재성 甲木을 희신으로 삼는 것이 좋다.

ⓓ는 甲木 일주가 비겁 木이 많아서 신강하므로, 일주 甲木 가까이에 있는 시간의 상관 丁火와 월간의 칠살 庚金을 용신의 후보로 생각할 수 있다. 시간의 상관 丁火는 앉은자리인 시지뿐만 아니라 일지와 연지에도 통근해 있고 월간의 칠살 庚金도 앉은자리인 월지에 통근해 있는데 상관 丁火가 지지에 더 깊은 뿌리를 내리고 있으므로, 시간의 상관 丁火를 용신으로 삼고 재성 土(지지엔 조토)를 희신으로 삼는 것이 좋다. 이처럼 木 일주가 목왕절인 寅卯辰月에 태어난 데다가 지지에 水木이 많아서 신강하면 무조건 식상 火를 용신으로 삼는 것이 좋고, 식상 火가 없으면 부득이 관살 金을 용신으로 삼는 수밖에 없으나 식상 火를 용신으로 삼는 것보다는 못하다.

④ 인성과 비겁이 골고루 섞여 있으면서 신강하면 식상을 용신으로 삼는 것이 좋고, 식상이 없으면 관살이나 재성을 용신으로 삼는 수밖에 없다.

(5) 신약한 경우의 억부용신

① 식상이 왕하여 신약하면 인성을 용신으로 삼는 것이 좋고, 인성이 없으면 부득이 비겁을 용신으로 삼고서 운에서 인성이 들어오기를 기다리는 수밖에 없다. 이 경우에 비겁은 식상에게 설기가 심해서 용신의 역할을 제대로 하지 못한다.

② 재성이 왕하여 신약하면 비겁을 용신으로 삼는 것이 좋고, 비겁이 없으면 부득이 인성을 용신으로 삼고서 운에서 비겁이 들어오기를 기다리는 수밖에 없다. 이 경우에 인성은 재성의 극을 많이 받아서 용신의 역할을 제대로 하지 못한다.

③ 관살이 왕하여 신약하면 인성을 용신으로 삼는 것이 좋고, 인성이 없으면 부득이 비겁을 용신으로 삼고서 운에서 인성이 들어오기를 기다리는 수밖에 없다. 이 경우에 비겁은 관살의 극을 많이 받아서 용신의 역할을 제대로 하지 못한다.

④ 식상과 재성과 관살이 골고루 뒤섞여 있으면서 신약하면 인성을 용신으로 삼는 것이 좋고, 인성이 없으면 비겁을 용신으로 삼고서 운에서 인성이 들어오기를 기다리는 수밖에 없다.

⑤ 식상이나 관살이 왕하여 신약하면 인성을 용신으로 삼는 것이 가장 좋으나, 인성이 있어도 다른 성분과 간합(干合) 또는 암합(暗合) 또는 삼합(三合)하여 기반(羈絆)이 되어 있어서 일주(日主)를 생조해줄 마음이 거의 없는 경우에는 일주 가까이에 비겁이 있으면 부득이 비겁을 용신으로 삼고 운(運)에서 인성이 들어오기를 기다리는 수밖에 없다. 예를 들어보자.

壬 庚 戊 癸
午 申 午 未

관살이 왕하고 식상까지 있어서 신약하므로 월간의 편인 戊土를 용신으로 삼는 것이 가장 좋으나, 월간의 편인 戊土는 연간의 상관 癸水와 합하느라 일주 庚金을 생조해줄 마음이 거의 없으므로 부득이 일주 가까이에 있는 비견 申金을 용신으로 삼고 운에서 인성 土가 들어오기를(특히 지지로 습토가 들어오기를) 기다리는 수밖에 없다. 즉, 운에서 인성 土(지지의 조토는 제외)가 들어오면 아주 길하다. 또 운에서 지지로 식상 亥子水가 들어와도 기신 午火를 충극(沖剋)하여 용신 申金을 구해주므로 상당히 길할 것이다. 그런데 이 명조(命造)에서 일주 가까이에 비겁이 없다면 연간의 癸水와 합하느라 일주 庚金을 생조해줄 마음이 거의 없는 월간의 편인 戊土라도 억지로 용신으로 삼는 수밖에 없는데, 이 경우에는 월간의 용신 戊土를 합하여 기반(羈絆)시켜 용신의 역할을 거의 하지 못하게 하는 연간의 癸水를 극하여 합(合)을 풀어줌으로써 월간의 용신 戊土를 제대로 활동하게 하는 것이 중요하다. 그래서 운에서 천간으로 정인 己土가 들어와 연간의 癸水를 극하여 합(合)을 풀어줌으로써 월간의 용신 戊土를 제대로 활동하게 하면 아주 길하다.

⑥ 관살이 왕하여 상당히 신약한데 인성은 없고 재성도 없거나 있어도 약하고 식상이 지지의 비겁에 깊은 뿌리를 내리고 있으면 식상을 용신으로 삼는 것이 좋다. 예를 들어보자.

ⓐ　　　ⓑ
甲辛壬庚　辛庚丙壬
午巳午申　巳午午申

ⓐⓑ 모두 일주가 관살 火가 왕하여 상당히 신약한데 인성 土가 없으므로, 식상 水를 제살(制殺)하는 용신으로 삼고 식상 水를 생조하는 비겁 金을 희신으로 삼는다. ⓐⓑ 모두 식상운과 비겁운이 아주 길하다. 지지의 습토운도 상당히 길하다고 보는데, 그 까닭은 지지의 습토운은 천간의 용신 壬水를 별로 부담스럽게 하지 않으면서 왕한 午火를 설기하여 어둡게 하기 때문이다.

⑦ 비겁이 많으나 관살도 비겁 못지않게 왕하다 보니, 일주가 왕한 관살을 부담스럽게 여겨서 다소 신약한 경우에는, 인성이 없고 식상이 있으면 식상

을 용신으로 삼고 비겁을 희신으로 삼으며, 식상이 없고 인성이 있으면 인성을 용신으로 삼고 비겁을 희신으로 삼으며, 인성과 식상이 다 있으면 인성과 식상 중에서 더 적합한 것을 용신으로 삼고 비겁을 희신으로 삼는다.

　　　　ⓐ　　　　ⓑ　　　　ⓒ
　　　丙庚壬辛　辛乙甲癸　己戊丙甲
　　　戌午辰酉　巳酉寅丑　未辰寅寅

ⓐ는 庚金 일주가 득령과 득세를 했으나, 관살 火도 비겁 金에 못지않게 왕하여 일주 庚金이 관살 火를 부담스럽게 여기므로 다소 신약하다. 그래서 관살 火를 극하는 월간의 식신 壬水를 용신으로 삼고 식신 壬水를 생조해주는 비겁 金을 희신으로 삼는다. 월지의 인성 辰土는 식신 壬水의 뿌리 역할을 하고 있으므로 용신으로 삼기가 적합하지 않고, 시지의 인성 戌土도 칠살 丙火의 뿌리 역할을 하고 있는 데다가 午戌 반합 火局까지 되어 있어서 火에 동화되어버렸으므로 용신으로 삼을 수 없다.

ⓑ는 乙木 일주가 寅月에 태어나 비겁 木이 많지만, 관살 金도 비겁 木 못지않게 왕해서 일주 乙木이 관살 金을 부담스럽게 여기므로 다소 신약하다. 목왕절에 태어나 그다지 약하지 않은 乙木 일주라서 시지의 상관 巳火를 용신으로 삼는 것이 좋다. 게다가 乙木 일주가 왕한 관살 金을 부담스러워하므로 관살 金을 극하는 시지의 상관 巳火를 용신으로 삼는 것이 더욱 좋다. 희신은 상관 巳火를 생조해주는 비겁 木이 된다. 그런데 용신 巳火가 巳酉 반합 金局으로 인해 기반이 되어 있어서 아쉬운 상황이므로, 기반을 해소시켜주는 午火운이 가장 길하다고 하겠다.

ⓒ는 戊土 일주가 비록 득지와 득세를 한 데다가 인성 丙火까지 있긴 해도, 월령을 잡고 있는 관살 木이 왕하여 일주 戊土가 관살 木을 부담스러워

하므로 다소 신약하다. 그래서 월간의 인성 丙火를 용신으로 삼고 비겁 土 (지지엔 조토)를 희신으로 삼는다. 그런데 만약 월간에 인성 丙火 대신 식신 庚金이 있다면, 식신 庚金을 제살(制殺)하는 용신으로 삼고 용신 庚金을 생조해주는 비겁 土를 희신으로 삼아야 할 것이다.

2. 병약용신(病藥用神)

병약용신(病藥用神)이라 함은 억부법(抑扶法)에 따라 찾은 용신(用神)이 바로 곁에 있는 기신(忌神)의 충극(沖剋)을 받아 병(病)이 들어 있을 때, 병(病)에 해당하는 기신을 충극(沖剋)하여 제거해주는 약신[藥神: 실제로는 희신이지만 보통의 희신에 비해 비중(比重)이 훨씬 더 크다]을 찾게 되는데, 이러한 역할을 수행하는 오행을 말한다. 여기서 약신(藥神)은 원칙적으로는 희신에 해당하지만, 바로 곁에 있는 기신의 충극으로 인해 심각한 병(病)에 걸려 있는 용신을 병(病)에서 구해주는 구세주(救世主)의 역할을 하므로, 병에 걸린 용신보다 훨씬 더 비중(比重)이 큰 사실상의 용신이라고 할 수 있다.

이처럼 병약용신은 억부법(抑扶法)에서 출발하고 있기 때문에 억부용신에 포함하는 것이 마땅하며, 굳이 별도로 분류하자면 억부용신이 병든 특별한 경우로 보는 것이 타당하다고 본다.

다음에 병약용신의 예(例)를 들어보기로 한다.

ⓐ　　ⓑ
辛丁癸甲　庚庚戊乙
丑卯酉午　辰申寅酉

ⓐ의 명조(命造)는 득지(得支)와 득세(得勢)는 했으나 실령(失令)을 했고, 인성 甲木과 비견 午火는 일주(日主)와 연결되어 있지 못하고 너무 멀리 떨어져 있으므로, 신약(身弱)하다고 판단한다.

　그래서 일지의 편인 卯木을 용신으로 삼는데, 일지의 용신 卯木이 월지의 기신 酉金에게 충(沖)을 받아서 깨져 있다(다시 말해 병(病)이 들어 있다). 그런데 연지의 비견 午火가 월지의 기신 酉金을 극(剋)하여 일지의 용신 卯木을 구해주고 있으니, 연지의 비견 午火가 약(藥)의 역할을 톡톡히 하고 있다. 연지의 비견 午火는 원래 희신에 해당하지만, 병(病)에 걸려 있는 용신 卯木을 구해주는 약신(藥神)이므로 매우 중요한 역할을 하고 있다.

　일반적으로는 용신이 희신보다 더 중요한 역할을 하지만, 위와 같이 용신이 병에 걸린 경우에는 희신이 약신(藥神)이 되어 용신보다 더 중요한 역할을 한다. 운(運)에서도 용신인 木이 들어오는 것보다 약신(藥神)인 火가 지지로 들어오는 것이 더 길하다. 火가 천간으로 들어오면, 기신 酉金을 직접 충극(沖剋)하지 못하므로 기대할 만큼 길하지는 않다고 봐야 할 것이다.

　ⓑ의 명조는 비록 득령(得令)은 하지 못했어도 득지(得支)와 득세(得勢)한 데다가 시지(時支)에도 인성이 있으므로, 상당히 신강(身强)하다고 판단한다.

　그래서 식상 水를 용신으로 삼는 것이 가장 좋으므로, 식상 水를 찾아보니 지장간에 암장(暗藏)된 水 외에 드러난 水는 보이지 않는다. 이런 경우에는 부득이 월지의 편재 寅木과 연간의 정재 乙木을 용신으로 삼을 수밖에 없다.

　그런데 용신 寅木과 乙木의 상태를 보니, 월지의 용신 寅木은 일지의 기신 申金에게 충을 받고 있는 데다가 연지의 기신 酉金에게 극까지 받고 있고, 연간의 용신 乙木은 연지의 기신 酉金을 깔고 앉아 있어서 아주 무력하므로, 용신 寅木과 乙木이 깊은 병(病)에 걸려 있다고 할 수 있다. 혹시 기신 申酉金을 충극하여 병든 용신 寅木과 乙木을 구해줄 약신(藥神) 巳午火가 있는지를 찾아보지만 보이지 않는다. 寅木 속에 丙火가 들어 있긴 하지만, 寅木 속의 丙火는 암장(暗藏)되어 있는 데다가 申金 속의 壬水에게 깨져 있기까지 하므로 약신(藥神)의 역할을 할 수 없다.

결국 이 명조는 용신이 병에 걸렸는데 용신의 병을 치료해줄 약이 없는 꼴이라서, 힘든 삶을 살아갈 수밖에 없는 하격(下格)의 사주가 되어버렸다. 만약 운(運)에서 약신(藥神) 巳午火가 들어와서 기신 申酉金을 충극하여 병에 걸린 용신 寅木과 乙木을 구해준다면, 그 운이 작용하는 기간 동안에는 힘든 삶에서 벗어나 그나마 뜻한 바를 이루거나 편안하게 살 수 있을 것이다.

이상에서 살펴봤듯이 병약용신은 억부법(抑扶法)의 원리에서 벗어나지 않으므로 억부용신에 포함하는 것이 옳다고 본다.

3. 통관용신(通關用神)

통관용신(通官用神)이라 함은 두 세력(勢力)이 팽팽하게 맞서고 있는 경우에는 두 세력을 유통(流通)시켜주어야 좋은데, 이러한 역할을 수행하는 오행을 말한다. 그러나 실제 사주를 보면 두 세력이 팽팽하게 맞서고 있는 경우는 거의 없고 대체로 어느 한 세력으로 균형(均衡)이 기울어져 있다. 간혹 두 세력이 거의 균형을 이루고 있는 경우가 있긴 해도, 실제로는 어느 한쪽이 다른 한쪽을 극하고 있는 상황이 될 수밖에 없는데, 이런 경우에는 극하는 쪽이 당연히 강하게 마련이다. 그렇다면 이런 경우에도 '강한 것은 억누르는 것이 마땅하고, 약한 것은 도와주는 것이 마땅하다'라는 억부법(抑扶法)의 논리(論理)를 적용하면 될 것이다.

그런데 여기서 두 세력이라 함은 일주(日主)의 세력인 인성과 비겁의 세력과 그 외의 세력인 식상과 재성과 관살의 세력을 말하는 것이라고 봐야 하는데, 그 외의 세력 중에서 식상의 세력과 관살의 세력이 맞서고 있는 경우에도 두 세력을 유통시켜주는 재성을 용신으로 삼는 것이 타당하다는 설(說)이 있다. 이는 두 세력의 의미(意味)를 잘못 받아들인 결과의 산물(産物)로 보이는데, 식상의 세력과 관살의 세력이 맞서고 있는 경우에는 일주(日主)의 세력이 아주 약하므로 억부법(抑扶法)의 원리에 따라 일주(日主)를 생조해주는 인성을 용신으로 삼는 것이 마땅하다. 이렇게 볼 때 통관용신 역시 억부용신에 포함하는 것이 타당하다고 본다.

다음에 통관용신의 예를 들어보기로 한다.

ⓐ   ⓑ
甲甲丙戊   丙己壬甲
子寅辰戌   寅卯申申

ⓐ의 명조는 인성과 비겁의 개수는 3개이고(게다가 월지도 일주의 세력이 50%를 차지하고 있고) 재성의 개수도 3개인데, 그야말로 일주(日主)의 세력인 인성과 비겁의 세력과 그 외의 세력인 재성의 세력이 맞서고 있는 형국(形局)이다. 그러나 일주의 세력이 좀 더 강한 것으로 판단되므로, 강한 일주를 설기(洩氣)하는 월간의 식신 丙火를 용신[통관용신]으로 삼고 용신 丙火를 유통시켜주면서 보호해주는 재성 土를 희신으로 삼는 것이 좋다.

그런데 만약 일주의 세력보다 재성 土의 세력이 더 강한 것으로 판단된다면, 일주의 세력이 약하므로 일주의 세력과 그 외의 세력인 재성의 세력을 유통시켜주는 월간의 식상 丙火를 용신[통관용신]으로 삼아서는 안 되며, 약한 일주를 생조해주는 시지의 인성 子水를 용신으로 삼아야 할 것이다.

ⓑ의 명조는 2개의 식상 金과 3개의 관살 木이 맞서고 있는 상황이라서, 일주의 세력인 인성과 비겁의 세력이 아주 약하다. 이런 경우에도 맞서고

있는 식상 金의 세력과 관살 木의 세력을 유통시켜주는 월간의 재성 壬水를 통관용신으로 삼는 것이 타당하다는 설(說)이 있지만, 만약 월간의 재성 壬水를 용신으로 삼는다면 일주는 더욱더 힘이 약해지는 결과를 초래하므로 중화(中和)의 대원칙(大原則)에 어긋나게 된다.

그래서 이런 경우에도 억부법의 원리에 따라 왕(旺)한 관살 木을 설기(洩氣)하면서 약한 일주를 생조해주는 시간의 인성 丙火를 용신으로 삼는 것이 마땅하다.

4. 조후용신(調候用神)

(1) 정의

일주(日主)가 추운 겨울인 亥子丑月에 태어나면 따뜻한 火를 필요로 하고 더운 여름인 巳午未月에 태어나면 차가운 水를 필요로 하는데, 이처럼 기후를 조절(調節)하는 역할을 하는 火나 水를 조후용신(調候用神)이라고 한다.

다만, 일주가 늦겨울인 丑月에 태어나고 사주에 水가 별로 없는 경우에는, 썩 추운 편이 아니라서 일주가 따뜻한 火를 절실히 필요로 하지 않으므로 조후(調候)를 고려하여 火를 용신으로 삼는 대신 억부법(抑扶法)에 따라 별도의 용신을 찾는 것이 타당하며, 또 일주가 늦여름인 未月에 태어나고 사주에 火가 별로 없는 경우에는, 썩 더운 편이 아니라서 일주가 차가운 水를 절실히 필요로 하지 않으므로 조후를 고려하여 水를 용신으로 삼는 대신 억부법에 따라 별도의 용신을 찾는 것이 타당하다.

그런데 궁통보감(窮通寶鑑)이라고도 하고 난강망(欄江網)이라고도 하는 책을 보면 추운 겨울과 더운 여름뿐만 아니라 봄과 가을에 태어난 경우에도 조후를 고려하고 있으나, 계절에 상관없이 획일적으로 조후를 적용하는 것은 조후에만 너무 치중하다 보니 문제가 많은 이론이라는 인식이 확산되어, 대부분의 자평명리학자들은 추운 겨울과 더운 여름을 제외하고는 조후를 고려하지 않고 있는 실정이다.

그러나 일주가 추운 겨울에 태어나거나 더운 여름에 태어났다고 해서 무조건 조후를 고려하여 火나 水를 용신으로 삼아서는 곤란하며, 사주의 전체적인 상황을 봐서 조후를 고려할 필요가 없을 정도로 따뜻하거나 시원하다고 판단되면 억부법에 따라 용신을 찾는 것이 타당하다고 본다.

(2) 조후가 필요한지 그 여부를 판단할 때 주의할 사항

① 추운 겨울이나 더운 여름에 태어나더라도 억부법을 적용해본 결과 신약(身弱)하면 조후를 고려하지 않고 억부법에 따라 용신을 찾는 것이 타당하다. 다시 말해 신약(身弱)한 경우에는 억부법이 우선하고 신약(身弱)하지 않은 경우에 한해 조후를 고려해야 한다. 그러니까 조후를 고려하기 위해서는 신강(身强)하거나 다소 신약(身弱)한 정도로 그쳐야 한다. 예를 들어보자.

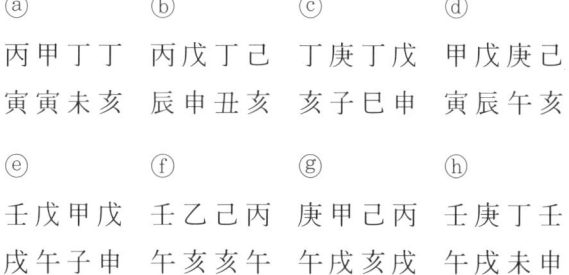

ⓐ는 甲木 일주가 더운 여름인 未月에 태어난 데다가 사주원국에 火가 많으므로, 조후를 고려하여 연지의 인성 亥水를 용신으로 삼고 용신 亥水를 생조

해주는 관살 金을 희신으로 삼는다. 지지의 木운도 기신 未土를 극하여 용신 亥水를 구해주므로 희신의 역할을 한다. 그런데 천간의 金운은 희신운이지만 土의 생조는 전혀 받지 못하고 火의 극만 받으므로 오히려 흉하다고 하겠다.

ⓑ는 戊土 일주가 인겁 火土가 많아서 신강하지만 추운 겨울인 丑月에 태어난 데다가 지지에 巳午火가 없으므로, 조후를 고려하여 시간과 월간의 인성 丙丁火를 용신으로 삼고 용신 丙丁火를 생조해주는 관살 木을 희신으로 삼는다.

ⓒ는 庚金 일주가 더운 여름인 巳月에 태어난 데다가 사주원국에 관살 火와 식상 水가 많아서 극설교가(剋洩交加: 일간이 신약한데 일간을 극제하는 관살과 설기하는 식상이 있는 경우를 말함)가 되어 있어서 아주 신약하다. 일주 庚金이 여름에 태어났으므로 조후를 고려하여 식상 水를 용신으로 삼고 싶은데, 일주 庚金이 너무 신약해서 식상 水를 용신으로 삼을 수 없다. 그래서 억부용신인 연간의 인성 戊土를 용신으로 삼고 연지의 비견 申金을 희신으로 삼는다.

ⓓ는 戊土 일주가 더운 여름인 午月에 태어났으나 관살 木이 왕한데 다가 재성 亥水가 인성 午火를 충하고 있어서 상당히 신약하므로, 여름에 태어났다고 해서 조후를 고려할 처지가 못 된다. 그래서 억부용신인 월지의 인성 午火를 용신으로 삼고, 기신 亥水를 극하여 용신 午火를 구해주는 비겁 土(지지엔 조토)를 희신으로 삼는다.

ⓔ는 戊土 일주가 추운 겨울인 子月에 태어나 상당히 신약하므로, 억부용신이자 조후용신인 일지의 인성 午火를 용신으로 삼고, 기신 子水를 극하여 용신 午火를 구해주는 비겁 土(지지엔 조토)를 희신으로 삼는다.

ⓕ는 乙木 일주가 추운 겨울인 亥月에 태어난 데다가 사주원국에 水가 많아서 아주 추우므로, 조후를 고려하여 연간의 상관 丙火와 시지와 연지의

식신 午火를 용신으로 삼고, 기신 水를 극하여 용신 火를 구해주는 재성 土(지지엔 조토)와 용신 火를 생조해주는 비겁 木을 희신으로 삼는다.

ⓖ는 甲木 일주가 추운 겨울인 亥月에 태어났으나 지지에 조토인 戌土가 둘이나 있고 午火까지 있어서 조후를 고려할 필요가 없는 데다가 상당히 신약하기까지 하므로, 억부용신인 월지의 인성 亥水를 용신으로 삼고, 기신 戌土를 극하여 용신 亥水를 구해주는 비겁 木을 희신으로 삼는다.

ⓗ는 庚金 일주가 더운 여름인 未月에 태어난 데다가 지지에 조토와 午火까지 있어서 아주 더울 뿐 아니라 인겁 土金이 많아서 다소 신강하기도 하므로, 조후를 고려하여 시간과 연간의 식신 壬水를 용신으로 삼고 용신 壬水를 생조해주는 연지의 비견 申金을 희신으로 삼는다.

② 금수상관격(金水傷官格: 庚辛金 일주가 겨울인 亥子月에 태어난 격국)인 경우에는, 庚辛金 일주가 다소 신약하더라도 강건한 金의 특성상 관살 火의 단련을 견딜 수 있다고 보므로, 조후를 고려하여 관살 火를 용신으로 삼는 것이 좋다. 그러나 庚辛金 일주가 허약(虛弱)하면 억부법에 따라 인성 土를 용신으로 삼아야 한다. 예를 들어보자.

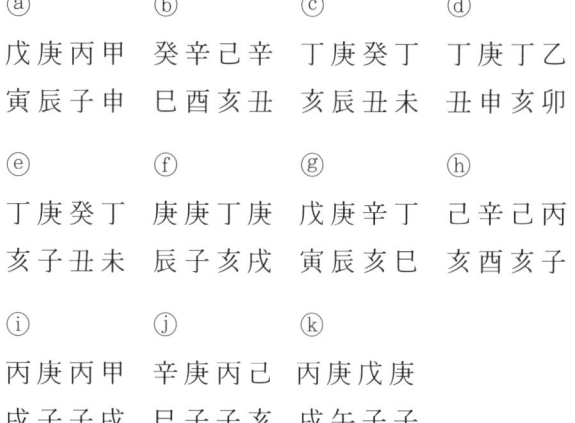

ⓑⓒⓕ는 추운 겨울에 태어난 庚辛金 일주가 신강하므로, 조후를 고려하여 관살 火를 용신으로 삼고 용신인 관살 火를 생조해주는 재성 木을 희신으로 삼는다.

　ⓐⓓⓔⓖⓗ는 추운 겨울에 태어난 庚辛金 일주가 다소 신약하지만, 조후를 고려하여 관살 火를 용신으로 삼고 용신인 관살 火를 생조해주는 재성 木과 기신인 식상 水를 극하면서 다소 허약한 일주 庚辛金을 생조해주는 인성 土(지지엔 조토)를 함께 희신으로 삼는다. 그러나 ⓗ의 경우에 지지의 火운은 지지에 인성 土나 재성 木은 없고 식상 水가 많다 보니, 운에서 들어오는 용신 火가 기신 水의 충극을 심하게 받아 군겁쟁재(群劫爭財: 비겁은 너무 왕하고 재성은 너무 약한 경우의 형상)가 되므로 오히려 흉할 것이다.

　ⓘⓙⓚ는 庚金 일주가 허약해서 조후보다 억부가 급하므로, 인성 土를 용신으로 삼고 조후도 고려하면서 용신인 인성 土를 생조해주는 관살 火를 희신으로 삼는다. 그러나 ⓙ의 경우에 지지의 火운은 지지에 인성 土나 재성 木은 없고 식상 水가 많다 보니, 운에서 들어오는 용신 火가 기신 水의 충극을 심하게 받아 군겁쟁재가 되므로 오히려 흉할 것이다.

③ 목화상관격(木火傷官格: 甲乙木 일주가 여름인 巳午月에 태어난 격국)인 경우에는, 비록 비겁 木이 많아서 신강하다고 하더라도 인성 水가 부족하다면, 조후를 고려하여 인성 水를 용신으로 삼고 용신 水를 생조해주는 관살 金을 희신으로 삼아야 한다. 이 경우에 식상 火는 월지 외의 다른 간지에도 적어도 하나 이상 있어야 한다. 예를 들어보자.

ⓐ	ⓑ	ⓒ	ⓓ
丁甲乙壬	丙甲壬甲	甲甲丙丁	甲甲庚甲
卯寅巳寅	寅寅午寅	子寅午卯	子午午寅

ⓐⓑ는 甲木 일주가 비록 비겁 木이 많아서 아주 신강하긴 해도 더운 여름인 巳午月에 태어나 인성 水가 부족하므로, 인성 壬水를 용신으로 삼고 용신 壬水를 생조해주는 관살 金을 희신으로 삼는다.

ⓒ는 甲木 일주가 비겁 木이 많아서 다소 신강하긴 해도 더운 여름인 午月에 태어난 데다가 식상 火가 많고 인성 水는 적으므로, 시지의 인성 子水를 용신으로 삼고 용신 子水를 생조해주는 관살 金을 희신으로 삼는다.

ⓓ는 甲木 일주가 더운 여름인 午月에 태어나 식상 火가 많아서 다소 신약한 데다가 인성 水가 부족하므로, 시지의 인성 子水를 용신으로 삼고 용신 子水를 생조해주는 관살 金을 희신으로 삼는다.

④ 추운 겨울이나 더운 여름에 태어나더라도 사주원국에 火나 水가 충분해서 조후를 고려할 필요가 없는 경우에는, 억부법에 따라 용신을 찾아야 한다. 예를 들어보자.

ⓐ	ⓑ	ⓒ	ⓓ
甲甲壬乙	乙甲壬乙	甲甲丙壬	癸辛辛辛
子寅午卯	丑子午卯	子子午寅	巳未丑丑
ⓔ	ⓕ	ⓖ	ⓗ
辛庚庚辛	壬庚庚辛	丁庚壬庚	壬己己庚
巳戌子酉	午子午丑	丑申午申	申巳丑午
ⓘ	ⓙ		
丙戊丁乙	戊戊癸戊		
辰午亥未	午戌亥午		

ⓐⓑ는 모두 甲木 일주가 비록 더운 여름인 午月에 태어나긴 했어도 비겁 木과 인성 水가 함께 많아서 아주 신강하므로, 월지의 상관 午火를 용신으

로 삼고, 기신 子水와 壬水를 극하여 용신 午火를 구해주는 재성 土(지지엔 조토)를 희신으로 삼는다.

ⓒ도 甲木 일주가 비록 더운 여름인 午月에 태어나긴 했어도 비겁 木과 인성 水가 함께 많아서 아주 신강하므로, 월주의 식상 丙午火를 용신으로 삼고, 기신 壬水와 子水를 극하여 용신 丙午火를 구해주는 재성 土(지지엔 조토)를 희신으로 삼는다.

ⓓ는 辛金 일주가 추운 겨울인 丑月에 태어난 데다가 인겁 土金이 많아서 아주 신강한데, 일주 辛金이 일지에 조토인 未土를 깔고 앉아 있는 데다가 시지에 巳火까지 있어서 조후를 고려할 필요가 없으므로, 억부법을 적용하여 시간의 식신 癸水를 용신으로 삼고, 기신 土를 극하여 용신 癸水를 보호해주는 재성 木을 희신으로 삼는다.

ⓔ는 庚金 일주가 추운 겨울인 子月에 태어났으나 인겁 土金이 많아서 아주 신강한데, 일주 庚金이 일지에 조토인 戌土를 깔고 앉아 있는 데다가 시지에 巳火까지 있어서 조후를 고려할 필요가 없으므로, 억부법을 적용하여 월지의 상관 子水를 용신으로 삼고, 기신 土를 극하여 용신 子水를 보호해주는 재성 木을 희신으로 삼는다.

ⓕ는 庚金 일주가 더운 여름인 午月의 午時에 태어나 다소 신약한데, 일주 庚金이 일지에 子水를 깔고 앉아 있는 데다가 연지에 습토인 丑土까지 있어서 조후를 고려할 필요가 없다. 그래서 억부법을 적용하여 연지의 인성 丑土를 용신으로 삼고, 비겁 金을 희신으로 삼는다.

ⓖ는 庚金 일주가 더운 여름인 午月에 태어났으나, 월지를 제외한 일지와 시지와 연지에 壬癸水가 저장되어 있는 데다가 월간에 壬水까지 투출해 있어서 조후를 고려할 필요가 없다. 인겁 土金이 많아서 일주 庚金이 신강하므로, 일주 庚金 가까이에 있는 월간의 식신 壬水와 시간의 정관 丁火를 용

신의 후보로 생각해볼 수 있는데, 정관 丁火는 비록 월지의 午火에 통근해 있긴 해도 앉은자리의 丑土에게 설기가 심해서 그다지 유력하지 못한 반면에, 식신 壬水는 월지를 제외한 연지와 일지와 시지에 통근해 있는 데다가 바로 곁에서 비견 庚金의 생조까지 받고 있어서 아주 유력하므로, 월간의 식신 壬水를 용신으로 삼고, 기신 土를 극하여 용신 壬水를 보호해주는 재성 木을 희신으로 삼는다.

ⓗ는 己土 일주가 추운 겨울인 丑月에 태어났으나 지지에 인성 火가 많아서 신강하므로, 조후를 고려할 필요가 없이 시간의 재성 壬水를 용신으로 삼고 용신 壬水를 생조해주고 있는 시지의 상관 申金을 희신으로 삼는다.

ⓘⓙ는 戊土 일주가 추운 겨울인 亥月에 태어났으나 인겁 火土가 많아서 아주 신강하므로, 조후를 고려할 필요가 없이 월지의 재성 亥水를 용신으로 삼고 용신 亥水를 생조해주는 식상 金을 희신으로 삼는다.

⑤ 壬癸水 일주나 丙丁火 일주는 추운 겨울이나 더운 여름에 태어나더라도 추위나 더위를 느끼지 못한다고 보므로, 조후를 고려하기에 앞서 억부법을 먼저 적용한다. 예를 들어보자.

　　　　ⓐ　　　　ⓑ
　　癸丙辛乙　辛壬丙壬
　　巳辰巳亥　亥申午申

ⓐ는 丙火 일주가 더운 여름인 巳月에 태어났으나 월지의 巳火가 연지의 亥水에게 충을 당해 손상을 입는 바람에 상당히 신약하므로, 연간의 인성 乙木을 용신으로 삼고, 기신 辛金을 극하여 용신 乙木을 구해주는 비겁 火를 희신으로 삼는다.

ⓑ는 壬水 일주가 더운 여름인 午月에 태어났으나 인접 金水가 많아서 상당히 신강하므로, 월간의 재성 丙火를 용신으로 삼고 용신 丙火를 생조해주는 식상 木과 기신 壬水를 극하여 용신 丙火를 구해주는 관살 土(지지엔 조토)를 희신으로 삼는다.

⑥ 추운 겨울이나 더운 여름에 태어나 조후가 필요한데도 사주원국에 조후용신인 火나 水가 없는 경우에는, 조후를 고려하지 못하고 부득이 억부법에 따라 용신을 찾는 수밖에 없다. 이 경우에는 조후가 충족되지 못하므로, 조후가 충족된 경우에 비해 사주의 등급(等級)이 떨어진다. 예를 들어보자.

```
    ⓐ           ⓑ           ⓒ           ⓓ
  庚 庚 癸 癸   戊 乙 辛 壬   戊 乙 己 甲   戊 戊 庚 甲
  辰 申 亥 酉   寅 丑 亥 子   寅 卯 巳 寅   午 戌 午 寅
    ⓔ
  丁 甲 庚 己
  卯 寅 午 卯
```

ⓐ는 庚金 일주가 추운 겨울인 亥月에 태어났으나 비겁 金이 많아서 신강하다. 그래서 사주를 따뜻하게 해주는 조후용신인 관살 火를 찾아보니 사주원국에 火가 전혀 없으므로, 부득이 월간의 상관 癸水를 용신으로 삼고 재성 木을 희신으로 삼는다. 사주가 너무 추워서 사주의 등급이 높은 편은 아니지만, 유력한 식상 水가 왕한 일주 庚金의 빼어난 기운을 설하고 있으므로, 水木운(특히 木운)에 제법 발복할 것이다.

ⓑ는 乙木 일주가 추운 겨울인 亥月에 태어난 데다가 인성 水가 많아서 신강하므로 조후와 억부를 모두 충족하는 식상 火를 찾아보니 사주원국에

火가 없다. 그래서 부득이 시간의 재성 戊土를 용신으로 삼고 운에서 식상 火가 들어오기를 애타게 기다리는 수밖에 없다. 조후가 충족되지 못한 데다가 용신 戊土가 기신 寅木을 깔고 앉아 있어서 아주 무력하므로, 사주의 등급이 형편없이 낮다.

ⓒ는 乙木 일주가 더운 여름인 巳月에 태어났으나 비겁 木이 많아서 신강하므로, 월지의 상관 巳火를 용신으로 삼고 재성 土(지지엔 조토)를 희신으로 삼는다. 사주원국에 조후를 충족시켜주는 인성 水가 전혀 없어서 사주가 너무 건조하므로 사주의 등급이 높은 편은 아니지만, 상관 巳火가 왕한 일주 乙木의 빼어난 기운을 설하고 있으므로, 火土운(특히 火운)에 제법 발복할 것이다.

ⓓ는 戊土 일주가 더운 여름인 午月에 태어난 데다가 인겁 火土가 많아서 아주 신강하므로, 월간의 식신 庚金을 용신으로 삼고 재성 水를 희신으로 삼는다. 사주원국에 조후를 충족시켜주는 재성 水가 전혀 없어서 사주가 너무 건조하므로, 사주의 등급이 형편없이 낮다. 조토와 칠살 甲寅木까지 왕한 午火의 기운을 도와주고 있으므로, 설령 운에서 水가 들어오더라도 별로 좋지 못하거나 왕한 火土의 충극을 받아서 오히려 아주 흉할 수도 있다. 가령 운에서 子水가 들어오면 월지와 시지의 午火와 子午沖이 되는데, 지지에 조토인 戊土와 寅木이 午火를 도와주고 있으므로 子午沖으로 인해 子水가 午火에게 오히려 깨져서 아주 흉하게 될 것이다. 만약 연주(年柱)가 壬子나 癸亥라고 한다면, 사주의 등급도 상당히 높아질 뿐 아니라 희용신운인 金水운에도 상당히 길할 것이다.

ⓔ는 「적천수천미(滴天髓闡微)」의 상관(傷官)의 장에 나오는 명조(命造)인데, 甲木 일주가 지지에 비겁 木이 많아서 다소 신강하지만, 더운 여름인 午月에 태어난 데다가 시간에 丁火까지 투출해 있어서 더운 사주를 시원하

게 해주는 인성 水를 용신으로 삼고 싶어한다. 그러나 사주원국에 인성 水가 전혀 없어서, 부득이 시간의 상관 丁火와 월지의 상관 午火를 용신으로 삼고 재성 土(지지엔 습토)를 희신으로 삼는 수밖에 없다. 사주가 너무 건조해서 조후가 충족되어 있지 않으므로, 조후를 충족시키는 水가 있는 경우에 비해 사주의 등급이 낮다고 하겠다. 그러나 상관 午火와 丁火가 왕한 일주 甲木의 빼어난 기운을 설하고 있으므로, 火土운(특히 火운)에 제법 발복할 것이다.

5. 전왕용신(專旺用神)

전왕용신(專旺用神)이라 함은 사주원국이 한 가지의 오행으로만 이루어져 있는 경우에 그 오행에 순응(順應)하여 그 오행을 생부(生扶)하게 되는데, 이러한 역할을 수행하는 오행을 말한다. 그런데 전왕용신은 억부법(抑扶法)이나 조후법(調候法)의 원리(原理)를 적용하지 않고 전혀 다른 방법(즉, 왕한 오행을 더 왕하게 하는 방법)으로 찾게 되는 용신이다. 그래서 억부법이나 조후법에 따라 용신을 찾는 사주를 내격(內格) 또는 정격(正格)이라 하는 반면에, 이처럼 억부법이나 조후법과는 전혀 다른 방법에 따라 용신을 찾는 사주를 외격(外格)이라 한다.

그런데 임상(臨床)을 해보면 외격(外格)에 해당하는 사주는 거의 없으며, 언뜻 봐서는 외격으로 보이더라도 실제로는 내격(內格)에 해당하는 사주가 거의 대부분임을 알게 된다. 그래서 외격은 외격의 조건에 완전히 들어맞는 경우에만 엄격히 적용할 필요가 있고, 외격의 조건에 조금이라도 들어맞지 않는 경우에는 내격을 적용해야 할 것이다.

외격(外格)에는 종격(從格)과 화격(化格)이 있는데, 이에 대해 구체적으로 살펴보기로 한다.

(1) 종격(從格)

종격(從格)은 어떤 오행의 세력이 사주원국을 완전히 장악(掌握)하고 있는 경우에 그 오행에 저항(抵抗)을 하지 못하고 부득이 그 오행을 따를 수밖에 없는 경우를 말하는데, 이때의 전왕용신은 그 오행을 생부(生扶)해주는 오행이 된다.

종격(從格)에는 종왕격(從旺格)·종강격(從强格)·종살격(從殺格)·종재격(從財格)·종아격(從兒格)·종세격(從勢格)의 여섯 가지가 있는데, 이에 대해 대략적으로 살펴보기로 한다.

① 종왕격(從旺格)은 사주원국에 식상과 재성과 관살은 아예 없고(지장간에도 없고) 인성도 없거나 적으며 온통 비겁뿐인 경우를 말한다. 종왕격은 일행득기격(一行得氣格)이라고도 하는데, 甲乙木 일주(日主)이고 사주원국에 온통 木뿐이면 곡직격(曲直格)이라 하며, 丙丁火 일주(日主)이고 사주원국에 온통 火뿐이면 염상격(炎上格)이라 하며, 戊己土 일주(日主)이고 사주원국에 온통 土뿐이면 가색격(稼穡格)이라 하며, 庚辛金 일주(日主)이고 사주원국에 온통 金뿐이면 종혁격(從革格)이라 하며, 壬癸水 일주(日主)이고 사주원국에 온통 水뿐이면 윤하격(潤下格)이라 한다.

종왕격의 용신은 비겁이 된다. 종왕격에서는 극도로 왕한 비겁을 생부(生扶)해주는 인성운이나 비겁운이 길하고 극도로 왕한 비겁을 설기하는 식상운이 가장 길하나, 인성도 비겁 못지않게 왕한 종강왕격(從强旺格)의 경우에는 식상운은 인성의 극을 받으므로 별로 길하지 못하거나 흉하다. 관살운은 극도로 왕한 비겁을 충격(衝擊)하여 노(怒)하게 하므로 아주 흉하고, 재성운은 군겁쟁재(群劫爭財: 비겁은 너무 왕하고 재성은 너무 약할 경우의 형상)가 되므로 역시 아주 흉하다. 그러나 관살운이 왕한 비겁과 간합(干合)이 되어 묶여버리면 왕한 비겁을 충격하지 않으므로 큰 어려움은 없을 것이다. 예를 들어보자.

甲 丙 丙 丁
午 午 午 巳

丙火 일간인데, 사주원국에 인성 木이 하나 있고 나머지는 비겁 火뿐이다. 식상이나 재성이나 관살은 아예 없다. 연지의 巳火 속에 들어 있는 편재 庚金은 金의 역할을 전혀 할 수 없으므로 재성이라 할 수 없다. 그래서 종왕격이 된다. 용신은 비겁 火이고 희신은 인성 木과 식상 土이다.

② 종강격(從强格)은 사주원국에 식상과 재성과 관살은 아예 없고(지장간에도 없고) 비겁도 없거나 적으며 온통 인성뿐인 경우를 말한다. 종강격의 용신은 인성이 된다. 종강격에서는 극도로 왕한 인성을 생부(生扶)해주는 관살운과 인성운이 길하고 극도로 왕한 인성을 설기하는 비겁운이 가장 길하다. 재성운은 극도로 왕한 인성을 충격(衝擊)하여 노하게 하므로 아주 흉하고, 식상운은 군겁쟁재(群劫爭財)가 되므로 역시 아주 흉하다. 그러나 재성운이 왕한 인성과 간합(干合)이 되어 묶여버리면 왕한 인성을 충격(衝擊)하지 않으므로 큰 어려움은 없을 것이다. 예를 들어보자.

庚 癸 庚 辛
申 酉 子 酉

癸水 일간인데, 사주원국에 비겁 水가 하나 있고 나머지는 인성 金뿐이다. 식상과 재성과 관살은 전혀 보이지 않는다. 그래서 종강격이 된다. 용신은 인성 金이고 희신은 비겁 水이다. 관살 土도 희신이지만, 지지로 들어오는 관살 土운(특히 조토운)은 비록 왕한 申酉金에 설기가 많이 되긴 해도 희신인 비견 子水를 어느 정도나마 극하므로 희신의 역할을 하지 못하고 오히려 구신의 역할을 한다.

③ 종살격(從殺格)이라고 함은 사주원국에 인성과 비겁은 아예 없고(지장간에도 없고) 식상과 재성도 없거나 적고 온통 관살뿐이며 비록 식상이 있더라도 관살을 충극(沖剋)하지 않고 재성을 생조해주고 있는 경우를 말한다. 그러나 만약 식상이 관살을 충극하는 위치에 있어서 서로 대립하고 있다면, 거의 대부분 종살격이 되지 못하고 비록 사주원국에 인성이 없더라도 인성을 용신으로 삼는 정격(正格)이 될 것이다. 종살격의 용신은 관살이 된다. 종살격에서는 관살운과 재성운은 아주 길하나, 식상운은 극도로 왕한 관살을 충격하여 노하게 하므로 아주 흉하고, 인성운과 비겁운은 일주를 생부(生扶)하여 관살을 따라가지 못하게 하므로 역시 아주 흉하다. 그러나 식상운이 왕한 관살과 간합이 되어 묶여버리면 왕한 관살을 충격하지 않으므로 큰 어려움은 없을 것이다. 예를 들어보자.

己 癸 己 戊
未 未 未 戌

癸水 일간인데, 사주원국에 온통 관살 土뿐이다. 인성 金과 비겁 水는 전혀 보이지 않는다. 연지의 戌土 속에 들어 있는 편인 辛金은 암장(暗藏)되어 있는 데다가 일간과 멀리 떨어져 있으므로 없는 것이나 다름없다. 그래

서 종살격이 된다. 용신은 관살 土가 되고 희신은 재성 火가 된다.

④ 종재격(從財格)이라고 함은 사주원국에 인성과 비겁은 아예 없고(지장간에도 없고) 식상과 관살도 없거나 적으며 온통 재성뿐인 격국을 말한다. 종재격의 용신은 재성이 된다. 만약 종재격에 식상이 재성을 생조해주고 있다면, 흐름이 생기면서 기신운인 비겁운에 식상이 용신인 재성을 보호해주므로 더 나은 구조인 종아생재격(從兒生財格)이 될 것이다. 종재격에서는 재성운과 식상운이 가장 길하고, 관살운도 극도로 왕한 재성을 설기하므로 식상의 극을 받지 않으면 길하나 식상의 극을 받거나 인성을 생조해주면 좋지 않다. 인성운과 비겁운은 식상과 재성을 극하면서 일주를 생부(生扶)하여 재성을 따라가지 못하게 하므로 아주 흉하다. 그러나 비겁운이 왕한 재성과 간합이 되어 묶여버리면 왕한 재성을 충격하지 않으므로 큰 어려움은 없을 것이다. 예를 들어보자.

壬 戊 癸 癸
子 子 亥 酉

戊土 일간인데, 사주원국에 식상 金이 하나 있고 나머지는 재성 水뿐이다. 인성 火와 비겁 土는 아예 찾아볼 수 없다. 그래서 종재격 또는 종아생재격이 된다. 용신은 재성 金이고 희신은 식상 土이다. 관살 木도 희신이지만, 지지로 들어오는 관살 木운은 비록 왕한 水의 생조를 받긴 해도 상관 酉金의 충극도 받으므로 희신의 역할을 하지 못한다.

⑤ 종아격(從兒格)이라고 함은 사주원국에 인성과 비겁은 아예 없고(지장간에도 없고) 재성과 관살도 없거나 적으며 온통 식상뿐인 격국을 말한다. 종아격의 용신은 식상이 된다. 만약 종아격에 재성이 함께 있다면, 흐름이

생기면서 기신운인 인성운에 재성이 인성을 극하여 식상을 보호해주므로 더 나은 구조인 종아생재격(從兒生財格)이 될 것이다. 종아격에서는 재성운이 가장 길하고 그다음으로 식상운이 길하며, 비겁운은 극도로 왕한 식상에 설기가 되므로 무난하다. 인성운은 극도로 왕한 식상을 충격하여 노하게 하므로 아주 흉하고, 관살운은 극도로 왕한 식상의 극을 받아 군겁쟁재(群劫爭財)가 되므로 역시 아주 흉하다. 그러나 인성운이 왕한 식상과 간합이 되어 묶여버리면 왕한 식상을 충격하지 않으므로 큰 어려움은 없을 것이다. 예를 들어보자.

壬 己 庚 癸
申 酉 申 酉

己土 일간인데, 사주원국에 재성 水가 2개 있고 나머지는 식상 金이다. 인성 火와 비겁 土는 전혀 없다. 그래서 종아생재격이 된다. 용신은 식상 金이 되고 희신은 재성 水가 된다.

⑥ 종세격(從勢格)이라고 함은 사주원국에 인성과 비겁은 아예 없고(지장간에도 없고) 식상과 재성과 관살이 골고루 있으면서 식상이 관살을 극하지 않고 식상은 재성을 생조하고 재성은 관살을 생조하는 구조로 되어 있는 경우를 말한다. 그러나 만약 식상이 관살을 극하는 위치에 있어서 서로 대립하고 있다면, 거의 대부분 종세격이 되지 못하고 비록 사주원국에 인성이 없더라도 인성을 용신으로 삼는 내격(內格)이 될 것이다. 그런데 종세격이라 하더라도 식상은 재성을 생조하고 재성은 관살을 생조하여 결국엔 기운이 관살에 모이게 되므로 종살격과 비슷한 격국이 된다고 하겠다. 종세격의 용신은 재성이나 관살이 된다. 종세격에서는 식상과 관살을 유통시켜주

는 재성운이 가장 길하고, 기운이 모이는 관살운도 길하다. 식상운은 관살을 직접 극하지 않으면 괜찮으나 관살을 직접 극하면 좋지 않다. 인성운과 비겁운은 아주 흉하다. 예를 들어보자.

戊 丙 庚 癸
戌 申 申 亥

丙火 일간인데, 사주원국에 인성 木과 비겁 火는 전혀 없고 식상 土와 재성 金과 관살 水가 비교적 고르게 있으면서 식상 土와 관살 水가 서로 부딪치지 않고 있다. 시지의 戌土 속에 들어 있는 겁재 丁火와 연지의 亥水 속에 들어 있는 편인 甲木은 일간과 멀리 떨어져 있는 데다가 암장(暗藏)되어 있기까지 해서 없는 것이나 다름없다. 그래서 종세격이 된다. 용신은 재성 金이 되고 희신은 관살 水가 된다. 사주원국의 식상 土는 희신이지만, 운에서 들어오는 식상 土(특히 조토)는 희신인 관살 水를 극하므로 희신의 역할을 하지 못하고 오히려 구신의 역할을 한다.

이상에서 종격(從格)의 종류와 운(運)의 길흉(吉凶)에 대해 살펴보았는데, 종격은 대체로 정격(正格)에 비해 희용신의 운에는 더 길하지만 기구신의 운에는 더 흉하므로 삶의 기복이 심하다는 특징이 있다. 그 까닭은 아무래도 사주가 중화(中和)를 이루지 못하고 오행이 어느 한쪽으로 치우쳐 있기 때문일 것이다. 그러니까 오행이 중화를 이루지 못하고 쟁탈(爭奪)하는 구조로 되어 있는 정격보다는 종격이 더 좋으나, 오행이 중화를 이루고 있으면서 상생(相生)하는 구조로 되어 있는 정격보다는 종격이 더 못하다고 하겠다.

그런데 실제로 임상(臨床)을 해보면, 일주가 의지할 만한 인성이나 비겁이 조금이라도 있으면 웬만해서는 종격으로 보지 말고 억부법(抑扶法)에 따라 인성이나 비겁을 용신으로 삼는 정격으로 보는 것이 타당하고, 또 종왕격이나 종강격의 경우에도 식상이나 재성이나 관살이 조금이라도 있으면 웬만해서는 종격으로 보지 말고 억부법에 따라 식상이나 재성이나 관살을 용신으로 삼는 정격으로 보는 것이 타당하다고 본다.

그래서 종격(從格)인지 정격(正格)인지 구분하는 방법을 나름대로 정리해보도록 하겠다.

① 종아격이나 종재격이나 종살격인 것처럼 보이더라도 인성이나 비겁이 있으면, 비록 천간의 인성이나 비겁이 뿌리도 없이 극을 받고 있거나 지지의 여기(餘氣)(辰戌丑未土의 여기에 한함)나 중기(中氣)에 인성이 암장(暗藏)되어 있어서 지극히 무력(無力)하다고 하더라도, 종격이 되지 않고 인성이나 비겁을 용신으로 삼는 정격이 되는 경향이 있다. 예를 들어보자.

   ⓐ   ⓑ
 壬 壬 丁 戊 丙 癸 丙 甲
 寅 辰 巳 戌 辰 巳 寅 辰

ⓐ의 명조(命造)는 壬水 일주가 시간의 비견 壬水와 시지의 辰土 속에 들어 있는 겁재 癸水를 용신으로 삼고 운에서 인성 金이 들어오기를 기다리고 있는 정격으로 봐야지 종세격으로 봐서는 안 된다. 金운은 간지 모두 비록 월령을 잡고 있는 火의 극을 받긴 해도 土의 생조를 받아 약한 일주와 용신 壬水를 생조해주므로 상당히 길했으며, 천간의 水운도 비록 戊土의 극을 받긴 해도 약한 일주를 도와주면서 용신 壬水와 합세하여 丁火를 극하거나 합

하므로 제법 길했고, 지지의 子水운도 비록 戌土의 극을 받으면서 寅木에게 설기까지 되긴 해도 巳火를 극하면서 약한 일주의 뿌리가 되므로 다소 길했으나, 지지의 亥水운은 巳亥沖으로 인해 亥水가 왕한 火土에게 깨지므로 상당히 흉했는데, 만약 일지에 습토(濕土)인 辰土가 없었다면 더더욱 흉했을 것이다.

ⓑ의 명조는 癸水 일주가 시지의 辰土 속에 들어 있는 비견 癸水를 용신으로 삼고 운에서 지지로 인성 金이 들어오기를 간절히 기다리고 있는 정격으로 보는 것이 타당하다. 천간으로 들어오는 인성 金운은 土의 생조를 받지는 못하고 두 丙火의 극을 받거나 두 丙火와 합하여 묶여버리므로 별로 좋지 않을 것이다. 여기서 癸水 일주가 일지의 巳火 속에 들어 있는 인성 庚金을 용신으로 삼는 것이 더 낫지 않느냐는 의문이 들 수 있겠는데, 巳火는 월지의 寅木의 생조를 받고 있어서 火의 기운이 왕하므로, 巳火 속의 인성 庚金은 巳火 속의 丙火에 녹아 있어서 꺼내 쓰기가 어렵다고 본다. 그래서 시지의 辰土 속에 있는 비견 癸水를 용신으로 삼는 수밖에 없다.

② 종왕격이나 종강격으로 보이더라도 식상이나 재성이나 관살이 있으면, 비록 식상이나 재성이나 관살이 뿌리도 없이 극을 받고 있거나 지지의 여기(餘氣)(辰戌丑未土의 여기에 한함)나 중기(中氣)에 암장(暗藏)되어 있어서 지극히 무력하다고 하더라도 종격이 되지 않고 식상이나 재성이나 관살을 용신으로 삼는 정격이 되는 경향이 많다. 예를 들어보자.

     ⓐ   ⓑ
   庚庚甲己 丁辛辛辛
   辰申戌未 酉酉丑丑

ⓐ의 명조는 土金이 아주 왕해서 종강왕격으로 볼 수 있으나, 일지의 申金 속에 들어 있는 식신 壬水를 용신으로 삼고 재성 木을 희신으로 삼는 정격으로 보는 것이 타당하다. 실제로 水운이 좋았던 것으로 보이고, 木운은 水의 생조를 받지는 못하고 金의 극만 받아서 그다지 좋지 못했던 것으로 보인다.

ⓑ의 명조는 辛金 일주가 丑月에 태어나 土金이 너무 많아서 아주 신강하다. 종강왕격으로 보기보다는 무력하긴 해도 시간의 칠살 丁火를 용신으로 삼고 용신 丁火를 생조해주는 재성 木을 희신으로 삼는 정격으로 보는 것이 더 타당하다고 하겠다. 실제로 火운은 길했으며, 천간의 木운도 용신 丁火를 생조해주므로 길했으나, 지지의 木운에는 水의 생조를 받지는 못하고 두 酉金의 충극만 받으므로 고생을 많이 했다고 한다.

③ 비록 일주(日主)가 의지할 인성이나 비겁이 지장간에도 전혀 없어서 극도로 신약하더라도 식상이 재성을 생조하지 않고 관살을 충극하고 있으면, 종격이 되지 않고 사주원국에 없는 인성이라도 용신으로 삼는 정격이 되는 경향이 많다. 예를 들어보자.

      ⓐ   ⓑ
甲 己 辛 癸 辛 丁 癸 己
子 卯 酉 卯 亥 酉 酉 酉

ⓐ의 명조는 인성 火와 비겁 土가 지장간에도 전혀 없어서 종격으로 보기 쉬우나, 식신 酉金이 칠살 卯木을 충하고 있으므로, 비록 사주원국에 인성 火와 비겁 土가 전혀 없긴 해도 운에서 들어오는 인성 火를 용신으로 삼고 비겁 土를 희신으로 삼는 정격으로 보는 것이 타당하다고 본다. 실제로

乙丑 대운 중의 乙亥年(1995년)에 매우 좋지 않았다는 말로 미루어볼 때, 종격이 아닌 것이 분명해 보인다. 인성 火운은 관살 木의 생조를 받아 식상 金을 극하면서 일주 己土를 생조해주므로 아주 길하겠으나, 비겁 土운은 비록 재성 水를 극하면서 일주를 생부해주긴 해도 관살 木의 극을 받으면서 식상 金에게 설기까지 되어 무력하므로 기대할 만큼 길하지는 않을 것이다.

ⓑ의 명조는 역시 인성 木과 비겁 火가 전혀 없으나 식신 己土가 칠살 癸水를 극하고 있으므로, 운에서 들어오는 인성 木을 용신으로 삼고 비겁 火를 희신으로 삼는 정격이 된다고 하겠다. 시지의 亥水 속에 들어 있는 인성 甲木은 물에 젖어 있어서 일주 丁火에게 도움이 되지 않지만, 卯木운이 들어오면 亥卯 반합하여 木의 기운을 강화시켜주므로 亥水 속의 甲木이 큰 도움이 될 것이다. 실제로 비겁 火운에 길했다고 하므로, 인성 木과 비겁 火를 희용신으로 삼는 정격이 틀림없다고 하겠다.

(2) 화격(化格)

화격(化格)은 일주(日主)가 월간이나 시간이나 일지와 간합(干合) 또는 암합(暗合)하여 다른 오행으로 화(化: 변함)하는 경우를 말하는데, 이때의 전왕용신은 화(化)하는 오행이 된다. 화격(化格)은 화기격(化氣格)이라고도 한다. 화격(化格)의 종류를 말하자면, 일주가 木으로 화하면 화목격(化木格)이라고 하고, 火로 화하면 화화격(化火格)이라고 하고, 土로 화하면 화토격(化土格)이라고 하고, 金으로 화하면 화금격(化金格)이라고 하고, 水로 화하면 화수격(化水格)이라고 한다.

천간이 합(合)하여 화(化)하는 이론의 근원은「황제내경(黃帝內徑)」에 언급되어 있을 정도로 아주 오래된 것으로 보이지만, 천간의 합(合)과 화(化)에 대해서는 앞에서 이미 살펴보았듯이 천간이 합하여 다른 성분으로 화하는 경우는 거의 없는 실정이다. 천간의 합화(合化) 중에서도 특히 일주(日主)가 합하여 다른 오행으로 화하는 경우는 더욱 드물다고 하겠다. 그래서 웬만하면 화격으로 보지 말고 정격으로 보고서 사주를 풀이한 다음, 맞지 않으면 그제야 비로소 화격으로 풀이하는 것이 해석의 오류를 줄이는 길이 아닐까 싶다.

아무튼 화격(化格)이 되기 위해서는 다음과 같은 조건을 충족해야 한다.

첫째, 일주(日主)가 월간이나 시간이나 일지와 합(合)이 되어 있어야 한다.

둘째, 화(化)하는 오행이 월령[월지]을 잡고 있어야 한다.

셋째, 천간과 지지가 거의 전부 화하는 오행과 화하는 오행을 생조하는 오행으로 이루어져 있어야 한다.

넷째, 화하는 오행을 파괴하는[충극하는] 오행이 사주원국에 없어야 한다.

이상과 같은 조건이 모두 충족된다면 거의 틀림없이 화격(化格)이 될 것이다. 화격이 되는 경우에, 용신은 화하는 오행이 되고 희신은 화하는 오행을 설기하는 오행과 화하는 오행을 생조하는 오행이 된다.

그러나 일주가 의지할 수 있는 인성이나 비겁이 미약하나마 있다면, 화격(化格)으로 보기보다 정격(正格)으로 보는 것이 실상(實狀)을 더 잘 반영할 것이다. 그러니까 화격은 위의 조건을 완전히 충족하는 경우 외에는 거의 없다고 보는 것이 더 현실적일 것이다. 실제로 화격은 아예 없다고 봐도 될 것이다. 예를 들어보자.

ⓐ 戊 丙 辛 辛
　 戌 子 丑 亥

ⓑ 癸 乙 庚 庚
　 未 酉 辰 申

ⓐ의 명조는 丙火 일주가 월간과 연간의 辛金과 합이 되어 있고 화하는 기운인 水가 많으나 水를 극하는 土가 있어서 식상 土와 관살 水가 서로 대립하고 있으므로, 丙火 일주가 水로 화하는 화수격(化水格)이 되지 못하고, 비록 사주원국에 없더라도 인성 木을 용신으로 삼고 비겁 火를 희신으로 삼는 정격이 된다고 본다.

ⓑ의 명조는 乙木 일주가 월간과 연간의 庚金과 합이 되어 있고 화하는 기운인 金과 金을 생조하는 土가 많으나 시간의 인성 癸水가 일주를 생조하여 일주로 하여금 金으로 화하지 못하도록 방해하므로, 乙木 일주가 金으로 화하는 화금격(化金格)이 되지 못하고, 시간의 인성 癸水를 용신으로 삼고 비겁 木을 희신으로 삼는 정격이 된다고 본다.

그리고 위의 조건을 거의 완전히 충족한 경우라도, 화하는 오행이 일주와 같은 오행이거나 일주를 생조하는 오행이라면, 일주는 좀체 화하지 않는 경향이 있다. 이에 대해 천간합의 종류별로 살펴보면 다음과 같다.

첫째, 甲己合의 경우에, 甲木 일주는 土로 잘 화하지만, 己土 일주는 화하는 기운인 土가 己土 일주와 같은 오행이므로 좀체 土로 화하지 않는다.

둘째, 乙庚合의 경우에, 乙木 일주는 金으로 잘 화하지만, 庚金 일주는 화하는 기운인 金이 庚金 일주와 같은 오행이므로 좀체 金으로 화하지 않는다.

셋째, 丙辛合의 경우에는, 丙火 일주도 水로 잘 화하고, 辛金 일주도 水로 잘 화한다.

넷째, 丁壬合의 경우에, 壬水 일주는 木으로 잘 화하지만, 丁火 일주는 화하는 기운인 木이 丁火 일주의 인성이므로 좀체 木으로 화하지 않는다.

다섯째, 戊癸合의 경우에, 癸水 일주는 火로 잘 화하지만, 戊土 일주는 화하는 기운인 火가 戊土 일주의 인성이므로 좀체 火로 화하지 않는다.

예를 들어서 좀 더 자세히 설명해보기로 하겠다.

ⓐ　　　　ⓑ　　　　ⓒ
　　壬丁壬丁　甲戊癸丙　甲己己戊
　　寅卯寅卯　寅午巳午　戌未未辰

　ⓐ의 명조는 일주 丁火가 시간의 壬水와 합이 되어 있는 데다가 연간과 월간도 丁壬合이 되어 있고 지지에는 화하는 기운인 木뿐이며 木을 극하는 金이 없으므로, 丁火 일주가 木으로 화하는 화목격(化木格)이 틀림없이 될 것 같으나, 화하는 기운인 木이 일주 丁火의 인성이라서 일주 丁火는 木으로 화하지 않고, 월간과 시간의 정관 壬水를 용신으로 삼고 운에서 재성 金이 들어오기를 간절히 기다리고 있는 정격이 된다고 본다. 그런데 용신 壬水가 비록 일주 가까이에 있긴 해도 지지에 뿌리를 전혀 내리지 못해서 너무 무력하므로, 사주의 구조가 아주 불량하다.

　ⓑ의 명조는 일주 戊土가 월간의 癸水와 합이 되어 있고 木火가 아주 많으며 화하는 기운인 火를 극하는 水가 없으므로, 戊土 일주가 火로 화하는 화화격(化火格)이 분명해 보이지만, 화하는 기운인 火가 일주 戊土의 인성이라서 일주 戊土는 火로 화하지 않고, 월간의 재성 癸水를 용신으로 삼고 식상 金을 희신으로 삼는 정격이 된다고 본다. 그런데 용신 癸水가 비록 일주 가까이에 있긴 해도 지지에 뿌리를 전혀 내리지 못해서 너무 무력하므로, 사주의 구조가 아주 불량하다.

　ⓒ의 명조는 일주 己土가 시간의 甲木과 합이 되어 있고 간지에 온통 土뿐이며 화하는 기운인 土를 극하는 木이 없으므로, 己土 일주가 土로 화하는 화토격(化土格)이 분명해 보이지만, 화하는 기운인 土가 일주 己土와 같은 오행이라서 일주 己土는 土로 화하지 않고, 시간의 정관 甲木을 용신으로 삼고 재성 水를 희신으로 삼는 정격이 된다고 본다. 그런데 정관 甲木이 비록 멀리 떨어져 있는 未土와 辰土에 어느 정도 뿌리를 내리고 있긴 해도

戌土를 깔고 앉아서 아주 무력하므로, 사주의 구조가 상당히 좋지 않다. 그래도 ⓐⓑ의 명조보다는 사주의 구조가 조금 더 나은 편이라고 하겠다.

한편 쟁합(爭合)과 투합(妬合)을 하는 경우에, 합하여 다른 성분으로 화(化)해버렸다면 쟁합과 투합의 의미가 전혀 없다고 하겠다. 다시 말해 쟁합과 투합은 다른 성분으로 화하지 않은 경우에만 그 효력이 있지 다른 성분으로 화(化)해버린 경우에는 그 효력이 전혀 없다는 뜻이다. 그러나 비록 다른 성분으로 화(化)해버렸다고 하더라도, 쟁합과 투합으로 인한 심리적인 특성은 그대로 나타난다고 봐야 한다. 왜냐하면 비록 일주가 다른 오행으로 화(化)하더라도, 일주의 성격은 화하기 이전의 오행이 지니고 있는 특성 그대로 나타난다고 하는 연구 결과가 있기 때문이다. 예를 들어보자.

　　　　ⓐ　　　　ⓑ
　　戊 甲 己 甲　丁 壬 丁 甲
　　辰 戌 巳 戌　未 寅 卯 寅

ⓐ의 명조는 甲木 일주가 土로 화하는 화토격(化土格)이고 ⓑ의 명조는 壬水 일주가 木으로 화하는 화목격(化木格)이라서 쟁합과 투합의 효력이 없으나, 쟁합과 투합으로 인한 심리적인 특성은 그대로 존재한다고 본다. 쟁합과 투합의 심리적인 특성에 대해서는 앞에서 상세히 설명했으므로, 그 부분을 참고하면 될 것이다.

용신격(用神格)

1. 용신격(用神格)의 의의(意義)

앞장에서 '용신(用神)을 찾는 법'에 대해 자세하게 살펴보았는데, 이렇게 찾은 용신(用神)에 해당하는 십성(十星)의 명칭(名稱)으로 지은 사주(四柱)의 격(格)을 용신격(用神格)이라 한다. 다시 말해 용신격(用神格)은 일주(日主)의 강약(强弱)이나 조후(調候)의 상황(狀況)이나 오행(五行)의 세력(勢力)에 따라 용신을 찾은 다음에 용신에 해당하는 십성(十星)의 명칭과 사주의 형상(形象)으로 만든 사주의 격(格)을 말한다. 이러한 용신격은 임철초(任鐵樵) 선생이 저술한 「적천수천미(滴天髓闡微)」에서 최초로 거론(擧論)이 된 것으로 알고 있다.

용신격은 다른 격(格)에 비해 다음과 같은 장점을 갖고 있다.

첫째, 용신격은 사주가 중화(中和)를 이루기 위해서 필요로 하는 오행과 꺼리는 오행이 무엇인지를 신속(迅速)하게 파악할 수 있다.

둘째, 운(運)의 길흉(吉凶)은 용신이라는 한 글자에 달려 있다고 해도 과언이 아니므로, 사주에서 용신만 찾으면 과거나 현재나 미래의 대체적인 상황이 얼마나 길(吉)하고 순조로운지 아니면 얼마나 흉(凶)하고 애로(隘路)가 많은지 하는 것을 한눈에 살필 수 있다.

셋째, 용신을 찾고 나면 육친(六親)의 길흉(吉凶)도 곧바로 알 수 있다. 예컨대 남자의 경우에, 재성이 용신이라고 한다면 여자(또는 아내)의 인연

(因緣)이 좋다고 해석할 수 있고, 재성을 충극하는 비겁은 기신(忌神)이 되므로 형제자매(兄弟姉妹)나 친구의 인연이 나쁘다고 해석할 수 있다. 또 여자의 경우에, 비겁이 용신이라고 한다면 형제자매나 친구의 인연이 좋다고 해석을 할 수 있고, 비겁을 충극하는 관살은 기신이 되므로 남자(또는 남편)의 인연이 나쁘다고 해석을 할 수 있다.

용신격은 이상과 같은 장점을 갖고 있지만, 단점이 없는 것도 아니다. 용신격의 유일한 단점이라고 할 수 있는 것은 일주(日主)의 강약(强弱)이 애매모호(曖昧模糊)해서 용신을 쉽사리 찾을 수 없는 경우도 있다는 점이다. 물론 그러한 경우는 전체에 비하면 얼마 되지 않기는 하지만, 많은 경험을 통해 사주를 해석하는 실력이 향상되면 그나마도 해결할 능력이 갖춰질 것이다. 만약 해결할 능력이 충분히 갖춰지기 전에 일주의 강약이 애매모호하다고 느껴지는 사주를 만난다면, 부득이 사주 주인공에게 과거의 상황에 대한 길흉을 확인해본 다음에 그에 맞는 용신을 찾아서 사주를 해석하는 것이 그나마 오류(誤謬)를 줄이는 한 방법이 될 것이다.

2. 용신격(用神格)의 종류

용신격(用神格)은 대체로 다음과 같이 분류할 수 있다. 다음의 각 항목마다 어떤 성분(成分)을 용신(用神)으로 삼는 것이 좋은지와 희신(喜神)은 어떤 성분이 되는 것이 좋은지를 살펴보기로 한다. 용신의 다양한 상황에 따라 용신격의 등급(等級)도 다양하게 나타나는데, 용신의 다양한 상황에 맞는 명조(命造)의 예(例)를 일일이 들기가 곤란하므로, 명조(命造)의 예(例)는 각 용신격마다 하나씩만 들기로 한다.

(1) 사주(四柱)에 인성(印星)이 많은 경우

사주(四柱)에 인성(印星)이 많은 경우라 함은 사주원국(四柱原局)에 인성이 많아서 신강(身强)한 경우를 말한다고 보면 된다.

(가) 인중용재격(印重用財格) 또는 기인취재격(棄印取財格)

인성이 많아서 신강(身强)한 경우에는 인성을 충극(沖剋)하는 재성이 용신(用神)이 된다. 이 경우에 재성이 일주(日主) 가까이, 즉 일지나 월간이나 시간에 있으면서 식상의 생조를 받아 유력(有力)하면 사주의 구조가 아주 좋다. 다시 말해 사주가 상격(上格)이 된다. 하지만 재성이 일주와 떨어져 있거나 무력(無力)하거나 기신(忌神)인 비겁의 충극을 받고 있으면, 사주의 구조가 나빠져 하격(下格)이 되어버린다. 이 경우에 희신(喜神)은 기신인 비겁을 설기(洩氣)하면서 용신인 재성을 생조해주는 식상이 된다.

운(運)은 용신운인 재성운이 희신운인 식상운보다 더 좋다. 예를 들어보자.

```
丁 戊 壬 庚
巳 午 午 午
```

戊土 일간이 인성 火가 많아서 신강하므로, 왕한 인성 火를 극하는 월간의 편재 壬水를 용신으로 삼고, 무력한 용신 壬水를 생조해주는 연간의 식신 庚金을 희신으로 삼는 인중용재격이 된다. 그런데 용신 壬水와 희신 庚金이 지지에 뿌리를 전혀 내리지 못하고 있어서 희용신이 둘 다 아주 무력하므로, 사주의 등급이 낮다. 용신운인 水운은 길하겠으나, 희신운인 金운 (특히 지지의 金운)은 왕한 火의 극을 많이 받으므로 길하기는커녕 오히려 흉할 것이다.

(나) 식상생재격(食傷生財格)

일주 가까이에 재성은 없고 식상이 있으며 식상은 재성을 생조해주고 있으면, 신강한 일주를 설기하는 식상을 용신으로 삼고 용신인 식상을 설기하여 기운을 유통시켜주면서 기신인 인성을 충극하는 재성을 희신으로 삼는 식상생재격이 된다. 이러한 식상생재격은 용신인 식상이 일주 가까이에 있으면서 용신인 식상과 희신인 재성이 맞붙어 있어서 서로 보호해주면서 기운이 유통이 되는 구조가 되므로, 사주가 더할 나위 없는 상격(上格)이 된다. 그러나 이 경우에도 용신인 식상과 희신인 재성이 유력하면 아주 좋지만, 식상과 재성이 무력하거나 기구신인 인성과 비겁의 충극을 받고 있으면 사주의 등급(等級)이 낮아진다.

운(運)은 희신운인 재성운이 용신운인 식상운보다 더 좋다. 예를 들어보자.

戊 丁 甲 戊
申 未 寅 午

丁火 일간이 인성 木과 비겁 火가 많아서 신강하므로, 상관 戊土와 식신 未土를 용신으로 삼고, 용신인 식상 土를 유통시켜주면서 기신인 인성 木으로부터 보호해주는 재성 金을 희신으로 삼는 식상생재격이 된다. 기운이 일간에서 식상으로, 그리고 식상에서 재성으로 흘러가고 있으므로, 사주의 구조가 상당히 좋은 편이다. 용신인 식신 未土가 기신인 인성 寅木의 극을 받고 있어서 다소 아쉽긴 하지만, 시간에 있는 용신인 상관 戊土는 기신인 인성 土의 극을 받지 않고 있어서 다행이다(월간의 기신 甲木은 일간을 생조하느라 시간의 용신 戊土를 극하지 못한다고 봐야 할 것이다). 용신운인 土운과 희신운인 金운은 모두 다 좋다고 해야 할 것이다.

(다) 인중용식상격(印重用食傷格)

사주원국에 재성은 없고 식상이 있으면 부득이 재성 대신 식상을 용신으로 삼고 운에서 희신인 재성이 들어오기를 기다릴 수밖에 없다. 이 경우에 재성은 명목상으로는 희신이지만 운에서 들어오는 재성은 사실상 용신의 역할을 한다. 이러한 인중용식상격에서 용신인 식상이 일주 가까이에 있으면서 기신인 인성의 충극을 받지 않고 유력하면 사주의 구조가 그나마 괜찮다고 볼 수 있지만, 용신인 식상이 일주와 멀리 떨어져 있거나 기신인 왕한 인성의 충극을 받고 있거나 무력하면 사주의 구조가 나빠져 사주가 하격(下格)이 되어버린다. 일반적으로 인중용식상격은 식상생재격보다 사주의 등급이 훨씬 떨어진다고 보는데, 그 까닭은 사실상의 용신인 재성이 왕한 인성을 충극하면서 식상을 설기하여 기운을 유통시켜주는 것이 좋은데 사실은 그렇지 못하기 때문이다.

운(運)은 희신운인 재성운은 좋으나, 용신운인 식상운은 왕한 인성의 충극을 받아 용신의 역할을 제대로 못하므로 그다지 좋은 편이 아니다. 예를 들어보자.

甲 丁 甲 戊
辰 卯 寅 寅

丁火 일간이 인성 木이 많아서 신강한데, 왕한 인성 木을 억누르는 재성 金이 절실히 필요하지만, 사주원국에 재성 金은 없고 식상 土만 있어서 부득이 식상 土를 용신으로 삼고 희신인 재성 木(희신이지만 사실상의 용신이다)이 운에서 들어오기를 기다리는 수밖에 없다. 그런데 부득이 용신으로 삼은 연간과 시지의 식신 戊土와 辰土는 일간과 멀리 떨어져 있는 데다가 왕

한 木의 극을 받고 있어서 아주 무력하기까지 하므로, 사주의 구조가 아주 나쁜 편이다. 다시 말해 사주가 하격(下格)이라고 해야 할 것이다. 용신운인 土운은 왕한 木의 극을 너무 받아서 활동하기 어려우므로 길하기는커녕 오히려 흉하다고 봐야 하겠지만, 희신운인 金운은 기신인 왕한 木을 충극하여 무력한 용신 土를 구해주므로 상당히 길할 것이다.

(라) 인중용관격(印重用官殺格)

사주원국에 재성과 식상이 없거나 일주와 너무 멀리 떨어져 있고 일주 가까이에 관살이 있는 경우에는, 부득이 일주를 극하는 관살을 용신으로 삼고 용신인 관살을 생조해주면서 왕(旺)한 인성을 충극하는 재성을 희신으로 삼는다. 이 경우에 용신인 관살은 왕한 인성에 설기가 되어서 일주를 제대로 극하지 못하므로, 용신다운 용신의 역할을 하지 못한다. 그래서 명목상으로는 희신이지만 사실상의 용신인 재성이 운(運)에서 들어와 왕한 인성을 충극하기를 기다리는 수밖에 없다. 이처럼 인성이 많은 인중용관격은 하격(下格)이 된다.

운(運)은 희신운인 재성운이 좋고, 용신운인 관살운은 왕한 인성에 설기가 되어 그다지 좋은 편이 아니다. 예를 들어보자.

乙 丁 甲 癸
巳 卯 寅 卯

丁火 일간이 인성 木이 많아서 신강한데, 왕한 인성 木을 억누르는 재성 金이 절실히 필요하지만 사주원국에 재성 金은 없고 하다못해 식상 土도 없다. 그래서 부득이 연간의 편관 癸水를 용신으로 삼고 운에서 재성 金이 들

어오기를 애타게 기다리는 수밖에 없다. 그런데 용신인 편관 癸水를 보니, 일간과 멀리 떨어져 있는 데다가 지지에 뿌리가 전혀 없어서 무력할 뿐 아니라 일간을 극하기는커녕 오히려 왕한 인성 木을 생조해주기까지 하고 있어서 용신의 역할을 아예 하지 못하고 있다고 해도 과언이 아니다. 그래서 사주의 구조가 아주 나쁘다고 해야 할 것이다. 용신운인 관살 水운은 왕한 인성 木을 생조하느라 일간 丁火를 극할 힘이 거의 없으므로 별로 좋지 못하겠지만, 희신운인 재성 金운은 무력한 용신 癸水를 생조해주면서 왕한 인성 木을 충극하므로 상당히 길할 것이다.

(마) 인중용재관격(印重用財官格) 또는 재자약살격(財滋弱殺格)

일주 가까이에 재성이나 식상은 없고 관살이 있으며 일주와 떨어져 있는 재성이 관살을 생조해주고 있으면, 부득이 일주를 극하는 관살을 용신으로 삼고 용신인 관살을 생조해주면서 왕한 인성을 충극하는 재성을 희신으로 삼는다. 이 격(格)은 썩 좋은 격(格)은 아니지만 관살격보다는 좋은 격(格)이라 할 수 있다.

운(運)은 희신운인 재성운이 좋고, 용신운인 관살운은 왕한 인성에 설기가 되어 기대할 정도로 좋은 편은 아니다. 예를 들어보자.

戊 辛 丁 己
戌 未 卯 未

辛金 일간이 인성 土가 많아서 신강한데, 사주원국에 왕한 土를 억누르는 재성 木은 일간과 떨어져 있고 편관 丁火가 일간 가까이에 있어서, 편관 丁火를 용신으로 삼고 용신 丁火를 생조해주고 있는 월지의 편재 卯木을 희신

으로 삼는 재자약살격이 된다. 비록 인성 土가 많긴 해도, 용신 丁火가 일간 가까이에 있을 뿐 아니라 희신인 재성 卯木에 매우 깊은 뿌리를 내리고 있어서 유력하므로, 사주의 구조가 상당히 좋은 편이라고 할 수 있다. 용신운인 관살 火운은 왕한 土를 생조해주느라 일간 辛金을 극할 여력(餘力)이 부족하므로 별로 좋지 않겠지만, 희신운인 재성 木운은 용신 丁火를 생조해주면서 왕한 인성 土를 극하므로 아주 길할 것이다.

(2) 사주(四柱)에 비겁(比劫)이 많은 경우

사주에 비겁(比劫)이 많은 경우라 함은 사주원국에 비겁이 많아서 신강(身强)한 경우를 말한다고 보면 된다.

(가) 식상생재격(食傷生財格)

비겁이 많아서 신강한 경우에는 일주(日主)를 설기하는 식상이나 일주를 극하는 관살을 용신으로 삼을 수 있지만, 일주 가까이에 있으면서 일주를 설기하는 식상을 용신으로 삼고, 기신인 인성을 충극하여 용신인 식상을 보호해주면서 식상을 설기하여 기운을 유통시켜주는 재성을 희신으로 삼는 것이 제일 좋다. 이러한 식상생재격은 일주가 용신인 식상을 생조하고 용신인 식상은 재성을 생조해주고 있어서 기운이 유통되는 유정(有情)한 구조로 되어 있으므로, 사주가 더할 나위 없는 상격(上格)이 된다. 그러나 이 경우에도 용신인 식상과 희신인 재성이 유력(有力)하면 아주 좋지만, 식상과 재성이 무력하면 사주의 등급(等級)이 낮아진다.

운(運)은 용신운인 식상운과 희신운인 재성운이 모두 아주 좋은데, 용신운인 식상운이 희신운인 재성운보다 더 좋다. 예를 들어보자.

乙 壬 癸 癸
巳 寅 亥 亥

　壬水 일간이 비겁 水가 많아서 신강하므로, 식상 寅木과 乙木을 용신으로 삼고, 용신 寅木과 乙木의 기운을 유통시켜주면서 기신 金으로부터 보호해주는 시지의 편재 巳火를 희신으로 삼는 식상생재격이 된다. 비록 비겁 水가 많긴 해도 水生木, 木生火하여 기운이 흘러가고 있으므로, 사주의 구조가 상당히 좋다고 할 수 있다. 그리고 사주원국에, 특히 용신인 식상 寅木과 乙木 곁에 기신인 인성 金이 없어서 사주가 청(淸)하다고 할 수 있다. 용신운인 木운은 아주 길하겠고, 희신운인 火운도 비록 왕한 水의 충극을 받긴 해도 용신인 寅木과 乙木의 기운을 유통시켜주므로 상당히 길할 것이다.

　(나) 식상생암재격(食傷生暗財格)

　앞에서 일주가 비겁이 많아서 신강한 경우에는 일주 가까이에 있으면서 일주를 설기하는 식상을 용신으로 삼고, 기신인 인성을 충극하여 용신인 식상을 보호해주면서 용신인 식상을 설기하여 기운을 유통시켜주는 재성을 희신으로 삼는 식상생재격이 제일 좋다고 했다. 그런데 식상생재격의 구조를 하고 있으면서 희신인 재성이 암장(暗藏)되어 있는 경우가 있다. 다시 말해 일지에 용신인 식상이 있고 일지의 식상 속에 재성이 암장되어 있는 상태에서 식상생재격의 구조를 하고 있는 경우이다. 이런 구조는 재성이 암장되어 있고 겉으로 드러나 있지 않아서 올바른 식상생재격보다는 사주의 구조가 좋지 않지만, 재성이 비록 암장되어 있긴 해도 일지 속에서나마 식상의 생조를 충분히 받아서 기운을 유통시켜주고 있으므로, 사주원국에 희신인 재성이 없거나 일주와 멀리 떨어져 있는 상태에서 식상을 용신으로 삼는 겁중용식상격에 비하면 사주의 구조가 좋다고 할 수 있다. 그래서 이러한 구조의 용신격을 식상생암재격(食傷生暗財格)이라고 이름 붙여 본다. 운(運)은 용신운인 식상운과 희신운인 재성운이 모두 아주 좋은데, 용신운인 식상운이 희신운인 재성운보다 더 좋다. 예를 들어보자.

壬 戊 乙 辛
戌 申 未 丑

戊土 일간이 비겁이 많아서 신강하므로, 일지의 식신 申金을 용신으로 삼고 申金 속에 암장되어 있는 편재 壬水를 희신으로 삼는 식상생암재격이 된다. 시간의 편재 壬水는 앉은자리에 뿌리를 거의 내리지 못하고 있어서 무력한 데다가 용신인 식신 申金과 붙어 있지 않으므로, 희신의 역할을 제대로 못하고 있다고 봐야 한다. 물론 천간으로 기신운인 火운이 들어오면 火를 조금이나마 극하여 막아주는 역할은 할 것이다. 희신인 재성 水가 일지의 식신 申金 속에 암장되어 있지 않고 월지나 시지에 본기(本氣)로 드러나 있었다면, 명실상부(名實相符)한 식상생재격이 되어 사주의 구조가 아주 좋아졌을 텐데, 그렇지 못해서 아쉽게 되었다. 그래도 사주원국에 희신인 재성이 없거나 일주와 멀리 떨어져 있는 상태에서 식상을 용신으로 삼는 겁중용식상격보다는 사주의 구조가 좋다고 해야 할 것이다. 그리고 사주원국에, 특히 용신인 식신 申金 곁에 기신인 인성 火가 없어서 사주가 청(淸)하다고 할 수 있다. 용신운인 金운은 왕한 비겁 土를 설기하면서 무력한 재성 水를 생조해주므로 아주 길하겠고, 희신운인 재성 水운의 경우에는 천간으로 들어오는 水운은 비록 정관 乙木에게 설기가 되긴 해도 용신인 상관 辛金의 생조를 받아 기운을 유통시켜주므로 상당히 길하겠으나, 지지로 들어오는 水운은 비록 용신인 식신 申金의 생조를 받아 기운을 유통시켜주긴

해도 왕한 비겁 戌未丑土의 극을 많이 받으므로 庚子운이나 辛亥운이나 壬子운이나 癸亥운이 간지로 함께 들어오지 않는 한 기대할 만큼 썩 길하지는 않을 것이다.

(다) 겁중용식상격(劫重用食傷格)

사주원국에 식상은 있는데 재성이 없거나 일주와 멀리 떨어져 있으면, 식상을 용신으로 삼고 운에서 들어오는 재성을 희신으로 삼는다. 이 경우에 용신인 식상이 일주 가까이에 있으면서 왕한 비겁을 설기하고 있으면 사주의 구조가 좋지만, 용신인 식상이 일주와 멀리 떨어져 있거나 기신인 인성의 충극을 받고 있거나 무력하면 사주의 등급이 떨어진다. 이러한 겁중용식상격은 식상생재격보다 사주의 등급이 제법 떨어지는데, 그 까닭은 희신인 재성이 기신인 인성을 충극하면서 용신인 식상을 설기하여 기운을 유통시켜 주는 것이 좋은데 사실은 그렇지 못하기 때문이다.

운(運)은 용신운인 식상운이 희신운인 재성운보다 더 좋다. 예를 들어보자.

辛 癸 癸 癸
酉 卯 亥 亥

癸水 일간이 비겁 水가 많고 인성 金도 2개나 있어서 매우 신강하므로, 일지의 식신 卯木을 용신으로 삼고, 용신 卯木의 기운을 유통시켜주면서 기신 酉金을 충극하여 용신 卯木을 구해주는 재성 火를 희신으로 삼는 겁중용식상격이 된다. 그런데 용신 卯木이 비록 일간 가까이에 있긴 해도 기신 酉金에게 충을 받아 깨져 있는데도 기신 酉金을 극하여 용신 卯木을 구해주는 재성 火가 없어서, 사주의 구조가 아주 좋지 않다. 용신운인 木운은 비록 왕

한 비겁의 생조를 받긴 해도 기신 辛酉金의 충극을 받으므로 그다지 길한 편은 아니며, 희신운인 火운도 왕한 水의 충극을 받는 바람에 기신 辛酉金을 충극하여 용신 卯木을 구해줄 힘이 없으므로 역시 그다지 길하지 않다. 결국 사주의 구조가 너무 좋지 않다 보니 희용신의 운이 제대로 작용하기 어렵다고 할 수 있다.

한편 사주가 화염토조(火焰土燥: 불기운이 거세서 土가 메말라 갈라져버리는 현상)의 구조로 되어 있으면, 식상인 조토가 土의 역할을 제대로 하지 못한다. 즉, 여름에 태어난 丙丁火 일주가 인겁 木火가 많아서 신강한데, 사주원국에 관살 水나 식상인 습토(丑辰土)가 없고 식상인 조토(戊未土나 戊未土와 함께 있는 戊己土)뿐이면[즉, 화염토조(火焰土燥)가 되어 있으면], 식상인 조토는 왕한 일간 丙丁火를 제대로 설기하지 못한다. 그래도 부득이 왕한 일주 丙丁火를 제대로 설기하지 못하는 식상인 조토(戊未土나 戊未土와 함께 있는 戊己土)나마 용신으로 삼고서 운에서 습토(丑辰土)가 들어오기를 애타게 기다리는 수밖에 없다. 이 경우에는 지지의 습토운 외에는 길한 운이 없으므로(이에 반해 사주원국에 관살 水나 식상인 습토가 있으면, 지지의 습토운뿐만 아니라 지지의 水운과 金운도 길하고 천간의 土운과 水운과 金운도 대체로 길하다), 사주원국에 유력한 관살 水나 식상인 습토(丑辰土)가 있어서 관살 水나 식상인 습토(丑辰土)를 용신으로 삼는 경우에 비해 사주의 등급이 훨씬 낮다. 예를 들어보자.

甲 丙 丁 戊
午 戌 巳 午

丙火 일간이 巳月에 태어났는데, 사주원국에 비겁 火가 가득하다. 그래

서 왕한 火를 설기하는 식상 土를 찾아보니, 일지에 식신 戌土가 있고 연간에 식신 戌土가 있다. 그런데 일지의 식신 戌土는 조토라서 일간 丙火와 왕한 비겁 火를 제대로 설기하지 못하고 있다. 연간의 식신 戌土도 조토나 다름없다고 해야 할 것이다. 그래서 사주의 구조가 매우 나쁜 화염토조(火焰土燥)의 구조가 되어버렸다. 만약 일지에 습토인 辰土가 있었다면 습토인 辰土가 왕한 일간 丙火와 비겁 火를 시원스레 설기하는 구조가 되었을 텐데, 그렇지 못해서 참으로 아쉽게 되었다. 그러나 어쩌겠는가. 부득이 조토인 일지의 식신 戌土라도 용신으로 삼고서 운에서 습토인 辰土나 丑土가 들어오기를 애타게 기다리는 수밖에 없다. 희신은 재성 金이 된다.

용신운인 土운의 경우에는 천간으로 들어오는 土운은 습토와 함께 들어오지 않는 한(즉, 戊辰운이나 己丑운이 간지로 함께 들어오지 않는 한) 메마른 土가 되어버려서 기대할 만큼 길하지는 않겠고, 지지로 들어오는 戌土운과 未土운도 조토운이라서 왕한 비겁 火를 제대로 설기하지 못하므로(즉, 土의 역할을 제대로 하지 못하므로) 그다지 길하지 않겠으나, 지지로 들어오는 辰土운과 丑土운은 습토운이라서 왕한 비겁 火를 시원하게 설기하므로 아주 길할 것이다. 희신운인 金운은 왕한 火의 극만 받고 용신인 식신 戌土나 戌土의 생조는 거의 받지 못하므로 길하기는커녕 오히려 흉할 것이다. 그런데 만약 일지에 습토인 辰土가 있다면, 희신운인 재성 金운은 비록 왕한 火의 극을 받긴 해도 습토인 용신 辰土의 생조를 충분히 받게 되므로 제법 길할 것이다.

(라) 겁중용관격(劫重用官格)

사주원국에 식상은 없거나 일주와 멀리 떨어져 있고 관살이 일주 가까이에 있으면서 재성의 생조를 받지 못하고 있으면, 일주와 왕한 비겁을 충극하는 관살을 용신으로 삼고 운에서 들어와 용신인 관살을 생조해주는 재성을 희신으로 삼는다. 이 경우에 용신인 관살이 유력하고 기신인 식상의 충극을 받지 않고 있으면 사주의 등급이 좋고, 용신인 관살이 무력하거나 기신인 식상의 충극을 받고 있으면 사주가 하격(下格)이 된다.

운(運)은 용신운인 관살운이 희신운인 재성운보다 더 좋다. 예를 들어보자.

癸 丙 甲 丙
巳 午 午 午

丙火 일간이 비겁 火가 많아서 신강한데, 왕한 비겁 火의 기운을 설기하는 식상 土를 용신으로 삼고 싶으나, 사주원국에 식상 土가 없어서 부득이 시간의 정관 癸水를 용신으로 삼고, 무력한 용신 癸水를 생조해주는 재성 金을 희신으로 삼는 겁중용관격이 된다. 그런데 용신 癸水가 지지에 뿌리를 전혀 내리지 못하고 있어서 너무 무력하므로, 왕한 비겁 火를 억누를 힘이 거의 없다고 할 수 있다. 그런데도 어쩔 수 없이 정관 癸水를 용신으로 삼다 보니, 사주의 구조가 형편없을 정도로 좋지 않다고 할 수 있다. 용신운인 水운은 아주 왕한 비겁 火를 다스릴 힘이 부족하므로 그다지 길하지 않겠고, 희신운인 金운의 경우에는 천간으로 들어오는 金운은 비록 丙火의 극을 받거나 丙火와 합하여 다소 기반이 되긴 해도 지지에 뿌리를 내리고서 들어온다면 무력한 용신 癸水를 생조해주므로 다소나마 길하겠으나, 지지로 들어오는 金운은 土의 생조는 받지 못하고 아주 왕한 火의 극만 받아 쟁재(爭財)가 되어버리므로 길하기는커녕 매우 흉할 가능성이 많다.

(마) 겁중용재관격(劫重用財官格) 또는 재자약살격(財滋弱殺格)

사주원국에 식상은 없거나 일주와 멀리 떨어져 있고 관살이 일주 가까이에 있으면서 재성의 생조를 받고 있으면, 일주와 왕한 비겁을 충극하는 관살을 용신으로 삼고, 기신인 식상을 설기하면서 용신인 관살을 생조해주는 재성을 희신으로 삼는다. 이 격은 희용신인 관살과 재성이 맞붙어 있으므로 대체로 관살격에 비해 상격(上格)이라고 할 수 있다.

운(運)은 용신운인 관살운이 희신운인 재성운보다 더 좋다. 예를 들어보자.

庚 乙 甲 癸
辰 卯 寅 卯

乙木 일간이 비겁 木이 많아서 신강한데, 왕한 비겁 木의 기운을 설기하는 식상 火를 용신으로 삼고 싶으나, 사주원국에 식상 火가 없어서 부득이 시간의 정관 庚金을 용신으로 삼고, 무력한 용신 庚金을 생조해주는 시지의 정재 辰土를 희신으로 삼는 겁중용재관격이 된다. 이 명조는 앞의 명조와는 달리 정관 庚金이 앉은자리의 정재 辰土에 뿌리를 내리고 있으므로(비록 정재 辰土가 왕한 卯木의 극을 받고 있긴 해도), 사주의 구조가 괜찮은 편이라고 할 수 있다. 용신운인 관살 金운은 일간과 왕한 비겁 木을 억눌러주므로 상당히 길하겠고, 희신운인 土운의 경우에는 천간으로 들어오는 土운은 용신 庚金을 생조해주므로 길하겠으나, 지지로 들어오는 土운은 火의 생조는 받지 못하고 아주 왕한 木의 극만 받으므로 그다지 길하지는 않을 것이다 (그래도 지지에 辰土가 하나 있어서 용신 庚金의 뿌리가 되어주고 있으므로 지지의 土운이 흉하지는 않을 것이다).

(바) 겁중용재격(劫重用財格)

사주원국에 식상과 관살은 없거나 일주와 멀리 떨어져 있고 일주 가까이에 재성이 있으면, 부득이 재성을 용신으로 삼고 용신인 재성을 생조해주는 식상과 기신인 왕한 비겁을 충극하여 용신인 재성을 보호해주는 관살을 희신으로 삼는다. 이 경우에 식상이나 관살은 명목상으로는 희신이지만 운에서 들어오는 식상이나 관살은 사실상 용신의 역할을 한다. 그러나 식상이 비록 일간 가까이에 없더라도 용신인 재성을 바로 곁에서 생조해주고 있는 구조라면, 사주의 구조가 좋아짐과 동시에 관살운은 식상의 충극을 받아서 길하지 않으므로 희신이 되지 못한다. 이러한 겁중용재격에서 비겁과 재성이 균형(均衡)을 이루지 못하고 용신인 재성이 무력하거나 기신인 왕한 비겁의 충극을 받고 있으면 군겁쟁재격(群劫爭財格)이 되므로, 사주가 하격(下格)이 되어버린다.

운(運)은 희신운인 식상운이 제일 좋고, 그다음으로 희신운인 관살운이 좋으며, 용신운인 재성운은 그다지 좋은 편이 아니거나 오히려 흉할 가능성이 있다. 예를 들어보자.

丁 癸 壬 壬
巳 亥 子 子

癸水 일주가 비겁 水가 많아서 신강한데, 왕한 비겁 水를 설기하는 식상 木을 용신으로 삼고 싶으나 사주원국에 식상 木이 없고(일지의 亥水 속에 들어 있는 甲木은 젖어 있어서 꺼내 쓸 수 없다), 부득이 관살 土라도 용신으로 삼으려니 관살 土도 없어서, 진짜 궁여지책(窮餘之策)으로 시주의 재성 丁巳火를 용신으로 삼고서 운에서 식상 木이나 관살 土가 들어오기를 간

절히 기다리는 군겁쟁재격이 된다. 비겁 水가 너무 많은데 식상 木이나 관살 土는 없고 재성 火뿐이므로, 사주의 구조가 형편없을 정도로 나쁘다고 할 수 있다. 용신운인 재성 火운은 매우 왕한 비겁 水의 충극을 받아 무참히 깨져버리므로 매우 흉하겠으나, 희신운인 식상 木운은 왕한 비겁 水를 설기하면서 무력한 용신 丁巳火를 생조해주므로 상당히 길하겠고, 희신운인 관살 土운도 제법 길할 것이다(그러나 지지의 습토운은 왕한 水를 제대로 극하지 못하고 용신 巳火를 어둡게 하므로 그다지 길하지 않을 것이다).

(3) 사주(四柱)에 인성(印星)과 비겁(比劫)이 많은 경우

사주에 인성(印星)과 비겁(比劫)이 많은 경우라 함은 사주원국에 인성과 비겁이 많아서 신강(身强)한 경우를 말한다고 보면 된다. 이 경우의 용신격(用神格)은 앞에서 살펴본 (1)(2)의 경우와 같은데, 용신운과 희신운의 좋고 나쁨에서 차이가 있다고 할 수 있다.

인성과 비겁이 함께 많은 경우에는 대체로 희용신의 운(運)인 식상운과 재성운과 관살운이 기대할 정도로 좋은 편은 아니다. 왜냐하면 식상운은 왕한 인성의 충극을 받아서 힘을 못 쓰고, 재성운은 왕한 비겁의 충극을 받아서 힘을 못 쓰고, 관살운은 왕한 인성에 설기가 되어 힘을 못 쓰기 때문이다. 예를 들어보자.

辛 壬 丁 庚
亥 申 亥 辰

壬水 일간이 인성 金과 비겁 水가 많아서 신강하므로, 월간의 정재 丁火를 용신으로 삼고 식상 木을 희신으로 삼는 인겁중용재격(印劫重用財格)이 된

다. 그런데 용신 丁火가 비록 일간 가까이에 있어서 좋긴 해도 지지에 뿌리를 거의 내리지 못해 아주 무력하므로, 아쉽게도 사주의 구조가 좋지 않다. 만약 월지에 亥水 대신 卯木이 있다면, 용신 丁火가 상관 卯木에 깊은 뿌리를 내려 유력해질 것이므로, 사주의 구조가 상당히 좋아질 것이다. 천간으로 들어오는 용신운인 火운은 상당히 길하겠으나, 지지로 들어오는 용신운인 火운은 두 亥水의 충극을 받아 깨지므로 길하기는커녕 오히려 흉할 가능성이 많다. 그리고 천간으로 들어오는 희신운인 木운은 비록 무력한 용신 丁火를 생조해주긴 해도 庚辛金의 극을 받으므로 기대할 만큼 길하지는 않겠고, 지지로 들어오는 희신운인 木운은 비록 申金의 충극을 받긴 해도 두 亥水의 생조를 받아 무력한 용신 丁火의 깊은 뿌리가 되어주므로 상당히 길할 것이다.

(4) 사주(四柱)에 식상(食傷)이 많은 경우

사주에 식상(食傷)이 많은 경우라 함은 사주원국에 식상이 많아서 신약(身弱)한 경우를 말한다고 보면 된다. 그리고 식상이 많으면 상관이 많은 경우나 다름없다고 봐서, 용신격의 명칭을 통상 식상××격이라 하지 않고 상관××격이라 한다.

(가) 상관용인격(傷官用印格)

식상이 많아서 신약한데 일주 가까이에 인성이 있으면, 약한 일주(日主)를 생조해주면서 왕한 식상을 충극하는 인성을 용신으로 삼는다. 그리고 희신을 찾을 때는, 용신인 인성이 약하면 인성을 생조해주는 관살을 희신으로 삼고, 용신인 인성이 약하지 않거나 인성이 기신인 재성의 충극을 받고 있으면 약한 일주를 방조(幇助)해주면서 기신인 재성을 충극하여 용신인 인성을 구해주는 비겁을 희신으로 삼는다. 이 경우에 용신인 인성을 희신인 관살이 생조해주고 있는 구조가 기운이 유통되므로 사주의 등급이 더 높다고 할 수 있다.

운(運)은 용신운인 인성운이 희신운인 관살운이나 비겁운보다 더 좋다. 예를 들어보자.

庚 戊 丙 辛
申 戌 申 酉

戊土 일간이 식상 金이 많아서 신약하므로, 허약한 일간을 생조해주는 월간의 편인 丙火를 용신으로 삼고, 용신 丙火가 무력하므로 용신 丙火를 생조해주는 관살 木을 희신으로 삼는 상관용인격이 된다. 그런데 용신 丙火가 앉은자리에 뿌리를 전혀 내리지 못해서 아주 무력한 데다가 연간의 辛金과 간합하여 기반(羈絆)까지 되어 있으므로, 사주의 구조가 매우 나쁘다고 할 수 있다. 용신운인 火운은 왕한 식상 金을 극하면서 허약한 일간을 생조해주므로 상당히 길하겠으나, 희신운인 관살 木운의 경우에는 천간으로 들어오는 관살 木운은 비록 용신 丙火를 생조해주긴 해도 용신 丙火가 연간의 辛金과 합하느라 일간을 돌아보지 않고 있으므로 기대할 만큼 길하지는 않겠고, 지지로 들어오는 관살 木운은 水의 생조는 받지 못하고 왕한 申酉金의 충극만 받으므로 길하기는커녕 오히려 상당히 흉할 것이다.

(나) 상관용겁격(傷官用劫格)

사주원국에 인성은 없거나 일주와 멀리 떨어져 있고 일주 가까이에 비겁이 있으면, 부득이 비겁을 용신으로 삼고 희신인 인성이 운에서 들어오기를 기다리는 수밖에 없다. 이 경우에 인성은 명목상으로는 희신이지만 운에서 들어오는 인성은 사실상 용신의 역할을 한다. 그리고 용신인 비겁은 왕한 식상에 설기가 되어서 용신의 역할을 제대로 수행하지 못하므로, 상관용겁 격은 하격(下格)이 된다.

운(運)은 희신운인 인성운이 좋고, 용신운인 비겁운은 기대할 정도로 좋은 편은 아니다. 예를 들어보자.

庚 戊 辛 戊
申 申 酉 辰

戊土 일간이 식상 金이 많아서 신강하므로, 허약한 일간을 생조해주는 인성 火를 용신으로 삼고 싶으나 사주원국에 인성 火가 없어서 부득이 멀리 떨어져 있는 비견 戊辰土를 용신으로 삼고, 운에서 인성 火가 들어오기를 간절히 기다리고 있는 상관용겁격이 된다. 그런데 용신 戊辰土가 허약한 일간을 생조해주는 인성이 아닌 데다가 일간과 멀리 떨어져 있으므로, 사주의 구조가 매우 나쁘다고 할 수 있다. 용신운인 비겁 土운은 왕한 식상 金을 생조해주느라 허약한 일간을 방조(幫助)해줄 여력(餘力)이 거의 없다고 할 수 있으므로 그다지 길하지 못하겠으나, 희신운인 火운은 허약한 일간을 생조해주는 사실상의 용신이므로 상당히 길할 것이다.

(5) 사주(四柱)에 재성(財星)이 많은 경우

사주에 재성(財星)이 많은 경우라 함은 사주원국에 재성이 많아서 신약(身弱)한 경우를 말한다고 보면 된다.

(가) 재중용겁격(財重用劫格)

재성이 많아서 신약한데[이런 경우를 재다신약(財多身弱)이라 한다] 일주 가까이에 비겁이 있으면, 왕한 재성을 충극하는 비겁을 용신으로 삼고 용신인 비겁을 생조해주는 인성을 희신으로 삼는다. 용신인 비겁이 희신인 인성의 생조를 받고 있으면서 왕한 재성과 거의 균형을 이루고 있으면 사주의 구조가 좋아져 상격(上格)이 되지만, 용신인 비겁이 무력하거나 기신인 관살의 충극을 받고 있다면 사주의 구조가 나빠져 하격(下格)이 되어버린다.

운(運)은 용신운인 비겁운이 좋고, 희신운인 인성운은 왕한 재성의 충극을 받아 희신의 역할을 제대로 할 수 없으므로 기대할 정도로 좋은 편은 아니다. 예를 들어보자.

$$\begin{array}{cccc} 丙 & 壬 & 丙 & 壬 \\ 午 & 午 & 午 & 申 \end{array}$$

壬水 일간이 재성 火가 많아서 신약하므로, 허약한 일간을 방조해주면서 왕한 재성 火를 충극하는 연간의 비견 壬水를 용신으로 삼고 용신 壬水를 생조해주는 연지의 편인 申金을 희신으로 삼는 재중용겁격이 된다. 비록 용신 壬水가 일간과 떨어져 있어서 다소 무정하긴 해도 앉은자리에 깊은 뿌리를 내리고 있으므로, 사주의 구조가 그런대로 좋은 편이라고 할 수 있다. 용신운인 비겁 水운은 왕한 재성 火를 충극하면서 허약한 일간을 방조해주므로 상당히 길하겠고, 천간의 인성 金운도 비록 왕한 재성 丙火의 극을 받긴 해도 용신 壬水를 생조해주므로 다소나마 길하겠으나, 지지의 인성 金운은 土의 생조는 받지 못하고 왕한 午火의 극만 받으므로 길하기는커녕 오히려 흉할 것이다.

(나) 재중용인격(財重用印格)

　재성이 많아서 신약한데, 사주원국에 비겁이 없거나 일주와 멀리 떨어져 있고 인성이 일주 가까이에 있으면, 부득이 인성을 용신으로 삼고 약한 일주를 방조(幇助)해주면서 기신인 왕한 재성을 충극하여 용신인 인성을 보호해주는 비겁을 희신으로 삼는다. 비겁은 명목상으로는 희신이긴 해도 운에서 들어오는 비겁은 사실상 용신의 역할을 한다고 보면 된다. 이 경우에 용신인 인성은 왕한 재성의 충극을 받아서 용신의 역할을 제대로 수행할 수 없으므로, 사주의 구조가 나빠져 하격(下格)이 되어버린다.

　운(運)은 희신운인 재성운이 좋고, 용신운인 인성운은 왕한 재성의 충극을 받아 용신의 역할을 제대로 못하므로 기대할 정도로 좋은 편은 아니다. 예를 들어보자.

丁 癸 丙 壬
巳 酉 午 巳

　癸水 일간이 재성 火가 많아서 신약하므로, 왕한 재성 火를 충극하는 비겁 水를 용신으로 삼고 싶으나 사주원국에 비겁 水가 없어서 부득이 일지의 편인 酉金을 용신으로 삼고 운에서 비겁 水가 들어오기를 기다리고 있는 재중용인격이 된다. 용신 酉金이 일간 가까이에서 일간을 생조해주고 있어서 유정하긴 하나 왕한 巳午火의 극을 받고 있어서 일간을 생조해줄 힘이 부족하므로, 사주의 구조가 나쁘다고 할 수 있다. 용신운인 金운은 土의 생조는 받지 못하고 왕한 火의 극만 받아서 허약한 일간을 생조해줄 여력이 없으므로 길하기는커녕 오히려 다소 흉하겠으나, 희신운인 비겁 水운은 왕한 재성 火를 충극하여 용신 酉金을 구해주므로 아주 길할 것이다.

(6) 사주(四柱)에 관살(官殺)이 많은 경우

사주에 관살(官殺)이 많은 경우라 함은 사주원국에 관살이 많아서 신약(身弱)한 경우를 말한다고 보면 된다. 이 경우는 허약한 일주(日主)가 왕한 관살의 극을 받아서 일주에게 부담이 가장 큰 구조라고 할 수 있다. 그리고 관살이 많으면 칠살이 많은 경우나 다름없다고 봐서, 용신격의 명칭에 통상 살(殺) 자(字)를 많이 사용한다.

(가) 살인상생격(殺印相生格)

관살이 많아서 신약한데 일주 가까이에 인성이 있고 인성은 재성의 충극을 받지 않은 채 왕한 관살의 생조를 받고 있으면, 인성을 용신으로 삼고 용신인 인성을 재성의 충극으로부터 보호해주면서 약한 일주(日主)를 방조(幫助)해주는 비겁을 희신으로 삼는다. 이러한 살인상생격은 왕한 관살이 용신인 인성을 생조하고 용신인 인성은 약한 일주를 생조해주고 있어서 기운이 유통되는 유정(有情)한 구조로 되어 있으므로, 사주가 더할 나위 없는 상격(上格)이 된다. 그러나 이 경우에도 용신인 인성이 재성의 충극을 받고 있으면, 사주의 등급(等級)이 다소 낮아진다.

운(運)은 용신운인 인성운이 아주 좋고, 희신운인 비겁운은 왕한 관살의 충극을 받아서 썩 좋은 편은 아니다. 예를 들어보자.

壬 甲 戊 甲
申 申 辰 寅

甲木 일간이 관살 金과 재성 土가 많아서 신약하므로, 왕한 관살을 설기하면서 허약한 일간을 생조해주고 있는 시간의 편인 壬水를 용신으로 삼고,

기신 戊土를 극하여 용신 壬水를 구해주는 연간의 비견 甲木을 희신으로 삼는 살인상생격이 된다. 용신 壬水가 일간 가까이에서 일간을 생조해주고 있어서 유정하고 편관 申金에 깊은 뿌리를 내리고 있어서 유력한 데다가 기신 戊土의 극을 직접적으로 받지도 않고 있으므로, 사주의 구조가 상당히 좋다고 할 수 있다. 용신운인 인성 水운은 비록 기신 戊辰土의 극을 받긴 해도 관살 金의 생조를 받으면서 허약한 일간을 생조해주므로 아주 길하겠고, 희신운인 비겁 木운의 경우에는 천간으로 들어오는 木운은 기신 戊土를 극하여 용신 壬水를 편안하게 해주므로 상당히 길하겠으나, 지지로 들어오는 木운은 두 申金에게 충극을 받아 깨지므로 그다지 길하지 못할 것이다.

(나) 살중용인격(殺重用印格)

관살이 많아서 신약한데 용신인 인성이 일주 가까이에 없고 일주와 떨어져 있으면, 인성이 일주를 직접 생조해주지 못해서 용신의 역할을 제대로 수행하지 못하게 된다. 그래서 용신인 인성이 운(運)에서 들어와 허약한 일주를 생조해주기를 간절히 기다리고 있는 상황인데, 이러한 상황의 살중용인격은 앞의 살인상생격에 비해 사주의 등급이 많이 떨어진다.

운(運)은 용신운인 인성운이 아주 좋고, 희신운인 비겁운은 왕한 관살의 충극을 받아서 썩 좋은 편은 아니다. 예를 들어보자.

庚 乙 辛 癸
辰 酉 酉 酉

乙木 일간이 관살 金이 많아서 매우 신약하므로 왕한 관살 金을 설기하면서 허약한 일간을 생조해주는 연간의 인성 癸水를 용신으로 삼고, 기신 土로부터 용신 癸水를 보호해주는 비겁 木을 희신으로 삼는다. 이 명조를 앞

의 명조와 비교해보면, 앞의 명조는 용신인 인성 壬水가 일간 가까이에서 일간을 생조해주고 있는 데 반해 이 명조는 용신인 인성 癸水가 일간과 멀리 떨어져 있어서(즉, 무정해서) 일간을 직접 생조해주지 못하고 있는 것이 다르다. 그러니까 殺生印, 印生身하는 구조가 아니라서 기운이 흐르지 못하고 있다. 그래서 이 명조는 상격(上格)인 살인상생격이 되지 못하고 그보다 훨씬 못한 살중용인격이 된다. 용신운인 인성 水운은 왕한 관살 金을 설기하면서 허약한 일간을 생조해주므로 아주 길하겠으나, 희신운인 비겁 木운의 경우에는 천간으로 들어오는 木운은 비록 용신 癸水의 생조를 받긴 해도 왕한 庚辛金의 극을 받으므로 그다지 길하지 못하겠고, 지지로 들어오는 木운은 水의 생조는 받지 못하고 왕한 酉金의 충극을 너무 많이 받는 바람에 길하기는커녕 오히려 상당히 흉할 것이다.

(다) 살중용겁격(殺重用劫格)

관살이 많아서 신약한데 사주원국에 인성은 없고 비겁이 있으면, 부득이 허약한 일주를 방조(幇助)해주는 비겁을 용신으로 삼고 희신인 인성이 운에서 들어오기를 기다리는 수밖에 없다. 이 경우에 운에서 들어오는 인성은 명목상으로는 희신이긴 해도 사실상 용신의 역할을 한다고 보면 된다. 이러한 상황의 살중용겁격은 앞의 살중용인격보다 사주의 등급이 더 떨어지는 하격(下格)이 된다.

운(運)은 희신운인 인성운이 아주 좋고, 용신운인 비겁운은 왕한 관살의 충극을 받아서 썩 좋은 편은 아니다. 예를 들어보자.

甲 戊 戊 乙
寅 子 寅 卯

戊土 일간이 관살 木이 많아서 매우 신약하므로, 왕한 관살 木을 설기하면서 허약한 일간을 생조해주는 인성 火를 용신으로 삼는 것이 가장 좋으나, 인성 火는 지장간에 암장(暗藏)되어 있어서 쉽게 꺼내 쓰기 어렵기 때문에 부득이 월간의 비견 戊土를 용신으로 삼고 인성 火가 운에서 들어오기를 간절히 기다리고 있는 살중용겁격이 된다. 그런데 용신 戊土는 비록 일간 가까이에 있어서 유정한 데다가 앉은자리의 寅木 속에 들어 있는 인성 丙火에 간신히 뿌리를 내리고 있긴 해도 왕한 관살 木의 극을 너무 많이 받고 있으므로, 사주의 구조가 아주 나쁘다고 할 수 있다. 용신운인 비겁 土운은 인성 火의 생조는 전혀 받지 못하고 왕한 관살 木의 극만 받으므로 길하기는커녕 오히려 아주 흉하겠으나, 희신운인 인성 火운은 왕한 관살 木을 설기하여 허약한 일간을 생조해주므로(즉, 사실상 용신의 역할을 제대로 하므로) 아주 길할 것이다.

(라) 식상제살격(食傷制殺格)

관살이 많아서 신약한데 사주원국에 인성은 없고 식상이 일주 가까이에 있으면서 지지의 비겁에 깊은 뿌리를 내리고 있으면, 부득이 왕한 관살을 충극하는 식상을 용신으로 삼고 용신인 식상을 생조해주고 있는 비겁을 희신으로 삼는다(인성도 용신인 식상을 직접 충극하지 않는 한 희신이 된다). 그러나 만약 식상이 지지의 비겁에 깊은 뿌리를 내리지 못하고 있거나 허약한 일주를 설기만 하고 왕한 관살을 직접 충극하지 못하고 있으면, 허약한 일주가 식상의 설기를 감당할 수 없으므로 식상을 용신으로 삼지 못하고 비겁을 용신으로 삼고 운에서 사실상의 용신인 인성이 들어오기를 간절히 기다리는 수밖에 없다. 이러한 식상제살격은 그 성립요건이 무척 까다롭기 때문에 매우 드문 용신격이라 할 수 있다.

운(運)은 용신운인 식상운이 희신운인 비겁운에 비해 좀 더 좋다. 그런데 여기서 주의해야 할 점은 인성이 사주원국에 없어서 부득이 식상을 용신으로 삼다 보니, 인성운이 용신인 식상을 충극하지 않으면 길하지만 용신인 식상을 충극하면 기신운이 되어버려서 아주 흉하다는 점이다. 예를 들어보자.

己 癸 甲 戊
未 未 子 戌

癸水 일간이 관살 土가 많아서 매우 신약하므로 왕한 관살 土를 설기하면서 허약한 일간을 생조해주는 인성 金을 용신으로 삼는 것이 가장 좋으나, 사주원국에 인성 金이 없어서 일간 가까이에서 앉은자리에 깊은 뿌리를 내리고서 왕한 관살 土를 억누르고 있는 상관 甲木을 용신으로 삼고, 용신 甲木을 생조하고 있는 월지의 비견 子水를 희신으로 삼는 식상제살격이 된다. 그야말로 식상제살격의 요건에 딱 맞는 구조라고 할 수 있다. 그래서 사주의 구조가 괜찮은 편이라고 할 수 있다. 용신운인 식상 木운은 왕한 관살 土를 억눌러주므로 상당히 길하겠으나, 희신운인 비겁 水운의 경우에는 천간으로 들어오는 水운은 비록 관살 土의 극을 받긴 해도 용신 甲木을 생조해주므로 다소나마 길하겠으나, 지지로 들어오는 水운은 비록 용신 甲木의 뿌리가 되어주긴 해도 왕한 관살 土의 극을 많이 받으므로 그다지 길하지 못하거나 오히려 다소 흉할 것이다.

이상으로 식상제살격(食傷制殺格)에 대해 간략히 설명했는데, 식상제살격은 다른 용신격(用神格)에 비해 그 성립요건이 무척 까다로우므로 좀 더 체계적으로 정리해보기로 한다.

■ **식상제살격(食傷制殺格)**

• 식상제살격의 개념

식상제살격이라고 함은 관살이 아주 왕하고 일주가 약해서 인성을 필요로 하는데 사주원국에 인성은 없고 식상이 있는 경우에, 식상을 용신으로 삼아서 왕한 관살을 극제하는 용신격(用神格)을 말한다.

• 식상제살격이 되기 위한 요건

① 관살이 식상보다 훨씬 더 왕해야 한다. 만약 식상이 관살보다 더 왕하거나 식상과 관살의 세력이 엇비슷하다면, 극설교가(剋洩交加: 일간이 신약한데 일간을 극제하는 관살과 설기하는 식상이 있는 경우를 말함)가 되어 식상을 용신으로 삼을 수 없고 비겁이나 지지에 암장된 인성을 용신으로 삼아야 할 것이다.

② 사주원국에 인성이 없어야 한다. 만약 인성이 있다면 식상을 용신으로 삼을 수 없고 인성을 용신으로 삼아야 할 것이다. 그러나 일주도 관살 못지않게 왕하고 사주원국에 식상과 인성이 모두 있는데, 일주가 인성의 생조를 더 이상 바라지 않아서 인성을 용신으로 삼는 것보다 식상을 용신으로 삼는 것이 더 좋은 경우도 있다.

③ 식상과 관살 사이에 재성이 가로막고 있거나 재성이 많거나 왕한 경우에는, 식상이 관살을 극제하기 곤란하므로, 식상을 용신으로 삼을 수 없고 비겁이나 지지에 암장된 인성을 용신으로 삼아야 한다.

④ 식상을 용신으로 삼기 위해서는 일주가 식상의 설기를 감당할 수 있어야 하므로, 지지에 일주의 뿌리인 비겁이 적어도 하나는 있어야 한다. 만약 지지에 비겁이 거의 없다면 일주가 극설(剋洩)이 심해서 식상의 설기를 감

당할 수 없으므로, 식상을 용신으로 삼을 수 없고 비겁이나 지지에 암장된 인성을 용신으로 삼아야 할 것이다.

- 식상제살격의 희신

식상제살격에서 희신은 용신인 식상을 생조하면서 약한 일주를 도와주는 비겁이 된다. 만약 일주가 아주 약하다면 희신운인 비겁운이 용신운인 식상운보다 더 길할 것이며, 만약 일주가 다소 약한 정도라면 용신운인 식상운이 비겁운보다 더 길할 것이다.

- 식상제살격의 인성운

인성은 약한 일주를 생조해주므로, 인성운은 제법 길하다. 그러나 인성운이 용신인 식상을 직접 충극(沖剋)하면 흉하다.

반면에 비록 일주가 관살을 전혀 두려워하지 않을 정도로 왕하지는 않다고 하더라도 관살 못지않게 왕한 편이라면 일주가 인성의 생조를 필요로 하지 않으므로, 인성운은 비록 식상을 직접 충극하지 않더라도 흉하다.

- 사례

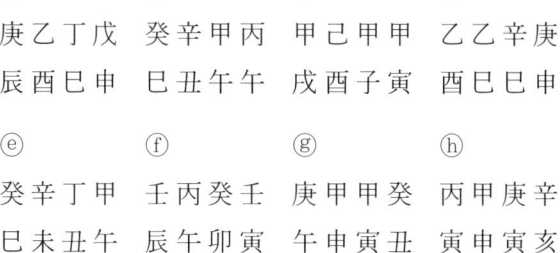

ⓐ는「사주문답3(Q905)」에 나오는 명조인데, 乙木 일주가 아주 신약한데, 관살 金과 식상 火의 세력이 엇비슷하므로, 식상 火를 용신으로 삼을 수 없고 시지의 辰土 속에 들어 있는 인성 癸水를 용신으로 삼고 비겁 木을 희신으로 삼는 신약용인격이 된다.

ⓑ는 辛金 일주가 관살 火가 많아서 상당히 신약한데, 일주가 인성 丑土를 깔고 앉아 있으므로, 식신 癸水를 용신으로 삼을 수 없고 일지의 인성 丑土를 용신으로 삼고 비겁 金을 희신으로 삼는 살중용인격이 된다.

ⓒ는 己土 일주가 칠살 木이 많아서 아주 신약한데, 식신 酉金과 정관 寅木 사이에 재성 子水가 가로막고 있어서 식신 酉金이 정관 寅木을 극하지 못하고 있으므로, 식신 酉金을 용신으로 삼을 수 없고 약한 일주를 생조하면서 조후(調候)도 충족시키는 시지의 戌土 속에 들어 있는 인성 丁火를 용신으로 삼고 비겁 土(지지엔 조토)를 희신으로 삼는 신약용인격이 된다.

ⓓ는 乙木 일주가 식상 火와 관살 金이 함께 왕하여 아주 신약한 데다가 지지에 비겁 木이 전혀 없으므로, 상관 巳火를 용신으로 삼을 수 없고, 시간의 비견 乙木을 용신으로 삼고서 운에서 인성 水가 들어오기를 간절히 기다리고 있는 신약용겁격이 된다.

ⓔ는「사주문답1(Q152)」에 나오는 명조인데, 辛金 일주가 월령을 얻은 데다가 일지에도 인성 未土가 있어서 그다지 약하지는 않으나, 관살 火가 많아서 왕하다고 할 수도 없다. 시간에 식신 癸水가 있으므로 식신 癸水를 제살(制殺)하는 용신으로 삼고 비겁 金을 희신으로 삼는 식신제살격이 된다. 이 경우에 인성 土운은 일주 辛金이 그다지 약하지 않아서 기뻐하지 않는데다가 용신인 식신 癸水를 극하기까지 하므로 아주 흉하다고 하겠다(그러나 지지의 습토운은 용신인 식신 癸水를 그다지 극하지 않으므로 무난하다고 하겠다).

ⓕ는「마음을 읽는 사주학(낭월 박주현 저)」에 나오는 명조인데, 丙火 일주가 卯月에 태어난 데다가 午火를 깔고 앉아 있고 연지에 寅木까지 있으므로 결코 약하지 않으나, 천간의 관살 壬癸水를 감당할 만큼 왕하다고 할 수도 없다. 인성 木은 충분해서 용신으로 삼기가 곤란하므로, 시지의 식신 辰土를 용신으로 삼아서 왕한 관살 水를 극하는 것이 좋다. 그런데 식신 辰土는 습토라서 무력한 데다가 칠살 壬水의 뿌리가 되어 있기까지 하므로 관살 水를 극하는 힘이 매우 부족하다. 그래도 부득이 무력한 식신 辰土나마 용신으로 삼고서 운에서 土(지지의 습토는 제외)가 들어오기를 기다리는 수밖에 없다. 이 경우에 천간으로 들어오는 인성 木운은 제법 길한 편이지만, 지지로 들어오는 인성 木운은 비록 午火에게 설기가 되긴 해도 용신인 식신 辰土를 극하므로 상당히 흉하다고 하겠다.

ⓖ는「사주문답2(Q649)」에 나오는 명조인데, 甲木 일주가 寅月에 태어난 데다가 인성 癸水까지 있어서 그다지 약하다고 할 수 없으나, 월령의 寅木이 寅申沖으로 인해 깨져 있어서 일주 甲木이 왕하다고 할 수도 없다. 게다가 甲木이나 乙木이 초봄인 寅月에 태어나면, 木이 어려서 연약하고 기후가 차므로 따뜻한 기운인 火를 얻어야만 무성하게 자라서 꽃을 피울 수 있다. 그래서 시지의 상관 午火를 제살(制殺)하면서 조후(調候)도 충족시키는 용신으로 삼고 용신 午火를 생조해주는 비겁 木을 희신으로 삼는 상관제살격 또는 조후용화격이 된다. 이 경우에도 천간으로 들어오는 인성 水운은 큰 어려움은 없겠으나, 지지로 들어오는 인성 水운(특히 子水운)은 용신인 상관 午火를 충극하므로 아주 흉할 것이다.

ⓗ는「자평진전(子平眞詮)」의 논건록월겁(論建祿月劫)의 장(章)에 예시되어 있는 명조인데, 甲木 일주가 寅月에 태어난 데다가 시지에도 비견 寅木이 있고 연지에 인성 亥水까지 있어서 그다지 약하다고 할 수 없으나, 월

지와 시지의 寅木이 寅申沖으로 인해 동요하고 있는 데다가 연월간에 관살 庚辛金까지 투출해 있어서 일주 甲木이 왕하다고 할 수도 없다. 게다가 甲木이나 乙木이 초봄인 寅月에 태어나면, 木이 어려서 연약하고 기후가 차므로 따뜻한 기운인 火를 얻어야만 무성하게 자라서 꽃을 피울 수 있다. 그래서 시간의 식신 丙火를 제살(制殺)하면서 조후(調候)도 충족시키는 용신으로 삼고 용신 丙火를 생조해주는 비겁 木을 희신으로 삼는 식신제살격 또는 조후용화격이 된다. 이 경우에 천간으로 들어오는 인성 水운(특히 壬水운)은 관살 庚辛金의 생조를 받으면서 용신인 식신 丙火를 극하므로 아주 흉하겠으나, 지지로 들어오는 인성 水운(특히 亥水운)은 용신 丙火를 극하지는 않고 申金을 화하여 용신 丙火의 뿌리인 寅木을 생조하여 구해주므로(즉, 金生水, 水生木, 木生火하여 기운이 유통되므로) 상당히 길할 것이다.

(7) 사주(四柱)에 식상(食傷)과 재성(財星)이 많은 경우

사주원국에 식상과 재성이 많아서 신약한 경우에는, 인성을 용신으로 삼아도 왕한 재성의 충극을 받아서 용신의 역할을 제대로 하지 못하고, 비겁을 용신으로 삼아도 왕한 식상에게 설기가 심하게 되어서 역시 용신의 역할을 제대로 하지 못하게 된다. 이러한 경우에는 사주의 등급이 많이 떨어지는 편이다.

그러다 보니 희용신운인 인성운과 비겁운이 모두 기대할 만큼 좋은 편은 아니다. 예를 들어보자.

己 丙 丁 辛
丑 申 酉 丑

丙火 일간이 식상 土와 재성 金이 많아서 매우 신약하므로, 허약한 일간을 생조해주면서 왕한 식상 土를 극하는 인성 木을 용신으로 삼는 것이 가장 좋으나, 사주원국에 인성 木이 없어서 부득이 월간의 겁재 丁火를 용신으로 삼고 인성 木은 희신으로 삼는 식재중용겁격(食財重用劫格)이 된다. 그런데 용신 丁火가 앉은자리에 뿌리를 전혀 내리지 못하고 있어서 아주 무력하므로, 사주의 구조가 아주 나쁘다고 할 수 있다. 용신운인 비겁 火운은 식상 土에 설기가 되어 재성 金을 제대로 극할 수 없으므로 그다지 길하지 않겠고, 희신운인 인성 木운도 재성 金의 충극을 받는 바람에 용신 丁火를 제대로 생조해주지 못하므로 기대할 만큼 길하지는 않을 것이다.

(8) 사주(四柱)에 재성(財星)과 관살(官殺)이 많은 경우

사주원국에 재성과 관살이 많아서 신약한 경우에는 인성이 사주원국에 있으면 인성을 용신으로 삼고 비겁을 희신으로 삼는 것이 좋은데, 사주의 구조가 앞에서 살펴본 살인상생격에 해당하면 상당히 좋지만, 인성이 일주와 떨어져 있으면서 관살의 생조도 직접 받지 못하고 재성의 충극을 받고 있으면 사주가 하격(下格)이 되어버린다.

이렇게 되면 용신운인 인성운이 살인상생격이나 살중용인격이나 살중용겁격과는 달리 기대할 만큼 좋지는 않다. 예를 들어보자.

己 癸 丙 丁
未 酉 午 未

癸水 일간이 관살 土와 재성 火가 많아서 상당히 신약하므로, 일지의 편인 酉金을 용신으로 삼고, 기신 午火를 충극하여 용신 酉金을 구해주는 비겁

水를 희신으로 삼는 살인상생격(殺印相生格) 또는 재살중용인격(財殺重用印格)이 된다. 그런데 용신 酉金이 일간 가까이에서 관살 己未土를 설기하면서 허약한 일간을 생조해주고 있어서 아주 좋은데, 아쉽게도 월령을 잡고 있는 기신 午火가 용신 酉金을 바로 옆에서 극하고 있는 바람에 사주의 구조가 별로 좋지 않게 되어버렸다. 그래도 비록 용신 酉金이 기신 午火의 극을 받고 있긴 해도 명색이 살인상생격이므로, 사주의 구조가 그다지 나쁜 편은 아니라고 해야 할 것이다. 용신운인 인성 金운은 비록 재성 火의 극을 받긴 해도 관살 土의 생조를 받아 허약한 일간을 생조해줄 여력(餘力)이 되므로 상당히 길하겠고, 희신운인 水운의 경우에는 천간의 水운은 비록 인성 金의 생조는 받지 못하고 관살 土의 극만 받긴 해도 기신 丙丁火를 극하므로 다소나마 길하겠고, 지지의 水운은 비록 未土의 극을 받긴 해도 용신 酉金의 생조를 받아 기신 午火를 충극하여 용신 酉金을 구해주므로 아주 길할 것이다.

(9) 사주(四柱)에 식상(食傷)과 관살(官殺)이 많은 경우

사주원국에 식상과 관살이 많아서 신약한 경우에는, 인성이 사주원국에 있으면 인성을 용신으로 삼고 비겁을 희신으로 삼는 것이 좋은데, 사주의 구조가 앞에서 살펴본 살인상생격에 해당하면 아주 좋지만, 인성이 일주와 떨어져 있으면서 관살의 생조도 직접 받지 못하고 있으면 사주의 등급이 떨어진다.

그래도 인성운은 재성의 충극은 받지 않고 관살의 생조를 받아 식상을 충극하면서 허약한 일주를 생조해주므로 아주 좋다. 그러나 비겁운은 관살의 충극을 받을 뿐 아니라 식상에게 설기까지 되므로 그다지 좋은 편이 아니다. 예를 들어보자.

辛 戊 乙 戊
酉 申 卯 寅

戊土 일간이 식상과 관살이 많아서 매우 신약하므로, 왕한 관살 木을 설기하여 허약한 일간을 생조해주면서 왕한 식상 金을 극하는 인성 火를 용신으로 삼는 것이 가장 좋으나, 사주원국에 인성 火가 없어서 부득이 연간의 비견 戊土를 용신으로 삼고, 운에서 인성 火가 들어오기를 간절히 기다리고 있는 식살중용겁격(食殺重用劫格)이 된다. 그런데 용신 戊土가 일간과 멀리 떨어져 있어서 무정한 데다가 앉은자리의 寅木 속에 들어 있는 丙火에 간신히 뿌리를 내리고 있어서 무력하기까지 하므로, 사주의 구조가 형편없이 나쁘다고 할 수 있다. 용신운인 비겁 土운은 왕한 관살 木의 극을 받을 뿐 아니라 식상 金에게 설기까지 되므로 길하기는커녕 오히려 흉하겠으나, 인성운인 火운은 관살 木을 설기하여 허약한 일간을 생조해주면서 식상 金을 극하므로 아주 길할 것이다.

(10) 사주(四柱)에 식상(食傷)과 재성(財星)과 관살(官殺)이 많은 경우

사주원국에 식상과 재성과 관살이 골고루 많아서 신약한 경우에 해당하는데, 일반적으로 신약한 사주는 식상만 많거나 재성만 많거나 관살만 많은 경우는 드물고, 이렇게 식상과 재성과 관살이 골고루 섞여 있는 경우가 대부분이다.

(가) 신약용인격(身弱用印格)

사주원국에 식상과 재성과 관살이 골고루 많아서 신약한데 일주 가까이에 인성이 있으면, 허약한 일주를 생조해주는 인성을 용신으로 삼는 것이 좋다. 용신인 인성이 무력(無力)하면 용신인 인성을 생조해주는 관살이 희신이 되고, 용신인 인성이 유력(有力)하면 기신인 재성을 충극하여 용신인 인성을 보호해주면서 허약한 일주를 방조해주는 비겁이 희신이 된다.

이러한 용신격을 신약용인격이라 하는 까닭은 식상과 재성과 관살 중 특별히 왕한 것이 없는 상태에서 신약한 일주를 생조해주는 인성을 용신으로 삼기 때문이라고 보면 된다. 이 경우에도 사주의 구조가 앞에서 살펴본 살인상생격에 해당하면 상당히 좋지만, 용신인 인성이 일주와 떨어져 있으면서 관살의 생조도 직접 받지 못하고 재성의 충극을 받고 있으면 사주가 하격(下格)이 되어버린다.

이렇게 되면 용신운인 인성운이 살인상생격이나 살중용인격이나 살중용겁격과는 달리 기대할 만큼 좋지는 않다. 비겁운도 관살의 충극을 받을 뿐 아니라 식상에게 설기까지 되므로 그다지 좋은 편이 아니다. 예를 들어보자.

丁 癸 己 乙
巳 酉 卯 未

癸水 일간이 식상과 재성과 관살이 많아서 상당히 신약하므로, 허약한 일간을 생조해주는 일지의 편인 酉金을 용신으로 삼고, 기신 巳火를 충극하여 용신 酉金을 구해주는 비겁 水와 기신 巳火를 설기하여 용신 酉金을 생조해주는 관살 土를 희신으로 삼는 신약용인격이 된다. 그런데 용신 酉金이 일간 가까이에서 일간을 생조해주고 있어서 유정하지만, 용신 酉金이 기신 巳火에게 극을 받고 있는데 기신 巳火를 충극하여 용신 酉金을 구해주는 희신 水도 없고, 기신 巳火를 설기하면서 용신 酉金을 생조해주는 관살 土도 용신 酉金 곁에 없으므로, 사주의 구조가 좋지 않다고 할 수 있다. 그나마 용신 酉金이 일지에 있어서 천만다행이 아닐 수 없다. 용신운인 金운은 비록

기신 火의 극을 받긴 해도 관살 土의 생조를 받아 식상 木을 충극하면서 허약한 일간을 생조해주므로 상당히 길하겠고, 희신운인 비겁 水운의 경우에는 천간으로 들어오는 水운은 비록 기신 丁火를 극하긴 해도 비겁 水를 생조해주는 인성 金은 없고 비겁 水를 극하는 관살 土와 비겁 水를 설기하는 식상 木뿐이므로 그다지 길하지 못하겠으나, 지지로 들어오는 水운은 비록 관살 土의 극을 받으면서 식상 木에게 설기까지 되긴 해도 기신 巳火를 충극하여 용신 酉金을 구해줄 여력(餘力)이 있으므로 상당히 길할 것이다.

(나) 신약용겁격(身弱用劫格)

사주원국에 식상과 재성과 관살이 골고루 많아서 신약한데 인성은 없거나 일주와 멀리 떨어져 있고 일주 가까이에 비겁이 있으면, 허약한 일주를 방조(幇助)해주는 비겁을 용신으로 삼고 용신인 비겁을 생조해주는 인성을 희신으로 삼는다. 사주원국에 재성이 좀 더 많으면 비겁이 용신의 역할을 제대로 한다고 볼 수 있으나, 관살이 좀 더 많으면 인성이 사주원국에 없거나 일주와 멀리 떨어져 있어서 부득이 비겁을 용신으로 삼았기 때문에, 운에서 들어오는 인성이 명목상으로는 희신이긴 해도 사실상 용신의 역할을 한다고 봐야 한다.

이러한 용신격을 신약용겁격이라 하는 까닭은 식상과 재성과 관살 중 특별히 왕한 것이 없는 상태에서 신약한 일주를 방조해주는 비겁을 용신으로 삼기 때문이라고 보면 된다. 대체로 신약용겁격은 신약용인격에 비해 사주의 등급이 떨어진다고 할 수 있다.

운(運)을 보면, 사주원국에 재성이 좀 더 많은 경우에는 용신운인 비겁운과 희신운인 인성운이 둘 다 좋다고 볼 수 있으나, 관살이 좀 더 많은 경우에는 희신운인 인성운이 용신운인 비겁운보다 훨씬 더 좋은 편이다. 예를 들어보자.

丙 壬 己 乙
午 辰 卯 未

　壬水 일간이 식상과 재성과 관살이 많아서 매우 신약하므로, 허약한 일간을 생조해주는 인성 金을 용신으로 삼는 것이 좋으나, 사주원국에 인성 金이 없어서 부득이 비겁 水라도 찾아보지만, 비겁 水도 드러난 것은 없고 일지의 辰土 속에 들어 있는 겁재 癸水뿐이라서 어쩔 수 없이 암장(暗藏)된 겁재 癸水라도 일간 가까이에 있으므로 용신으로 삼고, 운에서 인성 金이 들어오기를 간절히 기다리고 있는 신약용겁격이 된다. 그런데 용신 癸水가 사실상의 용신도 아닌 데다가 일지의 辰土 속에 암장되어 있어서 꺼내 쓰기 불편하므로, 사주의 구조가 매우 나쁘다고 할 수 있다. 용신운인 비겁 水운은 관살 土의 극을 받으면서 식상 木에게 설기까지 되므로 그다지 길하지 못하겠으나, 인성운인 金운은 비록 재성 火의 극을 받긴 해도 관살 土의 생조를 받아 식상 木을 충극하면서 허약한 일간을 생조해주므로 상당히 길할 것이다.

(11) 사주(四柱)에 조후(調候)가 필요한 경우

　丙丁火 일주(日主)와 壬癸水 일주를 제외한 그 외의 일주가 추운 겨울인 亥子丑月에 태어났는데 사주원국에 火가 별로 없으면 대개 따뜻한 火를 용신으로 삼고, 더운 여름인 巳午未月에 태어났는데 사주원국에 水가 별로 없으면 대개 차가운 水를 용신으로 삼는다.

(가) 조후용화격(調候用火格)

壬癸水 일주와 丙丁火 일주(日主)를 제외한 그 외의 일주가 추운 겨울인 亥子丑月에 태어났는데 사주원국에 火가 별로 없으면, 대개 따뜻한 火를 용신으로 삼고 용신 火를 생조해주는 木을 희신으로 삼는다. 이러한 용신격을 조후용화격이라 한다. 이에 대해서는 〈제18장 제5절 4항 조후용신(調候用神)〉에서 자세히 설명했으니, 그 내용을 참고하면 될 것이다.

(나) 조후용수격(調候用水格)

丙丁火 일주(日主)와 壬癸水 일주를 제외한 그 외의 일주가 더운 여름인 巳午未月에 태어났는데 사주원국에 水가 별로 없으면, 대개 차가운 水를 용신으로 삼고 용신 水를 생조해주는 金을 희신으로 삼는다. 이러한 용신격을 조후용수격이라 한다. 이에 대해서도 〈제18장 제5절 4항 조후용신(調候用神)〉에서 자세히 설명했으니, 그 내용을 참고하면 될 것이다.

제19장
희신(喜神)을 찾는 법

희신(喜神)의 정의

　희신(喜神)이라고 함은 용신을 보좌하여 용신이 제대로 활동할 수 있도록 도와주는 성분, 즉 용신을 생조해주거나 기신으로 하여금 용신을 충극(沖剋)하지 못하도록 기신을 충극하여 용신을 보호해주는 성분을 말한다. 일반적으로 용신이 유력(有力)하면 용신을 설기(洩氣)하면서 기신의 충극으로부터 용신을 보호해주는 성분이 희신이 되고, 용신이 무력(無力)하면 용신을 생조해주는 성분이 희신이 된다.

신약(身弱)한 경우의 희신(喜神)

1. 인성(印星)이 용신(用神)인 경우

① 인성의 뿌리가 깊어서 유력하거나 관살이 왕하면 비겁이 희신이 되는데, 용신인 인성에 비해 희신인 비겁의 비중은 작다.

② 인성의 뿌리가 깊어서 유력한데 기신인 재성이 바로 곁에서 용신인 인성을 충극하고 있으면, 비겁을 희신으로 삼는다. 이 경우에 용신인 인성의 비중에 비해 희신인 비겁의 비중이 더 크다.

③ 관살이 왕하고 인성은 관살의 생조를 직접 받지 못해서 무력하면 관살(용신인 인성을 직접 생조해주는 경우에만 해당함)과 비겁이 희신이 된다. 이 경우에 용신인 인성의 비중이 가장 크고 그다음에 희신인 관살(용신인 인성을 직접 생조해주는 경우에만 해당함)의 비중이 크고 희신인 비겁의 비중은 작다. 그리고 관살이 아주 왕하고 인성은 관살의 생조를 직접 받지 못해서 무력한데 비겁이 지지에 뿌리를 내리고 있으면, 관살(용신인 인성을 직접 생조해주는 경우에만 해당함)과 비겁이 희신이 되며 식상도 인성과 부딪치지 않는 한 희신이 된다. 이 경우에 용신인 인성의 비중이 가장 크고 그다음에 희신인 관살(용신인 인성을 직접 생조해주는 경우에만 해당함)의 비중이 크고 희신인 식상과 비겁의 비중은 작다.

④ 인성이 무력하고 관살은 없거나 있어도 많지 않으면, 특히 인성이 무력하고 관살은 많지 않으면서 관인상생(官印相生)이나 살인상생(殺印相生)의 구조로 되어 있으면, 관살이 희신이 된다. 이 경우에 용신인 인성과 희신

인 관살의 비중은 비슷하다.

⑤ 인성이 무력하고 관살도 무력하거나 없으면서 기신인 재성이 바로 곁에서 용신인 인성을 충극하고 있으면, 관살과 비겁이 함께 희신이 된다. 이 경우에 희신인 비겁의 비중이 가장 크고 그다음에 희신인 관살의 비중이 크고 용신인 인성의 비중은 가장 작다.

⑥ 기신인 재성이 많으면 비겁이 희신이 되며 관살도 비겁을 충극하지 않는 한 희신이 된다. 이 경우에 희신인 비겁의 비중이 가장 크고 그다음에 희신인 관살의 비중이 크고 용신인 인성의 비중은 가장 작다.

⑦ 식상이 왕하면 관살과 비겁이 함께 희신이 되지만, 희신인 관살은 식상의 충극을 많이 받고 희신인 비겁은 왕한 식상에게 설기가 많이 되므로 둘 다 용신인 인성에 비해 비중이 작다.

2. 비겁(比劫)이 용신(用神)인 경우

① 기신인 관살이 왕하거나 식상이 왕하면 인성이 희신이 되며, 이 경우에 희신인 인성은 용신인 비겁보다 비중이 더 크다.

② 재성이 많으면 인성이 희신이 되는데, 희신인 인성은 재성의 충극을 많이 받으므로 용신인 비겁에 비해 비중이 더 작다.

③ 기신인 관살이 왕하고 인성과 식상은 없으며 재성도 적거나 없으면, 인성과 식상이 함께 희신이 된다. 이 경우에 희신인 인성의 비중이 가장 크고 그다음에 희신인 식상의 비중이 크고 용신인 비겁의 비중은 가장 작다.

3. 식상(食傷)이 용신(用神)인 경우: 식상제살격(食傷制殺格)

관살이 아주 왕한데, 인성은 없고 재성도 적거나 없고 식상은 관살보다 약하고 비겁은 지지에 뿌리를 내리고 있으면서 식상을 생조해주고 있으면, 식상을 제살(制殺)하는 용신으로 삼는데, 이러한 식상제살격에서는 비겁이 희신이 되며 인성도 용신인 식상을 직접 충극하지 않는 한 희신이 된다. 이 경우에 용신인 식상과 희신인 비겁과 희신인 인성의 비중은 서로 비슷하다고 할 수 있다. 그런데 인성이 용신인 식상을 직접 충극하면 희신이 되기는커녕 오히려 기신이 된다.

신강(身强)한 경우의 희신(喜神)

1. 식상(食傷)이 용신(用神)인 경우

① 관살이 왕하면 비겁이 희신이 되는데, 용신인 식상의 비중은 크고 희신인 비겁의 비중은 작다.

② 용신인 식상이 유력하고 관살이 약하면 재성이 희신이 되는데, 용신인 식상에 비해 희신인 재성의 비중이 더 크다.

③ 용신인 식상이 유력한데 기신인 인성이 바로 옆에서 용신인 식상을 충극하고 있으면 재성이 희신이 되는데, 용신인 식상에 비해 희신인 재성의 비중이 더 크다.

④ 용신인 식상은 무력하고 기신인 인성이 왕하면 무력한 용신인 식상을 생조해주는 비겁과 기신인 인성을 충극하는 재성이 함께 희신이 된다. 이 경우에 희신인 재성의 비중이 가장 크고, 그다음에 희신인 비겁의 비중이 크고, 용신인 식상의 비중은 가장 작다.

⑤ 비겁이 왕하면 재성이 희신이 되는데, 재성은 비겁의 충극을 많이 받으므로 용신인 식상에 비해 비중이 작다. 특히 비겁이 극도로 왕하고 식상은 하나뿐인 종왕식상격(從旺食傷格)인 경우에는, 재성은 비겁의 충극을 너무 많이 받으므로 희신의 역할을 제대로 수행하지 못한다.

2. 재성(財星)이 용신(用神)인 경우

① 용신인 재성이 유력하고 기신인 비겁은 왕하고 인성은 적거나 없으면, 식상과 관살이 함께 희신이 된다. 이 경우에 희신인 식상의 비중이 가장 크고, 그다음에 희신인 관살의 비중이 크고, 용신인 재성의 비중은 가장 작다.

② 용신인 재성이 유력하고 인성은 왕하고 기신인 비겁은 적거나 없으면 식상이 희신이 되는데, 희신인 식상은 인성의 충극을 많이 받으므로 용신인 재성에 비해 비중이 작다. 이 경우에 관살은 용신인 재성을 설기하여 왕한 인성을 생조해줌으로써 결국 일주를 더 왕하게 하므로 좋지 않다.

③ 용신인 재성이 무력하고 인성은 거의 없고 기신인 비겁이 왕하면 식상이 희신이 되며, 관살은 무력한 용신인 재성을 설기하여 더 무력하게 하므로 좋지 않은 면도 있으나, 기신인 비겁을 충극하여 용신인 재성을 구해주는 면도 있으므로, 기대할 만큼 길하지는 않더라도 다소나마 길한 편이다. 이 경우에 희신인 식상의 비중이 가장 크고, 그다음에 희신인 관살의 비중이 크고, 용신인 재성의 비중은 가장 작다.

그런데 인성이 왕하면, 관살은 무력한 용신인 재성을 설기하여 더 무력하게 하면서 왕한 인성을 생조해줌으로써 결국 일주를 더 왕하게 하므로 희신이 되지 못한다.

3. 관살(官殺)이 용신(用神)인 경우

① 용신인 관살이 유력하면 재성이 희신이 되는데, 용신인 관살에 비해 희신인 재성의 비중은 작다.

② 용신인 관살이 유력한데 기신인 식상이 바로 옆에서 용신인 관살을 충

극하고 있으면, 인성과 재성이 함께 희신이 된다. 이 경우에 희신인 인성의 비중이 가장 크고, 그다음에 용신인 관살의 비중이 크고, 희신인 재성의 비중은 가장 작다.

③ 용신인 관살이 유력하고 인성은 약하고 비겁이 왕하여 관살과 비겁의 세력이 엇비슷하게 균형을 이루고 있으면 인성이 희신이 되는데, 희신인 인성의 비중은 용신인 관살에 비해 작다.

④ 용신인 관살이 무력하면 재성이 희신이 되는데, 희신인 재성의 비중은 용신인 관살에 비해 크다.

⑤ 용신인 관살이 무력하고 인성도 약한데 기신인 식상이 바로 옆에서 용신인 관살을 충극하고 있으면, 재성과 인성이 함께 희신이 된다. 이 경우에 희신인 재성의 비중이 가장 크고, 그다음에 용신인 관살의 비중이 크고, 희신인 인성은 기신인 식상을 충극하기도 하지만 용신인 무력한 관살을 설기하면서 왕한 일주를 더 왕하게 하므로 큰 도움은 되지 않는다.

그런데 인성이 왕하면 인성이 기신인 식상을 충극하더라도 희신이 될 수 없다.

희신(喜神)의 정리

이상에서 살펴본 희신에 대해 간단하게 정리하면, 다음과 같다.
① 유력한 용신이 충극을 받고 있으면, 용신의 식상이 희신이 된다.
② 무력한 용신이 충극을 받고 있으면, 용신의 인성과 용신의 식상이 함께 희신이 된다.
③ 무력한 용신이 충극을 받고 있지 않으면, 용신의 인성이 희신이 된다.
④ 용신의 비중이 더 클 수도 있고 희신의 비중이 더 클 수도 있으며, 극단적인 경우에는 용신과 희신 가운데 어느 하나는 좋은 역할을 하기는커녕 오히려 나쁜 역할을 하는 경우도 있다.

희용신(喜用神)의 개수

일반적으로 용신은 하나의 오행이 되고 희신은 하나의 오행이나 두 가지의 오행이 되는데, 다음과 같은 특별한 경우에는 모든 오행이 희용신이 될 수도 있고 모든 오행이 희용신이 되지 못할 수도 있다. 다시 말해 오행 모두 희용신의 역할을 하는 사주도 있는 반면에, 오행 모두 희용신의 역할을 하지 못하는 사주도 있다.

① 오행이 골고루 갖추어져 있고 충극(沖剋)이 없고 천간과 지지가 서로 협력하는 천복지재(天覆地載)가 되어 있는 데다가 연주상생(連珠相生)까지 하는 구조로 되어 있는 사주라면, 나쁜 역할을 하는 오행이 없으므로 모든 오행을 희용신으로 볼 수 있다. 따라서 이러한 사주는 어떤 운이 들어오더라도 길하므로, 일생 동안 아무 어려움이 없이 편안하게 뜻한 바를 이루며 만족스럽게 살아갈 것이다. 예를 들어보자.

ⓐ　　　ⓑ
甲癸庚戊　辛己丙甲
寅亥申戌　未巳寅子

ⓐⓑ 둘 다 오행을 모두 갖추고 있으면서 충극은 전혀 없고 천간과 지지가 서로 협력하는 천복지재가 되어 있는 데다가 연주상생까지 하는 구조로 이루어져 있으므로, 일주가 꺼리는 오행이 전혀 없다고 해도 과언이 아니

다. 그래서 운에서 어떤 오행이 들어오더라도 상생의 흐름을 타고 흘러가므로, 일평생이 길하고 아무 어려움이 없이 편안할 것이다. 그야말로 인생을 마냥 즐기기 위해 이 세상에 태어난 사주 주인공이라고 하겠다.

② 사주원국에 기구신이 많고 희용신은 뿌리가 거의 없이 천간에 무력하게 떠 있으면서 기구신의 충극까지 받아 지극히 무력한 사주라면, 좋은 역할을 하는 오행이 거의 없다시피 하므로 희용신이 없다고 할 수 있다. 따라서 이러한 사주는 어떤 운이 들어오더라도 길하지 않으므로, 일생 동안 빈천(貧賤)하고 고통스럽게 살아갈 것이다. 인생은 고해(苦海)라는 말이 이러한 사람에게는 참으로 실감이 날 것이다. 예를 들어보자.

```
     ⓐ           ⓑ           ⓒ
  壬 戊 甲 戊    丙 壬 戊 辛   壬 戊 戊 戊
  子 申 子 寅    午 戌 戌 巳   戌 午 午 戌
```

ⓐ는 戊土 일주가 아주 신약하여 연간의 비견 戊土에 겨우 의지하고 있는데, 연간의 용신 戊土는 기신 甲木과 寅木의 극을 받아서 지극히 무력하다. 희신은 인성 火인데 사주원국에 없다. 비록 운에서 희용신인 火土가 들어오더라도, 土는 간지 모두 木의 극을 많이 받아서 용신의 역할을 제대로 하지 못하고 火도 간지 모두 水의 충극을 많이 받아서 희신의 역할을 제대로 하지 못하므로, 기대할 만큼 길한 운이라곤 거의 없다고 할 수 있다. 일평생을 빈천하고 고단하게 살 팔자이다. 이런 사람은 아무리 노력해도 성취하는 것이 없을 것이고, 아예 노력조차 할 수 없을 가능성이 많다고 하겠다.

ⓑ는 壬水 일주가 아주 신약하여 연간의 인성 辛金을 용신으로 삼고 비겁 水를 희신으로 삼는데, 비겁 水는 사주원국에 없다. 용신 辛金은 재성 巳火

를 깔고 앉아 있어서 지극히 무력하다. 비록 운에서 희용신인 金水가 들어오더라도, 金은 간지 모두 火의 극을 많이 받아서 용신의 역할을 별로 하지 못하고 水도 간지 모두 土의 극을 많이 받아서 희신의 역할을 별로 할 수 없으니, 기대할 만큼 길한 운이라곤 거의 없다고 할 수 있다. 삶 자체가 고해(苦海)라고 해도 과언이 아니라고 하겠다. 이런 사람에게 과연 희망이라는 말이 무슨 의미가 있을지 의문이다.

ⓒ는 「팔자명리신해(진춘익 저, 조승희 역)」에 나오는 명조인데, 戊土 일주가 인겁 火土가 왕하여 아주 신강하므로 시간의 재성 壬水를 용신으로 삼고 식상 金을 희신으로 삼는 군겁쟁재격(群劫爭財格)이다. 시간의 용신 壬水는 왕한 기신 土의 극을 너무 많이 받아서 지극히 무력하므로, 사주의 구조가 형편없이 불량하다. 비록 운에서 희용신인 金水가 들어오더라도, 水운은 金의 생조는 전혀 받지 못하고 왕한 火土의 충극만 받아서 군겁쟁재가 되므로 용신의 역할을 아예 하지 못하고, 金운도 지지에 午戌 반합이 둘이나 되어 있는 바람에 土의 생조는 거의 받지 못하고 왕한 火의 극만 받아서 역시 희신의 역할을 거의 하지 못하므로(물론 천간의 金운은 왕한 火의 극을 직접 받지 않고 무력한 용신 壬水를 간신히 생조해주므로 다소나마 숨통이 트일 것이다), 좋은 운이라곤 거의 없다고 할 수 있다. 일생이 아주 고달프고 희망이라곤 거의 없이 빈천하게 살아갈 팔자라고 하겠다.

ⓐⓑⓒ 모두 사주의 구조가 형편없이 불량(不良)한 최악의 경우라고 보면 될 것이다.

제20장
용신운(用神運)과 기신운(忌神運)의 길흉(吉凶)

일반적인 경우

　용신은 일주(日主)가 반드시 필요로 하는 성분이므로, 용신운(用神運)에는 대체로 길(吉)하다. 또 기신은 용신을 충극하는 성분이므로, 기신운(忌神運)에는 대체로 흉(凶)하다. 그러나 용신운은 길하고 기신운은 흉하다는 것은 대체로 그러하다는 것이지, 용신운에 오히려 흉하거나 기신운에 그다지 흉하지 않고 별 어려움이 없이 무난한 경우도 종종 있으므로, 이는 운(運)을 해석할 때 주의해야 할 점이다.

용신운(用神運)에 오히려 흉(凶)한 경우

용신이라고 해서 무조건 좋은 역할만 하는 것은 아니다. 대체로 용신은 좋은 역할을 하지만, 용신이 기신(忌神)의 충극을 너무 많이 받아서 아주 무력한 경우에는 용신이 좋은 역할을 하기는커녕 오히려 해로운 역할을 할 수도 있다. 그러므로 이런 경우에는 용신운에 길하기는커녕 오히려 흉하다고 하겠다. 예를 들어보자.

丁 癸 壬 壬
巳 亥 子 子

癸水 일주가 子月에 태어난 데다가 비겁 水가 많아서 아주 신강하므로, 왕한 비겁 水를 설기하는 식상 木을 용신으로 삼는 것이 좋다. 그러나 사주원국에 식상 木이 없으므로 용신으로 삼지 못하고, 부득이 시주의 재성 丁巳火를 용신으로 삼고서 운에서 식상 木이 들어오기를 간절히 기다리고 있는 군겁쟁재격(群劫爭財格)이 된다. 시주(時柱)의 용신 丁巳가 기신 水의 집중적인 공격을 받고 있어서 용신의 역할을 전혀 하지 못하고 있다 보니, 용신운인 火운이 들어오더라도 역시 기신 水의 집중적인 공격을 받아서 아주 흉할 것이다.

이런 경우에는 오직 왕한 비겁 水를 화(化)하여[설기하여] 무력한 재성 丁巳火를 생조해주는 식상 木운이 들어와야 길하고, 관살 土운(지지엔 조토운)도 다소 길하겠으나, 그 밖의 운은 아주 흉하다고 하겠다.

기신운(忌神運)에 그다지 흉(凶)하지 않고 별 어려움이 없이 무난한 경우

기신은 용신을 충극하므로 해로운 역할을 하지만, 기신과 용신 사이에 기신을 설기하여 용신을 생조해주는 성분이 있으면 기신이 용신을 충극하지 못하므로 기신이 해로운 역할을 하지 못한다. 또 운에서 들어오는 기신이 사주원국에 있는 희신의 충극을 심하게 받거나, 운에서 들어오는 기신으로 하여금 용신을 충극하지 못하도록 하면서 기신을 화(化)하여 용신을 생조해주는 성분이 사주원국에 있으면, 기신운이 들어오더라도 별 어려움이 없이 무난하게 넘어가거나 오히려 상당히 길할 수도 있다. 예를 들어보자.

```
          丙 癸 辛 辛
          辰 卯 卯 丑
    78 68 58 48 38 28 18 8
          己 戊 丁 丙 乙 甲 癸 壬
          亥 戌 酉 申 未 午 巳 辰
```

여자의 명조인데, 癸水 일주가 卯月에 태어난 데다가 식재관(食財官) 木火土가 많아서 신약하므로, 연월간의 인성 辛金을 용신으로 삼고 용신 辛金을 생조해주고 있는 연지의 칠살 丑土를 희신으로 삼는 살인상생격(殺印相生格)이 된다. 천간으로 들어오는 비겁운인 水운도 기신 丙火를 극하여 용신 辛金을 보호해주면서 허약한 일주 癸水를 도와주므로 희신의 역할을 한다. 재성 火는 기신인데, 천간의 火운은 용신 辛金을 극하거나 합하여 묶어버리므로 상당히 흉하겠지만, 지지의 火운은 오히려 상당히 길할 것이다. 지지의 火운이 상당히 길한 까닭은 용신 辛金이 의지하고 있는 칠살 丑土가 식신 卯木의 극을 받고 있어서 좀 아쉬운데, 재성 巳午火가 들어오면서 용신 辛金을 부담스럽게 하는 대신에 식신 卯木을 화(化)하여 칠살 丑土를 생조해줌으로써 결국 용신 辛金을 생조해주는 셈이 되기 때문이다.

실제로 巳대운에는 상당히 길했으나 午대운에는 巳대운에 비해 다소 못했다고 하는데, 아마도 午대운 중의 세운에서 천간으로 木火가 들어왔거나 지지로 木이나 조토가 들어오는 바람에 용신 辛金이나 희신 丑土에게 도움이 되지 않았기 때문이 아닌가 싶다. 그러나 만약 지지에도 용신인 인성 申金이나 酉金이 있다면, 운에서 들어오는 巳午火(특히 午火)가 비록 희신 丑土에게 설기가 되긴 해도 용신 申酉金을 극하므로 상당히 흉할 것이다.

희신운(喜神運)을 대입(代入)할 때 주의해야 할 사항

희신이라고 해서 무조건 좋은 역할만 하는 것은 아니다(물론 용신도 무조건 좋은 역할만 하는 것은 아니다). 특히 운에서 들어오는 희신은 용신을 직접적으로 보좌해주어야만 좋고 그렇지 않으면 오히려 해로울 수도 있다. 그러므로 희신운은 길한 경우가 대부분이지만 오히려 흉한 경우도 있다. 예를 들어보자.

戊 己 癸 癸
辰 巳 亥 酉

己土 일주가 亥月에 태어난 데다가 식재(食財) 金水가 왕하여 상당히 신약하므로, 일지의 인성 巳火를 용신으로 삼고 용신 巳火를 생조해주는 관살 木과 왕한 기신 亥水를 극하여 용신 巳火를 기신 亥水로부터 구해주면서 약한 일주 己土를 도와주는 비겁 土(지지엔 조토)를 희신으로 삼는다. 그런데 관살 木의 경우에, 지지로 들어오는 木운은 용신 巳火를 생조해주므로 길하지만, 천간으로 들어오는 木운은 천간에 용신인 인성 丙丁火가 없어서 용신 火를 생조해주지 못하고 허약한 일주 己土와 희신 戊土를 극하기만 하므로 오히려 흉하다. 이처럼 똑같은 희신운이라고 하더라도, 천간이나 지지의 한 군데만 용신이 있는 경우에는, 용신이 없는 천간이나 지지로 들어오는 희신운은 길하기는커녕 오히려 흉할 수도 있음을 알아야 할 것이다.

제5절

왕한 성분과 쇠약한 성분의 충극(沖剋)으로 인한 희기(喜忌)

왕한 성분(成分)과 쇠약한 성분의 충극(沖剋)으로 인한 희기(喜忌)는 〈제3장 제5절 오행의 전도(顚倒) 3항~5항〉의 내용을 사주(四柱)와 운(運)의 대입(代入)에 실제로 적용을 해본 것이다. 다른 항목에서와는 달리 명조(命造)를 지나치다 싶을 정도로 많이 예시(例示)했는데, 그 까닭은 이론적으로만 설명하자니 설명이 너무 추상적(抽象的)으로 흐를 가능성이 많아서 가능한 한 많은 명조를 보면서 그 명조의 상황에 맞게 설명하는 것이 더 효과적으로 이해할 수 있겠다고 판단했기 때문이다. 명조의 예가 너무 많아서 지루하다는 생각이 든다면 선별(選別)해서 봐도 무방(無妨)할 것이다.

1. 왕자충쇠쇠자발(旺者沖衰衰者拔): 왕한 성분이 쇠약한 성분을 충(沖)하면 쇠약한 성분은 뿌리가 뽑혀버린다.

(1) 왕(旺)한 희용신의 운이 사주원국의 쇠약한 기구신을 충(沖)하는 경우에는 기구신의 뿌리가 뽑혀버리므로 길하다. 예를 들어보자.

ⓐ	ⓑ	ⓒ	ⓓ
庚乙丁戊	丁丙乙丙	甲甲甲乙	丙己乙丁
辰酉巳申	酉申巳午	戌午申巳	寅亥巳未

ⓐ는 낭월 스님의 저서인「사주문답3(Q905)」에 나오는 명조인데, 乙木 일주가 신약하여 시지의 辰土 속에 들어 있는 인성 癸水를 용신으로 삼고 비겁 木을 희신으로 삼는 신약용인격이다. 종세격으로 보기 쉬우나, 상관 巳火와 관살 申酉金이 대립하고 있어서 종격이 되지 않는다고 하겠다. 용신운인 亥水운에는 亥水가 월지의 巳火와 巳亥沖이 되는데, 지지의 申酉金과 습토인 辰土가 亥水를 도와주기 때문에 巳火가 여지없이 깨져서 아주 길하다고 본다. 그러나 만약 지지에 金이나 습토가 없고 木이나 조토가 있다면 亥水가 오히려 巳火에게 깨져서 별로 길하지 못하거나 흉할 것이다.

ⓑ는「사주문답1(Q237)」에 나오는 명조인데, 丙火 일주가 비겁 火가 많아서 아주 신강하므로 일주를 설하는 식상 土나 극하는 관살 水를 용신으로 삼는 것이 좋다. 그런데 식상 土와 관살 水가 보이지 않으니 아쉬운 대로 일지의 재성 申金을 용신으로 삼고 운에서 식상 土와 관살 水가 들어오기를 기다리는 수밖에 없다. 천간의 土운과 지지의 습토운은 왕한 火를 시원스럽게 설기하므로 아주 길하지만, 지지의 조토운은 왕한 火를 제대로 설기하지 못하므로 그다지 좋지 못하다. 그리고 희신운인 水운은 제법 세력이 있는 재성 金의 생조를 받아 왕한 비겁 火를 극하여 재성 金을 보호해주므로 길하다고 본다. 특히 지지의 亥子水운은 용신 申酉金의 생조를 받는 亥子水가 巳午火를 충극하여 용신 申酉金을 구해주므로 아주 길할 것이다. 그러나 만약 재성 金이 허약하다면 水운은 허약한 재성 金을 설기하여 더 허약하게 하므로 별로 좋은 편이 못 될 것이다. 또 만약 인성 木이 왕하다면 水운은 인성 木을 생조하느라 비겁 火를 충극하지 못할 것이므로 역시 별로 좋지 못할 것이다.

ⓒ는「사주문답1(Q302)」에 나오는 명조인데, 甲木 일주가 신약하여 월지의 申金 속에 들어 있는 인성 壬水를 용신으로 삼고 비겁 木을 희신으로 삼는 신약용인격이다. 용신운인 亥子水운에는 巳亥沖과 子午沖이 되는데, 지

지에 巳午火 외에 조토인 戌土도 있으나 亥子水가 월지를 잡고 있는 申金의 생조를 받아 巳午火를 무난하게 깨뜨릴 수 있으므로 아주 길하다고 본다.

ⓓ는 「사주문답1(Q301)」에 나오는 사주인데, 己土 일주가 신강하여 일지의 재성 亥水를 용신으로 삼고 식상 金을 희신으로 삼는 인중용재격이다. 비록 巳火가 월령을 잡고 있으면서 寅木과 조토인 未土까지 巳火를 도와주고 있긴 해도 巳亥沖으로 인해 巳火가 亥水에게 깨져 있으므로, 운에서 亥水가 또다시 들어오면 巳火가 견뎌내지 못할 것이다. 따라서 용신운인 亥水운에는 亥水가 巳火를 무난하게 충하여 깨뜨리므로 상당히 길하다고 본다. 그러나 巳火운에는 일지의 용신 亥水가 木火土에게 포위되어 있어서 巳亥沖으로 인해 오히려 亥水가 巳火에게 깨질 가능성이 있으므로 흉하거나 적어도 길하지는 않다고 본다.

(2) 왕한 기구신의 운이 사주원국의 쇠약한 희용신을 충하는 경우에는 희용신의 뿌리가 뽑혀버리므로 흉하다. 예를 들어보자.

ⓐ	ⓑ	ⓒ	ⓓ
戊己戊辛	丁辛乙丁	甲戊丙壬	丙乙戊戊
辰亥戌丑	酉巳巳酉	寅寅午子	戌亥午戌

ⓐ는 「사주문답1(Q158)」에 나오는 명조인데, 己土 일주가 비겁 土가 많아서 신강하므로 연간의 식신 辛金을 용신으로 삼고 일지의 재성 亥水를 희신으로 삼는 식신격이 된다. 기신운인 巳火운에는 사주원국에 土가 아주 많은 데다가 戌月이므로 巳亥沖으로 인해 亥水가 오히려 巳火에게 깨져서 흉하다고 본다. 만약 시지에 상관 申金이 있다면, 巳火운에는 申金의 생조를 받아서 왕한 亥水가 운에서 들어오는 巳火를 능히 깨뜨릴 수 있으므로 길하다고 할 수는 없지만 흉하지 않고 무난하게 넘어갈 것이다.

ⓑ는 「사주문답1(Q300)」에 나오는 명조인데, 辛金 일주가 木火가 왕하여 신약하므로 인성 土를 필요로 하나 인성 土가 없어서 시지의 비견 酉金을 용신으로 삼고 왕한 관살 火를 설기하여 일주를 생조해주는 인성 土와 왕한 관살 火를 충극하여 용신 酉金을 구해주는 식상 水를 희신으로 삼는 살중용겁격이 된다. 卯木운에는 卯木이 월령을 차지하고 있는 두 巳火의 도움을 받아 용신 酉金을 충하여 깨뜨릴 수 있으므로 좋지 않다고 본다. 巳酉 반합 金局은 乙巳월이라서 木火가 왕하므로 그 효력이 거의 없고 오히려 巳火가 酉金을 극한다고 본다. 한편 亥水운에는 亥水가 두 酉金의 생조를 받아서 두 巳火를 능히 충하여 깨뜨릴 수 있으므로 아주 길하다고 본다.

ⓒ는 「사주문답3(Q1087)」에 나오는 명조인데, 戊土 일주가 午月에 태어났으나 재성 水와 관살 木이 왕하여 신약하므로, 월간의 인성 丙火를 용신으로 삼고 비겁 土를 희신으로 삼는 재살중용인격이 된다. 관살 木도 용신인 丙火와 午火를 생조해주므로 나쁘지는 않다고 본다. 관살 木이 왕하지만 않았어도 희신의 역할을 톡톡히 했을 텐데 왕해서 희신으로 보기는 곤란하다. 기신운인 子水운에는 子水가 지지의 두 寅木에게 설기도 많이 되나 연주의 壬子와 합세하여 용신 午火를 충하여 깨뜨릴 수 있으므로 제법 흉하다고 본다. 만약 寅木이 없다면 子水운에 아주 흉할 것이다. 그러나 만약 연간에 壬水 대신 戊土나 甲木이 있다면 연지의 子水가 허약해지므로, 子水운에 子水가 午火를 충하여 깨뜨리기는커녕 오히려 子水가 午火에게 깨져서 비록 길하지는 않다고 하더라도 흉하지 않고 무난하게 넘어갈 수 있다고 본다. 한편 午火운에는 지지에 木火가 왕해서 午火가 子水에게 깨지지 않으므로 상당히 길하다고 보며, 만약 연간에 戊土가 하나 있기라도 한다면 연지의 子水가 맥을 못 추므로 子午沖으로 인해 子水의 손상이 커서 아주 길할 것이라고 본다.

ⓓ는 乙木 일주가 식상 火와 재성 土가 왕하여 아주 신약하므로, 일지의 인성 亥水를 용신으로 삼고 왕한 재성 土를 극하여 무력한 용신 亥水를 구해주는 비겁 木과 무력한 용신 亥水를 생조해주는 관살 金을 희신으로 삼는 식재중용인격(食財重用印格)이 된다. 구신운인 巳火운에는 사주원국에 火土가 너무 많아서 巳亥沖으로 인해 亥水가 여지없이 깨져버리므로 아주 흉하다고 본다. 한편 子水운에는 사주원국에 비록 火土가 아주 많긴 해도 일지의 亥水가 子水를 다소나마 도와주므로 子午沖으로 인해 子水보다 午火의 손상이 더 커서 다소나마 길하거나 적어도 무난하다고 본다. 만약 연지나 시지에 조토인 戌土 대신 申金이 있다면, 子水운에는 申金의 생조와 亥水의 도움을 받는 子水가 비록 戌土의 극을 조금 받긴 해도 午火를 충분히 충하여 제거할 수 있으므로 아주 길할 것이다.

2. 쇠신충왕왕신발(衰神沖旺旺神發): 쇠약한 성분이 왕한 성분을 충(沖)하면 왕한 성분은 오히려 격발하여 노하게 된다.

(1) 쇠약한 희용신의 운이 사주원국의 왕한 기구신을 충하는 경우에는 흉하거나 적어도 길하지는 않다. 이런 경우야말로 희용신의 운에 오히려 흉하게 되는 특별한 경우라고 하겠다. 예를 들어보자.

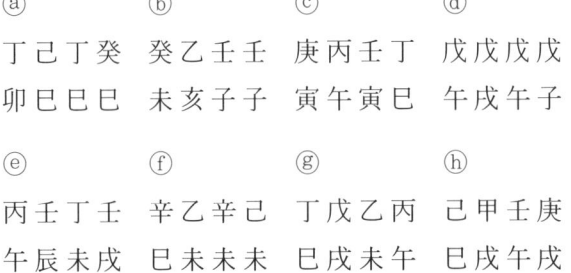

ⓐ는 「사주문답3(Q806)」에 나오는 명조인데, 己土 일주가 巳月에 태어난 데다가 인성 火가 많아서 아주 신강하므로 연간의 재성 癸水를 용신으로 삼고 식상 金을 희신으로 삼는 인중용재격이 된다. 희신운인 酉金운에는 지지에 火가 아주 왕하므로 卯酉沖으로 인해 酉金이 卯木과 巳火에게 깨져서 상당히 흉하다고 본다. 이 경우에는 木火가 아주 왕하므로 巳酉 반합 金局이 되기는커녕 오히려 巳火가 酉金을 극한다고 봐야 한다. 그런데 亥水운에는 지지에 木은 있어도 조토가 없으므로 巳亥沖으로 인해 亥水가 巳火를 간신히 깨뜨릴 수 있어서 다소나마 길하다고 본다.

ⓑ는 「사주문답3(Q951)」에 나오는 명조인데, 乙木 일주가 인성 水가 많아서 아주 신강하므로 시지의 재성 未土를 용신으로 삼고 식상 火를 희신으로 삼으나, 실제로 식상 火는 희신의 역할을 거의 하지 못하는 구조이다. 천간의 火운은 군겁쟁재가 되어서 아주 흉하고, 지지의 火운도 巳亥沖과 子午沖으로 인해 巳午火가 亥子水에게 깨져서 흉하나 그래도 未土가 운에서 들어오는 巳午火를 다소나마 보호해주므로 아주 흉하지는 않을 것이다.

ⓒ는 「사주문답1(Q332)」에 나오는 명조인데, 丙火 일주가 寅月에 태어나 아주 신강하므로 월간의 칠살 壬水를 용신으로 삼지 못하고 시간의 재성 庚金을 용신으로 삼고 무력한 용신 庚金을 생조해주는 식상 土, 특히 지지의 습토를 희신으로 삼는다. 용신운인 申金운에는 지지에 木火가 함께 왕하므로 寅申沖으로 인해 申金이 오히려 午火에게 깨져서 흉하다고 보는데, 만약 지지에 습토가 하나쯤 있다면 申金이 습토의 생조를 받아서 능히 寅木을 깰 수 있으므로 흉하지 않고 제법 길할 것이다.

ⓓ는 「적천수천미(滴天髓闡微)」의 간지총론(干支總論)의 장에 나오는 명조인데, 戊土 일주가 午月에 태어난 데다가 火土가 많아서 아주 신강하므로 일주를 설기하는 식상 金을 용신으로 삼는 것이 좋으나, 식상 金이 없어

서 할 수 없이 연지의 재성 子水를 용신으로 삼고 운에서 식상 金이 들어오기를 간절히 기다리고 있는 군겁쟁재격이 된다. 그래서 水운은 용신운임에도 불구하고 군겁쟁재가 되어 아주 흉하다고 본다. 子水운에도 지지에 조토인 戌土가 있는 데다가 천간에도 土뿐이므로 子午沖으로 인해 子水가 午火에게 깨져서 아주 흉할 것이다. 그러나 연간에 식신 庚金이 있어서 연지의 재성 子水를 생조해주고 있다면 연지의 子水가 庚金의 생조를 받아 힘이 있으므로, 子水운에 子午沖으로 인해 子水가 午火를 깨뜨려서 제법 길할 것이다.

ⓔ는 필자의 아버지의 명조인데, 壬水 일주가 未月에 태어난 데다가 火土가 많아서 아주 신약하므로 일지 辰土 속에 들어 있는 겁재 癸水를 용신으로 삼고 인성 金을 희신으로 삼는 재살중용겁격이 된다. 연간의 비견 壬水는 丁火와 간합이 되어 있어서 용신으로 삼기가 곤란한데, 만약 일지 속의 겁재 癸水가 없다면 부득이 연간의 비견 壬水를 용신으로 삼을 수밖에 없을 것이다. 용신운인 子水운에는 지지에 조토가 많으므로 子午沖으로 인해 子水가 午火에게 깨져서 별로 좋지 않다고 본다. 실제로 子대운에 가산(家産)이 줄어들고 건강도 좋지 않아서 고생을 하셨다고 한다. 만약 일지에 습토인 辰土 대신 조토인 戌土가 있었다면 子水운에 子水가 午火에게 더 심하게 깨져서 아주 흉했을 것이다. 이처럼 지지에 습토가 하나쯤 있으면 水가 조금이라도 부담을 덜 느낀다는 사실을 알 수 있다. 만약 지지에 午火와 습토뿐이라면 子水운에 길했으면 길했지 결코 흉하지는 않을 것이다.

ⓕ는 「사주문답1(Q353)」에 나오는 명조인데, 乙木 일주가 아주 신약하여 일지의 未土 속에 들어 있는 비견 乙木을 용신으로 삼고 운에서 인성 水가 들어오기를 기다리고 있는 신약용겁격이 된다. 천간의 水운은 길하다고 보지만, 지지의 亥水운에는 지지에 巳火와 조토인 未土뿐이라서 巳亥沖으로 인해 亥水가 巳火에게 깨지므로 흉하다고 본다. 그래도 천간에 金이 둘이나 있어

서 亥水를 간접적으로나마 생조해주고 있으니 아주 흉하지는 않을 것이다.

ⓖ는 「사주문답1(Q293)」에 나오는 명조인데, 戊土 일주가 未月에 태어난 데다가 火土가 많아서 아주 신강하므로 월간의 정관 乙木을 용신으로 삼고 재성 水를 희신으로 삼는 정관격이 된다. 희신운인 亥水운과 子水운에는 지지에 巳午火와 조토뿐이고 천간에도 亥子水를 도와줄 金水가 없으므로 巳亥沖과 子午沖으로 인해 亥水와 子水가 巳火와 午火에게 깨져서 아주 흉하다고 본다. 그러나 천간으로 들어오는 壬癸水운은 丙丁火를 극하면서 용신 乙木을 생조해주므로 제법 길하다고 본다. 그런데 사주 당사자의 말에 의하면 壬대운에 별로 좋지 않았다고 하는데, 필자가 보기로는 세운이 좋지 않았기 때문이 아닌가 싶다. 다시 말해서 세운에서 천간으로 기구신인 土金이 들어와 사주원국의 용신 乙木과 대운의 희신 壬水를 극하는 바람에 좋지 않았다고 볼 수 있다. 참고로 丙午年生이면 1966년생이므로 壬대운(21대운) 중의 세운은 丁卯年(1987년)·戊辰年(1988년)·己巳年(1989년)·庚午年(1990년)·辛未年(1991년) 정도가 될 것이다.

ⓗ는 「사주팔자 길잡이(금강 저)」에 나오는 명조인데, 甲木일주가 아주 신약하므로 월간의 인성 壬水를 용신으로 삼고 무력한 용신 壬水를 생조해주는 연간의 칠살 庚金을 희신으로 삼는 살인상생격이 된다. 연간의 칠살 庚金이 조토인 戊土를 깔고 앉아 뿌리가 깊지 못해서 아쉬운데, 칠살 庚金이 조토인 戊土 대신 습토인 辰土를 깔고 앉았더라면 辰土에 깊은 뿌리를 내린 庚金이 용신 壬水를 충분히 생조해주었을 것이므로, 사주의 구조가 상당히 좋아졌을 것이다. 천간의 용신운인 壬水운과 癸水운에는 길하겠지만, 지지의 용신운인 亥水운과 子水운에는 지지에 金水는 전혀 없고 午火가 월지를 잡고 있는 데다가 조토인 戊土가 둘이나 있으므로 巳亥沖과 子午沖으로 인해 亥水와 子水가 巳火와 午火에게 깨져서 오히려 상당히 흉할 것이다. 그

러나 만약 연지에 조토인 戊土 대신 습토인 辰土가 있다면 천간의 庚金과 壬水의 뿌리가 깊어지면서 월지의 午火가 辰土에 설기가 되어 힘이 빠지므로, 천간의 壬水운과 癸水운뿐만 아니라 지지의 亥水운과 子水운에도 亥子水가 巳午火를 충하여 제거할 수 있어서 상당히 길할 것이다.

(2) 쇠약한 기구신의 운이 사주원국의 왕한 희용신을 충하는 경우에는 흉하지 않고 별 탈 없이 무난한 편이긴 해도 발복할 정도로 길하지는 않다. 그러나 종격(從格)이나 화격(化格)인 경우에는 아주 흉하다. 예를 들어보자.

```
  ⓐ          ⓑ          ⓒ          ⓓ
甲 戊 乙 壬   甲 戊 甲 丙   己 甲 丁 戊   庚 甲 甲 戊
寅 寅 巳 戌   寅 寅 午 子   巳 寅 巳 戌   午 午 寅 午

  ⓔ          ⓕ          ⓖ          ⓗ
甲 戊 甲 戊   庚 壬 癸 癸   甲 戊 甲 癸   戊 戊 戊 戊
寅 午 寅 子   子 子 亥 亥   寅 子 寅 卯   午 午 午 午
```

ⓐ는 戊土 일주가 巳月에 태어났으나 관살 木이 많아서 신약하므로, 월지의 인성 巳火를 용신으로 삼고 연지의 비견 戊土를 희신으로 삼는 살중용인격이 된다. 기신운인 亥水운에는 지지에 木土가 많으므로 巳亥沖으로 인해 亥水가 巳火에게 깨져서 비록 길하지는 않다고 하더라도 결코 흉하지 않으며 별 탈 없이 무난하다고 본다. 그러나 子水운에는 子水가 충으로 인해 깨지지 않으므로 비록 아주 흉하진 않다고 하더라도 亥水운보다는 좋지 않다고 본다.

ⓑ는 戊土 일주가 午月에 태어났으나 관살 木이 많아서 신약하므로, 연간의 인성 丙火를 용신으로 삼고 비견 土를 희신으로 삼는 살중용인격이 된

다. ⓐ와 비슷한 구조이지만, 子午沖으로 인해 용신 午火가 子水에게 다소 손상을 입고 있으므로 ⓐ보다 못하다고 하겠다. 기신운인 子水운에는 또다시 子午沖이 되는 바람에 사주원국에 비록 午火를 보호해주는 木이 많긴 해도 지지에 조토가 없어서 午火가 子水에게 손상을 입는 것을 피할 수 없으므로 아주 흉하진 않더라도 제법 흉하다고 본다. 이 명조를 예로 든 까닭은 앞의 명조와 비슷한 구조를 지녔음에도 불구하고 연지에 조토인 戌土 대신 子水가 있어서 기신운인 子水운에 용신 午火가 두 子水에게 깨져서 흉하다는 것을 나타내보이기 위해서다. 그러나 만약 연지에 子水 대신 寅木이나 조토인 戌土가 있다면, 子水운에 子水가 午火를 깨지 못하므로 비록 길하진 않더라도 결코 흉하지 않고 별 탈 없이 무난할 것이다.

　ⓒ는 「적천수천미(滴天髓闡微)」의 성정(性情)의 장에 나오는 명조인데, 甲木 일주가 巳月에 태어난 데다가 火土가 많아서 아주 신약하므로, 일지의 비견 寅木을 용신으로 삼고 인성 水를 희신으로 삼는 식재중용겁격이 된다. 희신운인 亥水운에는 사주원국에 火土가 너무 많아서 巳亥沖으로 인해 亥水가 巳火에게 깨지므로 길하기는커녕 오히려 제법 흉하다고 본다. 그러나 만약 亥水운이 申金운이나 酉金운과 함께 들어온다면, 亥水가 申酉金의 생조를 받아 巳火를 깨뜨릴 수 있으므로 제법 길할 것이다.

　ⓓ는 甲木 일주가 寅月에 태어났으나 지지에 식상 火가 많아서 신약하므로 인성 水가 필요한 구조이다. 그러나 사주원국에 인성 水가 없으므로 부득이 월간의 비견 甲木을 용신으로 삼고 운에서 인성 水가 들어오기를 간절히 기다리는 수밖에 없다. 용신운인 子水운에는 子水가 비록 월지의 寅木에게 설기가 되긴 해도 세 午火를 충하여 제거할 힘이 있으므로 상당히 길할 것이다. 그리고 기신운인 申金운에는 지지에 火가 너무 많아서 寅申沖으로 인해 申金이 寅木에게 깨지므로, 비록 길하지는 않다고 하더라도 흉하지 않

으며 별 탈 없이 무난하다고 본다.

ⓔ는「적천수천미(滴天髓闡微)」의 관살(官殺)의 장에 나오는 명조인데, 戊土 일주가 관살 木이 많아서 신약하므로 일지의 인성 午火를 용신으로 삼고 비겁 土를 희신으로 삼는 살중용인격 또는 살인상생격이 된다. 기신운인 子水운에는 지지에 木이 많고 연지의 子水는 월지의 寅木을 생조하느라 일지의 용신 午火를 충하지 못하고 있으므로, 운에서 들어오는 子水와 일지의 午火가 충하여 子水가 午火를 깨뜨리기가 어려우므로 그다지 흉하지는 않은 편이라고 본다. 그러나 만약 지지에 申酉金이 하나쯤 있다면, 申酉金이 寅木을 충극하여 파괴해주므로 子水가 午火를 충분히 충할 수 있어서 아주 흉할 것이다.

ⓕ는 비겁 水가 극도로 왕하여 비겁 水를 용신으로 삼고 식상 木과 인성 金을 희신으로 삼는 종왕격(從旺格)이 된다. 구신운인 巳火운과 午火운에는 巳亥沖과 子午沖으로 인해 巳午火가 亥子水에게 깨져서 군겁쟁재가 되지만, 종격(從格)이라서 이상의 정격(正格)과는 달리 아주 흉하다고 본다. 왜냐하면 극도로 왕한 水의 기세에 순응하지 않고 부딪쳤기 때문이다.

ⓖ는「사주문답2(Q720)」에 나오는 명조인데, 戊土 일주가 의지할 데라고는 전혀 없어서 왕한 관살 木과 재성 水를 따라가는 종재살격(從財殺格)이 된다. 월지의 寅木 속에 들어 있는 인성 丙火는 水木이 워낙 왕해서 꺼내 쓸 수가 없다. 기신운인 申酉金운에는 寅申沖과 卯酉沖으로 인해 관살 木이 충격을 받아 격노하므로 상당히 흉하다고 본다. 그래도 일지의 子水가 유통을 시켜주므로 조금 나을 것이다. 만약 지지에 水가 하나 더 있다면 申酉金운에 水가 金木간의 충극을 더 완화시켜주므로 아주 흉하지는 않을 것이다.

ⓗ는 흔히 말하는 4戊午의 명조인데, 인성 火와 비겁 土가 극도로 왕하므로 인성 火를 용신으로 삼고 비겁 土를 희신으로 삼는 종강왕격(從强旺格)

이 된다. 기신운인 子水운에는 사주원국에 火土가 너무 많아서 子午沖으로 인해 子水가 깨지기 쉽지만, 종격이라서 子水가 극도로 왕한 火土의 기세에 순응하지 않고 부딪쳤기 때문에 아주 흉하다고 본다.

3. 한신운(閑神運)이 사주원국(四柱原局)의 왕한 기구신(忌仇神)을 충(沖)하거나 극(剋)하는 경우

(1) 일반적인 경우

일반적으로 기구신이 이기면 흉하다고 보고 한신이 이기면 길하거나 적어도 무난하다고 본다. 예를 들어보자.

ⓐ	ⓑ	ⓒ	ⓓ
庚丁壬丁	甲甲壬丁	丙丙甲己	辛己甲己
戌巳寅未	戌寅寅巳	申午戌巳	未丑戌丑

ⓐ는 「사주문답1(Q312)」에 나오는 명조인데, 丁火 일주가 신왕하여 시간의 재성 庚金을 용신으로 삼고 식상 土(지지엔 습토)를 희신으로 삼는다. 한신운인 亥水운에는 지지에 木과 조토뿐이라서 巳亥沖으로 인해 亥水가 오히려 기신 巳火에게 깨지므로 상당히 흉하다고 본다. 子水운에는 충은 일어나지 않으니 亥水운보다는 나아도 조토인 戌未土의 극을 많이 받으므로 별로 좋지 않다고 본다.

ⓑ는 「사주문답3(Q947)」에 나오는 명조인데, 甲木 일주가 신강하여 연간의 상관 丁火를 용신으로 삼고, 기신 壬水를 극하여 용신 丁火를 구해주는 재성 土(지지엔 조토)를 희신으로 삼는다. 한신운인 申金운에는 申金이 비록

용신 巳火의 극을 다소 받긴 해도 寅木을 충하면서 기신 壬水의 뿌리가 되므로 좋지 않다고 본다. 酉金운에는 비록 충은 일어나지 않지만 寅木을 극하면서 기신 壬水의 뿌리가 되므로 申金운보다는 나아도 역시 좋지 않다고 본다.

ⓒ는 「사주문답3(Q1074)」에 나오는 명조인데, 丙火 일주가 신강하여 연간의 상관 己土를 용신으로 삼고, 기신 甲木을 극하여 용신 己土를 구해주는 재성 金을 희신으로 삼는다. 그런데 용신 己土가 甲木과 합하여 기반이 되어 있으니 무척 아쉽다. 한신운인 亥水운과 子水운에는 비록 월지의 戌土의 극을 받긴 해도 亥子水가 시지의 申金의 생조를 받으면서 午火를 충극하여 희신 申金을 구해주므로 제법 길하다고 본다. 그리고 용신운 중에서도 지지의 습토운은 午火를 설기하여 희신 申金을 생조해주므로 아주 길할 것이다.

ⓓ는 「사주문답3(Q909)」에 나오는 명조인데, 己土 일주가 신강하여 일주를 극하는 정관 甲木과 설하는 식신 辛金을 용신으로 생각할 수 있으나, 월간의 정관 甲木은 무력한 데다가 연간의 비견과 합하여 土로 화하려 하고 있으므로 시간의 식신 辛金을 용신으로 삼는 것이 타당하다. 희신은 용신 辛金을 설기하여 기운을 유통시켜주면서 기신 火로부터 용신 辛金을 보호해주는 재성 水가 된다. 한신운인 木운은 용신 辛金의 뿌리인 土를 극하여 사주를 혼란스럽게 하므로 좋지 않다고 본다.

(2) 관살이 아주 왕하고 식상도 왕한 편이어서 극설(剋洩)이 교차되어 있는 상황에서 인성이 절대적으로 필요한 경우

이러한 경우에는 한신운인 식상운이 기구신인 왕한 관살을 충극하면 사주를 혼란스럽게 하여 일주를 더욱더 약하게 하므로 흉하다고 본다. 예를 들어보자.

| ⓐ | ⓑ | ⓒ | ⓓ |

丙己庚辛　丙乙丙辛　庚戊甲癸　壬丙癸戊
寅卯寅酉　戌酉申亥　申戌寅丑　辰戌亥午

　ⓐ는 필자가 임의로 만들어본 명조인데, 己土 일주가 관살 木과 식상 金이 함께 왕하여 신약하므로, 시간의 인성 丙火를 용신으로 삼고 비겁 土를 희신으로 삼는 신약용인격이 된다. 한신운인 식상 金운에는 또다시 극설이 교차하여 약한 일주가 더 약하게 되므로 흉하다고 본다. 특히 천간의 辛金운은 용신 丙火를 합하여 묶어버리므로 아주 흉하다고 본다. 그러나 천간의 庚金운은 용신 丙火에게 극을 받으므로 무난하다고 본다.
　ⓑ는 「사주문답3(Q881)」에 나오는 명조인데, 관살 金이 아주 왕한 데다가 식상 火도 약하지 않아서 乙木 일주가 아주 신약하므로, 연지의 인성 亥水를 용신으로 삼고 비겁 木을 희신으로 삼는 신약용인격이 된다. 한신운인 식상 火운은 관살 金과 식상 火의 싸움으로 인해 일주가 더욱더 약해지므로 흉하다고 본다.
　ⓒ는 「사주문답1(Q346)」에 나오는 명조인데, 관살 木과 식상 金이 함께 왕하여 戊土 일주가 아주 신약하므로, 일지의 戌土 속에 있는 인성 丁火를 용신으로 삼고, 일지의 비견 戊土를 희신으로 삼는 신약용인격이 된다. 한신운인 식상 金운에는 식상 金이 왕한 칠살 甲寅木을 충극하여 일주가 더욱더 약해지므로 흉하다고 본다.
　ⓓ는 「적천수천미(滴天髓闡微)」의 관살(官殺)의 장에 나오는 명조인데, 丙火 일주가 극설이 교차하여 아주 신약하므로, 일지의 戌土 속에 들어 있는 겁재 丁火를 용신으로 삼고 운에서 인성 木이 들어오기를 간절히 기다리고 있는 신약용겁격이 된다. 한신운인 식상 土운에는 또다시 극설이 교차되어 일주가 더욱더 약해지므로 흉하다고 본다. 그러나 지지의 조토운은 일주

丙火를 별로 설기하지 않으면서 왕한 관살 水를 극하여 연지의 용신 午火를 구해주므로 오히려 다소 길하다고 본다.

(3) 관살이 아주 왕하여 인성을 용신으로 삼는 경우

이러한 경우에는 한신운인 식상운이 아주 흉하지는 않으나 다소 부담이 된다고 본다. 그러나 만약 식상이 용신인 인성을 직접 충극하고 있는 재성을 생조하여 용신인 인성을 부담스럽게 한다면 제법 흉하다고 본다. 예를 들어보자.

ⓐ ⓑ ⓒ ⓓ
甲戊甲戊　癸丁癸癸　癸乙乙乙　壬甲辛癸
寅午寅子　卯卯亥亥　未酉酉卯　申申酉卯

ⓔ ⓕ
辛甲壬己　壬辛甲甲
未子申酉　辰丑午午

ⓐ는「적천수천미(滴天髓闡微)」의 관살(官殺)의 장에 나오는 명조인데, 칠살 甲寅木이 아주 왕하여 戊土 일주가 신약하므로, 일지의 인성 午火를 용신으로 삼고 비겁 土(지지의 습토는 제외)를 희신으로 삼는 살중용인격 또는 살인상생격이 된다. 일지에 있는 인성 午火가 좌우의 칠살 甲寅木을 화하여[설기하여] 일주 戊土를 바로 아래서 생조해주고 있으므로 살인상생격(殺印相生格) 중에서도 아주 좋은 구조라고 하겠다. 천간의 식상 金운은 식상 金이 용신 午火에게 도움은 주지 못하고 왕한 칠살 甲木과 부딪쳐서 사주를 혼란스럽게 하므로 별로 좋은 편이 아니다. 그러나 지지의 식상 金운은 용신 午火의 극을 받아서 힘이 약하므로 무난하다고 본다.

ⓑ는「적천수천미(滴天髓闡微)」의 관살(官殺)의 장에 나오는 명조인데, 관살 水가 아주 왕하여 丁火 일주가 신약하므로 일지의 인성 卯木을 용신으로 삼고 지지의 비겁 火를 희신으로 삼는 살중용인격 또는 살인상생격이 된다. 한신운인 식상 土운은 왕한 관살 水를 충격하여 사주를 혼란스럽게 하므로 별로 좋지 않다고 본다. 그러나 지지의 식상 土운은 용신 卯木의 극을 받아서 힘이 약하므로 무난하다고 본다.

　ⓒ는「사주문답1(Q315)」에 나오는 명조인데, 乙木 일주가 칠살 酉金이 왕하여 신약하므로 시간의 인성 癸水를 용신으로 삼고 월간의 비견 乙木을 희신으로 삼는 살중용인격이 된다. 천간의 식상 火운은 용신 癸水에게 극을 받으므로 무난하다고 보나, 지지의 식상 火운은 용신 癸水에게 도움은 주지 못하고 왕한 칠살 酉金을 극하여 사주를 혼란스럽게 하므로 별로 좋지 않다고 본다.

　ⓓ는「사주문답3(Q1123)」에 나오는 명조인데, 甲木 일주가 관살 金이 아주 왕하여 신약하므로 시간의 인성 壬水를 용신으로 삼고 비겁 木을 희신으로 삼는 살중용인격이 된다. 천간의 식상 火운은 용신 壬癸水의 극을 받으므로 무난하겠으나, 지지의 식상 火운은 용신 壬水에게 도움은 주지 못하고 왕한 관살 金과 부딪쳐서 사주를 혼란스럽게 하므로 별로 좋지 않다고 본다.

　ⓔ는「사주문답1(Q321)」에 나오는 명조인데, 甲木 일주가 관살 金과 재성 土가 함께 왕하여 신약하므로 월간의 인성 壬水와 일지의 인성 子水를 용신으로 삼고 비겁 木을 희신으로 삼는 재살중용인격이 된다. 한신운인 식상 火운은 용신 壬水와 子水를 극하고 있는 재성 己土와 未土를 생조하여 용신 壬水와 子水를 부담스럽게 하므로 제법 흉하다고 본다. 특히 천간의 丁火운에는 丁火가 용신 壬水를 합하여 묶어버리는 바람에 아주 흉하다고 본다.

　ⓕ는「사주문답2(Q589)」에 나오는 명조인데, 辛金 일주가 칠살 午火가 왕

하고 상관 壬水와 재성 甲木까지 있어서 신약하므로, 일지의 인성 丑土를 용신으로 삼고 비겁 金을 희신으로 삼는 신약용인격이 된다. 천간의 식상 水운은 재성 甲木을 생조하여 일주를 더욱더 약하게 하므로 좋을 게 없으나, 지지의 식상 水운은 용신 丑土와 辰土의 도움을 다소나마 받으면서 두 午火를 충극하므로 무난하다고 본다.

(4) 관살이 아주 왕하여 인성을 용신으로 삼지만, 재성은 거의 없고 일주가 지지의 비겁에 깊은 뿌리를 내리고 있어서 실제로 일주가 용신인 인성보다 비겁에게 더 많이 의지하고 있는 경우

이 경우에는 한신운인 식상운이 들어오면 식상이 비겁의 충분한 생조를 받으면서 왕한 관살을 충극하여 비겁을 구해주므로 길하다고 본다. 예를 들어보자.

ⓐ   ⓑ   ⓒ   ⓓ
壬癸戊庚　己乙辛癸　戊庚丁丙　丁甲辛丙
戌未子子　卯卯酉酉　寅午酉辰　卯申卯申

ⓔ   ⓕ
甲戊己乙　丙己己乙
寅戌卯卯　寅未卯卯

ⓐ는 남자의 명조인데, 癸水 일주가 관살 土가 왕하여 신약하므로 연간의 인성 庚金을 용신으로 삼고 비겁 水를 희신으로 삼는 살중용인격이 된다. 그런데 비겁 水가 관살 土 못지않게 왕한 데다가 인성 庚金이 일주와 떨어져 있어서 일주에게 별 도움을 주지 못하고 있으므로, 일주가 인성 庚金보다 연월지의 비견 子水에게 더 많이 의지하고 있는 실정이다. 그래서 지

지의 식상 木운은 비견 子水의 생조를 받으면서 왕한 관살 戌未土를 극하여 비견 子水를 구해주므로 제법 길하다고 본다. 그러나 천간의 상관 甲木운은 용신 庚金에게 극을 받으므로 무난한 정도로 그치고, 식신 乙木운은 용신 庚金을 합하여 묶어버리므로 아주 흉하다고 하겠다. 실제로 용신운인 辛대운과 한신운인 卯대운에 큰돈을 벌었다고 한다.

ⓑ는 「적천수천미(滴天髓闡微)」의 논지지(論地支)의 장에 나오는 명조인데, 乙木 일주가 칠살 辛酉金이 왕하여 신약하므로 연간의 인성 癸水를 용신으로 삼고 비견 卯木을 희신으로 삼는 살중용인격이 된다. 이 명조 역시 인성 癸水가 일주와 떨어져 있어서 일주가 인성 癸水보다 일지의 비견 卯木에게 더 많이 의지하고 있는 실정이다. 그래서 천간으로 들어오는 식상 火운은 용신 癸水의 극을 받아 무난한 정도로 그치겠으나, 지지로 들어오는 식상 火운은 비견 卯木의 생조를 받으면서 왕한 칠살 酉金을 극하여 비견 卯木을 구해주므로 제법 길하다고 본다.

ⓒ는 「적천수천미(滴天髓闡微)」의 관살(官殺)의 장에 나오는 명조인데, 庚金 일주가 관살 火가 왕하여 신약하므로 시간의 인성 戊土를 용신으로 삼고 월지의 겁재 酉金을 희신으로 삼는 살중용인격이 된다. 그런데 일주는 寅木을 깔고 앉아서 무력한 용신 戊土보다 월령을 차지하여 왕한 겁재 酉金에게 더 많이 의지하고 있다고 하겠다. 그래서 천간의 식신 壬水운은 용신 戊土의 극을 받아 무난하겠으나, 상관 癸水운은 용신 戊土를 합하여 묶어버리므로 아주 흉할 것이다. 지지의 식상 水운은 비록 재성 寅木을 생조하여 용신 戊土를 부담스럽게 하긴 해도 겁재 酉金의 생조를 받으면서 정관 午火를 충극하여 겁재 酉金을 구해주므로 다소 길하다고 본다.

ⓓ는 「사주문답2(Q510)」에 나오는 명조인데, 甲木 일주가 卯月에 태어났으나 관살 金이 왕하여 신약하므로, 일지의 申金 속에 들어 있는 인성 壬水

를 용신으로 삼고 월지와 시지의 겁재 卯木을 희신으로 삼는다. 그런데 인성 壬水는 지지에 암장되어 있어서 무력하므로, 일주는 인성 壬水보다 겁재 卯木에게 더 많이 의지하고 있는 실정이다. 그래서 식상 火운, 특히 지지의 식상 火운은 겁재 卯木의 생조를 받으면서 왕한 관살 金을 극하여 겁재 卯木을 구해주므로 제법 길하다고 본다.

ⓔ는 필자가 임의로 만들어본 명조인데, 戊土 일주가 관살 木이 아주 왕하여 신약하므로 일지의 戌土 속에 들어 있는 인성 丁火를 용신으로 삼고, 일지의 비견 戌土를 희신으로 삼는다. 그런데 인성 丁火는 지지에 암장되어 있어서 무력하므로, 일주는 인성 丁火보다 비견 戌土에 더 많이 의지하고 있다고 하겠다. 그래서 식상 金운은 겁재 己土와 비견 戌土의 생조를 받아 왕한 관살 木을 충극하여 겁재 己土와 비견 戌土를 구해주므로 제법 길하다고 본다.

ⓕ는 ⓔ와 비교하기 위해 역시 필자가 임의로 만들어본 명조인데, 己土 일주가 관살 木이 아주 왕하여 신약하므로 시간의 인성 丙火를 용신으로 삼고, 일지의 비견 未土를 희신으로 삼는 살인상생격이 된다. 이 명조는 ⓔ의 명조와는 달리 일주가 일지의 비견 未土보다 시간의 인성 丙火에게 의지하는 정도가 더 크고, 인성 丙火는 정관 寅木에 깊은 뿌리를 내리고 있다. 이런 경우에는 한신운인 식상 金운이 좋다고 할 수 없다. 천간의 상관 庚金운은 용신 丙火의 극을 받아 무난하다고 하겠으나, 천간의 식신 辛金운은 용신 丙火를 합하여 묶어버리므로 아주 흉할 것이며, 지지의 식상 金운은 비록 왕한 관살 木을 충극하여 희신 未土를 구해주긴 해도 용신 丙火의 뿌리인 정관 寅木을 충극하여 사주를 혼란스럽게 하므로 상당히 흉할 것이다.

(5) 관살이 아주 왕하고 재성은 거의 없는데 일주가 의지할 인성이 없어서 비겁을 용신으로 삼는 경우

이러한 경우에는 한신운인 식상운이 인성운과 함께 희신의 역할을 하므로 인성운 다음으로 길하다고 본다. 그러나 재성이 관살과 함께 왕하면 식상운은 왕한 관살을 제어하기 전에 먼저 재성을 생조하여 일주를 더 약하게 하므로 별로 좋지 않다고 본다.

ⓐ	ⓑ	ⓒ	ⓓ
丁辛乙丁	己癸己癸	庚丁丙己	甲己甲戊
酉巳巳酉	未亥未亥	子亥子丑	戌卯寅戌

ⓐ는 「사주문답1(Q58)」에 나오는 명조인데, 辛金 일주가 관살 火가 왕하여 신약하므로 인성 土를 용신으로 삼고 싶으나 사주원국에 인성 土가 없어서 부득이 시지의 비견 酉金을 용신으로 삼고 운에서 인성 土가 들어오기를 간절히 기다리고 있는 살중용겁격이 된다. 한신운인 식상 水운은 왕한 관살 火를 충극하여 제거함으로써 용신 酉金을 구해주므로 사실상 희신의 역할을 해서 용신운인 인성 土운 다음으로 길하다고 본다.

ⓑ는 「적천수천미(滴天髓闡微)」의 형상(形象)의 장에 나오는 명조인데, 癸水 일주가 관살 土가 왕하여 신약하므로 인성 金을 필요로 하나 사주원국에 인성 金이 없어서 부득이 일지의 겁재 亥水를 용신으로 삼고 운에서 인성 金이 들어오기를 간절히 기다리고 있는 살중용겁격이 된다. 한신운인 식상 木운은 왕한 관살 土를 극하여 용신 亥水와 癸水를 구해주므로 사실상 희신의 역할을 해서 인성 金운 다음으로 길하다고 본다.

ⓒ는 「적천수천미(滴天髓闡微)」의 간지총론(干支總論)의 장에 나오는 명조인데, 丁火 일주가 지지에 관살 水가 왕하여 신약하므로 인성 木을 필

요로 하나 사주원국에 인성 木이 없어서 부득이 월간의 겁재 丙火를 용신으로 삼고 운에서 인성 木이 들어오기를 간절히 기다리고 있는 신약용겁격이된다. 한신운인 천간의 식상 土운은 관살 水를 극하지는 못하고 오히려 용신 丙火를 설기만 하므로 좋지 않으며, 지지의 습토운도 관살을 극하기는커녕 오히려 용신 丙火를 어둡게만 하므로 좋지 않으나, 지지의 조토운은 용신 丙火의 뿌리도 되면서 관살 水를 극하므로 제법 길하다고 본다. 그리고 지지의 火운은 용신운임에도 불구하고 군겁쟁재가 되어 아주 흉하다고 본다.

ⓓ는 「사주문답3(Q1013)」에 나오는 명조인데, 己土 일주가 관살 木이 아주 왕하여 신약하므로 인성 火를 필요로 하나 사주원국에 인성 火가 드러나 있지 않으므로 부득이 연간의 겁재 戊土를 용신으로 삼고 운에서 인성 火가 들어오기를 간절히 기다리고 있는 살중용겁격이 된다. 한신운인 식상 金운은 왕한 관살 木을 충극하여 용신 戊土와 戌土를 구해주므로 사실상 희신의 역할을 해서 인성 火운 다음으로 길하다고 본다.

(6) 비겁이 아주 왕한데 식상은 하나뿐이고 재성은 없거나 미약한 종왕식상격에서 식상을 용신으로 삼는 경우

이러한 경우에는 한신운인 관살운이 아주 왕한 비겁을 충격하여 사주를 혼란스럽게 하므로, 비록 아주 흉하지는 않다고 하더라도 그다지 좋지 않다고 본다. 그리고 종왕식상격에서는 희신운인 재성운에 재성이 식상의 생조를 받지 못한다면 왕한 비겁의 충극을 많이 받아서 쟁재가 되므로 오히려 흉하다고 본다. 예를 들어보자.

ⓐ	ⓑ	ⓒ	ⓓ
癸壬辛壬	己戊辛己	壬癸癸壬	甲丙庚己
卯子亥子	未戌未巳	子亥丑子	午午午巳

ⓐ는 「적천수천미(滴天髓闡微)」의 상관(傷官)의 장에 나오는 명조인데, 壬水 일주가 비겁 水가 아주 왕하여 신강하므로 시지의 상관 卯木을 용신으로 삼고 재성 火를 희신으로 삼는 종왕식상격이 된다. 관살운은 한신운인데, 천간의 관살 土운은 왕한 비겁 水를 격발시켜 노하게 하므로 좋지 않다고 보나, 지지의 관살 土운은 용신 卯木에게 극을 받으므로 무난하다고 본다. 그리고 희신운인 천간의 火운은 木의 생조는 받지 못하고 비겁 壬癸水에게 극만 받아 쟁재가 되므로 흉하다고 본다.

ⓑ는 「적천수천미(滴天髓闡微)」의 질병(疾病)의 장에 나오는 명조인데, 戊土 일주가 비겁 土가 아주 왕하여 신강하므로 월간의 상관 辛金을 용신으로 삼고 재성 水를 희신으로 삼는 종왕식상격이 된다. 관살운은 한신운인데, 천간의 관살 木운은 용신 辛金에게 극을 받으므로 무난하다고 보나, 지지의 관살 木운은 왕한 비겁 土를 극하여 격발시키므로 좋지 않으나 인성 巳火에게 설기가 되어 충격이 완화되므로 크게 흉하지는 않다고 본다. 그리고 지지의 재성 水운은 金의 생조는 받지 못하고 비겁 土에게 극만 받아서 쟁재가 되므로 흉하다고 본다.

ⓒ는 「사주문답2(Q645)」에 나오는 명조인데, 癸水 일주가 비겁 水가 아주 왕하여 신강하므로 일지의 亥水 속에 들어 있는 상관 甲木을 용신으로 삼고 재성 火를 희신으로 삼는 종왕식상격이 된다. 희신운인 재성 火운은 지지에 암장되어 있는 용신 甲木의 생조는 전혀 받지 못하고 왕한 비겁 水의 충극만 받아서 군겁쟁재가 되므로 아주 흉하다고 본다. 그리고 한신운인 관살 土운은 왕한 비겁 水를 격발시켜 노하게 하므로 상당히 흉하다고 본다. 이 명조는 종왕식상격이라기보다는 차라리 종왕격으로 보는 것이 더 낫다는 생각도 든다. 종왕격으로 본다면, 식상운이 가장 길한 것은 종왕식상격과 같지만 종왕식상격에서는 별로 좋지 않거나 흉한 비겁운과 인성운도 길하다는

차이가 있다.

ⓓ는 「적천수천미(滴天髓闡微)」의 팔격(八格)의 장에 나오는 명조인데, 丙火 일주가 지지에 비겁 火뿐이라서 아주 신강하므로 연간의 상관 己土를 용신으로 삼고 월간의 재성 庚金을 희신으로 삼는 종왕식상격이 된다. 지지의 습토운이 가장 길하겠고, 지지의 재성 金운은 희신운임에도 불구하고 식상 土의 생조는 받지 못하고 왕한 비겁 火의 극만 받아 쟁재가 되므로 아주 흉하다고 본다. 관살 水운은 한신운인데, 천간의 水운은 용신 己土의 극을 받으므로 큰 어려움이 없겠으나, 지지의 관살 水운은 왕한 비겁 火를 충극하여 노하게 하므로 좋지 않다고 본다.

(7) 비겁이 아주 왕한데 식상과 관살이 전혀 없어서 부득이 재성을 용신으로 삼는 경우, 즉 군겁쟁재격(群劫爭財格)인 경우

이러한 경우에는 식상운은 상당히 길하지만, 용신운인 재성운은 군겁쟁재가 되므로 용신운임에도 불구하고 아주 흉하다. 그리고 한신운인 관살운은 용신인 재성이 어느 정도 힘이 있으면 다소나마 길하다고 보나, 용신인 재성이 아주 무력하면 관살의 설기를 감당하지 못하므로 별로 좋지 않다고 본다. 예를 들어보자.

ⓐ	ⓑ	ⓒ	ⓓ
癸癸丙壬	壬戊己戊	丙壬壬壬	癸癸辛丁
丑亥午子	戌戌未戌	午子子子	亥亥亥丑

ⓐ는 「알기 쉬운 용신분석(낭월 박주현 저)」에 나오는 명조인데, 癸水 일주가 비록 午月에 태어나긴 했어도 비겁 水가 왕하여 신강하므로 식상 木이

나 관살 土를 용신으로 삼을 수 있다. 그런데 상관 甲木은 일지의 亥水 속에 암장되어 있고 시지의 칠살 丑土는 습토인 데다가 비겁 水에 둘러싸여 있어서 水를 극하기는커녕 오히려 水에 동화되어버렸으므로 둘 다 용신으로 삼기가 곤란하다. 그래서 부득이 월간의 재성 丙火를 용신으로 삼고 운에서 식상 木이 들어오기를 간절히 기다리고 있는 군겁쟁재격이 된다. 한신운인 관살 土운은 월령을 잡고 있는 재성 火의 생조를 받아 왕한 비겁 水를 극할 수 있으므로 다소나마 길하다고 본다. 만약 칠살 丑土가 일지에 있다면 월지의 午火의 생조를 받아 土의 역할을 그런대로 할 수 있으므로, 일지의 칠살 丑土를 용신으로 삼는 칠살격이 되어 관살 土운이 상당히 길할 것이다.

ⓑ는 필자가 임의로 만들어본 명조인데, 戊土 일주가 비겁이 아주 왕하여 신강하므로 식상 金이나 관살 木을 용신으로 삼고 싶지만, 식상과 관살은 지지에 암장되어 있어서 용신으로 삼기가 곤란하므로 부득이 시간의 재성 壬水를 용신으로 삼고서 운에서 식상 金이 들어오기를 간절히 기다리고 있는 군겁쟁재격이 된다. 한신운인 관살 木운은 용신인 재성 壬水가 너무 무력해서 관살 木의 설기를 감당하지 못하다 보니 왕한 土를 격발시켜 노하게 할 뿐이므로 좋지 않다고 본다.

ⓒ는 「알기 쉬운 용신분석(낭월 박주현 저)」에 나오는 명조인데, 壬水 일주가 비겁 水가 아주 왕하여 신강하므로 시간의 재성 丙火를 용신으로 삼고 운에서 식상 木이 들어오기를 간절히 기다리고 있는 군겁쟁재격이 된다. 한신운인 관살 土운은 용신 火의 생조를 받으면서 왕한 비겁 水를 극하여 용신 火를 구해주므로 다소나마 길하다고 본다. 그러나 지지의 습토운은 용신 午火를 어둡게 하므로 오히려 흉하다고 본다.

ⓓ는 「적천수천미(滴天髓闡微)」의 성정(性情)의 장에 나오는 명조인데, 癸水 일주가 비겁 水가 많아서 신강하므로 연지의 칠살 丑土를 용신으로 삼

고 연간의 재성 丁火를 희신으로 삼는 재자약살격이 된다. 이 명조는 ⓐ의 명조와는 달리 칠살 丑土가 재성 丁火의 생조를 받아서 土의 역할을 그런대로 할 수 있으므로 용신이 될 수 있다고 하겠다. 그래서 관살 土운(지지의 습토운은 제외)은 한신운이 아니라 용신운이 되어 상당히 길할 것이다. 물론 희신운인 火운은 비록 용신 丑土를 생조해주긴 해도 쟁재가 되므로 좋지 않을 것이다.

이상에서 쇠약한 성분과 왕한 성분의 판별과 양자 간의 충극(沖剋)에 대해 필자 나름대로 가능한 한 상세하게 정리를 한다고 해보았지만, 쇠왕(衰旺)의 판단은 말처럼 쉬운 것이 아니므로 많은 명조를 접해봄으로써 쇠왕의 기미(機微)를 파악하는 수밖에 없을 것이다.

제21장
육친(六親)

육친(六親)의 적용

〈제17장 제3절 십성(十星)의 특성〉에서 육친(六親)에 대해서도 살펴보았는데, 십성과 육친의 관계를 도표로 일목요연하게 나타내보기로 한다.

〈십성(十星)과 육친(六親)의 관계 대응표〉

십성	육친
비겁 (비견과 겁재)	형제자매, 오누이, 남녀 친구, 남녀의 직장 동료, 남녀의 선후배, 남녀의 동업자, 여자의 시아버지(특히 연월의 비겁), 남자의 며느리(특히 일시의 비겁), 남녀의 동서, 동업자, 자신의 재물을 겁탈하는 사람·경쟁자(겁재에 한함)
식상 (식신과 상관)	여자의 자녀 또는 의붓자녀 또는 수양자녀(특히 일시의 식상) 또는 조카, 남자의 장모(특히 연월의 식상), 남자의 사위(특히 일시의 식상), 남녀의 할머니나 외할아버지(특히 연월의 식상), 남녀의 제자(특히 일시의 식상), 남녀의 가까운 친족이 아닌 아랫사람(밀접한 관계에 있는 바로 아래의 직속부하를 포함함)(특히 일시의 식상)
재성 (편재와 정재)	남녀의 친아버지 또는 의붓아버지 또는 수양아버지[남자의 경우에는 편재(특히 연월의 편재)나 아버지의 형제자매, 여자의 경우에는 재성(특히 연월의 재성)], 남자의 아내(특히 정재), 남자의 애인 또는 정부(情婦)(특히 편재), 여자의 시어머니(특히 연월의 재성), 여자의 올케, 남자의 형수·제수·처남·처형·처제, 남녀의 종업원(특히 일시의 재성), 남녀의 부하 직원(특히 일시의 재성)
관살 (칠살과 정관)	여자의 남편(특히 정관), 여자의 애인 또는 정부(情夫)(특히 칠살), 남자의 자녀 또는 의붓자녀 또는 수양자녀(특히 일시의 관살), 남자의 조카, 여자의 며느리(특히 일시의 관살), 여자의 시누이·시아주버니·시동생·형부·제부, 남자의 매형·매제, 남녀의 외할머니, 남녀의 직장 상사·사장(특히 연월의 관살), 관공서에 관련된 사람이나 일
인성 (편인과 정인)	남녀의 친어머니(특히 연월의 정인), 남녀의 의붓어머니 또는 수양어머니(특히 연월의 편인), 남자의 장인(특히 연월의 인성), 여자의 사위(특히 일시의 인성), 남녀의 어머니의 형제자매, 남녀의 할아버지(특히 연월의 인성), 남녀의 스승·선생(특히 연월의 인성), 남녀의 가까운 친족이 아닌 윗사람(밀접한 관계에 있는 바로 위의 직속상관을 포함함)(특히 연월의 인성), 남녀의 종교지도자, 나에게 도움과 은혜를 주는 사람, 나의 뿌리인 조상

십성(十星)과 육친(六親)의 관계 대응표에 열거되어 있는 육친(六親)의 종류를 보면 배우자 · 자녀 · 부모 · 형제자매 외에도 여러 육친이 나열되어 있는데, 배우자 · 자녀 · 부모 · 형제자매 외의 육친의 경우에는 본인[사주 주인공]과 해당 육친의 생활권이 같거나 교류가 잦아야 한다는 전제 조건이 필요하며, 서로의 생활권이 다르거나 교류가 별로 없다면 십성과 육친의 대응 관계가 잘 맞아떨어지지 않을 것이다. 예컨대 시누이와 함께 살지도 않고 잘 만나지도 않는 경우에는 여자의 시누이를 관살로 보는 것은 별 의미가 없을 것이다.

  그리고 해당 육친이 본인[사주 주인공]의 윗사람인 경우에는 연주(年柱)나 월주(月柱)에 있는 해당 십성을 적용하는 것이 타당하고, 본인의 아랫사람인 경우에는 일지(日支)나 시주(時柱)에 있는 해당 십성을 적용하는 것이 타당하고, 본인과 대등한 관계에 있는 사람인 경우에는 해당되는 십성이 연주에 있든 월주에 있든 일지에 있든 시주에 있든 가리지 않고 그 십성을 적용하는 것이 타당하다.

  예컨대 어머니는 본인의 윗사람이므로 연주나 월주에 있는 인성을 어머니로 보는 것이 타당하고, 자녀는 본인의 아랫사람이므로 일지나 시주에 있는 식상(여자의 경우)이나 관살(남자의 경우)을 자녀로 보는 것이 타당하고, 형제자매는 본인과 대등한 관계에 있으므로 연주나 월주나 일지나 시주에 있는 비겁을 형제자매로 보는 것이 타당하다.

  또 아내는 본인과 대등한 관계에 있으므로 연주나 월주나 일지나 시주에 있는 재성(특히 정재)을 아내로 보는 것이 타당하고, 여자의 아버지는 윗사람이므로 연주나 월주에 있는 재성(특히 편재)을 아버지로 보는 것이 타당하고, 남자의 아버지도 윗사람이므로 연주나 월주에 있는 편재를 아버지로 보는 것이 타당하다. 그런데 남자의 사주에서 연주나 월주에 있는 정재는 아내로만 봐야지 아내로도 보고 아버지로도 보는 것은 필자의 경험상 타당하지 않아 보인다. 또 여자의 사주에서 남편은 본인과 대등한 관계에 있으므로 연주나 월주나 일지나 시주에 있는 관살을 남편으로 보는 것이 타당하다. 그러나 맞벌이를 하는 여성의 경우에는 관살을 남편으로 볼 수도 있고 직장의 사장이나 사회의 규범으로 볼 수도 있으며, 독신으로 살면서 직장생활이나 자영업을 하는 여성의 경우에는 남편이 없으므로 관살을 남편으로 보는 대신 남자의 경우와 마찬가지로 직장의 사장이나 사회의 규범으로 보면 된다.

부부(夫婦)의 인연(因緣)

　부부의 인연은「적천수(滴天髓)」에서 '夫妻因緣宿世來, 喜神有意傍天財[부처(夫妻: 부부)의 인연은 오랜 전생(前生)에서부터 이어져 왔다고 할 수 있는데, 만약 남편의 사주에서 아내성[妻星]인 재성(財星)이 희신(喜神)이라면 남편은 하늘에서 부여받은 재물을 곁에 두고 있는 것이나 다름없다네]'라고 했다. 그만큼 부부는 오랜 전생(前生)에서부터 깊은 인연을 쌓아온 관계라고 할 수 있으니, 인간관계에서 부부만큼 중요한 관계는 없을 것이다. 부부는 사회(社會)의 기반(基盤)을 이루는 가정(家庭)의 기둥으로서 아주 중요한 역할을 하기 때문이다. 만약 부부의 인연이 천복(天福)을 누린다고 할 정도로 매우 좋다면, 사회적인 성취(成就) 여부를 떠나서 인생에서 이보다 더 큰 행복은 찾아보기 힘들지 않을까 싶다.

　그런데「적천수(滴天髓)」에서는 이러한 부부관계의 호불호(好不好)를 남자의 경우에만 얘기하고 있으며, 남자의 경우에도 아내성인 재성이 희용신이라면 아내가 하늘에서 부여받은 재물이나 진배없이 아주 귀하다고 했는데, 틀린 말은 결코 아니지만 배우자복(配偶者福)에 대해서 일부분만 말했다고 볼 수 있다.

　그래서 배우자 복, 즉 아내 복이나 남편 복이 있는 사주의 구조는 어떠하며, 배우자 복이 없는 사주의 구조는 어떠한가를 구체적으로 상세하게 살펴보기로 한다. 배우자 복은 배우자성(星)의 동태(動態), 즉 아내성인 재성이나 남편성인 관살의 동태만 봐서는 안 되며, 배우자궁(宮), 즉 일지(日支)나 월지(月支)의 동태(動態)도 함께 봐야 할 것이다. 실제로는 배우자성의 동태보다 배우자궁의 동태를 좀 더 비중 있게 봐야 할 것이다.

1. 배우자성(配偶者星), 즉 아내성[妻星]·남편성[夫星]과 배우자궁(配偶者宮), 즉 아내궁[妻宮]·남편궁[夫宮]

배우자성(配偶者星)은 남자의 경우에는 아내성[妻星]을 말하고 여자의 경우에는 남편성[夫星]을 말한다. 여기서 아내성[妻星]은 재성을 뜻하고 남편성[夫星]은 관살을 뜻한다. 아내는 본인[사주 주인공]과 대등한 관계에 있으므로 연주나 월주나 일지나 시주에 있는 재성(특히 정재)을 아내성으로 보는 것이 타당하며, 남편은 본인[사주 주인공]과 대등한 관계에 있으므로 연주나 월주나 일지나 시주에 있는 관살을 남편성으로 보는 것이 타당하다. 배우자성(配偶者星)으로는 재성이나 관살의 동태(즉, 재성이나 관살이 희용신인지 아니면 기구신인지)에 따라 배우자가 사주 주인공의 사회생활(社會生活)에 도움이 되는지 아니면 해로운지 하는 것을 알 수 있다.

그리고 배우자궁(配偶者宮)은 남자의 경우에는 아내궁[妻宮]을 말하고 여자의 경우에는 남편궁[夫宮]을 말한다. 여기서 아내궁[妻宮]은 일지(日支)를 뜻하고 남편궁[夫宮]은 월지(月支)나 일지(日支)를 뜻한다. 배우자궁(配偶者宮)으로는 일지나 월지에 어떤 십성(十星)이 있는지(즉, 일지나 월지에 희용신이 있는지 아니면 기구신이 있는지)에 따라 배우자가 사주 주인공의 가정생활(家庭生活)에 도움이 되는지 아니면 해로운지 하는 것과 배우자에 대해 갖고 있는 사주 주인공의 감정이 어떠한지를 알 수 있다.

부부의 인연을 본격적으로 살펴보기 전에 궁(宮)과 육친(六親)의 관계를 개략적으로나마 도표(圖表)로 정리하고 넘어가는 것이 도움이 될 것이다.

〈궁(宮)과 육친(六親)의 관계 대응표(對應表)〉

궁	육친
일주(日主)	본인궁(本人宮)
연지(年支)	어머니궁[母宮], 스승궁[師宮]
연간(年干)	아버지궁[父宮]
월지(月支)	남편궁[夫宮], 형제궁(兄弟宮), 사회궁(社會宮)
일지(日支)	아내궁[妻宮], 남편궁[夫宮] (아내가 경제활동을 하는 경우에 고려할 필요성이 커짐), 신체궁(身體宮)
시지(時支)	자녀궁(子女宮), 제자궁(弟子宮)

※ 월간(月干)과 시간(時干)은 육친에 관련된 궁(宮)이 아니라서 위의 대응표에 나타내지 않았지만, 월간은 대인관계에서 사주 주인공의 표현력이 어떠한가를 나타내는 표현궁(表現宮)이고, 시간은 종교에 대한 사주 주인공의 마음 상태를 나타내는 종교궁(宗敎宮)이다. 표현궁과 종교궁의 활용법은 〈제24장 제3절 십성(十星)의 심리적 특성〉을 참조하면 될 것이다.

위의 궁과 육친의 관계 대응표에서 각 궁(宮)의 의미는 본인[사주 주인공]이 각 궁에 해당하는 육친에게 품고 있는 감정을 나타낸다고 보면 된다. 다시 말해 아버지궁[父宮]인 연간은 아버지에 대한 감정이 어떠한가를 나타내고, 어머니궁[母宮]인 연지는 어머니에 대한 감정이 어떠한가를 나타내고, 남편궁[夫宮]인 월지는 남편에 대한 감정이 어떠한가를 나타내고, 아내궁[妻宮]인 일지는 아내에 대한 감정이 어떠한가를 나타내고, 자녀궁(子女宮)인 시지는 자녀에 대한 감정이 어떠한가를 나타내는데, 각 궁에 있는 십성이 무엇이냐에 따라 해당 육친에 대한 감정이 달라진다고 보면 된다.

그리고 각 궁에 있는 십성이 희용신이면 해당 육친에 대한 감정과 해당 육친과의 인연이 좋다고 해석하고, 각 궁(宮)에 있는 십성이 기구신이면 해당 육친에 대한 감정과 해당 육친과의 인연이 좋지 않다고 해석한다. 예컨대 어머니궁인 연지에 희용신인 정인이 있다면 언제나 본인을 자상하게 돌봐주고 본인의 포근한 의지처가 되어주는 자애로운 어머니라고 생각할 뿐 아니라 실제로 그러한 어머니를 두게 된다고 해석할 수 있고, 어머니궁인 연지에 기구신인 정인이 있다면 본인을 어린애처럼 취급하여 사사건건 귀찮을 정도로 쓸데없는 잔소리가 많고 본인의 의사를 존중해주지 않고 고리타분하게 일방적으로 가르치려고만 하는 피곤한 간섭꾼 또는 잔소리꾼 정도로 생각할 뿐 아니라 실제로 그러한 어머니를 두게 된다고 해석할 수 있다.

낭월 박주현 스님은 「사주심리학②」에서 남편궁[夫宮]을 아내궁[妻宮]과 마찬가지로 월지가 아닌 일지로 보는 것이 타당하다고 했으나(즉, 일지를 남녀 모두 배우자궁으로 보는 것이 타당하다고 했으나), 비록 시대 조류로 보아 여성의 권익이 매우 신장되긴 했어도 동양에서는 아직까지 남편의 경제력에 의존하는 아내가 많을 뿐 아니라 집안의 가장이 남편이라는 사상이 지배적이므로, 남자의 사주에서 아내궁은 일지가 되는 것이 타당하고 여자의 사주에서 남편궁은 월지(일지도 고려해야 하지만 월지보다 비중이 훨씬 작음)가 되는 것이 타당하다고 봐야 할 것이다.

만약 부부가 맞벌이를 한다면 여자의 사주에서 월지와 일지를 함께 남편궁으로 보되 그래도 월지에 더 큰 비중을 두어야 할 것이며, 만약 남편은 집에서 놀고 있고 아내가 직장생활이나 자영업을 하면서 사실상 가장의 역할을 하고 있다면, 이런 경우에도 남편이 가장이라는 사회의 인식을 무시할 수 없으므로 여자의 사주에서 월지와 일지를 함께 남편궁으로 보되 일지에 더 큰 비중을 두면 될 것이다. 그리고 여자의 나이가 50대 정도가 되면 대체로 남성호르몬이 많아져서 남성의 기질이 나타나는 것을 볼 때, 50대 정도부터는 비록 맞벌이부부가 아니더라도 여자의 사주에서 월지와 일지를 함께 남편궁으로 보되 일지에 더 큰 비중을 두면 될 것이다.

결론적으로 여자는 생리적 특성과 사회적 특성으로 보아 남자와 다른 면이 많으므로, 기본적으로는 월지를 남편궁으로 보는 것이 타당할 것이다.

그런데 맞벌이를 하는 여성의 경우에는 월지를 남편궁으로 볼 수도 있고 사회궁으로 볼 수도 있으며, 독신으로 살면서 직장생활이나 자영업을 하는 여성의 경우에는 남편이 없으므로 월지를 남편궁으로 보는 대신 사회궁으로 보면 된다.

2. 아내[妻]의 인연

남자의 사주에서 아내의 인연이 길(吉)한지 흉(凶)한지 하는 것은 아내성인 재성의 동태와 아내궁인 일지에 어떤 십성이 있는지를 보고서 판단할 수 있다. 아내성인 재성의 동태(즉, 재성이 희용신인지 아니면 기구신인지)로는 아내가 사주 주인공의 사회생활(가정 밖에서 영위하는 모든 생활을 말한다)에 도움이 되는지 아니면 해로운지 하는 것을 알 수 있으며, 아내궁인 일지에 어떤 십성이 있는지 하는 것(즉, 일지에 희용신이 있는지 아니면 기구신이 있는지)으로는 아내가 사주 주인공의 가정생활에 도움이 되는지 아니면 해로운지 하는 것을 알 수 있다.

(1) 아내[妻]의 인연이 길(吉)하거나 흉(凶)한 경우

먼저 아내성[妻星]인 재성에 대해 살펴보기로 한다.

아내성인 재성이 희용신이거나 용신을 생조하거나 보호하는 한신이라면, 사회생활에서 아내의 도움이 클 것이며(즉, 아내가 사주 주인공[본인]의 인생에 도움이 되는 방향으로 간여하여 좋은 결과를 초래하거나 사주 주인공을 즐겁게 할 가능성이 많으며), 재성이 기구신이거나 기신을 생조하거나 보호하는 한신이라면, 사회생활에서 아내가 도움이 되기는커녕 오히려 아내로 인해 곤란을 당할 가능성이 많을 것이다(즉, 아내가 사주 주인공의 인생에 부정적으로 간섭하여 좋지 않은 결과를 초래하거나 사주 주인공을 피곤하게 할 가능성이 많을 것이다).

물론 재성이 희용신이거나 용신을 생조하거나 보호하는 한신이라고 해서 사회생활에서 아내의 도움이 무조건 크다고 할 수는 없으며 재성의 동태를 보고서 판단해야 하는데, 재성이 희용신인 데다가 일주 주위[일지나 월간이나 시간]나 월지에 있으면서 유력(有力)하거나 희용신인 식상의 생조를 유력(有力)하게 받고 있거나 용신인 관살을 직접 생조해주고 있고 기구신인 비겁의 충극(沖剋)을 받지 않고 있으면(즉, 재성이 희용신의 역할을 충분히 하고 있으면), 사회생활에서 아내의 도움이 크겠지만(즉, 아내가 사주 주인공의 인생에 도움이 되는 방향으로 간여하여 좋은 결과를 초래하거나 사주 주인공을 즐겁게 할 가능성이 많겠지만), 재성이 비록 희용신이라고 하더라도 천간에 무력하게 떠 있으면서 희용신인 식상의 생조를 받지 못하고 있거나 기구신인 비겁의 충극(沖剋)을 받고 있거나 일주와 멀리 떨어져 고립되어 있거나 지지의 여기(餘氣)나 중기(中氣)에만 암장(暗藏)되어 있거나 용신인 관살을 직접 생조해주지 못하고 있으면, 사회생활에서 아내의 도움이 크지 않거나 거의 없을 것이다.

또 재성이 기구신이거나 기신을 생조하거나 보호하는 한신이라고 해서 사회생활에서 아내로 인해 무조건 곤란을 당한다고 할 수는 없으며 역시 재성의 동태를 보고서 판단해야 하는데, 재성이 기구신이면서 아주 왕하거나 희용신인 인성을 직접 충극(沖剋)하고 있으면, 사회생활에서 아내로 인해 곤란을 당할 가능성이 많지만(즉, 아내가 사주 주인공의 인생에 부정적으로 간섭하여 좋지 않은 결과를 초래하거나 사주 주인공을 피곤하게 할 가능성이 많지만), 재성이 비록 기구신이라고 하더라도 기구신인 식상의 생조를 받지 못한 채 천간에 무력하게 떠 있으면서 희용신인 비겁의 충극(沖剋)을 받고 있거나 일주와 멀리 떨어져 있으면서 무력하고 희용신인 인성을 충극(沖剋)하지 않고 있거나 지지의 여기(餘氣)나 중기(中氣)에만 암장(暗藏)되어 있으면 사회생활에서 아내로 인한 폐해는 크지 않거나 별로 없을 것이고(물론 이 경우에도 아내의 도움이 없는 것은 분명하다고 해야 할 것이다), 또 재성이 비록 기구신이라고 하더라도 아주 왕하지는 않으면서 재생관살(財生官殺)하고 관살생인(官殺生印)하고 인생신(印生身)하는 연주상생(連珠相生)의 구조로 되어 있으면, 재성이 사실상 희용신이나 다름없는 역할을 하므로 사회생활에서 아내로 인해 곤란을 당하기는커녕 오히려 아내의 도움이 클 것이다.

이처럼 희용신이나 기구신인 재성의 동태를 보고서 사회생활에서 아내의 도움이 얼마나 클 것인지 아니면 아내로 인해 얼마나 큰 곤란을 당할 것인지를 판단해야지, 재성이 희용신이나 기구신이라고 해서 무조건 사회생활에서 아내의 도움이 크다거나 아내로 인해 곤란을 당한다고 해석해서는 안 될 것이다. 왜냐하면 위에서 살펴본 바와 같이 재성이 비록 희용신이라고 하더라도 희용신의 역할을 거의 하지 못하는 경우도 있고, 재성이 비록 기구신이라고 하더라도 기구신의 역할을 거의 하지 못하거나 재생관살(財生官殺)하고 관살생인(官殺生印)하고 인생신(印生身)함으로써, 즉 연주상생(連珠相生: 구슬을 꿰어놓은 것처럼 상생하는 구조로 되어 있는 것을 말함)함으로써 오히려 희용신인 인성에게 도움을 주는 경우도 있기 때문이다.

다음으로 아내궁[妻宮]인 일지에 대해 살펴보기로 한다.

일지에 유력(有力)한 희용신이 있으면서 기구신의 충(沖)을 받지 않고 있으면 가정생활에서 아내의 도움이 크다고 볼 수 있으며, 일지에 기구신이 있으면서 희용신을 충(沖)하고 있으면 가정생활에서 아내가 도움이 되기는 커녕 오히려 아내로 인해 곤란을 당할 가능성이 많다고 볼 수 있다. 또 비록 일지에 희용신이 있더라도 기구신의 충(沖)을 받아 깨져 있으면 가정생활에서 아내의 도움이 크지 않다고 볼 수 있으며, 비록 일지에 기구신이 있더라도 세력이 강하지 않으면서 희용신을 충(沖)하는 대신 오히려 희용신의 충(沖)을 받고 있으면 가정생활에서 아내로 인해 곤란을 당할 가능성이 크지 않으며, 비록 일지에 기구신이 있더라도 세력이 강하지 않으면서 기운이 막힘없이 유통이 되어 희용신을 충(沖)하는 대신 오히려 희용신을 도와주는 역할을 하고 있으면 가정생활에서 오히려 아내의 도움이 크다고 볼 수 있다.

그러면 아내성[妻星]인 재성과 아내궁[妻宮]인 일지는 어떤 차이점이 있으며 그 차이점을 어떻게 해석해야 할 것인가? 대만의 하건충 선생은 「팔자심리추명학」이라는 저서를 통하여, 남자의 사주에서 아내성인 재성은 아내의 협조력 유무(有無)로 보고 아내궁인 일지에 있는 십성은 아내의 품질이나 조건으로 본다고 했지만, 필자의 임상 경험으로 볼 때 이러한 견해는 수긍하기가 어려우므로 필자 나름의 견해를 제시해보기로 하겠다.

남자의 사주에서 아내성인 재성으로는 남자가 사회생활(가정 밖에서 영위하는 모든 생활을 말한다)을 하는 데 아내의 뒷바라지, 즉 아내의 협조력(協助力)이 얼마나 좋은지 나쁜지를 해석할 수 있으며, 아내궁인 일지에 있는 십성으로는 남자가 가정생활을 하는 데 아내의 내조(남자가 전혀 신경 쓰지 않아도 될 정도로 집안일을 알아서 잘 처리하는 것을 말한다)가 얼마나 좋은지 나쁜지를 해석할 수 있다.

아내성인 재성이 희용신이면서 유력(有力)하고 기구신의 충극을 직접 받지 않고 있으면, 남자가 사회생활을 하는 데 아내의 협조력이 좋다고 볼 수 있으며, 아내성인 재성이 기구신이면서 아주 왕하거나 희용신을 직접 충극하고 있으면, 남자가 사회생활을 하는 데 아내의 협조력이 나쁘거나 아내로 인해 낭패를 당할 가능성이 많다고 볼 수 있다.

또 아내궁인 일지에 있는 십성이 희용신이면서 유력하고 기구신의 충(沖)을 직접 받지 않고 있으면, 남자가 가정생활에 전혀 신경 쓰지 않아도 될 정도로 아내가 집안일을 잘 처리한다고 볼 수 있으며, 아내궁인 일지에 있는 십성이 기구신이면서 아주 왕하거나 희용신을 직접 충(沖)하고 있으면, 아내가 집안일을 소홀히 하거나 남자에게 집안일을 하도록 강요하거나 바가지를 긁거나 해서 남자를 피곤하게 하므로 가정생활이 안정되지 못하고 남자가 아내에게 불만이 많다고 볼 수 있다.

이 경우에 아내성인 재성보다 아내궁인 일지의 십성에 더 큰 비중을 두고서 아내의 협조력이 좋은지 나쁜지를 해석하는 것이 타당하다. 다시 말해 비록 아내성인 재성이 기구신이면서 아주 왕하거나 희용신을 직접 충극하고 있다고 하더라도, 아내궁인 일지에 있는 십성이 희용신이면서 유력하고 기구신의 충(沖)을 직접 받지 않고 있으면, 비록 사회생활에서 아내의 협조력이 나쁘긴 해도 가정생활에서 아내의 내조(內助)가 크므로, 결국 아내의 도움이 크다고 해석하는 것이 타당하다. 또 비록 아내성인 재성이 희용신이면서 유력하고 기구신의 충극을 직접 받지 않고 있다고 하더라도, 아내궁인 일지에 있는 십성이 기구신이면서 아주 왕하거나 희용신을 직접 충(沖)하고 있으면, 비록 사회생활에서 아내의 협조력이 좋긴 해도 아내가 살림을 알아서 잘 꾸려나가지 못하고 남편에게 바가지를 긁어 대서 남편이 집 안에 있으면 스트레스를 받으므로, 결국 아내의 도움이 별로 없다고 느끼거나 아내로 인해 낭패를 당할 가능성이 있다고 해석하는 것이 타당할 것이다. 왜냐하면 예로부터 남자는 집안이 편안해야 바깥일이 잘 된다고 하는 속담에서도 알 수 있듯이, 남자의 경우에는 무엇보다도 먼저 집안에서 아내가 내조를 잘 해주어야 바깥에서도 힘을 얻기 때문이다.

요컨대 남자의 경우에는 아내성[妻星]인 재성보다 아내궁[妻宮]인 일지에 있는 십성에 더 큰 비중을 두고서 아내의 협조력이 좋은지 나쁜지를 해석하면 될 것이다.

한편 운(運)의 흐름도 아내의 인연에 영향을 미친다고 봐야 한다. 다시 말해 아내의 협조력이 좋은 사주라도 운이 기구신으로 흐르는 기간 동안에는 아내의 협조력이 없어져서 아내와 갈등(葛藤)을 일으킬 가능성이 있으며, 아내로 인해 낭패를 당할 가능성이 있는 사주라도 운이 희용신으로 흐르는 기간 동안에는 아내와의 관계가 무난(無難)해지거나 다소나마 좋아질 가능성이 있다.

(2) 아내[妻]의 인연이 무난한 경우

아내성인 재성이나 아내궁인 일지에 있는 십성이 한신(閑神)이면서 길(吉)하게 작용하지도 않고 흉(凶)하게 작용하지도 않으면, 아내의 인연이 길하지도 흉하지도 않고 무난(無難)하다고 할 수 있다. 다시 말해 이러한 경우에는 아내의 도움도 기대하기 어렵지만 아내로 인해 낭패를 당할 가능성도 없다고 할 수 있다.

(3) 아내[妻]에 대한 감정

아내궁[妻宮]인 일지에 있는 십성의 심리적 특성이 어떠한지 하는 것과 그 십성이 희용신인지 아니면 기구신인지 하는 것을 통하여 사주 주인공이 자신의 아내에 대해 어떠한 감정을 품고 있는지 하는 것과 아내가 사주 주인공에게 감정적으로 좋은 인연인지 아니면 해로운 인연인지 하는 것을 알아보기로 한다.

  남자의 사주에서 일지에 비견이 있다면, 아내 위에 군림하지 않고 아내를 친구처럼 대등하게 대하고 아내에게 시시콜콜 간섭하지 않는 반면에, 아내의 충고를 귀담아 듣지 않고 자기 고집대로 하려 하고 아내가 자기에게 간섭하거나 강요하는 것을 무척 싫어할 것이다. 또 일지에 겁재가 있다면, 아내를 다정한 누이같이 대하고 어려운 일이 있을 적에는 아내와 힘을 합쳐서 난관을 극복해나가지만, 경쟁심이 강해서 아내가 자신의 영역을 침범하거나 공격한다고 생각하면 아내에게 한 치도 양보하지 않고 맞서서 반드시 이기려고 할 것이다. 또 일지에 식신이 있다면, 아내가 원하는 것은 가능한 한 들어주고자 하고 아내를 보살펴주고자 하는 마음이 많지만, 아내가 어린애 같다고 여겨 아내를 다소 무시하는 경향이 있을 것이다. 또 일지에 상관이 있다면, 아내를 무척 귀여워하고 아내가 원하는 것은 무엇이든지 다 들어주고자 하지만, 아내가 어린애 같고 철이 없다고 여겨 아내를 매우 무시하거나 업신여기고 아내가 못 미더워서 아내의 행동 하나하나에 대해 어머니같이 간여하면서 잔소리를 많이 할 것이다. 또 일지에 편재가 있다면, 아내를 종이나 하녀처럼 자기 마음대로 함부로 대하면서 아내 위에 군림하려 하고, 자기 뜻대로 되지 않으면 아내에게 독설을 퍼붓고(일지의 편재가 왕하거나 기구신인 경우에는 이러한 면이 두드러질 것이다), 무슨 일이든지 아내와 상의하지 않고 자기 마음대로 처리하고, 아내가 무슨 일이든지 하여 가계(家計)에 보탬이 되기를 바랄 것이다. 소위 간 큰 남자라고 할 수 있다. 또 일지에 정재가 있다면, 아내를 살림꾼으로 생각하여 편하게 부려먹으려 하면서 아내의 씀씀이를 철저히 통제하고, 아내를 사랑하는 마음이 많을 뿐 아니라 아내가 자기만을 바라보면서 가정적으로 살기를 바라는 마음도 많아서 아내를 남에게 보여주기 싫어하다 보니 아내의 일거수일투족을 철저하게 통제하고 감시하려고 할 것이다. 소위 애처가라고 할 수 있다. 또 일지에 칠살[편관]이 있다면, 아내를 두려워하여 아내의 눈치를 보면서 아내의 말이라면 무조건 복종하고, 내심 아내가 자기를 힘들게 하거나 억압한다는 압박감이 들어서 스트레스를 많이 받으면서도 자신의 의견을 아내에게 자신 있게 말하지 못할 것이다. 소위 공처가라고 할 수 있다. 또 일지에 정관이 있다면, 아내를 공경하고 아내의 의사를 존중해주다 보니 아내에게 편하게 대하지 못하고 부담스럽고 조심스럽게 대할 것이다. 소위 경처가(敬妻家)라고 할 수 있다. 그러나 아내의 언행이 합리적이지 못하거나 부당하다는 생각이 들면, 내심 아내에게 불만을 품고 아내의 말을 따르지 않으려고 할 것이다. 또 일지에 편인이 있다면, 평소에는 잔소리 많은 어머니 같은 아내라고 생각하여 아내의 말을 의심하면서 순수하게 받아들이지 않고 아내의 말을 무척 듣기 싫어하면서 아내에게 냉정하게 대하다가도, 위급한 때에는 아내에게 의지하여 아내의 도움을 바랄 것이다. 또 일지에 정인이 있다면, 아내를 자상한 어머니같이 생각하고 아내의 말을 의심 없이 순수하게 곧이곧대로 잘 받아들이고 무슨 일이든지 아내에게 의지하고 아내와 상의(相議)하여 해결하려고 하지만, 일지의 정인이 왕하거나 기구신인 경우에는 아내의 말을 어머니의 잔소리처럼 듣기 싫은 잔소리로 여길 것이다.

이상으로 남자의 사주에서 아내궁[妻宮]을 통하여 남자가 아내에 대해 품고 있는 감정이 어떠한지를 자세히 살펴보았는데, 아내에 대한 감정을 살필 적에는 아내궁인 일지에 있는 십성만 고려할 것이 아니라 일주 주위인 월간과 시간에 있는 십성과 월지에 있는 십성도 함께 참고해야 할 것이다. 왜냐하면 본인[사주 주인공]의 기본적인 성격을 나타내는 일주 주위인 월간과 시간의 십성과 월지의 십성도 아내궁인 일지와 함께 아내에 대한 감정을 살피는 데 영향력을 제법 미치기 때문이다.

그리고 아내궁인 일지에 있는 십성이 희용신이면 아내에 대한 감정이 좋은 데다가 아내가 감정적으로 좋은 인연일 뿐 아니라 가정생활에서 아내의 도움도 크겠지만, 기구신이면 아내에 대한 감정이 좋지 않은 데다가 아내가 감정적으로 좋지 않은 인연일 뿐 아니라 가정생활에서 아내가 해롭거나 아내로 인해 곤란을 당할 가능성도 많다고 해석하면 된다. 이 경우에도 일지에 있는 십성이 비록 희용신이라고 하더라도 기구신의 충(沖)을 직접 받아 깨져 있다면 가정생활에서 아내의 내조(內助)가 그다지 크지 않을 것이며, 일지에 있는 십성이 비록 기구신이라고 하더라도 희용신을 직접 충(沖)하는 대신 오히려 희용신의 충(沖)을 직접 받고 있다면 가정생활에서 아내가 크게 해롭지는 않을 것이다.

(4) 아내성[妻星]인 재성이 없는 경우

사주원국에 재성이 아예 없는 경우(지장간에도 전혀 없는 경우)에는, 아내의 필요성에 대한 관심이 거의 없거나 아내의 영향력[길흉(吉凶)에 대한 영향력]이 거의 없어서, 아내가 사주 주인공의 사회생활에 도움이 될 가능성도 거의 없고 해로울 가능성도 거의 없다고 판단하면 될 것이다[아내뿐만 아니라 내연녀(內緣女)나 다른 여자의 경우도 마찬가지로 판단하면 될 것이다].

그리고 사주원국에 재성이 아예 없다고 해서 여자를 만나지 못한다거나 결혼을 하지 못한다고 해석해서는 안 된다. 사주원국에 재성이 아예 없으면, 아내를 비롯한 여자에 대한 관심이 거의 없다고는 할 수 있어도(그래서 결혼을 하고 싶은 마음이 생기지 않는다고 할 수는 있어도), 여자를 만나지 못해서 결혼을 할 수 없는 것은 결코 아니다. 물론 실제로 결혼을 하지 않고 독신(獨身)으로 사는 경우도 있지만, 결혼을 해서 아들딸 낳고 잘 사는 경우도 있음을 알아야 할 것이다.

3. 남편[夫]의 인연

여자의 사주에서 남편의 인연이 길(吉)한지 흉(凶)한지 하는 것은 남편성인 관살의 동태와 남편궁인 월지나 일지에 어떤 십성이 있는지를 보고서 판단할 수 있다. 남편성인 관살의 동태(즉, 관살이 희용신인지 아니면 기구신인지)로는 남편이 사주 주인공의 사회생활(자신을 대외적으로 내세워 주위 사람들로부터 인정받거나 부러움을 사는 모든 생활)에 도움이 되는지 아니면 해로운지 하는 것을 알 수 있으며, 남편궁인 월지나 일지에 어떤 십성이 있는지 하는 것(즉, 월지나 일지에 희용신이 있는지 아니면 기구신이 있는지)으로는 남편이 사주 주인공의 가정생활에 도움이 되는지 아니면 해로운지 하는 것을 알 수 있다.

(1) 남편[夫]의 인연이 길(吉)하거나 흉(凶)한 경우

먼저 남편성[夫星]인 관살에 대해 살펴보기로 한다.

남편성인 관살이 희용신이거나 용신을 생조하거나 보호하는 한신이라면, 사회생활에서 남편의 도움이 클 것이며(즉, 남편이 사주 주인공[본인]의 인생에 도움이 되는 방향으로 간여하여 좋은 결과를 초래하거나 사주 주인공을 즐겁게 할 가능성이 많으며), 관살이 기구신이거나 기신을 생조하거나 보호하거나 용신과 대립하는 한신이라면, 사회생활에서 남편이 도움이 되기는커녕 오히려 남편으로 인해 곤란을 당할 가능성이 많을 것이다(즉, 남편이 사주 주인공의 인생에 부정적으로 간섭하여 좋지 않은 결과를 초래하거나 사주 주인공을 피곤하게 할 가능성이 많을 것이다).

  이 경우에도 관살이 희용신이거나 용신을 생조하거나 보호하는 한신이라고 해서 사회생활에서 남편의 도움이 무조건 크다고 할 수는 없으며 관살의 동태를 보고서 판단해야 하는데, 관살이 희용신인 데다가 일주 주위[일지나 월간이나 시간]나 월지에 있으면서 유력(有力)하거나 희신인 재성의 생조를 유력(有力)하게 받고 있거나 일주 주위나 월지에 있는 용신인 인성을 유력(有力)하게 생조해주고 있고 기구신의 충극(沖剋)을 받지 않고 있으면(즉, 관살이 희용신의 역할을 충분히 하고 있으면), 사회생활에서 남편의 도움이 크겠지만(즉, 남편이 사주 주인공의 인생에 도움이 되는 방향으로 간여하여 좋은 결과를 초래하거나 사주 주인공을 즐겁게 할 가능성이 많겠지만), 관살이 비록 희용신이라고 하더라도 천간에 무력하게 떠 있으면서 희용신인 재성의 생조를 받지 못하고 있거나 기구신인 식상의 충극(沖剋)을 받고 있거나 일주와 멀리 떨어져 고립되어 있거나 왕한 인성에게 설기가 심하게 되고 있거나 지지의 여기(餘氣)나 중기(中氣)에만 암장(暗藏)되어 있거나 용신인 인성을 직접 생조해주지 못하고 있으면, 사회생활에서 남편의 도움이 크지 않거나 거의 없을 것이다.

  또 관살이 기구신이거나 기신을 생조하거나 보호하거나 용신과 대립하는 한신이라고 해서 사회생활에서 남편으로 인해 무조건 곤란을 당한다고 할 수는 없으며 역시 관살의 동태를 보고서 판단해야 하는데, 관살이 기구신이면서 아주 왕하거나 희용신인 비겁을 직접 충극(沖剋)하고 있으면, 사회생활에서 남편으로 인해 곤란을 당할 가능성이 많지만(즉, 남편이 사주 주인공의 인생에 부정적으로 간섭하고 통제하여 좋지 않은 결과를 초래하거나 사주 주인공을 피곤하게 할 가능성이 많지만), 관살이 비록 기구신이라고 하더라도 기구신인 재성의 생조를 받지 못한 채 천간에 무력하게 떠 있으면서 희용신인 식상의 충극(沖剋)을 받고 있거나 일주와 멀리 떨어져 있으면서 무력하고 희용신인 비겁을 충극(沖剋)하지 않고 있거나 지지의 여기(餘氣)나 중기(中氣)에만 암장(暗藏)되어 있으면, 사회생활에서 남편으로 인한 폐해는 크지 않거나 별로 없을 것이고(물론 이 경우에도 남편의 도움이 없는 것은 분명하다고 해야 할 것이다), 또 관살이 비록 기구신이라고 하더라도 아주 왕하지는 않으면서 관살인상생(官殺印相生)하고 인생신(印生身)하는 연주상생(連珠相生)의 구조로 되어 있으면, 관살이 사실상 희용신이나 다름없는 역할을 하므로 사회생활에서 남편으로 인해 곤란을 당하기는커녕 오히려 남편의 도움이 클 것이다.

이처럼 희용신이나 기구신인 관살의 동태를 보고서 사회생활에서 남편의 도움이 얼마나 클 것인지 아니면 남편으로 인해 얼마나 큰 곤란을 당할 것인지를 판단해야지, 관살이 희용신이나 기구신이라고 해서 무조건 사회생활에서 남편의 도움이 크다거나 남편으로 인해 곤란을 당한다고 해석해서는 안 될 것이다. 왜냐하면 위에서 살펴본 바와 같이 관살이 비록 희용신이라고 하더라도 희용신의 역할을 거의 하지 못하는 경우도 있고, 관살이 비록 기구신이라고 하더라도 기구신의 역할을 거의 하지 못하거나 관살인상생(官殺印相生)하고 인생신(印生身)함으로써, 즉 연주상생(連珠相生)함으로써 오히려 일주와 희용신인 비겁에게 도움을 주는 경우도 있기 때문이다.

그런데 독신(獨身)으로 살면서 직장생활이나 자영업을 하는 여성의 경우에는 남편이 없으므로 관살을 남편 대신 직장의 사장이나 사회의 규범으로 보면 될 것이다. 또 맞벌이를 하는 여성의 경우에는 관살을 남편으로 볼 수도 있고 직장의 사장이나 사회의 규범으로 볼 수도 있다.

다음으로 남편궁[夫宮]인 월지나 일지에 대해 살펴보기로 한다.

월지나 일지에 유력(有力)한 희용신이 있으면서 기구신의 충(沖)을 받지 않고 있으면 가정생활에서 남편의 도움이 크다고 볼 수 있으며, 월지나 일지에 기구신이 있으면서 희용신을 충(沖)하고 있으면 가정생활에서 남편이 도움이 되기는커녕 오히려 남편으로 인해 곤란을 당할 가능성이 많다고 볼 수 있다.

또 비록 월지나 일지에 희용신이 있더라도 기구신의 충(沖)을 받아 깨져 있으면 가정생활에서 남편의 도움이 크지 않다고 볼 수 있으며, 비록 월지나 일지에 기구신이 있더라도 세력이 강하지 않으면서 희용신을 충(沖)하는 대신 오히려 희용신의 충(沖)을 받고 있으면 가정생활에서 남편으로 인해 곤란을 당할 가능성이 크지 않으며, 비록 월지나 일지에 기구신이 있더라도 세력이 강하지 않으면서 기운이 막힘없이 유통이 되어 희용신을 충(沖)하는 대신 오히려 희용신을 도와주는 역할을 하고 있으면 가정생활에서 오히려 남편의 도움이 크다고 볼 수 있다.

그러면 남편성[夫星]인 관살과 남편궁[夫宮]인 월지는 어떤 차이점이 있으며 그 차이점을 어떻게 해석해야 할 것인가? 대만의 하건충 선생은 「팔자심리추명학」이라는 저서를 통하여, 여자의 사주에서 남편성인 관살은 남편의 협조력 유무로 보고 남편궁인 월지에 있는 십성은 남편의 품질이나 조건으로 본다고 했지만, 필자의 임상 경험으로 볼 때 이러한 견해는 수긍하기가 어려우므로 필자 나름의 견해를 제시해보기로 하겠다.

여자의 사주에서 남편성인 관살로는 여자가 사회생활(자신을 대외적으로 내세워 주위 사람들로부터 인정받거나 부러움을 사는 모든 생활)을 하는 데 남편의 협조력이 얼마나 좋은지 나쁜지를 해석할 수 있으며, 남편궁인 월지에 있는 십성으로는 여자가 가정을 꾸려나가는 데 남편이 집안일을 도와주는 정도가 얼마나 좋은지 나쁜지를 해석할 수 있다. 남편성인 관살이 희용신이면서 유력하고 기구신의 충극을 직접 받지 않고 있으면, 여자가 사회생활을 하면서 자기 자신을 대외적으로 내세워 주위 사람들로부터 인정받거나 부러움을 살 수 있도록 하는 데 남편의 협조력이 좋다고 볼 수 있으며, 남편성인 관살이 기구신이면서 아주 왕하거나 희용신을 직접 충극하고 있으면, 여자가 사회생활을 하는 데 남편의 협조력이 나쁘거나 남편으로 인해 낭패를 당할 가능성이 많아서 여자가 자기 자신을 대외적으로 내세워 주위 사람들에게 인정받거나 부러움을 사기가 어렵다고 볼 수 있다.

또 남편궁인 월지나 일지에 있는 십성이 희용신이면서 유력하고 기구신의 충(沖)을 직접 받지 않고 있으면, 남편이 집안일을 잘 도와주는 덕분에 여자가 가정생활을 하기가 편하다고 볼 수 있으며, 남편궁인 월지나 일지에 있는 십성이 기구신이면서 아주 왕하거나 희용신을 직접 충(沖)하고 있으면, 남편이 집안일에는 손 하나 까딱하지 않고 비협조적이라서 여자가 가정생활을 하기가 힘들다고 볼 수 있다.

이 경우에 남편궁인 월지나 일지에 있는 십성보다 남편성인 관살에 더 큰 비중을 두고서 남편의 협조력이 좋은지 나쁜지를 해석하는 것이 타당할 것이다. 다시 말해 비록 남편궁인 월지나 일지에 있는 십성이 기구신이면서 아주 왕하거나 희용신을 직접 충(沖)하고 있다고 하더라도, 남편성인 관살이 희용신이면서 유력하고 기구신의 충극을 직접 받지 않고 있으면, 비록 가정생활에서 남편의 협조력이 나쁘긴 해도 사회생활에서 대외적으로 자기 자신을 내세워 주위 사람들로부터 인정받거나 부러움을 살 수 있도록 하는 데 남편의 협조력이 좋으므로, 결국 남편의 도움이 크다고 해석하는 것이 타당할 것이다. 또 비록 남편궁인 월지나 일지에 있는 십성이 희용신이면서 유력하고 기구신의 충(沖)을 직접 받지 않고 있다고 하더라도, 남편성인 관살이 기구신이면서 아주 왕하거나 희용신을 직접 충극하고 있으면, 비록 가정생활에서 남편의 협조력이 좋긴 해도 사회생활에서 남편의 협조력이 나빠서 여자가 대외적으로 자기 자신을 내세워 주위 사람들로부터 인정받거나 부러움을 살 수 있는 처지가 못 되므로, 결국 남편의 도움이 별로 없다고 느끼거나 남편으로 인해 낭패를 당할 가능성이 있다고 해석하는 것이 타당할 것이다. 왜냐하면 여자의 경우에는 남편이 집안일을 잘 도와줘서 가정생활을 편하게 할 수 있는 것보다 사회생활에서 남편의 협조력이 좋아서 자기 자신을 대외적으로 내세워 주위 사람들로부터 인정받거나 부러움을 사는 것이 여자의 삶에서 더 중요하게 작용하기 때문이다.

요컨대 여자의 경우에는 남편궁[夫宮]인 월지나 일지에 있는 십성보다 남편성[夫星]인 관살에 더 큰 비중을 두고서 남편의 협조력이 좋은지 나쁜지를 해석하면 될 것이다.

한편 운(運)의 흐름도 남편의 인연에 영향을 미친다고 봐야 한다. 다시 말해 남편의 협조력이 좋은 사주라도 운이 기구신으로 흐르는 기간 동안에는 남편의 협조력이 없어져서 남편과 갈등(葛藤)을 일으킬 가능성이 있으며, 남편으로 인해 낭패를 당할 가능성이 있는 사주라도 운이 희용신으로 흐르는 기간 동안에는 남편과의 관계가 무난(無難)해지거나 다소나마 좋아질 가능성이 있다.

(2) 남편[夫]의 인연이 무난한 경우

남편성인 관살이나 남편궁인 월지나 일지에 있는 십성이 한신(閑神)이면서 길(吉)하게 작용하지도 않고 흉(凶)하게 작용하지도 않으면, 남편의 인연이 길하지도 흉하지도 않고 무난(無難)하다고 할 수 있다. 다시 말해 이러한 경우에는 남편의 도움도 기대하기 어렵지만 남편으로 인해 낭패를 당할 가능성도 없다고 할 수 있다.

(3) 남편[夫]에 대한 감정

남편궁[夫宮]인 월지나 일지에 있는 십성의 심리적 특성이 어떠한지 하는 것과 그 십성이 희용신인지 아니면 기구신인지 하는 것을 통하여 사주 주인공이 자신의 남편에 대해 어떠한 감정을 품고 있는지 하는 것과 남편이 사주 주인공에게 감정적으로 좋은 인연인지 아니면 해로운 인연인지 하는 것을 알아보기로 한다.

여자의 사주에서 월지나 일지에 비견이 있다면, 남편을 친구처럼 대등하게 대하고 남편을 받들어 섬기고자 하는 마음은 없고 당신이나 나 똑같은 인간이라고 생각하고 남편에게 시시콜콜 간섭하지 않는 반면에, 남편의 충고를 귀담아 듣지 않고 자기 고집대로 하려 하고 남편이 자기에게 간섭하거나 강요하는 것을 무척 싫어할 것이다. 또 월지나 일지에 겁재가 있다면, 남편을 다정한 오빠처럼 친근하게 대하고 어려운 일이 있을 적에는 남편과 힘을 합쳐서 난관을 극복해나가지만, 경쟁심이 강해서 남편이 자신의 영역을 침범하거나 공격한다고 생각하면 남편에게 한 치도 양보하지 않고 맞서서 반드시 이기려고 할 것이다. 또 월지나 일지에 식신이 있다면, 남편이 원하는 것은 가능한 한 들어주고자 하고 남편을 어린 자식처럼 따뜻하게 보살펴주고자 하는 마음이 많지만, 자기가 남편보다 더 낫다는 은근한 우월감이 있어서 남편을 다소 무시하는 경향이 있을 것이다. 또 월지나 일지에 상관이 있다면, 남편을 무척 귀여워하고 남편이 원하는 것은 무엇이든지 다 들어주고자 하지만, 자기가 남편보다 더 낫다는 우월감이 노골적으로 드러나서 남편을 매우 무시하고 업신여기면서 남편에게 걸핏하면 말대꾸를 하면서 잘 대들고, 남편이 못 미더워서 남편의 행동 하나하나에 대해 어머니같이 간여하면서 잔소리를 많이 할 것이다. 또 월지나 일지에 편재가 있다면, 남편을 어려워하지 않고 함부로 대하고, 집안일을 포함하여 무슨 일이든지 남편과 상의하지 않고 자기 마음대로 처리하고, 자기 뜻대로 되지 않으면 남편에게 독설을 퍼붓고(월지나 일지의 편재가 왕하거나 기구신인 경우에는 이러한 면이 두드러질 것이다), 남편을 돈 벌어오는 기계로 생각하여 남편이 벌어다 주는 돈을 모아서 알뜰하게 살림을 꾸려갈 생각은 하지 않고 기분 내키는 대로 헛되이 낭비하고 모양내면서 사치스럽게 살고 싶어할 것이다. 또 월지나 일지에 정재가 있다면, 남편이 자기만을 바라보면서 가정적으로 살기를 바라는 마음에서 남편의 일거수일투족을 철저하게 통제하고 감시하려 하고, 남편을 돈 벌어오는 기계로 생각하여 남편의 씀씀이를 철저히 통제하면서 남편의 호주머니에서 한 푼이라도 더 털어내려고 하고, 그렇게까지 해서 남편한테서 받아낸 돈을 함부로 쓰지 않고 가능한 한 아껴서 가족의 앞날을 위해 저축을 하려고 할 것이다. 그러다 보니 남편은 아내를 돈밖에 모르고 계산적이고 인간미가 없는 지독한 사람이라고 생각할 수도 있을 것이다. 또 월지나 일지에 칠살[편관]이 있다면, 남편을 두려워하여 남편의 눈치를 보면서 남편의 말이라면 무조건 복종하고, 내심 남편이 자기를 힘들게 하거나 억압한다는 압박감이 들어서 스트레스를 많이 받으면서도 자신의 의견을 남편에게 자신 있게 말하지 못할 것이다. 또 월지나 일지에 정관이 있다면, 남편을 하늘처럼 받들고 공경하여 남편에게 함부로 대하지 않고 부담스럽고 조심스럽게 대하지만, 남편의 언행이 합리적이지 못하거나 부당하다는 생각이 들면 내심 남편에게 불만을 품고 남편의 말을 따르지 않으려고 할 것이다. 또 월지나 일지에 편인이 있다면, 평소에는 잔소리 많은 어머니 같은 남편이라고 생각하여 남편의 말을 의심하면서 순수하게 받아들이지 않고 남편의 말을 무척 듣기 싫어하면서 남편에게 냉정하게 대하다가도, 위급한 때에는 남편에게 의지하여 남편의 도움을 바랄 것이다. 또 월지나 일지에 정인이 있다면, 남편을 자상한 어머니같이 생각하여 남편의 말을 의심

없이 순수하게 곧이곧대로 잘 받아들이고 남편에게 애교도 부리고 투정도 부리고 무슨 일이든지 남편에게 의지하고 남편과 상의하여 해결하려고 하지만, 월지의 정인이 왕하거나 기구신인 경우에는 남편의 말을 어머니의 잔소리처럼 듣기 싫은 잔소리로 여길 것이다.

이상으로 여자의 사주에서 남편궁[夫宮]을 통하여 여자가 남편에 대해 품고 있는 감정이 어떠한지를 자세히 살펴보았는데, 남편에 대한 감정을 살필 적에는 남편궁인 월지나 일지에 있는 십성만 고려할 것이 아니라 일주 주위인 월간과 시간에 있는 십성도 함께 참고해야 할 것이다. 왜냐하면 본인[사주 주인공]의 기본적인 성격을 나타내는 일주 주위인 월간과 시간의 십성도 남편궁인 월지나 일지와 함께 남편에 대한 감정을 살피는 데 영향력을 제법 미치기 때문이다.

그리고 남편궁인 월지나 일지에 있는 십성이 희용신이면 남편에 대한 감정이 좋은 데다가 남편이 감정적으로 좋은 인연일 뿐 아니라 가정생활에서 남편의 도움도 크겠지만, 기구신이면 남편에 대한 감정이 좋지 않은 데다가 남편이 감정적으로 좋지 않은 인연일 뿐 아니라 가정생활에서 남편이 해롭거나 남편으로 인해 곤란을 당할 가능성도 많다고 해석하면 된다. 이 경우에도 월지나 일지에 있는 십성이 비록 희용신이라고 하더라도 기구신의 충(沖)을 직접 받아 깨져 있다면 가정생활에서 남편의 도움이 그다지 크지 않을 것이며, 월지나 일지에 있는 십성이 비록 기구신이라고 하더라도 희용신을 직접 충(沖)하는 대신 오히려 희용신의 충(沖)을 직접 받고 있다면 가정생활에서 남편이 크게 해롭지는 않을 것이다.

(4) 남편성[夫星]인 관살이 없는 경우

사주원국에 관살이 아예 없는 경우(지장간에도 전혀 없는 경우)에는, 남편의 필요성에 대한 관심이 거의 없거나 남편의 영향력[길흉(吉凶)에 대한 영향력]이 거의 없어서, 남편이 사주 주인공의 사회생활에 도움이 될 가능성도 거의 없고 해로울 가능성도 거의 없다고 판단하면 될 것이다[남편뿐만 아니라 내연남(內緣男)이나 다른 남자의 경우도 마찬가지로 판단하면 될 것이다].

그리고 사주원국에 관살이 아예 없다고 해서 남자를 만나지 못한다거나 결혼을 하지 못한다고 해석해서는 안 된다. 사주원국에 관살이 아예 없으면, 남편을 비롯한 남자에 대한 관심이 거의 없다고는 할 수 있어도(그래서 결혼을 하고 싶은 마음이 생기지 않는다고 할 수는 있어도), 남자를 만나지 못해서 결혼을 할 수 없는 것은 결코 아니다. 물론 실제로 결혼을 하지 않고 독신(獨身)으로 사는 경우도 있지만, 결혼을 해서 아들딸 낳고 잘 사는 경우도 있음을 알아야 할 것이다.

4. 외도(外道)를 하거나 결혼을 두 번 이상 할 가능성이 많은 명조(命造)

일반적으로 남자의 사주에 재성(財星)이 두세 개 이상 있거나 정재(正財)와 편재(偏財)가 혼잡(混雜)되어 있거나, 여자의 사주에 관살(官殺)이 두세 개 이상 있거나 정관(正官)과 칠살(七殺)이 혼잡되어 있으면, 외도(外道)를 하거나 결혼을 두 번 이상 할 가능성이 많다고 하고 있는데, 타당성이 많다고 하겠다. 그러나 단순히 재성이나 관살의 개수만으로 외도(外道)나 재혼(再婚) 가능성의 여부를 판단한다면, 일주와의 친밀함과 식상(食傷)의 존재가 고려되지 않으므로, 적중률이 높지 않을 것이다.

필자의 임상 경험으로 볼 때, 남자의 사주에 재성이 두세 개 이상 있거나 정재와 편재가 혼잡되어 있거나 식상(특히 상관)이 두세 개 이상 있는 경우나, 여자의 사주에 관살이 두세 개 이상 있거나 정관과 칠살이 혼잡되어 있거나 식상(특히 상관)이 두세 개 이상 있고[특히 관살과 식상(특히 상관)이 둘 다 많아서 극설교가(剋洩交加)가 되어 있고] 인성이 없거나 있어도 무력하거나 재성의 충극(沖剋)[특히 양대양(陽對陽)이나 음대음(陰對陰)의 충극(沖剋)]을 받고 있거나 일주와 멀리 떨어져 고립되어 있는 경우나, 남자와 여자의 사주에 간합(干合)이나 삼합(三合)이나 반합(反合)이나 암합(暗合)이 많은 경우에는, 남녀 모두 정(情)이 많으면서 성욕(性慾)이 강하거나 정력(精力)이 세서 외도(外道)를 하거나 결혼을 두 번 이상 할 가능성이 많다고 하겠다. 비록 외도(外道)나 결혼을 두 번 이상 하지 않더라도, 적어도 다른 여자들이나 다른 남자들에게 관심이 많거나 다른 여자들이나 다른 남자들의 영향력이 커서, 다른 여자들이나 다른 남자들에게 끌리는 마음이 많다고 해야 할 것이다.

이 경우에 천간의 재성이나 관살은 공개적으로 만나는 다른 여자나 다른 남자를 뜻하고, 지지의 재성이나 관살은 비밀리에[남몰래] 만나는 다른 여자나 다른 남자를 뜻한다고 볼 수 있다. 그러므로 결혼을 두 번 이상 할 가능성의 여부를 판단할 때는, 재성이나 관살이나 식상(특히 상관)이 천간에 두 개 이상 있으면서, 여자의 경우에는 인성이 일간과 관살 사이를 가로막고 있지 않아야만 결혼을 두 번 이상 할 가능성이 많다고 판단한다.

(1) 남명(男命)인 경우

(가) 재성이 일지(本氣에 한함)에도 있고 월간과 시간과 월지(本氣에 한함)에도 한 개 이상 있는 경우: 외도(外道)를 할 가능성이 많으며(천간에 재성이 두 개 이상 있으면 결혼을 두 번 이상 할 가능성도 많다), 이 경우엔 일지(本氣에 한함)의 재성을 아내로 보면 될 것이다.

① 일주(日主)가 일지(본기에 한함)와 월지(본기에 한함)의 재성과도 암합(暗合)하지 않고 있고 천간의 재성과도 간합(干合)하지 않고 있는 경우: 이 경우엔 아내에게도 다른 여자들에게도 집착하지 않고 외도(外道) 자체를 즐길 가능성이 많다고 할 수 있다.

② 일주가 일지(본기에 한함)의 정재와도 암합(暗合)하고 있고 천간이나 월지(본기에 한함)의 정재와도 간합(干合) 또는 암합(暗合)하고 있는 경우: 이 경우엔 아내에게도 집착하고 다른 여자들에게도 집착하므로, 외도를 해도 갈등이 많다고 할 수 있다.

③ 일주가 일지(본기에 한함)의 정재와는 암합(暗合)하고 있으나, 천간이나 월지(본기에 한함)의 재성과는 간합(干合) 또는 암합(暗合)하지 않고 있는 경우: 이 경우엔 외도를 하면서도 아내에게 집착하고 다른 여자들에게는 집착하지 않을 가능성이 많다고 할 수 있다.

④ 일주가 일지(본기에 한함)의 재성과는 암합(暗合)하지 않고 있으나, 천간이나 월지(본기에 한함)의 정재와는 간합(干合) 또는 암합(暗合)하고 있는 경우: 이 경우엔 외도를 하면서도 아내에게는 집착하지 않고 다른 여자들에게 집착하므로, 다른 여자들을 아내같이 대할 가능성이 많다고 할 수 있다.

(나) 재성이 일지(本氣에 한함)에는 없고 월간과 시간과 월지(本氣에 한함)에 두 개 이상 있는 경우: 외도(外道)를 할 가능성이 많으며(천간에 재성이 두 개 이상 있으면 결혼을 두 번 이상 할 가능성도 많다), 이 경우엔 다른 간지의 재성 중 하나[일주가 천간이나 월지(本氣에 한함)의 정재와 간합(干合) 또는 암합(暗合)하고 있는 경우에는 간합 또는 암합(暗合)하고 있는 정재 중 하나]를 아내로 보면 될 것이다.

① 일주(日主)가 천간이나 월지(본기에 한함)의 어느 재성과도 간합(干合) 또는 암합(暗合)하지 않고 있는 경우: 이 경우엔 아내에게도 다른 여자들에게도 집착하지 않고 외도 자체를 즐길 가능성이 많다고 할 수 있다.

② 일주가 천간이나 월지(본기에 한함)의 두 정재나 세 정재나 네 정재와 투합(妒合)하고 있는 경우: 이 경우엔 아내에게도 집착하고 다른 여자들에게도 집착하므로, 외도를 해도 갈등이 많다고 할 수 있다.

③ 일주가 천간이나 월지(본기에 한함)의 재성 중 어느 하나와만 간합(干合) 또는 암합(暗合)하고 있는 경우: 이 경우엔 외도를 하면서도 아내에게 집착하고 다른 여자들에게는 집착하지 않을 가능성이 많다고 할 수 있다.

(다) 재성의 개수와 상관없이, 일주(日主)가 시간이나 월간이나 연간이나 일지(본기에 한함)나 월지(본기에 한함)의 정재와 투합(妒合)하고 있는 경우: 외도(外道)를 할 가능성이 많으며(천간에 재성이 두 개 이상 있으면 결혼을 두 번 이상 할 가능성도 많다), 이 경우엔 투합(妒合)하고 있는 정재 중 하나를 아내로 보는데, 아내에게도 집착하고 다른 여자들에게도 집착하므로, 외도를 해도 갈등이 많다고 할 수 있다.

그런데 지지에는 재성과 식상이 거의 없는 상황에서 일간이 시간의 정재와 합하고 있고 월간의 비견도 연간의 정재와 합하고 있는 경우에는 일간은 연간의 정재와 합하고 싶은 마음만 있지 실제로 합하지 못하고 월간의 비견에게 양보할 수밖에 없는 처지이므로, 이런 경우에는 투합(妒合)으로 보지 않는다. 그래서 이런 경우에는 결혼을 두 번 이상 할 가능성은 많아도 다른 여자와 외도를 할 가능성은 별로 없다고 판단한다.

(라) 재성의 개수와 상관없이, 일지가 월지의 재성과도 삼합(三合) 또는

반합(反合) 또는 암합(暗合)하고 있고 시지의 재성과도 반합(反合) 또는 암합(暗合)하고 있는 경우[가령 반합의 경우에는 亥卯 반합이나 卯未 반합이나 寅午 반합이나 午戌 반합이나 巳酉 반합이나 酉丑 반합이나 申子 반합이나 子辰 반합과 같이 왕지(旺支)가 포함된 반합을 말한다]: 외도(外道)를 할 가능성이 많으며, 이 경우엔 투합(妒合)하고 있는 재성 중 하나를 아내로 보는데, 아내에게도 집착하고 다른 여자들에게도 집착하므로, 외도를 해도 갈등이 많다고 할 수 있다.

(마) 재성과 식상(특히 상관)이 두세 개 이상 있거나, 일주(日主) 주위[일지(본기에 한함)와 월간과 시간]와 월지(본기에 한함)와 연간에 비록 재성이 적거나 없더라도 식상(특히 상관)이 두세 개 이상 있는 경우: 외도(外道)를 할 가능성이 많으며[천간에 재성이나 식상(특히 상관)이 두 개 이상 있으면 결혼을 두 번 이상 할 가능성도 많다], 이 경우엔 아내에 대한 오롯한 마음이 없고 다른 여자들에게 관심이 많고 쾌락적인 성욕도 강해서, 여러 여자들과 어지럽게 성관계를 할 가능성이 많다고 할 수 있다.

(바) 천간과 지지에 간합(干合)이나 삼합(三合)이나 반합(反合)이나 암합(暗合)이 많은 경우: 이 경우엔 정(情)이 많아서 외도(外道)를 할 가능성이 많다고 할 수 있으며(특히 지지에 합이 많으면 남몰래 다른 여자를 만날 가능성이 많다고 할 수 있다), 천간에 재성이 두 개 이상 있으면 결혼을 두 번 이상 할 가능성도 많다고 할 수 있다.

(사) 사주의 구조가 이상과 같은 경우에(사주의 구조가 반드시 이상과 같지 않아도 된다) 재성이나 식상이 유력하게 들어오는 세운에 다른 여자와

외도를 할 가능성이 많다고 할 수 있다[세운(歲運)과 함께 대운(大運)도 재성이나 식상으로 흐르면 다른 여자와 외도를 할 가능성이 더욱더 많다고 할 수 있다].

(2) 여명(女命)인 경우

(가) 관살이 월지(本氣에 한함)나 일지(本氣에 한함)에도 있고 천간에도 한 개 이상 있는 경우: 외도(外道)를 할 가능성이 많으며(천간에 관살이 두 개 이상 있으면서 인성이 일간과 관살 사이를 가로막고 있지 않으면 결혼을 두 번 이상 할 가능성도 많다), 이 경우엔 월지(본기에 한함)나 일지(본기에 한함)의 관살을 남편으로 보면 될 것이다.

① 일주(日主)가 일지(본기에 한함)나 월지(본기에 한함)의 관살과도 암합(暗合)하지 않고 있고 천간의 관살과도 간합(干合)하지 않고 있는 경우: 이 경우엔 남편에게도 다른 남자들에게도 집착하지 않고 외도(外道) 자체를 즐길 가능성이 많다고 할 수 있다.

② 일주가 일지(본기에 한함)나 월지(본기에 한함)의 정관과도 암합(暗合)하고 있고 천간의 정관과도 간합(干合)하고 있는 경우: 이 경우엔 남편에게도 집착하고 다른 남자들에게도 집착하므로, 외도를 해도 갈등이 많다고 할 수 있다.

③ 일주가 일지(본기에 한함)나 월지(본기에 한함)의 정관과는 암합(暗合)하고 있으나, 천간의 관살과는 간합(干合)하지 않고 있는 경우: 이 경우엔 외도를 하면서도 남편에게 집착하고 다른 남자들에게는 집착하지 않을 가능성이 많다고 할 수 있다.

④ 일주가 일지(본기에 한함)나 월지(본기에 한함)의 관살과는 암합(暗合)

하지 않고 있으나, 천간의 정관과는 간합(干合)하고 있는 경우: 이 경우엔 외도를 하면서도 남편에게는 집착하지 않고 다른 남자들에게 집착하므로, 다른 남자들을 남편같이 대할 가능성이 많다고 할 수 있다.

(나) 관살이 일지(本氣에 한함)와 월지(本氣에 한함)에는 없고 천간에 두 개 이상 있는 경우: 외도(外道)를 할 가능성이 많으며(천간에 관살이 두 개 이상 있으면서 인성이 일간과 관살 사이를 가로막고 있지 않으면 결혼을 두 번 이상 할 가능성도 많다), 이 경우엔 다른 간지의 관살 중 하나(일주가 천간의 정관과 간합하고 있는 경우에는 간합하고 있는 정관 중 하나)를 남편으로 보면 될 것이다.

① 일주(日主)가 천간의 어느 관살과도 간합(干合)하지 않고 있는 경우: 이 경우엔 남편에게도 다른 남자들에게도 집착하지 않고 외도(外道) 자체를 즐길 가능성이 많다고 할 수 있다.
② 일주가 천간의 두 정관이나 세 정관과 투합(妬合)하고 있는 경우: 이 경우엔 남편에게도 집착하고 다른 남자들에게도 집착하므로, 외도를 해도 갈등이 많다고 할 수 있다.
③ 일주가 천간의 관살 중 어느 하나와만 간합(干合)하고 있는 경우: 이 경우엔 외도를 하면서도 남편에게 집착하고 다른 남자들에게는 집착하지 않을 가능성이 많다고 할 수 있다.

(다) 관살의 개수와 상관없이, 일주(日主)가 시간이나 월간이나 연간이나 일지(본기에 한함)나 월지(본기에 한함)의 정관과 투합(妬合)하고 있는 경우: 외도(外道)를 할 가능성이 많으며(천간에 관살이 두 개 이상 있으면서

인성이 일간과 관살 사이를 가로막고 있지 않으면 결혼을 두 번 이상 할 가능성도 많다), 이 경우엔 투합(妬合)하고 있는 정관 중 하나를 남편으로 보는데, 남편에게도 집착하고 다른 남자들에게도 집착하므로, 외도를 해도 갈등이 많다고 할 수 있다.

그런데 지지에는 관살과 식상이 거의 없는 상황에서 일간이 시간의 정관과 합하고 있고 월간의 비견도 연간의 정관과 합하고 있는 경우에는 일간은 연간의 정관과 합하고 싶은 마음만 있지 실제로 합하지 못하고 월간의 비견에게 양보할 수밖에 없는 처지이므로, 이런 경우에는 투합(妬合)으로 보지 않는다. 그래서 이런 경우에는 결혼을 두 번 이상 할 가능성은 많아도 다른 남자와 외도를 할 가능성은 별로 없다고 판단한다.

(라) 관살의 개수와 상관없이, 일지가 월지의 관살과도 삼합(三合)또는 반합(反合) 또는 암합(暗合)하고 있고 시지의 관살과도 반합(反合) 또는 암합(暗合)하고 있는 경우나, 월지가 일지의 관살과도 삼합 또는 반합(反合) 또는 암합(暗合)하고 있고 연지의 관살과도 반합(反合) 또는 암합(暗合)하고 있는 경우[가령 반합의 경우에는 亥卯 반합이나 卯未 반합이나 寅午 반합이나 午戌 반합이나 巳酉 반합이나 酉丑 반합이나 申子 반합이나 子辰 반합과 같이 왕지(旺支)가 포함된 반합을 말한다]: 외도(外道)를 할 가능성이 많으며, 이 경우엔 투합(妬合)하고 있는 관살 중 하나를 남편으로 보는데, 남편에게도 집착하고 다른 남자들에게도 집착하므로, 외도를 해도 갈등이 많다고 할 수 있다.

(마) 관살과 식상(특히 상관)이 두세 개 이상 있어서 극설교가(剋洩交加)가 되어 있거나, 일주(日主) 주위[일지(본기에 한함)와 월간과 시간]와 월지

(본기에 한함)와 연간에 비록 관살이 적거나 없더라도 식상(특히 상관)이 두 세 개 이상 있는 경우: 외도(外道)를 할 가능성이 많으며[천간에 관살이나 식상(특히 상관)이 두 개 이상 있으면서 인성이 일간과 관살 사이를 가로막고 있지 않으면 결혼을 두 번 이상 할 가능성도 많다], 이 경우엔 남편을 얕잡아보고 깔보고 무시하고 업신여기면서 남편에 대한 오롯한 마음이 없고 다른 남자들에게 관심이 많고 쾌락적인 성욕도 강해서, 남편에게 구타를 당하면서도 여러 남자들과 어지럽게 성관계를 할 가능성이 많다고 할 수 있다.

(바) 일주(日主) 주위[일지(본기에 한함)와 월간과 시간]를 포함한 사주(四柱)에 정재가 두 개 이상 있으면서[특히 일주(日主)가 월간이나 일지(본기에 한함)나 시간의 정재와 간합(干合) 또는 투합(妬合) 또는 암합(暗合)하고 있으면서] 일주(日主) 주위나 월지(본기에 한함)에 관살이나 식상(특히 상관)이 두 개 이상 있는 경우: 외도를 할 가능성이 많으며, 이 경우엔 남자의 재물에 대한 욕심이 많기도 하고 남자와의 육체적인 쾌락을 탐닉(耽溺)하는 성욕(性慾)이 강하기도 해서 남자에게 접근하거나 남자의 청을 거절하지 않을 가능성이 많다고 할 수 있다.

(사) 천간과 지지에 간합(干合)이나 삼합(三合)이나 반합(反合)이나 암합(暗合)이 많은 경우: 이 경우엔 정(情)이 많아서 외도(外道)를 할 가능성이 많다고 할 수 있으며(특히 지지에 합이 많으면 남몰래 다른 남자를 만날 가능성이 많다고 할 수 있다), 천간에 관살이 두 개 이상 있으면서 인성이 일간과 관살 사이를 가로막고 있지 않으면 결혼을 두 번 이상 할 가능성도 많다고 할 수 있다.

(아) 사주의 구조가 이상과 같은 경우에(사주의 구조가 반드시 이상과 같지 않아도 된다) 식상이나 관살이 유력하게 들어오는 세운에 다른 남자와 외도를 할 가능성이 많다고 할 수 있다(세운과 함께 대운도 식상이나 관살로 흐르면 다른 남자와 외도를 할 가능성이 더욱더 많다고 할 수 있다).

이상으로 외도(外道)를 하거나 결혼을 두 번 이상 할 가능성이 많은 경우에 대해 살펴보았는데, 외도(外道)를 하거나 결혼을 두 번 이상 할 가능성이 많은 명조의 사례는 〈제10장 투합(妬合)과 쟁합(爭合)〉에서 예시(例示)해 놓았으므로, 그 부분을 참조하면 될 것이다.

5. 의처증(疑妻症) 및 의부증(疑夫症)이 있는 명조(命造)

의처증(疑妻症)과 의부증(疑夫症)은 기존의 학설(學說)과 필자의 임상 경험으로 볼 때 다음과 같은 경우에 나타난다고 하겠다.

의처증(疑妻症)과 의부증(疑夫症)은 배우자가 외도(外道)를 할지도 모른다고 의심하는 증세를 말하는데, 다음과 같은 경우에 의처증(疑妻症)이나 의부증(疑夫症)이 심할 뿐 아니라 아내나 남편이 다른 남자들이나 다른 여자들과 외도(外道)를 할 가능성도 많다고 할 수 있다. 그러나 실제로 아내나 남편이 다른 남자들이나 다른 여자들과 외도(外道)를 하는지 그 여부는 의처증이나 의부증이 있는 본인의 사주만 보고서는 정확히 알 수 없고, 아내나 남편의 사주를 함께 봐야만 좀 더 정확히 알 수 있을 것이다.

대체로 의처증이나 의부증이 심한 경우에는 부부 사이에 불화나 마찰이나 갈등이 많아서 부부 관계를 원만하게 유지해나가기가 쉽지 않고, 그 정도가 심하면 파경(破鏡)에 이를 수도 있다고 보면 될 것이다.

(1) 남명(男命)인 경우

① 일주(日主)가 월간의 정재를 사이에 두고 연간의 비견과 쟁합(爭合)하고 있거나, 일주가 월간이나 시간의 정재와 간합(干合)하고 있고 월간이나 시간의 정재는 앉은자리인 월지나 시지의 비견(본기에 한함)과 암합(暗合)하고 있는 경우에는, 아내에게 지나치게 집착하여 아내가 다른 남자와 외도를 하지 않을까 하는 의처증이 심하고, 그 결과 아내의 행동을 감시할 가능성이 많다고 할 수 있다.

② 일주가 월간의 정재를 사이에 두고 연간의 비견과 쟁합(爭合)하고 있을 뿐 아니라, 시간의 정재와도 투합(妬合)하고 있거나 일지(본기에 한함)의 정재와도 암합(暗合)하고 있는 경우에는, 아내에게도 집착하고 다른 여자들에게도 집착하면서 외도를 할 가능성이 많을 뿐 아니라, 아내도 다른 남자와 외도를 하지 않을까 하는 의처증이 심하다고 할 수 있다.

③ 일지(본기에 한함)와 월지(본기에 한함)가 암합하고 있거나, 일지(본기에 한함)의 재성과 월지(본기에 한함) 또는 시지(본기에 한함)가 암합하고 있는 경우에는, 의처증이 있다고 할 수 있다. 특히 일월지간에 卯申 암합(暗合)이 되어 있거나(그중에서도 특히 일지에 재성인 卯木이나 申金이 있는 경우), 일지(본기에 한함)의 재성과 월지(본기에 한함) 또는 시지(본기에 한함)의 비겁이 암합(暗合)하고 있거나, 일지(본기에 한함)의 정재와 월지(본기에 한함) 또는 시지(본기에 한함)의 비견이 암합(暗合)하고 있으면서 일주도 일지(본기에 한함)의 정재와 암합(暗合)하고 있는 경우에는, 아내가 다른 남자와 외도를 하지 않을까 하는 의처증이 심하다고 할 수 있다.

④ 일지(본기에 한함)의 재성이 월지(본기에 한함) 또는 시지(본기에 한함)와 삼합(三合)또는 반합(反合)하고 있는 경우[여기서 반합(反合)이라 함은 亥卯 반합이나 卯未 반합이나 寅午 반합이나 午戌 반합이나 巳酉 반합이나

酉丑 반합이나 申子 반합이나 子辰 반합과 같이 왕지(旺支)가 포함된 반합을 말한다]에는, 의처증이 있다고 할 수 있다. 특히 일지의 재성(본기에 한함)이 월지(본기에 한함)와도 삼합(三合) 또는 반합(反合)하고 있고 시지(본기에 한함)와도 반합(反合)하고 있는 경우에는, 아내가 다른 남자와 외도를 하지 않을까 하는 의처증이 심하다고 할 수 있다.

⑤ 천간에 있는 재성이 비록 일주와는 간합(干合)하지 않더라도, 바로 곁의 천간(특히 비겁)과 간합(干合)하고 있거나 앉은자리의 지지(본기에 한함)(특히 비겁)와 암합(暗合)하고 있는 경우에는, 의처증이 있다[천간에 있는 재성이 특히 비겁과 간합(干合) 또는 암합(暗合)하고 있는 경우에는 의처증이 심하다]고 할 수 있다.

⑥ 일지 외의 지지(본기에 한함)에 있는 재성이 바로 위의 천간(특히 비겁)과 암합(暗合)하고 있는 경우에는, 의처증이 있다[일지 외의 지지에 있는 재성이 특히 바로 위의 비겁과 암합(暗合)하고 있는 경우에는 의처증이 심하다]고 할 수 있다.

⑦ 사주원국에 재성은 한두 개뿐인데 비겁이 3개 이상 있는 경우에는(특히 재성 주위에 비겁이 많은 경우에는), 의처증이 있다고 할 수 있다. 그러나 재성과 비겁이 천간과 지지(본기에 한함)에 각각 따로 있는 경우에는 그러하지 아니하다.

(2) 여명(女命)인 경우

① 일주(日主)가 월간의 정관을 사이에 두고 연간의 비견과 쟁합(爭合)하고 있거나, 일주가 월간이나 시간의 정관과 간합(干合)하고 있고 월간이나 시간의 정관은 앉은자리인 월지나 시지의 비견(본기에 한함)과 암합(暗合)하고 있는 경우에는, 남편에게 지나치게 집착하여 남편이 다른 여자와 외도

를 하지 않을까 하는 의부증이 심하고, 그 결과 남편의 행동을 감시할 가능성이 많다고 할 수 있다.

② 일주가 월간의 정관을 사이에 두고 연간의 비견과 쟁합(爭合)하고 있을 뿐 아니라, 시간의 정관과도 간합(干合)하고 있거나 월지(본기에 한함)나 일지(본기에 한함)의 정관과도 암합(暗合)하고 있는 경우에는, 남편에게도 집착하고 다른 남자들에게도 집착하면서 외도를 할 가능성이 많을 뿐 아니라, 남편도 다른 여자와 외도를 하지 않을까 하는 의부증이 심하다고 할 수 있다.

③ 일지(본기에 한함)와 월지(본기에 한함)가 암합하고 있거나, 일지(본기에 한함)의 관살과 월지(본기에 한함) 또는 시지(본기에 한함)가 암합하고 있거나, 월지(본기에 한함)의 관살과 일지(본기에 한함) 또는 연지(본기에 한함)가 암합하고 있는 경우에는, 의부증이 있다고 할 수 있다. 특히 일월지간에 卯申 암합(暗合)이 되어 있거나(그중에서도 특히 일월지의 卯木과 申金이 관살과 비겁이나 비겁과 관살인 경우), 월지(본기에 한함)의 관살 또는 비겁과 일지(본기에 한함)의 비겁 또는 관살이 암합(暗合)하고 있거나, 일지(본기에 한함)의 관살과 시지(본기에 한함)의 비겁이 암합하고 있거나, 월지(본기에 한함)의 관살과 연지(본기에 한함)의 비겁이 암합하고 있거나, 일지(본기에 한함)의 정관과 월지(본기에 한함) 또는 시지(본기에 한함)의 비견이 암합(暗合)하고 있으면서 일주도 일지(본기에 한함)의 정관과 암합(暗合)하고 있거나, 월지(본기에 한함)의 정관과 일지(본기에 한함) 또는 연지(본기에 한함)의 비견이 암합(暗合)하고 있으면서 일주도 월지(본기에 한함)의 정관과 암합(暗合)하고 있는 경우에는, 남편이 다른 여자와 외도를 하지 않을까 하는 의부증이 심하다고 할 수 있다.

④ 일지(본기에 한함)의 관살이 월지(본기에 한함) 또는 시지(본기에 한함)와 삼합(三合)또는 반합(反合)하고 있거나, 월지(본기에 한함)의 관살이 일

지(본기에 한함) 또는 연지(본기에 한함)와 삼합(三合)또는 반합(反合)하고 있는 경우[여기서 반합(反合)이라 함은 亥卯 반합이나 卯未 반합이나 寅午 반합이나 午戌 반합이나 巳酉 반합이나 酉丑 반합이나 申子 반합이나 子辰 반합과 같이 왕지(旺支)가 포함된 반합을 말한다]에는, 의처증이 있다고 할 수 있다. 특히 일지의 관살(본기에 한함)이 월지(본기에 한함)와도 삼합(三合)또는 반합(反合)하고 있고 시지(본기에 한함)와도 반합(反合)하고 있거나, 월지의 관살(본기에 한함)이 일지(본기에 한함)와도 삼합(三合)또는 반합(反合)하고 있고 연지(본기에 한함)와도 반합(反合)하고 있는 경우에는, 남편이 다른 여자와 외도를 하지 않을까 하는 의부증이 심하다고 할 수 있다.

⑤ 천간에 있는 관살이 비록 일주와는 간합(干合)하지 않더라도, 바로 곁의 천간(특히 비겁)과 간합(干合)하고 있거나 앉은자리의 지지(본기에 한함)(특히 비겁)와 암합(暗合)하고 있는 경우에는, 의부증이 있다[천간에 있는 관살이 특히 비겁과 간합(干合) 또는 암합(暗合)하고 있는 경우에는 의부증이 심하다]고 할 수 있다.

⑥ 일지 외의 지지(본기에 한함)에 있는 관살이 바로 위의 천간(특히 비겁)과 암합(暗合)하고 있는 경우에는, 의부증이 있다[일지 외의 지지에 있는 관살이 특히 바로 위의 비겁과 암합(暗合)하고 있는 경우에는 의부증이 심하다]고 할 수 있다.

⑦ 사주원국에 관살은 한두 개뿐인데 비겁이 3개 이상 있는 경우에는(특히 관살 주위에 비겁이 많은 경우에는), 의부증이 있다고 할 수 있다. 그러나 관살과 비겁이 천간과 지지(본기에 한함)에 각각 따로 있는 경우에는 그러하지 아니하다.

이상으로 의처증(疑妻症)이나 의부증(疑夫症)이 있는 경우에 대해 살펴보았는데, 사주원국에서 이상과 같은 현상이 발생하는 경우뿐만 아니라, 운(특히 세운)에서 비겁(남녀 모두의 경우)이나 재성(남자의 경우)이나 관살(여자의 경우)이 들어와 이상과 같은 현상이 발생하는 경우에도, 의처증이나 의부증이 생긴다고 보면 될 것이다. 그리고 의처증이나 의부증이 있는 명조의 사례는 〈제10장 투합(妬合)과 쟁합(爭合)〉에서 예시(例示)해 놓았으므로, 그 부분을 참조하면 될 것이다.

자녀(子女)의 인연(因緣)

불과 몇십 년 전까지만 해도 자녀의 뒷바라지를 하느라 부모가 허리띠를 졸라매고서 쉬지 않고 생업(生業)에 종사해야 했지만, 요즈음에는 부부 자신들의 삶을 더 행복하게 누리고자 하여 자녀의 뒷바라지는 어느 정도까지만 하고 더 이상은 자녀 스스로 해결하기를 바라는 풍조(風潮)가 널리 퍼지고 있는 추세이다. 그러나 보니 자녀의 인연은 부부의 인연에 비하면 갈수록 그 중요도가 떨어지고 있다.

비록 그러하긴 해도 부모, 특히 어머니의 자녀에 대한 애정(愛情)과 집착(執着)은 예나 지금이나 크게 달라진 것은 없다고 할 수 있으므로, 자녀의 인연은 부부의 인연 다음으로 중요한 위치를 차지하고 있다고 할 수 있다.

1. 자녀성(子女星)과 자녀궁(子女宮)

자녀성(子女星)은 남자의 경우에는 관살을 뜻하고 여자의 경우에는 식상을 뜻한다. 자녀성(子女星)으로는 관살이나 식상의 동태(즉, 관살이나 식상이 희용신인지 아니면 기구신인지)에 따라 자녀가 사주 주인공[본인]에게 사회적으로 도움이 되는지 아니면 해로운지 하는 것을 알 수 있다.

그런데 관살을 남자의 자녀로 보되, 사주 주인공을 기준으로 볼 때 자녀는 아랫사람이므로, 남자 사주의 일지나 시주에 있는 관살만을 자녀로 보고, 연주나 월주에 있는 관살은 자녀로 보는 대신 윗사람인 직장 상사(또는 직장 사장)나 제 마음대로 행동하지 못하도록 자신의 행동이나 삶에 제약을 가하는 사람으로 보는 것이 타당할 것이다.

여자의 경우에는 식상을 여자의 자녀로 보되, 사주 주인공을 기준으로 볼 때 자녀는 아랫사람이므로, 여자 사주의 일지나 시주에 있는 식상만을 자녀로 보고, 연주나 월주에 있는 식상은 자녀로 보는 대신 사주 주인공의 재능이나 능력을 발휘하는 수단으로 보는 것이 타당할 것이다.

그리고 자녀궁(子女宮)은 남녀 모두 시지(時支)를 뜻한다. 자녀궁(子女宮)으로는 시지에 어떤 십성(十星)이 있는지 하는 것과 그 십성이 희용신인지 아니면 기구신인지 하는 것에 따라 자녀에 대해 갖고 있는 사주 주인공의 감정이 어떠한지 하는 것과 자녀가 사주 주인공에게 감정적으로 좋은 인연인지 아니면 해로운 인연인지를 알 수 있다.

2. 자녀(子女)의 인연이 길(吉)하거나 흉(凶)한 경우

(1) 여명(女命)인 경우

여자의 자녀가 사주 주인공에게 사회적으로 도움이 될지 아니면 골치를 썩일지는 여자 사주의 일지나 시주에 있는 자녀성, 즉 식상이 희용신인지 기구신인지 그 여부로써 판단하면 된다. 만약 일지나 시주에 있는 식상이 희용신이라면 사회적으로 자녀의 도움이 클 것이며, 일지나 시주에 있는 식상이 기구신이라면 사회적으로 자녀로 인해 곤란을 겪을 가능성이 많을 것이다.

물론 일지나 시주의 식상이 희용신이라고 해서 사회적으로 자녀의 도움이 무조건 크다고 할 수는 없으며 희용신인 식상의 동태를 보고서 판단해야 하는

데, 일지나 시주의 식상이 희용신이면서 유력하고 기구신인 인성의 충극을 받고 있지 않으면 사회적으로 자녀의 도움이 크겠지만, 식상이 비록 희용신이라고 하더라도 비겁의 생조를 받지 못한 채 시간에 무력하게 떠 있거나 기구신인 인성의 충극을 받고 있거나 일지나 시지의 여기(餘氣)나 중기(中氣)에만 암장(暗藏)되어 있으면 사회적으로 자녀의 도움이 거의 없을 것이다.

또 일지나 시주의 식상이 기구신이라고 해서 사회적으로 자녀로 인해 무조건 곤란을 겪는다고 할 수는 없으며 역시 기구신인 식상의 동태를 보고서 판단해야 하는데, 식상이 기구신이면서 아주 왕하거나 희용신인 관살을 직접 충극하고 있으면 사회적으로 자녀로 인해 곤란을 겪을 가능성이 많지만, 식상이 비록 기구신이라고 하더라도 비겁의 생조를 받지 못한 채 시간에 무력하게 떠 있으면서 희용신인 인성의 충극을 받고 있거나 지지의 여기(餘氣)나 중기(中氣)에만 암장(暗藏)되어 있으면 사회적으로 자녀로 인한 폐해는 거의 없을 것이며, 또 식상이 비록 기구신이라고 하더라도 아주 왕하지는 않으면서 식상생재성(食傷生財星)하고 재성생관살(財星生官殺)하는 구조로 되어 있는 경우에는 식상이 사실상 희용신이나 다름없는 역할을 하므로 사회적으로 자녀로 인해 곤란을 겪기는커녕 오히려 자녀의 도움이 클 것이다.

(2) 남명(男命)인 경우

남자의 자녀가 사주 주인공에게 사회적으로 도움이 될지 아니면 골치를 썩일지는 남자 사주의 일지나 시주에 있는 자녀성, 즉 관살이 희용신인지 기구신인지 그 여부로써 판단하면 된다. 만약 일지나 시주에 있는 관살이 희용신이라면 사회적으로 자녀의 도움이 클 것이며, 일지나 시주에 있는 관살이 기구신이라면 사회적으로 자녀로 인해 곤란을 겪을 가능성이 많을 것이다.

물론 일지나 시주의 관살이 희용신이라고 해서 사회적으로 자녀의 도움이 무조건 크다고 할 수는 없으며 희용신인 관살의 동태를 보고서 판단해야 하는데, 일지나 시주의 관살이 희용신이면서 유력하고 기구신인 식상의 충극을 받고 있지 않으면 사회적으로 자녀의 도움이 크겠지만, 관살이 비록 희용신이라고 하더라도 재성의 생조를 받지 못한 채 시간에 무력하게 떠 있거나 기구신인 식상의 충극을 받고 있거나 일지나 시지의 여기(餘氣)나 중기(中氣)에만 암장(暗藏)되어 있으면 사회적으로 자녀의 도움이 거의 없을 것이다.

또 일지나 시주의 관살이 기구신이라고 해서 사회적으로 자녀로 인해 무조건 곤란을 겪는다고 할 수는 없으며 역시 기구신인 관살의 동태를 보고서 판단해야 하는데, 관살이 기구신이면서 아주 왕하거나 희용신인 비겁을 직접 충극하고 있으면 사회적으로 자녀로 인해 곤란을 겪을 가능성이 많지만, 관살이 비록 기구신이라고 하더라도 재성의 생조를 받지 못한 채 시간에 무력하게 떠 있으면서 희용신인 식상의 충극을 받고 있거나 지지의 여기(餘氣)나 중기(中氣)에만 암장(暗藏)되어 있으면 사회적으로 자녀로 인한 폐해는 거의 없을 것이며, 또 관살이 비록 기구신이라고 하더라도 아주 왕하지는 않으면서 관살인상생(官殺印相生)하고 인생신(印生身)하는 구조로 되어 있는 경우에는 관살이 사실상 희용신이나 다름없는 역할을 하므로 사회적으로 자녀로 인해 곤란을 겪기는커녕 오히려 자녀의 도움이 클 것이다.

3. 자녀(子女)의 인연이 무난한 경우

일지나 시주에 있는 자녀성, 즉 식상(여자의 경우)이나 관살(남자의 경우)이 한신(閑神)이면서 길(吉)하게 작용하지도 않고 흉(凶)하게 작용하지도 않으면, 자녀의 인연이 길하지도 흉하지도 않고 무난(無難)하다고 할 수 있다. 다시 말해 이러한 경우에는 사회적으로 자녀의 도움도 기대하기 어렵지만 자녀로 인해 낭패를 당할 가능성도 없다고 할 수 있다.

4. 자녀성(子女星)이 없는 경우

여자 사주의 일지와 시주에 자녀성인 식상이 전혀 없는 경우(지장간에도 전혀 없는 경우)나 남자 사주의 일지와 시주에 자녀성인 관살이 전혀 없는 경우(지장간에도 전혀 없는 경우)에는, 자녀의 필요성에 대한 관심이 거의 없거나 자녀의 영향력(길흉에 대한 영향력)이 거의 없어서, 자녀가 사주 주인공의 인생에 도움이 될 가능성도 거의 없고 해로울 가능성도 거의 없다고 해석하면 될 것이다.

5. 자녀(子女)에 대한 감정

남자와 여자 모두 자녀에 대해 어떤 감정을 품고 있는지 하는 것과 자녀와의 감정적인 인연이 좋은지 나쁜지 하는 것은 자녀궁인 시지에 있는 십성의 심리적 특성이 어떠한지 하는 것과 그 십성이 희용신인지 아니면 기구신인지 하는 것으로써 알아볼 수 있다.

예컨대 시지에 칠살이 있으면, 자녀를 두려워하면서 자녀의 눈치를 많이 보고 자녀가 어버이인 사주 주인공을 힘들게 한다는 생각을 할 것이다. 또 시지에 비견이 있으면, 자녀를 친구같이 무덤덤하게 대하고 무슨 일이든지 자녀 스스로 알아서 잘 하겠지 하는 생각으로 자녀에게 무관심할 것이다.

만약 시지에 희용신이 있다면 자녀에 대한 감정이 좋게 작용할 것이고, 시지에 기구신이 있다면 자녀에 대한 감정이 좋지 않게 작용할 것이다. 예컨대 시지에 있는 칠살이 희용신이라고 한다면, 비록 자녀를 두려워하면서 자녀의 눈치를 많이 보더라도 자녀를 위해 기꺼이 희생하고자 할 것이고, 자녀도 어버이의 그러한 마음을 알고서 고마워할 것이며, 시지에 있는 칠살이 기구신이라고 한다면, 자녀를 두려워하면서 자녀의 눈치를 많이 볼 것이고, 자녀도 실제로 어버이인 사주 주인공을 힘들게 할 것이다. 또 시지에 있는 비견이 희용신이라고 한다면, 자녀를 친구같이 편안하게 여기면서 자녀에게 신경을 쓰지 않아도 무슨 일이든지 자녀 스스로 알아서 잘 하겠지 하는 생각을 할 것이고, 자녀도 무슨 일이든지 스스로 알아서 잘 할 것이며, 시지에 있는 비견이 기구신이라고 한다면, 자녀가 무슨 일이든지 어버이인 사주 주인공에게 의지하지 않고 자녀 스스로 알아서 하기를 바라다 보니 자녀의 뒷바라지를 하기 싫어하고 자녀의 삶에 간여하기를 싫어할 것이고, 자녀도 그러한 어버이를 서운하게 여기거나 원망할 것이다.

결론적으로 일지나 시주에 있는 자녀성(星)인 관살(남자의 경우)이나 식상(여자의 경우)이 희용신인지 아니면 기구신인지 하는 것으로는 자녀가 사회적으로 도움이 되는지 해로운지를 해석할 수 있고, 자녀궁인 시지에 있는 십성의 심리적 특성이 어떠한지 하는 것과 그 십성이 희용신인지 아니면 기구신인지 하는 것으로는 자녀에 대한 감정이 어떠한지 하는 것과 자녀와의 감정적인 인연이 좋은지 나쁜지 하는 것을 해석할 수 있다고 보면 될 것이다.

제4절

부모(父母)의 인연(因緣)

　부모의 슬하(膝下)에 있을 때는 거의 전적으로 부모에게 의지하며 살아가는 게 인간뿐 아니라 모든 동물들의 실태이지만, 일정한 기간이 지나면 부모의 슬하에서 벗어나 독자적인 생활을 해나갈 수밖에 없다. 이렇게 부모의 보호와 간섭에서 벗어나서 독자적인 생활을 하게 되면, 동물이든 인간이든 자신을 키워주고 먹여준 부모를 지극정성으로 모시고자 하는 생각을 하지 않고 자신을 위주로 살아가게 되는 것이 어쩔 수 없는 자연의 섭리(攝理)이기도 하다. 특히 핵가족의 시대로 접어들면서 이러한 현상은 더욱더 가속화되고 있다고 할 수 있다.

　그래서 어릴 적에는 자신의 인생에서 부모의 역할이 거의 절대적인 비중을 차지하므로 자신의 사주에서 부모의 암시(暗示)가 중요하게 작용하지만, 결혼을 하고 독립적인 생활을 하면서부터는 배우자와 자녀와는 달리 자신의 인생에서 부모의 영향이 현저히 줄어들게 되므로 자신의 사주에서 부모의 암시가 생각보다 중요하게 작용하지는 않는다고 할 수 있다. 그러다 보니 나이가 들수록 자신의 인생에서 부모가 어떤 암시를 주는지 알고 싶어하는 경우가 드물지 않나 싶다.

　이러한 연유(緣由)로 인해 부모의 인연은 배우자와 자녀의 인연에 비해 그 중요도가 낮다고 보면 될 것이다.

1. 부모성(父母星)과 부모궁(父母宮)

부모성(子女星)은 어머니성[母星]과 아버지성[父星]으로 구분한다.

어머니성[母星]은 남녀 모두 인성을 뜻한다. 그리고 아버지성[父星]은 남녀 모두 편재를 뜻하고, 여자의 경우에는 정재도 포함한다. 어머니성[母星]으로는 인성의 동태(즉, 인성이 희용신인지 아니면 기구신인지)에 따라 어머니가 사주 주인공에게 사회적으로 도움이 되는지 아니면 해로운지 하는 것을 알 수 있으며, 아버지성[父星]으로는 편재의 동태(즉, 편재가 희용신인지 아니면 기구신인지)에 따라 아버지가 사주 주인공에게 사회적으로 도움이 되는지 아니면 해로운지 하는 것을 알 수 있다.

그런데 어머니성은 인성으로 보되, 사주 주인공을 기준으로 볼 때 어머니는 윗사람이므로, 연주나 월주에 있는 인성만을 어머니로 보는 것이 타당할 것이다. 그리고 아버지성은 편재(여자의 경우에는 정재도 포함한다)로 보되, 사주 주인공을 기준으로 볼 때 아버지는 윗사람이므로, 연주나 월주에 있는 편재나 정재만을 자녀로 보는 것이 타당할 것이다.

한편 부모궁(父母宮)은 어머니궁[母宮]과 아버지궁[父宮]으로 구분한다.

어머니궁[母宮]은 연지를 뜻한다. 어머니궁으로는 연지에 어떤 십성(十星)이 있는지 하는 것과 그 십성이 희용신인지 아니면 기구신인지 하는 것에 따라 어머니에 대해 갖고 있는 사주 주인공의 감정이 어떠한지 하는 것과 어머니와의 감정적인 인연이 좋은지 나쁜지 하는 것을 알 수 있다.

그리고 아버지궁[父宮]은 연간을 뜻한다. 아버지궁으로는 연간에 어떤 십성(十星)이 있는지 하는 것과 그 십성이 희용신인지 아니면 기구신인지 하는 것에 따라 아버지에 대해 갖고 있는 사주 주인공의 감정이 어떠한지 하는 것과 아버지와의 감정적인 인연이 좋은지 나쁜지 하는 것을 알 수 있다.

2. 부모(父母)의 인연이 길(吉)하거나 흉(凶)한 경우

어머니나 아버지가 사주 주인공[본인]에게 사회적으로 도움이 될지 아니면 해로울지 하는 것은 연주나 월주에 있는 어머니성[母星]인 인성이나 아버지성[父星]인 편재(여자의 경우에는 편재와 정재)가 희용신인지 기구신인지 그 여부로써 판단하면 된다.

만약 연주나 월주에 있는 인성이나 편재(여자의 경우에는 편재와 정재)가 희용신이라면 사회적으로 어머니나 아버지의 도움이 클 것이며, 연주나 월주에 있는 인성이나 편재(여자의 경우에는 편재와 정재)가 기구신이라면 어머니나 아버지가 사회적으로 도움이 되기는커녕 오히려 해로울 가능성이 클 것이다.

물론 연주나 월주에 있는 인성이나 편재(여자의 경우에는 편재와 정재)가 희용신이라고 해서 어머니나 아버지의 사회적인 도움이 무조건 크다고 할 수는 없으며 인성이나 편재(여자의 경우에는 편재와 정재)의 동태를 보고서 판단해야 하는데, 연주나 월주에 있는 인성이나 편재(여자의 경우에는 편재와 정재)가 희용신이면서 유력하고 기구신인 재성이나 비겁의 충극을 받고 있지 않으면 어머니나 아버지의 사회적으로 도움이 크겠지만, 인성이나 편재(여자의 경우에는 편재와 정재)가 비록 희용신이라고 하더라도 연간이나 월간에 무력하게 떠 있거나 기구신인 재성이나 비겁의 충극을 받고 있거나 연지와 월지의 여기(餘氣)나 중기(中氣)에만 암장(暗藏)되어 있거나 연주와 월주에 인성이나 재성이 없으면, 어머니나 아버지의 사회적인 도움이 적거나 거의 없을 것이다.

또 연주나 월주에 있는 인성이나 편재(여자의 경우에는 편재와 정재)가 기구신이라고 해서 무조건 어머니나 아버지의 사회적인 도움이 전혀 없거나 어머니나 아버지가 사회적으로 해롭다고 할 수는 없으며 역시 인성이나 편재(여자의 경우에는 편재와 정재)의 동태를 보고서 판단해야 하는데, 연주나 월주에 있는 인성이나 편재(여자의 경우에는 편재와 정재)가 기구신이면서 아주 왕하거나 희용신인 식상이나 인성을 직접 충극하고 있으면 어머니나 아버지가 사회적으로 도움이 되기는커녕 오히려 해로울 가능성이 많지만, 인성이나 편재(여자의 경우에는 편재와 정재)가 비록 기구신이라고 하더라도 연간이나 월간에 무력하게 떠 있으면서 희용신인 재성이나 비겁의 충극을 받고 있거나 연지나 월지의 여기(餘氣)나 중기(中氣)에만 암장(暗藏)되어 있거나 연주와 월주에 인성이나 편재(여자의 경우에는 편재와 정재)가 없으면 사회적으로 어머니나 아버지로 인한 폐해는 적거나 거의 없을 것이며, 또 연주나 월주에 있는 인성이나 편재(여자의 경우에는 편재와 정재)가 비록 기구신이라고 하더라도 아주 왕하지는 않으면서 희용신인 식상이나 인성을 충극하지 않고 비겁이나 관살로 유통이 되어 오히려 희용신인 식상이나 인성을 도와주고 있으면, 어머니나 아버지가 사회적으로 해롭기는커녕 오히려 사회적으로 어머니나 아버지의 도움이 클 것이다.

한편 여자의 사주에서 연주나 월주에 있는 편재나 정재가 기구신이면서 아주 왕하거나 희용신인 인성을 직접 충극하고 있으면, 아버지가 해로울 가능성이 많을 뿐 아니라 시어머니의 압박에 시달릴 가능성도 많다고 할 수 있지만, 시어머니의 경우에는 시어머니와 함께 살지도 않고 시어머니와 좀처럼 왕래하지도 않는다면 시어머니로 인한 고통은 거의 없다고 봐야 할 것이다.

3. 부모(父母)의 인연이 무난한 경우

연주나 월주에 있는 어머니성인 인성이나 아버지성인 편재(여자의 경우에는 편재와 정재)가 한신(閑神)이면서 길(吉)하게 작용하지도 않고 흉(凶)하게 작용하지도 않으면, 어머니나 아버지의 인연이 길하지도 흉하지도 않고 무난(無難)하다고 할 수 있다. 다시 말해 이러한 경우에는 사회적으로 어머니나 아버지의 도움도 기대하기 어렵지만 어머니나 아버지로 인해 낭패를 당할 가능성도 없다고 할 수 있다.

4. 부모성(父母星)이 없는 경우

사주원국에 어머니성[母性]인 인성이 아예 없는 경우(지장간에도 전혀 없는 경우)에는, 어머니에 대한 관심이 거의 없거나 어머니의 영향력[길흉(吉凶)에 대한 영향력]이 거의 없어서, 어머니가 사주 주인공의 사회생활에 도움이 될 가능성도 거의 없고 해로울 가능성도 거의 없다고 판단하면 될 것이다.

그리고 사주원국에 아버지성[父性]인 편재(여자의 경우에는 편재와 정재)가 아예 없는 경우(지장간에도 전혀 없는 경우)에는, 아버지에 대한 관심이 거의 없거나 아버지의 영향력[길흉(吉凶)에 대한 영향력]이 거의 없어서, 아버지가 사주 주인공의 사회생활에 도움이 될 가능성도 거의 없고 해로울 가능성도 거의 없다고 판단하면 될 것이다.

5. 부모(父母)에 대한 감정

어머니나 아버지에 대해 어떠한 감정을 품고 있는지 하는 것과 어머니나 아버지와의 감정적인 인연이 좋은지 나쁜지 하는 것은 남녀 모두 어머니궁[母宮]인 연지나 아버지궁[父宮]인 연간에 있는 십성의 특성이 어떠한지 하는 것과 그 십성이 희용신인지 아니면 기구신인지 하는 것으로써 알아볼 수 있다.

예컨대 연지에 겁재가 있다면 어머니를 경쟁 상대로 여길 가능성이 많다. 또 연간에 상관이 있다면 아버지를 두려워하지 않고 무시하면서 아버지가 잘못한다고 여기면 대들기까지 하면서도 아버지가 자식 같은 생각이 들어서 가능한 한 아버지가 원하는 것을 다 들어드리려고 할 것이다.

만약 연지나 연간에 희용신이 있다면 어머니나 아버지에 대한 감정이 좋게 작용하겠지만, 연지나 연간에 기구신이 있다면 어머니나 아버지에 대한 감정이 좋지 않게 작용할 것이다.

예컨대 연지에 있는 겁재가 희용신이라고 한다면, 어머니를 악의의 경쟁자가 아닌 선의의 경쟁자나 다정한 친구로 여기거나 어려울 때 서로 협력하여 난관을 극복해나가는 동지로 생각하겠지만, 연지에 있는 겁재가 기구신이라고 한다면, 어머니를 악의의 경쟁자로 여겨 내 돈을 어머니에게 뺏기지 않으려고 할 뿐 아니라 어머니 품속에 있는 돈도 내 돈이나 다름없다고 여길 가능성이 많다. 또 연간에 있는 상관이 희용신이라고 한다면, 아버지를 귀엽게 여겨 아버지가 원하는 것은 무엇이든지 들어주고자 하겠지만, 연간에 있는 상관이 기구신이라고 한다면, 아버지를 존경하기는커녕 오히려 업신여기거나 무시하는 감정이 생길 것이다.

그런데 아버지궁[父宮]인 연간은 육친궁(六親宮) 중에서 유일하게 천간에 있기 때문에 간합(干合)의 영향을 고려해야 한다.

예컨대 연간에 용신이 있는데 월간과 간합(干合)이 되어 있다면, 용신이 기반(羈絆)되어 딴 데 정신을 팔고 있느라 일주(日主)를 돌아보지 않게 되므로(다시 말해 아버지[연간]의 도움을 잔뜩 기대하고 있는데 아버지[연간]가 딴 데 정신을 팔고 있어서 일주에게 도움을 줄 생각을 거의 하지 않고 있으므로), 일주의 기대를 저버린 아버지에게 서운한 마음이 많이 생길 것이다. 만약 용신이 연간에는 있는데 일주 주위(일지와 월간과 시간)와 월지에는 없는 상태에서 연간의 용신이 월간과 간합(干合)이 되어 딴 데 정신을 팔고 있느라 일주를 돌아보지 않고 있다면, 오로지 아버지[연간]만을 바라보고 있는 일주의 간절한 기대를 여지없이 저버린 아버지에게 서운한 마음이 드는 정도를 넘어서 아버지를 원망(怨望)하는 마음이 가득할 것이다.

결론적으로 연주나 월주에 있는 인성이나 편재(여자의 경우에는 편재와 정재)가 희용신인지 아니면 기구신인지 하는 것으로는 어머니나 아버지가 사회적으로 도움이 되는지 해로운지를 해석할 수 있으며, 어머니궁인 연지나 아버지궁인 연간에 있는 십성의 심리적 특성이 어떠한지 하는 것과 그 십성이 희용신인지 아니면 기구신인지 하는 것으로는 어머니나 아버지에 대해 어떠한 감정을 품고 있는지 하는 것과 어머니나 아버지와의 감정적인 인연이 좋은지 나쁜지 하는 것을 해석할 수 있다고 보면 될 것이다.

형제자매(兄弟姉妹)의 인연(因緣)

 형제자매는 각자 가정을 꾸리고 나면 배우자나 자녀나 부모와는 달리 끈끈한 관계를 지속하지 못하는 경우가 대부분이다. '피를 나눈 형제보다는 가까운 이웃이 더 낫다'는 말이 있을 정도로 형제자매는 남이나 다름없이 무정(無情)하게 지내는 경우가 많은 것을 볼 수 있다. 그러다 보니 나이가 들수록 자신의 인생에서 형제자매가 어떤 암시를 주는지 알고 싶어하는 경우는 거의 없지 않나 싶다.
 이러한 연유로 인해 형제자매의 인연은 예외적인 상황을 빼고는 별로 중요하게 작용하지 않는다고 할 수 있다.

1. 형제성(兄弟星)과 형제궁(兄弟宮)

 형제성(兄弟星)은 남녀 모두 비겁을 뜻한다. 형제성(兄弟星)으로는 비겁의 동태(즉, 비겁이 희용신인지 아니면 기구신인지)에 따라 형제자매가 사주 주인공[본인]에게 사회적으로 도움이 되는지 아니면 해로운지 하는 것을 알 수 있다.
 형제자매는 본인과 대등한 관계에 있으므로 연주나 월주나 일지나 시주에 있는 비겁을 형제자매로 보는 것이 타당하다.
 그리고 형제궁(兄弟宮)은 남녀 모두 월지(月支)를 뜻한다. 형제궁(兄弟宮)으로는 월지에 어떤 십성(十星)이 있는지 하는 것과 그 십성이 희용신인

지 아니면 기구신인지 하는 것에 따라 형제자매에 대해 갖고 있는 사주 주인공[본인]의 감정과 형제자매와의 감정적인 인연이 좋은지 나쁜지 하는 것을 해석할 수 있다고 보면 될 것이다.

2. 형제자매(兄弟姉妹)의 인연이 길(吉)하거나 흉(凶)한 경우

형제자매가 사주 주인공에게 사회적으로 도움이 될지 아니면 해로울지 하는 것은 비겁이 희용신인지 기구신인지를 보고서 판단하면 된다. 만약 비겁이 희용신이라면 형제자매의 사회적인 도움이 클 것이고, 비겁이 기구신이라면 형제자매가 사회적으로 도움이 되기는커녕 오히려 해로울 것이다.

물론 비겁이 희용신이라고 해서 형제자매의 사회적인 도움이 무조건 크다고 할 수는 없으며 비겁의 동태를 보고서 판단해야 하는데, 비겁이 희용신이면서 유력하고 일주 주위[일지나 월간이나 시간]나 월지에서 희용신의 역할을 제대로 수행하고 있으면 형제자매의 사회적인 도움이 크겠지만, 비겁이 비록 희용신이긴 해도 천간에 무력하게 떠 있거나 기구신인 관살의 충극을 받고 있거나 지지의 여기(餘氣)나 중기(中氣)에만 암장(暗藏)되어 있거나 일주와 멀리 떨어져 고립되어 있거나 사주원국에 비겁이 없으면 형제자매의 사회적인 도움이 적거나 거의 없을 것이다.

또 비겁이 기구신이라고 해서 무조건 형제자매의 사회적인 도움이 전혀 없거나 형제자매가 사회적으로 해롭다고 할 수는 없으며 역시 비겁의 동태를 보고서 판단해야 하는데, 비겁이 기구신이면서 아주 왕하거나 희용신인 재성을 직접 충극하고 있으면 형제자매가 사회적으로 해롭겠지만, 비겁이 비록 기구신이라고 하더라도 천간에 무력하게 떠 있으면서 희용신인 관살의 충극을 받고 있거나 지지의 여기(餘氣)나 중기(中氣)에만 암장(暗藏)되어 있거나 사주원국에 비겁이 없으면 사회적으로 형제자매의 해로움이 적거나 거의 없을 것이며, 또 비겁이 비록 기구신이라고 하더라도 아주 왕하지는 않으면서 희용신인 식상을 바로 곁에서 생조하고 희용신인 식상은 희용신인 재성을 바로 곁에서 생조하여 기운이 막힘없이 유통되고 있으면 형제자매가 사회적으로 해롭기는커녕 오히려 사회적으로 형제자매의 도움이 클 것이다.

예컨대 일주가 약한데 비겁이 허약한 일주를 도와주면서 기구신인 재성을 바로 곁에서 충극하고 있거나, 인성이 많아서 일주가 왕한데 비겁이 희용신인 재성을 충극하지 않고 희용신인 식상을 바로 곁에서 생조해주고 있다면 형제자매의 사회적인 도움이 크겠지만, 일주가 약한데 비겁이 (거의) 없거나 있어도 무력한 용신인 인성을 심하게 설기하고 있거나 구신인 관살의 충극을 직접 받고 있다면 형제자매의 사회적인 도움이 거의 없을 것이며, 또 일주가 왕한데 기구신인 왕한 비겁이 희용신인 재성을 바로 곁에서 충극하고 있다면 재물이나 여자로 인해 형제자매가 갈등을 일으키거나 다투게 될 것이다.

3. 형제자매(兄弟姉妹)의 인연이 무난한 경우

형제성인 비겁이 한신(閑神)이면서 길(吉)하게 작용하지도 않고 흉(凶)하게 작용하지도 않으면, 형제자매의 인연이 길하지도 흉하지도 않고 무난(無難)하다고 할 수 있다. 다시 말해 이러한 경우에는 사회적으로 형제자매의 도움도 기대하기 어렵지만 형제자매로 인해 낭패를 당할 가능성도 없다고 할 수 있다.

4. 형제성(兄弟星)이 없는 경우

사주원국에 형제성인 비겁이 아예 없는 경우(지장간에도 전혀 없는 경우)에는, 형제자매에 대한 관심이 거의 없거나 형제자매의 영향력[길흉(吉凶)에 대한 영향력]이 거의 없어서, 형제자매가 사주 주인공의 사회생활에 도움이 될 가능성도 거의 없고 해로울 가능성도 거의 없다고 판단하면 될 것이다.

5. 형제자매(兄弟姉妹)에 대한 감정

형제자매에 대해 어떠한 감정을 품고 있는지 하는 것과 형제자매와의 감정적인 인연이 좋은지 나쁜지 하는 것은 남녀 모두 형제궁인 월지에 있는 십성의 특성으로 알아볼 수 있다. 그런데 앞에서도 말했듯이 월지에 있는 십성은 형제자매에 대한 감정뿐만 아니라 사회생활을 하면서 관계를 맺는 사람들, 즉 직장상사·직장사장·직장동료·부하직원·동업자·종업원·친구·선후배에 대한 감정도 나타내고, 여자의 경우에는 남편에 대한 감정까지도 나타내므로, 월지에 있는 십성의 특성으로 알아볼 수 있는 감정은 어느 한 육친에 국한되지 않는다고 봐야 할 것이다. 그래도 여기서는 형제자매에 대한 감정으로 국한하여 살펴보기로 한다.

예컨대 월지에 편재가 있다면 형제자매를 자기 마음대로 함부로 대하려는 마음이 있을 것이고, 월지에 정재가 있다면 형제자매한테서 돈을 뜯어내려고 하거나 형제자매를 금전적으로 이용하려고 하는 마음이 있을 것이다. 만약 월지에 희용신이 있다면 형제자매에 대한 감정이 좋게 작용할 것이며, 월지에 기구신이 있다면 형제자매에 대한 감정이 좋지 않게 작용할 것이다. 예컨대 월지에 있는 편재가 희용신이라고 한다면 형제자매를 자기 마음대로 함부로 대하면서 괴롭혀도 형제자매가 원망 없이 잘 받아들일 것이며, 월지에 있는 편재가 기구신이라면 형제자매를 자기 마음대로 함부로 대하는 것에 대해 형제자매가 사주 주인공의 뜻대로 전혀 따라주지 않고 반발하거나 사주 주인공을 원망할 것이다.

  결론적으로 연주나 월주나 일지나 시주에 있는 비겁이 희용신인지 아니면 기구신인지 하는 것으로는 형제자매가 사회적으로 도움이 되는지 해로운지를 해석할 수 있으며, 형제궁인 월지에 있는 십성의 심리적 특성이 어떠한지 하는 것과 그 십성이 희용신인지 아니면 기구신인지 하는 것으로는 형제자매에 대해 어떠한 감정을 품고 있는지 하는 것과 형제자매와의 감정적인 인연이 좋은지 나쁜지 하는 것을 해석할 수 있다고 보면 될 것이다.

제6절

육친(六親)의 호불호(好不好) 및 영향력

  앞에서 살펴보았듯이 어떤 육친이 본인[사주 주인공]에게 사회적으로 도움이 되는지 해로운지 하는 것은 어떤 육친에 해당하는 십성의 희용신 여부로 판단하면 된다. 다시 말해 어떤 육친에 해당하는 십성이 희용신이면서 희용신의 역할을 제대로 수행하고 있으면 어떤 육친의 사회적인 도움이 크다고 해석하며, 어떤 육친에 해당하는 십성이 비록 희용신이긴 해도 무력하거나 기구신의 충극을 받고 있으면 어떤 육친이 사회적으로 그다지 도움이 되지 않는다고 해석하며, 어떤 육친에 해당하는 십성이 기구신이면서 아주 왕하거나 희용신을 직접 충극하고 있으면 어떤 육친이 사회적으로 몹시 해롭다고 해석하며, 어떤 육친에 해당하는 십성이 비록 기구신이긴 해도 무력하면서 희용신을 직접 충극하지 않고 있거나 어떤 육친에 해당하는 십성이 한신이면 해당 육친이 사회적으로 그다지 도움이 되지도 않지만 그다지 해롭지도 않다고 해석하면 된다.

  예컨대 일주가 약한데 연월의 인성이 관살을 화하여[설기하여] 허약한 일주를 바로 곁에서 생조하고 있다면 어머니의 도움이 크겠지만, 일주가 왕한데 연월의 인성이 희용신인 식상을 충극하고 있다면 어머니가 도움이 되기는커녕 오히려 본인의 앞길을 방해하는 해로운 존재가 될 가능성이 많을 것이다.

  또 여자의 사주에서 연월의 재성을 포함하여 재성이 많으면 시어머니의 등쌀에 시달릴 가능성이 많다고 할 수 있지만, 시어머니와 함께 살지도 않고 시어머니와 잘 왕래하지도 않는다면 시어머니로 인한 고통이 거의 없을 것이다.

그런데 어떤 육친에 해당하는 십성이 희용신인지 기구신인지 하는 것과는 상관없이, 그 십성이 일주와 가까이 있는지 일주와 멀리 떨어져 있는지 하는 것과 그 십성이 강한지 약한지 하는 것으로써, 어떤 육친에 대한 관심이 많은지 적은지 또는 어떤 육친의 영향력[길흉(吉凶)에 대한 영향력]이 큰지 작은지를 판단해볼 수 있다(이 경우에 어떤 육친이 도움이 되는지 해로운지는 바로 앞에서 살펴본 대로 그 육친에 해당하는 십성이 희용신인지 기구신인지를 보고서 판단하면 된다).

예컨대 남자의 사주에서 재성이 일주와 가까이 있으면서 왕하거나 많으면, 아내나 다른 여자에 대한 관심이 많거나 아내나 다른 여자의 영향력(길흉에 대한 영향력)이 크다고 할 수 있으며, 재성이 일주와 멀리 떨어져 있으면서 약하거나 적거나 없으면, 아내나 다른 여자에 대한 관심이 적거나(아니면 거의 없거나) 아내나 다른 여자의 영향력(길흉에 대한 영향력)이 작다고(아니면 거의 없다고) 할 수 있다.

또 남자의 사주에서 연주나 월주에 있는 편재를 포함하여 편재가 일주와 가까이 있으면서 왕하거나 많으면, 아버지에 대한 관심이 많거나 아버지의 영향력(길흉에 대한 영향력)이 크다고 할 수 있으며, 편재가 연주나 월주에 없거나 있어도 일주와 멀리 떨어져 있으면서 약하거나 적으면, 아버지에 대한 관심이 적거나(아니면 거의 없거나) 아버지의 영향력(길흉에 대한 영향력)이 작다고(아니면 거의 없다고) 할 수 있다.

또 여자의 사주에서 연주나 월주에 있는 재성을 포함하여 재성이 일주와 가까이 있으면서 왕하거나 많으면, 아버지나 시어머니에 대한 관심이 많거나 아버지나 시어머니의 영향력(길흉에 대한 영향력)이 크다고 할 수 있으며, 재성이 연주나 월주에 없거나 있어도 일주와 멀리 떨어져 있으면서 약하거나 적으면, 아버지나 시어머니에 대한 관심이 적거나(아니면 거의 없거나) 아버지나 시어머니의 영향력(길흉에 대한 영향력)이 작다고(아니면 거의 없다고) 할 수 있다.

또 여자의 사주에서 관살이 일주와 가까이 있으면서 왕하거나 많으면, 남편이나 다른 남자나 시누이에 대한 관심이 많거나 남편이나 다른 남자나 시누이의 영향력(길흉에 대한 영향력)이 크다고 할 수 있으며, 관살이 일주와 멀리 떨어져 있으면서 약하거나 적거나 없으면, 남편이나 다른 남자나 시누이에 대한 관심이 적거나(아니면 거의 없거나) 남편이나 다른 남자나 시누이의 영향력(길흉에 대한 영향력)이 작다고(아니면 거의 없다고) 할 수 있다.

또 남자의 사주에서 일지나 시주에 있는 관살을 포함하여 관살이 일주와 가까이 있으면서 왕하거나 많으면, 자녀에 대한 관심이 많거나 자녀의 영향력(길흉에 대한 영향력)이 크다고 할 수 있으며, 관살이 일지나 시주에 없거나 있어도 일주와 멀리 떨어져 있으면서 약하거나 적으면, 자녀에 대한 관심이 적거나(아니면 거의 없거나) 자녀의 영향력(길흉에 대한 영향력)이 작다고(아니면 거의 없다고) 할 수 있다.

또 여자의 사주에서 일지나 시주에 있는 관살을 포함하여 관살이 일주와 가까이 있으면서 왕하거나 많으면, 며느리에 대한 관심이 많거나 며느리의 영향력(길흉에 대한 영향력)이 크다고 할 수 있으며, 관살이 일지나 시주에 없거나 있어도 일주와 멀리 떨어져 있으면서 약하거나 적으면, 며느리에 대한 관심이 적거나(아니면 거의 없거나) 며느리의 영향력(길흉에 대한 영향력)이 작다고(아니면 거의 없다고) 할 수 있다.

또 여자의 사주에서 일지나 시주에 있는 식상을 포함하여 식상이 일주와 가까이 있으면서 왕하거나 많으면, 자녀나 제자나 아랫사람에 대한 관심이 많거나 자녀나 제자나 아랫사람의 영향력(길흉에 대한 영향력)이 크다고 할 수 있으며, 식상이 일지나 시주에 없거나 있어도 일주와 멀리 떨어져 있으면서 약하거나 적으면, 자녀나 제자나 아랫사람에 대한 관심이 적거나(아니면 거의 없거나) 자녀나 제자나 아랫사람의 영향력(길흉에 대한 영향력)이 작다고(아니면 거의 없다고) 할 수 있다.

또 남자의 사주에서 일지나 시주에 있는 식상을 포함하여 식상이 일주와 가까이 있으면서 왕하거나 많으면, 제자나 아랫사람에 대한 관심이 많거나 제자나 아랫사람의 영향력(길흉에 대한 영향력)이 크다고 할 수 있으며, 식상이 일지나 시주에 없거나 있어도 일주와 멀리 떨어져 있으면서 약하거나 적으면, 제자나 아랫사람에 대한 관심이 적거나(아니면 거의 없거나) 제자나 아랫사람의 영향력(길흉에 대한 영향력)이 작다고(아니면 거의 없다고) 할 수 있다.

또 남자의 사주에서 연주나 월주에 있는 식상을 포함하여 식상이 일주와 가까이 있으면서 왕하거나 많으면, 장모에 대한 관심이 많거나 장모의 영향력(길흉에 대한 영향력)이 크다고 할 수 있으며, 식상이 연주나 월주에 없거나 있어도 일주와 멀리 떨어져 있으면서 약하거나 적으면, 장모에 대한 관심이 적거나(아니면 거의 없거나) 장모의 영향력(길흉에 대한 영향력)이 작다고(아니면 거의 없다고) 할 수 있다.

또 남녀의 사주에서 연주나 월주에 있는 인성을 포함하여 인성이 일주와 가까이 있으면서 왕하거나 많으면, 어머니나 스승이나 윗사람에 대한 관심이 많거나 어머니나 스승이나 윗사람의 영향력(길흉에 대한 영향력)이 크다고 할 수 있으며, 인성이 연주나 월주에 없거나 있어도 일주와 멀리 떨어져 있으면서 약하거나 적으면, 어머니나 스승이나 윗사람에 대한 관심이 적거나(아니면 거의 없거나) 어머니나 스승이나 윗사람의 영향력(길흉에 대한 영향력)이 작다고(아니면 거의 없다고) 할 수 있다.

또 남녀의 사주에서 일지나 시주에 있는 재성을 포함하여 재성(특히 편재)이 일주와 가까이 있으면서 왕하거나 많으면, 종업원에 대한 관심이 많거나 종업원의 영향력(길흉에 대한 영향력)이 크다고 할 수 있으며, 재성(특히 편재)이 일지나 시주에 없거나 있어도 일주와 멀리 떨어져 있으면서 약하거나 적으면, 종업원에 대한 관심이 적거나(아니면 거의 없거나) 종업원의 영향력(길흉에 대한 영향력)이 작다고(아니면 거의 없다고) 할 수 있다.

또 남녀의 사주에서 연주나 월주에 있는 관살을 포함하여 관살이 일주와 가까이 있으면서 왕하거나 많으면, 직장 상사나 직장 사장에 대한 관심이 많거나 직장 상사나 직장 사장의 영향력(길흉에 대한 영향력)이 크다고 할 수 있으며, 관살이 연주나 월주에 없거나 있어도 일주와 멀리 떨어져 있으면서 약하거나 적으면, 직장 상사나 직장 사장에 대한 관심이 적거나(아니면 거의 없거나) 직장 상사나 직장 사장의 영향력(길흉에 대한 영향력)이 작다고(아니면 거의 없다고) 할 수 있다.

또 남녀의 사주에서 비겁이 일주와 가까이 있으면서 왕하거나 많으면, 형제자매나 동료나 며느리(남자의 경우에 한함)나 시아버지(여자의 경우에 한함)에 대한 관심이 많거나 형제자매나 동료나 며느리(남자의 경우에 한함)나 시아버지(여자의 경우에 한함)의 영향력(길흉에 대한 영향력)이 크다고 할 수 있으며, 비겁이 일주와 떨어져 있으면서 약하거나 적거나 없으면, 형제자매나 동료나 며느리(남자의 경우에 한함)나 시아버지(여자의 경우에 한함)에 대한 관심이 적거나(아니면 거의 없거나) 형제자매나 동료나 며느리(남자의 경우에 한함)나 시아버지(여자의 경우에 한함)의 영향력(길흉에 대한 영향력)이 작다고(아니면 거의 없다고) 할 수 있다.

한편 사주원국에 있는 어떤 육친에 해당하는 십성(十星)의 동태를 보고서 해당 육친의 흥망성쇠(興亡盛衰)나 부귀빈천(富貴貧賤)을 간접적으로 해석하는 것은 난센스라고 해야 할 것이다. 왜냐하면 해당 육친의 흥망성쇠나 부귀빈천은 해당 육친 자신의 사주를 통해서 해석해야만 그나마 잘 맞아떨어지지, 해당 육친 자신의 사주가 아닌 사주 주인공[본인]의 사주로써 간접적으로 해석하면 잘 맞아떨어질 수가 없기 때문이다.

육친(六親)의 운(運)

어떤 육친(六親)에 해당하는 운(運)이 들어오면 그 육친의 도움을 받거나 그 육친으로 인해 곤란한 일이 생길 가능성이 많은데, 해당 육친의 운(運)의 길흉(吉凶)에 대해 각 십성별로 살펴보기로 한다.

1. 비겁운(比劫運)

(1) 비겁(比劫)이 희용신(喜用神)인 경우

운[특히 세운(歲運)]에서 희용신인 비겁이 들어와 제대로 활동하면, 비겁에 해당하는 육친(六親)인 형제자매나 친구나 선후배나 회사동료나 동업자나 시아버지나 남자의 며느리에게 도움을 받거나(또는 이들로 인해 재물을 획득하거나), 육친과는 상관없이 사업·투자·부동산 매매·각종 계약 등을 통하여 재물을 획득하거나, 합격·당선·취직·승진 등을 통하여 사회적인 지위가 상승할 가능성이 많다.

그러나 운(특히 세운)에서 들어오는 희용신인 비겁이 사주원국에 있는 기구신인 관살에게 충극(沖剋)을 많이 받거나 기구신인 관살과 투합(妬合)하여 심하게 묶여버리면, 비겁에 해당하는 육친인 형제자매나 친구나 선후배나 회사동료나 동업자나 시아버지나 남자의 며느리에게 도움을 받거나, 육친과는 상관없이 사업·투자·부동산 매매·각종 계약 등을 통하여 재물을 획득하거나, 합격·당선·취직·승진 등을 통하여 사회적인 지위가 상승할 가능성이 거의 없고, 오히려 관살에 해당하는 육친인 관공서에 관련된 사람이나 남편이나 정부(情夫)나 여자의 애인이나 남자의 자녀나 여자의 며느리나 시누이·시숙·시동생이나 직장상사·사장이나, 비겁에 해당하는 육친인 형제자매나 친구나 선후배나 회사동료나 동업자나 시아버지나 남자의 며느리로 인해 좋지 않은 일이 생겨 곤경에 처하거나, 여자의 경우에는 부부관계가 나빠지거나, 육친과는 상관없이 사업·투자·부동산 매매·각종 계약 등을 통하여 재물의 손실을 입거나, 불합격·낙선·실직·좌천 등으로 인해 사회적인 지위가 하락하거나, 사주원국에 칠살이 많고 인성이 없거나 있어도 지극히 무력한 경우에는 신경쇠약증이나 피해망상증에 걸릴 가능성이 많다.

또 운(특히 세운)에서 들어오는 희용신인 비겁이 사주원국에 있는 기구신이나 한신인 재성과 투합(妬合)하여 심하게 묶여버리면, 비겁에 해당하는 육친인 형제자매나 친구나 선후배나 회사동료나 동업자나 시아버지나 남자의 며느리에게 도움을 받거나, 육친과는 상관없이 사업·투자·부동산 매매·각종 계약 등을 통하여 재물을 획득하거나, 합격·당선·취직·승진 등을 통하여 사회적인 지위가 상승할 가능성이 거의 없고, 오히려 재성에 해당하는 육친인 아내나 정부(情婦)나 남자의 애인이나 아버지나 시어머니나 올케나 형수·제수나 종업원이나 부하직원이나, 비겁에 해당하는 육친인 형제자매나 친구나 선후배나 회사동료나 동업자나 시아버지나 남자의 며느리로 인해 좋지 않은 일이 생겨 곤경에 처하거나, 남자의 경우에는 부부관계가 나빠지거나, 육친과는 상관없이 사업·투자·부동산 매매·각종 계약 등을 통하여 재물의 손실을 입거나, 불합격·낙선·실직·좌천 등으로 인해 사회적인 지위가 하락할 가능성이 많다.

(2) 비겁(比劫)이 기구신(忌仇神)인 경우

운(특히 세운)에서 기구신인 비겁이 들어와 사주원국에 있는 희용신인 재성을 충극(沖剋)하거나 합[간합(干合)]하여 묶어버리면, 비겁에 해당하는 육친인 형제자매나 친구나 선후배나 회사동료나 동업자나 시아버지나 남자의 며느리나, 재성에 해당하는 아내나 정부(情婦)나 남자의 애인이나 아버지나 시어머니나 올케나 형수·제수나 종업원이나 부하직원으로 인해 좋지 않은 일이 생겨 곤경에 처하거나(또는 재물을 잃거나), 남자의 경우에는 부부관계가 나빠지거나, 육친과는 상관없이 사업·투자·부동산 매매·각종 계약 등을 통하여 재물의 손실을 입거나, 불합격·낙선·실직·좌천 등으로 인해 사회적인 지위가 하락할 가능성이 많다.

그러나 운(특히 세운)에서 들어오는 기구신인 비겁이 사주원국에 있는 희용신이나 한신인 식상이나 관살에게 설기가 많이 되거나 충극을 많이 받거나 합[간합(干合)]이 많이 되어서 사주원국에 있는 희용신인 재성을 충극하거나 합[간합(干合)]할 힘이 거의 없으면, 비겁에 해당하는 육친인 형제자매나 친구나 선후배나 회사동료나 동업자나 시아버지나 남자의 며느리나, 재성에 해당하는 아내나 정부(情婦)나 남자의 애인이나 아버지나 시어머니나 올케나 형수·제수나 종업원이나 부하직원으로 인해 좋지 않은 일이 생겨 곤경에 처하는 일도 없고, 남자의 경우에는 부부관계가 나빠지는 일도 없고, 육친과는 상관없이 사업·투자·부동산 매매·각종 계약 등을 통하여 재물의 손실을 입는 일도 없고, 불합격·낙선·실직·좌천 등으로 인해 사회적인 지위가 하락하는 일도 없이, 무난하게 넘어갈 가능성이 많다.

그리고 운(특히 세운)에서 들어오는 기구신인 비겁이 사주원국에 있는 희용신인 관살을 합[간합(干合)]하여 묶어버리면, 비겁에 해당하는 육친인 형제자매나 친구나 선후배나 회사동료나 동업자나 시아버지나 남자의 며느리나, 관살에 해당하는 육친인 관공서에 관련된 사람이나 남편이나 정부(情夫)나 여자의 애인이나 남자의 자녀나 여자의 며느리나 시누이·시숙·시동생이나 직장상사·사장으로 인해 좋지 않은 일이 생겨 곤경에 처하거나, 여자의 경우에는 부부관계가 나빠지거나, 육친과는 상관없이 사업·투자·부동산 매매·각종 계약 등을 통하여 재물의 손실을 입거나, 불합격·낙선·실직·좌천 등으로 인해 사회적인 지위가 하락할 가능성이 많다.

(3) 비겁(比劫)이 한신(閑神)인 경우

운(특히 세운)에서 한신인 비겁이 들어와 희용신인 식상을 생조하면, 비겁에 해당하는 육친인 형제자매나 친구나 선후배나 회사동료나 동업자나 시아버지나 남자의 며느리에게 도움을 받거나, 육친과는 상관없이 사업·투자·부동산 매매·각종 계약 등을 통하여 재물을 획득하거나, 합격·당선·취직·승진 등을 통하여 사회적인 지위가 상승할 가능성이 있다.

그리고 운(특히 세운)에서 한신인 비겁이 들어와 기구신인 식상을 생조하면, 비겁에 해당하는 육친인 형제자매나 친구나 선후배나 회사동료나 동업자나 시아버지나 남자의 며느리로 인해 좋지 않은 일이 생겨 곤경에 처하거나, 육친과는 상관없이 사업·투자·부동산 매매·각종 계약 등을 통하여 재물의 손실을 입거나, 불합격·낙선·실직·좌천 등으로 인해 사회적인 지위가 하락할 가능성이 있다.

그리고 운(특히 세운)에서 한신인 비겁이 들어와 사주원국에 있는 희용신인 관살을 합[간합(干合)]하여 묶어버리면, 비겁에 해당하는 육친인 형제자매나 친구나 선후배나 회사동료나 동업자나 시아버지나 남자의 며느리나, 관살에 해당하는 육친인 관공서에 관련된 사람이나 남편이나 정부(情夫)나 여자의 애인이나 남자의 자녀나 여자의 며느리나 시누이·시숙·시동생이나 직장상사·사장으로 인해 좋지 않은 일이 생겨 곤경에 처하거나, 여자의 경우에는 부부관계가 나빠지거나, 육친과는 상관없이 사업·투자·부동산 매매·각종 계약 등을 통하여 재물의 손실을 입거나, 불합격·낙선·실직· 좌천 등으로 인해 사회적인 지위가 하락할 가능성이 많다.

또 운(특히 세운)에서 한신인 비겁이 들어와 사주원국에 있는 희용신인 재성을 합[간합(干合)]하여 묶어버리면, 비겁에 해당하는 육친인 형제자매나 친구나 선후배나 회사동료나 동업자나 시아버지나 남자의 며느리나, 재성에 해당하는 육친인 아내나 정부(情婦)나 남자의 애인이나 아버지나 시어머니나 올케나 형수·제수나 종업원이나 부하직원으로 인해 좋지 않은 일이 생겨 곤경에 처하거나, 남자의 경우에는 부부관계가 나빠지거나, 육친과는 상관없이 사업·투자·부동산 매매·각종 계약 등을 통하여 재물의 손실을 입거나, 불합격·낙선·실직·좌천 등으로 인해 사회적인 지위가 하락할 가능성이 많다.

그리고 운(특히 세운)에서 한신인 비겁이 들어와 사주원국에 있는 기구신인 관살이나 재성을 합[간합(干合)]하여 묶어버리면, 비겁에 해당하는 육친인 형제자매나 친구나 선후배나 회사동료나 동업자나 시아버지나 남자의 며느리에게 도움을 받거나, 육친과는 상관없이 사업·투자·부동산 매매·각종 계약 등을 통하여 재물을 획득하거나, 합격·당선·취직·승진 등을 통하여 사회적인 지위가 상승할 가능성이 많다.

2. 식상운(食傷運)

(1) 식상(食傷)이 희용신(喜用神)인 경우

운(특히 세운)에서 희용신인 식상이 들어와 제대로 활동하면, 식상에 해당하는 육친인 여자의 자녀나 남자의 장모나 남자의 사위나 남녀의 할머니나 남녀의 제자나 남녀의 가까운 친족이 아닌 아랫사람에게 도움을 받거나, 육친과는 상관없이 재능이나 수완을 발휘하여 사업·투자·부동산 매매·각종 계약 등을 통하여 재물을 획득하거나, 합격·당선·취직·승진 등을 통하여 능력을 인정받아 사회적인 지위가 상승할 가능성이 많다.

그러나 운(특히 세운)에서 들어오는 희용신인 식상이 사주원국에 있는 기구신인 인성에게 충극을 많이 받거나 기구신인 인성과 투합(妬合)하여 심하게 묶여버리면, 식상에 해당하는 육친인 여자의 자녀나 남자의 장모나 남녀의 할머니나 남자의 사위나 남녀의 제자나 남녀의 가까운 친족이 아닌 아랫사람에게 도움을 받거나, 육친과는 상관없이 사업·투자·부동산 매매·각종 계약 등을 통하여 재능이나 수완을 발휘하여 재물을 획득하거나, 합격·당선·취직·승진 등을 통하여 능력을 인정받아 사회적인 지위가 상승할 가능성이 거의 없고, 오히려 인성에 해당하는 육친인 어머니나 남자의 장인이나 여자의 사위나 남녀의 할아버지나 스승·선생이나 종교지도자나 가까운 친족이 아닌 윗사람이나, 식상에 해당하는 육친인 여자의 자녀나 남자의 장모나 남녀의 할머니나 남자의 사위나 남녀의 제자나 남녀의 가까운 친족이 아닌 아랫사람으로 인해 좋지 않은 일이 생겨 곤경에 처하거나, 육친과는 상관없이 사업·투자·부동산 매매·각종 계약 등을 통하여 재능이나 수완을 발휘하지 못해 재물의 손실을 입거나, 불합격·낙선·실직·좌천 등으로 인해 능력을 인정받지 못해 사회적인 지위가 하락할 가능성이 많다.

또 운(특히 세운)에서 들어오는 희용신인 식상이 사주원국에 있는 기구신이나 한신인 관살과 투합(妬合)하여 심하게 묶여버리면, 식상에 해당하는 육친인 여자의 자녀나 남자의 장모나 남녀의 할머니나 남자의 사위나 남녀의 제자나 남녀의 가까운 친족이 아닌 아랫사람에게 도움을 받거나, 육친과는 상관없이 사업·투자·부동산 매매·각종 계약 등을 통하여 재능이나 수완을 발휘하여 재물을 획득하거나, 합격·당선·취직·승진 등을 통하여 능력을 인정받아 사회적인 지위가 상승할 가능성이 거의 없고, 오히려 관살에 해당하는 육친인 관공서에 관련된 사람이나 남편이나 정부(情夫)나 여자의 애인이나 남자의 자녀나 여자의 며느리나 시누이·시숙·시동생이나 직장상사·사장이나, 식상에 해당하는 육친인 여자의 자녀나 남자의 장모나 남녀의 할머니나 남자의 사위나 남녀의 제자나 남녀의 가까운 친족이 아닌 아랫사람으로 인해 좋지 않은 일이 생겨 곤경에 처하거나, 여자의 경우에는 부부관계가 나빠지거나, 육친과는 상관없이 사업·투자·부동산 매매·각종 계약 등을 통하여 재능이나 수완을 발휘하지 못해 재물의 손실을 입거나, 불합격·낙선·실직·좌천 등으로 인해 능력을 인정받지 못해 사회적인 지위가 하락할 가능성이 많다.

(2) 식상(食傷)이 기구신(忌仇神)인 경우

운(특히 세운)에서 기구신인 식상이 들어와 사주원국에 있는 희용신인 관살을 충극하거나 합[간합(干合)]하여 묶어버리면, 식상에 해당하는 육친인 여자의 자녀나 남자의 장모나 남자의 사위나 남녀의 할머니나 남녀의 제자나 남녀의 가까운 친족이 아닌 아랫사람이나, 관살에 해당하는 육친인 관공서에 관련된 사람이나 남편이나 정부(情夫)나 여자의 애인이나 남자의 자녀나 여자의 며느리나 시누이·시숙·시동생이나 직장상사·사장으로 인해 좋지 않은 일이 생겨 곤경에 처하거나, 여자의 경우에는 부부관계가 나빠지거나, 육친과는 상관없이 재능이나 수완을 과신하여 무리하게 사업을 벌이거나 투자를 하거나 부동산을 매매하거나 각종 계약을 체결하다가 재물의 손실을 입거나, 능력을 과시하다가 사람들의 미움을 사거나, 불합격 · 낙선 · 실직 · 좌천 등으로 인해 사회적인 지위가 하락할 가능성이 많다.

그러나 운(특히 세운)에서 들어오는 기구신인 식상이 사주원국에 있는 희용신이나 한신인 재성이나 인성에게 설기가 많이 되거나 충극을 많이 받거나 합[간합(干合)]이 많이 되어서 사주원국에 있는 희용신인 관살을 충극하거나 합[간합(干合)]할 힘이 거의 없으면, 식상에 해당하는 육친인 여자의 자녀나 남자의 장모나 남자의 사위나 남녀의 할머니나 남녀의 제자나 남녀의 가까운 친족이 아닌 아랫사람이나, 관살에 해당하는 육친인 관공서에 관련된 사람이나 남편이나 정부(情夫)나 여자의 애인이나 남자의 자녀나 여자의 며느리나 시누이 · 시숙 · 시동생이나 직장상사 · 사장으로 인해 좋지 않은 일이 생겨 곤경에 처하는 일도 없고, 여자의 경우에는 부부관계가 나빠지는 일도 없고, 육친과는 상관없이 사업 · 투자 · 부동산 매매 · 각종 계약 등을 통하여 재물의 손실을 입는 일도 없고, 능력을 과시하다가 사람들의 미움을 사는 일도 없고, 불합격 · 낙선 · 실직 · 좌천 등으로 인해 사회적인 지위가 하락하는 일도 없이, 무난하게 넘어갈 가능성이 많다.

그리고 운(특히 세운)에서 들어오는 기구신인 식상이 사주원국에 있는 희용신인 인성을 합[간합(干合)]하여 묶어버리면, 식상에 해당하는 육친인 여자의 자녀나 남자의 장모나 남자의 사위나 남녀의 할머니나 남녀의 제자나 남녀의 가까운 친족이 아닌 아랫사람이나, 인성에 해당하는 육친인 어머니나 남자의 장인이나 여자의 사위나 남녀의 할아버지나 스승 · 선생이나 종교지도자나 가까운 친족이 아닌 윗사람으로 인해 좋지 않은 일이 생겨 곤경에 처하거나, 육친과는 상관없이 재능이나 수완을 과신하여 무리하게 사업을 벌이거나 투자를 하거나 부동산을 매매하거나 각종 계약을 체결하다가 재물의 손실을 입거나, 능력을 과시하다가 사람들의 미움을 사거나, 불합격 · 낙선 · 실직 · 좌천 등으로 인해 사회적인 지위가 하락할 가능성이 많다.

(3) 식상(食傷)이 한신(閑神)인 경우

운(특히 세운)에서 한신인 식상이 들어와 희용신인 재성을 생조하면, 식상에 해당하는 육친인 여자의 자녀나 남자의 장모나 남자의 사위나 남녀의 할머니나 남녀의 제자나 남녀의 가까운 친족이 아닌 아랫사람에게 도움을 받거나, 육친과는 상관없이 사업 · 투자 · 부동산 매매 · 각종 계약 등을 통하여 재능이나 수완을 발휘하여 재물을 획득하거나, 합격 · 당선 · 취직 · 승진 등을 통하여 능력을 인정받아 사회적인 지위가 상승할 가능성이 있다.

그리고 운(특히 세운)에서 한신인 식상이 들어와 기구신인 재성을 생조하면, 식상에 해당하는 육친인 여자의 자녀나 남자의 장모나 남자의 사위나 남녀의 할머니나 남녀의 제자나 남녀의 가까운 친족이 아닌 아랫사람으로 인해 좋지 않은 일이 생겨 곤경에 처하거나, 육친과는 상관없이 재능이나 수완을 과신하여 무리하게 사업을 벌이거나 투자를 하거나 부동산을 매매하거나 각종 계약을 체결하다가 재물의 손실을 입거나, 능력을 과시하다가 사람들의 미움을 사거나, 불합격 · 낙선 · 실직 · 좌천 등으로 인해 사회적인 지위가 하락할 가능성이 있다.

그리고 운(특히 세운)에서 한신인 식상이 들어와 사주원국에 있는 희용신인 인성을 합[간합]하여 묶어버리면, 식상에 해당하는 육친인 여자의 자녀나 남자의 장모나 남자의 사위나 남녀의 할머니나 남녀의 제자나 남녀의 가까운 친족이 아닌 아랫사람이나, 인성에 해당하는 육친인 어머니나 남자의 장인이나 여자의 사위나 남녀의 할아버지나 스승 · 선생이나 종교지도자나 가까운 친족이 아닌 윗사람으로 인해 좋지 않은 일이 생겨 곤경에 처하거나, 육친과는 상관없이 재능이나 수완을 과신하여 무리하게 사업을 벌이거나 투자를 하거나 부동산을 매매하거나 각종 계약을 체결하다가 재물의 손실을 입거나, 능력을 과시하다가 사람들의 미움을 사거나, 불합격·낙선·실직·좌천 등으로 인해 사회적인 지위가 하락할 가능성이 많다.

또 운(특히 세운)에서 한신인 식상이 들어와 사주원국에 있는 희용신인 관살을 합[간합]하여 묶어버리면, 식상에 해당하는 육친인 여자의 자녀나 남자의 장모나 남자의 사위나 남녀의 할머니나 남녀의 제자나 남녀의 가까운 친족이 아닌 아랫사람이나, 관살에 해당하는 육친인 관공서에 관련된 사람이나 남편이나 정부(情夫)나 여자의 애인이나 남자의 자녀나 여자의 며느리나 시누이·시숙·시동생이나 직장상사·사장으로 인해 좋지 않은 일이 생겨 곤경에 처하거나, 여자의 경우에는 부부관계가 나빠지거나, 육친과는 상관없이 재능이나 수완을 과신하여 무리하게 사업을 벌이거나 투자를 하거나 부동산을 매매하거나 각종 계약을 체결하다가 재물의 손실을 입거나, 능력을 과시하다가 사람들의 미움을 사거나, 불합격·낙선·실직·좌천 등으로 인해 사회적인 지위가 하락할 가능성이 많다.

그리고 운(특히 세운)에서 한신인 식상이 들어와 사주원국에 있는 기구신인 인성이나 관살을 합[간합]하여 묶어버리면, 식상에 해당하는 육친인 여자의 자녀나 남자의 장모나 남자의 사위나 남녀의 할머니나 남녀의 제자나 남녀의 가까운 친족이 아닌 아랫사람에게 도움을 받거나, 육친과는 상관없이 사업·투자·부동산 매매·각종 계약 등을 통하여 재능이나 수완을 발휘하여 재물을 획득하거나, 합격·당선·취직·승진 등을 통하여 능력을 인정받아 사회적인 지위가 상승할 가능성이 많다.

3. 재성운(財星運)

(1) 재성(財星)이 희용신(喜用神)인 경우

운(특히 세운)에서 희용신인 재성이 들어와 제대로 활동하면, 재성에 해당하는 육친인 아내나 정부(情婦)나 남자의 애인이나 아버지나 시어머니나 올케나 형수·제수나 종업원이나 부하직원에게 도움을 받거나(또는 이들로 인해 재물을 획득하거나), 육친과는 상관없이 사업·투자·부동산 매매·각종 계약 등을 통하여 재물을 획득하거나, 합격·당선·취직·승진 등을 통하여 사회적인 지위가 상승할 가능성이 많다.

그러나 운(특히 세운)에서 들어오는 희용신인 재성이 사주원국에 있는 기구신인 비겁에게 충극을 많이 받거나 기구신인 비겁과 투합(妒合)하여 심하게 묶여버리면, 재성에 해당하는 육친인 아내나 정부(情婦)나 남자의 애인이나 아버지나 시어머니나 올케나 형수·제수나 종업원이나 부하직원에게 도움을 받거나, 육친과는 상관없이 사업·투자·부동산 매매·각종 계약 등을 통하여 재물을 획득하거나, 합격·당선·취직·승진 등을 통하여 사회적인 지위가 상승할 가능성이 거의 없고, 오히려 비겁에 해당하는 육친인 형제자매나 친구나 선후배나 회사동료나 동업자나 시아버지나 남자의 며느리나, 재성에 해당하는 육친인 아내나 정부(情婦)나 남자의 애인이나 아버지나 시어머니나 올케나 형수·제수나 종업원이나 부하직원으로 인해 좋지 않은 일이 생겨 곤경에 처하거나, 남자의 경우에는 부부관계가 나빠지거나, 육친과는 상관없이 사업·투자·부동산 매매·각종 계약 등을 통하여 재물의 손실을 입거나, 불합격·낙선·실직·좌천 등으로 인해 사회적인 지위가 하락할 가능성이 많다.

또 운(특히 세운)에서 들어오는 희용신인 재성이 사주원국에 있는 기구신이나 한신인 인성과 투합(妒合)하여 심하게 묶여버리면, 재성에 해당하는 육친인 아내나 정부(情婦)나 남자의 애인이나 아버지나 시어머니나 올케나 형수·제수나 종업원이나 부하직원에게 도움을 받거나, 육친과는 상관없이 사업·투자·부동산 매매·각종 계약 등을 통하여 재물을 획득하거나, 합격·당선·취직·승진 등을 통하여 사회적인 지위가 상승할 가능성이 거의 없고, 오히려 인성에 해당하는 육친인 어머니나 남자의 장인이나 여자의 사위나 남녀의 할아버지나 스승·선생이나 종교지도자나 가까운 친족이 아닌 윗사람이나, 재성에 해당하는 육친인 아내나 정부(情婦)나 남자의 애인이나 아버지나 시어머니나 올케나 형수·제수나 종업원이나 부하직원으로 인해 좋지 않은 일이 생겨 곤경에 처하거나, 남자의 경우에는 부부관계가 나빠지거나, 육친과는 상관없이 사업·투자·부동산 매매·각종 계약 등을 통하여 재물의 손실을 입거나, 불합격·낙선·실직·좌천 등으로 인해 사회적인 지위가 하락할 가능성이 많다.

(2) 재성(財星)이 기구신(忌仇神)인 경우

운(특히 세운)에서 기구신인 재성이 들어와 사주원국에 있는 희용신인 인성을 충극하거나 합[간합(干合)]하여 묶어버리면, 재성에 해당하는 육친인 아내나 정부(情婦)나 남자의 애인이나 아버지나 시어머니나 올케나 형수·제수나 종업원이나 부하직원이나, 인성에 해당하는 육친인 어머니나 남자의 장인이나 여자의 사위나 남녀의 할아버지나 스승·선생이나 종교지도자나 가까운 친족이 아닌 윗사람으로 인해 좋지 않은 일이 생겨 곤경에 처하거나(또는 재물을 잃거나), 남자의 경우에는 부부관계가 나빠지거나, 육친과는 상관없이 사업·투자·부동산 매매·각종 계약 등을 통하여 재물의 손실을 입거나, 불합격·낙선·실직·좌천 등으로 인해 사회적인 지위가 하락할 가능성이 많다.

그러나 운(특히 세운)에서 들어오는 기구신인 재성이 사주원국에 있는 희용신이나 한신인 관살이나 비겁에게 설기가 많이 되거나 충극을 많이 받거나 합[간합(干合)]이 많이 되어서 사주원국에 있는 희용신인 인성을 충극하거나 합[간합(干合)]할 힘이 거의 없으면, 재성에 해당하는 육친인 아내나 정부(情婦)나 남자의 애인이나 아버지나 시어머니나 올케나 형수·제수나 종업원이나 부하직원이나, 인성에 해당하는 육친인 어머니나 남자의 장인이나 여자의 사위나 남녀의 할아버지나 스승·선생이나 종교지도자나 가까운 친족이 아닌 윗사람으로 인해 좋지 않은 일이 생겨 곤경에 처하는 일도 없고, 남자의 경우에는 부부관계가 나빠지는 일도 없고, 육친과는 상관없이 사업·투자·부동산 매매·각종 계약 등을 통하여 재물의 손실을 입는 일도 없고, 불합격·낙선·실직·좌천 등으로 인해 사회적인 지위가 하락하는 일도 없이, 무난하게 넘어갈 가능성이 많다.

그리고 운(특히 세운)에서 들어오는 기구신인 재성이 사주원국에 있는 희용신인 비겁을 합[간합(干合)]하여 묶어버리면, 재성에 해당하는 육친인 아내나 정부(情婦)나 남자의 애인이나 아버지나 시어머니나 올케나 형수·제수나 종업원이나 부하직원이나, 비겁에 해당하는 육친인 형제자매나 친구나 선후배나 회사동료나 동업자나 시아버지나 남자의 며느리로 인해 좋지 않은 일이 생겨 곤경에 처하거나, 남자의 경우에는 부부관계가 나빠지거나, 육친과는 상관없이 사업·투자·부동산 매매·각종 계약 등을 통하여 재물의 손실을 입거나, 불합격·낙선·실직·좌천 등으로 인해 사회적인 지위가 하락할 가능성이 많다.

(3) 재성(財星)이 한신(閑神)인 경우

운(특히 세운)에서 한신인 재성이 들어와 희용신인 관살을 생조하면, 재성에 해당하는 육친인 아내나 정부(情婦)나 남자의 애인이나 아버지나 시어머니나 올케나 형수·제수나 종업원이나 부하직원에게 도움을 받거나, 육친과는 상관없이 사업·투자·부동산 매매·각종 계약 등을 통하여 재물을 획득하거나, 합격·당선·취직·승진 등을 통하여 사회적인 지위가 상승할 가능성이 있다.

그리고 운(특히 세운)에서 한신인 재성이 들어와 기구신인 관살을 생조하면, 재성에 해당하는 육친인 아내나 정부(情婦)나 남자의 애인이나 아버지나 시어머니나 올케나 형수·제수나 종업원이나 부하직원으로 인해 좋지 않은 일이 생겨 곤경에 처하거나, 육친과는 상관없이 사업·투자·부동산 매매·각종 계약 등을 통하여 재물의 손실을 입거나, 불합격·낙선·실직·좌천 등으로 인해 사회적인 지위가 하락할 가능성이 있다.

그리고 운(특히 세운)에서 한신인 재성이 들어와 사주원국에 있는 희용신인 비겁을 합[간합]하여 묶어버리면, 재성에 해당하는 육친인 아내나 정부(情婦)나 남자의 애인이나 아버지나 시어머니나 올케나 형수·제수나 종업원이나 부하직원이나, 비겁에 해당하는 육친인 형제자매나 친구나 선후배나 회사동료나 동업자나 시아버지나 남자의 며느리로 인해 좋지 않은 일이 생겨 곤경에 처하거나, 남자의 경우에는 부부관계가 나빠지거나, 육친과는 상관없이 사업·투자·부동산 매매·각종 계약 등을 통하여 재물의 손실을 입거나, 불합격·낙선·실직·좌천 등으로 인해 사회적인 지위가 하락할 가능성이 많다.

또 운(특히 세운)에서 한신인 재성이 들어와 사주원국에 있는 희용신인 인성을 합[간합]하여 묶어버리면, 재성에 해당하는 육친인 아내나 정부(情婦)

나 남자의 애인이나 아버지나 시어머니나 올케나 형수 · 제수나 종업원이나 부하직원이나, 인성에 해당하는 육친인 어머니나 남자의 장인이나 여자의 사위나 남녀의 할아버지나 스승 · 선생이나 종교지도자나 가까운 친족이 아닌 윗사람으로 인해 좋지 않은 일이 생겨 곤경에 처하거나, 남자의 경우에는 부부관계가 나빠지거나, 육친과는 상관없이 사업 · 투자 · 부동산 매매 · 각종 계약 등을 통하여 재물의 손실을 입거나, 불합격 · 낙선 · 실직 · 좌천 등으로 인해 사회적인 지위가 하락할 가능성이 많다.

그리고 운(특히 세운)에서 한신인 재성이 들어와 사주원국에 있는 기구신인 비겁이나 인성을 합[간합]하여 묶어버리면, 재성에 해당하는 육친인 아내나 정부(情婦)나 남자의 애인이나 아버지나 시어머니나 올케나 형수 · 제수나 종업원이나 부하직원에게 도움을 받거나, 육친과는 상관없이 사업 · 투자 · 부동산 매매 · 각종 계약 등을 통하여 재물을 획득하거나, 합격 · 당선 · 취직 · 승진 등을 통하여 사회적인 지위가 상승할 가능성이 많다.

4. 관살운(官殺運)

(1) 관살(官殺)이 희용신(喜用神)인 경우

운(특히 세운)에서 희용신인 관살이 들어와 제대로 활동하면, 관살에 해당하는 육친인 관공서에 관련된 사람이나 남편이나 정부(情夫)나 여자의 애인이나 남자의 자녀나 여자의 며느리나 시누이 · 시숙 · 시동생이나 직장상사 · 사장에게 도움을 받거나, 육친과는 상관없이 사업 · 투자 · 부동산 매매 · 각종 계약 등을 통하여 재물을 획득하거나, 합격 · 당선 · 취직 · 승진 등을 통하여 사회적인 지위가 상승할 가능성이 많다.

그러나 운(특히 세운)에서 들어오는 희용신인 관살이 사주원국에 있는 기구신인 식상에게 충극을 많이 받거나 기구신인 식상과 투합(妬合)하여 심하게 묶여버리면, 관살에 해당하는 육친인 관공서에 관련된 사람이나 남편이나 정부(情夫)나 여자의 애인이나 남자의 자녀나 여자의 며느리나 시누이·시숙·시동생이나 직장상사·사장에게 도움을 받거나, 육친과는 상관없이 사업·투자·부동산 매매·각종 계약 등을 통하여 재물을 획득하거나, 합격·당선·취직·승진 등을 통하여 사회적인 지위가 상승할 가능성이 거의 없고, 오히려 식상에 해당하는 육친인 여자의 자녀나 남자의 장모나 남자의 사위나 남녀의 할머니나 남녀의 제자나 남녀의 가까운 친족이 아닌 아랫사람이나, 관살에 해당하는 육친인 관공서에 관련된 사람이나 남편이나 정부(情夫)나 여자의 애인이나 남자의 자녀나 여자의 며느리나 시누이·시숙·시동생이나 직장상사·사장으로 인해 좋지 않은 일이 생겨 곤경에 처하거나, 여자의 경우에는 부부관계가 나빠지거나, 육친과는 상관없이 재능이나 수완을 과신하여 무리하게 사업을 벌이거나 투자를 하거나 부동산을 매매하거나 각종 계약을 체결하다가 재물의 손실을 입거나, 능력을 과시하다가 사람들의 미움을 사거나, 불합격·낙선·실직·좌천 등으로 인해 사회적인 지위가 하락할 가능성이 많다.

또 운(특히 세운)에서 들어오는 희용신인 관살이 사주원국에 있는 기구신이나 한신인 비겁과 투합(妬合)하여 심하게 묶여버리면, 관살에 해당하는 육친인 관공서에 관련된 사람이나 남편이나 정부(情夫)나 여자의 애인이나 남자의 자녀나 여자의 며느리나 시누이·시숙·시동생이나 직장상사·사장에게 도움을 받거나, 육친과는 상관없이 사업·투자·부동산 매매·각종 계약 등을 통하여 재물을 획득하거나, 합격·당선·취직·승진 등을 통하여 사회적인 지위가 상승할 가능성이 거의 없고, 오히려 비겁에 해당하는 육친인 형제자매나 친구나 선후배나 회사동료나 동업자나 시아버지나 남자의 며느리나, 관살에 해당하는 육친인 관공서에 관련된 사람이나 남편이나 정부(情夫)나 여자의 애인이나 남자의 자녀나 여자의 며느리나 시누이·시숙·시동생이나 직장상사·사장으로 인해 좋지 않은 일이 생겨 곤경에 처하거나, 여자의 경우에는 부부관계가 나빠지거나, 육친과는 상관없이 사업·투자·부동산 매매·각종 계약 등을 통하여 재물의 손실을 입거나, 불합격·낙선·실직·좌천 등으로 인해 사회적인 지위가 하락할 가능성이 많다.

(2) 관살(官殺)이 기구신(忌仇神)인 경우

운(특히 세운)에서 기구신인 관살이 들어와 사주원국에 있는 희용신인 비겁을 충극하거나 합[간합(干合)]하여 묶어버리면, 관살에 해당하는 육친인 관공서에 관련된 사람이나 남편이나 정부(情夫)나 여자의 애인이나 남자의 자녀나 여자의 며느리나 시누이·시숙·시동생이나 직장상사·사장이나, 비겁에 해당하는 육친인 형제자매나 친구나 선후배나 회사동료나 동업자나 시아버지나 남자의 며느리로 인해 좋지 않은 일이 생겨 곤경에 처하거나, 여자의 경우에는 부부관계가 나빠지거나, 육친과는 상관없이 사업·투자·부동산 매매·각종 계약 등을 통하여 재물의 손실을 입거나, 불합격·낙선·실직·좌천 등으로 인해 사회적인 지위가 하락하거나, 사주원국에 칠살이 많고 인성이 없거나 있어도 지극히 무력한 경우에는 신경쇠약증이나 피해망상증에 걸릴 가능성이 많다.

그러나 운(특히 세운)에서 들어오는 기구신인 관살이 사주원국에 있는 희용신이나 한신인 인성이나 식상에게 설기가 많이 되거나 충극을 많이 받거나 합[간합(干合)]이 많이 되어서 사주원국에 있는 희용신인 비겁을 충극하거나 합[간합(干合)]할 힘이 거의 없으면, 관살에 해당하는 육친인 관공서에 관련된 사람이나 남편이나 정부(情夫)나 여자의 애인이나 남자의 자녀나 여자의 며느리나 시누이·시숙·시동생이나 직장상사·사장이나, 비겁에 해당하는 육친인 형제자매나 친구나 선후배나 회사동료나 동업자나 시아버지나 남자의 며느리로 인해 좋지 않은 일이 생겨 곤경에 처하는 일도 없고, 여자의 경우에는 부부관계가 나빠지는 일도 없고, 육친과는 상관없이 사업·투자·부동산 매매·각종 계약 등을 통하여 재물의 손실을 입는 일도 없고, 불합격·낙선·실직·좌천 등으로 인해 사회적인 지위가 하락하는 일도 없고, 질병에 걸리는 일도 없이, 무난하게 넘어갈 가능성이 많다.

그리고 운(특히 세운)에서 들어오는 기구신인 관살이 사주원국에 있는 희용신인 식상을 합[간합(干合)]하여 묶어버리면, 관살에 해당하는 육친인 관공서에 관련된 사람이나 남편이나 정부(情夫)나 여자의 애인이나 남자의 자녀나 여자의 며느리나 시누이·시숙·시동생이나 직장상사·사장이나, 식상에 해당하는 육친인 여자의 자녀나 남자의 장모나 남자의 사위나 남녀의 할머니나 남녀의 제자나 남녀의 가까운 친족이 아닌 아랫사람으로 인해 좋지 않은 일이 생겨 곤경에 처하거나, 여자의 경우에는 부부관계가 나빠지거나, 육친과는 상관없이 사업·투자·부동산 매매·각종 계약 등을 통하여 재능이나 수완을 발휘하지 못해 재물의 손실을 입거나, 불합격·낙선·실직·좌천 등으로 인해 능력을 인정받지 못해 사회적인 지위가 하락하거나, 사주원국에 칠살이 많고 인성이 없거나 있어도 지극히 무력한 경우에는 신경쇠약증이나 피해망상증에 걸릴 가능성이 많다.

(3) 관살(官殺)이 한신(閑神)인 경우

운(특히 세운)에서 한신인 관살이 들어와 희용신인 인성을 생조하면, 관살에 해당하는 육친인 관공서에 관련된 사람이나 남편이나 정부(情夫)나 여자의 애인이나 남자의 자녀나 여자의 며느리나 시누이·시숙·시동생이나 직장상사·사장에게 도움을 받거나, 육친과는 상관없이 사업·투자·부동산 매매·각종 계약 등을 통하여 재물을 획득하거나, 합격·당선·취직·승진 등을 통하여 사회적인 지위가 상승할 가능성이 있다.

그리고 운(특히 세운)에서 한신인 관살이 들어와 기구신인 인성을 생조하면, 관살에 해당하는 육친인 관공서에 관련된 사람이나 남편이나 정부(情夫)나 여자의 애인이나 남자의 자녀나 여자의 며느리나 시누이·시숙·시동생이나 직장상사·사장으로 인해 좋지 않은 일이 생겨 곤경에 처하거나, 육친과는 상관없이 사업·투자·부동산 매매·각종 계약 등을 통하여 재물의 손실을 입거나, 불합격·낙선·실직·좌천 등으로 인해 사회적인 지위가 하락할 가능성이 있다.

그리고 운(특히 세운)에서 한신인 관살이 들어와 사주원국에 있는 희용신인 식상을 합[간합]하여 묶어버리면, 관살에 해당하는 육친인 관공서에 관련된 사람이나 남편이나 정부(情夫)나 여자의 애인이나 남자의 자녀나 여자의 며느리나 시누이·시숙·시동생이나 직장상사·사장이나, 식상에 해당하는 육친인 여자의 자녀나 남자의 장모나 남자의 사위나 남녀의 할머니나 남녀의 제자나 남녀의 가까운 친족이 아닌 아랫사람으로 인해 좋지 않은 일이 생겨 곤경에 처하거나, 여자의 경우에는 부부관계가 나빠지거나, 육친과는 상관없이 사업·투자·부동산 매매·각종 계약 등을 통하여 재능이나 수완을 발휘하지 못해 재물의 손실을 입거나, 불합격·낙선·실직·좌천 등으로 인해 능력을 인정받지 못해 사회적인 지위가 하락할 가능성이 많다.

또 운(특히 세운)에서 한신인 관살이 들어와 사주원국에 있는 희용신인 비겁을 합[간합]하여 묶어버리면, 관살에 해당하는 육친인 관공서에 관련된 사람이나 남편이나 정부(情夫)나 여자의 애인이나 남자의 자녀나 여자의 며느리나 시누이·시숙·시동생이나 직장상사·사장이나, 비겁에 해당하는 육친인 형제자매나 친구나 선후배나 회사동료나 동업자나 시아버지나 남자의 며느리로 인해 좋지 않은 일이 생겨 곤경에 처하거나, 여자의 경우에는 부부관계가 나빠지거나, 육친과는 상관없이 사업·투자·부동산 매매·각종 계약 등을 통하여 재물의 손실을 입거나, 불합격·낙선·실직·좌천 등으로 인해 사회적인 지위가 하락할 가능성이 많다.

그리고 운(특히 세운)에서 한신인 관살이 들어와 사주원국에 있는 기구신인 식상이나 비겁을 합[간합]하여 묶어버리면, 관살에 해당하는 육친인 관공서에 관련된 사람이나 남편이나 정부(情夫)나 여자의 애인이나 남자의 자녀나 여자의 며느리나 시누이·시숙·시동생이나 직장상사·사장에게 도움을 받거나, 육친과는 상관없이 사업·투자·부동산 매매·각종 계약 등을 통하여 재물을 획득하거나, 합격·당선·취직·승진 등을 통하여 사회적인 지위가 상승할 가능성이 많다.

5. 인성운(印星運)

(1) 인성(印星)이 희용신(喜用神)인 경우

운(특히 세운)에서 희용신인 인성이 들어와 제대로 활동하면, 인성에 해당하는 육친인 어머니나 남자의 장인이나 여자의 사위나 남녀의 할아버지나 스승·선생이나 종교지도자나 가까운 친족이 아닌 윗사람에게 도움을 받거나, 육친과는 상관없이 사업·투자·부동산 매매·각종 계약 등을 통하여 재물을 획득하거나, 합격·당선·취직·승진 등을 통하여 사회적인 지위가 상승할 가능성이 많다.

그러나 운(특히 세운)에서 들어오는 희용신인 인성이 사주원국에 있는 기구신인 재성에게 충극을 많이 받거나 기구신인 재성과 투합(妒合)하여 심하게 묶여버리면, 인성에 해당하는 육친인 어머니나 남자의 장인이나 여자의 사위나 남녀의 할아버지나 스승·선생이나 종교지도자나 가까운 친족이 아닌 윗사람에게 도움을 받거나, 육친과는 상관없이 사업·투자·부동산 매매·각종 계약 등을 통하여 재물을 획득하거나, 합격·당선·취직·승진 등을 통하여 사회적인 지위가 상승할 가능성이 거의 없고, 오히려 재성에 해당하는 육친인 아내나 정부(情婦)나 남자의 애인이나 아버지나 시어머니나 올케나 형수·제수나 종업원이나 부하직원이나, 인성에 해당하는 육친인 어머니나 남자의 장인이나 여자의 사위나 남녀의 할아버지나 스승·선생이나 종교지도자나 가까운 친족이 아닌 윗사람으로 인해 좋지 않은 일이 생겨 곤경에 처하거나, 남자의 경우에는 부부관계가 나빠지거나, 육친과는 상관없이 사업·투자·부동산 매매·각종 계약 등을 통하여 재물의 손실을 입거나, 불합격·낙선·실직·좌천 등으로 인해 사회적인 지위가 하락할 가능성이 많다.

또 운(특히 세운)에서 들어오는 희용신인 인성이 사주원국에 있는 기구신이나 한신인 식상과 투합(妒合)하여 심하게 묶여버리면, 인성에 해당하는 육친인 어머니나 남자의 장인이나 여자의 사위나 남녀의 할아버지나 스승·선생이나 종교지도자나 가까운 친족이 아닌 윗사람에게 도움을 받거나, 육친과는 상관없이 사업·투자·부동산 매매·각종 계약 등을 통하여 재물을 획득하거나, 합격·당선·취직·승진 등을 통하여 사회적인 지위가 상승할 가능성이 거의 없고, 오히려 식상에 해당하는 육친인 여자의 자녀나 남자의 장모나 남자의 사위나 남녀의 할머니나 남녀의 제자나 남녀의 가까운 친족이 아닌 아랫사람이나, 인성에 해당하는 육친인 어머니나 남자의 장인이나 여자의 사위나 남녀의 할아버지나 스승·선생이나 종교지도자나 가까운 친족이 아닌 윗사람으로 인해 좋지 않은 일이 생겨 곤경에 처하거나, 육친과는 상관없이 재능이나 수완을 과신하여 무리하게 사업을 벌이거나 투자를 하거나 부동산을 매매하거나 각종 계약을 체결하다가 재물의 손실을 입거나, 능력을 과시하다가 사람들의 미움을 사거나, 불합격·낙선·실직·좌천 등으로 인해 사회적인 지위가 하락할 가능성이 많다.

(2) 인성(印星)이 기구신(忌仇神)인 경우

운(특히 세운)에서 기구신인 인성이 들어와 사주원국에 있는 희용신인 식상을 충극하거나 합[간합(干合)]하여 묶어버리면, 인성에 해당하는 육친인 어머니나 남자의 장인이나 여자의 사위나 남녀의 할아버지나 스승·선생이나 종교지도자나 가까운 친족이 아닌 윗사람이나, 식상에 해당하는 육친인 여자의 자녀나 남자의 장모나 남자의 사위나 남녀의 할머니나 남녀의 제자나 남녀의 가까운 친족이 아닌 아랫사람으로 인해 좋지 않은 일이 생겨 곤경에 처하거나, 육친과는 상관없이 사업·투자·부동산 매매·각종 계약 등을 통하여 재능이나 수완을 발휘하지 못해 재물의 손실을 입거나, 불합격·낙선·실직·좌천 등으로 인해 능력을 인정받지 못해 사회적인 지위가 하락할 가능성이 많다.

그러나 운(특히 세운)에서 들어오는 기구신인 인성이 사주원국에 있는 희용신이나 한신인 비겁이나 재성에게 설기가 많이 되거나 충극을 많이 받거나 합[간합(干合)]이 많이 되어서 사주원국에 있는 희용신인 식상을 충극하거나 합[간합(干合)]할 힘이 거의 없으면, 인성에 해당하는 육친인 어머니나 남자의 장인이나 여자의 사위나 남녀의 할아버지나 스승·선생이나 종교지도자나 가까운 친족이 아닌 윗사람이나, 식상에 해당하는 육친인 여자의 자녀나 남자의 장모나 남자의 사위나 남녀의 할머니나 남녀의 제자나 남녀의 가까운 친족이 아닌 아랫사람으로 인해 좋지 않은 일이 생겨 곤경에 처하는 일도 없고, 육친과는 상관없이 사업·투자·부동산 매매·각종 계약 등을 통하여 재능이나 수완을 발휘하지 못해 재물의 손실을 입는 일도 없고, 불합격·낙선·실직·좌천 등으로 인해 능력을 인정받지 못해 사회적인 지위가 하락하는 일도 없이, 무난하게 넘어갈 가능성이 많다.

그리고 운(특히 세운)에서 들어오는 기구신인 인성이 사주원국에 있는 희용신인 재성을 합[간합]하여 묶어버리면, 인성에 해당하는 육친인 어머니나 남자의 장인이나 여자의 사위나 남녀의 할아버지나 스승·선생이나 종교지도자나 가까운 친족이 아닌 윗사람이나, 재성에 해당하는 육친인 아내나 정부(情婦)나 남자의 애인이나 아버지나 시어머니나 올케나 형수·제수나 종업원이나 부하직원으로 인해 좋지 않은 일이 생겨 곤경에 처하거나, 남자의 경우에는 부부관계가 나빠지거나, 육친과는 상관없이 사업·투자·부동산 매매·각종 계약 등을 통하여 재물의 손실을 입거나, 불합격·낙선·실직·좌천 등으로 인해 사회적인 지위가 하락할 가능성이 많다.

(3) 인성(印星)이 한신(閑神)인 경우

운(특히 세운)에서 한신인 인성이 들어와 희용신인 비겁을 생조하면, 인성에 해당하는 육친인 어머니나 남자의 장인이나 여자의 사위나 남녀의 할아버지나 스승·선생이나 종교지도자나 가까운 친족이 아닌 윗사람에게 도움을 받거나, 육친과는 상관없이 사업·투자·부동산 매매·각종 계약 등을 통하여 재물을 획득하거나, 합격·당선·취직·승진 등을 통하여 사회적인 지위가 상승할 가능성이 있다.

그리고 운(특히 세운)에서 한신인 인성이 들어와 기구신인 비겁을 생조하면, 인성에 해당하는 육친인 어머니나 남자의 장인이나 여자의 사위나 남녀의 할아버지나 스승·선생이나 종교지도자나 가까운 친족이 아닌 윗사람으로 인해 좋지 않은 일이 생겨 곤경에 처하거나, 육친과는 상관없이 사업·투자·부동산 매매·각종 계약 등을 통하여 재물의 손실을 입거나, 불합격·낙선·실직·좌천 등으로 인해 사회적인 지위가 하락할 가능성이 있다.

그리고 운(특히 세운)에서 한신인 인성이 들어와 사주원국에 있는 희용신인 재성을 합[간합]하여 묶어버리면, 인성에 해당하는 육친인 어머니나 남자의 장인이나 여자의 사위나 남녀의 할아버지나 스승·선생이나 종교지도자나 가까운 친족이 아닌 윗사람이나, 재성에 해당하는 육친인 아내나 정부(情婦)나 남자의 애인이나 아버지나 시어머니나 올케나 형수·제수나 종업원이나 부하직원으로 인해 좋지 않은 일이 생겨 곤경에 처하거나, 남자의 경우에는 부부관계가 나빠지거나, 육친과는 상관없이 사업·투자·부동산 매매·각종 계약 등을 통하여 재물의 손실을 입거나, 불합격·낙선·실직·좌천 등으로 인해 사회적인 지위가 하락할 가능성이 많다.

또 운(특히 세운)에서 한신인 인성이 들어와 사주원국에 있는 희용신인 식상을 합[간합]하여 묶어버리면, 인성에 해당하는 육친인 어머니나 남자의 장인이나 여자의 사위나 남녀의 할아버지나 스승·선생이나 종교지도자나 가까운 친족이 아닌 윗사람이나, 식상에 해당하는 육친인 여자의 자녀나 남자의 장모나 남자의 사위나 남녀의 할머니나 남녀의 제자나 남녀의 가까운 친족이 아닌 아랫사람으로 인해 좋지 않은 일이 생겨 곤경에 처하거나, 육친과는 상관없이 사업·투자·부동산 매매·각종 계약 등을 통하여 재능이나 수완을 발휘하지 못해 재물의 손실을 입거나, 불합격·낙선·실직·좌천 등으로 인해 능력을 인정받지 못해 사회적인 지위가 하락할 가능성이 많다.

그리고 운(특히 세운)에서 한신인 인성이 들어와 사주원국에 있는 기구신인 재성이나 식상을 합[간합]하여 묶어버리면, 인성에 해당하는 육친인 어머니나 남자의 장인이나 여자의 사위나 남녀의 할아버지나 스승·선생이나 종교지도자나 가까운 친족이 아닌 윗사람에게 도움을 받거나, 육친과는 상관없이 사업·투자·부동산 매매·각종 계약 등을 통하여 재물을 획득하거나, 합격·당선·취직·승진 등을 통하여 사회적인 지위가 상승할 가능성이 많다.

제22장
운세(運勢)의 해석

하나의 사주(四柱)를 놓고 그 사주의 운세(運勢)를 해석하는 것은 생각만큼 간단한 문제가 아니다. 자평명리학을 공부하는 주된 목적은 사주를 통해서 그 사주 주인공의 운세를 해석하기 위한 것이라고 해도 과언이 아니다. 이러한 운세를 제대로 해석하기 위해서는 다음과 같은 여러 가지 사항을 세밀하게 고려해야 하며, 그 내용을 충분히 숙지(熟知)하고 있어야 할 것이다.

대운(大運) 및 세운(歲運)

격국론(格局論), 특히 고전격국론(古典格局論)에서는 사주의 형상(形象)만을 분석하여 그 사주 주인공의 운세, 즉 길흉을 해석하는 경향이 있었다. 그러나 사주의 형상만으로 운세, 즉 길흉(吉凶)을 해석하는 방법은 지금까지 많은 문제점을 노출시켜 왔으므로, 이러한 문제점을 보완하기 위해 이른바 용신론(用神論)이 등장하게 되었다. 용신론(用神論)은 사주의 형상보다 운(運)을 더 중시하는 명리 이론으로서, 사주를 중화(中和)시키기 위해 가장 필요로 하는 성분, 즉 용신(用神)을 찾아내어 그 용신이 운에서 들어오는 성분과 어떤 관계를 맺고 있는지를 보고서 길흉을 해석하는 이론이다. 여기서 운(運)이라고 함은 월주(月柱)의 간지(干支)가 모태(母胎)가 되어 출발하는 대운(大運)과 해마다 들어오는 세운[歲運: 매년 들어오는 간지(干支)의 상황에 따른 운]을 말하는데, 운의 중심인 대운(大運)과 세운(歲運)이야말로 용신론을 현실적으로 의미 있게 해주는 토대라고 한다.

1. 대운수(大運數) 계산법

월주(月柱)에서 출발하는 대운은 하나의 간지(干支)를 10년 단위로 하여 흘러가는데, 남자의 경우에는 연간이 양(陽)이면 순운(順運)으로 흘러가고 연간이 음(陰)이면 역운(逆運)으로 흘러가는 반면에, 여자의 경우에는 연간이 양이면 역운(逆運)으로 흘러가고 연간이 음이면 순운(順運)으로 흘러간다. 이를 좀 유식(有識)하게 표현하면 양남음녀(陽男陰女)는 순운(順運)으로 흘러가고 음남양녀(陰男陽女)는 역운(逆運)으로 흘러간다고 한다.

만세력을 보면, 매일의 간지 밑에 태어난 때부터 몇 년이 지난 뒤에 대운이 시작되는지가 표시되어 있는데, 이는 개략적인 햇수일 뿐이므로 정확하지 않다고 하겠다. 예컨대 대운이 7이라고 되어 있으면, 태어난 때부터 7년이 지난 뒤(우리 나이로 8세)부터 대운이 사주에 접목된다는 뜻이다. 그래서 이처럼 대충 표시되어 있는 대운수(大運數)를 몇 년 몇 개월 며칠까지 정확하게 계산하는 방법을 알아둘 필요가 있으므로, 사례를 들어 대운이 시작되는 정확한 시기를 따져보기로 하겠다.

(1) 생년월일(生年月日)

생년월일은 2007년 5월 14일 18시(양력)로 가정한다.

(2) 대운수의 계산

(가) 남자의 경우

2007년(丁亥年)은 연간이 음인 丁火이고 남자이므로, 대운은 역운(逆運)으로 흘러간다. 즉, 태어난 때부터 태어난 때가 속하는 12절기(節氣)인 입하(立夏)로 거슬러 올라간다. 만세력을 보면, 2007년의 입하(立夏)의 절입(節入) 시각은 5월 6일 06시 20분(양력)으로 되어 있다. 우리나라는 일본의 동경 135도 표준시를 사용하고 있으므로, 만세력에 표시되어 있는 절기(節氣)의 시각도 동경 135도 표준시로 되어 있다. 그런데 절기(節氣)는 전 세계적으로 똑같은 시각에 동시에 찾아오므로, 입하(立夏)의 절입(節入) 시각이 동경 135도 표준시로 5월 6일 06시 20분이라면, 우리나라의 동경 127도 30분 표준시로는 이보다 30분 정도 늦은 5월 6일 05시 50분이 된다. 하지만 어차피 우리나라는 동경 135도 표준시를 사용하고 있으므로, 만세력의 입하(立夏)의 절입(節入) 시각을 동경 127도 30분 표준시인 5월 6일 05시 50분으로 수정하지 말고, 동경 135도 표준시인 5월 6일 06시 20분 그대로 사용해야 한다. 여기서 음남(陰男)은 역운(逆運)을 적용하므로, 태어난 날인 2007년 5월 14일 18시로부터 입하(立夏)의 절입(節入) 시각인 5월 6일 06시 20분까지 거슬러 올라가면, 그 사이의 기간은 8일 11시간 40분이 된다.

대운이 접목되는 시기는 8일 11시간 40분을 연(年)으로 환산해야 하는데, 그 환산 방법은 다음의 표와 같다. 먼저 대운의 한 간지는 월주(月柱)에서 시작하여 10년 단위로 교체되므로, 한 12절기(節氣)의 절입(節入) 시각부터 다음 12절기(節氣)의 절입(節入) 시각까지의 30일을 10년으로 환산한다.

〈대운이 접목되는 시기〉

태어난 날부터 절입(節入) 시각까지의 기간	대운이 접목(接木)되는 시기
30일	태어난 때부터 10년이 지난 뒤에 대운이 접목(우리 나이로 보통 11세)
15일	태어난 때부터 5년이 지난 뒤에 대운 접목(우리 나이로 보통 6세)
3일	태어난 때부터 1년이 지난 뒤에 대운 접목(우리 나이로 보통 2세)
1일(24시간)	태어난 때부터 1/3년(4개월)이 지난 뒤에 대운 접목 (우리 나이로 보통 1세나 2세)
12시간	태어난 때부터 1/6년(2개월)이 지난 뒤에 대운 접목 (우리 나이로 보통 1세나 2세)
6시간	태어난 때부터 1/12년(1개월)이 지난 뒤에 대운 접목 (우리 나이로 보통 1세나 2세)
3시간	태어난 때부터 15일이 지난 뒤에 대운 접목(우리 나이로 보통 1세)
2시간	태어난 때부터 10일이 지난 뒤에 대운 접목(우리 나이로 보통 1세)
1시간	태어난 때부터 5일이 지난 뒤에 대운 접목(우리 나이로 보통 1세)
30분	태어난 때부터 2.5일(2일 12시간)이 지난 뒤에 대운 접목 (우리 나이로 보통 1세)
10분	태어난 때부터 5/6일(20시간)이 지난 뒤에 대운 접목 (우리 나이로 보통 1세)

그러면 사례를 든 사주 주인공의 경우에, 대운이 접목되는 시기가 언제인지 확인해보기로 하겠다. 입하 시각에서부터 태어난 때의 기간이 8일 11시간 40분이므로, 다음과 같이 환산하면 된다.

8일   → 10년 × 8/30 = 32개월 = 2년 8개월
11시간 → 2개월 × 11/12 = 55일   = 1개월 25일
40분   → 5일 × 40/60 = 80시간 = 3일 8시간
計   2년 9개월 28일 8시간

따라서 태어난 때인 2007년 5월 14일 18시(양력)부터 2년 9개월 28일 8시간이 지난 뒤에 대운이 접목되며, 그로부터 또 10년이 지날 때마다 대운

이 교체된다. 먼저 대운이 접목되는 시기는 태어난 때인 2007년 5월 14일 18시(양력)에 2년 9개월 28일 8시간을 더해서 나오는 시기로서, 우리 나이로 4세인 2010년 3월 15일 02시(양력)가 된다. 그리고 2대운이 교체되는 시기는 그로부터 또 10년 뒤인 2020년 3월 15일 02시(양력)가 되고, 3대운이 교체되는 시기는 그로부터 또 10년 뒤인 2030년 3월 15일 02시(양력)가 된다.

여기서 주의해야 할 점은 태어난 날을 비롯한 날짜 계산 시 반드시 양력을 적용해야 한다는 것이다. 왜냐하면 음력을 적용하면 윤달이 있는 경우에는 계산이 맞지 않기 때문이다. 그런데 만세력을 보면 대운이 3년 뒤에 접목되는 것으로 되어 있는데, 우리 나이로 4세부터 대운이 접목되는 것이므로, 정확하게 계산한 경우와 별 차이가 나지 않는다. 그러나 만세력에 표시된 대운의 접목 시기와 정확하게 계산한 대운의 접목 시기는 심하면 1년까지 차이가 나는 경우도 있으므로, 이러한 오차가 있을 수 있음을 염두에 두어야 할 것이다.

(나) 여자의 경우

사례로 든 사주 주인공이 여자라면, 태어난 해인 2007년(丁亥年)은 음인 丁火이므로, 대운은 순운(順運)으로 흘러간다. 그러면 태어난 때부터 다음의 12절기(節氣)인 망종(芒種)까지의 기간을 계산하면 된다. 망종(芒種)의 절입(節入) 시각은 6월 6일 10시 26분(양력)이므로, 태어난 때인 2007년 5월 14일 18시(양력)부터 망종(芒種)의 절입(節入) 시각인 6월 6일 10시 26분(양력)까지는 22일 16시간 26분이 된다. 그리고 대운이 접목되는 시기는 다음과 같이 환산하면 된다.

22일	→ 10년	× 22/30	= 88개월	= 7년 4개월
16시간	→ 4개월	× 16/24	= 80일	= 2개월 20일
26분	→ 5일	× 26/60	= 52시간	= 2일 4시간
計				7년 6개월 22일 4시간

 따라서 태어난 때인 2007년 5월 14일 18시(양력)부터 7년 6개월 22일 4시간이 지난 뒤에 대운이 접목되며, 그로부터 또 10년이 지날 때마다 대운이 교체된다. 먼저 대운이 접목되는 시기는 태어난 때인 2007년 5월 14일 18시(양력)에 7년 6개월 22일 4시간을 더해서 나오는 시기로서, 우리 나이로 8세인 2014년 12월 6일 22시(양력)가 된다. 그리고 2대운이 교체되는 시기는 그로부터 또 10년 뒤인 2024년 12월 6일 22시(양력)가 되고, 3대운이 교체되는 시기는 그로부터 또 10년 뒤인 2034년 12월 6일 22시(양력)가 된다. 그런데 만세력을 보면 대운이 8년 뒤에 접목되는 것으로 되어 있는데, 우리 나이로 9세부터 대운이 접목되는 것이므로, 정확하게 계산한 경우와 1개월 정도밖에 차이가 나지 않는다.
 이상으로 대운수(大運數)를 정확하게 계산하는 방법에 대해 살펴보았는데, 보통 때에는 만세력에 표시된 대운의 접목 시기를 그대로 적용하면 되겠으나(우리 나이로 볼 때에는 만세력의 햇수에 1을 더해야 한다), 대운의 접목 시기와 교체 시기에 근접한 세운(歲運)을 해석할 때에는, 대운의 접목 시기와 교체 시기를 정확하게 알고 있어야 좀 더 타당한 해석을 할 수 있을 것이다.

2. 사주(四柱)와 대운(大運) 및 세운(歲運)의 관계

일반적으로 사주원국을 자동차에 비유하고 대운(大運)을 도로에 비유하는데, 필자는 이를 약간 변형하여 사주원국을 자동차의 성능에 비유하고 대운을 도로의 종류에 비유하고 세운[歲運: 유년운(流年運)이라고도 함]을 도로의 노면(路面) 상태로 비유하고자 한다.

사주원국이 좋으면 성능 좋은 자동차와 같고, 사주원국이 좋지 않으면 성능이 좋지 않은 자동차와 같다고 볼 수 있다. 또 사주의 구조가 더할 나위 없이 좋으면, 도로의 종류와 도로의 상태에 상관없이 잘 달릴 수 있는 최고 성능의 전천후 자동차로 볼 수 있는 반면에, 사주의 구조가 형편없을 정도로 너무 나쁘면, 수시로 엔진 고장을 일으키는 최하 성능의 자동차로 볼 수 있다.

그리고 대운이 아주 좋으면 시원하게 뚫린 고속도로로 볼 수 있고, 대운이 조금 좋으면 4차선 국도로 볼 수 있고, 대운이 조금 좋지 않으면 2차선 국도나 지방도로로 볼 수 있고, 대운이 아주 좋지 않으면 비포장도로로 볼 수 있다. 그리고 세운이 아주 좋으면 도로의 노면(路面)이 아주 깨끗하다고 볼 수 있고, 세운이 조금 좋으면 노면이 대체로 깨끗하다고 볼 수 있고, 세운이 조금 좋지 않으면 노면이 패여서 깨끗하지 않다고 볼 수 있고, 세운이 아주 좋지 않으면 노면이 심하게 패여서 자동차의 운행이 무척 힘든 상태라고 볼 수 있다. 그러나 최고 성능의 전천후 자동차(실제로 이런 자동차는 거의 없다고 할 수 있다)라면, 설사 노면이 심하게 패인 비포장도로라고 하더라도 별문제 없이 운행할 수 있을 것이고, 또 엔진 고장이 너무 잦은 최하 성능의 자동차(실제로 이런 자동차도 드물지만 폐차 시기를 훨씬 넘긴 자동차를 생각해볼 수 있다)라면, 설사 노면이 아주 깨끗한 고속도로라고 하더라도 운행을 제대로 할 수 없을 것이다.

요컨대 대부분의 사주는 사주의 구조와 대운과 세운이 서로 조화를 이루어야 좋고 그렇지 않으면 좋지 않다고 하겠으나, 사주의 구조가 더할 나위 없이 좋거나 형편없을 정도로 나쁜 경우에는 대운과 세운의 좋고 나쁨에 별로 좌우되지 않는다고 할 수 있다.

3. 대운(大運) 및 세운(歲運)의 비중

대운과 세운[유년운(流年運)]의 비중에 대해서도 여러 가지 견해가 있는 것으로 알고 있다. 어떤 명리학자는 대운의 비중이 세운의 비중보다 훨씬 더 크다고 하고, 어떤 명리학자는 세운의 비중이 대운의 비중보다 훨씬 더 크다고 하고, 또 어떤 명리학자는 대운은 무시하고 세운만 봐야 한다고 주장하지만, 모두 다 그대로 받아들이기에는 미흡한 점이 있어 보인다.

그래서 필자 나름의 견해를 제시해보고자 한다. 대운의 한 간지는 10년으로 되어 있는데, 대운의 한 간지를 10년 동안 한꺼번에 적용하기도 하고, 대운의 한 간지를 천간의 대운과 지지의 대운으로 각각 5년씩 나누어 별도로 적용하기도 하지만, 필자는 후자의 방법이 현실적으로 더 타당하다고 본다.

그리고 대운의 한 간지가 희용신으로 이루어져 있거나 기구신으로 이루어져 있으면, 대운의 힘이 아주 강하므로 대운의 비중이 세운의 비중보다 더 크다고 보며, 한 대운의 천간과 지지가 희용신과 기구신으로 이루어져서 서로 협력하지 않고 있으면, 대운의 힘이 강하지 않으므로 대운의 비중보다 세운의 비중이 더 크다고 본다.

예컨대 金水가 희용신이고 火土가 기구신인 경우에, 庚申 대운이나 辛酉 대운이나 庚子 대운이나 辛亥 대운이나 壬申 대운이나 癸酉 대운이나 壬子 대운이나 癸亥 대운이라면, 대운의 희용신인 金水가 대운의 간지에서 서로 협력하고 있으므로 대운의 비중이 세운의 비중보다 더 클 것이며, 또 丙午 대운이나 丁巳 대운이나 丙戌 대운이나 丁未 대운이나 戊午 대운이나 己巳 대운이나 戊戌 대운이나 己未 대운이나 戊辰 대운이나 己丑 대운이라면, 대운의 기구신인 火土가 대운의 간지에서 서로 협력하고 있으므로 역시 대운의 비중이 세운의 비중보다 더 클 것이다.

그러나 만약 庚午 대운이나 辛巳 대운이나 丙申 대운이나 丁酉 대운이나 壬戌 대운이나 癸未 대운이나 戊子 대운이나 己亥 대운이라면, 희용신인 金水와 기구신인 火土가 대운의 천간과 지지에서 서로 대립하고 있으므로, 이런 경우에는 대운의 비중보다 세운의 비중이 더 클 것이다.

그런데 실제로 사주를 감정하다 보면, 한 대운의 간지가 모두 희용신인 경우에는 10년 동안 세운에 별로 좌우되지 않고 대체로 길하고, 한 대운의 간지가 모두 기구신인 경우에도 10년 동안 세운에 별로 좌우되지 않고 대체로 흉하지만, 한 대운의 천간은 희용신인데 한 대운의 지지는 기구신이거나 한 대운의 천간은 기구신인데 한 대운의 지지는 희용신인 경우에는, 대운의 비중보다 세운의 비중이 더 커서, 비록 대운이 희용신이라고 하더라도 세운이 기구신이면 흉하고, 비록 대운이 기구신이라고 하더라도 세운이 희용신이면 길한 것으로 보인다.

결론적으로 한 대운의 간지가 서로 협력하느냐 아니냐에 따라 세운의 비중이 대운의 비중보다 더 작을 수도 있고 더 클 수도 있으므로, 운세를 해석할 때 이러한 내용을 참고하여 해석한다면 더 잘 맞아떨어질 것이다.

4. 대운(大運)과 세운(歲運)의 간지(干支) 해석법

　대운을 적용할 때에는, 천간의 대운보다 지지의 대운에 더 큰 비중을 두되, 개두(蓋頭)와 절각(截脚)의 영향을 고려해야 한다. 그리고 천간의 대운이 진행되는 5년간은 대운의 천간과 세운의 천간과 사주원국의 천간을 먼저 비교하고 나서, 그다음에 대운의 천간과 세운의 지지와 사주원국의 지지를 비교하는 것이 타당하고, 지지의 대운이 진행되는 5년간은 대운의 지지와 세운의 지지와 사주원국의 지지를 먼저 비교하고 나서, 그다음에 대운의 지지와 세운의 천간과 사주원국의 천간을 비교하는 것이 타당하다. 왜냐하면 천간은 천간끼리 먼저 작용하고, 지지는 지지끼리 먼저 작용하며, 천간과 지지는 그다음으로 작용하기 때문이다.

　그리고 세운을 적용할 때, 세운의 천간은 겉으로 드러난 현상, 즉 사업 규모의 대소(大小)나 직장생활의 안위(安危)나 대외적인 일의 진행 정도를 나타내고, 세운의 지지는 일의 결과, 즉 실속이나 결실을 나타낸다고 할 수 있다.

　예컨대 세운의 간지가 모두 희용신으로 이루어져 있으면, 겉으로 드러난 현상도 길하고 실속이나 결실도 많은 반면에, 세운의 간지가 모두 기구신으로 이루어져 있으면, 겉으로 드러난 현상도 흉하고 실속이나 결실도 없을 것이다. 또 세운의 천간은 희용신인데 세운의 지지는 기구신으로 이루어져 있으면, 겉으로 드러난 현상은 길하나 실속이나 결실은 없거나 오히려 손실이 있을 것이고, 세운의 천간은 기구신인데 세운의 지지는 희용신으로 이루어져 있으면, 겉으로 드러난 현상은 흉하나 실속이나 결실은 있을 것이다.

　이 경우에 세운의 천간이 세운의 지지와 같은 오행이거나 세운의 지지의 생조를 받고 있으면, 세운의 천간을 위주로 적용하고, 세운의 지지가 세운의 천간의 생조를 받고 있으면, 세운의 지지를 위주로 적용하고, 세운의 간지가 서로 대립하고 있으면, 위와 같이 천간과 지지를 각각 적용하되, 세운의 천간에 더 큰 비중을 두는 것이 타당하다.

그러나 결국에는 사주원국의 전체적인 상황과 세운의 간지를 함께 고려하여 종합적으로 판단해야 올바른 운세의 해석이 될 수 있을 것이다. 예컨대 세운의 천간으로 들어오는 희용신이 세운의 지지로 들어오는 기구신에게 극을 받고 있으면, 사주원국에 있는 희용신이 유력한 경우에는 세운의 천간에 더 큰 비중을 두고서 겉으로 다소나마 길하면서 손실이 별로 없다고 해석하는 것이 타당하고, 사주원국에 있는 희용신이 무력한 경우에는 세운의 지지에 더 큰 비중을 두고서 비록 겉으로는 다소나마 길하게 보이긴 해도 손실이 어느 정도 있다고 해석하는 것이 타당하다. 또 세운의 천간으로 들어오는 희용신이 비록 세운의 지지로 들어오는 기구신에게 극을 받지 않더라도 세운의 지지에 뿌리를 내리지 못하고 있거나[이러한 현상을 절각(截脚)이라고 한다], 세운의 지지로 들어오는 희용신이 세운의 천간으로 들어오는 기구신에게 극을 받고 있으면[이러한 현상을 개두(蓋頭)라고 한다], 길함이 액면 그대로 나타나지 않고 대체로 반감(半減)되며, 세운의 천간으로 들어오는 기구신이 세운의 지지에 뿌리를 내리지 못하고 있거나, 세운의 지지로 들어오는 기구신이 세운의 천간에게 극을 받고 있으면, 흉함이 액면 그대로 나타나지 않고 대체로 반감(半減)된다고 해석하는 것이 타당하다.

한편 사주원국의 천간에 대운이나 세운에서 천간으로 들어오는 성분을 생조해주거나 보호해주는 성분은 없고 극하는 성분이 2개 이상 있으면, 대운이나 세운에서 천간으로 들어오는 성분의 활동력이 현저하게 줄어든다.

이 경우에 대운이나 세운에서 천간으로 들어오는 성분이 희용신이면, 극을 많이 받아서 길하기는커녕 오히려 흉할 것이고, 대운이나 세운에서 천간으로 들어오는 성분이 기구신이면, 극을 많이 받아서 별로 흉하지 않거나 무난할 것이다.

그러나 사주원국의 천간에 대운이나 세운에서 천간으로 들어오는 희용신을 생조해주거나 보호해주는 성분이 없어도 극하는 성분이 1개뿐이라면 다소나마 길할 것이고, 사주원국의 천간에 대운이나 세운에서 천간으로 들어오는 기구신을 생조해주거나 보호해주는 성분이 없어도 극하는 성분이 1개뿐이라면 다소나마 흉할 것이다.

또 사주원국의 천간에 대운이나 세운에서 천간으로 들어오는 희용신을 극하는 성분이 2개 있더라도 희용신을 생조해주거나 보호해주는 성분이 1개 있으면 다소나마 길할 것이고, 사주원국의 천간에 대운이나 세운에서 천간으로 들어오는 기구신을 극하는 성분이 2개 있더라도 기구신을 생조해주거나 보호해주는 성분이 1개 있으면 다소나마 흉할 것이다.

또 사주원국의 천간에 대운이나 세운에서 천간으로 들어오는 희용신을 극하는 성분이 1개 있더라도 희용신을 생조해주거나 보호해주는 성분이 2개 있으면 제법(또는 상당히) 길할 것이고, 사주원국의 천간에 대운이나 세운에서 천간으로 들어오는 기구신을 극하는 성분이 1개 있더라도 기구신을 생조해주거나 보호해주는 성분이 2개 있으면 제법(또는 상당히) 흉할 것이다.

대운이나 세운에서 희용신이나 기구신이 지지로 들어오는 경우에도, 사주원국의 지지의 상황을 고려하여 위와 같이 유추하면 될 것이다.

그리고 대운이나 세운에서 천간으로 들어오는 성분이 사주원국의 천간에 있는 성분과 간합(干合)하는 경우에, 사주원국에 있는 성분은 합으로 인해 기반(羈絆)이 심하나, 대운이나 세운에서 들어오는 성분은 사주원국의 성분에 비해 기반이 심하지 않다.

더욱이 사주원국의 천간에 있는 성분끼리 간합하고 있는데 대운이나 세운에서 천간으로 들어오는 성분이 사주원국의 성분과 또다시 간합이 되는 경우에는, 사주원국의 천간에 있는 성분끼리 간합하지 않는 경우에 비해, 사주원국에 있는 성분은 사주원국의 다른 성분과도 간합하고 운에서 들어오는 성분과도 간합함으로 인해 기반이 더 심한 데 반해, 대운이나 세운에서 들어오는 성분은 사주원국에 있는 성분에 비해 기반이 훨씬 덜하다.

그러나 대운이나 세운에서 천간으로 들어오는 성분이 대운이나 세운의 지지에 깊이 통근하지 못한 채로 사주원국의 천간에 있는 성분과 간합하면서 사주원국의 천간에 있는 다른 성분에게 극까지 받거나, 사주원국의 천간에 있는 2개 이상의 성분과 투합(妒合)이 되는 경우에는, 사주원국의 천간에 있는 성분의 기반은 덜하므로 고유의 활동력이 현저히 줄어들지 않으나, 대운이나 세운에서 들어오는 성분의 기반은 심하므로 고유의 활동력이 현저히 줄어든다.

이 경우에 대운이나 세운에서 들어오는 성분과 사주원국의 성분 중 어느 것이 희용신이고 어느 것이 기구신이냐에 따라 길하기도 하고 흉하기도 하며, 각 정황에 따라 길흉의 정도도 달라진다. 이상의 관계를 자세하게 도표로 나타내면 다음과 같다.

대운이나 세운의 천간	사주원국의 천간	합(合)함	투합(妒合)함	합(合)하면서 다른 성분에게 극(剋)도 받음
용신운	기신	중길 또는 소길	소길 또는 무난	중흉 또는 소흉
희용신운	한신	중길 또는 소길	소길 또는 무난	소흉 또는 무난
희신운	기신	대길	대길	중길 또는 소길
희신운	구신	소길	소길 또는 무난	중흉 또는 소흉
기신운	용신	대흉	대흉	중흉 또는 소흉
구신운	희신	대흉 또는 중흉	대흉 또는 중흉	중흉 또는 소흉
기구신운	한신	중흉 또는 소흉	소흉 또는 무난	소흉 또는 무난
한신운	희용신	대흉 또는 중흉	대흉 또는 중흉	중흉 또는 소흉
한신운	기구신	대길 또는 중길	대길 또는 중길	중길 또는 소길

한편 대운에서 천간으로 들어오는 희용신이 세운에서 천간으로 들어오는

기구신이나 한신과 간합하면 제법 흉할 것이고, 대운에서 천간으로 들어오는 기구신이 세운에서 천간으로 들어오는 희용신이나 한신과 간합하면 제법 길할 것이다.

5. 월운(月運)과 일운(日運)과 시운(時運)

　대운과 세운 외에 월운(月運)까지도 적용하는 학자들이 상당수 있는 것으로 알고 있다. 그러나 월운은 세운의 틀 속에 갇혀 있는 작은 흐름이라서 그 작용력이 매우 미미하다고 봐야 할 것이다. 필자의 경험으로 볼 때, 세운의 길흉이 월운에 따라 각 월별로 가감되지는 않는다고 본다. 그러므로 월운은 세운의 해석 방법과 같은 방법으로는 해석할 길이 없다고 하는 것이 옳을 것이다. 예컨대 세운이 아주 흉한 경우에, 월운이 아주 좋다고 해서 무슨 의미가 있겠는가. 비록 월운이 아주 좋다고 하더라도 세운이 흉하다면, 그달에 결코 뜻한 바를 이루거나 좋은 일이 생기거나 편안하다고 하지 못할 것이다.

　월운이 이러할진대, 일운(日運)과 시운(時運)은 말할 나위도 없다고 하겠다. 월운이 별 의미가 없는데, 일운과 시운이 어찌 길흉에 영향을 미치겠는가. 일운과 시운은 그 작용력이 더 미미하므로 길흉과는 전혀 무관하다고 해야 할 것이다.

　물론 일운의 좋고 나쁨에 따라 그날의 기분이 좋고 나쁜 정도는 느낄 수 있겠지만, 일운이 좋다고 해서 그날 하루 동안 일이 잘 풀린다는 법이 없다는 것은 자명한 일이다. 예컨대 일운이 좋다고 해서 그날 하루의 매출이 늘고 일운이 나쁘다고 해서 그날 하루의 매출이 형편없는 것은 결코 아니므로, 운세를 해석할 때 월운과 함께 일운도 전혀 고려해서는 안 될 것이다.

대운(大運) 및 세운(歲運) 해석 시 주의할 사항

대운과 세운[유년운(流年運)]을 해석할 때는 대운과 세운의 간지의 상황을 기본적으로 고려하되, 사주원국의 상황과 사주 주인공의 직업 및 활동성과 운의 제약요소와 같은 여러 변수(變數)를 종합적으로 고려하여 해석해야 할 것이다. 이하에서 여러 변수에 대해 살펴보기로 한다.

1. 사주원국(四柱原局)의 상황에 따른 운(運)의 변수(變數)

사주원국의 상황에 따라 대운과 세운의 기본적인 작용이 다르게 나타나는 변수가 발생하기도 한다. 다시 말해 희용신의 운인데도 길하지 않고 오히려 흉한 경우도 있고, 기구신의 운인데도 흉하지 않고 무난하게 넘어가는 경우도 있고, 한신의 운인데도 길하거나 흉한 경우도 있다.

(1) 희용신운도 흉한 경우가 있다

일반적으로 희용신운은 일주(日主)가 바라는 운이므로 길한 경우가 보통이다. 그러나 사주원국에 희용신을 생부(生扶)해주거나 보호해주는 성분은 거의 없고, 희용신을 합하여 묶어버리거나 극하는 성분, 즉 기구신이 매우 많다면, 희용신운이 오히려 흉할 것이다. 예를 들어보자.

ⓐ　　　　ⓑ
　　丁 癸 壬 壬　癸 壬 壬 壬
　　巳 亥 子 子　卯 子 子 子

　ⓐ의 명조는 癸水 일주가 子月에 태어난 데다가 비겁 水가 많아서 아주 신강하므로, 왕한 일주 癸水를 설기하는 식상 木을 절실히 필요로 하나, 사주원국에 식상 木이 전혀 없어서 부득이 시간의 재성 丁火를 용신으로 삼고 운에서 식상 木이 들어오기를 간절히 기다리고 있는 군겁쟁재격이 된다. 희신운인 木운은 간지 모두 왕한 비겁 水를 설기하여 용신 丁火와 巳火를 생조해주므로 상당히 길하겠으나, 용신운인 火운은 간지 모두 木의 생조는 전혀 받지 못하고 왕한 水의 충극만 받아서 군겁쟁재가 되므로 길하기는커녕 오히려 아주 흉할 것이다. 관살 土운(지지엔 조토운)은 간지 모두 식상 木운보다는 못해도 왕한 水를 극하여 용신 丁火와 巳火를 구해주므로 제법 길할 것이다.

　ⓑ의 명조는 시지의 상관 卯木을 용신으로 삼고 재성 火를 희신으로 삼는 종왕상관격이 된다. 용신운인 木운은 간지 모두 왕한 水를 설기하여 기운을 유통시켜주므로 아주 길하겠으나, 희신운인 지지의 火운은 비록 용신 卯木의 생조를 받긴 해도 세 子水의 충극을 받아 손상을 많이 입으므로 다소 길한 정도로 그치겠고, 희신운인 천간의 火운은 木의 생조는 전혀 받지 못하고 왕한 壬癸水의 극만 받아 쟁재가 되므로 아주 흉할 것이다. 천간의 관살 土운은 용신 卯木에게 도움을 주지는 않고 왕한 壬癸水를 충격(衝激)하여 사주를 혼란스럽게 하므로 상당히 흉하겠으나, 지지의 土운(특히 습토운)은 용신 卯木의 극을 받아서 왕한 세 子水를 그다지 충격하지 않으므로 큰 어려움은 없을 것이다.

(2) 기구신운도 흉하지 않은 경우가 있다

일반적으로 기구신운은 일주가 꺼리는 운이므로 흉한 경우가 보통이다. 그러나 기구신과 희용신 사이에 기구신을 화하면서[설기하면서] 희용신을 생조해주는 성분이 있다면, 기구신이 희용신을 충극하지 못하므로 기구신이 해로운 역할을 하지 않을 것이며, 대운이나 세운에서 기구신이 들어오는 경우에도, 사주원국에 기구신을 충극하는 성분이나 기구신을 화하여[설기하여] 희용신을 생조해주는 성분이 있다면, 기구신운임에도 불구하고 별로 흉하지 않거나 다소나마 길할 수도 있을 것이다. 예를 들어보자.

丙 癸 辛 辛
辰 卯 卯 丑

이 명조는 癸水 일주가 卯月에 태어난 데다가 木火土가 왕하여 신약하므로, 연월간의 인성 辛金을 용신으로 삼고 용신인 인성 辛金을 생조해주고 있는 연지의 칠살 丑土를 희신으로 삼는 살인상생격이 된다. 천간으로 들어오는 비겁 壬癸水도 기신 丙火를 극해주므로 희신의 역할을 한다.

기신운인 천간의 재성 火운은 용신인 인성 辛金을 합하여 묶어버리거나 극하므로 아주 흉하겠으나, 기신운인 지지의 재성 火운은 용신인 인성 辛金을 극하기는커녕 오히려 식신 卯木을 화하면서[설기하면서] 용신인 인성 辛金의 뿌리인 칠살 丑土를 생조하여 구신인 식신 卯木의 극으로부터 희신인 칠살 丑土를 구해줄 뿐 아니라, 木生火, 火生土, 土生金, 金生身하여 기운을 유통시켜주므로, 기신운임에도 불구하고 다소나마 길할 것이다. 결국 지지의 火운은 기신운이 아니라 사실상 희신운이나 다름없다고 해야 할 것이다.

그러나 연지에 습토인 丑土 대신 조토인 未土가 있다면, 未土는 용신 辛

金을 제대로 생조해주지 못할 뿐 아니라 火를 제대로 설기하지도 못하므로, 지지의 火운은 비록 천간의 火운보다 덜 흉하긴 해도 제법 흉할 것이다.

(3) 한신운의 길흉은 사주원국의 상황에 따라 다르게 나타난다

일반적으로 한신은 희용신도 아니고 기구신도 아닌 성분을 말한다. 그러나 비록 한신이라고 하더라도 실제로는 희용신을 도와주고 보호해주거나 기구신을 도와주는 경우가 대부분인데, 만일 한신이 희용신을 도와주고 보호해준다면 사실상 희신으로 봐야 마땅하고, 만일 기구신을 도와준다면 사실상 구신으로 봐야 마땅할 것이다. 그러니까 말 그대로 아무 할 일 없이 놀고 있는 한신도 있지만, 대부분의 한신은 사실상 희신이나 구신의 역할을 한다고 보는 것이 좋을 것이다. 예를 들어보자.

甲 壬 庚 丁
辰 子 戌 未

이 명조는 壬水 일주가 戌月에 태어난 데다가 木火土가 많아서 신약하므로, 월간의 인성 庚金을 용신으로 삼고, 기신 丁火를 합하여 묶어버리거나 극하여 용신 庚金을 구해주는 비겁 水를 희신으로 삼는 신약용인격이 된다.

천간으로 들어오는 관살 土도 기신 丁火를 화하면서[설기하면서] 용신 庚金을 생조하여 구해주므로 희신의 역할을 하지만, 지지로 들어오는 관살 土(특히 조토)는 비록 용신 庚金의 뿌리가 되긴 해도 희신 子水를 극하므로 구신의 역할을 한다.

木은 한신인데, 천간의 甲木운은 비록 용신 庚金의 극을 받긴 해도 기신 丁火를 생조하여 용신 庚金을 부담스럽게 하므로 제법 흉하겠고, 천간의 乙

木운도 기신 丁火를 생조하면서 용신 庚金을 합하여 묶어버리므로 아주 흉하겠으나, 지지의 木운(특히 卯木운)은 왕한 구신 土를 극하여 사실상 일주 壬水의 의지처인 희신 子水를 구해주므로 다소나마 길할 것이다.

그러니까 이 명조의 경우에, 천간의 한신운인 木운은 사실상 기구신운이나 다름없고, 지지의 한신운인 木운은 사실상 희신운이나 다름없다고 해야 할 것이다. 그런데 만약 일지에 인성 申金이 있다면, 지지의 木운은 희신 水를 구해주지도 않고 용신 申金의 충극을 받느라 기신 丁火를 제대로 생조해주지도 않아서 별문제 없이 무난하므로, 말 그대로 길흉에 별로 영향을 미치지 않는 한신운이 될 것이다.

따라서 한신운이라고 해서 무조건 무난하다고 해석해서는 안 되며, 사주의 상황에 따라 무난할 수도 있고 흉할 수도 있고 길할 수도 있다는 사실을 알아야 할 것이다.

2. 운(運)의 작용력의 대소(大小)

운(運)의 작용력, 즉 희용신의 운은 얼마나 길하게 작용하고 기구신의 운은 얼마나 흉하게 작용하는가 하는 것은 사주 주인공의 직업과 독자적인 활동성에 따라 변수(變數)가 있음을 인식하고 있을 필요가 있다.

(1) 사업가(또는 자영업자)와 봉급생활자의 운

사업가(또는 자영업자)는 어떤 일에 대해(특히 경제적인 문제에 대해) 의사결정(意思決定)을 해야 하는 경우가 많고 그 결과 금전의 출입이 잦으므로, 희용신운과 기구신운(특히 재물과 관련된 운)이 민감하게 작용한다고 할 수 있다. 다시 말해 운이 좋으면 큰돈과 명예가 함께 들어오는 경우가 많고, 운이 나쁘면 큰돈과 명예를 한꺼번에 잃어버리는 경우가 많다. 물론 운이 좋아도 적극적으로 활동하지 않는다면 큰돈을 벌 기회를 잡지 못할 수도 있을 것이고, 운이 나빠도 사업의 규모를 확장하지 않거나 무리한 투자를 하지 않는다면 작은 손실을 입는 것으로 그칠 수도 있을 것이다.

  반면에 봉급생활자는 금전에 관한 의사결정을 할 경우가 별로 없거나, 설사 있다고 하더라도 사업가에 비해 그 규모가 훨씬 적은 경우가 대부분이므로, 희용신운과 기구신운(특히 재물과 관련된 운)이 그다지 민감하게 작용하지 않는다고 할 수 있다. 다시 말해 운이 좋다고 하더라도 큰돈을 버는 경우는 거의 없고, 그 대신 직장생활이 편하거나 봉급이 인상되거나 실력을 인정받아서 승진이나 스카웃되는 정도가 될 것이고(실직자의 경우에는 직장을 구하는 정도가 될 것이고), 운이 나쁘다고 하더라도 큰돈을 잃는 경우는 거의 없고, 그 대신 직장생활이 힘들거나 감봉(減俸)이 되거나 좌천(左遷)이 되거나 업무상 과오를 저질러 징계를 받아 실직(失職)을 하는 정도가 될 것이다. 물론 봉급생활자라도 한 조직체를 책임지고 있는 자리에 있다면, 비중 있는 의사결정권이 있어서 활동력이 커지는 경우가 많으므로, 그에 따라 운(특히 재물과 관련된 운)도 민감하게 작용할 가능성이 많을 것이다.

  그래서 운이 좋은 경우에는 직장생활을 하는 것보다 활동성이 큰 사업을 하는 것이 길운(吉運)의 영향을 많이 받으므로 더 좋고, 운이 나쁜 경우에는 사업을 하는 것보다 안정된 직장생활을 하는 것이 흉운(凶運)의 영향을 덜 받으므로 더 좋다고 하는 말도 있는 것이다. 물론 현실적으로 그러한 선택을 마음먹은 대로 쉽게 할 수 없는 경우가 더 많다고 할 수 있는데, 그렇다면 그것도 운명이라고 해야 하지 않을까 싶다.

(2) 부모의 보호 아래에 있을 때의 운

부모 슬하에 있는 유년기와 청소년기에는, 본인이 직접 경제 활동을 하지 않고 부모의 경제력에 의지할 수밖에 없는 처지이므로, 경제력이 있는 부모의 운이 더 민감하게 작용하고, 본인의 운은 그다지 민감하게 작용하지 않는다고 해야 할 것이다. 그러니까 경제 활동을 하고 있는 부모의 운이 좋으면 설사 본인의 운이 좋지 않다고 하더라도 별문제 없이 편안하게 지내는 경향이 많고, 부모의 운이 나쁘면 비록 본인의 운이 좋다고 하더라도 생계가 어려운 경우가 많다고 하겠다.

물론 본인의 운이 좋으면 생계가 어려워도 마음이나마 편안할 가능성이 많고, 본인의 운이 나쁘면 생계가 넉넉해도 불만이 많을 가능성이 충분히 있으므로, 생계 문제 외에는 본인의 운이 분명히 작용한다고 봐야 할 것이다.

그리고 어린 나이에 부모를 여의고 가정의 생계를 혼자 책임져야 하는 경우라면, 본인의 계산하에 직접 경제 활동을 할 수밖에 없으므로, 본인의 운이 에누리 없이 그대로 작용할 것이다. 따라서 운은 자신의 책임과 계산하에 직접 경제 활동을 하는 사람에게 훨씬 더 민감하게 작용한다고 보는 것이 옳을 것이다.

(3) 가정주부의 운

결혼하여 남편의 수입에만 의지하여 가정을 꾸려나가는 여자, 즉 전형적인 가정주부는 손수 경제 활동을 하지 않으므로, 경제적인 문제에 대해서는 본인의 운보다 손수 경제 활동을 하는 남편의 운에 더 큰 영향을 받는다고 할 수 있다. 다시 말해 남편의 운이 좋으면 설사 본인의 운이 나쁘다고 하더라도 경제적으로는 어려움을 겪지 않고 생활할 수 있고, 남편의 운이 나쁘면 비록 본인의 운이 좋다고 하더라도 경제적으로는 어려움을 겪을 수밖에 없다고 할 수 있다.

물론 본인의 운이 좋으면 비록 경제적으로는 어려움을 겪는다고 하더라도 그 외의 일은 뜻대로 순조롭게 전개될 가능성이 많고, 본인의 운이 나쁘면 설사 경제적으로는 풍요롭다고 하더라도 그 외의 일은 뜻대로 되지 않을 가능성이 많으므로, 전형적인 가정주부의 경우에도 경제적인 문제 외에는 본인의 운이 그대로 작용한다고 봐야 할 것이다.

그러나 남편을 사별하거나, 남편이 그다지 유능하지 못하거나, 결혼하지 않고 독신으로 살거나, 그 밖의 이유로 인해서 여자가 손수 경제 활동을 영위하는 경우에는, 경제적인 문제를 포함한 거의 모든 일에 대해 본인의 운이 그대로 작용한다고 봐야 할 것이다.

그러므로 운은 경제 활동을 하지 않는 사람보다 손수 경제 활동(특히 사업이나 자영업)을 하는 사람에게 훨씬 더 민감하게 작용한다고 하겠다. 이로 미루어 볼 때, 부부 중에서 운이 더 좋은 사람이 손수 경제 활동을 하는 것이 가정의 생계에 더 큰 도움이 된다고 할 수 있지만, 그렇게 하는 것이 현실적으로 어려운 경우가 많은데, 그것도 운명이라고 해야 하지 않을까 싶다.

3. 운(運)의 제약요인(制約要因)

세상사(世上事)는 워낙 복잡다단(複雜多端)해서 사주원국의 상황과 대운과 세운만으로 각 개인의 운명(運命)을 결코 다 알 수 없다는 사실을 인지(認知)하고 있어야 한다. 다시 말해 대운과 세운 외에 환경과 노력과 적성과 사회규범도 각 개인의 운명에 영향을 미치며, 사주원국의 상황과 대운과 세운으로 포착할 수 없는 개인의 운명도 있다는 점을 인정하고서 사주와 운을 해석해야 할 것이다.

(1) 환경(環境)의 지배(支配)

개인의 운은 어떠한 환경에서든지 똑같이 작용하는 것이 아니라, 어떠한 환경에 놓여 있느냐에 따라 다르게 작용한다고 봐야 할 것이다. 다시 말해 개인의 운은 국가 체제나 국가 정책이나 경제 환경과 같은 환경이 어떠한지에 따라 기대 이상으로 작용하기도 하고 기대 이하로 작용하기도 한다고 할 수 있다.

예컨대 공산주의 체제에서는 자유민주주의 체제와는 달리 고급 당원이 아닌 한 자유로운 사회 활동이 극히 제한되어 있으므로, 개인의 운이 충분히 작용하지 않는다고 할 수 있다. 다시 말해 이러한 체제하에서는 고급 당원이 아닌 한 개인의 운이 좋아도 비록 생활은 편하더라도 그렇다고 해서 큰돈을 벌거나 사회적인 위상이 높아지기는 지극히 어려울 것이다. 또 한 나라의 정부가 그동안 의사(醫師)의 수를 제한해왔던 정책을 변경하여 의사의 수를 대폭 늘리기로 했다면, 어느 의사의 장래의 운이 비록 길하다고 하더라도 의료 수입의 대폭적인 증가를 보장받기가 어려울 수도 있을 것이다(물론 편안하게 지낼 수는 있을 것이다). 또 섬유업계가 사양길에 접어들었다면, 어느 섬유업자의 장래의 운이 비록 길하다고 하더라도 섬유업을 통하여 큰돈을 벌기는 쉽지 않을 것이다(물론 편안하게 지낼 수는 있을 것이다). 또 대기업에 취업하는 것은 중소기업에 취업하는 것보다 그 문이 훨씬 더 좁으므로, 비록 대기업에 들어가기 위해 취업준비를 철저히 하여 운이 아주 좋은 시기에 취업시험을 본다 하더라도, 대기업 취업의 문이 워낙 좁다 보니 유명대학을 우수한 성적으로 졸업하지 않는 한 합격한다는 보장이 없다고 해야 할 것이다.

그러므로 개인의 운을 해석할 때에는 이러한 환경의 영향을 충분히 고려하여 개인의 운에 가감(加減)을 해야 할 것이다. 왜냐하면 개인의 운을 해석하는 수단이 되는 자평명리학은 위와 같은 환경의 영향을 전혀 반영하지 못하기 때문이다.

그리고 지진이나 홍수나 가뭄이나 대형 화재나 비행기 사고나 건물 붕괴나 전쟁과 같은 천재지변은 개인의 운과는 전혀 다른 사이클을 가지고 있음을 알아야 할 것이다. 다시 말해 만약 지진이나 홍수가 발생한다면, 그 지역에 있는 사람들은 운이 좋든 나쁘든 대부분 지진이나 홍수의 피해를 입을 수밖에 없다. 땅이 갈라지고 건물이 무너지고 화재가 발생하거나 만물이 물에 잠기고 떠내려가는데, 운이 좋은 사람의 집이라고 해서 무사할 리가 있겠는가. 또 비행기가 추락하거나 대형 건물이 붕괴될 때, 운이 좋은 사람이라고 해서 재앙을 면할 리가 있겠는가. 실제로 개인의 운이 좋은 사람이 위와 같은 천재지변으로 인해 죽거나 불구가 된 사례는 얼마든지 있다고 한다. 천재지변은 개인의 운을 해석하는 수단인 자평명리학으로는 도저히 접근할 수 없는 영역이므로, 개인의 운이 좋다고 해서 천재지변의 재앙을 피해갈 수 있다는 생각은 하지 않는 것이 좋을 것이다.

한마디로 말해서, 개인의 운은 위에서 언급한 바와 같이 환경이 불리하거나 불안정한 경우에는 제대로 작용하지 않고, 환경이 유리하거나 안정되어 있는 경우에 비로소 제대로 작용한다고 하겠다. 그러므로 환경의 변수는 개인의 운보다 더 높은 차원에서 개인의 운을 지배하고 있는 제약요인(制約要因)이라고 해야 할 것이다.

(2) 노력(努力)의 여부(與否)

사주(四柱)와 운(運)이 아무리 좋다고 하더라도, 노력은 전혀 하지 않고 가만히 앉아 있기만 한다면, 발복(發福)하여 뜻한 바를 이루기가 어렵다는 점을 인식해야 할 것이다. 운(運)이라는 글자를 보면 움직인다는 뜻을 지니고 있는데, 그렇다면 열심히 노력하여 부지런히 움직여야만 운이 제대로 작용하고 부지런히 움직이지 않으면 운이 제대로 작용하지 않는다는 의미를 내포하고 있다고 봐야 할 것이다. 좋은 운만 믿고서 감나무 밑에 누워서 홍시가 떨어지기를 기다리는 어리석은 마음을 지니고 있다면, 그런 사람에게는 좋은 운도 비껴갈 것이다.

물론 열심히 노력해서 뜻한 바를 이루는 경우도 있지만, 아무리 노력해도 뜻한 바를 이루지 못하는 경우도 얼마든지 있기는 하다. 그러나 노력을 해도 뜻한 바를 이루지 못하는 건 어쩔 수 없는 일이긴 하지만, 무슨 일이든지 노력을 해서 미리 준비를 해놓는다면, 지금 당장은 뜻한 바를 이루지 못해도 언젠가 좋은 운이 들어올 때 노력하여 준비한 것이 빛을 보게 될 것이다. 그래도 뜻한 바를 이루지 못한다면 인내심을 갖고서 진인사대천명(盡人事待天命)하는 것이 노력하지 않고서 허황한 꿈을 꾸는 것보다 훨씬 더 나을 것이다.

요컨대 무슨 일이든지 노력한다고 해서 무조건 뜻한 바를 이룬다고 할 수는 없지만, 노력을 해서 미리 준비를 해놔야 좋은 운이 들어왔을 때 운이 제대로 작용하여 발복을 할 수 있을 것이다.

(3) 노력(努力)과 적성(適性)

노력을 해야 한다고 해서 막무가내로 노력을 해도 좋다는 말이 아니다. 노력을 하기 전에 무엇보다도 자신의 타고난 재능(才能)이 무엇인지를 먼저 파악을 하고서, 그 재능을 살리는 방향으로 노력을 해야 재미가 있어서 잘 지치지도 않을 뿐 아니라 노력한 효과도 제대로 나타날 것이다. 다시 말해 자신의 적성(適性)을 잘 파악해서 적성에 맞는 방향으로 노력해야 노력의 결실을 충분히 맛볼 수 있을 것이다. 게다가 적성에 맞게 노력한다면, 설사 어려운 상황에 부딪히더라도 재미가 있기 때문에 여간해서는 포기하거나 주저앉지 않고 뜻한 바를 이루기 위해 꾸준히 앞으로 나아갈 수 있을 것이다.

그런데 어떤 직종(職種)에 전혀 소질(素質)이 없는데도, 그 직종에서 일하는 많은 사람들이 큰돈을 번다는 말에 급기야 그 직종에 몸을 담고서 열심히 노력한다면, 타고난 소질이 워낙 없어서 힘들다는 생각만 들고 노력 자체가 잘 되지 않을 가능성이 많으며, 설사 좋은 운을 만나서 일시적으로 큰돈을 번다고 하더라도 좋지 않은 운을 만나면 원래 재미를 느끼지 못하는 일이라서 견디지 못하고 주저앉고 말 것이다. 무슨 일을 하든지 타고난 소질, 즉 적성은 그만큼 중요하게 작용한다고 해야 할 것이다.

(4) 사회규범(社會規範)의 준수(遵守)

운(運)이 아무리 좋고 노력을 아무리 해도 위법(違法)한 일에 관여한다면, 얼마 동안은 별문제 없이 넘어갈 수 있을는지 몰라도 결국은 법망(法網)에 걸려 철창(鐵窓) 신세를 면하지 못할 것이다. 예컨대 밀수(密輸) 조직에 몸을 담고서 암암리에 일을 하던 중에 운이 매우 좋다고 한다면, 일시적으로 큰돈을 벌 수는 있을지는 모르겠지만, 설사 운이 아무리 좋다고 하더라도 밀수단속반(密輸團束班)의 눈을 언제까지고 피할 수는 없을 것이고, 결국은 단속반에 걸려 쇠고랑을 차게 될 가능성이 많다고 봐야 할 것이다.

그러니까 운이 아무리 좋아도 법망(法網)을 빠져나가지는 못한다고 봐야 하며, 사례를 보면 운이 좋은 시기인데도 국법(國法)을 어겨 감옥 생활을 하는 경우도 심심찮게 있음을 알 수 있다.

4. 사주(四柱)와 운(運)으로써 해석할 수 없는 것들

(1) 출신과 신분 및 지위와 직업

사주팔자로써는 사주 주인공의 출신(出身)에 대해 해석할 수 없다고 해야 할 것이다. 그러니까 사주의 구조가 매우 좋거나 초반의 운이 아주 좋다고 해서 반드시 부유한 집안이나 명문가의 집안에서 태어난다는 보장은 없다고 하겠다. 실제로도 사주의 구조나 초반의 운이 아주 좋아도 가난한 집안에서 태어나는 경우와, 사주의 구조와 초반의 운이 상당히 나빠도 부유한 집안이나 명문가의 집안에서 태어나는 경우를 얼마든지 볼 수 있다.

그리고 신분(身分) 및 지위(地位)에 대해서도 사주팔자로써 완벽하게 해석할 수 없다고 해야 할 것이다. 물론 사주의 구조나 운이 아주 좋으면 사주 주인공의 신분 및 지위가 높은 경우가 많지만, 그렇지 않은 경우도 심심찮게 볼 수 있다. 동서고금의 왕이나 대통령을 보더라도, 사주의 구조나 운이 아주 좋은 경우도 있지만, 사주의 구조나 운이 아주 나쁜 경우도 있음을 알 수 있다.

비근한 예로서 조선 시대에 비극의 왕으로 알려져 있는 단종 임금은 불과 몇 년 동안 재위하면서 고통스런 나날을 보내다가 결국 시해(弑害)되고 말았는데, 기록으로 남아 있는 단종의 사주를 보면 (사주의 진위 여부는 차치하고) 사주의 구조와 운이 상당히 나쁨을 알 수 있고, 상식적으로 생각해봐도 단종의 사주가 매우 나쁘다는 것을 충분히 짐작할 수 있을 것이다. 또 우리나라의 경제를 부흥시킨 박정희 대통령의 알려진 사주를 보더라도 충극(沖剋)이 많아서 사주의 구조가 결코 좋은 편이 아님을 알 수 있다. 물론 정권을 잡고 있을 동안 운이 좋게 흘러가준 덕분에 치세(治世)를 할 수 있었지만, 흔히 말하는 제왕의 사주는 결코 아니라고 봐야 할 것이다(필자는 제왕의 사주가 따로 있는 것은 아니라고 생각한다).

따라서 사주의 구조나 운이 좋으면 좋을수록, 돈을 더 많이 벌거나 남보다 더 나은 위치에서 남들의 인정을 받으면서 편안하고 만족스럽게 살아가는 것은 분명하겠지만, 그렇다고 해서 정치지도자가 되거나 무소불위(無所不爲)의 권력을 잡거나 고위공무원이 되거나 재벌이 되는 것과 같이 반드시 높은 신분과 지위를 누리게 되는 것은 아니라고 해야 할 것이다. 필자의 생각으로는 정치지도자가 되거나 정치권력자가 되거나 고위공무원이 되거나 재벌이 되는 것은 사주팔자로써 해석할 수 없는 다른 인연(예컨대 풍수 이론에 따라 산천의 정기(精氣)를 타고나는 인연이나 전생의 인연 따위)이 있기 때문이라고 보며, 정치지도자나 정치권력자나 고위공무원이나 재벌의 개인적인 삶이 명예롭고 편안하냐 그렇지 않으냐 하는 것은 비로소 각자의 사주의 구조와 운에 달려 있다고 본다. 그러니까 정치지도자의 사주의 구조와 운이 좋으면, 훌륭한 정책을 펴서 존경을 받으며 만족스럽게 정치를 할 것이고, 정치지도자의 사주의 구조와 운이 나쁘면, 자신은 아무리 잘 다스리려고 해도 실정(失政)으로 인해 국민들에게 지탄을 받으며 힘들게 정치를 할 가능성이 많을 것이다.

그리고 사주팔자로써 그 사주 주인공이 어떤 직업에 종사하고 있는지를 정확하게 알아맞힐 수 있다고 주장하는 명리학자들이 많은 줄로 알고 있는데, 자평명리학의 이론으로는 직업을 정확하게 알아맞힐 수 없다고 해야 할 것이다. 현재 직업의 수는 셀 수 없을 정도로 많은 데다가, 우리나라만 하더라도 같은 시간대에 태어난 사람들이 적지 않은 실정인데, 만약 사주팔자로써 그 사주 주인공의 직업을 정확하게 알 수 있다고 한다면, 같은 시간대에 태어난 사람들은 모두 똑같은 직업을 갖고 있어야 하겠지만 실제로는 다른 직업을 갖고 있는 경우가 많다고 해야 할 것이다.

심지어 같은 시간대에 태어난 쌍둥이라고 하더라도 자라온 환경이 다를수록 다른 직업을 갖고 있는 경우가 적지 않은 실정이라고 한다. 물론 똑같은 직업은 아니더라도 비슷한 유형의 직업을 가지고 있을 가능성은 많다고 하겠다.

결국 사주의 구조로써 사주 주인공의 직업 적성을 파악하고 분석하는 것은 얼마든지 가능하고, 또 사주 주인공의 직업 적성을 파악하고 분석하여 적성에 맞는 직업을 선택하도록 조언을 해줄 수가 있지만, 사주 주인공이 실제로 종사하는 직업이 무엇인지를 정확하게 알아맞히는 것은 거의 불가능하다고 해야 할 것이다.

그리고 직업에 대한 적성이 비록 중요하고 의미 있긴 해도, 적성에 맞는 직업에 종사하는 사람들이 극히 적은 것이 현실이므로, 사주의 구조에 따른 직업 적성을 파악하고 분석하여 사주 주인공이 적성에 맞는 특정 직업에 종사한다고 단언해서는 안 될 것이며, 또 그렇게 단언해봐야 잘 맞아떨어지는 경우보다 잘 맞아떨어지지 않는 경우가 더 많을 것이다. 만일 사주 주인공의 직업을 정확히 알아맞히는 역술가가 있다면, 자평명리학의 이론이 아닌 다른 술법(術法)이나 영감(靈感)으로써 알아맞힌 것이라고 봐야 할 것이다.

그런데 「적천수(滴天髓)」의 출신지위편(出身地位編)을 보면, 사주의 구조가 매우 좋으면 출신도 좋고 지위도 높다고 하고 있는데, 이에 부합하는 경우도 많지만 반드시 그러한 것은 아니고, 위에서 살펴본 바와 같이 사주 팔자 외에 조상의 공덕이나 산천의 정기를 타고나는 것과 같은 다른 인연에 따라 출신과 신분이 결정되는 경향이 더 많다고 해야 할 것이다. 그러므로 자평명리학자라면, 자평명리학의 이와 같은 한계를 분명히 인식하는 것이야 말로, 자평명리학이 사람들을 미혹하는 그릇된 술수(術數)가 아니라 학문다운 학문으로 인정받을 수 있는 지름길이 된다는 사실을 반드시 명심해야 할 것이다.

한편 직업과 관련하여 길흉을 얘기할 때 반드시 짚고 넘어가야 할 내용이 있다. 보통 길운(吉運)이면 돈을 많이 벌고 흉운(凶運)이면 돈을 많이 잃거나 벌지 못한다고 하지만, 이는 길흉(吉凶)의 정확한 의미가 아니라고 해야 할 것이다. 길흉의 의미는 사주 주인공의 직업에 따라 다소 달라진다고 해야 옳을 것이다. 예컨대 자영업자가 길운을 만나면 사업이 번창하여 많은 돈을 벌 수 있으나, 직장인이나 공무원이 길운을 만나면 승진이 되거나 능력을 인정받거나 봉급이 인상될 수 있을 것이고, 정치가가 길운을 만나면 권력(또는 명예)과 돈을 함께 얻을 수 있을 것이고, 연예인이 길운을 만나면 인기와 돈을 한꺼번에 얻을 수 있을 것이고, 실업자가 길운을 만나면 일자리를 얻을 수 있을 것이고, 수험생이 길운을 만나면 시험에 합격할 수 있을 것이다. 반면에 흉운을 만나면 그 반대로 유추하면 될 것이다.

이처럼 길흉의 의미는 직업에 따라 다소 차이가 나므로, 사주 주인공의 세속적인 만족도(일이 뜻한 바대로 이루어지거나 삶이 편안하다고 느끼는 감정의 정도)가 커지느냐 작아지느냐 하는 것을 길흉의 기준으로 삼는 것이, 단지 금전·명예·인기의 득실(得失)이나 시험 합격의 여부만을 길흉의 기준으로 삼는 것보다 훨씬 더 타당할 것이다. 물론 일반적으로 금전이나 명예나 인기나 시험 합격이 세속적인 만족도를 평가하는 가장 큰 기준이 되는 것은 사실이지만, 그렇다고 해서 이러한 것들이 세속적인 만족도를 평가하는 기준의 전부는 아니라고 해야 할 것이다.

(2) 질병

질병에 대해서는 〈제27장 제1절 질병(疾病)〉에서 설명해놓았으니, 그 내용을 참고하면 될 것이다.

(3) 수명(壽命)의 장단(長短)과 죽음

수명(壽命)의 장단(長短)과 죽음에 대해서는 〈제27장 제2절 수명(壽命)의 장단(長短)과 죽음〉에서 설명해놓았으니, 그 내용을 참고하면 될 것이다.

(4) 복권 당첨과 주식 투자와 부동산 투기

각종 복권에 당첨될지 그 여부도 사주팔자로써는 전혀 해석할 수 없다고 보는 것이 옳을 것이다. 다시 말해 사주의 구조나 운이 아주 좋다고 해서 복권에 당첨되고 사주의 구조나 운이 아주 나쁘다고 해서 복권에 당첨되지 않는 것은 아니라고 해야 할 것이다.

그리고 주식 투자를 하거나 부동산 투기를 하여 돈을 벌 수 있을지 그 여부도 사주팔자로써 해석할 수 없다고 봐야 할 것이다. 다시 말해 사주의 구조와 운이 아주 좋아도 주식 투자나 부동산 투기를 하여 손실을 볼 수 있고, 사주의 구조와 운이 아주 나빠도 주식 투자나 부동산 투기를 하여 이익을 볼 수 있을 것이다.

그런데 만약 운이 나쁠 때에 복권에 당첨되거나 주식 투자나 부동산 투기를 하여 큰돈을 벌었다면, 그 돈이 수중에 남아 있지 않을 가능성이 매우 많을 것이다. 다시 말해 운이 나쁘면, 비록 복권 당첨이나 주식 투자나 부동산 투기로 큰돈을 벌었다고 하더라도, 사기(詐欺)를 당하거나 갑작스런 사업을 벌여 다 날려버리거나 부모 형제간에 피바람이 몰아칠 가능성이 매우 많다고 해야 할 것이다. 결국 운이 좋아야만 그렇게 번 큰돈을 아무 문제 없이 제대로 관리해나갈 수 있을 것이다.

(5) 길흉(吉凶)의 구체적인 내용

운이 좋으면, 각자의 직업에 따라 일이 뜻한 바대로 이루어지거나 삶이 편안할 가능성이 많을 것이고, 운이 나쁘면, 역시 각자의 직업에 따라 일이 뜻한 바대로 이루어지지 않거나 삶이 고단하고 힘들 가능성이 많을 것이다.

그러나 가령 사업가가 운이 좋거나 나쁘다고 해서, 구체적으로 얼마만큼의 돈을 벌 것인지 잃을 것인지 하는 것을 알 수는 없다. 또 가령 직장인이 운이 좋다고 해서, 구체적으로 얼마만큼의 봉급이 인상될 것인지 아니면 구체적으로 어느 부서의 어느 직책으로 승진이 될 것인지 하는 것을 알 수는 없다. 또 가령 직장인이 운이 나쁘다고 해서, 구체적으로 감봉이 될 것인지 좌천이 될 것인지 실직이 될 것인지 하는 것을 알 수는 없다. 또 가령 실업자가 운이 좋다고 해서, 구체적으로 어느 직장에 어느 직급으로 일자리를 구할 것인지 하는 것을 알 수는 없다. 또 가령 수험생이 운이 좋다고 해서, 구체적으로 몇 등으로 합격할 것인지 하는 것을 알 수는 없다. 또 가령 어떤 사람이 운이 아주 나쁘다고 해서, 구체적으로 교통사고를 당할 것인지 애지중지하는 가족이 죽을 것인지 집에 화재가 발생할 것인지 자식이나 배우자로 인해 무슨 낭패를 볼 것인지 하는 것을 알 수는 없다.

요컨대 운이 좋거나 나쁘면 길흉(吉凶)의 여부, 즉 되고 말고[窮通] 하는 것은 알 수 있어도, 위와 같이 길흉의 구체적인 내용까지 알 수는 없다고 해야 할 것이다.

5. 운(運)의 해석이 맞지 않는 경우

실제로 사주를 감정(鑑定)하다 보면 운의 해석이 사실과 맞지 않는 경우가 있는데, 그 원인을 다음과 같이 여러 가지로 생각해볼 수 있다.

(1) 사주를 잘못 작성한 경우

사주를 잘못 작성하게 되면, 사주를 잘못 해석할 수밖에 없고, 그 결과 길흉이 사실과 맞지 않게 된다. 예를 들어보자.

庚 丙 癸 己
寅 戌 酉 亥
78 68 58 48 38 28 18 8
乙 丙 丁 戊 己 庚 辛 壬
丑 寅 卯 辰 巳 午 未 申

「사주문답2(Q507)」에 나오는 명조인데, 서머타임이 적용되던 때의 새벽 3시에 태어났다고 한다. 丙火 일주가 신약하여 시지의 인성 寅木을 용신으로 삼고 비겁 火를 희신으로 삼는 신약용인격이므로, 木운과 火운이 길하다고 하겠다(그러나 사주원국에 기구신인 金水가 많아서 희용신운인 木火운이 썩 길하지는 않다고 봐야 할 것이다). 그런데 희신운인 午대운에는 상당히 길해야 함에도 불구하고 실제로는 사업이 형편없었다고 한다. 「사주문답2」의 저자인 낭월 스님은 午대운(34~38세)에 분명히 좋아야 하는데 실제로 그렇지 못했다면 의문스럽다고 하면서, 천도재(薦度齋)를 지내볼 것을 권유하고 있다.

필자가 보기로는 낭월 스님이 사주가 잘못 작성되었다는 사실을 간과하고서 답변을 한 것으로 보인다. 이 명조는 커다란 오류를 두 가지나 갖고 있다. 첫째는 만세력을 보면 1959년 9월 1일(양력)은 癸酉月이 아닌 壬申月에 해당한다. 질문자가 절기(節氣)로 달을 구분하지 않고 일반적인 방법으로 달을 구분하다 보니 착오를 일으킨 것 같다. 둘째는 서머타임을 적용하여 새벽 3시에 태어났다면, 실제로는 새벽 2시에 태어난 셈이다. 새벽 2시라면

丑時가 되므로, 시주(時柱)도 庚寅時가 아닌 己丑時가 되어야 한다. 질문자는 실제로 새벽 4시에 태어난 것으로 잘못 안 것 같다. 이상의 오류를 바로잡아 사주를 다시 작성해보면 다음과 같다.

己 丙 壬 己
丑 戌 申 亥
78 68 58 48 38 28 18 8
甲 乙 丙 丁 戊 己 庚 辛
子 丑 寅 卯 辰 巳 午 未

앞에서 질문자가 작성한 명조와 비교해보면, 월주와 시주가 다른 명조가 되어버렸다. 이 명조를 보면, 土金水가 많아서 丙火 일주가 아주 신약하므로 인성 木을 절대적으로 필요로 하나, 사주원국에 인성 木이 없어서 부득이 일지의 戌土 속에 들어 있는 무력한 겁재 丁火를 용신으로 삼고 운에서 인성 木이 들어오기를 간절히 기다리고 있는 신약용겁격이 된다. 사주의 구조를 보면 애초에 질문자가 작성한 앞의 명조보다 더 못하다고 하겠다.

木운은 간지 모두 상당히 길하겠으나, 火운은 木의 생조는 전혀 받지 못하고 水의 충극을 받거나 水와 합하여 기반이 되므로 기대할 만큼 길하지는 않을 것이다. 특히 지지의 巳火운은 丑土에게 설기가 심한 데다가 월령을 잡고서 왕한 申金의 생조를 받고 있는 亥水에게 충을 당하여 파괴되므로 길하기는커녕 오히려 상당히 흉할 것이다. 그러면 애초에 午대운으로 본 34세부터 38세까지는 실제로는 巳대운이 될 것이고, 巳대운이라면 무력한 巳火가 丑土에게 설기가 되는 데다가 왕한 亥水에게 충을 당하여 깨져버리는 바람에 상당히 흉했다고 봐야 할 것이다. 그러다 보니 34세부터 38세까지 사업이 형편없었던 것은 너무도 당연한 결과라고 해야 할 것이다. 따라서 사주를 잘못 작성하다 보니, 巳대운을 午대운으로 잘못 알게 되었고, 그 결과 사주의 해석이 맞지 않을 수밖에 없었다고 하겠다.

(2) 생시(生時)나 생일(生日)을 잘못 알고 있는 경우

실제로 사주를 감정하다 보면, 생시(生時)를 잘못 알고 있어서 사주의 해석이 잘 맞지 않는 경우를 자주 접할 수 있으며, 심지어는 생일(生日)까지 잘못 알고 있어서 사주의 해석이 아예 맞지 않는 경우도 접할 수 있는데, 사주의 해석이 맞지 않는 가장 큰 원인은 생시나 생일에 관한 정확한 정보를 입수하지 못했기 때문이라고 할 수 있을 것이다.

그러면 먼저 생시를 잘못 알고 있는 경우를 두 가지만 예로 들어보기로 하겠다.

ⓐ 男: 1961.6.23.(음력) 丑時生

乙 己 乙 辛
丑 巳 未 丑

ⓑ 男: 1922.5.29.(음력) 午時生

丙 壬 丁 壬
午 辰 未 戌

ⓐ는 남자의 명조인데, 己土 일주가 지지에 인접 火土뿐이라서 아주 신강하므로, 시간과 월간의 칠살 乙木을 용신으로 삼고 재성 水를 희신으로 삼는 칠살격이 된다. 그런데 애석하게도 용신 乙木이 지지에 뿌리를 제대로 내리지 못해서 아주 무력한 데다가 기신 辛金에게 극까지 받고 있으니, 사

주의 구조가 매우 불량하다.

천간의 水운은 기신 辛金을 화하면서[설기하면서] 무력한 용신 乙木을 생조하여 구해주므로 아주 길하겠고, 지지의 木운도 비록 巳火에게 설기가 되긴 해도 왕한 土를 극하면서 용신 乙木의 깊은 뿌리가 되어주므로 상당히 길하겠지만, 천간의 木운(특히 乙木운)은 기신 辛金의 극을 받는 바람에 다소 길한 정도로 그치겠고, 지지의 水운(특히 亥水운)은 金의 생조는 전혀 받지 못하고 火土의 충극만 받아서 용신 乙木을 생조해줄 힘이 부족하므로 무난한 정도로 그칠 것이다.

그런데 본인은 丑時가 아닌 子時에 태어난 것으로 잘못 알고 있었다. 子時에 태어났다면 시주(時柱)가 甲子가 되므로 지지의 水운이 비록 土의 극을 받긴 해도 시지의 子水와 합세하여 용신 乙木을 충분히 생조해줄 수 있으므로 적어도 제법 길해야 마땅할 것이다. 그러나 실제로는 지지의 水운이 그다지 좋지 않았으므로, 子時에 태어난 것으로 보기는 곤란하다고 해야 할 것이다.

또 성격을 보더라도, 甲子時에 태어났다면 일주 己土가 정관 甲木과 합이 되어 정관의 특성인 합리성과 객관성과 공정성이 가장 먼저 나타나야 마땅한데, 실제로는 그러한 성격은 거의 없어 보이고, 무슨 일이든지 자신이 옳다고 여기면 남이야 어떻게 생각하든 개의치 않고 자신의 뜻을 관철시키기 위해 강행하는 칠살[편관]의 특성이 많이 나타나므로, 甲子時가 아닌 乙丑時에 태어난 것으로 보는 것이 타당할 것이다.

ⓑ는 필자의 아버지의 명조인데, 재살 火土가 많아서 壬水 일주가 아주 신약하므로, 연간의 비견 壬水를 용신으로 삼고 인성 金을 희신으로 삼는 재살중용인격이 된다. 그런데 용신인 비견 壬水가 뿌리 없이 무력한 데다가 재성 丁火와 합하여 기반까지 되어 있으므로, 사주의 구조가 매우 불량하다.

천간의 水운(특히 癸水운)은 丙丁火를 극하여 용신 壬水를 구해주므로 상당히 길하겠고, 지지의 金운도 비록 午火의 극을 받긴 해도 土, 특히 습토인 辰土의 생조를 받아 허약한 일주 壬水와 무력한 용신 壬水를 생조해주므로 상당히 길하겠지만, 천간의 金운은 丙丁火의 극을 받는 바람에 일주와 용신 壬水를 생조해줄 힘이 부족하므로 별로 좋지 않겠고, 지지의 水운(특히 子水운)도 왕한 火土의 충극을 받아 깨지므로 상당히 흉할 것이다.

그런데 아버지는 午時가 아닌 亥時에 태어난 것으로 알고 계셨다. 亥時에 태어났다면 시주가 辛亥가 되므로, 천간의 金水운과 지지의 金水운이 모두 다 상당히 길해야 마땅하겠지만, 실제로는 천간의 金운과 지지의 水운(특히 子水운)에 별로 좋지 않았거나 상당히 흉했던 것으로 보이므로, 亥時에 태어난 것으로 보기는 곤란하다.

또 성격을 보더라도, 辛亥時에 태어났다면 정인 辛金의 특성인 수용성과 포용심이 있어서 남의 말을 긍정적으로 잘 받아들일 뿐 아니라 따뜻하고 자애로운 마음씨를 지니고 있어야 하는데, 실제로는 그러한 성격은 거의 없어 보이고, 성질이 매우 급해서 참을성이 부족할 뿐 아니라 처자식 위에 군림하여 가정사를 당신 뜻대로 처리해야 직성이 풀리는 편재의 특성이 아주 강하게 나타나므로(물론 일주 壬水가 정재 丁火와 합하고 있으므로, 인색하고 계산적이고 치밀하고 건강에 지나치게 집착하는 성격이 강하게 나타나는 것은 당연하다), 辛亥時가 아닌 丙午時에 태어난 것으로 보는 것이 타당하다고 해야 할 것이다.

다음으로 생일을 잘못 알고 있는 경우를 예로 들어보기로 하겠다.

ⓐ 男: 1959.4.17.(음력) 酉時生

丁 丙 己 己
酉 午 巳 亥
76 66 56 46 36 26 16 6
辛 壬 癸 甲 乙 丙 丁 戊
酉 戌 亥 子 丑 寅 卯 辰

ⓑ 女: 1971.8.29.(음력) 巳時生

辛 乙 戊 辛
巳 亥 戌 亥
78 68 58 48 38 28 18 8
丙 乙 甲 癸 壬 辛 庚 己
午 巳 辰 卯 寅 丑 子 亥

ⓒ 男: 1949.3.13.(양력) 戌時生

庚 壬 丁 己
戌 寅 卯 丑
72 62 52 42 32 22 12 2
己 庚 辛 壬 癸 甲 乙 丙
未 申 酉 戌 亥 子 丑 寅

ⓐ는 남자의 명조인데, 비겁 火가 왕하여 丙火 일주가 신강하므로, 연월간의 상관 己土를 용신으로 삼고 시지의 재성 酉金과 지지로 들어오는 水를 희신으로 삼는 상관격이 된다. 그런데 아쉽게도 시지의 재성 酉金이 겁재 丁火와 午火에게 포위되어 쟁재가 되어 있다 보니, 형제와 친구들이 본인[사주 주인공]의 재물을 서로 빼앗으려는 형국이다. 실제로 형제와 친구들

이 본인[사주 주인공]의 돈을 뜯어가지 못해 안달하며 본인도 자신의 재물을 뺏기지 않으려고 노심초사(勞心焦思)한다고 한다. 천간으로는 土운과 金운이 길하겠고, 지지로는 습토운과 水운이 아주 길하겠고 金운도 다소 길할 것이다.

성격을 보면, 丙午 일주의 특성인 불같이 급한 기질과 완강한 고집과 양보하지 않고 지지 않으려는 경쟁심이 강하고, 상관 己土의 특성인 호기심과 자신이 최고라는 우월감과 사교성과 뛰어난 언변을 지니고 있고, 정재 酉金의 특성인 치밀하고 인색하고 이해타산에 밝고 손해를 보지 않으려는 성격도 적잖이 드러난다고 한다. 그리고 일지와 시간의 겁재가 시지의 정재를 극하고 있다 보니, 무엇이든지 다 차지하려고 하는 탐욕(貪慾)이 많아서, 어떻게 해서든지 자신의 소유물을 남에게 빼앗기지 않기 위해 전전긍긍(戰戰兢兢)할 뿐 아니라 남의 소유물을 정당하지 않은 방법으로 은근히 빼앗고 싶어하기도 한다고 한다.

그런데 사주 주인공의 부모는 사주 주인공의 生年月日時를 1959.4.18(음력) 酉時로 기억하고 있다고 한다. 생일이 4월 18일(음력)이라고 한다면, 다음과 같은 명조가 되어 사주의 구조가 상당히 달라져버린다.

己 丁 己 己
酉 未 巳 亥

이 명조를 보면, 丁火 일주가 비록 巳月에 태어나긴 했어도 土金水가 많아서 신약하므로, 월지의 겁재 巳火를 용신으로 삼고 운에서 인성 木과 지지로 조토가 들어오기를 간절히 기다리고 있는 신약용겁격이 된다. 그렇다면 실제로 흉했다고 하는 寅대운과 乙대운이 아주 길하게 되고, 실제로 아주 길했다고 하는 丑대운이 상당히 흉하게 되어, 사실과 다르게 되어버린다.

또 성격을 보더라도, 식신 己土의 특성인 사교적이지 못하고 혼자서 궁리하고 연구하는 성격이 매우 강하게 나타나는 것으로 해석이 되므로, 역시 사실과 다르게 되어버린다. 그래서 고심 끝에 사주 주인공의 실제 성격을 근거로 삼아 생일을 하루 앞인 4월 17일(음력)로 당겨본 결과, 필자가 해석한 사주 주인공의 운세와 성격이 신기하게도 사실과 딱 맞아떨어졌다.

필자의 생각으로는 사주 주인공의 부모가 아들의 생일을 잘못 기억하여 호적에 올리다 보니, 전혀 엉뚱한 사주가 되지 않았나 싶다.

ⓑ는 여자의 명조인데, 乙木 일주가 재살 土金이 왕하여 신약하므로, 일지의 인성 亥水를 용신으로 삼고 비겁 木을 희신으로 삼는 신약용인격이 된다. 천간으로는 水운이 좋고 木운은 水의 생조를 받지는 못하고 두 辛金의 극만 받아서 별로 좋지 않겠고, 지지로는 木운과 水운과 金운이 좋을 것이다.

성격을 보면, 정인 亥水의 특성대로 남의 말을 긍정적으로 잘 받아들이는 편이고, 정재 戊土와 戌土의 특성대로 부지런하고 근검절약하고 손해 보기 싫어하고 꼭 필요한 데가 아니면 돈을 잘 쓰지 않으며, 칠살[편관] 辛金의 특성대로 무슨 일이든지 자신이 옳다고 판단하면 남이야 뭐라고 생각하든 개의치 않고 자신의 뜻을 관철시키기 위해 강행하는 편이다. 그러다 보니 함께 일하는 직원들이 숨이 막힐 지경이라고 한다.

그런데 사주 주인공이 부모한테서 전해 들은 생일은 1971년 8월 28일(음력)이라고 했다. 생일이 8월 28일(음력)이라면 다음과 같은 명조가 된다.

己 甲 戊 辛
巳 戌 戌 亥

이 명조를 보면, 희용신은 水木으로서 8월 29일(음력)의 경우와 똑같지만, 성격에는 사실과 상당한 차이가 있게 된다. 그러니까 정재 己土의 특성은 똑같이 나타나지만, 일주가 乙木에서 甲木으로 바뀌고, 정인 亥水의 특성이 거의 없어지고, 편재 戊土의 특성이 강하게 나타나는 것으로 바뀌어버린다. 그러나 사주 주인공의 실제 성격을 보면, 乙木 일주와 정재(乙木 일주의 경우에 戊土와 戌土)의 특성대로 생활력이 매우 강하고 인색할 정도로 씀씀이를 아끼는 편이지만, 성급하고 무슨 일이든지 자기 뜻대로 하려 하고 씀씀이가 헤프고 구차스럽게 살고 싶어하지 않는 甲木 일주와 편재(甲木 일주의 경우에 戊土와 戌土)의 특성은 아예 없어보인다.

그래서 고심 끝에 사주 주인공의 실제 성격을 근거로 삼아 생일을 하루 뒤인 8월 29일(음력)로 늦추어본 결과, 필자가 해석한 성격이 실제의 성격과 잘 맞아떨어졌다. 필자의 생각으로는 이 명조도 앞의 명조와 마찬가지로 사주 주인공의 부모가 자식의 생일을 잘못 기억하여 호적에 올리다 보니, 사실과 다른 사주가 되지 않았나 싶다.

ⓒ는 앞에서도 살펴본 남자의 명조인데, 壬水 일주가 卯月에 태어난 데다가 木火土가 왕하여 신약하므로, 시간의 인성 庚金을 용신으로 삼고 비겁 水를 희신으로 삼는 신약용인격이 된다. 그런데 용신 庚金이 조토인 戌土를 깔고 앉아서 뿌리가 깊지 못한 데다가 용신 庚金의 뿌리인 戌土가 寅木에게 극을 받고 있으니, 사주의 구조가 좋은 편은 아니다.

천간의 金운은 비록 기신 丁火의 극을 받긴 해도 己土의 생조를 받아 시간의 용신 庚金과 합세하여 약한 일주 壬水를 생조해주므로 상당히 길하겠고, 지지의 金운도 丑土와 戌土의 생조를 받아 약한 일주를 생조해주면서 寅卯木을 충극하여 제거하므로 아주 길하겠고, 천간의 水운도 비록 己土의 극을 받긴 해도 용신 庚金의 생조를 받아 기신 丁火를 제거하므로 상당히 길하겠으나, 지지의 水운은 金의 생조는 받지 못하고 戌土와 丑土의 극을 받는 데다가 寅卯木에게 설기까지 되므로 기대할 만큼 길하진 못할 것이다.

실제로 壬대운(43~47세)에는 그동안 영위해오던 개인 사업을 주식회사로 바꾸어 사업의 규모를 넓혀갔으므로 제법 길했던 것으로 볼 수 있고, 戌대운(48~52세)에는 IMF와 맞물리는 바람에 좀 힘들었으나, 辛酉 대운(53~62세)이 진행 중인 2001년부터 지금까지[2007년]는 연간 매출액도 급상승하고 연간 순이익도 수십 억에 이를 정도로 사업이 번창하여 승승장구하고 있다. 앞으로 辛酉 대운의 남은 기간과 庚申 대운의 10년 동안 계속해서 탄탄대로를 달려 사업이 번창할 것으로 보인다.

사주의 구조는 결코 좋은 편이 아니지만, 운이 아주 좋게 흘러가준 덕분에 크게 발복한 경우라고 하겠다.

그런데 본인의 주민등록번호를 보면 생년월일이 1949년 3월 13일이라고 되어 있는데, 본인의 입으로는 1949년 1월 13일(음력)에 태어났다고 했다. 생일이 1월 13일(음력)이라면, 다음과 같은 명조가 된다.

戊 辛 丙 己
戌 未 寅 丑
72 62 52 42 32 22 12 2
戊 己 庚 辛 壬 癸 甲 乙
午 未 申 酉 戌 亥 子 丑

이 명조를 보면, 인성 土가 많아서 辛金 일주가 신강하므로 식상 水를 필요로 하나, 사주원국에 식상 水가 없어서 부득이 월간의 정관 丙火를 용신으로 삼고 용신 丙火를 생조하면서 왕한 土를 극하는 월지의 재성 寅木을 용신으로 삼는 재자약살격이 된다.

그렇다면 실제로 제법 길했다고 하는 43세부터 52세까지는 구신운인 辛대운이라서, 辛金이 용신 丙火를 합하여 묶어버리므로 길하기는커녕 오히려 아주 흉했어야 마땅하고, 실제로 사업에 어려움이 좀 있었다고 하는 48세부터 52세까지는 구신운인 酉대운이라서 용신 丙火의 뿌리인 희신 寅木을 극하므로 좀 어려운 정도가 아니라 상당히 흉했어야 마땅하고, 실제로 아주 길했다고 하는 53세부터 62세까지도 구신운인 庚申 대운이 진행 중이라서 다소 흉하거나(庚대운) 아주 흉했어야(申대운) 마땅할 것이다.

성격을 보더라도, 남의 처지를 이해하고 배려하는 정관의 특성은 많지 않아 보이고, 한 가지 문제를 깊이 파고들어 궁리하는 식신의 특성과 이해타산적이고 종업원들에게 필요 이상의 월급을 주지 않으려 하고 손해를 보기 싫어하고 무슨 일이든지 철두철미한 정재의 특성이 많아 보였다.

그래서 고심 끝에 주민등록번호의 생년월일인 1949년 3월 13일(양력)을 실제 생일로 보고서 사주를 작성하여 운세와 성격을 해석해보니, 사실과 잘 맞아떨어졌다. 필자의 생각으로는 사주 주인공이 자신의 실제 생일인 양력 1949년 3월 13일(음력으로는 1949년 2월 14일)을 음력 1949년 1월 13일로 잘못 기억하고 있는 것이 아닌가 싶다.

(3) 사회 활동이 거의 불가능하다시피 한 장애인의 경우

사주팔자로써 사주 주인공의 운세를 해석하기 위해서는, 사주 주인공이 정상적인 사회 활동을 할 수 있다는 것을 전제 조건으로 해야 한다. 왜냐하면 모든 인간사는 다른 사람들과의 사회적인 관계 속에서 발생하고, 이러한 사회적인 관계를 통하여 길흉이 생겨나는 것이 대부분이므로, 정상적인 사회 활동을 하지 못하는 경우에는 길흉을 구분하는 의미가 없어지기 때문이다. 예컨대 무인도에서 한평생 혼자서 살아가는 사람에게 길흉의 의미가 있을지 없을지는 물어볼 필요도 없을 것이다.

이렇게 볼 때 사회 활동을 정상적으로 할 수 없는 장애인은 사회 활동을 통한 만족이나 좌절을 느끼지 못하기 때문에, 이들에게는 정상적인 사회 활동을 전제로 하는 길흉이 아무런 의미가 없다고 봐야 할 것이다. 특히 정상적인 사고(思考)가 불가능한 정신장애인인 경우에는, 이미 정상적인 사람으로 보기 어려우므로 길흉을 논할 여지가 전혀 없다고 해야 할 것이다. 또 육체장애인인 경우에도, 전신마비나 혼자서 거동하기 불편할 정도의 중증(重症)육체장애인이라면, 정상적인 사회 활동이 거의 불가능하다고 봐야 하므로 역시 길흉의 의미가 거의 없다고 해야 할 것이다. 다시 말해 이들에게는 사주의 운과는 상관없이 한평생 부귀영화와 편안한 삶과는 거리가 먼 고통스러운 삶만이 놓여 있다고 보면 될 것이다. 물론 정신장애인은 고통마저도 느끼지 못할지도 모른다. 그러나 정상적인 사회 활동이 어느 정도나마 가능한 경증(輕症)육체장애인인 경우에는, 사회 활동이 가능한 범위 내에서 운이 분명히 작용할 것이다. 예컨대 한쪽 다리를 잃은 지체장애인이 가까스로 축구선수가 되었다고 한다면 아무리 운이 좋아도 축구선수로서는 빛을 볼 수 없겠지만, 다리를 거의 쓸 필요가 없는 화가나 소설가와 같은 직업에 종사하는 경우에는 운이 좋으면 충분히 빛을 볼 수 있을 것이다.

그러므로 사주 주인공이 아닌 다른 사람이 사주 주인공의 사주를 감정하러 왔을 때에는, 사주 주인공의 장애 여부와 장애 정도에 대한 정보를 미리 입수해야만 사주 주인공의 운세를 정확하게 해석할 수 있다는 사실을 알아야 할 것이다. 예컨대 혼자서는 사회 활동을 전혀 할 수 없는 정신장애자의 사주를 받아들고서, 운이 아주 좋다고 해서 부귀영화를 누릴 수 있다고 해봐야 아무 소용이 없을 것이다. 왜냐하면 정신장애자는 한평생 사람답게 살지 못하므로 길운이 전혀 작용을 하지 않기 때문이다.

(4) 접신자(接神者)의 경우

접신자(接神者), 즉 천도(薦度: 죽은 사람의 넋이 정토나 천상과 같은 좋은 곳에 가는 것)되지 못한 영혼에게 빙의(憑依: 산 사람의 몸에 영혼이 옮겨붙음)가 된 사람은 영가(靈駕: 영혼)의 지배를 받고 있는 동안에는 정신장애인과 마찬가지로 정상적인 사회 활동을 할 수 없으므로, 사주팔자로써 해석한 운의 길흉이 아무런 의미가 없다고 봐야 할 것이다. 다시 말해 접신자는 영가(靈駕)의 지배를 받고 있는 동안에는 고통스러운 삶을 살아야 하므로, 운이 아무리 좋다고 해도 부귀영화를 누리거나 평안한 삶을 영위할 수 없다고 해야 할 것이다.

실제로 접신자의 얘기를 들어보더라도, 간헐적으로 제정신으로 돌아오는 때를 제외하고는 고통스러운 삶의 연속이라고 한다. 그러나 퇴마사의 도움을 받아 몸속에 들어 있는 영가(靈駕)를 천도(薦度)시키는 데 성공한다면, 그 이후로는 정상적인 사회 활동을 할 수 있으므로, 운이 좋으면 얼마든지 발복할 수 있을 것이다.

(5) 시험 합격·승진·당선 등의 여부를 해석하는 경우

사주 주인공[본인]이 각종 시험에 합격할 것인지 그 여부나 직장에서 승진(昇進)이 될지 그 여부나 각종 선거에서 당선(當選)이 될지 그 여부를 해석하여 예측하고자 할 때, 일반적으로 사주 구조가 너무 불량하지 않으면서 대운이나 세운(특히 세운)이 희용신으로 흘러가면 시험 합격이나 승진이나 당선이 될 가능성이 많다고 해석하고, 사주 구조가 웬만큼 좋더라도 대운이나 세운(특히 세운)이 기구신으로 흘러가면 시험 합격이나 승진이나 당선이 될 가능성이 희박하다고 해석한다.

그런데 이러한 해석이 실제로 잘 맞아떨어지는 경우도 있지만, 현실적으로는 사주 구조와 운(특히 세운)이 좋아도 시험 합격이나 승진이나 당선이 되지 않는 경우도 있고 사주 구조와 운(특히 세운)이 그다지 좋은 편이 아닌데도 시험 합격이나 승진이나 당선이 되는 경우도 있다. 이런 경우에 직면하게 되면 대개 자평명리학을 근거로 하는 예측술(豫測術)에 의구심을 갖기 쉽지만, 이는 자평명리학의 예측술이 모든 상황에 예외 없이 다 통한다고 잘못 생각한 데서 오는 결과라고 할 수 있다.

그러므로 사주 구조와 운(특히 세운)이 좋다고 해서 무조건 시험에 합격한다든지 승진이 된다든지 당선이 된다고 해석해서는 곤란하고, 환경적인 상황, 즉 시험합격자나 승진자나 당선자를 많이 뽑는지 적게 뽑는지와 경쟁자가 적은지 많은지와 각 경쟁자의 사주 구조와 운(특히 세운)이 본인의 사주 구조와 운(특히 세운)보다 더 좋은지 그렇지 않은지도 함께 고려하여 분석한 다음에 시험 합격이나 승진이나 당선 여부를 해석해야만 해석이 오차 없이 잘 맞아떨어질 것이다. 만약 시험합격자나 승진자나 당선자를 많이 뽑거나 경쟁자가 적다면 본인의 사주 구조와 운(특히 세운)이 다소 좋은 정도로 그치더라도 시험 합격이나 승진이나 당선이 될 가능성이 많지만, 만약 시험 합격자나 승진자나 당선자를 적게 뽑거나 경쟁자가 많다면 본인의 사주 구조와 운(특히 세운)이 웬만큼 좋더라도 시험 합격이나 승진이나 당선이 될 가능성이 많지 않을 것이다. 또 본인의 사주 구조와 운(특히 세운)이 그다지 좋지 않은 편이라도 만약 각 경쟁자의 사주 구조와 운(특히 세운)이 본인의 사주 구조와 운(특히 세운)보다 더 좋지 않다면 시험 합격이나 승진이나 당선이 될 가능성이 많겠지만, 본인의 사주 구조와 운(특히 세운)이 웬만큼 좋더라도 만약 각 경쟁자의 사주 구조와 운(특히 세운)이 본인의 사주 구조와 운(특히 세운)보다 더 좋다면 시험 합격이나 승진이나 당선이 될 가능성이 희박할 것이다[이런 경우에는 본인의 사주 구조와 운(특히 세운)뿐만 아니라 각 경쟁자의 사주 구조와 운(특히 세운)도 함께 분석하여 시험 합격이나 승진이나 당선 여부를 해석해야만 해석이 오차 없이 잘 맞아떨어질 것이다].

물론 본인의 사주 구조와 운(특히 세운)이 아주 좋다면 위와 같은 환경적인 상황이 어떻든 상관없이 시험 합격이나 승진이나 당선이 될 가능성이 많다고 해석해도 무방하고, 본인의 사주 구조와 운(특히 세운)이 너무 불량하다면 위와 같은 환경적인 상황이 어떻든 상관없이 시험 합격이나 승진이나 당선이 될 가능성이 별로 없다고 해석해도 무방할 것이다. 그러나 승진의 경우에, 만약 입사한 지 얼마 되지 않았다면, 사장이 기존 직원들의 눈치를 아예 보지 않아도 되는 경우를 제외하고는 운이 아무리 좋아도 서열을 무시하고 승진할 수 없을 것이다.

이처럼 자평명리학의 예측술은 모든 상황에 예외 없이 다 통하는 것이 아니라 이상과 같이 환경적인 상황의 제약을 받는 한계를 지니고 있기 때문에, 운(運)을 해석할 때 이러한 한계를 충분히 고려하고서 해석해야 오류가 없을 것이다.

6. 개운(改運)

개운(開運)이라고 함은 운이 나쁠 때 운을 좋게 바꾸는 것을 말한다. 일반적으로 개운의 방법에는 여러 가지가 있다고들 주장한다. 개운의 방법으로서 부적과 굿을 권유하기도 하고, 집이나 사무실을 풍수상의 길지(吉地)로 옮길 것을 권유하기도 하고, 기도나 명상이나 수행을 권유하기도 한다.

그러나 이 모든 방법을 다 동원한다고 해서 흉운이 과연 길운으로 바뀔까? 그렇게만 된다면 얼마나 좋겠는가마는, 흉운을 인위적으로 좋게 바꿀 수 있는 방법(가령 사회의 밑바닥에서 살아갈 수밖에 없는 나쁜 운을 상류 사회에서 편안하게 살아갈 좋은 운으로 바꿀 방법)은 결코 없다고 하는 것이 옳을 것이다.

운이 나쁠 때 부적(符籍)을 붙이고 굿을 한다고 해서, 가난뱅이에서 헤어날 수 없는 운이 갑자기 부자가 되는 운으로 바뀔 수 있을까? 부적과 굿은 일시적인 위안이 될지는 몰라도 결국에는 허망한 기대감만 키우고 그나마 얼마 되지 않는 재산만 탕진하게 될 것이다.

또 운이 나쁠 때 이름을 바꾼다고 해서 촌부(村夫)가 갑자기 유명 인사가 될 운으로 바뀔 수 있을까? 개명(改名)의 효력에 대해서는 논란이 많긴 하지만, 필자는 놀림감이 되는 이름을 품위 있는 이름으로 바꾸는 것은 살아가는 데 어느 정도 도움이 될지 몰라도, 그 외의 개명은 흉운을 길운으로 바꿀 수 있는 영향력이 거의 없다고 생각한다. 왜냐하면 이름 두 자를 바꾼다고 해서 흉운이 길운으로 바뀐다면, 천지자연의 질서가 매우 혼란스럽게 될 것이기 때문이다. 또 운이 나쁠 때 집이나 사무실을 풍수상의 길지(吉地)로 옮긴다고 해서 흉운을 길운으로 바꿀 수 있을까? 필자는 좋은 땅, 즉 길지의 효력을 부인하지는 않지만, 운이 아주 나쁜 가난뱅이가 길지를 정확하게 볼 줄 아는 진정한 풍수가를 만나서 거금(巨金)을 주고서 자신의 초라한 집을 그야말로 길지로 옮길 수 있는 방도는 아예 없다고 본다. 왜냐하면 길지를 선택할 수 있는 기회도 돈이 많은 사람에게나 오지, 쓸 돈이 부족하여 입에 풀칠만 겨우 할 정도로 근근이 살아가는 사람에게는 그런 기회조차 오기 않기 때문이다. 현실적으로 보더라도 길지라고 알려진 곳은 돈 많은 사람들이 거의 다 차지하고 있는 실정이라고 할 수 있다.

또 기도나 명상이나 수행을 한다고 해서 흉운을 길운으로 바꿀 수 있을까? 세속적인 복을 구하기 위해서나 사회의 밑바닥에서 살아갈 수밖에 없는 나쁜 운을 상류 사회에서 편안하게 살아갈 좋은 운으로 바꾸기 위해서 기도를 한다면, 한갓 잡신이 인간에게 접근할 빌미만 제공하여 정신이 공허해지기만 할 뿐 결코 소기의 목적을 달성할 수 없을 것이다. 명상이나 수행도 마찬가지다. 세속적인 부귀영화를 누리거나 편안한 삶을 영위하기 위한 자신의 욕망을 성취하기 위해 명상이나 수행을 한다면, 참된 명상이나 수행이 되지도 않을뿐더러, 자신이 잘났다는 우월감만 커지거나 욕망의 틈새를 파고드는 잡신들에게 보금자리를 만들어 바치는 결과만 초래할 것이다.

그렇다면 흉운을 길운으로 바꿀 수 있는 개운의 방법은 전혀 없다고 해야 할 것인가? 필자는 그런 방법은 전혀 없다고 생각한다. 다시 말해 가난에 시달리며 힘들게 살아갈 팔자를 부귀를 누리며 편안하게 살아갈 팔자로 바꿀 수 있는 방법은 전혀 없다고 생각한다. 그러나 만약 강한 의지력으로써 타고난 성격과 생활 습관을 개선하여 적성에 맞는 방향으로 노력하면서 맡은 일에 최선을 다하되 분수를 지켜 지나친 욕심을 내지 않고(예컨대 무리하게 투자하여 사업을 확장하거나 새로운 일을 벌이지 않고) 마음을 평안하게 유지할 수 있다면, 비록 흉운이 닥치더라도 흉함을 그다지 느끼지 않으면서 순탄하게 넘길 수 있을 것이다.

한 걸음 더 나아가 모든 길흉은 세속적인 욕망(부와 명예 따위)을 갈구하고 성취하고 싶은 마음에서 생겨난다고 볼 때, 만약 세상을 긍정적으로 바라보면서 범사(凡事)에 항상 감사하는 마음을 갖고서 남들보다 더 잘 살고자 하거나 남들보다 더 나은 지위를 얻고자 하거나 적어도 고통 없이 편안하게 살고자 하는 욕망을 줄이거나 없앨 수만 있다면, 흉운이 닥쳐와도 고통스럽고 힘들게 여기지 않고 평안하고 즐거운 마음으로 흉운을 받아들일 수 있을 것이다.

그러니까 분수에 맞게 최선을 다해 노력하면서 일심(一心)으로 기도를 하거나 올바른 명상이나 수행을 통하여 그러한 욕망을 줄이거나 없앰으로써, 흉운을 고통스럽게 받아들이지 않고 오히려 길운과 마찬가지로 기쁘게 받아들이거나 평안한 마음으로 받아들일 수만 있다면, 그것이야말로 진정으로 개운을 할 수 있는 유일한 방법이 아닐까 싶다. 물론 그러한 욕망을 줄이거나 없앤 사람들이 별로 없다시피 하다 보니, 석가모니가 세상을 생로병사(生老病死)의 고통으로 가득 찬 고해(苦海)라고 했는지 모르겠지만, 유사 이래로 석가모니나 예수와 같이 세속적인 욕망을 없앤 분들이 간혹 있었던 것을 보면, 그러한 욕망을 줄이거나 없애는 것이 결코 불가능한 일은 아닐 것이다.

그러나 기도나 명상이나 수행을 한다고 하면서도, 그 기도나 명상이나 수행이 올바르지 못해서 세상을 긍정적으로 바라보면서 범사(凡事)에 항상 감사하는 마음을 갖지 못하고 흉운을 고통스럽게 받아들이고 길운을 기쁘게 받아들이면서, 흉운을 길운으로 바꾸어 부귀영화를 누리면서 편안한 삶을 영위하고자 하는 욕망을 여전히 지니고 있는 사람에게는, 기도든 명상이든 수행이든 그 어떤 방법이든 간에 개운할 수 있는 방법이라고는 아예 없다고 해야 할 것이다.

대운(大運)의 허실(虛實)

앞절에서 대운(大運)과 세운(歲運)에 대해 살펴보았는데, 세운은 해마다 실제로 들어오는 운(運)이므로 의심할 여지(餘地)가 없으나, 대운은 실제하지 않는 운(運)이라고 할 수 있으므로 석연찮은 부분이 많다는 생각이 든다.

처음에는 대운을 아무 의심 없이 대입(代入)하여 적용했으나, 시간이 지날수록 대운이 잘 맞아떨어지지 않는 경우가 있다는 생각이 들면서 대운의 신빙성에 의문을 제기하게 되었다.

대운은 사주의 월주(月柱)를 기준으로 하여 남녀(男女)의 음양(陰陽)에 따라 월주에서 앞으로 진행되기도 하고 뒤로 진행되기도 한다고 하지만, 실재하지도 않는 간지(干支)가 월주에서 나온다고 하는 가정(假定)은 말 그대로 가정일 뿐이 아닐까 하는 의구심(疑懼心)이 물씬 솟아오르는 것이다. 그리고 왜 하필이면 연주도 아니고 일주도 아니고 시주도 아닌 월주가 대운의 시발점(始發點)이 되는가. 그리고 대운의 간지는 왜 하필이면 5년도 아니고 20년도 아닌 10년간 작용하는가. 이에 대한 명확한 이론적 근거도 없고 납득할 만한 뚜렷한 설명도 없는 실정이다. 그렇다면 누군가가 임의로 만들어서 적용한 것일 수도 있지 않을까 싶다. 대운이 학문적인 타당성을 지니려면 월주가 시발점이 된다는 것을 논리적이고 합리적으로 설명할 수 있어야 한다.

대운에 이러한 문제점이 많아서 그런지는 모르겠지만, 어떤 자평명리학자는 대운을 아예 적용하지 않고 세운만을 적용하는 것으로 알고 있다. 또 낭월 스님과 같은 자평명리학자는 최근에 들어 대운을 적용하지 않고 주운(柱運)이라 하여 새로운 운(運)을 적용하고 있는 것으로 알고 있다.

  필자가 감정(鑑定)한 명조 중에서 대운이 맞아떨어지지 않는 명조를 하나 예를 들어보기로 한다.

庚 庚 壬 甲
辰 寅 申 寅
77 67 57 47 37 27 17 7
庚 己 戊 丁 丙 乙 甲 癸
辰 卯 寅 丑 子 亥 戌 酉

  필자가 거래하고 있는 회사의 대표이사의 명조[男命]인데, 庚金 일간이 인성 土와 비겁 金이 왕해서 신강하므로, 왕한 일간을 설기하는 월간의 식신 壬水를 용신으로 삼고, 용신 壬水의 기운을 유통시켜주면서 기신 土로부터 용신 壬水를 보호해주는 연주의 편재 甲寅木과 일지의 편재 寅木을 희신으로 삼는 식상생재격(食傷生財格)이 된다. 이런 경우에는 편재 寅木이 일지에 있으므로, 일지의 편재 寅木을 용신으로 삼고 용신 寅木을 생조해주는 식상 水를 희신으로 삼는 신왕용재격(身旺用財格)으로 볼 수도 있다. 그러니까 월간의 식신을 용신으로 삼아도 되고 일지의 편재 寅木을 용신으로 삼아도 된다는 말이다.

  희용신의 운인 식상 水운과 재성 木운이 다 길하겠고, 지지로 들어오는 火운도 기구신인 申金을 극하여 희용신인 寅木을 구해주므로 상당히 길할 것이다. 그러나 천간으로 들어오는 火운은 용신 壬水와 부딪치므로 무난한 정도로 그칠 것이다. 실제로 水木火운이 다 길했던 것으로 보인다.

  그런데 대운을 대입해보니 문제가 생긴다. 27대운인 乙亥 대운은 희용신의 대운이므로 아주 길해야 마땅한데, 실제로는 조그마한 제조업을 운영하면서 재미를 그다지 보지 못하고 있었다. 그러다가 37대운인 丙子 대운(그 중에서도 丙 대운) 중인 癸巳年에 그동안 물밑작업을 해왔던 일이 성사되어 대기업과 제품판매계약을 체결하게 됨으로써, 癸巳年 4/4분기부터 甲午年과 乙未年까지 대기업에 제품을 판매하여 200억 원이 넘는 돈을 벌었다. 그러나 丙子 대운 중에서 丙 대운은 길한 운이라 할 수 없고, 子 대운은 癸巳年과 甲午年의 巳午火와 충돌이 일어나므로 역시 대길(大吉)한 운이 될 수 없다.

필자의 생각으로는, 대운은 거의 작용하지 않고 세운에서 지지로 희용신인 관살 巳午火가 들어와 기구신인 비견 申金을 극하여 희용신인 편재 寅木을 구해준 덕분에 대길(大吉)한 것이 아니었나 싶다. 그래서 필자는 얼마 전부터는 간지가 똑같은 오행으로 된 대운이 아닌 한 대운은 별로 고려하지 않고 세운을 위주로 하여 사주를 감정하고 있다. 그와 동시에 대운을 대체할 큰운(?)은 없을까 궁리를 해보지만 묘수(妙手)는 발견하지 못하고 있다.

제23장
주운(柱運)의 적용문제

주운(柱運)이란

주운(柱運)이라 함은 사주원국을 연주와 월주와 일주와 시주로 나누어 각 주(柱)별로 작용한다고 하는 운(運)을 말한다. 주운은 사주원국 안에서 작용하는 운이라는 점에서 사주원국과는 상관없이 작용하는 대운과는 다르다.

시주(時柱)	일주(日柱)	월주(月柱)	연주(年柱)	
노년기(老年期)	중년기(中年期)	청년기(靑年期)	유소년기(幼少年期)	주운
61세 ~ 사망 시	41세 ~ 60세	21세 ~ 40세	출생 시 ~ 20세	(柱運)

주운(柱運)은 위의 표와 같이 연주운(年柱運)과 월주운(月柱運)과 일지운(日支運)과 시주운(時柱運)으로 나눈다. 연주운은 유소년기의 운으로서 대략 출생 시부터 20세 정도까지 작용하고, 월주운은 대략 21세부터 40세 정도까지 작용하고, 일지운은 대략 41세부터 60세 정도까지 작용하고[일지운을 일주운(日柱運)이라 하지 않는 까닭은 일주(日柱)의 천간인 일간(日干)은 사주의 주체라서 운(運)의 요소에 포함할 수 없기 때문이다], 시주운은 대략 61세부터 사망할 때까지 작용한다.

예컨대 연주가 甲寅이라면 甲寅이라는 간지(干支)가 대운처럼 20여 년간 작용하며, 월주가 戊辰이라면 戊辰이라는 간지가 대운처럼 20여 년간 작용하며, 일지가 子라면 子라는 지지가 20여 년간 작용하며, 시주가 己卯라면 己卯라는 간지가 61세 정도부터 죽을 때까지 작용한다. 만약 연주의 甲寅이 희용신이라면 20여 년간 길하게 작용할 것이고 기구신이라면 흉하게 작용할 것이다. 다른 주(柱)도 마찬가지다.

  그리고 각 주(柱)별로 그 시기에 해당하는 심리상태도 읽을 수 있다고 한다. 그러니까 연주에 상관이 있으면, 유소년기에 사교성이 좋아서 천방지축으로 활발하게 뛰어다닌다고 해석한다. 또 월주에 정관이 있으면, 청년기에 환경에 잘 적응해서 객관적이고 합리적인 안목(眼目)으로 자신에게 알맞은 일자리를 찾아간다고 해석한다. 또 일지에 편재가 있으면, 중년기에 가만히 앉아 있지 못하고 자신이 직접 경영하는 일을 찾아서 분주하게 뛰어다니면서 활동적으로 생활한다고 해석한다. 또 시주에 정인이 있으면, 노년기에 의지처(依支處)인 자녀들의 부양을 받으면서 환경에 순응하고 주위 사람들을 잘 수용하여 조용하고 편안하고 느긋하게 살아간다고 해석한다.

주운(柱運)은 대운(大運)을 대체할 수 있는가

앞절에서 주운(柱運)에 대해 대충이나마 살펴보았는데, 필자는 주운에도 대운과 마찬가지로 문제점이 있다고 생각한다.

먼저 유소년기에 해당하는 연주와 청년기에 해당하는 월주와 노년기에 해당하는 시주는 간지(干支)를 다 아우르는데 중년기에 해당하는 일지는 천간인 일간이 제외된 반쪽에 불과하다는 점에서, 일지가 담당하는 기간을 연주와 월주와 시주가 담당하는 기간과 같이 20년으로 정하는 것은 타당하지 않다고 본다. 그래서 굳이 주운(柱運)을 적용하려면 나이를 구체적으로 특정하지 않고 포괄적으로 적용해야 그나마 타당할 것이다. 다시 말해 연주나 월주에 희용신이 있으면서 유력하다면 앞의 반평생, 즉 유소년기나 청년기가 대체로 길하고, 일지나 시주에 희용신이 있으면서 유력하다면 뒤의 반평생, 즉 중년기나 노년기가 대체로 길하며, 또 연주나 월주에 기구신이 있으면서 유력하다면 앞의 반평생, 즉 유소년기나 청년기가 대체로 흉하고, 일지나 시주에 기구신이 있으면서 유력하다면 뒤의 반평생, 즉 중년기나 노년기가 대체로 흉하다고 보는 것이 그나마 타당할 것이다.

다음으로 주운의 시기(時期)에 따른 심리상태의 대입(代入)이 잘 들어맞는 경우도 있는 반면에 잘 들어맞지 않는 경우도 있음을 느끼고 있다.

아래에 주운이 잘 들어맞지 않는 경우의 사례를 들어보기로 한다.

甲 癸 癸 丁
寅 酉 卯 未
71 61 51 41 31 21 11 1
乙 丙 丁 戊 己 庚 辛 壬
未 申 酉 戌 亥 子 丑 寅

　필자의 지인(知人)인 남자의 명조인데, 癸水 일간이 식상이 많아서 신약하므로, 왕한 식상 木을 충극하면서 허약한 일간을 생조해주고 있는 일지의 편인 酉金을 용신으로 삼고, 용신 酉金을 생조해주는 관살 土를 희신으로 삼는 상관용인격이 된다. 비겁 水는 한신이지만 허약한 일간을 방조(幇助)해주므로 희신급 한신이라 할 수 있다. 용신 酉金이 일간과 가까운 일지에 있을 뿐 아니라 기신 火의 충극을 받지도 않고 있으므로, 사주의 구조가 상당히 좋은 편이다.

　용신운인 인성 金운은 왕한 식상 木을 충극하면서 허약한 일간을 생조해주므로 아주 길하겠고, 지지로 들어오는 관살 土운(특히 습토운)도 비록 寅卯木의 극을 받긴 해도 용신 酉金을 생조해줄 여력(餘力)이 있으므로 제법 길하겠으나, 천간으로 들어오는 관살 土운은 용신인 인성 酉金을 생조해주지는 못하고 허약한 일간을 극하기만 하므로 길하기는커녕 오히려 흉할 것이다. 한신운인 비겁 水운은 비록 왕한 식상 木을 생조해주긴 해도 허약한 일간을 방조해주므로 다소나마 길할 것이다.

　사주 주인공은 27세인 癸酉年(1993년)에 그 당시에 주가(株價)가 높아서 인기가 많았던 공인회계사 시험에 합격하여 몇 년간 시간 가는 줄 모르고 즐겁게 보냈다. 지지로 용신운인 인성 酉金이 들어왔기 때문에 아주 길한 한 해라고 보면 될 것이다. 한 해 전인 壬申年에도 용신운이라서 별 스트레스 없이 공부가 잘 되었을 것이다.

주운(柱運)을 대입하면, 공인회계사 시험에 합격한 해인 癸酉年에 사주 주인공의 나이가 27세이므로 월주운인 癸卯에 해당한다. 주운의 논리대로라면, 월주운인 癸卯는 희용신의 운이 아니므로 발복(發福)하여 뜻한 바를 이루기 어렵다고 해야 할 것이다. 그런데도 사주 주인공은 월주운이 작용하는 시기에 어려운 시험에 합격하여 자신의 능력을 세상에 알렸다.

필자는 사주 주인공이 열심히 노력하여 공인회계사 시험에 합격할 수 있었던 것은 주운인 월주운[癸卯] 덕분이 아니라 순전히 세운[유년운]인 癸酉 덕분이라고 생각한다. 그래서 필자는 주운(柱運)도 대운(大運)과 마찬가지로 길흉(吉凶)에 실제로 작용하는 힘이 약하다고 보고서, 새로운 큰운(?)을 발견할 때까지 앞으로 계속해서 세운[유년운]을 위주로 하여 사주를 감정하기로 마음먹고 있다. 물론 주운에 따른 심리상태도 잘 맞지 않는 경우를 종종 경험하고 있다.

제24장
사주심리분석(四柱心理分析)과 적성(敵性)

인간의 심리(心理)는 이 세상에 태어나는 시점에 형성되기도 하고 가족이나 사회와 같은 환경의 영향을 받아 형성되기도 한다고 하는데, 환경의 영향을 받아 형성되는 심리에 대해서는 논외(論外)로 하고, 태어나는 시점에 형성되는 심리에 대해 살펴보기로 하겠다.

태어나는 시점에 형성되는 심리는 태어나는 순간에 천지(天地)에 운행하는 기운의 영향을 받은 결과로 볼 수 있으므로, 태어나는 순간에 천지에 운행하는 기운을 생년월일시의 간지(干支)로 부호화한 사주팔자를 통하여 태어나는 시점에 형성되는 심리를 분석할 수 있다. 사주팔자로써 인간의 심리를 얼마나 정확하고 상세하게 분석할 수 있을지는 심리를 분석하는 자평명리학자의 능력에 달려 있겠지만, 사주팔자로써 인간의 심리를 완벽하게 분석하는 것은 환경의 영향을 받아 형성된 심리를 전혀 고려하지 않기 때문에 거의 불가능에 가깝다고 봐야 할 것이다. 그런데도 사주팔자로써 타고난 성격과 심리를 분석할 수 있다는 것은 동서양의 심리학사에 커다란 전환점을 마련할 것임을 믿어 의심치 않는다. 게다가 한 사람의 타고난 성격과 심리는 그 사람의 행동양식뿐만 아니라 운명까지도 결정한다고 할 수 있으므로, 사주팔자로써 한 사람의 타고난 성격과 심리를 분석하는 것은 자평명리에서 매우 중요한 위치를 차지하고 있다고 봐야 할 것이다.

사주팔자의 간지로써 타고난 성격과 심리를 분석하기 위해서는, 음양(陰陽)의 심리적 특성과 십간(十干)의 심리적 특성과 십성(十星)의 심리적 특성을 파악한 다음에, 사주의 구조에 따라 이들의 심리적 특성을 적절하게 종합하여 조화시키는 절차를 거쳐야 한다. 하지만 이들의 심리적 특성을 적절하게 종합하여 조화시키는 것은 결코 쉬운 일이 아닌 데다가 사주마다 각각 다른 결과가 나오므로, 여기서는 음양(陰陽)의 심리적 특성과 십간(十

干)의 심리적 특성과 십성(十星)의 심리적 특성을 바탕으로 하여 인간의 기본적인 심리를 분석해보는 정도로 그치고자 한다.

지지, 특히 일지와 월지의 심리적 특성을 파악하기 위해서는 심리분석에 적용되는 지장간(支藏干)을 숙지(熟知)하고 있을 필요가 있다. 심리분석에 적용되는 지장간표(支藏干表)는 다음과 같다.

〈심리분석에 적용되는 지장간표(支藏干表)〉

	0.3	0.2	0.5		0.3	0.2	0.5
子		癸		午		丁	
丑	辛	癸	己	未	乙	丁	己
寅	丙	甲		申	壬	庚	
卯		乙		酉		辛	
辰	癸	乙	戊	戌	丁	辛	戊
巳	庚	丙		亥	甲	壬	

심리분석에 적용되는 지장간표는 〈제5장 제3절 지장간(支藏干)〉에서 살펴본 새로운 지장간표와 같다. 단지 차이점이 있다면, 지장간표에 표시된 비중이 앞에서는 물리적인 힘의 세기를 나타내지만 여기서는 심리적인 작용의 세기를 나타낸다는 것이다. 심리적인 작용의 세기는 십이지지(十二地支)가 연지에 있든 월지에 있든 일지에 있든 시지에 있든 똑같이 적용되지만, 특히 일주[日主: 일간(日干)의 다른 말]와 가장 가까운 일지에 있을 때 가장 분명하고 효과적으로 적용된다고 하겠다. 다시 말해 십이지지가 일주와 가장 가까운 일지에 있을 때, 심리적인 변화를 훨씬 더 구체적으로 읽어낼 수가 있다고 하겠다.

지장간을 적용하는 방법은 지장간의 비율대로 적용하면 된다. 가령 子水는 지장간에 癸水만 들어 있으므로 전체를 癸水로 보고서 적용하면 되며, 丑土는 지장간에 癸水(20%)와 辛金(30%)과 己土(50%)가 들어 있으므로 먼저 己土를 50% 적용하고 다음에 辛金을 30% 적용하고 그다음에 癸水를 20% 적용하면 되며, 寅木은 지장간에 丙火(30%)와 甲木(70%)이 들어 있으므로 먼저 甲木을 70% 적용하고 다음에 丙火를 30% 적용하면 된다. 다른 지지도 같은 방법으로 적용하면 된다.

그런데 십이지지 중에서 고지(庫支)인 辰戌丑未의 경우에는 생지(生支)인 寅申巳亥와 왕지(旺支)인 子午卯酉와는 달리 지장간의 구조가 복잡한 만큼 지장간의 심리적 특성도 복잡하게 나타나는데, 辰土 속의 乙木과 戌土 속의 辛金과 丑土 속의 癸水와 未土 속의 丁火의 심리적 특성은 웬만해서는 겉으로 잘 드러나지 않는 편이라서, 가족이나 적어도 몇 년 이상 친하게 사귄 사람이라야 그 심리적 특성을 어느 정도나마 알 수 있고(비록 부부 사이라고 하더라도 그 심리적 특성을 속 시원히 알지는 못한다고 할 수 있다) 사귄 지 오래되지 않은 사람은 잘 알지 못한다고 할 수 있다. 그 외의 지장간의 심리적 특성은 사귄 지 오래되지 않은 사람에게도 辰戌丑未의 지장간의 심리적 특성에 비해 상대적으로 잘 드러난다고 보면 된다. 물론 그 외의 지장간의 심리적 특성이라도 천간에 있는 성분의 심리적 특성에 비해서는 겉으로 잘 드러나지 않는다고 할 수 있다. 다시 말해 천간에 있는 성분의 심리적 특성은 주위 사람들이 쉽게 파악할 수 있으나, 지지에 있는 성분의 심리적 특성은 주위 사람들은 쉽게 파악할 수 없고 가까이 지내는 사람이나 자기 자신만 알고 있는 경우가 많으며, 지지 중에서도 고지(庫支)인 辰戌丑未의 지장간의 심리적 특성은 가족이나 적어도 몇 년 이상 친하게 사귄 사람이라야 어느 정도나마 알 수 있다(비록 부부 사이라고 하더라도 그 심리적 특성을 속 시원히 알지는 못한다)고 할 수 있다.

음양(陰陽)의 심리적(心理的) 특성

　오행(五行) 중 양(陽)의 오행은 木과 火이고, 음(陰)의 오행은 金과 水이고, 음양(陰陽)이 중화(中和)된 오행은 土이다. 그리고 양의 오행 중에서도 火는 양중지양(陽中之陽)이고 木은 양중지음(陽中之陰)이며, 음의 오행 중에서도 水는 음중지음(陰中之陰)이고 金은 음중지양(陰中之陽)이다.

　십간(十干) 중에서 양의 천간, 즉 양간(陽干)은 甲木과 丙火와 戊土와 庚金과 壬水이고, 음의 천간, 즉 음간(陰干)은 乙木과 丁火와 己土와 辛金과 癸水이다. 그리고 양간(陽干) 중 甲木과 丙火(그중에서도 丙火)는 양중지양(陽中之陽)이고 庚金과 壬水(그중에서도 庚金)는 음중지양(陰中之陽)이고 戊土는 양(陽)에 가까운 음양중화(陰陽中和)이며, 음간(陰干) 중 乙木과 丁火(그중에서도 乙木)는 양중지음(陽中之陰)이고 辛金과 癸水(그중에서도 癸水)는 음중지음(陰中之陰)이고 己土는 음(陰)에 가까운 음양중화(陰陽中和)이다.

　요컨대 양(陽)의 기운이 강한 순서대로 십간을 나열하면 丙火, 甲木, 丁火, 乙木, 戊土의 순이고, 음(陰)의 기운이 강한 순서대로 십간을 나열하면 癸水, 辛金, 壬水, 庚金, 己土의 순이다. 결국 양(陽)의 기운이 가장 강한 천간은 丙火이고, 음(陰)의 기운이 가장 강한 천간은 癸水인 셈이다.

　한편 십이지지(十二地支) 중에서 양(陽)의 지지는 寅辰巳申戌亥이고 음(陰)의 지지는 子丑卯午未酉이다. 그리고 양의 지지 중 寅木과 巳火(그중에서도 巳火)는 양중지양(陽中之陽)이고 申金과 亥水(그중에서도 申金)는 음중지양(陰中之陽)이고 辰土와 戌土는 양(陽)에 가까운 음양중화(陰陽中和)이며, 음의 지지 중 卯木과 午火(그중에서도 卯木)는 양중지음(陽中之陰)이고 酉金과 子水(그중에서도 子水)는 음중지음(陰中之陰)이고 丑土와 未土는 음(陰)에 가까운 음양중화(陰陽中和)이다. 참고로 양의 지지와 음의 지지는 지지의 본기(本氣)를 기준으로 구분한 것이다.

요컨대 양(陽)의 기운이 강한 순서대로 십이지지를 나열하면 巳火, 寅木, 午火, 卯木, 戌土, 辰土의 순이고, 음(陰)의 기운이 강한 순서대로 십이지지를 나열하면 子水, 酉金, 亥水, 申金, 丑土, 未土의 순이다. 결국 양(陽)의 기운이 가장 강한 지지는 巳火이고, 음(陰)의 기운이 가장 강한 지지는 子水인 셈이다.

1. 일주(日主)가 양(陽)의 기운이 강한 십간(十干)인 경우의 심리적(心理的) 특성

일주[日主: 일간(日干)의 다른 말]가 양(陽)의 기운이 강한 십간(十干)인 데다가 사주(四柱)도 양(陽)의 기운이 강할수록, 대체로 외향적이고 활동적이고 적극적이고 즉흥적이고 능동적이고 모험적이고 개방적이고 진취적이고 미래지향적이라서, 표정 따위가 밝고 명랑한 편이며, 무슨 일이든지 기분 내키는 대로 하고, 남의 지배를 받기 싫어하며, 생각에 앞서 행동을 먼저 하다 보니 잘 들뜨고 세심하지 못하고 경솔하고 조심성이 부족하고 물러나서 되돌아보기보다는 앞으로 나아가려고만 하는 경향이 있으며, 자신의 감정과 생각을 숨기지 않고 잘 드러내며, 자신의 감정과 생각을 표현할 때는 직설적(直說的)으로 표현하며, 서운한 일이 있어도 마음속에 오래 담아두지 않고 금세 털어버리는 편이다.

이러한 특성은 사주원국에 양(陽)이 많을수록 강화되고 사주원국에 음(陰)이 많을수록 약화된다. 극단적인 경우로서 사주가 양목(陽木)과 양화(陽火)로만 이루어져 있으면, 지나치게 밝고 활동적이라서 한곳에 진득하게 눌러 앉아 있지 못하고 바깥으로 쉴새없이 분주하게 나돌아다니느라 편하게 쉬지 못하는 편이다. 그런데 여자는 본래 음(陰)이기 때문에 비록 양간(陽干)으로 태어나더라도 위와 같은 양(陽)의 심리적 특성이 남자에 비해 덜 나타난다고 봐야 한다.

그리고 양간(陽干)인 일주(日主)는 본래 감정적이며, 일주(日主)와 음양이 같은 십성인 비견이나 식신이나 편재나 칠살[편관]이나 편인도 감정적이지만, 일주(日主)와 음양이 다른 십성인 겁재나 상관이나 정재나 정관이나 정인은 이성적이다. 그래서 양간(陽干)인 일주(日主)의 주위(일지와 월간과 시간)와 월지에 양(陽)의 십성인 비견이나 식신이나 편재나 칠살[편관]이나 편인이 많으면 매우 감정적이라서 잘 들뜨고 격(激)해지는 편이지만, 양간(陽干)인 일주(日主)의 주위(일지와 월간과 시간)와 월지에 음(陰)의 십성인 겁재나 상관이나 정재나 정관이나 정인이 많으면 감정적인 면보다 이성적인 면이 많아서 대체로 차분하고 침착한 편이다.

2. 일주(日主)가 음(陰)의 기운이 강한 십간(十干)인 경우의 심리적(心理的) 특성

일주(日主)가 음(陰)의 기운이 강한 십간(十干)인 데다가 사주(四柱)도 음(陰)의 기운이 강할수록, 대체로 내성적이고 비활동적이고 소극적이고 사색적이고 수동적이고 안정적이고 폐쇄적이고 과거집착적이라서, 표정 따위가 어두운 편이며, 무슨 일이든지 기분 내키는 대로 하지 않으며, 남의 지배를 기꺼이 받아들이고자 하며, 행동에 앞서 생각을 먼저 하다 보니 침착하고 세심하고 신중하고 조심성이 많고 선뜻 앞으로 나아가지 못하고 물러나서 되돌아보는 경향이 있으며, 자신의 감정과 생각을 비밀스럽게 숨기고서 잘 드러내지 않으며, 자신의 감정과 생각을 표현할 때는 우회적(迂廻的)으로 표현하며, 서운한 일이 있으면 쉽게 잊지 못하고 오랫동안 마음속에 간직하는 편이다.

이러한 특성은 사주원국에 음(陰)이 많을수록 강화되고 사주원국에 양(陽)이 많을수록 약화된다. 극단적인 경우로서 사주가 음금(陰金)과 음수(陰水)로만 이루어져 있으면, 지나치게 어둡고 비활동적이라서 바깥으로 나돌아다니는 것을 몹시 싫어하고 침울하다고 할 정도로 한곳에 틀어박혀 혼자만의 조용한 시간을 갖는 것을 좋아하는 편이다. 그런데 남자는 본래 양(陽)이기 때문에 비록 음간(陰干)으로 태어나더라도 위와 같은 음(陰)의 심리적 특성이 여자에 비해 덜 나타난다고 봐야 한다.

그리고 음간(陰干)인 일주(日主)는 본래 이성적이며, 일주(日主)와 음양이 다른 십성인 겁재나 상관이나 정재나 정관이나 정인도 이성적이지만, 일주(日主)와 음양이 같은 십성인 비견이나 식신이나 편재나 칠살[편관]이나 편인은 감정적이다. 그래서 음간(陰干)인 일주(日主)의 주위(일지와 월간과 시간)와 월지에 양(陽)의 십성인 겁재나 상관이나 정재나 정관이나 정인이 많으면 매우 이성적이라서 무척 차분하고 침착하지만, 음간(陰干)인 일주(日主)의 주위(일지와 월간과 시간)와 월지에 음(陰)의 십성인 비견이나 식신이나 편재나 칠살[편관]이나 편인이 많으면 이성적인 면보다 감정적인 면이 많아서 종종 들뜨고 격(激)해지는 편이다.

3. 양간(陽干)은 정재(正財)와 합(合)하고 음간(陰干)은 정관(正官)과 합(合)한다

양간(陽干)은 감정적이라서 가능한 한 남의 지배나 통제를 받기 싫어하고 사람이나 사물을 자기 마음대로 통제하고 관리하려는 특성이 많으므로 정재와 합하며(예컨대 甲木 일주는 정재 己土와 합하고 丙火 일주는 정재 辛金과 합한다), 음간(陰干)은 이성적이라서 합리적인 범위 내에서 남의 지배나 통제를 기꺼이 받아들이려는 특성이 많으므로 정관과 합한다(예컨대 乙木 일주는 정관 庚金과 합하고 丁火 일주는 정관 壬水와 합한다).

십간(十干)의 심리적(心理的) 특성

십간(十干)의 심리적 특성은 각각의 십간이 일주(日主)에 있는 경우에 두드러지게 나타나며, 각각의 십간이 일주(日主)가 아닌 다른 간지에 있는 경우에도 나타난다고 보면 된다. 그리고 각각의 십간이 일주(日主)에 있는 경우에는, 사주원국에 비견이 많을수록 해당 십간의 심리적 특성이 강화되고, 사주원국에 비견이 적을수록 해당 십간의 심리적 특성이 약화된다.

1. 甲木의 심리적(心理的) 특성: 대체적으로 편재(偏財)의 심리적(心理的) 특성과 유사함

① 끊임없이 위로 솟구쳐 성장하려 하고 앞으로만 나아가려는 속성이 있어서, 현재 상태에 만족하지 않고 늘 선두에 서기 위해 지칠 줄 모르는 끈기를 발휘한다. 그러다 보니 자존감(自尊感)과 목적의식이 강해서 남에게 뒤처지는 것을 무척 싫어한다.

② 마음껏 성장하고 발전하여 선두에 설 수 있게 해주는 환경을 매우 중요시한다. 가령 일등을 하거나 일류가 되기 위해서는 교육제도와 각종 문화시설이 가장 잘 되어 있는 서울로 가야 한다고 생각한다.

③ 늘 생기(生氣)와 활력(活力)이 넘쳐서 활달하고 추진력이 좋지만, 乙木과는 달리 한번 좌절하면 쉽게 일어나지를 못한다(그래도 어떤 일에 대해 자신의 판단이 잘못되었다는 것을 스스로 인정하면, 실패한 일에 미련을 두

지 않고 과감하게 포기한다).

④ 미래지향적(未來指向的)이라서 뒤는 돌아보지 않고 오로지 앞과 위만 보고 달리다 보니, 늘 조바심을 내면서 서두르고 흥분을 잘 하고 느긋하거나 차분하지 못하고 신중하지 못하고 참을성과 절제력이 매우 부족하다.

⑤ 인정이 많아서 먹을거리 등을 이웃에게 잘 나누어주는 반면에, 냉철하지 못하고 사사로운 인정에 이끌리는 경향이 있다.

⑥ 앞으로 나아가면서 사람이나 사물을 자기 마음대로 통제하고 관리하려 하며, 매사를 자기 마음대로 해야 직성이 풀리며, 남에게 불필요한 간섭을 많이 하며, 즉흥적이고 주의력이 부족하고 순간적인 기분에 따라 움직이는 기분파라서 시원시원하고 호탕한 반면에 무슨 일이든지 치밀하게 처리하지 못하고 기분 내키는 대로 대충대충 처리하며, 돈이 없어도 구차하게 사는 것을 싫어하고 폼 나게 살고 싶어하며, 재물을 소중히 여기는 집착이 강하지 않아서(남자의 경우에는 여자에 대한 집착도 강하지 않다) 사치스럽다고 할 정도로 돈을 헤프게 쓰면서 풍류를 즐기고 싶어한다.

이는 십성(十星) 중의 편재(偏財)와 유사한 특성이다.

2. 乙木의 심리적(心理的) 특성: 대체적으로 정재(正財)의 심리적(心理的) 특성과 유사함

① 미래지향적이고 목적의식이 강해서 뒤는 돌아보지 않고 성장하고 발전하기 위해 앞과 위를 보고 달리면서도, 甲木과는 달리 무작정 앞과 위만 보고 달리지 않고, 결실을 맺는 것을 중시하여 실속을 챙긴다.

② 지극히 현실적이고 구체적이고 실속을 차리고 계산이 치밀하고 철저해서 이해타산에 매우 밝고 민감하다. 그러다 보니 매사를 꼼꼼하고 철저하게

처리하며, 사소한 것까지 시시콜콜하게 간섭을 많이 하며, 재물을 매우 소중히 여기다 보니 무척 인색하며, 무슨 일을 하든지 기분 내키는대로 그냥 해주는 법이 없고 반드시 대가를 요구하며, 물질적으로 손해 보는 일은 결코 하지 않으려 하며, 소득이 있다고 판단되면 매우 적극적으로 움직이지만 소득이 없다고 판단되면 좀처럼 움직이려 하지 않는다.

그리고 늘 조바심을 내면서 서두르고 흥분을 잘 하고 참을성이 부족하지만, 甲木과는 달리 조심성이 많아서 모험을 하거나 위험을 무릅쓰는 것을 몹시 싫어하므로, 모험을 하거나 위험을 감수하면서 큰돈을 벌고 싶은 마음이 전혀 없고, 합리적이고 계획적인 생활을 하면서 성실하게 일해서 착실하게 번 돈을 한 푼 두 푼 꼬박꼬박 모아 저축하고자 한다.

이는 십성 중의 정재(正財)와 유사한 특성이다.

③ 甲木과는 달리 치밀하고 끈질긴 생명력이 있어서, 생활력이 강하고 좀처럼 좌절하거나 쓰러지지 않는다. 반면에 살아남고 싶은 욕망이 강하므로, 강도 따위가 협박을 하면 그 요구를 쉽게 들어줄 가능성이 많다.

④ 수중에 돈이 없으면 불안해하므로, 늘 현금을 수중에 지니고 다니거나 집안에 돈을 쌓아 둔다.

⑤ 자기 자신에게 도움이 되거나 이용할 만한 가치가 있다고 판단되면, 어제의 적(敵)이라도 기꺼이 손을 잡고서 동지가 된다.

3. 丙火의 심리적(心理的) 특성: 대체적으로 편관(偏官)의 심리적(心理的) 특성과 유사함

① 강렬한 빛과 같이 맹렬해서 두려움이 없이 용감하게 행동하면서도 의외로 두려움과 공포심이 그 이면에 자리 잡고 있으며, 신중하지 못하고 저

돌적이라서 실수를 많이 할 뿐 아니라 일을 저지르고 나서 후회도 잘한다.

② 사방팔방으로 퍼져나가는[발산(發散)하는] 빛과 같이 산만하고 다혈질이라서, 매우 활동적이고 정열적이고 성질이 불같이 급하고 과격하고 목소리가 크고 불의(不義)를 보면 참지 못하고 감정의 기복이 심한 반면에(그 결과 자기 마음대로 되지 않으면 몹시 흥분하여 난폭하고), 화끈하고 직설적으로 표현하고 뒤끝이 없고 솔직하고 숨김이 없다.

③ 밝은 빛과 같이 사리분별(事理分別)이 명확해서, 옳고 그름을 분명히 밝히려 하고 예의범절이 바르다.

④ 봉사심이 많아서 공익(公益)을 위한 일이라면 발 벗고 나서다 보니, 자기 자신만 공익을 위하는 일에 나서는 것에 그치지 않고 다른 사람들에게도 공익을 위하는 일에 나서도록 강제하는 편이다.

⑤ 사리사욕(私利私慾)이 없고 공명정대(公明正大)하고 원칙을 준수하고 융통성이 없다 보니, 남과 자기 자신에게 매우 엄격하고 원리원칙에 어긋나면 난폭하다고 할 정도로 인정사정이 없고 개개인의 사정을 전혀 봐주지 않는다. 그리고 난폭하면서도 그 이면에는 두려움과 공포심이 있다.

이는 십성 중의 칠살(七殺)과 유사한 특성이다.

4. 丁火의 심리적(心理的) 특성: 대체적으로 정관(正官)의 심리적(心理的) 특성과 유사함

① 따뜻한 열기(熱氣)와 같이 온화하고 남을 잘 배려하고 헌신하고 봉사하는 따뜻한 마음을 지니고 있으며, 동시에 마음이 여리기도 하다.

② 열기가 적당하면 부드럽고 온화하지만, 열기가 지나치면 서서히 달아올라 결국엔 丙火와 같이 성질이 불같이 급해지고 불의(不義)를 보면 참지

못한다.

③ 영적(靈的)인 감각이 뛰어나서, 남의 심중(心中)을 예리하게 꿰뚫어보면서 그 사람의 진의(眞意)가 무엇인지를 잘 간파(看破)할 뿐 아니라, 앞으로 일어날 일에 대해서도 미리 잘 감지한다.

④ 이성적이고 객관적이고 합리적이고 공명정대하고 원칙을 중시하고 융통성이 부족하고 정직해서, 따뜻한 마음을 지니고 있으면서도 웬만해서는 개개인의 사정을 봐주지 않는다.

이는 십성 중의 정관(正官)과 유사한 특성이다.

5. 戊土의 심리적(心理的) 특성: 대체적으로 편인(偏印)의 심리적(心理的) 특성과 유사함

① 태산(泰山)과 같이 묵묵하고 호들갑을 떨지 않아서 믿음직하게 보이는 반면에, 주위의 상황에 주의를 기울이지 않고 무관심하고 느긋하게 수수방관하는 태도를 지니고 있어서, 답답할 정도로 센스가 없고 자기 의지대로 하고자 하는 고집도 세다.

② 큰돈을 벌어 재물을 지배하고 싶은 욕구가 강하다. 이러한 재물에 대한 지배 욕구는 인색하다고 할 정도로 비합리적이라고 생각되는 소비 지출을 억제하여 가능한 한 재물의 유출(流出)을 막으려고 한다는 점에서, 재물을 매우 소중히 여겨 소비 지출에 무척 인색하고 물질적으로 손해 보는 일은 결코 하지 않으려고 하는 乙木 일주의 재물에 대한 욕구와 유사한 면이 많지만, 재물을 소중히 여기지 않고 큰돈을 벌어 폼나게 마음껏 헤프게 쓰면서 풍류를 즐기고 싶어하는 甲木 일주의 재물에 대한 욕구와는 사뭇 다르다.

③ 어느 한쪽으로 치우치지 않고 중립을 지키려 하고 융화(融和)를 중시하므로, 다툼이나 논쟁이 벌어졌을 때 중재를 잘 하고 남의 고민을 잘 어루만져 준다.

④ 남에게 간섭하거나 남의 간섭을 받는 것을 싫어한다.

⑤ 평소에는 묵묵하고 근엄하고 얌전하지만, 한번 잘못 건드리면 정신을 잃을 정도로 묵은 감정이 한꺼번에 폭발하여 아주 오래된 서운했던 일까지 들추어 내면서 극도로 흥분한다.

⑥ 비현실적이고 비세속적이고 염세적(厭世的)이고 부정적이고 수동적이고 느긋하고 게을러서 세상에 적응하는 능력이 부족하지만, 눈에 보이는 현상이 전부가 아니라는 생각으로 인해 정신세계에 대한 관심과 믿음이 깊을 뿐 아니라 눈에 보이지 않는 신비한 현상을 감지하는 능력도 좋은 편이다.

그리고 의구심(疑懼心)이 많고 표현력이 부족하고 자신의 속내(감정이나 생각 따위)를 숨기고서 남에게 잘 드러내지 않고 혼자서 고독하게 상념(想念)에 잠기는 경우가 많을 뿐 아니라 남들 앞에 나서기를 꺼려해서 잘 나서지도 않다 보니, 속마음을 헤아리기가 어렵고 교만하거나 매정하게 보인다.

이는 십성 중의 편인(偏印)과 유사한 특성이다.

6. 己土의 심리적(心理的) 특성: 대체적으로 정인(正印)의 심리적(心理的) 특성과 유사함

① 드넓은 대지가 만물을 포용하듯이 포용력과 수용력이 좋으며, 자애로운 어머니와 같이 남의 마음을 자상하게 헤아려주면서 따뜻하게 조언도 해주며, 이해타산이 없다. 그러나 사회 현상이나 남의 말을 의심없이 순수하게 받아들이면서도, 소극적이고 수동적이고 표현력이 부족하고 자신의 감정

이나 생각을 잘 내색하지 않고 남들 앞에 잘 나서지도 않고 느긋하고 게으르고 남에게 이기고자 하는 마음이 없어서, 세상에 적응하는 능력이 부족하고 남과의 경쟁에서도 뒤진다.

　이는 십성 중의 정인(正印)과 유사한 특성이다.

　② 뚜렷한 개성이 없어서 잘난 체하거나 나서지 않고 주위의 분위기에 맞추려 하고 자기주장을 별로 내세우지 않지만, 자기 의지대로 하려고 하는 고집은 있다.

　③ 어느 한쪽으로 치우치지 않고 중립적(中立的)이라서 융화(融和)를 중시하고 온건(穩健)하고 자기주장이 별로 없고 어리숙하게 보이지만, 자신의 감정을 잘 내색하지 않는 편이라서 속마음은 헤아리기가 어렵다.

7. 庚金의 심리적(心理的) 특성: 대체적으로 비견(比肩)의 심리적(心理的) 특성과 유사함

　① 성장과 발전을 억제하는 작용으로 인해, 절제력이 있고 안정적이고 감정에 치우치지 않고 냉철하며 맺고 끊는 것이 확실하다.

　② 어린아이와 같이 천진난만하고 태평스럽고 순수한 면이 있다.

　③ 의리(義理)를 가장 중히 여겨 동료의식이 강하며, 스스로 옳다고 생각하는 일에 대해서는 남에게 따를 것을 강제적으로 요구한다.

　④ 단단한 바위와 같이 아주 강건하고 주체성(主體性)이 강하고 소신(所信)이 확고해서, 자기 생각이 옳다고 여기면 목에 칼이 들어와도 자기주장을 절대로 굽히지 않고 무작정 밀고 나가는 황소고집이 있다. 그리고 주관과 독립심과 자주성이 강해서 남의 말에 좀체 흔들리지 않고 남에게 좀체 의지하지도 않으며, 남의 의견을 무조건 따르지 않고 스스로 납득이 되어야

만 남의 의견을 따른다.

이는 십성 중의 비견(比肩)과 유사한 특성이다.

8. 辛金의 심리적(心理的) 특성: 대체적으로 겁재(劫財)의 심리적(心理的) 특성과 유사함

① 비교심(比較心)이 많고 남과의 교제를 중시해서 깔끔하게 멋을 부리면서 남의 관심을 끌고 싶어하며, 의리를 중히 여겨 동료의식이 강하고 어린아이와 같이 천진난만한 면이 있으면서도 날카롭고 매섭고 까다롭고 끈질기고 좀처럼 양보하지 않는 경향이 있어서, 남이 자신에게 잘못을 저지르면 그 사람을 용서할 생각은 추호도 없고 냉정하고 냉혹(冷酷)하고 무정(無情)하게 잘못에 대한 대가를 요구하거나 자신의 권리를 주장한다.

② 화끈하지 못하고 마음속에 오래도록 담아두는 성격이라서, 억울한 일을 당하면 훌훌 털어버리지 못하고 마음속에 깊이 새겨 놓았다가 언젠가 기회가 오면 당한 것만큼 반드시 갚아주고야 마는 보복심리가 많다.

③ 살아남기 위해 끈질기고 매서울 정도로 생존에 대한 경쟁심과 투지(鬪志)와 투쟁심(鬪爭心)과 승부근성이 강해서, 무슨 일이든지 쉽게 물러서거나 포기하지 않으며, 자기에게 대항하는 사람에게는 결코 양보하지 않고 맞서서 무슨 수를 써서라도 이기려 한다. 심지어 남과 맞서서 싸울 적에는 피를 보는 것도 두려워하지 않고 집요하게 물고 늘어진다.

그리고 무엇이든지 다 차지하려고 하는 탐욕(貪慾)이 많아서, 어떻게 해서든지 자신의 소유물을 남에게 빼앗기지 않기 위해 전전긍긍(戰戰兢兢)할 뿐 아니라 남의 소유물을 정당하지 않은 방법으로 은근히 빼앗고 싶어하기도 한다. 이처럼 극도로 지기 싫어하고 탐욕이 많다 보니, 자기보다 더 우월하거나 더 많이 가진 사람을 보면 시기 · 질투심이 강하게 들면서 어떻게 해서든지 그 사람을 이기려고 하거나 그 사람의 것을 부당하게 은근히 차지하고 싶어한다.

이는 십성 중의 겁재(劫財)와 유사한 특성이다.

9. 壬水의 심리적(心理的) 특성:
대체적으로 식신(食神)의 심리적(心理的) 특성과 유사함

① 생각이 물과 같이 유연해서 고루(固陋)하지 않으며, 생각이 깊은 물속과 같이 깊어서 지혜롭고 침착하고 표현력이 좋으나 여간해서 속내를 잘 드러내지 않는다.

② 경망스럽지 않고 침착하고 신중하고 조심성이 많으면서도, 생각이 흐르는 물과 같이 쉼 없이 움직여서 늘 활기에 차 있지만, 활발한 생각을 쉽게 실행으로 옮기는 적극적인 활동성과 실행력은 부족하다.

③ 癸水와는 달리, 비현실적이고 추상적인 문제에 관심이 많아서, 추상적이거나 쓸데없는 생각을 많이 한다.

④ 생각이 깊고 궁리와 연구를 많이 하고 새로운 것에 대한 호기심이 많아서, 학자의 분위기가 풍겨난다. 그리고 생각이 깊고 신중해서 속마음을 헤아리기가 어렵지만, 의외로 솔직하고 가식적이지 않다. 그리고 육체적인 접촉 없이 상상을 통하여 성적(性的)인 유희(遊戲)나 쾌락을 즐긴다.

이는 십성 중의 식신(食神)과 유사한 특성이다.

10. 癸水의 심리적(心理的) 특성:
대체적으로 상관(傷官)의 심리적(心理的) 특성과 유사함

① 흐르는 샘물과 같이 늘 잔잔한 생동감이 넘쳐서 재잘거리면서 사람들을 편안하고 즐겁게 해주지만, 소극적이고 수동적이고 폐쇄적인 면이 많아서, 적극적인 활동성이 부족하고 침착하고 조심성이 많고, 비록 표현력이 활발하긴 해도 가깝게 지내지 않는 사람에게는 자신의 감정과 생각을 비밀스럽게 숨기고서 잘 드러내지 않는 편이다.

그리고 물과 같이 자유자재로 변화하다 보니, 상황에 대응하여 적절하게 변화하는 융통성과 순발력이 뛰어나면서도 생각이 일정하지 못하고 변덕이 심하다.

② 壬水와는 달리, 현실적이고 구체적인 문제에 관심이 많아서, 추상적이거나 쓸데없는 생각에 빠져들지 않는다.

③ 표현력이 활발하고 사교성(社交性)이 좋아서 남과의 교제를 중시하고 혼자 있는 것을 싫어하며, 호기심이 많아서 한 자리에 가만있지 못하고 늘 새로운 것을 찾아다니며, 순발력이 좋아서 순간적인 이해력이 뛰어나며, 변덕이 심하며, 육체적인 접촉을 통하여 성적(性的)인 유희(遊戲)나 쾌락을 즐긴다.

이는 십성 중의 상관(傷官)과 유사한 특성이다.

십성(十星)의 심리적(心理的) 특성

　십성(十星)의 심리적 특성은 앞에서 살펴본 바와 같이 십성이 천간에 있는 경우와 십성이 지지에 있는 경우에 겉으로 드러나는 정도가 다른데, 십성이 천간에 있는 경우에는 그 심리적 특성이 사귄 지 얼마 되지 않은 사람들에게도 겉으로 잘 드러나지만, 십성이 지지, 특히 고지(庫支)인 辰戌丑未에 있는 경우에는 그 심리적 특성이 사귄 지 얼마 되지 않은 사람들에게는 겉으로 잘 드러나지 않고 사귄 지 꽤 오래된 사람들에게라야 비로소 겉으로 잘 드러난다.

　그리고 십성(十星)의 심리적 특성은, 십성이 일주(日主) 주위(일지와 월간과 시간)나 월지에 있으면서 왕할수록 두드러지고, 십성이 일주(日主) 주위(일지와 월간과 시간)와 월지에 없으면서 약할수록 잘 드러나지 않으며, 또 월간이나 시간이나 일지(본기에 한함)에 있는 십성이 일주와 간합(干合) 또는 암합(暗合)이 되어 있으면, 그 십성의 심리적 특성이 강화되면서 가장 먼저 드러나며, 또 어느 십성이 다른 십성과 간합(干合)하여 묶여 있거나 다른 십성에게 충극[沖剋: 양대양(陽對陽)이나 음대음(陰對陰)의 충극만 해당하고 양대음(陽對陰)이나 음대양(陰對陽)의 극(剋)은 해당하지 않는다]을 받고 있으면, 간합(干合)하여 묶여 있는 각각의 십성이나 충극(沖剋)을 받고 있는 십성의 심리적 특성은 약하게 나타나고, 충극(沖剋)하고 있는 십성의 심리적 특성은 강하게 나타난다.

1. 비견(比肩)의 심리적(心理的) 특성

(1) 긍정적인 특성: 비겁(比劫)이 희용신(喜用神)이거나 왕(旺)하지 않고 적당한 경우에 두드러진다

① 주체성(主體性)과 개성(個性)이 강하고 주관(主觀)이 분명하고 자신감이 강해서, 자기 자신의 판단이 최선이라고 여겨 자신의 생각이나 의견을 고수하고 남의 말에 좀처럼 흔들리지 않으며, 남의 의견을 무조건 따르지 않고 스스로 납득이 되어야만 따른다.

② 자주적(自主的)이고 독자적(獨自的)이고 독립심(獨立心)이 강하고 언제나 자신만만하고 자존심이 강해서, 무슨 일이든지 남에게 의지하지 않고 스스로의 힘으로 해결하고자 하며(자기뿐만 아니라 다른 사람들도 그들 자신의 일은 남에게 의지하지 않고 스스로의 힘으로 해결하기를 바란다), 누구에게도 자기의 소신(所信)이나 주장을 굽히지 않으며, 남에게 명령을 받거나 간섭을 받는 것을 무척 싫어할 뿐 아니라 남에게 명령하거나 간섭하는 것도 싫어한다.

만약 종교궁인 시간에 비견이 있다면, 종교의 원리나 이치를 믿는 사람들을 이해하지 못하고 종교적인 원리나 이치를 믿느니 자기 자신을 믿는 것이 훨씬 더 낫다고 생각할 가능성이 많다.

③ 주동적(主動的)이고 자발적이고 의지(意志)가 강하고 정력(精力)과 체력이 좋고 실행력이 있어서, 무슨 일이든지 자기 의지대로 굳건하고 강경하게 밀고 나가며, 자기 생각이 옳다고 여기면 절대로 뜻을 굽히지 않으며, 한번 결정한 일은 누가 뭐래도 좀처럼 변경하지 않는다.

④ 독단적(獨斷的)으로 행동하지만, 무모하지 않고 신중하다.

⑤ 배짱이 두둑해서 어떤 경우에도 두려워하거나 비굴하지 않고 소신껏

행동한다.

⑥ 무언가를 하겠다고 마음먹으면 생각하면서 지체없이 바로 행동하므로, 민첩하고 신속하게 일을 처리한다.

⑦ 자기를 인정해주는 사람이나 자기 마음에 드는 사람에게는 무척 잘 대해준다.

⑧ 자기 자신을 사랑하면서 소중하게 여기므로, 가능한 한 남들에게 예속(隸屬)되지 않고 남들과 대등한 위치에 서고자 한다.

⑨ 표리(表裏)가 다르지 않아서, 자신의 생각이나 감정을 꾸밈없이 솔직담백하게 드러낸다. 그런데 겁재와는 달리, 자신의 생각이나 감정을 에둘러 말하지 못하고 너무 직설적으로 말하다 보니, 상대방의 기분을 상하게 하는 경우가 많다.

⑩ 남에게 인정을 받거나 칭찬을 받으면 자신의 능력을 최대한으로 발휘한다.

⑪ 재물에 연연(戀戀)해하지 않는다.

(2) 부정적인 특성: 비겁(比劫)이 희용신(喜用神)이 아니면서 왕(旺)하거나 많은(즉, 두 개 또는 세 개 이상인) 경우에 두드러진다

① 주관과 고집이 강해서, 남의 견해가 자기 생각에 부합하지 않으면 사소한 일에도 흥분하여 자기주장을 굽히지 않고 반대 의견에 강경하게 맞선다. 그러나 남의 의견이 옳다고 생각되면 더 이상 고집을 부리지 않고 남의 의견을 받아들인다.

② 주관이 강해서, 무슨 일이든지 남을 따라하는 것을 무척 싫어한다.

③ 자기중심적이고 인정머리가 없어서, 남의 일에 무관심하고 남에게 신경 쓰기를 싫어한다.

④ 재물에 대한 욕심이 별로 없고 재물을 중시하지 않아서, 검소하거나 알뜰하지 못하고 어떻게 해서든지 돈을 벌어야겠다는 마음도 별로 없고 가진 돈이 있으면 친구들과 어울려 별생각 없이 흥청망청 쓰는 경향이 있으며, 그 결과 자신의 배우자(특히 아내)를 힘들게 하고 소홀히 대하기 쉽다. 그러나 일주 주위나 월지에 정재나 관살이 있으면 그러한 특성은 잘 드러나지 않는다.

⑤ 용의주도(用意周到)하지 못해서, 심사숙고하지 않고서 성급하고 경솔하게 일을 처리한다.

⑥ 겁재와는 달리, 타협을 모르는 고집불통이라서 융통성이 없으며, 사교성과 표현력이 부족해서 남과의 교제에 서투르다. 그러다 보니 남과 협상하는 수완이 없고 남과 잘 어울리지 못해서 주위 사람들에게 무척 답답하다는 느낌을 준다. 특히 표현궁인 월간에 비견이 있으면 더더욱 그러하다.

⑦ 자존심과 자기보호본능이 강해서, 자신의 영역을 침범당하는 것을 무척 싫어한다. 가령 남이 자기를 무시하거나 업신여긴다고 생각하여 자존심에 상처를 입거나, 남에게 강요나 명령이나 간섭을 받거나, 누가 허락도 없이 자기 물건에 손을 대면, 몹시 격분(激忿)한다. 설사 상사의 명령이나 지시라고 하더라도, 자기 마음에 들지 않으면 완강하게 버티면서 따르지 않으려고 한다.

⑧ 일주 주위(일지와 월간과 시간)와 월지에 정재나 관살은 없고 비견이 많을수록, 친구들을 좋아하고 무사태평(無事泰平)이라서, 생계 유지를 위해 어떻게 해서든지 돈을 벌어야 한다는 마음이 거의 없으며, 근심걱정도 거의 없으며, 친구들과 어울려 놀면서 별생각 없이 돈을 쓰며, 친구들에게 필요 이상으로 온 정성을 쏟아붓는다. 그러다 보니 자신의 배우자(특히 아내)에게 한치의 양보도 없이 자기 방식을 고수하면서 가정의 생계 문제에

대해서는 거의 신경 쓰지 않게 되고, 그 결과 자연히 자신의 배우자(특히 아내)에게 소홀해져서 자신의 배우자(특히 아내)를 배려하지 못하게 되므로, 자신의 배우자(특히 아내)를 무척 힘들게 한다.

⑨ 일주 주위와 월지에 관살은 없고 비견과 겁재가 많을수록, 비록 의지가 강하고 정력(精力)이 좋긴 해도 아집(我執)이 강하고 한 치의 양보도 없이 자기 방식을 고수하는 고집불통인 데다가 자존심도 몹시 강하고 교만하다고 할 정도로 자신감도 너무 지나쳐서, 자신의 주장과 뜻을 절대 굽히지 않고 자신의 잘못을 좀처럼 인정하지 않을 뿐 아니라 자기 자신을 너무 믿고 기고만장하여 남의 말을 귀담아 듣지 않고 무시하기까지 한다. 그러다 보니 융통성이 없고 타협할 줄 모르고(일주 주위에 비견이 많고 겁재는 없는 경우에 한한다) 인정머리 없는 외골수가 되어서 남들과 잘 어울리지 못하고, 심지어 남들에게 따돌림을 당하기 쉽다.

그러나 비겁(比劫)도 많고 관살도 비겁 못지않게 많아서 살인상정(殺刃相停)이 되어 있으면, 결코 불의(不義)와 타협하지 않고 공익(公益)과 대의(大義)를 위해 맡은 임무를 두려움 없이 소신껏 강경하게 수행해나가는 추진력과 실행력을 갖추게 된다.

⑩ 일주 주위와 월지에 관살은 없고 비견과 겁재가 많을수록, 매사에 경쟁심이 강하고 자기중심적이고 남을 생각하는 마음이 부족해서, 어떤 일을 할 때에 자기에게 할당된 일은 남에게 뒤처지지 않으려고 최선을 다해 완수하지만, 남과 공동으로 협력해야 하는 일은 최선을 다하지 않고 남에게 미루는 경향이 있다.

2. 겁재(劫財)의 심리적(心理的) 특성

(1) 긍정적인 특성: 비겁(比劫)이 희용신(喜用神)이거나 왕(旺)하지 않고 적당한 경우에 두드러진다

① 의지(意志)가 강하고 정력(精力)과 체력이 좋고 경쟁적인 주체성과 승부근성과 투지(鬪志)와 실행력(實行力)이 있어서, 요즈음과 같이 합리적인 경쟁력이 힘이 되는 경쟁 사회에서 남에게 뒤처지지 않고 자신의 입지(立地)를 세우고서, 무슨 일이든지 자신감을 갖고서 자기 의지대로 굳건하고 강경하게 밀고 나가면서 당당하게 살아갈 가능성이 많다.

② 자주적이고 독자적이고 독립심이 강하고 언제나 자신만만하고 자존심이 강해서, 무슨 일이든지 남에게 의지하지 않고 스스로의 힘으로 해결하고자 하며(자기뿐만 아니라 다른 사람들도 그들 자신의 일은 남에게 의지하지 않고 스스로의 힘으로 해결하기를 바란다), 누구에게도 자기의 소신(所信)이나 주장을 굽히지 않으며, 남에게 명령을 받거나 간섭을 받는 것을 무척 싫어할 뿐 아니라 남에게 명령하거나 간섭하는 것도 싫어한다.

③ 주체성과 주관과 개성과 고집이 강해서, 남의 견해가 자기 생각에 부합하지 않으면 사소한 일에도 자기 생각과 주장을 굽히지 않고 반대 의견에 강경하게 맞서면서도, 비견과는 달리 비록 남의 견해가 자기 생각에 부합하지 않더라도 고집 피워봐야 아무런 이익이 없다고 판단되면, 맹목적으로 강경하게 반대하지 않고 실리(實利)를 챙기기 위해 겉으로나마 타협하는(그러나 속으로는 자기 생각을 고수한다) 융통성이 있다.

④ 비견과는 달리, 융통성이 있고 사교성과 표현력이 좋고 남과의 교제를 중시한다. 그러다 보니 남과 협상(協商)하는 수완이 좋다. 반면에 남에게 지지 않으려고 남을 걸고 넘어지는 듯한 표현을 잘 하고 남과 비교하는 표현

을 잘 해서 남에게 반감(反感)을 사기 쉬운 점도 있다. 이상의 특성은 특히 표현궁인 월간에 겁재가 있으면 두드러진다.

⑤ 두려움이 없고 용감하고 악착같은 면이 있어서, 모험과 내기를 좋아한다.

⑥ 무언가를 하겠다고 마음먹으면 생각하면서 지체없이 바로 행동하므로 민첩하고 신속하게 일을 처리하지만, 충동적으로 일을 처리하는 경우도 많다.

⑦ 배짱이 두둑해서 어떤 경우에도 두려워하거나 비굴하지 않고 소신껏 행동한다.

⑧ 자기 자신을 사랑하면서 소중하게 여기므로, 가능한 한 남들에게 예속(隸屬)되지 않고 남들과 대등한 위치에 서고자 한다.

⑨ 표리(表裏)가 다르지 않아서, 자신의 생각이나 감정을 꾸밈없이 솔직담백하게 드러낸다. 그러면서도 비견과는 달리, 자신의 생각이나 감정을 너무 직설적으로 말하지 않고 가능하면 에둘러 말하므로, 상대방의 기분을 상하게 하는 경우는 별로 없다.

⑩ 자기를 인정해주는 사람이나 자기 마음에 드는 사람에게는 무척 잘 대해준다.

⑪ 남에게 인정을 받거나 칭찬을 받으면 자신의 능력을 최대한으로 발휘한다.

⑫ 비록 탐욕이 많긴 해도 재물에 연연(戀戀)해하지는 않는다.

(2) 부정적인 특성: 비겁(比劫)이 희용신(喜用神)이 아니면서 왕(旺)하거나 많은(즉, 두 개 또는 세 개 이상인) 경우에 두드러진다

① 경쟁심과 투지(鬪志)와 투쟁심(鬪爭心)과 승부욕(勝負慾)이 강하고 양보심이 없어서, 남과 맞서 싸워 이기기를 좋아하고 남에게 뒤지기는 몹시 싫어하며, 특히 자극을 받으면 흥분하여 이기기 위해 물불을 가리지 않고

달려든다. 다시 말해 집적대거나 건드리지 않으면 흥분하지 않고 조용하지만, 자극을 주거나 집적대거나 건드리면 흥분하여 절대 양보하지 않고 이기기 위해 맹렬히 맞서 싸운다.

② 비교심(比較心)이 강해서 무슨 일이든지 남이 자기를 따라하는 것을 몹시 싫어하며, 주관이 강해서 자기도 남을 따라하는 것을 무척 싫어한다.

③ 심술궂고 탐욕(貪慾)이 많아서, 남이 잘못되는 것을 좋아하는 마음이 무척 많으며, 어떻게 해서든지 자신의 소유물을 남에게 빼앗기지 않기 위해 전전긍긍(戰戰兢兢)할 뿐 아니라, 남의 소유물을 정당하지 않은 방법으로 은근히 빼앗고 싶어하기도 한다.

그리고 남과 비교를 잘 하고 시기심과 질투심이 많아서, 자기보다 더 우월하거나 더 많이 가진 사람을 보거나 남이 잘되는 모습을 보면, 비록 겉으로는 인정하더라도 마음속으로는 배가 아파서 못 견뎌 한다.

만약 종교궁인 시간에 겁재가 있다면, 종교를 맞서 싸워서 이겨야 할 투쟁의 대상으로 생각하거나 아니면 종교를 자신의 탐욕을 충족시켜주거나 자신의 영역을 지켜주는 대상으로 생각할 가능성이 많다.

④ 재물을 중시하지 않아서, 검소하거나 알뜰하지 못하고 어떻게 해서든지 돈을 벌어야겠다는 마음도 별로 없고 가진 돈이 있으면 친구들과 어울려 별생각 없이 흥청망청 쓰는 경향이 있으며, 그 결과 자신의 배우자(특히 아내)를 힘들게 하고 소홀히 대하기 쉽다. 그러나 일주 주위나 월지에 정재나 관살이 있으면 그러한 특성은 잘 드러나지 않는다.

⑤ 충동적이고 맹목적이고 무모하고 경솔하고 사려가 깊지 못해서, 남의 말을 귀담아 듣지도 않고 깊이 생각하지도 않고서 무모하고 경솔하게 일을 잘 벌인다.

⑥ 감정의 기복이 심해서 기뻐했다가 화를 냈다가 하는 것이 잦다 보니, 주위 사람들이 잘 적응하지 못해 곁에 있기를 꺼려한다.

⑦ 공중도덕과 법을 무시하면서 잘 지키려고 하지 않으며, 사소한 일로도 양보하지 않고 남과 냉정하게 잘 다툰다.

⑧ 남에게 무시를 당하거나 공격을 받거나 억울한 일을 당하면, 용납할 수가 없어서 끈질기게 물고 늘어지거나 두고보자는 심리가 작용하여 잊지 않고 가슴속에 간직해 두었다가 적당한 기회가 오면 반드시 보복하려고 한다. 다시 말해 당한 만큼 갚아주어야 직성이 풀린다.

⑨ 자기중심적이고 인정머리가 없어서, 남의 일에 무관심하고 남에게 신경 쓰기를 싫어한다.

⑩ 자존심과 자기보호본능이 강해서, 자신의 영역을 침범당하는 것을 무척 싫어한다. 가령 남이 자기를 무시하거나 업신여긴다고 생각하여 자존심에 상처를 입거나, 남에게 강요나 명령이나 간섭을 받거나, 누가 허락도 없이 자기 물건에 손을 대면, 몹시 격분(激忿)한다. 설사 상사의 명령이나 지시라고 하더라도, 자기 마음에 들지 않으면 완강하게 버티면서 따르지 않으려고 한다.

⑪ 일주 주위(일지와 월간과 시간)와 월지에 정재나 관살은 없고 겁재가 많을수록, 무사태평(無事泰平)이고 힘써 일해서 돈을 벌려는 마음은 별로 없고 불로소득(不勞所得)을 바라는 마음이 많은 데다가 경쟁심까지 강해서, 생계는 아랑곳하지 않은 채 도박이나 놀음에 빠지기 쉽다. 그러다 보니 자연히 가정을 등한시하여 가족에게 무책임하게 되므로, 자신의 배우자(특히 아내)와 부양가족을 무척 힘들게 한다.

⑫ 일주 주위와 월지에 관살은 없고 겁재가 많을수록, 경쟁심과 투지(鬪志)와 투쟁심(鬪爭心)과 승부근성이 매우 강해서, 남이 자기 영역을 부당하게 침범하거나 자존심을 상하게 하여 자극을 받으면 격분하여 한 치도 양보하지 않고 맞서 싸워 이기려 하며, 남에게 당하거나 지고는 못 사는 성미이

며, 혹시 남에게 당하거나 지기라도 하면 분하고 원통해서 잠을 이루지 못한다.

⑬ 일주 주위와 월지에 관살은 없고 겁재와 비견이 많을수록, 비록 의지가 강하고 정력(精力)이 좋긴 해도 아집(我執)이 강하고 한 치의 양보도 없이 자기 방식을 고수하는 고집불통인 데다가 자존심도 몹시 강하고 교만하다고 할 정도로 자신감도 너무 지나쳐서, 자신의 주장과 뜻을 절대 굽히지 않고 자신의 잘못을 좀처럼 인정하지 않을 뿐 아니라 자기 자신을 너무 믿고 기고만장하여 남의 말을 귀담아 듣지 않고 무시하기까지 한다. 그러다 보니 융통성이 없고 타협할 줄 모르고(일주 주위에 비견이 많고 겁재는 없는 경우에 한한다) 인정머리 없는 외골수가 되어서 남들과 잘 어울리지 못하고, 심지어 남들에게 따돌림을 당하기 쉽다.

그러나 비겁(比劫)도 많고 관살도 비겁 못지않게 많아서 살인상정(殺刃相停)이 되어 있으면, 결코 불의(不義)와 타협하지 않고 공익(公益)과 대의(大義)를 위해 맡은 임무를 두려움 없이 소신껏 강경하게 수행해나가는 추진력과 실행력을 갖추게 된다.

⑭ 일주 주위와 월지에 관살은 없고 겁재와 비견이 많을수록, 매사에 경쟁심이 강하고 자기중심적으로 생각하고 남을 생각하는 마음이 부족해서, 어떤 일을 할 때에 자기에게 할당된 일은 남에게 뒤처지지 않으려고 최선을 다해 완수하지만, 남과 공동으로 협력해야 하는 일은 최선을 다하지 않고 남에게 미루는 경향이 있다.

(3) 사주원국(四柱原局)에 비겁(比劫)이 전혀 없거나 있어도 연지(年支)나 시지(時支)에만 암장(暗藏)되어 있는 경우

① 살아가면서 주변 환경에 적응은 잘 하겠지만, 주체성과 주관과 독립심

과 자존심이 없고 독자적이지 못해서, 주위 사람들의 말에 줏대없이 잘 흔들리며, 주체적이고 주동적으로 살지 못하고 남에게 의지하거나 남의 간섭을 받으면서 종속적으로 살아갈 가능성이 많다.

② 의지(意志)와 자신감이 결핍(缺乏)되고 경쟁심과 승부근성이 없고 자신의 생각을 용감하고 강경하게 밀고 나가는 실행력도 없어서, 요즈음과 같이 합리적인 경쟁력이 힘이 되는 경쟁 사회에서 남에게 뒤처지지 않고 자신의 입지를 세우고서 당당하게 살아가기가 어렵다.

3. 식신(食神)의 심리적(心理的) 특성

(1) 긍정적인 특성: 식상(食傷)이 희용신(喜用神)이거나 왕(旺)하지 않고 적당한 경우에 두드러진다

① 관심이나 흥미가 있는 어느 한 분야에 대해 깊이 파고들어서 그 분야를 세심하게 궁리 · 연구하고 분석하여 모종(某種)의 결론을 논리적으로 유추(類推)하여 도출해냄으로써 궁금증을 확실하고 완벽하게 해결하고자 하므로, 탐구력(探究力)과 집중력과 분석력과 추리력(推理力)이 뛰어나다. 그러나 한 우물만 파고들어 몰두하다 보니 융통성과 순발력이 부족해서, 여러 분야를 한꺼번에 폭넓게 다루는 것은 매우 서투르고 무척 힘들어한다.

② 창의성(創意性)이 뛰어나고 호기심이 많고 두뇌가 치밀하고 분석적이고 논리적이고 사려(思慮) 깊고 예민하고 총명해서, 참신하고 기발한 아이디어와 치밀한 분석을 필요로 하는 발명을 비롯한 각종 연구개발 행위나 저술 · 연극 · 작곡을 비롯한 각종 창작 행위나 심리분석을 비롯한 각종 연구분석 행위에 소질이 풍부하다.

③ 표현력이 좋고 지극히 논리적이라서, 말을 하거나 글을 쓸 때 논리가 정연하고 세심하다. 그런데 문장력이 좋아서 글로써는 자기 생각과 감정을 조리 있게 거리낌없이 표현하지만, 언변과 입담이 좋은 편은 아니라서 말로써는 자기 생각이나 감정을 유창하게 거리낌없이 표현하지 못한다. 그래서 말보다는 글로써 자기 생각이나 감정을 표현하는 것을 훨씬 더 좋아한다.

그러나 표현궁인 월간에 식신이 있으면 비록 유창하진 않아도 말도 조리 있게 거리낌없이 잘하는 편이다.

④ 이해력과 판단력이 좋아서, 어떤 내용이든지 한두 번만 자세히 보거나 들으면 그 뜻을 분명하게 파악한다. 그러나 상관과는 달리 순발력이 부족해서, 순간적인 이해력과 판단력은 좋지 못하다. 그래서 시간을 두고서 여유 있게 차근차근 진행하는 일이나 집중하여 깊은 궁리와 연구와 분석을 해야 하는 일에는 두각을 나타내지만, 순간적인 이해력과 판단력을 필요로 하는 퀴즈대회 같은 데서는 좋은 성적을 얻기가 어렵다.

⑤ 남이 연구해놓은 내용을 습득하여 충분히 소화한 다음에, 어느 새 독창적인 자기 것으로 만들어버리는 능력이 뛰어나다.

⑥ 상상력이 풍부하고 상상한 것을 현실적으로 구상하여 발명해내는 능력이 뛰어나다.

⑦ 솔직하고 자신의 감정을 잘 숨길 줄 몰라서, 자신이 잘 모르는 문제에 대해서는 모른다고 솔직히 인정하며, 재주나 능력이 뛰어난 사람을 보면 그 사람의 재주나 능력을 느낀 대로 솔직히 인정하면서 찬사(讚辭)를 아끼지 않는 반면에, 기분 나쁘거나 우울한 일이 있으면 자기도 모르는 사이에 언짢거나 우울한 감정이 얼굴에 그대로 드러난다.

⑧ 가식적(假飾的)이지 않고 소탈하고 자유분방해서, 예절이나 형식에 얽매이거나 남에게 구속받는 것을 몹시 싫어하며 아무런 걸림이 없이 자유롭

게 생활하는 것을 좋아한다.

⑨ 어떤 상황이라도 모종의 영감이나 아이디어가 떠오르면 반드시 기록하여 남겨두어야 직성이 풀린다. 이는 창작 활동이나 저술 활동에 반드시 필요한 태도이다.

⑩ 무슨 일이든지 마음만 먹으면 어느 누구보다도 잘할 수 있다는 자부심과 자신감이 매우 강해서, 어떤 일이라도 두려워하지 않고 자신 있게 시도한다.

⑪ 어떤 현상이나 이론이 이치에 맞다고 생각되면 아무 의심 없이 흔쾌히 받아들이지만, 이치에 맞지 않다고 생각되면 절대로 받아들이지 않는다. 이처럼 이치에 부합하는 것을 중요시하다 보니, 의식구조가 지극히 분석적이고 논리적일 수밖에 없다.

만약 종교궁인 시간에 식신이 있다면, 종교의 원리를 논리적으로 분석해 보고 나서 종교의 원리가 복잡하면서도 이치에 맞다고 생각되면 그러한 종교는 관심이 많아서 잘 받아들이지만 종교의 원리가 단순하면서도 이치에 맞지 않다고 생각되면 그러한 종교는 관심이 없어서 도외시할 가능성이 많다.

⑫ 지극히 논리적이고 분석적인 데다가 자신의 생각이나 견해를 변호하려는 마음까지 많아서, 말이나 글이 조리(條理)가 정연하며 체계적인 변론(辯論: 사리를 밝혀 옳고 그름을 따짐)을 잘한다. 그러다 보니 토론이나 논쟁을 할 때 상대방을 이치에 맞게 논리적으로 설득하여 반박하지 못하게 함으로써 자기주장을 관철시키려고 한다.

⑬ 언제나 자신만만하고 낙천적이고 낙관적이라서 삶에 대해 별로 고민하지 않으며, 시간이나 일에 쫓겨 허둥대는 것을 무척 싫어하며, 시간이나 일의 구속을 받지 않고 유유자적하면서 자유롭게 사는 것을 좋아한다. 음식을 먹을 적에도 빨리 급하게 먹는 것을 무척 싫어하고, 맛을 음미하면서 천천

히 여유 있게 먹는 것을 좋아한다.

⑭ 잘못이나 무지(無知)를 솔직하게 인정하지 않고 가식적(假飾的)인 사람을 몹시 싫어한다.

⑮ 동정심이 많아서, 아무런 대가 없이 남에게 베푸는 것을 좋아한다.

⑯ 진취적이고 개방적이고 개혁적이라서, 전통이나 관습이나 윤리를 익히고 따르는 것에는 관심이 없고 새롭고 미래지향적인 것에 관심이 많다. 그래서 오래되거나 결함이 있는 사회 제도나 법률이나 사물을 새롭고 더 나은 것으로 개선할 필요가 있다고 생각한다.

⑰ 화기애애(和氣靄靄)한 분위기를 조성하여 상대방을 세심하게 배려해 줌으로써 상대방의 마음을 편안하게 해주는 능력이 있으며, 친화력(親和力)이 있어서 사람들에게 부드럽고 상냥하고 사근사근하고 명랑하고 친절하게 대한다.

⑱ 내면적인 성취와 즐거움을 중시하므로, 겉모습(외모나 옷차림 따위)에는 별로 신경 쓰지 않는다.

⑲ 사람을 사귈 때 아무하고나 쉽게 사귀지 못하지만, 한번 정이 들고 나면 오랫동안 깊은 관계를 지속한다.

⑳ 일상적인 대화를 할 때는 남들은 이해하기 어렵고 자신만 아는 표현법을 사용하는 경향이 있으면서도, 남에게 자신의 지식을 전달할 때는 어렵고 복잡한 문제를 알기 쉽고 자세하게 풀어서 설명하는 능력이 있지만, 유머감각이 부족해서 재미 있고 유연하게 설명하지 못하고 좀 딱딱하고 무미건조하게 설명하는 편이다.

㉑ 상관(傷官)과는 달리, 사교적이지 못해서 혼자 있는 것을 좋아하고 어느 한 문제에 대해 깊이 파고들어가므로, 남과 합작(合作: 협력)하거나 남의 능력을 이용함으로써 자신의 창의적인 꿈을 실현하고자 하지 않고, 자기 자

신과 경쟁함으로써 자신의 창의적인 꿈을 실현하고자 한다.

㉒ 상관과는 달리, 육체적인 접촉이 없어도 상상을 통하여 성적(性的)인 유희나 쾌락을 즐기는 편이다.

㉓ 친화력(親和力)이 있어서 사람들(특히 이성)에게 부드럽고 상냥하고 사근사근하고 친절하게 대하며 상대방의 마음을 편하게 해주다 보니, 이성(異性)의 은근한 관심을 끄는 묘한 힘이 있어서, 이성(異性)에게 인기가 많다.

(2) 부정적인 특성: 식상(食傷)이 희용신(喜用神)이 아니면서 왕(旺)하거나 많은(즉, 두 개 또는 세 개 이상인) 경우에 두드러진다

① 이기적이고 자기중심적이라서, 자기 관심사에만 신경 쓰고 남의 일에 관심을 기울이면서 남을 따뜻하게 배려하거나 위하는 마음이 거의 없다.

② 타고난 창의적인 재능을 드러내어 남에게 은근히 과시하면서(상관과는 달리 노골적으로 과시하지는 않는다) 자신의 재능이나 능력을 인정받고 싶어한다.

③ 상관과는 달리 순발력이 부족해서, 순간적인 이해력이 좋지 못하며, 여러 가지 일을 한꺼번에 맡기면 빨리 잘 처리하지 못하고 당황하면서 혼란스러워한다.

④ 내용이 정밀하지 못하고 깊이가 없어서 단순하고 반복적인 작업을 해야 하는 분야에는 흥미를 갖지 못하고 싫증을 잘 낸다.

⑤ 단순해 보이는 이성(異性)에게는 관심이 없고 뭔가 신비에 싸여 있어서 복잡해 보이는 이성에게 관심이 많은데, 그런 이성에게 관심을 갖기 시작하면 정신없이 빠져든다.

⑥ 관심이나 흥미가 있는 일에는 자발적으로 정신없이 깊이 파고들지만, 관심이나 흥미가 없거나 남이 시켜서 억지로 해야 하는 일은 죽어도 하기

싫어한다. 성관계도 마음이 내켜야 하지 마음이 내키지 않으면 좀처럼 하지 않는다.

⑦ 관심 있는 어느 한 문제에 깊이 파고들어 몰두해 있는 경우가 많다 보니, 관심 밖의 일에는 신경 쓰기 싫어하며, 말귀가 어둡고 반응이 느려서 형광등이라는 말을 자주 들으며, 상황에 걸맞지 않게 너무 심각하게 깊이 생각하며, 유머감각이 부족하며, 여러 사람들과 함께 어울려 잡담하거나 담소를 나누는 것을 거북해하고 싫어한다.

⑧ 어떤 일이나 문제에 깊이 파고들어 몰두하고 있는데 남이 방해를 하거나 귀찮게 하면 짜증을 잘 낸다.

⑨ 내성적이고 언변과 입담이 별로 좋지 못하고 사교성과 넉살과 융통성이 부족해서, 다양한 사람들과 사귀는 것이 서투르고 자신과 마음이 통하는 사람과만 오래도록 인연을 유지하려 하며, 많은 사람들이 모여 있는 자리에서는 늘 말이 없는 데다가 부끄러움도 많이 타며, 외곬으로 파고들어가기를 좋아하고(그 결과 일의 형편에 따라 적절하게 처리하는 재주가 부족하고) 남들과 함께 하는 일에 관심이 없으며, 설사 남들과 함께 일을 해도 몹시 서투르며, 남들과 호흡을 맞춰야 하는 조직 생활이나 단체 생활을 잘 하지 못한다.

⑩ 솔직하면서도 감정적이라서, 좋지 않은 감정을 잘 숨길 줄 모른다. 다시 말해 기분 나쁘거나 우울한 일이 있으면 자기도 모르는 사이에 언짢거나 우울한 감정이 얼굴에 그대로 드러난다. 게다가 좋지 않은 일에 대해 깊이 생각하기 때문에 언짢거나 우울한 감정이 쉽사리 없어지지 않는다.

⑪ 자부심과 자존심이 강하고 예민하고 소심해서, 누군가가(특히 자신과 아주 가까이 지내는 사람이) 자신의 재능이나 능력을 인정해주지 않고 무시하거나 자부심과 자존심을 상하게 하거나 기분 나쁘게 한다고 여기면 무척 서운해하거나 괘씸해하며, 한번 서운하거나 괘씸한 마음이 들면서 감정이

격해지면 상대방이 용서를 구하지 않는 한 서운하거나 괘씸하거나 격한 감정이 좀처럼 사그라들지 않아서 두 번 다시 그 사람과 얘기하지 않으려 하거나 그 사람을 보지 않으려 하며, 설사 상대방이 뒤늦게나마 용서를 구하더라도 지난 일을 쉽게 털어버리지 못하고 기분 전환도 쉽게 하지 못한다.

⑫ 자기가 최고라고 여기는 은근한 우월감과 자부심이 강하고 교만해서, 남의 명령이나 지시를 받기 싫어할 뿐 아니라 자기 외의 다른 사람들은 미덥지 못해서 남을 은근히 얕잡아보고 무시하기까지 하며, 남(특히 가까이 지내는 사람)이 무엇에 대해 잘 모르거나 실수를 하거나 남(특히 가까이 지내는 사람)이 하는 일이 미덥지 못하거나 자기 마음에 들지 않으면 그것도 잘 모르냐고 하거나 그것도 잘 못하냐고 하면서 짜증을 내며, 자기가 부주의하여 잘못한 것도 불평을 하면서 남의 탓으로 돌리는 경향이 다소 있다.

⑬ 남에게 먼저 공격을 하지는 않는 편이지만, 누군가에게 공격을 받으면 치밀하게 지능적으로 대항하거나 복수할 방법을 강구한다.

⑭ 사려(思慮)가 깊지만, 거만하고 고고하고 차갑게 침묵을 지키면서 자신의 생각이나 견해를 섣불리 드러내지 않다 보니, 남들이 접근하기 어려워한다.

⑮ 남의 말이 이치에 맞지 않다고 생각되면, 잘 넘어가지 못하고 눈치 없이 지적을 하거나 내심 불만스러워한다.

⑯ 흠 없이 완벽한 것을 좋아하는 결벽증(潔癖症)이 있어서, 신경 쓰는 일이나 새 물건이나 아끼는 물건에 흠이 조금이라도 있어도 못 견뎌 하며, 흠 없이 완벽하고 깨끗한 상태로 보존되기를 바라는 일이나 물건을 누군가가 손상시키면 몹시 화를 낸다.

⑰ 비현실적이고 추상적인 문제에 관심이 많아서, 추상적인 생각이나 쓸데없는 궁리를 많이 한다.

⑱ 일주 주위(일지와 월간과 시간)와 월지에 식신이 많을수록, 쓸데없는 말이 많고 자기주장이 강하고 논쟁을 좋아해서, 이기든 지든 상관없는 사소한 논쟁에서도 자신의 논리가 설복당할 때까지 절대로 물러서지 않고 조목조목 이치를 따지면서 자신의 견해가 타당하다고 집요하게 주장하므로, 논쟁의 상대방을 몹시 피곤하게 한다.

⑲ 일주 주위와 월지에 식신이 많을수록, 자기가 최고라고 여기는 은근한 우월감과 자부심과 자만심이 매우 강하고 무척 교만하고 잘난 체해서 남의 명령이나 지시를 받는 것을 무척 싫어할 뿐 아니라 자기 외의 다른 사람들은 미덥지 못해서 남을 은근히 얕잡아보고 깔보고 무시하며, 남(특히 가까이 지내는 사람)이 무엇에 대해 잘 모르거나 실수를 하거나 남(특히 가까이 지내는 사람)이 하는 일이 미덥지 못하거나 자기 마음에 들지 않으면 그것도 잘 모르냐고 하거나 그것도 잘 못하냐고 하면서 짜증을 잘 내며, 자기가 부주의하여 잘못한 것도 온갖 불평을 다 늘어놓으면서 남의 탓으로 돌리는 경향이 짙으며, 여자의 경우에는 남편이 미덥지 못해서 남편에게 은근한 불평불만이 많고 남편을 은근히 얕잡아보고 깔보고 업신여기고 무시하고 남편에게 짜증을 잘 내면서 남편의 의사를 따르지 않고 자기가 남편보다 더 낫다는 우월감을 은근하게 내비침으로써 남편을 몹시 기분 나쁘게 한다.

⑳ 일주 주위와 월지에 식신이 많을수록(동시에 비겁과 인성이 없거나 있어도 무력하면), 여러 분야에 쓸데없는 호기심과 관심이 많아서 어느 하나라도 제대로 깊이 파고들어 성과를 거두는 것이 없으며, 무언가를 이루고자 하는 의욕이 왕성해서 이런저런 계획을 세워 벌려놓기를 잘 하지만, 의욕만 많고 추진력과 실행력과 끈기가 부족해서 용두사미가 되어 유종의 미를 거두기가 어렵다.

㉑ 일주 주위와 월지에 식신이 많을수록, 자기 자신의 문제에 대해서만

신경 쓰고 남의 문제에 대해서는 신경 쓰기 싫어하며, 씀씀이도 좀스러워서 남에게 선심(善心)을 쓰거나 지인(知人)들의 모임에서 밥값이나 술값을 먼저 내는 법이 거의 없다 보니, 남의 처지를 잘 헤아리지 못하고 자기만 생각하고 인색하다는 비난을 받기 쉽다.

㉒ 일주 주위와 월지에 식신과 상관이 많을수록, 불평불만이 많아서 현재 상태에 만족하지 못해 온갖 불평을 다 늘어놓고 무조건 더 나은 상태를 추구한다. 그러다 보니 하나의 직업에 오랫동안 종사하지 못하고 수시로 직업을 바꾸는 경향이 있다.

㉓ 일주 주위와 월지에 식신과 상관이 많을수록, 우월감과 자부심과 자만심이 강해서, 공부를 하거나 책을 볼 때 자신의 총명함을 너무 믿고서 같은 내용은 한두 번이나 두세 번만 볼 뿐이지 여간해서 여러 번 반복해서 보지 않는다. 이처럼 노력을 별로 하지 않다 보니 좋은 성적이나 만족스런 결과를 얻기가 쉽지 않다.

㉔ 일주 주위와 월지에 식신과 상관이 많을수록, 남자든 여자든 쾌락적인 성욕(性慾)이 강해서, 풍류(風流) 가무(歌舞)와 주색(酒色)에 빠져 아무 이성(異性)과 문란(紊亂)하게 성관계를 할 가능성이 많다(특히 여자의 경우에 아무 남자한테나 꼬리를 치거나 교태(嬌態)를 부리면서 홀려서는 문란하게 성관계를 할 가능성이 많다).

(3) 사주원국(四柱原局)에 식신(食神)이 전혀 없거나 있어도 연지(年支)나 시지(時支)에만 암장(暗藏)되어 있는 경우

① 새로운 것을 추구하는 창의력이 없고, 어느 한 문제에 일심(一心)으로 파고들어 궁리하고 연구하는 탐구심과 집중력도 없으므로, 어느 한 분야의 전문가가 되기는 어렵다.

② 식신도 없고 상관도 없으면, 표현력과 창의력과 이해력이 부족하고 논리적이지 못해서 자신의 생각이나 감정을 말이나 글로써 독창적으로 논리정연하게 표현하지 못하며, 설사 자신의 생각이나 감정을 말이나 글로 표현하더라도 두서가 없기 십상이다. 그러다 보니 대인관계를 자기에게 유리하게 이끌어가지 못하고 남에게 인정도 받지 못해서, 늘 뒷전에 물러나 있게 된다.

4. 상관(傷官)의 심리적(心理的) 특성

(1) 긍정적인 특성: 식상(食傷)이 희용신(喜用神)이거나 왕(旺)하지 않고 적당한 경우에 두드러진다

① 논리적이면서 순발력이 좋아서 두뇌 회전과 상황 판단이 빠르며, 그 결과 매우 총명하고 요령과 수완이 좋고 재치가 많고 예민하다. 그리고 호기심이 많아서 창의력이 뛰어나긴 한데, 식신과는 달리 순수한 창의력보다 이미 있는 것을 모방하거나 활용하여 더 나은 것을 만드는 창의력이 뛰어나다.

② 식신과는 달리, 순발력이 뛰어나서 어떤 내용이든지 한두 번만 대충 보거나 듣고서도 그 뜻을 대강이나마 재빨리 파악하는 순간적인 이해력과 판단력이 좋고 유머감각도 풍부하며, 여러 방면에 두루두루 호기심이 많아서 상식이 풍부하고 박식하지만, 산만하고 집중력이 부족해서 어느 한 문제에 대해 깊이 알지는 못한다.

③ 식신과는 달리, 외향적이고 자신의 생각이나 감정을 글보다는 말로 유창하고 조리 있게 거리낌 없이 나타내는 표현력이 뛰어나서, 청산유수(靑山流水) 같은 언변과 입담과 넉살과 사교성이 좋다. 특히 표현궁인 월간에 상관이 있으면 더욱 그러하다.

④ 식신과는 달리, 사교성(社交性)이 좋고 대인관계를 중시해서 남과 사귀기를 좋아하면서 남과 쉽게 사귀고 혼자 있는 것을 싫어하므로, 자기 자신과 경쟁함으로써 자신의 창의적인 꿈을 실현하고자 하지 않고, 남과 합작(合作: 협력)하거나 남의 능력을 이용함으로써 자신의 창의적인 꿈을 실현하고자 하며, 폭넓은 상식을 바탕으로 남과 협상하거나 흥정함으로써 자신의 이기적인 목적을 달성하고자 한다.

⑤ 일을 처리하는 요령과 수완이 좋아서 능수능란하며, 눈치가 빨라서 상황 판단과 분위기 파악을 잘 하며, 상황에 맞추어 임기응변(臨機應變)하는 능력과 융통성이 뛰어나서 협상(協商)을 잘한다.

⑥ 사교성이 좋고 싹싹하고 상냥하고 사근사근하고 명랑하고 넉살이 좋아서, 조직 생활에 잘 적응하면서 상황을 자기에게 유리한 방향으로 이끌어가는 재주가 있다. 그리고 서열(序列)을 가리는 것이 조직 생활에 반드시 필요하다고 생각하므로, 선후배 관계나 출신과 같은 서열을 따지는 것을 좋아하며(서열을 따진 후 서열이 자기보다 아래인 사람에게는 예의를 갖추지 않고 쉽게 대하는 경향이 있다), 체면을 중시하다 보니 체면치레를 잘 한다.

⑦ 보스기질이 있어서 자기 주위에 무리를 거느리고 다니면서 그들을 선동(煽動)하는 것을 좋아하며, 인정이 많고 베풀기를 좋아해서 남의 일에 발벗고 나서서 뛰어다니면서 신경을 써준다(그러나 베풀고 나서 대가를 바라므로, 베풀어준 은혜에 보답을 하지 않으면 몹시 서운해한다). 특히 아랫사람들을 거느리고 다니면서 잘 대해주고 아랫사람들도 잘 따르면서 충성하는데, 아랫사람이 자기 마음에 들면 간쓸개까지 빼줄 정도로 아랫사람에게 잘해주므로, 이런 사람을 상사로 모시고 있는 사람은 절대로 배반하지 않고 충성을 다한다.

⑧ 언제나 자신만만하고 낙천적이고 낙관적이라서, 삶을 심각하게 여기지

않고(그 결과 삶에 대해 별로 고민하지 않고) 사람들과 어울려 흥겹게 노는 것을 좋아하고 풍류(風流)를 만끽하면서 삶을 마음껏 즐기고자 하며, 자신의 미래는 틀림없이 밝고 희망적일 것이라는 장밋빛 미래를 꿈꾼다.

⑨ 여유가 있고 두려움이 없고 당돌하기까지 해서, 누구를 대하더라도 주눅들지 않고 느긋하고 침착하게 자신의 생각이나 의견을 거리낌없이 조리있게 충분히 피력한다.

⑩ 어휘력이 풍부하고 논리적인 데다가 자기 자신을 변호하려는 마음까지 많아서, 언변과 입담이 좋으면서 말에 조리가 있을 뿐 아니라 변론(辯論: 사리를 밝혀 옳고 그름을 따짐)하는 능력도 뛰어나므로, 남을 유창한 언변으로 논리적으로 설복(說服)시켜 자기주장을 어떻게 해서든지 관철시키려고 한다.

⑪ 진취적이고 개방적이고 혁신적이고 개혁적인 성향이 강해서, 전통이나 관습이나 윤리를 익히고 따르는 것을 고리타분하다고 여겨 무척 싫어하며 늘 새롭고 변화무쌍하고 미래지향적인 것을 추구한다. 그래서 오래되거나 결함이 있다고 여기는 사회 제도나 법률이나 사물을 수시로 새롭고 더 나은 것으로 개선하거나 변화시키는 것이 반드시 필요하다고 생각한다.

⑫ 이상이 높고 포부가 크며, 무슨 일이든지 잘 해낼 수 있다는 자부심과 자신감이 강하지만, 자부심과 자신감이 지나쳐서 자만심으로 발전하기 쉽다.

⑬ 총명해서 법령이나 규칙에 대해 잘 알며, 법령이나 규칙을 자기에게 유리한 방향으로 교묘하게 이용하는 능력이 탁월하다. 그러나 법령이나 규칙이 부당하거나 잘못되었다고 판단되면, 무조건 법령이나 규칙을 고쳐야 한다고 신랄하게 비판하면서 법령이나 규칙을 지키지 않으려고 한다.

⑭ 감정적으로 대응하는 식신과는 달리, 효과적으로 남에게 이기기 위해 용의주도하게 계획을 세워 이성적으로 침착하고 냉정하게 대응한다. 다시 말해 외교술이 뛰어나서, 속마음을 드러내지 않고 상대방의 의중(意中)이나

실력이 어떠한지를 미리 떠보고 나서 상대방의 약점을 포착하여 흥정이나 타협의 수단으로 삼으므로, 남과 승부를 겨룰 때 여간해서 지지 않는다.

⑮ 구태의연한 예절이나 형식에 얽매이거나 남에게 구속받는 것을 몹시 싫어하며, 자유롭게 생활하는 것을 좋아한다.

⑯ 남에게서 마음의 상처를 받으면, 자존심이 상해서 쉽게 서운해하고 괘씸해하지만, 오래도록 마음속에 담아두지 못하기 때문에 곧바로 잊어버리고 자신의 생활 패턴을 빨리 되찾는다.

⑰ 식신과는 달리, 현실적이고 구체적인 문제에 관심이 많아서, 추상적인 생각에 빠져들지 않는다.

⑱ 식신과는 달리, 상상만으로 만족하지 않고 반드시 육체적인 접촉을 통하여 성적(性的)인 유희나 쾌락을 즐기는 편이다.

⑲ 사교성과 언변이 좋고 싹싹하고 상냥하고 사근사근하고 명랑하고 재치와 유머감각이 풍부하다 보니, 이성(異性)의 노골적인 관심을 끄는 강한 힘이 있어서, 이성(異性)에게 인기가 많다.

(2) 부정적인 특성: 식상(食傷)이 희용신(喜用神)이 아니면서 왕(旺)하거나 많은(즉, 두 개 또는 세 개 이상인) 경우에 두드러진다

① 이기적이고 자기중심적이라서, 자신의 이익만 생각하고 남을 따뜻하게 배려하거나 위하는 마음이 거의 없고 염치(廉恥)도 거의 없다.

② 허영심(虛榮心)이 많고 허세(虛勢)를 잘 부리고 사치스럽고 유행에 민감하고 겉치레를 중시해서, 무엇이든지 오래되고 낡은 것을 싫어하고 새롭고 화려한 것을 좋아하며, 무슨 물건이든지 더 좋고 더 멋진 것을 갖고 싶어하며, 무슨 일을 하든지 남들에게 그럴싸하게 보이고 싶어한다. 가령 얼굴 치장과 옷차림을 화려하게 꾸미며, 명품(名品)이나 유명브랜드를 좋아

하여 타고 다니는 자동차도 산 지 얼마 되지 않아서 새롭고 멋지고 비싼 자동차로 쉽게 바꾸며, 사업을 해도 남들이 보기에 널찍하고 그럴듯하게 꾸민 사무실과 매장을 얻는다.

③ 항상 새로운 것을 좋아하다 보니, 일을 할 때도 한 가지 일을 여러 차례 반복해서 하면 싫증을 잘 내고 능률이 잘 오르지 않는다.

④ 자신의 재능을 과시하고 자랑하면서 잘난 체하며, 남에게 자신의 능력을 인정받고 싶어하는 공명심(功名心)이 많으며, 자기 능력이 최고라서 자기를 따라올 사람이 없다고 여기는 우월의식과 자만심이 강하고 교만하고 시건방져서 남을 얕잡아보고 무시한다. 그러다 보니 남의 충고를 받아들일 생각은 추호도 하지 않으며, 자기의 잘못이나 허물에 대해서나 자기에게 불리한 점에 대해서는 절대로 먼저 말하지 않으며[반면에 남(특히 가까이 지내는 사람)이 무엇에 대해 잘 모르거나 실수를 하거나 남(특히 가까이 지내는 사람)이 하는 일이 미덥지 못하거나 자기 마음에 들지 않으면 그것도 잘 모르냐고 하거나 그것도 잘 못하냐고 하면서 핀잔(속칭 쫑코라고도 함)을 주거나 짜증을 잘 내며, 자기가 부주의하여 잘못한 것도 온갖 불평을 다 늘어놓으면서 남의 탓으로 돌리는 경향이 있다], 자기 이미지 관리를 철저히 하면서 남들이 자기를 어떻게 생각하고 평가하는지에 대해 신경을 많이 쓴다.

그리고 자부심과 자존심이 강하고 예민해서, 누군가가(특히 자신과 아주 가까이 지내는 사람이) 자신의 재능이나 능력을 인정해주지 않고 무시하거나 자부심과 자존심을 상하게 하거나 기분 나쁘게 한다고 여기면 무척 서운해하거나 괘씸해하면서 시시비비[잘잘못]를 조목조목 신랄하게 따지고 들며, 상대방이 용서를 구하지 않는 한 두 번 다시 그 사람과 얘기하지 않으려 하거나 그 사람을 보지 않으려 한다.

만약 종교궁인 시간에 상관이 있다면, 종교의 원리나 이치에는 관심이 별로 없고 비록 종교생활을 하더라도 유창한 언변으로 사람들과 폭넓게 교제하면서 자기 자신의 능력을 과시하여 자신의 능력을 사람들에게 인정받기 위한 수단으로 이용할 가능성이 많다.

⑤ 자신의 능력을 지나치게 믿고서 불가능은 없다고 생각하다 보니, 일을 무리하게 진행하여 손해를 보기 쉽다. 그리고 남이 자기를 추켜세워주는 것을 무척 좋아하므로, 감언이설(甘言利說)에 넘어가기 쉽다.

⑥ 꾀, 특히 잔꾀가 많아서 권모술수(權謀術數)나 계교(計巧)에 능하고 요령을 잘 부리며, 남의 환심(歡心)을 사거나 남에게 잘 보이려고 알랑거리면서 아첨을 잘하며, 상황의 변화에 따라 생각이나 말이나 태도가 잘 바뀌며, 정직하지 못해서 허풍을 잘 떨고 거짓말을 잘한다.

⑦ 자신의 감정이나 생각, 특히 자신의 약점을 절대로 솔직하게 드러내지 않은 채 상대방의 의중(意中)이나 실력을 시험해보려 하고, 상대방이 이야기를 하고 있을 때 겉으로는 경청하는 듯이 보여도 속으로는 상대방의 말 속에서 허점을 포착하여 반격할 준비를 하는 나쁜 버릇이 있어서, 상대방을 기분 나쁘게 한다.

⑧ 동정심이 많아서 남(특히 아랫사람)에게 베푸는 것을 좋아하지만, 식신과는 달리 베풀고 나서 생색을 내면서 어떤 식으로든 대가를 바라며, 혹시 베풀어준 은혜에 보답을 하지 않으면 몹시 서운해하거나 괘씸해한다.

⑨ 자신의 능력에 걸맞은 대우를 받고 싶어하는 마음이 많아서, 누군가에게 자신의 노동력을 제공하는 경우에 그에 상응하는 대가를 충분히 받지 못하면, 내심 불만을 품는 것에 그치지 않고 불만을 토로(吐露)하면서 합당한 대가를 지불해줄 것을 요구한다.

⑩ 우월의식과 반항심이 많아서, 남의 명령이나 지시를 받는 것을 무척 싫어하며, 상사나 윗사람의 명령이나 지시가 자기 마음에 들지 않거나 부당하

다고 판단되면, 고분고분하게 복종하지 않고 당돌하고 신랄하게 잘잘못을 따지면서 대드는 경향이 있다. 그러다 보니 상사나 윗사람한테 미움을 사서 건방지고 버릇없고 무례하다는 말을 듣기 쉽다.

⑪ 감정의 전달과 변화가 신속하고 민감하게 일어나서, 초지일관(初志一貫)하지 못하고 상황에 따라 수시로 마음이 바뀌고 지루하거나 따분한 것을 못 견디고 감격도 잘 하고 울기도 잘 하고 웃기도 잘 하고 불평불만도 많고 신경질이나 짜증도 잘 내는 등 변덕이 심하다.

⑫ 자만심과 승부욕이 강해서 남에게 무조건 이기고 싶어하는데, 남에게 이기기 위해서는 수단과 방법을 가리지 않고 용의주도하게 계획을 세워 대응하므로, 승부(勝負)에서 여간해서 잘 지지 않는다. 그러나 상대방이 자기보다 월등히 뛰어나다고 판단되면, 상대방에게 완전히 승복(承服)할 뿐만 아니라 다른 사람들에게 상대방의 뛰어난 점을 광고하기까지 한다.

⑬ 사고방식이 지극히 상식적이라서, 무슨 일이든지 의사결정을 해야 할 때 독자적으로 결정하지 않고 남들이 대체로 어떻게 생각하고 평가하는지를 살펴보고 나서, 많은 사람들이 갖고 있는 일반적인 견해를 좇아서 결정한다. 가령 결혼 상대를 고를 때, 상대방이 자기와 여러모로(특히 성격적으로) 잘 맞는 사람인지를 따져보지 않고, 일반적으로 선호하는 상대방의 외부적인 조건(즉, 외모나 사회적인 지위나 학벌이나 재력 따위)을 가장 먼저 따져보고 나서, 일반적으로 선호하는 외부적인 조건을 충족하고 있는 사람을 결혼 상대로 고른다.

⑭ 일주 주위(일지와 월간과 시간)와 월지에 상관이 많을수록, 허영심(虛榮心)이 많고 허세(虛勢)를 잘 부리고 유행에 민감하고 겉치레를 중시하고 사치스럽고 명품(名品)을 좋아하며, 경망스럽고 방정맞을 정도로 쓸데없는 말이 많고 과대망상(誇大妄想: 사실보다 과장하여 터무니없는 헛된 생각을

하는 증상)에 빠져 허풍과 과장이 심하고 정직하지 못하고 거짓말을 태연하고 서슴없이 잘 하는 등 믿음이 없어서, 남에게 신뢰감을 주지 못하고 남의 비밀을 잘 지켜주지 못하고 구설수[口舌數: 남한테서 비난하거나 헐뜯는 말을 듣게 될 신수(身數)]에 오르기 쉬우며, 그 결과 남들에게 빈축(嚬蹙)을 사서 무시를 당하거나 따돌림을 당하기 쉽다.

특히 일주 주위와 월지에 관살이나 인성은 없고 상관이 많을수록, 음흉하게 권모술수(權謀術數)를 잘 부리고 태연하게 사기를 잘 치고 남을(특히 남자가 여자를, 또는 여자가 남자를) 알겨먹거나 등쳐먹을 가능성이 많다.

⑮ 일주 주위와 월지에 상관이 많을수록, 자기주장이 매우 강하고 논쟁을 무척 좋아해서, 사소한 일에도 목숨을 걸고 시시비비[잘잘못]를 조목조목 신랄하게 따지면서 자기 논리가 설복당할 때까지 결코 자기 잘못을 인정하지 않고 물러서지 않으므로, 상대방을 몹시 피곤하게 하고, 심지어 여기저기서 시비(是非: 옳고 그름을 따지는 말다툼)와 구설수[口舌數: 남한테서 비난하거나 헐뜯는 말을 듣게 될 신수(身數)]에 휘말릴 가능성이 많다.

⑯ 일주 주위와 월지에 상관이 많을수록, 자신의 생각이나 의견을 상대방에게 주입하려 하고 자기 외의 다른 사람들은 미덥지 못해서 남의 일에 쓸데없이 지나치게 참견하거나 간섭하면서 잔소리가 많아서, 주위 사람들을 무척 힘들게 한다.

⑰ 일주 주위와 월지에 상관이 많을수록, 자기가 최고라고 여기는 노골적인 우월의식과 자만심이 매우 강하고 몹시 교만하고 잘난 체하고 시건방져서 남을 노골적으로 얕잡아보고 무시하며, 남(특히 가까이 지내는 사람)이 무엇에 대해 잘 모르거나 실수를 하거나 남(특히 가까이 지내는 사람)이 하는 일이 미덥지 못하거나 자기 마음에 들지 않으면 그것도 잘 모르냐고 하거나 그것도 잘 못하냐고 하면서 핀잔(속칭 쫑코라고도 함)을 심하게 주거

나 짜증을 잘 내며, 남이 자기에게 잘못을 저지르면 결코 너그럽게 용서하는 법이 없이 매우 신경질적으로 화를 내며, 자기가 부주의하여 잘못한 것도 온갖 불평을 다 늘어놓으면서 남의 탓으로 돌리는 경향이 짙다.

⑱ 일주 주위와 월지에 상관이 많을수록, 우월의식과 자만심과 반항심과 자기주장이 매우 강하고 안하무인(眼下無人)이라서 남의 명령이나 지시를 받는 것을 무척 싫어하며, 매사에 비판적이고 노골적인 불평불만이 많고 표현이 몹시 날카로우며, 명령이나 지시가 자기 마음에 들지 않거나 부당하다고 판단되면 윗사람이나 상사에게조차 겁 없이 당돌하고 신랄하게 시시비비[잘잘못]를 조목조목 따지면서 대들므로, 상사나 윗사람에게 미움을 사서 버릇없고 무례하다는 혹평을 듣기 쉽다.

그리고 여자의 경우에는 남편이 미덥지 못해서 남편에게 노골적인 불평불만과 반항심이 많고, 남편을 노골적으로 얕잡아보고 깔보고 업신여기고 무시하고 남편에게 짜증을 잘 내다 보니, 남편에게 절대로 고분고분하게 굴지 않고 사소한 것까지 조목조목 시시비비[잘잘못]를 따질 뿐 아니라 꼬박꼬박 말대꾸를 하면서 대들기까지 하므로, 남편에게 얻어맞고 살기 쉽다.

⑲ 일주 주위와 월지에 상관이 많을수록, 자신의 존재를 돋보이게 하고 싶어서, 남의 단점이나 못마땅한 점을 꼬집거나 말도 되지 않는 유치한 이론을 들고 나와 주위 사람들과 대립하거나 마찰이나 갈등을 일으키기 쉬우며, 이것이 심해지면 히스테리 증세를 보이기도 한다.

⑳ 일주 주위와 월지에 상관이 많을수록(동시에 비겁과 인성이 없거나 있어도 무력하면), 여러 분야에 쓸데없는 호기심과 관심이 너무 많아서 늘 분주하고 산만하며, 무언가를 이루고자 하는 의욕이 왕성하고 포부가 커서 이런저런 계획을 세워 벌려놓기를 잘 하지만, 포부만 크고 의욕과 말만 많고 추진력과 실행력과 끈기가 부족해서, 용두사미가 되어 어느 하나라도 제대

로 이루지 못할 가능성이 많다.

㉑ 일주 주위와 월지에 상관이 많을수록, 법령이나 규칙을 무시하고 업신여기고 깔보고 얕잡아보고 우습게 보면서 잘 지키지 않는다. 그러다 보니 양심의 가책도 없이 서슴없이 불법적인 일을 저지르기 쉽다.

㉒ 일주 주위와 월지에 상관과 식신이 많을수록, 불평불만이 많아서 현재 상태에 만족하지 못해 온갖 불평을 다 늘어놓고 무조건 더 나은 상태를 추구한다. 그러다 보니 하나의 직업에 오랫동안 종사하지 못하고 수시로 직업을 바꾸는 경향이 있다.

㉓ 일주 주위와 월지에 상관과 식신이 많을수록, 우월감과 자부심과 자만심이 강해서, 공부를 하거나 책을 볼 때 자신의 총명함을 너무 믿고서 같은 내용은 한두 번이나 두세 번만 볼 뿐이지 여간해서 여러 번 반복해서 보지 않는다. 이처럼 노력을 별로 하지 않다 보니 좋은 성적이나 만족스런 결과를 얻기가 쉽지 않다.

㉔ 일주 주위와 월지에 상관과 식신이 많을수록, 남자든 여자든 쾌락적인 성욕(性慾)이 무척 강해서, 풍류(風流) 가무(歌舞)와 주색(酒色)에 빠져 아무 이성(異性)과 문란(紊亂)하게 성관계를 할 가능성이 많다(특히 여자의 경우에 아무 남자한테나 꼬리를 치거나 교태(嬌態)를 부리면서 홀려서는 문란하게 성관계를 할 가능성이 많다).

(3) 사주원국(四柱原局)에 상관(傷官)이 전혀 없거나 있어도 연지(年支)나 시지(時支)에만 암장(暗藏)되어 있는 경우

① 사교성과 언변과 입담과 수완과 눈치가 없어서, 유머감각이 부족하고 대인관계를 자기에게 유리하게 이끌어가는 재주가 없다.

② 상관도 없고 식신도 없으면, 표현력과 창의력과 이해력이 부족하고 논

리적이지 못해서, 자신의 생각이나 감정을 말이나 글로써 독창적으로 논리정연하게 표현하지 못하며, 설사 자신의 생각이나 감정을 말이나 글로 표현하더라도 두서가 없기 십상이다. 그러다 보니 대인관계를 자기에게 유리하게 이끌어가지 못하고 남에게 인정도 받지 못해서, 늘 뒷전에 물러나 있게 된다.

5. 편재(偏財)의 심리적(心理的) 특성

(1) 긍정적인 특성: 재성(財星)이 희용신(喜用神)이거나 왕(旺)하지 않고 적당한 경우에 두드러진다

① 성취욕(成就慾)과 목적의식(특히 재물에 대한 성취욕과 목적의식)과 추진력이 강하고 적극적이고 활동적이고 미래지향적이라서, 한 자리에 가만 있지 못하고 소기의 목적(?)을 달성하기 위해 좀 더 나은 미래를 꿈꾸면서 부지런히 분주하게 움직인다.

② 넓은 안목을 갖고서 사람이나 사물을 전체적으로 폭넓게(그러면서도 효율적으로) 통제하고 통솔(統率)하고 관리(특히 오너의 처지에서 하는 관리나 시설 관리)하는 능력이 탁월하며, 매사에 판단과 계산이 빨라서 어떤 일이든지 신속하고 민첩하고 융통성 있게(그러면서도 효율적으로) 처리한다.

③ 공간지각력(空間知覺力: 공간의 이동이나 위치 관계 따위를 인식하고 그 특성을 파악해 내는 능력)이 탁월하고 물질의 구조와 속성에 정통해 있어서, 사물을 적재적소(適材適所)에 배치하는 능력(즉, 공간활용능력)과 기계·기구를 조작·조립하는 능력과 기타 손재주가 뛰어나다. 가령 길눈이 밝고, 운전 솜씨가 좋고, 설계도를 잘 그리고, 가구 배치를 잘하고, 손으로

여러 가지 물건을 잘 만든다. 그리고 어떤 일을 할 때에 사물뿐만 아니라 사람도 적재적소에 배치를 잘한다.

④ 물건이나 자료를 산더미처럼 어지럽게 쌓아 놓는 버릇이 있지만, 어지러운 가운데서도 자기가 필요로 하는 것을 잘도 찾아내는 재주가 있다.

⑤ 전체적인 사항에 대한 결단력(決斷力)이 좋아서, 전반적인 의사결정을 해야 할 때 자신의 생각이나 주장을 가능한 한 관철시키면서 머뭇거리지 않고 신속하고 민첩하고 과단성(果斷性) 있게 결정하여 일을 처리하며, 사물을 유형별로 분류하고 정리하고 종합하는 능력이 뛰어나서, 어떤 일에 대한 전체적인 마무리를 깔끔하게 잘한다.

⑥ 사물의 현실적인 가치(즉, 어떤 사물이 현실적으로 얼마나 쓸모가 있는지)를 순식간에 판단하는 능력과 재물의 흐름을 파악하는 안목이 뛰어나고 결단력도 좋아서, 사물의 현실적인 가치에 대한 순간적인 판단 능력을 바탕으로 재물의 동향에 관한 정보를 발 빠르게 수집하여 위험을 무릅쓰고서라도 과단성(果斷性) 있게 투자함으로써, 큰돈을 손쉽게 벌 수 있는 기회 포착을 잘한다. 그러나 재물을 아끼거나 소중히 여기는 마음이 별로 없다 보니, 큰돈을 벌어도 지출 규모가 커서 재물을 축적하기가 쉽지 않다.

⑦ 무슨 일이든지 머뭇거리지 않고 단호하게 결정을 빨리 하여 주저 없이 시행하므로 과감하게 결단(決斷)하여 집행(執行)하는 능력이 좋다는 평가를 받는 반면에, 인정에 이끌리지 않고 맺고 끊는 것이 분명하므로 주위에서 바라보기에 따라서는 냉정하다고 느낄 수 있다.

⑧ 배운 지식을 실생활에 즉흥적이고 민첩하게 활용하는 응용력이 뛰어나다.

⑨ 비록 성질이 급하고 참을성이 없긴 해도, 시원시원하고 호탕하고 대범한 성격이라서 사소한 것에 얽매이지 않고 뒤끝이 없고 화를 내도 오래가지 않고 금새 사그라들며, 통이 커서 자기 자신뿐만 아니라 남들에게도 씀씀이

가 크고 먹을 것이 있으면 아까워하지 않고 남들과 나눠 먹는 것을 좋아한다.

⑩ 즉흥적이고 낙천적이고 낙관적이라서, 무슨 일이든지 심각하게 생각하거나 고민하지 않으며, 지나간 일을 마음에 담아두고서 고민하거나 연연해하지도 않고 서운한 일이 있어도 이내 잊어버리고 지금 이 순간과 앞날을 재미 있게 살고자 하며, 여행이나 신나게 노는 것을 좋아하고 (특히 남자의 경우에는) 풍류(風流)를 즐긴다.

⑪ 말을 할 때 길게 늘이지 않고 간단명료하게 결론부터 얘기하며, 자기 말을 듣는 사람이 말뜻을 이해하기 쉽도록 문제의 핵심을 시원스럽게 잘 전달한다. 특히 표현궁인 월간에 편재가 있으면 더욱 그러하다.

⑫ 돈이 없어도 구차하게 사는 것을 싫어하고 폼 나게 살고 싶어하며, 물건을 살 때도 물건값을 깎기 위해 흥정하는 것은 구차하고 스타일 구기는 행위라고 생각한다.

⑬ 사교성이 좋고 대인관계가 넓고 활달하고 명랑하고 쾌활해서, 누구하고나 잘 어울리고 분위기에 적응을 잘 한다(특히 표현궁인 월간에 편재가 있으면 더욱 그러하다).

(2) 부정적인 특성: 재성(財星)이 희용신(喜用神)이 아니면서 왕(旺)하거나 많은(즉, 두 개 또는 세 개 이상인) 경우에 두드러진다

① 욕심(특히 재물에 대한 욕심)이 많다. 그러나 정재(正財)와는 달리, 재물을 아끼거나 소중히 여기지는 않고, 재물을 충분히 소유하여 기분 내키는 대로 마음껏 쓰면서 재물을 자기 마음대로 통제하고 관리하고 싶은 욕심이 많다.

② 감정적이고 성급하고 독단적(獨斷的)이라서, 사람이나 사물을 자기 마음대로, 즉 기분 내키는 대로 통제하고 관리하려고 하는 독재자 기질이 있다.

③ 남을 만만하게 대하면서 자기 마음대로 통제하려 하거나 남에게 불필요한 간섭을 많이 하면서도, 남에게 통제를 받거나 간섭을 받는 것은 극도로 싫어한다.

그리고 어떤 사건이나 일이 발생하면 그 사건이나 일의 전체 내용에 대해 어떻게 해서든지 자세히 알고자 하고 진위(眞僞) 여부를 확인하고자 하는 욕구가 강한 편인데, 그 까닭은 지적인 호기심이 많아서가 아니라 그 사건이나 일의 전체 내용에 대해 잘 알고 진위 여부를 확인하고 있어야 그 사건이나 일에 대해 자기 마음대로 통제하고 간섭할 수 있기 때문인 것으로 보인다.

④ 일관성이 없고 즉흥적이고 끈기가 부족해서, 무슨 일을 하든지 변덕스럽게 이랬다저랬다 하면서 싫증을 잘 내며, 어떤 결심을 해도 작심삼일(作心三日)로 끝나는 경향이 많다.

⑤ 목적이나 목표를 빨리 달성하고자 하는 조바심이 많아서, 느긋하지 못하고 조급하게 서두른다. 음식을 먹을 적에도 시간을 낭비하지 않기 위해 가능한 한 빨리 먹어치우고 목적하고 있는 일을 하려 하며, 운전을 할 적에도 안전운행을 하지 않고 목적지에 빨리 도달하기 위해서나 스피드를 즐기기 위해서 과속을 한다.

⑥ 결과에만 치중하여 집착하고 과정은 중시하지 않으므로, 소기의 목적을 달성하기 위하여 능력이나 수완을 발휘하면서 성실하게 노력하려고 하지 않고 매사 성취(특히 재물에 대한 성취) 자체에만 관심을 두고서 움직인다.

⑦ 정재와는 달리, 일을 할 때 준비성이 없고 계획적이지 못하고 주의력이 부족해서 꼼꼼하고 치밀하고 철저하고 정확하게 하지 못하고 일이 닥쳐서야 비로소 허겁지겁 대충대충 처리할 뿐 아니라, 계산을 할 때도 비록 계산이 빠르긴 해도 꼼꼼하고 철저하고 정확하게 계산하지 못하고 대충대충 계산하

므로, 의욕만 앞서고 신중하지 못하고 경솔하다는 인상을 준다.

⑧ 성질이 급하고 흥분을 잘 하고 신경질을 잘 내고 참을성이 없어서, 생각나는 대로 경솔하게 함부로 말하는 경향이 있다.

⑨ 조급하고 참을성이 없어서, 남의 말을 주의해서 듣지 않고 건성으로 들으면서 무시하는 경향이 있는 데다가 남의 말을 끝까지 듣지 않고 말하는 중간에 가로채서 성급하게 자기 말을 하기 일쑤며, 자신의 생각이나 주장을 상대방에게 즉석에서 막무가내로 관철시키려는 경향이 강하다.

⑩ 절제력이 없어서 사고 싶은 물건이 있으면 돈이 있는 한 꼭 사야 직성이 풀리고, 돈이 없으면 어떻게 해서라도(가족이나 주위 사람들을 닦달해서라도) 돈을 구해서 반드시 자기가 원하는 것을 사야 직성이 풀린다. 만약 형편이 여의치 않아서 원하는 것을 살 수 없다면 스트레스가 많이 쌓인다.

⑪ 무슨 일이든지 자기 마음대로 단정적으로 결론을 내리고, 한번 내린 결론에 대해서는 재고(再考)하지 않으려고 하는 편이다 보니, 누군가가 자기에게 정신적·물질적으로 해악(害惡)을 끼치면, 그 사람과 두 번 다시 상대하지 않으려고 하고, 어쩔 수 없이 상대를 하더라도 두 번 다시 마음의 문을 열지 않으려고 한다.

⑫ 현실적이고 구체적이고 물질적인 방면에 관심이 많고(특히 물질의 내면 구조에 관심이 많고), 추상적이고 정신적인 방면에는 관심이 없다. 그래서 눈에 보이지 않는 정신적인 현상이나 영혼의 존재를 믿지 않고 눈에 보이는 구체적이고 물질적인 현상만 믿으며 물질의 구조를 중요시하는 유물론자(唯物論者)가 되어, 종교의 가치나 신비함은 아무런 의미가 없다고 생각한다.

특히 종교궁인 시간에 편재가 있으면, 비록 종교생활을 하더라도 종교를 자기 자신의 현실적인 문제(특히 물질적이고 경제적인 문제)를 해결하기 위한 목적에 대범하게 이용할 가능성이 많다.

⑬ 일주 주위(일지와 월간과 시간)와 월지에 편재가 많을수록, 성급하고 흥분을 잘 하고 신경질을 잘 내고 참을성이 없는 정도가 심해서, 불필요한 간섭이 심하고 무슨 일이든지 빨리 처리하지 않는다고 고함을 지르면서 남을 다그친다. 가령 자녀가 빨리 잠자리에 들지 않거나 공부를 하지 않는다고 고함을 지르면서 자녀를 다그치거나, 아내나 남편이 빨리 집안일을 하지 않는다고 고함을 지르면서 아내나 남편을 다그치거나, 종업원이 빨리 일을 처리하지 않는다고 고함을 지르면서 종업원을 다그친다.

그뿐만 아니라 상대방의 기분은 아랑곳하지 않고 생각나는 대로 경솔하게 함부로 말하고, 자기 뜻대로 되지 않거나 기분이 나쁘면 상대방(특히 가족이나 자기 마음대로 할 수 있는 사람)에게 고함을 지르면서 화를 잘 내고, 심지어 극단적(極端的)인 말이나 욕설(辱說)이나 독설(毒舌: 남을 비방하거나 해치는 모질고 악독스러운 말)을 퍼부어면서 폭행을 휘둘러, 상대방의 마음에 깊은 상처를 준다. 그러나 자신은 그 사실을 깨닫지 못하기 때문에, 그 순간이 지나면 언제 그랬냐는 듯이 예전처럼 태연하게 대한다.

⑭ 일주 주위(일지와 월간과 시간)와 월지에 편재가 많을수록, 적극적이고 독단적인 성향이 강해서 무슨 일이든지 자기 마음대로 주도하여 결정하고 집행하고 싶어하기 때문에 남이 결정한 것(특히 자기가 배제된 채 결정한 것)을 소극적이고 수동적으로 따르기를 몹시 싫어한다.

⑮ 일주 주위(일지와 월간과 시간)와 월지에 편재가 많을수록, 즉흥적이고 순간적인 기분에 따라 움직이는 기분파라서 무슨 일이든지 자기 마음대로, 즉 기분 내키는 대로 해야 직성이 풀린다. 그리고 자기 마음에 들지 않아서, 즉 기분이 내키지 않아서 하기 싫은 일인 경우에는 여간해서는 하지 않으려 하므로, 그것을 하라고 억지로 가르쳐 봐야 교육의 효과가 거의 없다. 물론

기술을 익히거나 자격증을 취득하여 활용하기 위해서는 배워야 할 필요성을 느끼지만, 인성(人性)을 계발시켜 인격을 함양하기 위해서라면 이미 다 알고 있거나 알 필요가 없는 내용이라고 치부하면서 배울 필요가 없다고 생각한다.

⑯ 일주 주위와 월지에 편재가 많을수록, 경제관념이 희박하고 즉흥적이고 기분파이고 재물을 아끼거나 소중히 여기는 마음이 없고 낭비벽이 심해서, 짜임새 있고 알뜰하게 소비하지 못하고 사고 싶은 물건(특히 명품이나 유명브랜드)이 있으면 주머니 사정을 거의 고려하지 않고 신용카드를 써서라도 즉흥적이고 순간적인 기분에 따라 구매하며, 심지어 열심히 공부하거나 일할 생각은 하지 않고 돈이 있는 대로 폼나게 함부로 쓰면서 놀기만 하거나 (특히 남자의 경우에는) 풍류(風流)와 주색(酒色)에 탐닉하기 쉽다. 그러다가 형편이 넉넉하지 않으면 신용카드 대금을 결제하느라 고생이 많으며, 주머니에 돈이 없으면 자기 마음대로 지출하지 못해서 스트레스를 많이 받는다.

⑰ 일주 주위와 월지에 편재가 많을수록, 성실하고 착실하게 돈을 꼬박꼬박 모으는 것에는 관심이 없고 위험을 감수하고서라도 손쉽게 큰돈을 벌고 싶은 마음이 많아서 투기를 하거나 심지어 도박에까지 손을 댈 가능성이 많으며, 사업을 해도 소규모사업은 성에 차지 않고 대규모사업을 폼나게 하고 싶어한다. 그리고 재물에 대한 성취욕이 너무 강하고 매사에 지나치게 적극적이고 활동적이다 보니, 한 자리에 잠시도 가만있지 못하고 소기의 목적(?)을 달성하기 위해 피곤할 정도로 부지런히 분주하게 움직이므로 몹시 불안정하게 보인다.

⑱ 남자의 경우에는, 일지에 편재가 있으면서 일주 주위와 월지에 편재가 많을수록, 무슨 일이든지 아내와 상의도 하지 않고 자기 마음대로 독단적으

로 처리하려고 하면서 아내에게 함부로 대하는 데다가, 외도(外道)를 하거나(그러나 아내뿐만 아니라 다른 여자들에게도 집착은 하지 않는다) 설사 외도를 하지 않더라도 다른 여자들에게 끌리는 마음이 많다.

그리고 여자의 경우에는, 월지(또는 일지)에 편재가 있으면서 많으면, 집안일을 포함하여 무슨 일이든지 남편과 상의도 하지 않고 자기 마음대로 독단적으로 처리하려고 하면서 남편을 어려워하지 않고 남편에게 함부로 대한다.

⑲ 남자의 경우에는, 일주 주위와 월지에 편재와 정재가 많으면, 왕성한 성욕(性慾)을 주체하지 못해 외도(外道)를 하면서 육체적인 쾌락에 탐닉하고, 설사 외도를 하지 않더라도 다른 여자들에게 끌리는 마음이 많다.

(3) 사주원국(四柱原局)에 편재(偏財)가 전혀 없거나 있어도 연지(年支)나 시지(時支)에만 암장(暗藏)되어 있는 경우

① 사람이나 사물을 자기 나름대로 전체적으로 폭넓게 통제하고 통솔(統率)하고 관리하는 능력과 추진력이 없어서, 큰일을 맡으면 감당하지 못하고 당황하거나 허둥대기 쉽고 자기 재량껏 일을 하지 못한다.

② 공간활용능력이 부족하고 물질의 구조에 어두워서, 사람이나 사물을 적재적소에 배치하거나 조작하는 능력이 없으며, 공간적으로 너른 장소에 가는 것을 싫어하거나 두려워하며, 길눈이 어두워서 약도를 들고서도 목적지를 잘 찾지 못한다.

③ 어떤 일을 하거나 의사결정을 할 때, 자기 마음대로, 즉 기분 내키는 대로 하지 않고 성질도 급하지 않다.

④ 편재도 없고 정재도 없으면, 결단력과 정리하고 분류하고 종합하는 능력이 부족해서 벌여놓은 일을 깔끔하게 마무리를 잘 하지 못하며, 응용력이 부족해서 배운 지식을 실생활에 제대로 활용하지 못한다.

⑤ 편재도 없고 정재도 없으면, 재물[돈]을 운용하고 관리하는 소질이 거의 없고, 돈을 많이 벌어서 모으거나 마음껏 쓰고 싶은 욕구도 별로 없는 편이다.

⑥ 남자의 경우에는, 편재도 없고 정재도 없으면, 여자에 대한 관심이 거의 없어서 결혼을 늦게 하거나 결혼을 하지 않고 독신으로 살 가능성이 많다.

6. 정재(正財)의 심리적(心理的) 특성

(1) 긍정적인 특성: 재성(財星)이 희용신(喜用神)이거나 왕(旺)하지 않고 적당한 경우에 두드러진다

① 성취욕과 목적의식(특히 재물에 대한 성취욕과 목적의식)과 생활력이 강하고 적극적이고 활동적이고 미래지향적이라서, 한 자리에 가만있지 못하고 소기의 목적을 달성하기 위하여 좀 더 나은 미래를 꿈꾸면서 부지런히 바쁘게 움직인다(특히 돈 되는 일이라면 몸이 아무리 고단해도 마다하지 않는다).

② 사물(특히 물건)을 꼼꼼하고 정확하고 치밀하고 철저하고 빈틈없이 통제하고 관리하는 능력이 탁월해서, 경리 업무나 금융 업무나 품질관리 업무나 교정(校正) 업무 따위에 적합하다. 그러나 사람에 대해서는 고객을 관리하는 일은 적합하지만, 아랫사람이나 직원을 통제하고 통솔(統率)하고 관리하는 일에는 적합하지 않다. 왜냐하면 워낙 꼼꼼하고 정확하고 철저해서 사소한 것까지 시시콜콜하게 통제하고 간섭하여 아랫사람을 무척 피곤하게 하기 때문이다.

③ 어떤 일을 하거나 의사결정을 할 때, 충동적이고 즉흥적으로 대충 처리

하거나 결정하지 않고, 준비를 철저히 하여 합리적이고 계획적이고 효율적이고 신중하고 철저하고 꼼꼼하고 정확하게 처리하거나 결정한다.

④ 부자가 되어서 사람들에게 인정받고 싶은 마음이 많으며, 부자가 되기 위해 근검절약하여 가능한 한 지출을 줄이고 저축함으로써 철저한 계획을 세워 알뜰하게 생활한다. 그래서 함부로 재물을 낭비하면서 선심 쓰거나 기분 내는 것을 몹시 싫어하며, 식당에서 밥값을 계산할 때도 각자 자기가 먹은 만큼 내는 것이 옳다고 생각하며, 시장에서 물건을 살 때도 물건값을 한 푼이라도 깎기 위해서 흥정을 하는 것이 지극히 당연하다고 생각한다.

⑤ 수치에 밝고 경제적인 효율을 중시해서 경제관념이 매우 발달해 있으며, 계산이 정확하고 빨라서 주고받을 것을 분명히 한다.

⑥ 이해타산에 밝으며, 이해타산을 할 적에는 물질적으로 손해를 보지 않기 위해 치밀하고 꼼꼼하고 철저하고 정확하게 계산해야 직성이 풀리고 절대로 대충대충 넘어가지 않는다. 그래서 무슨 일이든지 실수하여 손해를 보는 일이 없도록 하기 위해 철저하게 계획을 세우고 준비하여 조심스럽고 신중하게 진행한다.

⑦ 세부적인 사항에 대한 결단력(決斷力)이 좋아서, 벌여놓은 일을 꼼꼼하고 철저하고 과단성(果斷性) 있게 잘 마무리하여 소기의 성과[결실]를 얻을 가능성이 많다.

⑧ 남과 함께 재물을 관리하는 것은 불안하고 마음이 놓이지 않아서 자신의 재물을 독자적으로 관리하려고 하므로, 사업을 해도 단독으로 경영하려고 하지 남과 동업하는 것은 싫어한다.

⑨ 사물의 현실적인 가치(즉, 어떤 사물이 현실적으로 얼마나 쓸모가 있는지)를 순식간에 판단하는 능력과 재물의 흐름을 파악하는 안목이 뛰어나고 결단력과 과단성이 있지만, 편재와는 달리 조심성이 많아서 모험을 하거

나 위험을 무릅쓰는 것을 몹시 싫어하므로, 모험을 하거나 위험을 무릅쓰고 투자하여 큰돈을 벌고 싶은 마음이 전혀 없고, 합리적이고 계획적인 생활을 하면서 성실하게 일해서 착실하게 번 돈을 한 푼 두 푼 꼬박꼬박 모아 저축하고자 한다. 그래서 투기나 도박이나 복권 따위에는 위험하다는 생각이 들고 마음이 불안해서 전혀 관심이 없으며, 사업을 하는 경우에도 위험성이 많은 대규모사업보다는 안전한 소규모사업에 적합하다. 그리고 운전을 할 때도 혹시 다칠까 봐 불안해서 절대로 위험하게 과속하지 않고 안전운행을 한다.

⑩ 배운 지식을 실생활에 꼼꼼하고 정확하게 활용하는 응용력이 뛰어나다.

⑪ 말을 할 때 길게 늘이지 않고 간단명료하게 결론부터 얘기하며, 자기 말을 듣는 사람이 말뜻을 이해하기 쉽도록 문제의 핵심을 꼼꼼하고 정확하게 잘 전달한다. 특히 표현궁인 월간에 정재가 있으면 더욱 그러하다.

⑫ 미래지향적이고 낙관적이라서, 과거에 연연해하지 않고 현실을 중시하고 좀 더 나은 미래를 꿈꾸면서 활발하고 희망차게 살아간다.

⑬ 건강하고 오래 살기 위해 자기 몸의 건강을 중시하므로, 규칙적으로 몸을 단련하고, 식탐(食貪)이 많아서 몸에 좋은 음식을 찾아다니는 식도락(食道樂)이 있고, 몸에 해롭다고 여겨지는 음식은 좀처럼 가까이하지 않으며, 자기 몸의 건강상태가 좋지 않다고 판단되면 기호품인 술담배도 입에 대지 않는다. 그리고 남녀 모두, 특히 남자는 육체적인 쾌락에 민감해서 성욕(性慾)도 강한 편이다.

(2) 부정적인 특성: 재성(財星)이 희용신(喜用神)이 아니면서 왕(旺)하거나 많은(즉, 두 개 또는 세 개 이상인) 경우에 두드러진다

① 욕심(특히 재물을 많이 소유하고 싶은 욕심)이 많고 재물에 대한 집착이 강해서, 웬만한 재물에는 쉽게 만족하지 않으며, 인생에서 최고의 가치

는 돈을 많이 벌어서 부(富)를 축적함으로써 사람들에게 인정을 받는 것이라고 생각한다. 그러다 보니 인격을 손상시키는 한이 있더라도 많은 돈을 벌어서 쌓아두고 싶어한다.

② 편재와는 달리, 재물을 내 피와 같이 소중히 여기고 아끼는 마음이 많아서, 구두쇠라는 말을 들을 정도로 몹시 인색하여 재물을 모으기만 하고 좀체 쓰지 않으며, 한번 주머니에 들어간 돈은 여간해서 잘 나오지 않는다. 그리고 돈을 한번 빌려주면 이자 계산을 분명히 하고, 혹시 갚지 않으면 무슨 수를 써서라도 기필코 받아내고야 만다.

③ 편재와는 달리, 너무 꼼꼼하고 철저해서 시원시원하고 호탕하고 대범한 면이 없으며, 무슨 일을 하든지 기분 내키는 대로 그냥 해주는 법이 없고 반드시 대가를 요구하며, 이해타산에 너무 밝아서 손해 보는 일은 절대로 하지 않으려 하며(가령 밥이나 술을 사더라도 자기가 이미 도움을 받았거나 앞으로 도움을 받을 것이라고 판단되는 사람에게만 사며, 혹시 도움을 받은 적이 없거나 도움을 바라지 않는 사람에게 밥이나 술을 한번 사면 조만간 반드시 그 사람에게 밥이나 술을 얻어먹어야 직성이 풀린다), 소득이 있어야 움직이고 소득이 없다고 판단되면 좀처럼 움직이지 않는다. 그러다 보니 인간미가 없다는 말을 많이 듣는다.

④ 편재와는 달리, 재물을 너무 아끼고 대가 없이 선심 쓰는 것을 무척 싫어하므로, 남들로부터 쩨쩨하고 인색하다는 비난을 받기 쉽다. 그러다 보니 소탐대실(小貪大失: 작은 것을 탐내거나 작은 것에 집착하여 큰 것을 잃음)의 결과를 초래할 가능성이 많다.

⑤ 결과에만 치중하고 과정은 중시하지 않다 보니, 소기의 목적을 달성하기 위하여 능력이나 수완을 발휘하는 데 관심을 두기보다는 매사 성취(특히 재물에 대한 성취) 자체에 관심을 두고서 움직인다.

⑥ 남의 일에 쓸데없는 간섭이 많으며, 남(특히 아랫사람)과 함께 일을 할 때 워낙 꼼꼼하고 철저해서 사소한 것까지 시시콜콜하게 통제하고 간섭을 많이 하다 보니, 남(특히 아랫사람)을 무척 힘들고 피곤하게 한다.

⑦ 남을 만만하게 대하면서 자기 마음대로 철저하게 통제하려 하거나 남에게 시시콜콜하게 간섭을 많이 하면서도, 남에게 통제를 받거나 간섭을 받는 것은 극도로 싫어한다.

⑧ 현실적이고 경제적인 문제를 중시하여, 시간을 쓸데없이 낭비하지 않고 조금만 더 노력하면 더 많은 돈을 벌 수 있다고 생각하므로, 홀가분하게 여행을 떠나거나 여유와 낭만을 즐기지 못한다. 그러다 보니 돈벌레나 일벌레라는 말을 듣기 쉽다.

⑨ 현실적이고 구체적이고 물질적인 방면에 관심이 많고(특히 물질의 가치에 관심이 많고), 추상적이고 정신적인 방면에는 관심이 없다. 그래서 눈에 보이지 않는 정신적인 현상이나 영혼의 존재를 믿지 않고 눈에 보이는 구체적이고 물질적인 현상만 믿으며 물질의 가치를 중요시하는 유물론자(唯物論者)가 되어, 종교의 가치나 신비함은 아무런 의미가 없다고 생각한다. 특히 종교궁인 시간에 정재가 있으면, 비록 종교생활을 하더라도 종교를 자기 자신의 현실적인 문제(특히 물질적이고 경제적인 문제)를 해결하기 위한 목적에 치밀하게 이용할 가능성이 많다.

⑩ 일주 주위(일지와 월간과 시간)와 월지에 정재가 많을수록, 성질이 은근히 급하고 흥분을 잘 하고 신경질을 잘 내고 참을성이 없고 목적이나 목표를 빨리 달성하고자 하는 조바심이 많아서, 느긋하거나 차분하지 못하고 서두르면서 사소한 일에까지 시시콜콜하게 불필요한 간섭을 심하게 하면서 주위 사람들을 닦달하며, 자기 뜻대로 되지 않거나 기분이 나쁘면 상대방(특히 가족이나 자기 마음대로 할 수 있는 사람)에게 고함을 지르면서 화를 잘

내고, 심지어 극단적(極端的)인 말이나 욕설(辱說)이나 독설(毒舌: 남을 비방하거나 해치는 말)을 퍼부어 상대방의 마음에 상처를 준다. 그러나 자신은 그 사실을 깨닫지 못하기 때문에, 그 순간이 지나면 언제 그랬냐는 듯이 예전처럼 태연하게 대한다.

⑪ 일주 주위(일지와 월간과 시간)와 월지에 정재가 많을수록, 죽는 것을 누구보다도 더 두려워하는데, 그 까닭은 죽음은 자신이 추구하는 현실적인 목적(특히 남보다 더 부유하게 살기 위해 재물을 가능한 한 많이 모으고자 하는 목적)을 무의미하게 만든다고 생각하기 때문이다. 그러다 보니 가능한 한 건강하고 오래 살기 위해 자기 몸의 건강에 지나치게 신경을 쓰며, 먹어야 산다는 생각으로 인한 식탐(食貪)이 많다.

⑫ 일주 주위와 월지에 정재가 많을수록, 재물에 대한 집착과 소유욕이 지나치게 강해서, 재물을 가능한 한 많이 쌓아 놓으려 하고, 남이 내 재물을 빼앗아갈까 봐 노심초사하면서 남을 믿지 못하고 초조해하고 불안해하고 두려워한다. 이러한 불안증(不安症)이 심해지면, 무엇을 하든지 마음이 놓이지 않고 불안해서 좀처럼 마음 편히 살지 못하고, 더욱더 많은 재물을 쌓아 놓음으로써 이러한 불안증을 해소하려고 한다.

⑬ 일주(日主)가 월간이나 일지(본기에 한함)나 시간이나 월지(본기에 한함)에 있는 정재와 간합(干合) 또는 암합(暗合)하고 있으면, 재물에 대한 추구에 집착하는 경향이 있으며, 게다가 남녀 모두(특히 남자)는 성관계에도 집착하여 성욕(性慾)에 빠져드는 경향이 있다.

남자의 경우에는, 일주가 일지(본기에 한함)에 있는 정재와 암합(暗合)하고 있으면, 아내에 대한 집착(특히 성적인 집착)이 강하고 아내를 자기 혼자 소유하고 싶어하는 욕심이 많아서 아내를 다른 남자들에게 보여주기 싫어할 뿐 아니라, 아내의 행동(특히 다른 남자들을 대하는 행동이나 금전의 지출과 관련된 행동)이 불안해서 아내의 일거수일투족(특히 남자 관계와 씀씀이)을 철저하게 통제하고 감시하기까지 하는 경향이 있다.

⑭ 남자의 경우에는, 일주 주위와 월지에 정재와 편재가 많으면, 왕성한 성욕(性慾)을 주체하지 못해 외도(外道)를 하면서 육체적인 쾌락에 탐닉하고, 설사 외도를 하지 않더라도 다른 여자들에게 끌리는 마음이 많다.

⑮ 남자의 경우에는, 일주(日主)가 일지(본기에 한함)에 있는 정재와 암합(暗合)하고 있는 데다가 일주 주위에 정재와 편재가 많으면, 아내에 대한 집착(특히 성적인 집착)이 강하고 아내를 자기 혼자 소유하고 싶어하는 욕심이 많아서 아내를 다른 남자들에게 보여주기 싫어할 뿐 아니라, 아내의 행동(특히 다른 남자들을 대하는 행동이나 금전의 지출과 관련된 행동)이 불안해서 아내의 일거수일투족(특히 남자 관계와 씀씀이)을 철저하게 통제하고 감시하기까지 하면서도, 정작 자기 자신이 아내와의 성관계에 집착하는 것도 모자라서 외도(外道)까지 하거나 설사 외도를 하지 않더라도 다른 여자들에게 끌리는 마음이 많다.

그리고 여자의 경우에는, 일주가 월지(본기에 한함)나 일지(본기에 한함)의 정재와 암합하고 있는 데다가 일주 주위에 정재가 많을수록, 남편에 대한 집착이 강하고 남편의 행동(특히 금전의 지출과 관련된 행동)이 불안해서 남편의 일거수일투족(특히 씀씀이)을 철저하게 통제하고 감시한다.

(3) 사주원국(四柱原局)에 정재(正財)가 전혀 없거나 있어도 연지(年支)나 시지(時支)에만 암장(暗藏)되어 있는 경우

① 경제관념이 없어서, 자신의 재물을 제대로 관리하지 못하고 재물을 알뜰하게 모을 줄 모르며, 무계획적으로 있으면 있는 대로 쓰기 쉽다.

② 사물(특히 물건)을 꼼꼼하고 치밀하고 정확하고 철저하게 통제하고 관

리하는 능력이 부족해서, 신중하고 꼼꼼하고 철저한 관리와 정확한 계산을 필요로 하는 일을 잘 하지 못한다.

③ 정재도 없고 편재도 없으면, 결단력과 정리하고 분류하고 종합하는 능력이 부족해서 벌여놓은 일을 깔끔하게 마무리를 잘 하지 못하며, 응용력이 부족해서 배운 지식을 실생활에 제대로 활용하지 못한다.

④ 정재도 없고 편재도 없으면, 재물[돈]을 운용하고 관리하는 소질이 거의 없고, 돈을 많이 벌어서 모으거나 마음껏 쓰고 싶은 욕구도 별로 없는 편이다.

⑤ 남자의 경우에는, 정재도 없고 편재도 없으면, 여자에 대한 관심이 거의 없어서 결혼을 늦게 하거나 결혼을 하지 않고 독신으로 살 가능성이 많다.

7. 편관(偏官)의 심리적(心理的) 특성

(1) 긍정적인 특성: 관살(官殺)이 희용신(喜用神)이거나 왕(旺)하지 않고 적당한 경우에 두드러진다

① 이기적(利己的)이지 않고 이타적(利他的)이라서, 사리사욕이 없고 남을 위하는 마음이 많으며, 희생정신과 봉사정신이 투철하며, 공익을 위해서라면 자기 가족마저 돌보지 않고 무슨 일이든지 할 수 있다는 마음을 지니고 있으며, 체제나 명령이나 지시에 군말 없이 거의 무조건 복종할 뿐 아니라 환경이나 그 변화에도 참을성 있게 잘 순응하는 체제적응력과 환경적응력이 뛰어나다.

② 인내심과 불변(不變)의 의지력(意志力)이 강해서, 당초에 세운 계획을 힘들다고 해서 중도에 결코 포기하지 않고 초지일관되게 밀고 나간다.

③ 인내심과 극기심(克己心)이 많고 절제력이 좋아서, 자기 자신에게 엄격한 기준을 세워 자신의 욕망을 잘도 억제하면서 자신이 세운 엄격한 기준을 그대로 실행하며, 남들이 접근하기 어려워하는 위험한 일에 관심이 많다.

④ 준법정신이 투철해서, 법과 질서와 공중도덕을 잘 지키며, 설사 악법(惡法)이라고 하더라도 악법도 법이라고 하는 생각으로 반드시 지키고자 함으로써 다른 사람의 모범이 된다.

⑤ 이타적이면서도 감정적이고 강직하고 고지식하고 융통성이 없고 원칙대로 하려고 하다 보니, 어떤 규칙을 정하면 자기 자신도 그 규칙을 엄격하게 지킬 뿐 아니라 남에게도 그 규칙을 엄격하게 지키도록 냉정하게 강요하여 독선적으로 흐르기 쉽지만, 스스로는 만민의 행복을 위한다는 신념이 확고해서 결코 독선적이라고 생각하지 않는다.

⑥ 보수적이고 강직하고 고지식해서, 융통성이 없고, 유머감각이 없고, 무슨 일이든지 원칙대로 하려 하고, 기존의 질서를 바꾸지 않고 고수하려고 한다. 그래서 전통과 관습과 윤리를 존중하고 권위를 중시하며, 누구든지 원칙에 어긋나는 행동을 하면 이유야 어떻든 간에 개개인의 사정을 추호도 봐주지 않는다.

⑦ 책임감과 사명감(使命感)이 투철하고 자기 자신에게 관대하지 않고 무척 부지런해서, 무슨 일이든지 한번 맡은 일은 사정이 허락하는 한 기필코 완수하며, 다른 사람에게 일을 맡기는 것은 미덥지 않아 하고 손수 완전무결하게 처리해야 직성이 풀린다. 한마디로 말해 강한 책임감을 갖고서 민첩하게 솔선수범(率先垂範)하는 업무수행력(業務遂行力)이 뛰어나므로[즉, 위에서 시키는 대로 집행(執行)을 잘 하므로], 이런 사람을 부하로 둔 상사는 무슨 일이든지 안심하고 맡길 수 있다.

⑧ 책임감이 강해서, 무책임한 말을 결코 하지 않으며, 자신의 입으로 한

번 내뱉은 말에 대해서는 무슨 일이 있어도 반드시 지키고자 한다. 그리고 신용을 매우 중시하므로, 다른 사람과 한 약속은 어떻게 해서든지 반드시 지키며, 다른 사람이 정당한 이유 없이 약속을 지키지 않거나 한 입에 두 말을 하면 그 사람을 몹시 혐오한다.

⑨ 권위에 복종하거나 순종하고자 하는 마음이 많아서, 윗사람이나 상사의 말이나 지시가 설사 옳지 않더라도 윗사람이나 상사에게 대들지 않고 고분고분하다. 그러나 아랫사람이 권위를 무시하고서 건방지고 예의 없고 버릇없이 굴면 몹시 불쾌해한다.

⑩ 남들이 볼 때 인색하다고 할 정도로 근검절약하는 습관이 몸에 배어 있어서, 늘 분수를 지키면서 검소하게 생활하며, 일신(一身)의 편안함을 추구하지 않으며, 가난하게 살아도 결코 비굴하지 않고 마음만 떳떳하면 행복하다고 생각한다. 밥을 먹을 적에도 간단하게 시장기만 때우면 되지 호화스럽게 비싼 음식을 먹을 필요가 없다고 생각하며(비싼 음식을 먹거나 비싼 물건을 구입하는 것은 분수에 넘친다고 생각하여, 그렇게 하는 것을 몹시 싫어한다), 분수에 넘치게 살거나 호화스럽게 사는 사람을 보면 얼마나 많은 사람들이 그 사람을 위해 수고를 하겠는가 하는 생각이 들면서 그 사람을 몹시 경멸한다.

⑪ 기억력(또는 암기력)이 매우 좋아서, 한번 듣거나 본 것을 좀처럼 잊어버리지 않는다.

⑫ 사상이나 이념을 중시하고 감성적인 것을 경시한다. 가령 말을 하거나 글을 쓸 때 자기 감정을 극도로 자제하면서 어떻게 해서든지 군더더기는 없애고 교훈적이고 사상적인 내용 위주로 딱딱하고 지루하게 표현하며, 일상생활을 하면서도 감정을 순화시키는 예술 감상과 같은 취미 생활에 몰두하는 경우가 거의 없다.

⑬ 질서정연한 것을 좋아해서, 차림새가 늘 단정하며, 깨끗하게 정리정돈을 잘 하며, 무엇이든지 지저분하게 흐트러져 있는 것을 싫어한다.

⑭ 자기 자신에 대한 남들의 평가에 무관심해서, 자기 자신을 내세우거나 알리는 것을 싫어한다.

⑮ 자기 자신을 잘 이해해주는 사람을 만나면 그 사람을 무조건 믿는 경향이 있다.

⑯ 사려 깊고 조심성이 많고 신중해서, 어떤 일을 진행할 때 한두 번만 생각하고서 진행하지 않고, 수없이 깊이 생각한 다음에 가까스로 만족스런 결론을 얻으면 뒤를 돌아보지도 않고 그대로 밀어붙인다.

⑰ 감히 범접할 수 없는 권위와 위엄이 있고 자존감이 강하고 명예욕이 많아서, 사람들에게 인정받는 지도자의 자리에 있고 싶어하고, 실제로 지도자의 자리에 앉게 되면 자기를 따르는 사람들의 권익을 대변하기 위해 최선을 다한다.

(2) 부정적인 특성: 관살(官殺)이 희용신(喜用神)이 아니면서 왕(旺)하거나 많은(즉, 두 개 또는 세 개 이상인) 경우에 두드러진다

① 너무 고지식하고 완고하고 융통성이 없어서, 폭넓게 생각하지 못하고 유머감각이 없고 무슨 일을 하든지 원칙에 얽매인다. 그리고 어떤 규칙을 정하면, 자기 자신도 그 규칙을 엄격하게 지킬 뿐 아니라 남들에게도 그 규칙을 엄격하게 지키도록 냉정하게 강요하므로, 권위적이고 독선적(獨善的)으로 흐르기 쉬우며, 만약 상대방이 그 규칙을 지키지 않는다면, 상대방의 처지를 너그럽게 이해해주려고 하지 않고 거칠고 과격하고 난폭하다고 할 정도로 추호도 인정사정을 봐주는 법이 없다. 그러다 보니 상대방에게 호감을 주지 못하고 부담만 주는 일이 많으므로, 대인관계가 결코 원만하지 못하다.

② 언제나 공익을 위해서 일하다 보니, 자신의 가족을 등한시하여 가족의 생계를 돌보지 않는다.

③ 법과 질서와 공중도덕을 지키지 않거나 옳지 않은 방법으로 자신의 이익을 추구하거나 잘난 체하는 사람을 보면, 아니꼽다 못해 극도의 혐오감이 들어서 그 사람을 비난하면서 상대하지 않으려고 한다. 그리고 자기 자신은 남에게 비난을 받는 일이 거의 없을 정도로 도덕적으로 흠 없이 깨끗해야 한다는 마음이 많다 보니, 혹시 어떤 연유로 남에게 비난을 받기라도 한다면 견디기 힘들어한다.

④ 일에 대한 책임감과 부담감이 많아서, 해결해야 할 까다로운 일이 생기면 미리 긴장하여 근심걱정하는 경향이 있다.

⑤ 자기가 추구하는 사상이나 이념이 무조건 옳다고 여기고서, 그것을 남에게 감정적으로 억지로라도 주입하려고 하며, 자신의 견해가 남의 의견과 달라서 의견 충돌이 일어나면, 자신의 견해가 옳기 때문에 남의 의견은 무가치하다고 판단하여 발끈 성을 내면서 과격하게 남의 의견을 배척해버린다. 만약 종교궁인 시간에 칠살이 있다면, 종교생활을 할 경우에 종교를 두렵게 여겨 종교적인 원리나 이치를 거의 맹목적으로 신봉할 뿐 아니라 자신의 그러한 신념을 남에게 억지로 주입하려고까지 할 가능성이 많다.

⑥ 평소에는 시키는 일을 고분고분하게 잘 하지만, 너무 강직하고 완고해서, 자기가 옳다고 여기는 일에 대해서는 남들이 뭐라고 하든(심지어 남들과 과격하게 다투어가면서까지) 좀처럼 자신의 뜻을 굽히지 않으며, 객관적으로 볼 때 자기가 잘못한 일에 대해서도 자기 나름대로 옳다고 여기면 좀처럼 자신의 잘못을 인정하지 않는다.

⑦ 열등감으로 인해, 남을 칭찬하거나 추켜세워주는 데 대해 몹시 인색하며, 거만하고 잘난 체하거나 도리에 어긋나는 행동을 하는 사람(특히 아랫

사람)을 보면 아니꼽다 못해 극도의 혐오감이 들어서 상대하지 않으려고 할 뿐 아니라, 다른 사람들에게 그 사람에 대한 험담이나 욕을 늘어놓기까지 한다(그러나 아이러니하게도 대화 상대방이 남의 험담을 하거나 남을 욕하면 몹시 듣기 싫어한다).

⑧ 지나치게 보수적(保守的)이고 고지식해서 전통과 관습과 윤리와 도덕에 너무 얽매인다.

⑨ 사람에 대한 두려움으로 인해, 사교성과 표현력이 부족하고 남의 눈치를 많이 보고 긴장을 많이 하다 보니, 여러 사람들(특히 윗사람들) 앞에서 자신의 생각이나 의견을 자신 있게 말하지 못한다. 특히 표현궁인 월간에 칠살이 있으면 더더욱 그러하다.

⑩ 깨끗하게 정리정돈하는 것이 습관이 되어 있어서, 무엇이든지 지저분하게 흐트러져 있는 것을 싫어하며, 누군가가 자신의 물건을 허락 없이 손대거나 사용하거나 비록 자신의 허락을 받고 사용하더라도 쓰고 난 뒤에 제자리에 갖다 놓지 않으면 몹시 화를 낸다.

⑪ 무슨 일이든지 시켜주면 책임감 있게 잘하지만, 독립심이 없어서 시키지 않으면 스스로 알아서 잘 못한다.

⑫ 일주 주위(일지와 월간과 시간)와 월지에 칠살이 많을수록, 생활 태도가 너무 엄격하고 사고방식이 너무 권위적이고 독선적이라서 유머감각과 여유와 너그러움이 아예 없다. 그래서 평소에 한가하게 한담(閑談)이나 농담을 주고받는 일이 거의 없으며, 한가하게 한담이나 농담을 주고받는 것은 무의미하고 쓸데없는 짓이라고 여기기 때문에 자기 자신뿐만 아니라 남들도 할 일 없이 한담이나 농담을 주고받는 것을 몹시 싫어한다. 그리고 남이 법규나 규칙이나 도리에 어긋나는 언행을 하여 문제를 일으키면 결코 너그럽게 용서하면서 넘어가는 법이 없다. 그러다 보니 대인관계가 결코 원만하지

못하고 남들에게 몹시 부담스러운 존재로 인식되어서 남들이 가까이하기를 꺼려한다.

⑬ 일주 주위와 월지에 칠살이 많을수록, 권위 있는 사람이나 단체나 조직의 사상이나 이념에 한번 세뇌당하면, 자기주장이 없이 그 사상이나 이념을 무조건 옳다고 여기고서, 권위 있는 사람이나 단체나 조직의 명령이나 지시에 거의 맹목적으로 복종하면서 충성을 다한다.

⑭ 일주 주위와 월지에 칠살이 많을수록, 자기 자신을 지나치게 억압해서 공포심과 두려움과 열등감과 강박감(强迫感: 무엇에 쫓기거나 눌리는 느낌)이 심하고(동시에 이에 대한 반사 작용으로 주위 사람들에게 폭언을 퍼붓거나 폭력을 행사하기 쉽고) 근심걱정이 많으며, 소극적이고 너무 조심스럽고 우유부단해서 무슨 일이든지 능동적으로 결단성 있게 처리해나가지 못하며, 자신감이 없고 비관적이라서 어떤 일을 하면서 조그만 실수를 해도 의기소침해져서 심하게 자책하거나 비참하게 생각하며(그 결과 어떤 일을 하고자 하는 의욕이 상실되며), 사람들을 만나는 것(특히 여러 사람들 앞에 나서는 것)을 몹시 부담스러워하며, 주위 사람들의 눈치를 많이 보며, 사람들, 특히 윗사람을 만나게 되면 필요 이상으로 기를 펴지 못하고 주눅이 들어서 자신의 생각이나 감정을 제대로 전달하지 못한다(그 결과 표현력과 발표력이 좋지 못하다는 말을 자주 듣는다).

그러다 보니 대인관계에 심각한 장애를 초래하거나 피해망상에 시달리기 쉬우며, 심지어 주체성이 상실되고 노예 근성이 나타나서 비굴(卑屈)하게 남의 비위를 맞추어주면서 남에게 빌붙어 지내는 기회주의자가 될 수도 있다.

⑮ 일주 주위와 월지에 칠살과 정관이 많을수록, 공포심과 두려움과 열등감과 강박감과 긴장감(緊張感)과 근심걱정이 많고 줏대가 없이 지나치게 우유부단해서, 무슨 일이든지 능동적으로 자신 있게 처리해나가지 못하며,

그 결과 남들에게 시달리고 괴롭힘을 당하거나 남들에게 휘둘리고 끌려다니기 쉽다.

특히 여자의 경우에는, 남편이 아닌 다른 남자들의 청을 거절하지 못해 외도(外道)를 하거나 설사 외도를 하지 않더라도 다른 남자들에게 끌리는 마음이 많으며, 너무 다정다감해서 남자들에게 시달리거나 괴롭힘을 당하기 쉽고 심지어 폭행까지 당할 수 있다.

⑯ 일주 주위(일지와 월간과 시간)와 월지에 칠살과 정관이 많을수록, 자기 자신은 남에게 비난을 받는 일이 추호도 없을 정도로 도덕적으로 흠 없이 깨끗해야 한다는 마음이 매우 많다 보니 혹시 어떤 연유로 남에게 비난을 받기라도 한다면 무척 견디기 힘들어하는데, 이러한 현상이 심해지면 매사에 노심초사(勞心焦思)할 뿐 아니라 결벽증(潔癖症)으로까지 발전할 수 있다.

(3) 사주원국(四柱原局)에 칠살(七殺)이 전혀 없거나 있어도 연지(年支)나 시지(時支)에만 암장(暗藏)되어 있는 경우

① 공포심과 열등감이 없어서, 자기강박감이나 자괴감(自愧感)에 빠지지 않는다.

② 기억력과 참을성이 뛰어나지 못하다.

③ 인내심과 의지력이 약해서, 당초에 세운 계획을 중도에 변경하거나 포기하는 일이 없이 독한 마음으로 초지일관되게 밀고 나가지 못한다.

④ 칠살도 없고 정관도 없으면, 공명정대하지 못하고, 희생정신과 봉사정신이 없고, 염치(廉恥)도 없고, 책임감도 없어서, 자기 이익만 도모하여 자기밖에 모르고, 남의 처지를 생각하는 마음이라고는 거의 없고, 법규를 지키려는 마음도 거의 없고, 맡은 일을 책임지고 수행하고자 하는 마음도 없

으므로, 사람들과 융화(融和)가 잘 안 되고 조직 생활이나 단체 생활을 원만하게 하기 힘들며, 그 결과 사람들이 가까이하기 싫어하는 존재가 되기 쉽다.

⑤ 여자의 경우에는, 칠살도 없고 정관도 없으면, 남자에 대한 관심이 거의 없어서 결혼을 늦게 하거나 결혼을 하지 않고 독신으로 자유롭게 살 가능성이 많다.

8. 정관(正官)의 심리적(心理的) 특성

(1) 긍정적인 특성: 관살(官殺)이 희용신(喜用神)이거나 왕(旺)하지 않고 적당한 경우에 두드러진다

① 이기적이지 않고 이타적이라서, 남을 따뜻하게 배려하는 마음이 많으며, 사익(私益)보다 공익(公益)을 우선시하며, 체제나 명령이나 지시에 잘 순응할 뿐 아니라 환경이나 그 변화에도 잘 순응한다.

② 준법정신이 투철해서, 법과 질서와 공중도덕을 잘 지키며, 설사 악법(惡法)이라고 하더라도 악법도 법이라고 하는 생각으로 가능한 한 지키고자 함으로써 다른 사람의 모범이 된다.

③ 공명정대하고 사리사욕이 없고 진실해서, 결코 사사로운 감정을 품지 않으며, 어떤 일을 처리할 때 어느 편도 들지 않고 공평무사하게 처리하며, 권모술수와 뇌물과 반칙을 몹시 싫어하며, 재주나 능력이 뛰어난 사람을 보면 시기하거나 질투하지 않고 그 재주나 능력을 정정당당하게 인정하고서 가능하면 의미 있는 일에 그 재주나 능력을 활용하고자 한다.

④ 칠살과는 달리, 이성적이고 합리적이고 객관적이라서, 어느 한쪽으로

치우치지 않으며, 이치에 합당하게 일을 처리하며, 자기가 맡은 일이나 법규가 이치에 합당하지 않으면 이치에 맞지 않거나 불합리한 부분을 개선해야 한다고 생각한다.

그러나 상관(傷官)과는 달리, 비록 자기가 맡은 일이나 법규가 불합리하다고 여기더라도, 드러내놓고 불합리함을 신랄하게 따지면서 자기가 맡은 일이나 법규를 수행하지 않으려고 하거나 준수하지 않으려고 하지 않으며, 단지 조용하고 부드럽게 불합리함을 지적하거나 마음속으로만 불합리함을 개선해야 한다고 생각할 뿐, 겉으로는 자기가 맡은 일이나 법규를 묵묵히 수행하거나 준수한다.

⑤ 칠살과는 달리, 독선적(獨善的)이지 않고 여론(輿論), 즉 대중의 의견을 중시하므로, 어떤 상황에서든지 자기 생각이 아무리 옳다고 여겨도 자기 생각을 남에게 권유는 할지언정 결코 강요하지는 않으며, 무슨 일을 하든지 가능한 한 다른 사람들의 의견을 수렴하여 평화롭게 일을 처리하고자 한다.

⑥ 책임감과 사명감(使命感)이 투철하고 자기 자신에게 관대하지 않고 무척 부지런해서, 한번 맡은 일은 스스로 책임지고서 어떻게 해서든지 민첩하게 솔선수범(率先垂範)하여 완수하고자 하며, 자신에게 부여된 책임을 다하지 못했거나 다하지 못했다고 생각하면 자책(自責)을 하면서 괴로워한다.

⑦ 남을 따뜻하게 배려하는 마음이 많아서, 웬만한 일은 남에게 시키지 않고 다소 힘이 들더라도 손수 처리한다.

⑧ 무슨 일이든지 그 일이 발생한 원인을 분석하여 파악함으로써 합리적이고 객관적으로 판단하여 해결하며, 늘 남을 배려하고 가능한 한 남의 처지를 이해해주므로 누군가가 조언을 구하면 합리적이고 객관적으로 그 사람의 마음[심리(心理)]을 분석하여 잘 읽어냄으로써 그 사람에게 따뜻한 조언을 해줄 수 있는 자질을 갖추고 있다.

⑨ 보수적이고 고지식하고 올곧아서, 융통성이 없고, 유머감각이 없고, 무슨 일이든지 원칙을 중시하고, 기존의 질서를 바꾸지 않고 고수하려고 한다. 그래서 전통과 관습과 윤리와 도덕을 존중하고 명분(名分)을 중시하며, 누구든지 원칙에 어긋나는 행동을 하면 이유야 어떻든 간에 개개인의 사정을 좀처럼 봐주지 않는다.

그러나 칠살과는 달리, 권위적이고 독선적인 면이 없어서, 어떤 규칙을 정하면 자기 자신은 그 규칙을 지키면서도 남들에게까지 그 규칙을 지키도록 강요하지는 않으며, 남이 그 규칙을 지키지 않거나 옳지 않은 언행을 하는 것을 보더라도, 좀처럼 화를 내지 않고 온화한 얼굴빛으로 조용하고 부드러우면서도 엄숙하게 훈계하거나 충고하는 정도로 그친다.

⑩ 남을 이치에 맞게 합리적으로 설득(說得)하여 객관적으로 이해시키는 능력이 탁월하다. 다시 말해 합리적인 설득력이 뛰어나다. 그래서 주위 사람들 사이에 마찰이나 충돌이 발생하면 중재자(仲裁者)의 역할을 잘 한다. 다시 말해 각자의 얘기를 잘 들어본 다음에 합리적으로 설득하여 서로 납득(納得)이 될 만한 결론을 내려준다.

⑪ 말과 행동이 다르지 않고 일관성이 있으며, 양심적이고 정직하고 진지(眞摯)하고 성실해서, 늘 자신의 허물을 뉘우치고 반성하며, 거짓말을 잘 하지도 못하고 적당하게 둘러대지도 못한다.

⑫ 책임감이 강해서, 무책임한 말을 결코 하지 않으며, 자신의 입으로 한번 내뱉은 말에 대해서는 가능한 한 반드시 지키고자 한다. 그리고 신용을 매우 중시하므로, 다른 사람과 한 약속은 가능한 한 반드시 지키며, 다른 사람이 정당한 이유 없이 약속을 지키지 않거나 한 입에 두 말을 하면 내심 그 사람을 몹시 못마땅하게 여긴다.

⑬ 인내심이 많고 절제력이 좋아서(그러나 칠살보다는 좋지 못하다), 자기

자신의 욕망을 잘도 억제한다.

⑭ 기억력(또는 암기력)이 좋아서(그러나 칠살보다는 좋지 못하다), 중요하다고 생각하는 일은 좀처럼 잊어버리지 않는다(그러나 중요하지 않다고 생각하는 일은 의외로 쉽게 잊어버린다).

⑮ 공적(功績)을 인정받고 싶어하는 명예욕이 있으며, 혹시 지도자의 자리에 있게 되면 자신을 따르는 사람들의 이익을 합리적이고 객관적으로 대변하기 위해 공명정대하게 최선을 다한다.

만약 종교궁인 시간에 정관이 있다면, 종교의 원리나 이치를 합리적이고 객관적으로 따져보고서 종교가 사사로움이 없이 공명정대하고 사람들을 행복하게 해줄 수 있다고 판단하는 경우에는 종교의 원리나 이치를 생활의 규범으로 받아들여 종교생활을 하면서 자신을 따르는 사람들의 이익을 대변하기 위해 최선을 다할 가능성이 많다.

⑯ 질서정연한 것을 좋아해서, 차림새가 늘 단정하며, 깨끗하게 정리정돈을 잘 하며, 무엇이든지 지저분하게 흐트러져 있는 것을 싫어한다.

⑰ 위계질서와 나이를 중시하고 웃어른이나 윗사람에게 구속받거나 명령이나 지시를 받는 것을 싫어하지 않으므로, 웃어른을 공경하고 윗사람에게 최대한의 예의를 갖추며, 웃어른이나 윗사람의 말을 잘 듣는다. 그러나 아랫사람이 위계질서와 나이를 존중하지 않고 건방지고 예의 없고 버릇없이 굴면, 상당히 언짢아하면서 엄숙하게 훈계를 한다.

⑱ 사상이나 이념을 중시하고 감성적인 것을 경시한다. 가령 말을 하거나 글을 쓸 때 자기 감정을 자제하면서 가능한 한 군더더기는 없애고 교훈적이고 사상적인 내용 위주로 딱딱하고 지루하게 표현하며, 일상생활을 하면서도 감정을 순화시키는 예술 감상과 같은 취미 생활에 몰두하는 경우가 별로 없다.

⑲ 사려(思慮) 깊고 조심성이 많고 신중해서, 무슨 일을 하든지 늘 먼저

전후 사정을 살펴 깊이 생각을 해보고 나서 결정을 한다.

⑳ 경험과 일반 상식이나 정도(正道)에서 나오는 지혜를 중요시하므로, 경험을 늘 유용하게 활용하고 일반 상식이나 정도(正道)에서 벗어난 언행을 여간해서는 하지 않으며, 자신의 언행이 일반 상식이나 정도(正道)에서 벗어나 옳지 않다고 판단되면 반성하고 자책(自責)하면서 고치려고 애쓴다.

㉑ 주인을 배반하거나 권모술수(權謀術數)나 요령이나 꾀를 부리는 것을 무척 싫어하며, 불의(不義)를 보면 그냥 지나치지 않고 반드시 바로잡으려고 한다.

㉒ 남들이 볼 때 인색하다고 할 정도로 근검절약하는 습관이 몸에 배어 있어서, 늘 분수를 지키면서 검소하게 생활하며, 일신(一身)의 편안함을 추구하지 않으며, 가난하게 살아도 결코 비굴하지 않고 마음만 떳떳하면 행복하다고 생각한다. 밥을 먹을 적에도 간단하게 시장기만 해결하면 되지 호화스럽게 비싼 음식을 먹을 필요가 없다고 생각하며(비싼 음식을 먹거나 비싼 물건을 구입하는 것은 분수에 넘친다고 생각하여, 그렇게 하는 것을 몹시 싫어한다), 분수에 넘치게 살거나 호화스럽게 사는 사람을 보면 얼마나 많은 사람들이 그 사람을 위해 수고를 하겠는가 하는 생각이 들면서 그 사람을 그다지 좋지 않은 시각으로 바라본다.

㉓ 잘난 체하지 않고 겸손해서, 남(특히 윗사람)을 최대한 예의를 갖추어 존중해주며, 자기 자신을 내세우거나 널리 알리지 않으며, 관심이나 흥미가 없는 화젯거리를 누가 꺼내더라도 건성으로 듣지 않고 참을성 있게 끝까지 경청한다.

㉔ 사람들에게 자신에 대한 좋은 이미지를 심어주려고 애쓰므로, 남에게 비난받지 않으려 하고, 혹시 남에게 비난이라도 받으면 견디기 힘들어한다.

(2) 부정적인 특성: 관살(官殺)이 희용신(喜用神)이 아니면서 왕(旺)하거나 많은(즉, 두 개 또는 세 개 이상인) 경우에 두드러진다

① 지극히 보수적이고 고지식하고 융통성이 없어서 전통과 관습과 윤리와 도덕에 너무 얽매이며, 체통과 체면과 명분(名分)과 염치(廉恥)를 중시하다 보니 남들의 시선과 평판(評判)을 적잖이 의식한다.

② 학력과 명예를 중시하다 보니, 대학교를 선택할 때 적성에 맞는 학과보다는 적성에 맞지 않더라도 남들이 알아주는 명문대를 더 선호하며, 직업을 선택할 때도 육체적인 노동을 필요로 하는 기술직보다는 일반적으로 고상한 직업으로 알려져 있는 정신적인 사고와 사상적인 판단을 필요로 하는 행정사무직을 더 선호한다.

③ 무슨 일을 하든지 합리적이고 객관적이고 불편부당(不偏不黨)하게 처리하다 보니, 남들에게 인간미가 없다는 느낌을 줄 수 있다.

④ 언제나 사익(私益)보다 공익(公益)을 위해서 일하다 보니, 자신의 가족을 등한시하여 가족의 생계를 돌보지 않는다.

⑤ 법과 질서와 공중도덕을 지키지 않거나 옳지 않은 방법으로 자신의 이익을 추구하거나 거만하고 잘난 체하는 사람을 보면, 혐오감이 들어서 상대하지 않으려고 한다(그러나 칠살과는 달리, 혐오감을 마음속으로만 가질 뿐 겉으로 잘 드러내지는 않는다). 그리고 자기 자신은 남에게 비난을 받는 일이 거의 없을 정도로 도덕적으로 흠 없이 깨끗해야 한다는 마음이 많다 보니, 혹시 어떤 연유로 남에게 비난을 받기라도 한다면 견디기 힘들어한다.

⑥ 일에 대한 책임감과 부담감이 많아서, 해결해야 할 까다로운 일이 생기면 미리 긴장하여 근심걱정하는 경향이 있다.

⑦ 여론(輿論)을 너무 의식하다 보니, 공적(公的)인 의사결정을 해야 할 경우에, 주위 사람들의 의견을 존중하여 의사결정에 반영하려는 마음이 지

나쳐서, 과단성(果斷性) 있게 결정하지 못하고 우유부단하다고 할 정도로 망설이는 경향이 있다.

⑧ 사람에 대한 부담감으로 인해, 사교성과 표현력이 부족하고 남들의 시선을 많이 의식하고 긴장을 많이 하다 보니, 여러 사람들(특히 윗사람들) 앞에서 자신의 생각이나 의견을 자신 있게 말하지 못한다. 특히 표현궁인 월간에 정관이 있으면 더더욱 그러하다.

⑨ 무슨 일이든지 시켜주면 책임감 있게 잘하지만, 독립심이 부족해서 시키지 않으면 스스로 알아서 잘 못한다.

⑩ 깨끗하게 정리정돈하는 것이 습관이 되어 있어서, 무엇이든지 지저분하게 흐트러져 있는 것을 싫어하며, 누군가가 자신의 물건을 쓰고 난 뒤에 제자리에 갖다 놓지 않으면 몹시 화를 낸다.

⑪ 일주 주위와 월지에 정관이 많을수록, 자기 자신을 지나치게 억압해서 강박감(强迫感: 무엇에 쫓기거나 눌리는 느낌)과 근심걱정이 많으며, 무슨 일이든지 능동적으로 자신 있게 처리해나가지 못하며, 어떤 일을 하면서 조그만 실수를 해도 의기소침해져서 심하게 자책하며(그 결과 어떤 일을 하고자 하는 의욕이 생기지 않으며), 사람들을 만나는 것(특히 여러 사람들 앞에 나서는 것)을 몹시 부담스러워하며, 남들의 시선을 지나치게 의식하며, 사람들, 특히 윗사람을 대하면 필요 이상으로 기를 펴지 못하고 주눅이 들어서 자신의 생각이나 감정을 제대로 전달하지 못한다(그 결과 표현력과 발표력이 좋지 못하다는 말을 자주 듣는다). 그러다 보니 대인관계에 심각한 장애를 초래할 수 있다.

⑫ 일주 주위와 월지에 정관과 칠살이 많을수록, 공포심과 두려움과 열등감과 강박감과 긴장감(緊張感)과 근심걱정이 많고 줏대가 없이 지나치게 우유부단해서, 무슨 일이든지 능동적으로 자신 있게 처리해나가지 못하며,

그 결과 남들에게 시달리고 괴롭힘을 당하거나 남들에게 휘둘리고 끌려다니기 쉽다.

특히 여자의 경우에는, 남편이 아닌 다른 남자들의 청을 거절하지 못해 외도(外道)를 하거나 설사 외도를 하지 않더라도 다른 남자들에게 끌리는 마음이 많으며, 너무 다정다감해서 남자들에게 시달리거나 괴롭힘을 당하기 쉽고 심지어 폭행까지 당할 수 있다.

⑬ 일주 주위(일지와 월간과 시간)와 월지에 정관과 칠살이 많을수록, 자기 자신은 남에게 비난을 받는 일이 추호도 없을 정도로 도덕적으로 흠 없이 깨끗해야 한다는 마음이 매우 많다 보니 혹시 어떤 연유로 남에게 비난을 받기라도 한다면 무척 견디기 힘들어하는데, 이러한 현상이 심해지면 매사에 노심초사(勞心焦思)할 뿐 아니라 결벽증(潔癖症)으로까지 발전할 수 있다.

⑭ 일주(日主)가 월간이나 일지(본기에 한함)나 시간이나 월지(본기에 한함)에 있는 정관과 간합(干合) 또는 암합(暗合)하고 있는 경우에는 남녀 모두 명예에 대한 추구에 집착하는 경향이 있으며, 여자의 경우에는 그 밖에도 남자와의 성관계에 집착하여 성욕(性慾)에 빠져드는 경향이 있다.

⑮ 여자의 경우에는, 일주(日主)가 월지(본기에 한함)나 일지(본기에 한함)에 있는 정관과 암합(暗合)하고 있는 데다가 일주 주위에 정관과 칠살이 많으면, 남편을 공경하는 정도가 지나쳐서 남편의 말이라면 이치에 어긋나지 않는 한 거의 무조건 순종하고 남편의 뜻에 반하는 언행은 언감생심(焉敢生心) 꿈도 꾸지 않으면서도, 남편과의 성관계에 집착할 뿐 아니라 너무 다정다감해서 다른 남자들의 청을 거절하지 못해 외도(外道)까지 하거나 설사 외도를 하지 않더라도 다른 남자들에게 끌리는 마음이 많다.

그리고 남자의 경우에는, 일주가 일지(본기에 한함)의 정관과 암합하고 있는 데다가 일주 주위에 정관과 편관이 많으면, 아내를 공경하는 정도가 지나쳐서 아내의 말이라면 이치에 어긋나지 않는 한 거의 무조건 순종하고 아내의 뜻에 반하는 언행은 언감생심(焉敢生心) 꿈도 꾸지 않는다.

(3) 사주원국(四柱原局)에 정관(正官)이 전혀 없거나 있어도 연지(年支)나 시지(時支)에만 암장(暗藏)되어 있는 경우

① 약속관념이 희박해서, 신용이 좋지 못하다.
② 일을 처리할 때 합리적이지도 못하고 객관적이지도 못하고 공명정대하지도 못하다.
③ 남을 따뜻하게 배려하고 남의 의견을 존중하는 마음이 없다.
④ 정관도 없고 칠살도 없으면, 공명정대하지 못하고, 희생정신과 봉사정신이 없고, 염치(廉恥)도 없고, 책임감도 없어서, 자기 이익만 도모하여 자기밖에 모르고, 남의 처지를 생각하는 마음이라고는 거의 없고, 법규를 지키려는 마음도 거의 없고, 맡은 일을 책임지고 수행하고자 하는 마음도 없으므로, 사람들과 융화(融和)가 잘 안 되고 조직 생활이나 단체 생활을 원만하게 하기 힘들며, 그 결과 사람들이 가까이하기 싫어하는 존재가 되기 쉽다.
⑤ 여자의 경우에는, 정관도 없고 칠살도 없으면, 남자에 대한 관심이 거의 없어서 결혼을 늦게 하거나 결혼을 하지 않고 독신으로 자유롭게 살 가능성이 많다.

9. 편인(偏印)의 심리적(心理的) 특성

(1) 긍정적인 특성: 인성(印星)이 희용신(喜用神)이거나 왕(旺)하지 않고 적당한 경우에 두드러진다

① 비현실적이고 눈에 보이지 않는 신비한 현상이나 정신적인 분야(철학이나 종교나 운명학이나 인체의 신비를 다루는 의약학 따위)에 많은 관심과 흥미를 갖고 있을 뿐 아니라, 적당한 기회가 오면 그러한 분야로 나가고 싶어한다. 그러다 보니 현실적이고 구체적이고 물질적인 방면에는 관심이 없고 회의적이다. 특히 종교궁인 시간에 편인이 있으면, 눈에 보이지 않는 신비한 현상이나 정신적인 현상을 다루는 종교나 철학에 지대한 관심을 나타내어 독실(篤實)한 종교생활을 하거나 현학적인 철학에 심취할 가능성이 많다.

② 추상적이고 눈에 보이지 않는 현상을 믿고 이해하는 능력, 즉 직관력(直觀力)과 예지력(豫知力)이 탁월하다.

③ 어떤 현상이나 남의 말을 곧이곧대로 받아들이지 않고 의심을 하면서 그 이면(裏面)을 면밀하게 살펴보고 부정적으로 받아들이며, 어떤 문제에 대해 물증(物證)이 없더라도 심증(心證)만으로 결론을 잘 유추(類推)해내므로, 예리한 통찰력(洞察力: 예리한 관찰력으로 사물을 꿰뚫어보는 능력)과 직관력이 뛰어나고 남에게 잘 속아넘어가지 않는다.

④ 비록 부정적인 수용성이긴 해도 수용성이 좋아서, 누군가가 듣기 싫은 소리나 욕을 하면 비록 속으로는 다소 불쾌하게 생각해도 겉으로는 웬만해서는 화를 내거나 흥분하지 않고 묵묵히 잘 받아들이는 편이다.

⑤ 남의 의중(意中)(특히 숨기고 싶어하는 의중)을 귀신같이 간파(看破)하는 능력이 있어서, 눈치가 아주 빠르고 상황 파악을 잘하고 임기응변(臨機應變)이 뛰어나다.

⑥ 언행이 근엄하고 품위와 교양이 있으면서 차분하고 느긋하고 여유만만해서, 결코 서두르거나 조급해하지 않을 뿐 아니라 웬만해서는 분노(忿怒)하거나 격분(激奮: 몹시 흥분함)하지도 않는다.

⑦ 비록 가르쳐주는 사람, 즉 스승의 존재를 부정적으로 삐딱하게 받아들이긴 해도(가령 스승을 지식이나 인격을 함양시켜주는 고마운 존재로서 순수하게 받아들이지 않고 스승에게 대가, 즉 수업료를 지불하였으니까 스승이 가르쳐주는 것은 당연하다고 여긴다), 수용력(受容力)이 좋아서 스승이 가르쳐주는 내용을 꾸준하게 잘 습득한다. 그래서 십성 중에서 정인(正印) 다음으로 교육의 효과가 큰 성분이라고 할 수 있다.

⑧ 윗사람과 스승을 무조건 존중하고 따르지는 않지만, 가급적이면 윗사람과 스승의 뜻에 어긋나지 않으려고 노력하며, 윗사람과 스승에게 결코 예의 없이 말하거나 행동하지 않는다.

⑨ 특유의 직관력과 예지력으로 다른 사람의 숨어 있는 재주나 능력을 잘도 찾아내므로, 유능한 인물을 육성하고 가르치는 교육자의 자질을 지니고 있다.

⑩ 비세속적이고 상상력이 풍부해서, 세속에 대한 욕망, 특히 물질적인 욕심이 별로 없으며, 자기만의 내면 세계에 잘 빠져든다.

⑪ 성취욕과 집착(특히 재물에 대한 성취욕과 집착)이 별로 없어서, 무슨 일을 하든지 쉬 만족하며, 결코 서두르지 않고 느긋하고 여유가 있으며, 끈기가 있고 지구력(持久力)이 강하다.

⑫ 말이 적으면서 느리며, 어떤 사물이나 현상을 설명할 때 함축적으로 간결하게 표현하는 것을 좋아하고 사족(蛇足)을 달거나 잡다하고 자세하게 늘여 벌이는 것을 싫어하며, 번잡하고 상세한 내용을 단순하고 간결하게 만드는(즉, 번잡하고 상세한 내용을 함축성 있게 요약하는) 능력이 탁월하다.

⑬ 말수가 적고 자신의 속내(감정이나 생각 따위)를 좀처럼 드러내지 않고

남의 신상(身上)에 관한 얘기를 잘 하지 않으므로, 남의 비밀을 좀처럼 누설하지 않는다.

⑭ 보수적이고 안정을 추구하므로, 기존의 질서가 바뀌는 것을 원하지 않고 전통과 관습과 윤리와 도덕을 가급적이면 존중하고 따르고자 한다.

⑮ 음식의 약리(藥理) 작용에 관심이 많아서, 어떤 음식이 몸에 얼마나 이롭고 얼마나 해로운지를 따지는 경향이 있으며, 식성(食性)이 까다로와서, 몸에 해롭다고 생각하는 음식은 잘 먹지 않고 몸에 이롭다고 생각하거나 자기 입맛에 맞는 음식을 골라 먹는 편이다.

⑯ 감수성(感受性)이 풍부해서 자신의 독특한 느낌을 글로 간결하게 나타내는 것을 좋아하며, 무엇이든지 자신에게 도움이 될 만한 내용이라고 판단되면 메모하고 기록하는 습성이 있다.

(2) 부정적인 특성: 인성(印星)이 희용신(喜用神)이 아니면서 왕(旺)하거나 많은(즉, 두 개 또는 세 개 이상인) 경우에 두드러진다

① 언제나 소극적이고 안정적인 상태를 추구하다 보니, 환경의 변화에 쉽게 적응하지 못한다. 가령 잘 알고 지내는 사람과는 익숙하고 편안하게 교류를 하지만, 새로운 사람을 만나서 사귀는 것은 어색하고 불편해서 익숙해지려면 시간이 많이 걸린다.

② 수용력(受容力)이 좋긴 하지만, 어떤 현상이나 남의 말을 긍정적으로 순수하게 받아들이지 못하고 진의(眞意)를 의심하거나 경계심을 가지면서 부정적으로 불만스럽게 삐딱하게 받아들이므로, 선의(善意)를 품고 있는 상대방의 기분을 상하게 할 가능성이 많다.

③ 비록 신비한 현상에 대한 수용성이 좋긴 해도 말이 느리고 어눌해서 표현력이 좋지 못하다 보니, 남들에게 답답하다는 느낌을 준다. 특히 표현

궁인 월간에 편인이 있으면 더더욱 그러하다.

④ 스승의 존재에 대해서도 부정적으로 삐딱하게 받아들이므로, 비록 스승의 필요성을 느끼긴 해도, 스승을 무조건 존경하거나 따르지 않고 대가를 지불했으니까 가르쳐주는 것이 당연하다고 생각한다.

⑤ 생기가 없어서 활발하지 못하며, 괴팍해서 이해 못 할 언행을 하며, 의심과 경계심이 많아서 자신의 속내(감정이나 생각 따위)를 숨기고서 남에게 잘 드러내지 않으며, 소극적이라서 남들 앞에 잘 나서지도 않는다.

⑥ 온화하지 못하고 냉정하고 매정하고 야박하고 차갑고 쌀쌀맞아서, 남의 처지를 고려할 줄 모르는 데다가 남과 잘 어울리지도 못하며, 남에게 관심을 갖는 것을 싫어할 뿐 아니라 남이 자기에게 관심을 가져주는 것도 싫어하며, 자기 혼자만의 내면 세계에 빠져들어 고독을 즐기므로, 사람들이 가까이하지 않으려고 함으로써 사람들에게 따돌림을 당하기 쉽다.

⑦ 무슨 일을 하든지 신중하게 따져보지 않고 주로 영감이나 직관에 의지하여 느낌대로 판단하고 결정하므로, 영감이나 직관이 맞아떨어지지 않아서 일이 잘못되면 큰 손실을 입을 수 있다.

⑧ 일주 주위(일지와 월간과 시간)와 월지에 편인이 많을수록, 부정적인 수용성(受容性)이 강하고 의심과 경계심과 불만이 많아서, 어떤 현상이나 남의 말을 늘 의심하거나 경계심을 가지면서 불만스럽게 삐딱하게 받아들이며, 누군가의 호의(好意)를 받아들일 때도 분명히 다른 속셈이 있을 것이라고 삐딱하게 생각하여 거부하고 싶은 마음이 들면서 마지못해 억지로 받아들이므로, 선의(善意)를 품고 있는 상대방을 몹시 기분 나쁘게 하며, 누군가가(설사 자신과 아주 가까이 지내는 사람일지라도) 사리(事理)에 어긋나거나 자기 비위에 거슬리는 언행을 하거나 자신을 기분 나쁘게 하여 그로 인해 감정이 상하거나 마음의 상처를 입으면, 비록 겉으로는 화를 내거나 내

색하지 않더라도 속으로는 그 사람을 매정하게 배척하여 인연을 끊고서 두 번 다시 상대하고 싶어하지 않는다.

⑨ 일주 주위와 월지에 편인이 많을수록, 비현실적이고 염세적(厭世的)이고 폐쇄적이고 지나친 고독감에 빠져서, 현실 세계에 관심이 너무 없고, 현실에 적응하지 못하고, 세상 일을 방관만 하고, 사람들과 어울리거나 남들 앞에 나서는 것을 무척 싫어한다. 이것이 심화되면 정신장애를 일으키거나 대인기피증이 생겨서, 정상적인 사회생활을 하기가 어렵게 된다.

⑩ 일주 주위와 월지에 편인이 많을수록, 쓸데없는 망상과 번뇌가 너무 많아서, 무슨 일이든지 생각만 무성할 뿐 실행을 할 수 있는 능력이 부족하며, 주위 사람들이 모두 자기를 이용하려고 한다는 의심과 경계심이 가득해서, 자신의 속내(감정이나 생각 따위)를 비밀스럽게 감추고서 남에게 좀처럼 드러내지 않는다.

⑪ 일주 주위와 월지에 편인이 많을수록, 남들은 이해하지 못하는 눈에 보이지 않는 신비한 현상에 대해 마치 눈에 보이는 듯이 태연하게 얘기하는 경향이 있다 보니, 남들에게 엉뚱하고 괴팍한 사람으로 비치기 쉽다. 그리고 눈에 보이지 않는 신비한 현상에 경도(傾倒)되어 비현실적인 얘기를 태연하게 하면서도 답답할 정도로 느릿느릿 지루하게 표현하다 보니, 시원하고 깔끔하게 표현하는 능력과 실행하는 능력이 부족하다.

⑫ 일주 주위와 월지에 편인과 정인이 많을수록, 너무 보수적이라서 기존의 질서가 바뀌는 것을 무척 싫어하며, 전통과 관습과 윤리와 도덕에 얽매여 남에게 사람의 도리에 대해 고리타분하게 훈계하면서 가르치려 하며, 품위와 교양과 체통을 중시하다 보니 남들이 우스갯소리나 농담을 주고받는 것을 이해하지 못하고 저속하다고 생각한다.

⑬ 일주 주위와 월지에 편인과 정인이 많을수록, 말이 너무 느리고 어눌해

서 표현력이 아주 좋지 못하다 보니, 남들에게 무척 답답하다는 느낌을 준다.

⑭ 일주 주위와 월지에 편인과 정인이 많을수록, 너무 소극적이고 수동적이고 남에게 이기고자 하는 마음이 없어서, 무슨 일이든지 하고자 하는 의욕이 적으며, 일을 찾아서 적극적이고 능동적으로 움직이지 않는다. 그러다 보니 태평스럽고 느릿하고 게으르고 발전성이 없으며, 시켜야 일을 하고 시키지 않으면 스스로 알아서 일을 하지 못하며, 노력하지 않고 편안하게 살아가려고만 하며, 그 결과 주위 사람들에게 잔소리를 많이 들을 뿐 아니라 남과의 경쟁에서도 뒤지기 십상이다. 또 판단력과 결단력이 매우 부족하고 계산 능력과 정리 능력이 많이 떨어지고 우유부단하고 정교하지 못해서, 벌여놓은 일을 깔끔하게 마무리를 잘하지 못하고 어떻게 수습해야 할지 갈피를 잡지 못한다.

⑮ 일주 주위와 월지에 편인과 정인이 많을수록, 자립심이 부족하고 현실 감각이 없고 세상 물정에 어둡고 받아먹는 데 익숙해서, 무슨 일을 하든지 스스로의 힘으로 헤쳐 나가려고 하지 않고 안이하게 다른 사람들(특히 어머니나 윗사람)에게 의존하고 기대려고 하는 마음이 많으며, 일이 잘 풀리지 않거나 어려운 일이 생기면 손수 해결하려고 하지 않고 회피하며, 일이 잘못되면 자기 탓으로 여기지 않고 주위 사람들(특히 어머니나 윗사람)이 자기를 도와주지 않았기 때문에 일이 잘못되었다고 생각한다. 그래서 스스로 의사결정을 해야 하는 독자적인 일을 하기에는 적합하지 않다.

⑯ 일주 주위와 월지에 편인과 정인이 많을수록, 겉으로는 남의 말이나 충고나 부탁을 거부하거나 거절하지 못하고 대부분 수용하지만, 속으로는 잔소리가 많다고 생각하거나 귀찮게 여기면서 수용하기 싫어하거나 마지못해 수용한다.

⑰ 일주 주위와 월지에 편인과 정인이 많을수록, 어머니가 이런저런 말이

나 충고나 부탁을 하면, 속으로는 어머니가 잔소리가 많다고 생각하거나 어머니의 말이나 충고나 부탁을 귀찮게 여기면서 수용하기 싫어하거나 마지못해 수용하지만, 겉으로는 어머니의 말이나 충고나 부탁을 거역하거나 거절하지 않고 무조건 수용하는 듯이 보이므로, 남들한테서 효자나 효녀라는 말을 듣기도 하고 마마보이나 마마걸이라는 말을 듣기도 한다.

⑱ 일주 주위와 월지에 편인과 정인이 많을수록, 성행위(性行爲)를 추악(醜惡)하다고 여겨 혐오(嫌惡)하는 결과 성욕(性慾)을 지나치게 억압하는 경향이 있다.

(3) 사주원국(四柱原局)에 편인(偏印)이 전혀 없거나 있어도 연지(年支)나 시지(時支)에만 암장(暗藏)되어 있는 경우

① 어떤 현상이나 남의 말을 수용할 때 그 이면(裏面)을 면밀하게 살펴보지 않고 아무 의심 없이 받아들이므로, 남에게 속아넘어가기가 쉽다.

② 편인도 없고 정인도 없으면, 번잡하고 자세한 것을 단순하고 간결하게 만드는 능력이 없으며, 느긋하고 여유 있게 말하거나 행동하지 못하고 조바심을 내거나 흥분하기 십상이다.

③ 편인도 없고 정인도 없으면, 앞으로 일어날 일을 미리 알거나 눈에 보이지 않는 추상적인 현상이나 정신세계를 이해하는 직관력(直觀力)과 예지력(豫知力)과 영감(靈感)이 없으며, 눈치가 없어서 남의 의중(意中)이나 상황을 잘 간파하지 못할 뿐 아니라 남의 심중(心中)을 잘 헤아리지도 못하며, 포용력(包容力)과 수용력(受容力)이 없어서 남의 말을 잘 받아들이지 못할 뿐 아니라 남의 충고(특히 윗사람의 충고)를 듣지 않고 막무가내로 행동하기 쉬우며, 남의 잘못을 너그럽게 감싸주지 못하며, 인성(人性)을 함양하기 위한 교육을 해도 교육의 효과가 별로 없다.

10. 정인(正印)의 심리적(心理的) 특성

(1) 긍정적인 특성: 인성(印星)이 희용신(喜用神)이거나 왕(旺)하지 않고 적당한 경우에 두드러진다

① 직관력(直觀力)과 예지력(豫知力)과 영감(靈感)이 탁월해서, 어떤 일의 성패나 결과를 미리 느낌으로 알아내거나, 어떤 문제에 대해 물증(物證)이 없더라도 심증(心證)만으로 결론을 유추해내는 능력이 뛰어나다. 그리고 남의 의중(意中)을 잘 간파(看破)하는 능력이 있어서, 눈치가 빠르고 상황 파악을 잘한다.

② 긍정적인 수용성(受容性)이 좋아서, 어떤 현상이나 남의 말을 아무런 의심 없이 순수하게 잘 받아들인다.

특히 종교궁인 시간에 정인이 있으면, 종교(특히 자신의 내면을 주시하는 것을 가르치는 종교)에 많은 관심을 보이면서 종교적인 원리나 이치를 아무런 의심 없이 순수하게 잘 받아들여 독실(篤實)한 종교생활을 할 가능성이 많다.

③ 수용력(受容力)과 포용력(包容力)이 좋고 배려심(配慮心)이 많고 인품이 훌륭해서, 포근하고 자상한 어머니처럼 실속을 차리지 않고 자애롭고 따뜻하게 남을 보살피고 배려하며, 남을 너그럽게 감싸주면서 받아들이며 (혹시 남이 잘못을 저질렀더라도 심하게 책망하지 않고 부드럽게 타이르거나 너그럽게 용서한다), 남의 심중(心中)을 잘 헤아려 이해해주면서 남의 딱한 사정을 자상하게 잘 들어주며, 꾸밈이 없고 선량하다.

④ 긍정적인 수용성이 좋고 포용심(包容心)이 많고 도량(度量)이 넓어서, 남의 말을 의심없이 잘 받아들이며(심지어 거짓말인 줄 알면서도 받아들이며), 누군가에게 욕이나 잔소리를 듣거나 억울한 일을 당하거나 부당한 대우

를 받아도 웬만해서는 화를 내거나 흥분하지 않고(마음속으로도 별로 불쾌하게 생각하지 않고) 묵묵히 잘 받아들이는 편이다.

⑤ 언행이 근엄하고 품위와 교양이 있으면서 차분하고 느긋하고 여유만만해서, 결코 서두르거나 조급해하지 않을 뿐 아니라 웬만해서는 분노(忿怒)하거나 격분(激奮: 몹시 흥분함)하지도 않는다.

⑥ 세속에 대한 욕망, 특히 물질적인 욕심이 별로 없고 상상력이 풍부해서, 외부의 물질 세계에는 관심이 별로 없고, 내면에서 들려오는 소리에 귀를 기울이면서 마음속에 떠오르는 영감(靈感)을 매우 소중하게 여긴다.

⑦ 성취욕과 집착(특히 재물에 대한 성취욕과 집착)이 별로 없어서, 무슨 일을 하든지 쉬 만족하며, 결코 서두르지 않고 느긋하고 여유가 있으며, 끈기가 있고 지구력(持久力)이 강하다.

⑧ 편인과는 달리, 긍정적인 수용성(受容性)이 좋아서 어떤 현상이나 남의 말을 아무런 의심 없이 순수하게 받아들이므로, 교육(특히 인성 교육)을 하면 가르쳐주는 대로 순수하고 꾸준하게 잘 받아들이고 가르쳐주는 사람, 즉 스승을 무조건 믿고 따른다. 그래서 십성 중에서 교육의 효과가 가장 크게 나타나는 성분이라고 할 수 있다. 그러나 교육을 잘못 받으면 역효과, 즉 바람직하지 않은 결과가 나타나기 쉽다.

⑨ 윗사람과 스승을 존중하며, 윗사람과 스승의 뜻에 어긋나지 않으려고 최선을 다하며, 윗사람에게 절대로 예의 없고 버릇없이 말하거나 행동하지 않고 최대한 얌전하게 대한다.

⑩ 특유의 직관력과 예지력으로 다른 사람의 숨어 있는 재주나 능력을 잘도 찾아내므로, 유능하면서 인격적으로도 훌륭한 인물을 육성하고 가르치는 참된 교육자의 자질을 지니고 있다.

⑪ 보수적이고 안정을 추구하므로, 기존의 질서가 바뀌는 것을 원하지 않

고 전통과 관습과 윤리와 도덕을 존중하고 따른다.

⑫ 너그럽고 온화하고 마음이 여려서, 주위 사람들과 마찰이나 갈등을 일으키지 않고 남을 따뜻하게 배려하면서 부드럽게 대하며, 남의 불행한 모습을 보면 마음이 아파서 눈시울을 적시며 안타까와하고 진심으로 위로해준다.

⑬ 말이 적으면서 느리며, 어떤 사물이나 현상을 설명할 때 함축적으로 간결하게 표현하는 것을 좋아하고 사족(蛇足)을 달거나 잡다하고 자세하게 늘여 벌이는 것을 싫어하며, 번잡하고 상세한 내용을 단순하고 간결하게 만드는(즉, 번잡하고 상세한 내용을 함축성 있게 요약하는) 능력이 탁월하다.

⑭ 말수가 적고 자신의 감정을 잘 내색하지 않고 남의 신상(身上)에 관한 얘기를 잘 하지 않으므로, 남의 비밀을 좀처럼 누설하지 않는다.

⑮ 편인과는 달리, 식성이 까다롭지 않아서, 이것저것 가리지 않고 주는 대로 아무거나 잘 먹는다.

⑯ 감수성(感受性)이 풍부해서 자신의 느낌을 글로 간결하게 나타내는 것을 좋아하며, 무엇이든지 자신에게 도움이 될 만한 내용이라고 판단되면 메모하고 기록하는 습성이 있다.

(2) 부정적인 특성: 인성(印星)이 희용신(喜用神)이 아니면서 왕(旺)하거나 많은(즉, 두 개 또는 세 개 이상인) 경우에 두드러진다

① 언제나 소극적이고 안정적인 상태를 추구하다 보니, 환경의 변화에 쉽게 적응하지 못한다. 가령 잘 알고 지내는 사람과는 익숙하고 편안하게 교류를 하지만, 새로운 사람을 만나서 사귀는 것은 어색하고 불편해서 익숙해지려면 시간이 많이 걸린다.

② 비록 수용성과 포용력이 좋긴 해도 말이 느리고 어눌해서 표현력이 좋지 못하다 보니, 남들에게 답답하다는 느낌을 준다. 특히 표현궁인 월간에

정인이 있으면, 비록 남의 말을 자상하게 잘 들어주면서 온화하고 부드럽게 표현하긴 해도, 말이 느리고 시원스럽지 못한 데다가 자신의 견해나 사상 따위를 열렬히 장황하게 늘어놓는 경향까지 있으므로, 더더욱 남들에게 답답하다는 느낌을 준다.

③ 남의 말을 아무런 의심 없이 순수하게 받아들이고 세상 물정에 어두워서, 남에게 속아넘어가거나 이용당하기 쉽다. 그리고 이해타산에 어두워서 늘 손해를 보기 쉽다.

④ 무슨 일을 하든지 신중하게 따져보지 않고 주로 남의 말만 듣고 판단하고 결정하거나 영감이나 직관에 의지하여 느낌대로 판단하고 결정하므로, 남의 말이나 영감(靈感)이나 직관(直觀)이 맞아떨어지지 않아서 일이 잘못되면 큰 손실을 입을 수 있다.

⑤ 일주 주위(일지와 월간과 시간)와 월지에 정인이 많을수록, 너무 순진하고 세상 물정에 어두워서 남의 말을 아무런 의심 없이 쉽게 믿고 이해타산에 어두우므로, 남에게 이용을 당하거나 사기를 당하여 큰 손해를 볼 가능성이 많다.

⑥ 일주 주위와 월지에 정인이 많을수록, 너무 소극적이라서 자신의 감정을 잘 내색하지 않고 남들 앞에 잘 나서지도 않는 데다가 쓸데없는 망상과 번뇌가 너무 많아서, 무슨 일이든지 생각만 무성할 뿐 실행을 할 수 있는 능력이 부족하다.

⑦ 일주 주위와 월지에 정인이 많을수록, 평소에는 말이 적다가도 자신의 견해나 사상 따위를 열렬히 장황하게(그러나 답답할 정도로 느리고 지루하게) 주장하여 널리 선전하는 것은 대단히 잘하지만, 시원하고 깔끔하게 표현하는 능력과 실행하는 능력은 부족하다.

⑧ 일주 주위와 월지에 정인과 편인이 많을수록, 너무 보수적이라서 기존

의 질서가 바뀌는 것을 무척 싫어하며, 전통과 관습과 윤리와 도덕에 얽매여 남에게 사람의 도리에 대해 고리타분하게 훈계하면서 가르치려 하며, 품위와 교양과 체통을 중시하다 보니 남들이 우스갯소리나 농담을 주고받는 것을 이해하지 못하고 저속하다고 생각한다.

⑨ 일주 주위와 월지에 정인과 편인이 많을수록, 말이 너무 느리고 어눌해서 표현력이 아주 좋지 못하다 보니, 남들에게 무척 답답하다는 느낌을 준다.

⑩ 일주 주위와 월지에 정인과 편인이 많을수록, 너무 소극적이고 수동적이고 남에게 이기고자 하는 마음이 없어서, 무슨 일이든지 하고자 하는 의욕이 적으며, 일을 찾아서 적극적이고 능동적으로 움직이지 않는다. 그러다 보니 태평스럽고 느릿하고 게으르고 발전성이 없으며, 시켜야 일을 하고 시키지 않으면 스스로 알아서 일을 하지 못하며, 노력하지 않고 편안하게 살아가려고만 하며, 그 결과 주위 사람들에게 잔소리를 많이 들을 뿐 아니라 남과의 경쟁에서도 뒤지기 십상이다. 또 판단력과 결단력이 매우 부족하고 계산하고 정리하는 능력이 많이 떨어지고 우유부단하고 정교하지 못해서, 벌여놓은 일을 깔끔하게 마무리를 잘하지 못하고 어떻게 수습해야 할지 갈피를 잡지 못한다.

⑪ 일주 주위와 월지에 정인과 편인이 많을수록, 자립심이 부족하고 현실감각이 없고 세상 물정에 어둡고 받아먹는 데 익숙해서, 무슨 일을 하든지 스스로의 힘으로 헤쳐 나가려고 하지 않고 안이하게 다른 사람들(특히 어머니나 윗사람)에게 의존하고 기대려고 하는 마음이 많으며, 일이 잘 풀리지 않거나 어려운 일이 생기면 손수 해결하려고 하지 않고 회피하며, 일이 잘못되면 자기 탓으로 여기지 않고 주위 사람들(특히 어머니나 윗사람)이 자기를 도와주지 않았기 때문에 일이 잘못되었다고 생각한다. 그래서 스스로 의사결정을 해야 하는 독자적인 일을 하기에는 적합하지 않다.

⑫ 일주 주위와 월지에 정인과 편인이 많을수록, 겉으로는 남의 말이나 충고나 부탁을 거부하거나 거절하지 못하고 대부분 수용하지만, 속으로는 잔소리가 많다고 생각하거나 귀찮게 여기면서 수용하기 싫어하거나 마지못해 수용한다.

⑬ 일주 주위와 월지에 정인과 편인이 많을수록, 어머니가 이런저런 말이나 충고나 부탁을 하면, 속으로는 어머니가 잔소리가 많다고 생각하거나 어머니의 말이나 충고나 부탁을 귀찮게 여기면서 수용하기 싫어하거나 마지못해 수용하지만, 겉으로는 어머니의 말이나 충고나 부탁을 거역하거나 거절하지 않고 무조건 수용하는 듯이 보이므로, 남들한테서 효자나 효녀라는 말을 듣기도 하고 마마보이나 마마걸이라는 말을 듣기도 한다.

⑭ 일주 주위와 월지에 정인과 편인이 많을수록, 성행위(性行爲)를 추악(醜惡)하다고 여겨 혐오(嫌惡)하는 결과 성욕(性慾)을 지나치게 억압하는 경향이 있다.

(3) 사주원국(四柱原局)에 정인(正印)이 전혀 없거나 있어도 연지(年支)나 시지(時支)에만 암장(暗藏)되어 있는 경우

① 온화한 성품과 자애로운 마음과 관대한 포용력이 없어서, 남의 말을 순수하게 받아들이지도 못하고, 남의 딱한 사정을 자상하게 들어주지도 않고, 남의 잘못을 너그럽게 용서해주지도 않는다.

② 정인도 없고 편인도 없으면, 번잡하고 자세한 것을 단순하고 간결하게 만드는 능력이 없으며, 느긋하고 여유 있게 말하거나 행동하지 못하고 조바심을 내거나 흥분하기 십상이다.

③ 정인도 없고 편인도 없으면, 앞으로 일어날 일을 미리 알거나 눈에 보이지 않는 추상적인 현상이나 정신세계를 이해하는 직관력(直觀力)과 예지

력(豫知力)과 영감(靈感)이 없으며, 눈치가 없어서 남의 의중(意中)이나 상황을 잘 간파하지 못할 뿐 아니라 남의 심중(心中)을 잘 헤아리지도 못하며, 포용력(包容力)과 수용력(受容力)이 없어서 남의 말을 잘 받아들이지 못할 뿐 아니라 남의 충고(특히 윗사람의 충고)를 듣지 않고 막무가내로 행동하기 쉬우며, 남의 잘못을 너그럽게 감싸주지 못하며, 인성(人性)을 함양하기 위한 교육을 해도 교육의 효과가 별로 없다.

십성(十星)이 서로 충극(沖剋) [양대양(陽對陽)이나 음대음(陰對陰)의 충극] 하는 경우의 심리(心理) 현상

십성이 서로 충극[沖剋: 양대양(陽對陽)이나 음대음(陰對陰)의 충극만 해당하고 양대음(陽對陰)이나 음대양(陰對陽)의 극(剋)은 해당하지 않는다]하는 경우에, 충극하는 십성의 심리적 특성은 강화되고, 충극을 받는 십성의 심리적 특성은 약화된다.

그리고 일반적으로 사주원국에 충극이 많을수록, 심리상태가 늘 불안정하고 갈등이 많아서 스트레스를 많이 받는 편이며, 한가하게 쉴 수 있는 경우는 별로 없고 이곳저곳을 분주하게 돌아다니면서 시달리거나 말 못 할 고통을 받는 암시(暗示)가 있다. 특히 희용신이 충극을 받고 있으면, 하는 일마다 막히는 경우가 많아서 심신(心·身)이 고달프고 불만이 많은 편이다.

1. 식상(食傷)이 관살(官殺)을 충극(沖剋)하고 있는 경우

(1) 식상(食傷)이 관살(官殺)보다 더 왕한 경우

(가) 상관견관(傷官見官), 즉 상관이 정관을 충극하고 있는 경우

기존의 권위나 전통에 도전하려는 반항 의식이 많아서, 법률이나 사회 제도가 부당하거나 잘못되었다고 판단되면, 고분고분하게 따르거나 준수하려고 하지 않고 무조건 고쳐야 한다면서 신랄하게 비판하며, 누군가가 도리에 어긋나고 부당한 언행을 하거나 자기 마음에 들지 않고 자신의 이익에 반하는 언행을 하면 속이 끓어올라 그냥 넘어가지 못하고 그 사람에게 서슴없이 노골적으로 불평불만을 토로하고 반발하면서 몰아붙이듯이 신랄하게 시시비비[잘잘못]를 조목조목 따지고 들며, 심지어 윗사람이나 상사(上司)에게조차 자기에게 부당한 대우를 하거나 도리에 어긋나는 언행을 한다고 생각되면 고분고분하지 않고 서슴없이 노골적으로 불평불만을 토로하고 반발하면서 몰아붙이듯이 신랄하게 시시비비[잘잘못]를 조목조목 따지고 든다[그 결과 주위 사람들과 갈등과 마찰을 일으켜 구설수口舌數: 남한테서 비난하거나 헐뜯는 말을 듣게 될 신수(身數)에 휘말려 시달리는 경우가 잦다].

그리고 무슨 일이든지 자기 자신이 손수 하면 누구보다도 더 올바르게 잘 할 수 있다는(심지어 자기가 아니면 안 된다는 생각까지 하는) 우월의식과 자만심이 매우 강해서, 사람들이 백안시(白眼視)하거나 가까이하지 않으려고 한다. 그러다 보니 사회생활, 특히 시키는 대로 묵묵히 일을 해야 하는 직장생활이나 다른 사람과 협력해야 하는 단체생활을 하는 데 어려움이 많다.

그런데 자신의 이익에 반하지 않는 한 공익을 위해서 공명정대하게 일을 처리해야 한다는 생각을 하면서도, 한편으로는 자기의 이기적인 목적을 달성하기 위해 공익을 명분으로 내세워 자기의 이기적인 목적에 이용하려는 이율배반적인 면이 있으므로, 남 모르는 심적 갈등이 적지 않다.

여자의 경우에는 그 외에도 남편에게 고분고분하지 않고 노골적인 불평불만이 많으며, 자기가 남편보다 더 낫다는 우월감을 노골적으로 드러냄으로써 남편을 노골적으로 얕잡아보고 깔보고 업신여기고 무시하다 보니, 남편에게 절대로 고분고분하게 굴지 않고 사소한 것까지 조목조목 시시비비[잘잘못]를 따질 뿐 아니라 꼬박꼬박 말대꾸를 하면서 대들기까지 함으로써, 남편을 몹시 화나게 한다. 그러다 보니 남편에게 얻어맞고 살기 쉽다.

이러한 심리적 특성은 왕한 상관이 일주 주위(일지와 월간과 시간)에 있고 정관은 일주 주위에 없거나 있어도 무력하면 두드러지며, 왕한 상관은 일주 주위에 없고 정관이 일주 주위에 있으면서 유력하면 약하게 나타난다[즉, 왕한 상관은 일주 주위에 없고 정관이 일주 주위에 있으면서 유력하면, 이상과 같은 심리 현상보다는, 정관의 심리적 특성인 이타적이고 공명정대하고 사리사욕이 없고 객관적이고 합리적이며, 사익(私益)보다 공익(公益)을 우선하며, 법과 질서와 공중도덕을 잘 지키며, 남의 처지를 생각하여 남을 잘 배려하며, 여론(輿論)을 중시하여 독선적(獨善的)으로 일을 처리하지 않으며, 책임감과 인내심이 강하며, 말과 행동이 다르지 않고 일관성이 있으며, 양심적이고 정직하고 솔직하고 성실해서 거짓말을 잘 하지도 못하고 적당하게 둘러대지도 못하는 반면에, 남의 비난을 받는 일이 추호도 없을 정도로 도덕적으로 흠 없이 깨끗해야 한다는 생각이 많아서 남에게 비난을 받는 것을 몹시 싫어하며, 여론(輿論)을 너무 의식하다 보니 의사결정을 해야 할 때 과단성(果斷性) 있게 결정하지 못하고 우유부단하다고 할 정도로 망설이는 심리적 특성이 상대적으로 더 많이 나타난다].

또 비록 왕한 상관이 일주 주위에 있더라도 인성(특히 정인)도 일주 주위에 유력하게 있는 경우에는 느긋하고 관대하게 수용하면서 포용하는 마음도 있어서 이러한 심리적 특성이 상당히 완화되어 나타난다.

(나) 식신견살(食神見殺), 즉 식신이 칠살을 충극하고 있는 경우

두려움이 없고 어떠한 경우에도 기가 죽지 않고 우월의식과 자부심이 은근히 강하고 잘난 체하고 거만해서, 자기 능력으로 안 되는 일은 거의 없다고 생각하면서 남을 은근히 과소평가하거나 얕잡아보며, 법률이나 사회 제

도도 결코 경외(敬畏)하지 않고 법률이나 사회 제도가 아무리 절대적인 권위가 있다고 해도 잘못되었으면 반드시 올바르게 고쳐야 한다면서 윗사람이나 상사(上司)에게까지 고분고분하지 않고 두려움 없이 은근하게 비판하고 불평불만을 토로하고 반발하므로, 사람들이 백안시(白眼視)하거나 가까이하지 않으려고 한다. 그리고 누군가가 자신의 우월의식과 자부심에 상처를 주거나 자신의 자존심을 건드리면 무척 서운해하면서 감정이 매우 격해지며, 잘났다고 건방을 떨면서 우쭐대거나 도리에 어긋나는 언행을 하는 사람을 보면 아니꼽다 못해 속이 부글부글 끓어올라서 그냥 넘어가지 못하고 기필코 기를 꺾어 본때를 보여주거나 바로잡아 놔야 직성이 풀린다. 그러다 보니 사회생활, 특히 시키는 대로 묵묵히 일을 해야 하는 직장생활이나 다른 사람과 협력해야 하는 단체생활을 하는 데 어려움이 많다.

그런데 두려움이 없고 자부심과 우월의식과 자만심이 은근히 강하면서도, 한편으로는 공익을 위해 봉사하고 헌신하며 윗사람이나 상사에게 무조건 복종하고자 하는 이율배반적인 면이 있으므로, 남 모르는 심적 갈등이 적지 않다.

여자의 경우에는, 그 외에도 남편에게 고분고분하지 않고 은근한 불평불만이 많으며, 자기가 남편보다 더 낫다는 우월감을 은근하게 내비침으로써 남편을 은근히 얕잡아보고 깔보고 업신여기고 무시하다 보니, 남편의 의사를 따르지 않고 남편에게 잘잘못을 따지고 듦으로써, 남편을 은근히 기분 나쁘게 한다.

이러한 심리적 특성은 왕한 식신이 일주 주위(일지와 월간과 시간)에 있고 칠살은 일주 주위에 없거나 있어도 무력하면 두드러지며, 왕한 식신은 일주 주위에 없고 칠살이 일주 주위에 있으면서 유력하면 약하게 나타난다[즉, 왕한 식신은 일주 주위에 없고 칠살이 일주 주위에 있으면서 유력하면, 이상과 같은 심리 현상보다는, 칠살의 심리적 특성인 이타적이고 사리사욕이 없으며, 남을 위하는 마음이 많고 희생정신과 봉사정신이 투철하며, 사익보다 공익을 우선하며, 법과 질서와 공중도덕을 잘 지키며, 책임감과 인내심과 의지(意志)가 강한 반면에, 어떤 규칙을 정하면 자기 자신도 그 규칙을 엄격하게 지킬 뿐 아니라 남들에게도 그 규칙을 엄격하게 지키도록 냉정하게 강요하여 권위적이고 독선적으로 흐르기 쉬우며, 자기가 추구하는 사상이나 이념이 무조건 옳다고 여기고서 그것을 남에게 감정적으로 억지로라도 주입하려고 하며, 남의 의견이 자신의 견해와 다르면 남의 의견을 무가치하다고 판단하여 배척해버리는 심리적 특성이 상대적으로 더 많이 나타난다].

또 비록 왕한 식신이 일주 주위에 있더라도 인성(특히 편인)도 일주 주위에 유력하게 있는 경우에는 만사(萬事)를 차분하고 근엄하게 수용하면서 우월의식을 억제하려는 마음도 있어서 이러한 심리적 특성이 상당히 완화되어 나타난다.

(다) 상관견살(傷官見殺)이나 식신견관(食神見官)의 경우, 즉 상관이 칠살을 극하고 있거나 식신이 정관을 극하고 있는 경우

이 경우는 음대양(陰對陽)이나 양대음(陽對陰)으로 음양상배(陰陽相配)가 되어 무정(無情)하게 극하지 않고 유정(有情)하게 극하는 관계이므로, 음양불상배(陰陽不相配)가 되어 양대양(陽對陽)이나 음대음(陰對陰)으로 충극(沖剋)하는 상관견관(傷官見官)이나 식신견살(食神見殺)의 경우보다는 훨씬 덜하지만, 그래도 누군가가 도리에 어긋나거나 자기 마음에 들지 않고 자신의 이익에 반하는 언행을 하면 그 사람에게 불평불만을 토로하고 반발하면서 따지고 들거나, 우월의식이 있어서 자기 능력으로 안 되는 일이 별로 없다고 여기고 어떤 문제가 잘못되었다고 판단되면 어떻게 해서든 바로잡으려고 하면서 남을 얕잡아보는 경향이 있는 편이다.

이러한 심리적 특성은 왕한 상관이나 식신이 일주 주위(일지와 월간과 시간)에 있고 칠살이나 정관은 일주 주위에 없거나 있어도 무력하면 잘 드러나며, 왕한 상관이나 식신은 일주 주위에 없고 칠살이나 정관이 일주 주위에 있으면서 유력(有力)하면 잘 드러나지 않는다.

(2) 관살(官殺)이 식상(食傷)보다 더 왕한 경우

속으로는 두려움과 열등감과 의기소침함과 강박감(強迫感: 무엇에 쫓기거나 눌리는 느낌)에 시달릴 때가 적지 않으면서도 겉으로는 이러한 감정을 이겨내고 자신의 입지를 세우려고 애쓰다 보니, 무슨 일이든지 쉽게 포기하지 않고 악착같이 진행하는 깡다구가 있으며, 비록 절대적으로 보이는 권위라고 하더라도 그 권위가 잘못되었으면 올바르게 고치려 하면서 그 권위에 굴복하지 않고 맞서서 자신의 권리를 찾으려 하며, 건방지고 잘난 체하거나 도리에 어긋나는 언행을 하는 사람을 보면 아니꼬와서 상대를 하지 않으려 하거나 기를 꺾어 바로잡아 놓으려 한다.

그리고 식상이 일주 주위에 있으면서 유력한 비겁의 생조를 받고 있으면, 감당하기 힘든 일에 부딪쳐도 할 수 있다는 자부심으로 끈기 있게 버티면서 과감하게 밀고나가는 의지력과 추진력이 있다.

이러한 심리적 특성은 식상이 일주 주위(일지와 월간과 시간)에 있으면서 유력한 비겁의 생조를 받고 있으면 두드러지며, 식상이 일주 주위에 없거나 있어도 유력한 비겁의 생조를 받지 못하고 있으면 약하게 나타난다(즉, 두려움과 열등감과 의기소침함과 강박감과 같은 왕한 관살의 중압감을 쉽게 떨쳐버리지 못한다).

2. 인성(印星)이 식상(食傷)을 충극(沖剋)하고 있는 경우

(1) 인성(印星)이 식상(食傷)보다 더 왕한 경우

창의력과 표현력과 이해력이 좋지 못하며, 스스로 할 수 있다는 자신감이 부족하며, 무슨 일이든지 생각만 무성할 뿐 실행을 할 수 있는 능력이 부족하며, 게으르고 나태하고 받아먹는 데 익숙해서 남에게 의지하려는 마음이 많다. 그리고 자신의 생각이나 감정을 표현하는 경우에도 마음껏 표현하지 못하고 답답하다고 할 정도로 조심스럽게 표현한다.

이러한 심리적 특성은 왕한 인성이 일주 주위(일지와 월간과 시간)에 있고 식상은 일주 주위에 없거나 있어도 무력하면 두드러지며, 왕한 인성은 일주 주위에 없고 식상이 일주 주위에 있으면서 유력하면 약하게 나타난다(즉, 왕한 인성은 일주 주위에 없고 식상이 일주 주위에 있으면서 유력하면, 소극적이고 게으르고 남에게 의지하고자 하는 마음이 제법 있으면서도, 가능한 한 자신의 감정을 자신감 있게 표현하려 하고 창의적인 일을 도모하고자 한다).

(2) 식상(食傷)이 인성(印星)보다 더 왕한 경우

인성이 일주 주위(일지와 월간과 시간)에 있으면서 유력하여 왕한 식상을 적절하게 제어하고 있으면, 창의력과 표현력과 이해력이 좋으면서도 조심스러워져서 건방지거나 버릇이 없거나 무례하지 않고 얌전하지만, 인성이 일주 주위에 없거나 있어도 무력하면, 표현력과 자부심과 우월의식과 자만심이 지나쳐서 잘난 체하면서 말을 함부로 하고 건방지고 버릇이 없고 무례하며, 말이 많되 말에 두서(頭緒)가 없다.

3. 재성(財星)이 인성(印星)을 충극(沖剋)하고 있는 경우

(1) 재성(財星)이 인성(印星)보다 더 왕한 경우

재물을 획득하기 위해서는 수단과 방법을 가리지 않으며, 소득이 없다고 판단되면 움직이지 않으려고 하므로, 인간미가 없다는 비난을 받기 쉽고, 심지어 재물로 인해 사회적인 물의를 일으켜 인격에 먹칠을 할 수도 있다.

이러한 심리적 특성은 왕한 재성이 일주 주위(일지와 월간과 시간)에 있고 인성은 일주 주위에 없거나 있어도 무력하면 두드러지며, 왕한 재성은 일주 주위에 없고 인성이 일주 주위에 있으면서 유력하면 약하게 나타난다(즉, 왕한 재성은 일주 주위에 없고 인성이 일주 주위에 있으면서 유력하면, 가능한 한 윤리에 어긋나거나 인격을 손상시키는 행동을 하지 않으려고 한다).

(2) 인성(印星)이 재성(財星)보다 더 왕한 경우

재성이 일주 주위(일지와 월간과 시간)에 있으면서 유력하여 왕한 인성을 적절하게 제어하고 있으면, 남에게 의지하고자 하는 마음이 있고 다소 게으르고 나태하면서도 현실감각과 결단력이 있어서 적극적으로 부지런히 뛰어다니면서 필요한 재물을 획득하지만, 재성이 일주 주위에 없거나 있어도 무력하면, 소극적이고 수동적이고 남에게 의지하고자 하는 마음이 많고 게으르고 나태하고 현실감각이 부족하고 세상 물정에 어두워서, 스스로 의사결정을 해야 하는 독자적인 일은 잘 하지 못한다.

4. 비겁(比劫)이 재성(財星)을 충극(沖剋)하고 있는 경우

(1) 비겁(比劫)이 재성(財星)보다 더 왕한 경우

고집이 세고 경쟁심이 강해서, 남의 말을 귀담아 듣지 않고 자기 방식대로 강경하게 일을 처리하고 남에게 절대로 지지 않으려 하는 데다가, 결단력과 과단성(果斷性)이 부족하고 재물을 관리하고 운용하는 능력도 부족하므로, 필요한 재물을 획득하기 위해 나름대로 분주하게 뛰어다녀도 몸만 피곤할 뿐 별 소득이 없으며, 그 결과 재물이 잘 따르지 않는다.

남자의 경우에는, 특히 일지에 비겁이 있으면 아내의 말을 귀담아 듣지 않고 아내에게 지지 않으려 하고 자기 고집대로 하려고 하므로, 아내를 몹시 힘들게 한다.

이러한 심리적 특성은 왕한 비겁이 일주 주위(일지와 월간과 시간)에 있고 재성은 일주 주위에 없거나 있어도 무력하면 두드러지며, 왕한 비겁은 일주 주위에 없고 재성이 일주 주위에 있으면서 유력하면 약하게 나타난다(즉, 왕한 비겁은 일주 주위에 없고 재성이 일주 주위에 있으면서 유력하면, 결단력이 다소나마 있고 재물을 관리하고 운용하는 능력도 다소나마 있어서, 분주하게 뛰어다닌 만큼 필요한 재물을 획득할 수 있다).

만약 재성이 일주 주위에 있으면서 유력하고 식상의 생조도 받고 있다면, 오히려 결단력이 좋고 재물을 관리하고 운용하는 능력도 좋아서, 필요한 재물을 그다지 어렵지 않게 획득할 수 있다.

(2) 재성(財星)이 비겁(比劫)보다 더 왕한 경우

비겁이 일주 주위(일지와 월간과 시간)에 있으면서 유력하여 왕한 재성을 적절하게 제어하고 있으면, 자기 마음대로 성급하게 일을 처리하면서도 실행력과 추진력을 발휘하여 재물을 소신껏 관리하고 운용할 수 있으므로, 필요한 재물을 획득하기 위해 분주하게 뛰어다닌 만큼 소득이 있지만, 비겁이 일주 주위에 없거나 있어도 무력하면, 성급하고 조급하기만 하고 실행력과 의지(意志)가 부족해서, 필요한 재물을 획득하기 위해 분주하게 뛰어다녀도 몸만 피곤할 뿐 별 소득이 없다.

5. 관살(官殺)이 비겁(比劫)을 충극(沖剋)하고 있는 경우

(1) 관살(官殺)이 비겁(比劫)보다 더 왕한 경우

주체성[주관]과 자신감이 약해서 우유부단하고 자기 의지대로 하지 못하며, 두려움과 열등감과 강박감(强迫感: 무엇에 쫓기거나 눌리는 느낌)이 많아서 사람들에게 주눅이 들어 의기소침하고 남의 눈치를 많이 본다.

이러한 심리적 특성은 왕한 관살이 일주 주위(일지와 월간과 시간)에 있고 비겁은 일주 주위에 없거나 있어도 무력하면 두드러지며, 왕한 관살은 일주 주위에 없고 비겁이 일주 주위에 있으면서 유력하면 약하게 나타난다(즉, 왕한 관살은 일주 주위에 없고 비겁이 일주 주위에 있으면서 유력하면, 두려움과 열등감이 있으면서도 주체성[주관]과 자신감을 다소나마 갖추게 된다).

만약 관살이 왕하고 비겁도 그에 못지않게 왕하다면, 결코 불의(不義)와 타협하지 않고 공익(公益)과 대의(大義)를 위해 맡은 임무를 두려움 없이 소신껏 강경하게 수행해 나가는 주체성[주관]과 자신감과 실행력을 갖추게 된다.

(2) 비겁(比劫)이 관살(官殺)보다 더 왕한 경우

관살이 일주 주위(일지와 월간과 시간)에 있으면서 유력하여 왕한 비겁을 적절하게 제어하고 있으면, 고집과 경쟁심이 강하면서도 봉사심과 공명정대함과 책임감과 절제력이 있어서, 공익을 위하는 마음과 남을 배려하는 마음이 있고 법규를 잘 준수하고, 상사에게 비교적 고분고분하게 복종하고, 대의를 위해 일할 수 있는 자질이 있지만, 관살이 일주 주위에 없거나 있어도 무력하면, 고집과 경쟁심이 강하고 봉사심과 공명정대함과 책임감과 절제력이 부족해서, 무슨 일이든지 자기 방식대로 하려 하며, 남이 자기를 공격하면 한 치의 양보도 없이 맞서서 대항하려 하며, 공익을 위하는 마음과 남을 배려하는 마음이 부족하고 법규를 준수하려는 마음도 부족하며, 여자의 경우에는 특히 월지나 일지에 비겁이 있으면 남편의 말을 귀담아 듣지 않고 남편에게 절대 지지 않으려 하고 자기 고집대로 하려고 하므로 남편을 몹시 힘들게 한다.

심리적(心理的) 특성의 적용 순서

1. 심리적(心理的) 특성을 적용하는 우선순위

사주 주인공의 기본적인 심리적 특성은 이상에서 살펴본 음양과 십간과 십성의 심리적 특성이 사주의 구조에 따라 적절하게 배합되어 나타나는데, 음양과 십간과 십성의 심리적 특성이 결합되는 과정에서 우선적으로 드러나는 심리적 특성은 다음과 같은 순서를 따르면 된다.

① 먼저 일주(日主)에 해당하는 십간의 심리적 특성을 살펴본다. 가령 일주가 甲木이면 甲木의 심리적 특성이 가장 먼저 드러난다.

② 다음으로 일주(日主)에게 영향을 강하게 미치는 십성의 심리적 특성과 일주(日主)에게 영향을 약하게 미치는 십성의 심리적 특성을 살펴본다. 다시 말해 일주(日主) 주위인 일지와 월간과 시간에 있는 십성의 심리적 특성이 첫 번째로 강하게 드러나고, 월지에 있는 십성의 심리적 특성이 두 번째로 드러나고, 연간과 시지에 있는 심리적 특성이 세 번째로 드러나고, 마지막으로 연지에 있는 십성의 심리적 특성은 지극히 미미하게 드러난다.

그런데 일지(본기에 한함)에 비겁(특히 비견)이 있으면, 일주(日主)의 기운이 일지를 통과하여 월지와 시지로 곧바로 전달된다고 보므로[일지에 비겁(특히 비견)이 있는 일주(日柱) 중에서도 일주(日柱)가 乙卯·辛酉·壬子·丙午인 경우에 일주(日主)의 기운이 일지를 거쳐 월지와 시지로 곧바로 전달되는 속도가 가장 빠르다. 왜냐하면 子午卯酉 속에는 水火木金 외의 다른 성분이 전혀 들어 있지 않기 때문이다. 그다음 순위로 전달 속도가 빠른 일주(日柱)는 甲寅·庚申·丁巳·癸亥·戊辰·戊戌·己丑·己未 일주(日柱)의 순(順)이다]. 월지와 시지에 있는 십성의 심리적 특성이 일주(日主) 주위인 일지와 월간과 시간에 있는 십성의 심리적 특성과 비슷한 순위(그렇다고 해서 결코 똑같은 순위는 아니라고 봐야 할 것이다)로 드러난다고 할 수 있다.

비겁(특히 비견)이 일지에 있는 경우뿐만 아니라 월간이나 시간에 있는 경우에도 마찬가지다. 가령 비겁(특히 비견)이 월간에 있는 경우에도, 일주(日主)의 기운이 월간을 통과하여 월지와 연간으로 곧바로 전달된다고 보므로, 월지와 연간에 있는 십성의 심리적 특성이 일주(日主) 주위인 일지와 월간과 시간에 있는 십성의 심리적 특성과 비슷한 순위로 드러난다고 할 수 있다. 또 가령 비겁(특히 비견)이 시간에 있는 경우에도, 일주(日主)의 기운이 시간을 통과하여 시지로 곧바로 전달된다고 보므로, 시지에 있는 십성의 심리적 특성이 일주(日主) 주위인 일지와 월간과 시간에 있는 십성의 심리적 특성과 비슷한 순위로 드러난다고 할 수 있다.

그리고 같은 오행(식신과 상관이나 편재와 정재나 칠살과 정관이나 편인과 정인이나 비견과 겁재)끼리도 기운이 곧바로 전달된다고 본다. 가령 일지(본기에 한함)에 식신이 있고 월지나 시지에 상관이 있으면, 일주(日主)의 기운이 일지를 통과하여 월지나 시지로 곧바로 전달된다고 보므로, 월지나 시지에 있는 상관의 심리적 특성이 일지에 있는 식신의 심리적 특성과 비슷한 순위로 드러난다고 할 수 있다. 또 가령 월간에 정관이 있고 월지나 연간에 칠살이 있으면, 일주(日主)의 기운이 월간을 통과하여 월지나 연간으로 곧바로 전달된다고 보므로, 월지나 연간에 있는 칠살의 심리적 특성이 월간에 있는 정관의 심리적 특성과 비슷한 순위로 드러난다고 할 수 있다. 또 가령 시간에 정인이 있고 시지에 편인이 있으면, 일주(日主)의 기운이 시간을 통과하여 시지로 곧바로 전달된다고 보므로, 시지에 있는 편인의 심리적 특성이 시간에 있는 정인의 심리적 특성과 비슷한 순위로 드러난다고 할 수 있다. 이상과 같이 일주(日主)의 기운이 일주 주위인 일지나 월간이나 시간을 거쳐 월지나 시지나 연간으로 곧바로 전달되는 현상을 통기(通氣) 현상이라고 한다.

③ 일주 주위인 일지와 월간과 시간에 있는 십성 중에서도 일주와 음양이 다른 십성의 심리적 특성이 먼저 드러나고, 일주와 음양이 같은 십성의 심리적 특성은 그다음으로 드러난다. 연간과 시지에 있는 십성의 심리적 특성도 같은 과정을 거쳐서 살펴보면 된다. 이 경우에 일지에 있는 십성은 비록 일주(日主)와 음양이 같더라도 일주와 음양이 다른 것으로 간주하되, 일지의 심리적 특성을 살펴볼 때에는 일주와 음양이 같은 본래의 성분이 지니고 있는 심리적 특성을 살펴봐야 한다.

④ 일주와 음양이 다른 십성 중에서도 상관, 정인, 정재, 정관, 겁재의 순서대로 그 심리적 특성이 드러나며, 그전에 일주가 간합(干合) 또는 암합(暗合)하고 있는 월간이나 시간이나 일지(본기에 한함)의 십성의 심리적 특성과, 일주(日主) 주위인 일지나 월간이나 시간에 있으면서 아주 왕한 십성의 심리적 특성이 강화되면서 가장 먼저 드러난다. 그리고 일주와 음양이 같은 십성 중에서는 식신, 편인, 편재, 칠살, 비견의 순서대로 그 심리적 특성이 드러난다.

⑤ 마지막으로 음양의 심리적 특성도 함께 살펴본다.

2. 심리적(心理的) 특성의 우선순위의 적용 사례

甲 壬 乙 己
辰 午 亥 酉

위와 같은 명조에서 사주 주인공의 심리적 특성은 다음과 같은 순서대로 살펴보면 된다.

가장 먼저 일주 壬水의 특성이 강하게 드러나고, 두 번째로 일주 壬水와 암합하고 있는 일지의 정재 午火의 심리적 특성이 강하게 드러나고, 세 번째로 월간의 상관 乙木의 심리적 특성이 드러나고, 네 번째로 시간의 식신 甲木의 심리적 특성이 드러나고, 다섯 번째로 월지의 亥水 속에 들어 있는 비견 壬水와 식신 甲木의 심리적 특성이 드러나고, 여섯 번째로 연간의 정관 己土의 심리적 특성이 드러나고, 일곱 번째로 시지의 辰土 속에 들어 있는 칠살 戊土와 겁재 癸水와 상관 乙木의 심리적 특성이 드러나고, 여덟 번째로 연지의 정인 酉金의 심리적 특성이 지극히 미미하게나마 드러난다.

3. 일주(日主) 주위(일지와 월간과 시간)와 월지(月支)에 있는 십성(十星)의 심리적(心理的) 특성이 변화를 일으키는 (즉, 강화되거나 약화되는) 경우

(1) 십성이 왕하거나 약한 경우

어떤 십성이 일주(日主) 주위(일지와 월간과 시간)나 월지에 있으면서 왕할수록, 그 십성의 심리적 특성이 두드러진다. 구체적으로 살펴보면, 어떤 십성이 월간과 일지와 시간과 월지에 모두 있으면 그 십성의 심리적 특성이 엄청나게 강화되고, 월간과 일지와 시간과 월지 중 세 군데에 있으면 그 십성의 심리적 특성이 그다음으로 강화되고, 두 군데에 있거나 비록 한 군데에 있더라도 다른 간지(특히 시지)에 또 있으면 그 십성의 심리적 특성이 그다음다음으로 강화된다.

반면에 어떤 십성이 일주(日主) 주위(일지와 월간과 시간)와 월지에 없으면서 약할수록, 그 십성의 심리적 특성이 잘 드러나지 않는다. 그리고 어떤 십성이 일주와 가까운 월간이나 시간에 있더라도 지지에 뿌리를 내리지 못해 무력하면, 그 십성의 심리적 특성이 상당히 약화된다. 그리고 어떤 십성이 일지의 본기가 아닌 여기나 중기(특히 여기)에만 있고 월간이나 시간이나 월지에는 없으면, 그 십성의 심리적 특성이 잘 드러나지 않는다(만약 일지의 본기가 아닌 여기나 중기에만 있고 월간이나 시간이나 월지에는 없더라도, 일주와 떨어져 있는 연간이나 시지에는 있다면, 그 십성의 심리적 특성이 잘 드러나지 않는 정도가 훨씬 덜하다).

예를 들어 살펴보기로 한다.

      ⓐ   ⓑ
  丁乙己丙 癸丙庚甲
  丑丑亥子 巳戌午寅

ⓐ는 얼핏 보면 편재 己土가 일주 乙木과 가까운 월간과 일지뿐 아니라 시지에까지 있어서, 편재의 특성이 강하게 드러나는 것으로 보인다. 그러나 지지에 亥子丑 水方이 되어 있는 데다가 水가 월지까지 차지하고 있음으로 인해 水가 매우 왕한 상황이라서, 일지의 丑 중의 편재 己土는 왕한 水에 동화가 되어 土의 역할을 제대로 하지 못하고(월간의 편재 己土도 뿌리 없이 허탈하게 떠 있어서 매우 무력하다) 오히려 일지의 丑 중의 편인 癸水가 왕

하게 된 형국이다.

그래서 일지의 丑 중의 편인 癸水[비록 일지의 여기(餘氣)에 있긴 해도]와 월지의 亥 중의 정인 壬水의 심리적 특성은 강하게 드러나는 데 반해, 비록 일주 가까이에 있긴 해도 월간의 편재 己土와 일지와 시지의 丑 중의 편재 己土의 심리적 특성은 약하게 드러난다.

그리고 시간의 식신 丁火는 비록 일주 가까이에 있긴 해도 뿌리 없이 허탈하게 떠 있는 데다가 왕한 水에 눌려 있기까지 해서 매우 무력하므로, 식신 丁火의 심리적 특성도 약하게 드러난다.

ⓑ는 지지에 寅午戌 火局이 되어 있고 午火가 월지를 차지하고 있는 데다가 시지에 巳火까지 있음으로 인해 火가 매우 왕한 상황이라서, 일지의 戌 중의 식신 戊土는 왕한 火에 동화가 되어 土의 역할을 제대로 하지 못하고 오히려 戌 중의 겁재 丁火가 왕하게 된 형국이다.

그래서 일지의 戌 중의 겁재 丁火[비록 일지의 여기(餘氣)에 있긴 해도]와 월지의 午 중의 겁재 丁火의 심리적 특성은 강하게 드러나는 데 반해, 일지의 戌 중의 식신 戊土(비록 일주 가까이에 있긴 해도)의 심리적 특성은 좀처럼 잘 드러나지 않는다.

그리고 월간의 편재 庚金과 시간의 정관 癸水는 비록 일주 가까이에 있긴 해도 뿌리 없이 허탈하게 떠 있는 데다가 왕한 火에 눌려 있기까지 해서 매우 무력하므로, 편재 庚金과 정관 癸水의 심리적 특성도 약하게 드러난다.

(2) 충극(沖剋)하는 경우

일주 주위(일지와 월간과 시간)에 있는 십성이 서로 양대양(陽對陽)이나 음대음(陰對陰)으로 극(剋)하고 있거나, 일지나 월지에 있는 십성이 쌍방간이나 시지나 연지에 있는 십성과 충(沖: 午火가 酉金을 극하는 것도 충하는 것으로 본다)하고 있거나, 월간에 있는 십성이 연간에 있는 십성과 양대양(陽對陽)이나 음대음(陰對陰)으로 극(剋)하고 있으면, 충극(沖剋)하는 십성의 심리적 특성은 상대적으로 강화되고 충극(沖剋)을 받는 십성의 심리적 특성은 상대적으로 약화된다.

가령 일지에 정인이 있고 월간에 정재가 있으면, 정재의 심리적 특성은 상대적으로 강화되고 정인의 심리적 특성은 상대적으로 약화되며, 월간에 정관이 있고 시간에 상관이 있으면, 상관의 심리적 특성은 상대적으로 강화되고 정관의 심리적 특성은 상대적으로 약화되며, 일지에 칠살이 있고 월지에 식신이 있으면서 서로 충(沖)하고 있으면, 식신의 심리적 특성은 상대적으로 강화되고 칠살의 심리적 특성은 상대적으로 약화된다. 또 가령 월간에 편재가 있고 연간에 비견이 있으면, 비견의 심리적 특성은 다소 강화되고 편재의 심리적 특성은 다소 약화되며, 일지에 정재가 있고 시지에 겁재가 있으면서 서로 충(沖)하고 있으면, 겁재의 심리적 특성은 다소 강화되고 정재의 심리적 특성은 다소 약화되며, 월지에 상관이 있고 연지에 정인이 있으면서 서로 충(沖)하고 있으면, 정인의 심리적 특성은 다소 강화되고 상관의 심리적 특성은 다소 약화된다.

그러나 일지와 월간과 시간에 있는 십성과 월지와 시지와 연간과 연지에 있는 십성이 서로 양대음(陽對陰)이나 음대양(陰對陽)으로 극하고 있는 경우에는, 해당 십성의 심리적 특성이 변화를 일으키지 않는 것으로 본다. 가령 일지에 정인이 있고 월간에 편재가 있으면, 편재의 심리적 특성이 상대적으로 강화되지도 않고 정인의 심리적 특성이 상대적으로 약화되지도 않으며, 월간에 정관이 있고 시간에 식신이 있으면, 역시 식신의 심리적 특성이 상대적으로 강화되지도 않고 정관의 심리적 특성이 상대적으로 약화되지도 않으며, 월간에 칠살이 있고 연간에 상관이 있으면, 역시 상관의 심리적 특성이 다소 강화되지도 않고 칠살의 심리적 특성이 다소 약화되지도 않는다.

한편 지지에 충(沖)이 있으면(특히 일월지간이나 일시지간에 충하고 있으면) 심리상태가 늘 고통스럽고 불안정하여 스트레스를 많이 받는 편이다. 충(沖)은 생지충(生支沖)이든 왕지충(旺支沖)이든 고지충(庫支沖)이든 기본적으로 충(沖)하는 궁(宮) 간의 충돌·불화(不和)·갈등을 내포하고 있다. 그러다 보니 지지가 충(沖)이 되어 있으면, 충이 되어 있는 궁(宮)에 해당하는 사람들 사이에 서로 충돌·불화(不和)·갈등하는 일이 발생하거나, 그렇지 않으면 사주 주인공이 충이 되어 있는 궁(宮)에 해당하는 사람들과 충돌·불화(不和)·갈등하면서 고통을 겪는 경향이 있다.

그 정도를 보면 생지충과 왕지충은 그 정도가 심하고 고지충은 그 정도가 약하다고 본다. 또 일월지간의 충은 그 정도가 가장 심하고 다음이 일시지간의 충이며 연월지간의 충은 그 정도가 가장 약하다고 본다. 이를 좀 더 구체적으로 살펴보면, 월지와 일지가 충이 되어 있으면 사회에 적응하기 힘들어 사회생활을 하면서 말 못 할 고통을 받거나 부부 사이의 충돌·불화(不和)·갈등으로 인해 말 못 할 고통을 받을 암시가 있으며, 일지와 시지가 충이 되어 있으면 가정 문제, 즉 배우자 또는 사주 주인공 본인과 자녀 사이의 충돌·불화(不和)·갈등으로 인한 말 못 할 고통을 암시한다. 또 연지와 월지가 충이 되어 있으면, 부모와 형제 사이의 충돌·불화(不和)·갈등으로 인한 말 못 할 고통을 암시하며, 여자의 경우에는 이 외에 친정 부모와 남편 사이의 충돌·불화(不和)·갈등으로 인한 말 못 할 고통도 암시하는데, 연월지간의 충은 사주 주인공에게 큰 영향을 미치지 않는 경우가 대부분이기 때문에 중요하게 고려할 필요가 없다고 본다.

그리고 요충(遙沖: 연지와 일지의 충과 월지와 시지의 충과 연지와 시지의 충)은 근접한 충이 아니라서 특별한 경우가 아니면 충으로 논하지 않는 것이 좋다. 이상과 같이 지지에 충이 있는 경우에, 충의 원인 제공자는 충을 하는 십성(十星)이고 충으로 인해 상처를 받는 자는 충을 당하는 십성으로 보면 된다(辰戌丑未冲의 경우에는 土는 손상이 없으므로 충의 쌍방이 충의 원인 제공자이자 충으로 인해 상처를 받는 자로 보면 된다).

이상의 경우에 충이 되어 있는 십성이 희용신이든 기구신이든 상관없이 그러한 암시가 드러나지만, 그래도 만약 희용신이 기구신을 충하는 구조로 되어 있다면 사주 주인공 본인의 고통은 한결 줄어들 것이다.

한편 월지와 일지, 일지와 시지, 월지와 연지가 극(剋)이 되어 있는 경우에는, 양대양(陽對陽)의 극과 음대음(陰對陰)의 극은 충에 비해 문제가 심각하지 않고 갈등 정도로 그칠 가능성이 크다고 보며, 양대음(陽對陰)이나 음대양(陰對陽)의 극은 음양이 다른 유정(有情)한 극이라서 별문제가 없다고 본다.

(3) 간합(干合)하는 경우

월간에 있는 십성과 연간에 있는 십성이 간합(干合)하고 있으면, 일주와 가까운 월간에 있는 십성의 심리적 특성은 다소 약화되고, 일주와 멀리 떨어진 연간에 있는 십성의 심리적 특성은 상당히 약화된다. 가령 甲木 일주이고 월간에 상관 丁火가 있고 연간에 편인 壬水가 있으면 월간의 丁火와 연간의 壬水가 합하므로, 월간에 있는 상관 丁火의 심리적 특성은 다소 약화되고, 연간에 있는 편인 壬水의 심리적 특성은 상당히 약화된다.

그러나 월간이나 연간에 있는 십성과 시간에 있는 십성이 간합(干合)하고 있는 경우에는 합력(合力)이 거의 없으므로, 월간과 시간과 연간에 있는 십성의 심리적 특성이 강화되거나 약화되지 않는다.

그리고 연간에 있는 십성과 연지(본기에 한함)에 있는 십성이 암합(暗合)

하고 있거나 월간에 있는 십성과 월지(본기에 한함)에 있는 십성이 암합(暗合)하고 있거나 시간에 있는 십성과 시지(본기에 한함)에 있는 십성이 암합(暗合)하고 있으면, 일주와 가까운 월간과 시간과 월지에 있는 십성의 심리적 특성은 다소 약화되고, 일주와 멀리 떨어진 연간과 연지와 시지에 있는 십성의 심리적 특성은 상당히 약화된다. 가령 丙火 일주이고 월간에 겁재 丁火가 있고 월지에 편관 亥水가 있으면 월간의 丁火와 월지의 亥水 속에 있는 壬水가 암합(暗合)하므로, 월간에 있는 겁재 丁火와 월지의 亥水 속에 있는 편관 壬水의 심리적 특성은 다소 약화된다.

한편 일주가 월간이나 일지(본기에 한함)나 시간에 있는 십성과 간합(干合) 또는 암합(暗合)하고 있으면, 월간이나 일지(본기에 한함)나 시간에 있는 십성의 심리적 특성이 가장 먼저 드러난다. 그리고 일주가 월간과 시간과 일지(본기에 한함)에 있는 십성과 투합(妬合)하고 있으면, 월간과 시간과 일지(본기에 한함)에 있는 십성의 심리적 특성이 강화되면서 가장 먼저 드러난다. 가령 戊土 일주가 월간과 일지와 시간에 있는 정재 癸水와 투합(妬合)하고 있으면, 월간과 일지와 시간에 있는 정재 癸水의 심리적 특성이 강화되면서 가장 먼저 드러난다.

그리고 일주와 연간에 있는 십성이 월간에 있는 십성을 사이에 두고 쟁합(爭合)하고 있으면, 월간에 있는 십성의 심리적 특성은 강화되면서 가장 먼저 드러나고, 연간에 있는 십성의 심리적 특성은 상당히 약화된다. 가령 壬水 일주가 월간의 정재 丁火를 사이에 두고 연간의 비견 壬水와 쟁합하고 있으면, 월간에 있는 정재 丁火의 심리적 특성은 강화되면서 가장 먼저 드러나고, 연간에 있는 비견 壬水의 심리적 특성은 상당히 약화된다.

한편 용신이 일주 외의 다른 십성과 간합(干合)하거나 암합(暗合)하여 기반(羈絆)이 되어 있으면, 하는 일마다 막히는 경우가 많아서 심신이 고달프고 불만이 많은 편이다.

(4) 일주 주위(일지와 월간과 시간)나 월지에 특정 십성이 있는 경우

편재의 심리적 특성을 지닌 甲木 일주의 주위(일지와 월간과 시간)나 월지에 편재 戊土나 辰土나 戌土가 있으면 편재의 심리적 특성이 강화되며, 정재의 심리적 특성을 지닌 乙木 일주의 주위나 월지에 정재 戊土나 辰土나 戌土가 있으면 정재의 심리적 특성이 강화되며, 칠살의 심리적 특성을 지닌 丙火 일주의 주위나 월지에 칠살 壬水나 亥水가 있으면 칠살의 심리적 특성이 강화되며, 정관의 심리적 특성을 지닌 丁火 일주의 주위나 월지에 정관 壬水나 亥水가 있으면 정관의 심리적 특성이 강화되며(일주 丁火가 정관 壬水와 합까지 되므로 정관의 심리적 특성이 매우 강화된다), 편인의 심리적 특성을 지닌 戊土 일주의 주위나 월지에 편인 丙火나 巳火가 있으면 편인의 심리적 특성이 강화되며, 정인의 심리적 특성을 지닌 己土 일주의 주위나 월지에 정인 丙火나 巳火가 있으면 정인의 심리적 특성이 강화되며, 비견의 심리적 특성을 지닌 庚金 일주의 주위나 월지에 비견 庚金이나 申金이 있으면 비견의 심리적 특성이 강화되며, 겁재의 심리적 특성을 지닌 辛金 일주의 주위나 월지에 겁재 庚金이나 申金이 있으면 겁재의 심리적 특성이 강화되며, 식신의 심리적 특성을 지닌 壬水 일주의 주위나 월지에 식신 甲木이나 寅木이 있으면 식신의 심리적 특성이 강화되며, 상관의 심리적 특성을 지닌 癸水 일주의 주위나 월지에 상관 甲木이나 寅木이 있으면 상관의 심리적 특성이 강화된다.

행운(行運)에서 변화하는 심리적(心理的) 특성

어떤 십성이 사주원국에는 전혀 없거나 있어도 지지에만 암장(暗藏)되어 있으면, 그 십성의 심리적 특성이 전혀 드러나지 않거나 지극히 미미하게 드러나지만, 운(運)에서 사주원국에 없는 십성이 들어오면, 그 운(運)이 작용하는 기간 동안에는 그 십성의 심리적 특성이 분명하게 드러난다(하지만 행운에서 들어오는 십성이 사주원국에 있는 십성에게 충극을 당하거나 사주원국에 있는 십성과 간합하는 경우에는, 행운에서 들어오는 십성의 심리적 특성이 분명하게 드러나지는 않는다).

가령 식신이 사주원국에 전혀 없거나 있어도 지지에만 암장(暗藏)되어 있으면, 궁리하고 연구하는 심리적 특성이 전혀 드러나지 않거나 지극히 미미하게 드러나지만, 세운에서 식신이 들어오면, 세운이 작용하는 1년 동안은 궁리하고 연구하는 식신의 심리적 특성이 분명하게 드러난다(하지만 세운에서 들어오는 식신이 사주원국에 있는 편인에게 충극을 당하거나 사주원국에 있는 정관이나 정인과 간합하는 경우에는, 궁리하고 연구하는 식신의 심리적 특성이 분명하게 드러나지는 않는다).

물론 어떤 십성이 사주원국에 많거나 유력해서 그 십성의 심리적 특성이 두드러지는 경우에는, 세운(歲運)에서 또다시 그 십성이 들어오면, 그 십성의 심리적 특성이 더욱더 강화된다고 보면 된다.

그러므로 사주 주인공의 심리적 특성을 분석할 때에는, 사주원국에 있는 십성뿐만 아니라 세운(歲運)에서 들어오는 십성까지 고려하여 분석해야 한다.

십성(十星)의 적성(適性)

이상에서 살펴본 사주 주인공의 심리적 특성을 토대로 사주 주인공의 적성(適性)을 파악할 수 있다. 적성은 학과나 직업을 선택할 때 가장 중요하게 고려해야 하는 요소이며, 적성에 맞는 학과나 직업을 선택해야 후회하지 않고 만족스럽게 학교생활이나 직장생활이나 자영업을 영위함으로써 삶의 질을 높일 수 있다.

그런데 적성을 제대로 파악하는 것은 생각만큼 그리 쉬운 일이 아니다. 학과에 대한 적성은 그래도 비교적 파악하기가 쉬운 편이라고 할 수 있지만, 직업에 대한 적성은 직업의 종류가 워낙 다양해서 파악하기가 결코 쉽지 않다고 할 수 있다. 가령 학생들을 가르치는 직업의 경우에도, 유치원 교사의 적성과 초등학교 교사의 적성과 중학교 교사의 적성과 고등학교 교사의 적성과 대학 교수의 적성과 학원 강사의 적성이 각각 다르며, 대학 교수의 경우에도 영어 교수의 적성과 국어 교수의 적성과 수학 교수의 적성과 경영학 교수의 적성과 물리학 교수의 적성과 철학 교수의 적성과 기계공학 교수의 적성과 방송언론학 교수의 적성이 각각 다르다. 그러므로 단순하게 교사나 교수나 강사가 적성에 맞다는 말은 적성의 의미를 정확하고 엄밀하게 파악하지 못하고서 하는 말이라고 할 수 있다.

이처럼 같은 직업이라고 해도 세부적인 일의 내용에 따라 적성이 얼마든지 달라질 수 있으므로, 어떤 직업에 대한 적성을 정확하게 파악하기란 여간 어려운 일이 아니다.

비록 학과나 직업에 대한 적성을 정확하게 파악했다고 하더라도, 실제로는 적성에 맞는 학과나 직업을 선택하지 않고, 운이나 환경이 좋아서 인기가 있거나 편하게 돈을 많이 벌 수 있으면서 인정도 받을 수 있는 학과나 직업을 선택하는 경우나, 아니면 적성에 맞는 학과나 직업을 선택하고 싶어도 운이 좋지 않거나 환경이 여의치 않아서 어쩔 수 없이 인기도 없고 인정도 받지 못하고 적성에도 맞지 않는 학과나 직업을 선택할 수밖에 없는 경우가 대부분이다. 다시 말해 운이나 환경이 좋으면 적성을 고려하지 않고서 인기가 있거나 편하게 돈을 많이 벌 수 있으면서 인정도 받을 수 있는 학과나 직업을 선택하고, 운이 좋지 않거나 환경이 여의치 않으면 어쩔 수 없이 인기도 없고 인정도 받지 못하고 적성에도 맞지 않는 학과나 직업을 선택할 수밖에 없는 것이 현실이다. 그만큼 적성에 맞는 학과나 직업을 선택하는 경우는 실제로 드물다고 봐야 할 것이다.

그렇다면 학과나 직업에 대한 적성을 파악하고 분석하는 것이 현실적으로 얼마나 효과가 있는지 의심이 들지 않을 수 없다. 다시 말해 학과나 직업을 선택하는 것이 적성에 달려 있지 않고 운이나 환경이나 사회인지도(社會認知度)에 달려 있을 뿐이라면, 학과나 직업에 대한 적성을 파악하고 분석하는 것이 아무런 의미가 없을 것이다.

그러나 비록 극소수에 지나지 않는다고 할지라도 후회하지 않고 만족스럽고 행복한 삶을 영위하기 위해 적성에 맞는 학과나 직업을 선택하는 사람들이 분명히 있고, 또 그렇게 하는 것이 만족스럽고 행복한 삶을 위하여 바람직하기 때문에, 앞에서 살펴본 사주 주인공의 기본적인 심리적 특성을 토대로 하여 사주 주인공의 학과나 직업에 대한 적성을 파악하고 분석하는 것이 충분히 의미가 있다고 봐야 할 것이다. 구체적인 학과나 직업에 대한 적성 분석은 학과나 직업의 종류가 수없이 많아서 너무나 방대하므로 다음 기회로 미루고, 여기서는 직업을 직장생활과 자영업으로 크게 구분하여 개괄적인 직업 적성을 간략하게 살펴보기로 하겠다.

일주 주위(일지와 월간과 시간)와 월지에 관살과 인성(특히 정인)과 식신이 있으면, 대체로 자영업보다는 직장생활(공직생활과 교직생활 포함)을 영위하는 것에 더 잘 적응하면서 더 만족하는 편이며, 일주 주위와 월지에 비겁과 식상(특히 상관)과 재성(특히 편재)이 있으면, 직장생활(공직생활과 교직생활 포함)보다는 자영업을 영위하는 것에 더 잘 적응하면서 더 만족하는 편이다.

그리고 직장생활을 영위하는 경우에도, 일주 주위와 월지에 상관이 있으면, 영업판매직에 더 잘 적응하면서 더 만족하는 편이며, 일주 주위와 월지에 재성이 있으면, 일반관리직(편재가 있으면 직원관리감독직이 적합하고 정재가 있으면 품질관리직이 적합하다)에 더 잘 적응하면서 더 만족하는 편이며, 일주 주위와 월지에 식신이 있으면, 교육직이나 전문기술직이나 연구직이나 기획직에 더 잘 적응하면서 더 만족하는 편이며, 일주 주위와 월지에 편인이 있으면, 공직 중에서도 경찰직이나 감사직에 더 잘 적응하면서 더 만족하는 편이다.

그리고 자영업을 영위하는 경우에도, 일주 주위와 월지에 상관과 편재가 있으면, 유행과 경기(景氣)에 민감하고 언변과 수완을 필요로 하고 위험성이 높으면서 수익성도 높은 업종(가령 판매유통업이나 대중서비스업이나 건설업이나 부동산업)에 더 잘 적응하면서 더 만족하는 편이며, 일주 주위와 월지에 식신과 정재가 있으면, 유행과 경기(景氣)에 민감하지 않고 안정적이면서 노력한 만큼 수익이 꾸준하게 발생하는 업종(가령 제조업이나 임대업이나 소규모전문업)에 더 잘 적응하면서 더 만족하는 편이다.

한편 일주 주위와 월지에 관살과 인성과 재성은 없고 식상과 비겁만 있으면, 직장생활도 적합하지 않고 자영업도 어울리지 않으므로, 상사의 간섭을 받지 않고 종업원도 두지 않고 혼자서 자신의 재능을 발휘하면서 자유롭게 일하는 자유전문직이나 예체능직에 더 잘 적응하면서 더 만족하는 편이다.

각 십성별(十星別)로 '기본적으로 적합한 일'에 대해서는 이미 〈제17장 제3절 십성(十星)의 특성〉에서 간략하게나마 살펴보았으니, 그 내용을 참고하면 될 것이다.

제25장
재물운(財物運)

제1절

재물(財物)과 재성(財星)의 관계

　세상을 살아가는 데 있어서 재물(財物)의 중요성은 굳이 얘기할 필요가 없을 정도로 크다고 할 수 있다. 오죽하면 예로부터 자기 몸 외에 제일 중요하고 가치가 있는 것이 재물이라고 하는 말이 전해 내려올 정도이겠는가.
　자평명리학에서 재물에 대해서는 재성(財星)의 동태(動態)를 보고서 파악하는데, 재성은 정재(正財)와 편재(偏財)로 구분된다.
　정재는 말 그대로 올바른 재물을 뜻한다. 여기서 올바른 재물이라 함은 합리적인 방법으로 열심히 관리하거나 일한 결과로 꾸준하고 일정하게 들어오는 재물을 말한다. 예컨대 임대건물을 관리하면서 매달 받는 임대료나 직장생활을 하면서 매달 받는 월급이 정재, 즉 올바른 재물에 해당한다. 그렇게 차근차근 모은 재물은 생명을 유지하는 데 없어서는 안 될 정도로 중요한 가치를 부여하다 보니, 정재는 재물을 피와 같이 소중히 여겨 함부로 쓰지 못하고 알뜰하게 관리하고 운용(運用)하는데, 이는 대개 재물의 축적(蓄積)에 대한 집착으로 나타난다.
　반면에 편재는 말 그대로 올바르지 않고 편향(偏向)된 재물을 뜻한다. 그러니까 재물은 재물이되 정재와 상반되는 재물이라고 보면 될 것이다. 다시 말해 꾸준하고 일정하게 들어오지 않는 재물, 즉 들어오는 액수와 들어오는 시기를 미리 예측하기 어려운 재물이라 할 수 있다. 때로는 많은 액수가 들어오기도 하고, 때로는 적은 액수가 들어오기도 하고, 때로는 아예 들어오지도 않으니, 도저히 감을 잡을 수 없는 재물이 될 것이다. 그러다 보니 편재는 재물을 알뜰하게 관리하고 운용하고자 하는 마음이 없고, 재물의 축적(蓄積)에 대한 집착도 거의 없다. 다만 삶을 윤택하고 편리하게 영위(營爲)하기 위해서 재물이 꼭 필요하다고 여기므로, 나름대로 생활에 필요하다고 느낄 때에는 재물이 있는 한도를 초과해서라도 반드시 쓰고야 만다. 이처럼 나름대로 필요하기 때문에 쓴다는 생각을 하면서 있으면 있는 대로 없으면 빚을 내서라도 마구 쓰다 보니 낭비(浪費)를 하게 되며, 쓸 돈이 없게 되면 살아갈 재미가 없고 힘들어서 쩔쩔매게 된다. 그래서 편재는 쓰고 싶을 때 마음껏 쓰기 위해서 큰돈을 벌고 싶어하며, 큰돈을 벌자니 직장생활을 하여 얼마 되지도 않는 월급을 받아서는 성에 차지 않으니까 사업을 해서 큰돈을 벌고 싶어하는 마음이 생기게 된다.

재물(財物)과 아버지[父]의 관계

　자평명리학에서 남녀 모두 아버지는 편재(偏財)로 본다. 언뜻 생각하기에 아버지는 나를 통제하거나 훈육(訓育)하는 존재라서 관살(官殺)이나 인성(印星)으로 보기 쉽지만, 좀 더 깊이 생각해보면 아버지를 편재로 보는 까닭은 다음과 같다. 아버지는 나를 통제하거나 훈육하기도 하지만, 그보다 더 중요한 역할을 담당한다고 봐야 한다. 다시 말해 아버지는 내가 성인(成人)이 되어 독립할 때까지 나를 먹여살리기 위해 내가 필요로 하는 재물, 즉 학비나 생활비를 제공해주는 존재이므로, 아버지를 편재로 보는 것이 타당하다.

　한편 어머니는 나를 낳아서 길러주는 존재이므로, 어머니는 인성(印星), 특히 정인(正印)으로 보는 것이 타당하다. 그래서 아버지와 어머니가 같은 부모이지만 그 역할이 다르므로, 자평명리학에서는 아버지와 어머니를 편재와 인성으로 구분해놓은 것이라고 할 수 있다.

재물(財物)과 아내[妻]의 관계

    남자의 경우에 아내는 정재(正財)로 본다. 여자의 경우에 남편을 정관(正官)으로 보는 것과는 대조를 이루는데, 그 까닭은 아내와 남편의 역할이 서로 다르기 때문이라고 봐야 할 것이다.

    앞에서 정재는 나의 생명을 유지하는 데 없어서는 안 될 정도로 중요한 가치가 있는 재물이라고 했다. 그리고 아내는 내가 사회 활동을 원활(圓滑)하게 할 수 있도록 살림을 알뜰살뜰 꾸려서 나를 꾸준히 먹여살리고 온갖 뒷바라지를 다하는 역할을 한다고 보면, 아내야말로 나의 생명을 유지하는 데 없어서는 안 될 정도로 소중한 존재라고 할 수 있다. 이처럼 아내의 역할과 정재의 역할은 닮은 데가 많으므로, 아내를 정재로 보는 것이 타당하다고 해야 할 것이다.

재성(財星)의 다과(多寡)와 유무(有無)

재성은 재물로 보므로, 사주에 재성이 많이 있으면 재물이 많다고 생각하고 재성이 적으면 재물이 적다고 생각하고 재성이 없으면 재물이 없다고 생각할 수 있지만, 실상은 전혀 그렇지 않다. 사주에 재성이 많을 수도 있고 적을 수도 있고 없을 수도 있는데, 각 경우별로 살펴보기로 한다.

사주에 재성이 많으면, 보통 재다신약(財多身弱)이 되어 재성이 기구신의 역할, 즉 좋지 않은 역할을 하게 된다. 이런 경우에는 평상시에 재물로 인해 곤란에 처할 가능성이 많으며, 운에서 비겁이 들어오면 길하지만 재성이 들어오면 흉하게 된다.

그러나 사주에 재성이 많아도 종재격(從財格)이나 종아생재격(從兒生財格)이 된다면, 재성이 용신이 되므로 좋은 역할을 하게 된다. 이런 경우에는 평상시에 재물 덕택에 좋은 일이 생길 가능성이 많으며, 운에서 재성이나 식상이 들어오면 길하지만 비겁이나 인성이 들어오면 흉하게 된다.

사주에 재성이 적으면, 보통 재성이 희용신의 역할, 즉 좋은 역할을 하게 되지만, 재성이 무력하면 기대할 만큼 좋은 역할을 하지 못한다. 이런 경우에는 재성이 유력하면 평상시에 재물 덕택에 좋은 일이 생길 가능성이 많지만, 재성이 무력하면 재물로 인해 좋은 일이 생길 가능성이 적다. 운에서 재성이나 식상이 들어오면 길하지만 비겁이나 인성이 들어오면 흉하게 된다.

그런데 사주에 재성이 아예 없으면(지장간에도 없으면), 평상시에 재물로 인해 좋은 일이나 나쁜 일이 생길 가능성이 거의 없다고 해석해서는 안 된

684

다. 이런 경우에는 평상시에 재물에 대한 관심이나 욕심이 별로 없는 편이라서 사업[자영업]을 하고 싶은 마음이나 사람이나 사물을 통제하고 관리하고 싶은 마음이 그다지 내키지 않는 편이라고 해석하는 것이 타당하다.

그리고 사주에 재성이 없다고 해서 재물복(財物福)이 없다고 해석해서도 안 된다. 사주에 재성이 없으면, 사업[자영업]을 해서 돈을 벌고자 하는 마음이 별로 없고 사업[자영업]을 하면 좋은 적성(適性)도 아니라서 사업[자영업]을 해서 돈을 벌어들일 가능성은 별로 없다고 할 수 있지만, 공무원생활이나 직장생활을 하거나 자유전문직(자신의 재능을 발휘하여 종업원 없이 혼자서 하는 일)에 종사하면서 얼마든지 돈을 벌 수 있다고 봐야 할 것이다. 예컨대 비록 사주에 재성이 없더라도 유망(有望)한 회사에 취업하여 직장생활을 하면서 고위직(高位職)으로 승진(昇進)하는 기회를 놓치지 않는다면, 한동안 높은 연봉(年俸)을 받을 수 있으므로 재물복이 있다고 해야 할 것이다. 물론 이런 경우에도 재물복이 있으려면 사주의 구조도 좋아야겠지만 무엇보다도 운이 따라줘야 할 것이다. 예를 들어보자.

乙 丙 戊 甲
未 午 辰 午

丙火 일주(日主)가 木火가 많아서 신강하므로, 월주의 식신 戊辰土를 용신으로 삼고, 기신 木으로부터 용신 戊辰土를 보호해주면서 용신 戊辰土의 기운을 유통시켜주는 재성 金을 희신으로 삼는 식상격(食傷格)이 된다. 용신 戊土가 비록 기신 甲木의 극을 받고 있긴 해도, 기신 甲木은 앉은자리의 午火를 생조하느라 용신 戊土를 제대로 극하지 못하고 있고 용신 戊土는 앉은자리(그것도 다름 아닌 월지)의 습토인 辰土에 깊은 뿌리를 내리고 있어서 매우 유력(有力)하므로, 사주의 구조가 상당히 좋은 편이라고 할 수 있다.

다만 희신인 재성 金이 용신인 식신 戊辰土 곁에 없어서 아쉬운데, 만약 희신인 재성 金이 용신인 식신 戊辰土 곁에서 기신인 인성 木의 충극으로부터 보호해주면서 용신인 식신 戊辰土의 기운을 유통시켜주고 있다면 식상생재격(食傷生財格)이 되어 사주의 구조가 더 좋아질 것이다.

사주원국에(특히 일주 가까이나 용신인 식신 戊辰土 곁에) 재성 金이 아예 없고 상관 己土도 없어서, 사업[자영업]을 하면 좋은 적성은 아니며, 일주 가까이에 인성 乙木과 식신 戊辰土가 있으므로 직장에서 기술직이나 연구직으로 일하면 좋은 적성이라고 할 수 있다. 실제로 젊은 시절에 대기업에 입사하여 생산직의 연구파트에서 일을 하면서 부사장까지 역임(歷任)한 사람인데, 사주원국에 재성이 전혀 없는데도 임원으로 승진(昇進)하면서부터 퇴직할 때까지 많은 연봉(年俸)을 받아 수십 억이나 되는 재산을 모았다.

이로써 볼 때, 사주원국에 재성이 전혀 없다고 해서 재물복이 없다고 해서는 안 되며, 재성이 없으면 비록 사업[자영업]을 해서 많은 재물을 벌어들이지는 못한다고 하더라도 공무원생활이나 직장생활이나 자유전문직생활을 하면서 많은 연봉을 받거나 많은 돈을 벌 수 있다고 봐야 할 것이다.

요컨대 사주에 재성이 많든 적든 재물복을 누리려면, 사주의 구조가 좋은 데다가 좋은 운, 즉 희용신의 운이 들어와야 한다는 점을 간과해서는 안 될 것이다. 여기서 희용신의 운이라고 함은 대개 재성운을 말한다고 생각할 수 있지만, 반드시 재성운일 필요는 없고 비겁운일 수도 있고 식상운일 수도 있고 관살운일 수도 있고 인성운일 수도 있음을 알아야 할 것이다.

제5절

재물(財物)을 얻을 운(運)과 잃을 운(運)

앞절에서 재물복이 있으려면 사주에 재성이 많든 적든 사주의 구조가 좋은 데다가 운에서 희용신이 들어와야 한다고 했다. 흔히 재물을 얻으려면 희용신인 재성이 운에서 들어와야 한다고 생각하기 쉬운데, 사실은 어떤 십성이 희용신이 되든 운에서 희용신의 운이 들어오면 재물을 얻을 수 있다고 봐야 한다. 구체적으로 살펴보자면, 만약 재성이 희용신이라면 운에서 재성이 들어오면 재물을 얻을 수 있고, 만약 식상이 희용신이라면 운에서 식상이 들어오면 재물을 얻을 수 있고, 만약 관살이 희용신이라면 운에서 관살이 들어오면 재물을 얻을 수 있고, 만약 인성이 희용신이라면 운에서 인성이 들어오면 재물을 얻을 수 있고, 만약 비겁이 희용신이라면 운에서 비겁이 들어오면 재물을 얻을 수 있다. 물론 대체적으로 사업[자영업]을 하는 경우가 공무원생활이나 직장생활을 하는 경우보다 더 많은 재물을 얻을 수 있을 것이다. 그러나 얼마만큼의 재물을 얻을 수 있는지 그 구체적인 액수는 결코 알 수 없다고 해야 할 것이다.

반면에 만약 재성이 기구신이라면 운에서 재성이 들어오면 재물을 잃을 가능성이 많고, 만약 식상이 기구신이라면 운에서 식상이 들어오면 재물을 잃을 가능성이 많고, 만약 관살이 기구신이라면 운에서 관살이 들어오면 재물을 잃을 가능성이 많고, 만약 인성이 기구신이라면 운에서 인성이 들어오면 재물을 잃을 가능성이 많고, 만약 비겁이 기구신이라면 운에서 비겁이 들어오면 재물을 잃을 가능성이 많다. 물론 대체적으로 사업[자영업]을 하는 경우가 공무원생활이나 직장생활을 하는 경우보다 더 많은 재물을 잃을 가능성이 많다. 그러나 얼마만큼의 재물을 잃을 가능성이 많은지 그 구체적인 액수는 결코 알 수 없다고 해야 할 것이다.

한편 재물에 대한 욕심이 지나치면 좋은 운이 들어와도 운이 제대로 작용하지 않을 수도 있음을 알 필요가 있다. 예컨대 희용신의 운이 들어왔다고 해서 주변 환경과 경기(景氣)가 어떠한가를 고려하지도 않고 큰돈을 벌고 싶은 욕심으로 무리한 투자를 한다면, 큰돈을 벌기는커녕 오히려 큰돈을 불의(不意)에 날릴 수도 있다. 또 기구신의 운이 들어왔을 때, 가능한 한 투자를 하지 않고 조심스럽게 사업을 유지해나간다면 적은 손실을 보는 정도로 그칠 수 있을 텐데, 주변 환경과 경기(景氣)가 어떠한가를 고려하지도 않고 큰돈을 벌고 싶은 욕심으로 무모(無謀)한 투자를 한다면, 많은 손실을 볼 뿐 아니라 감당할 수 없을 정도의 빚을 져서 도산(倒産)의 위기에 직면할 수도 있다.

제26장
궁합(宮合)

「적천수천미(滴天髓闡微)」의 부처(夫妻)의 장(章)을 보면, '夫妻因緣宿世來. 喜神有意傍天財[부처(夫妻: 부부)의 인연은 오랜 전생(前生)에서부터 이어져 왔다고 할 수 있는데, 만약 남편의 사주에서 아내성[妻星]인 재성(財星)이 희신(喜神)이라면, 남편은 하늘에서 부여받은 재물을 곁에 두고 있는 것이나 다름없다네]'라고 하고 있는데, 이로써 볼 때 부부의 인연은 전생의 업보(業報)에 의해 결정됨을 알 수 있다.

이처럼 부부의 인연이 전생의 업보에 의해 태어날 때부터 이미 결정되어 있다고 전제한다면, 좋은 배우자를 선택하기 위하여 궁합(宮合: 부부관계)을 보는 것이 별 의미가 없을 것이다. 왜냐하면 부부가 될 인연이라면 궁합이 아무리 나쁘다고 해도 당사자는 어떻게 해서든지 결혼을 하고자 할 것이고, 부부가 될 인연이 아니라면 궁합이 아무리 좋다고 해도 당사자는 결혼을 하고 싶은 마음이 생기지 않을 것이기 때문이다. 필자도 부부의 인연은 좋은 인연이든지 나쁜 인연이든지 태어날 때부터 이미 정해져 있으므로, 제삼자가 궁합의 좋고 나쁨을 따지면서 당사자의 결혼에 간여하는 것은 인연법(因緣法)으로 볼 때 결코 좋은 현상이 아니라고 생각한다.

그러므로 서로 좋아하는 남녀의 궁합이 좋지 않다고 판단되면, 무조건 결혼을 하지 않는 것이 좋다고 말하지 말고, 궁합이 좋지 않은데도 굳이 결혼하겠다는 남녀나 그 가족에게 결혼 후 남녀 서로가 조심하고 삼가야 할 점들을 정성스럽게 지적해주는 정도로 그치는 것이 좋지 않을까 싶다.

그렇거나 말거나 지금까지 좋은 배우자인지 아닌지를 판단하는 기준이 된다고 하는 궁합법(宮合法)이 적잖이 소개되어 활용되고 있는데, 대부분의 궁합법이 실질적인 효과를 보지 못하고 있는 실정이라고 할 수 있다. 일반적인 궁합법으로는 신살(神殺)을 적용하거나, 남녀 사주의 연지를 서로 비교하거나, 남녀 사주의 일주(日主: 일간)나 일지를 서로 비교하거나, 남녀 사주의 희용신이 서로 같은지 그 여부를 보거나, 어느 일방의 사주의 희용신에 해당하는 오행이 다른 일방의 사주의 일주에 해당하는지 그 여부를 보는 것과 같은 여러 가지 궁합법이 있지만, 대부분의 궁합법이 잘 맞아떨어지지 않는다는 문제점이 있다. 그래서 필자 나름대로 좀 더 타당하다고 생각하는 궁합법을 다음에 제시해보고자 한다.

  그런데 남녀의 궁합(宮合)이 좋지 않다고 해서, 서로 결혼하면 틀림없이 헤어질 것이라고 경솔하게 단정적으로 말해서는 안 되며, 단지 궁합(宮合)이 좋은 남녀가 서로 결혼하면 부부 사이에 갈등과 마찰과 불화가 별로 없거나 적어서 부부 관계가 대체로 좋지만, 궁합(宮合)이 좋지 않은 부부가 서로 결혼하면 부부 사이에 갈등과 마찰과 불화가 많아서 부부 관계를 원만하게 유지해나가기가 쉽지 않고 그 정도가 심하면 파경(破鏡)에까지 이를 수도 있다고 조언해주는 정도로 그쳐야 할 것이다. 왜냐하면 부부 쌍방이나 부부 일방의 사주의 일주(日主) 주위에 관살이 있으면, 부부 관계가 웬만큼 좋지 않아도 부부 쌍방이나 부부 일방이 참을성이 있어서, 쉽게 헤어지지 않고 힘들게나마 늘그막까지 함께 살아가는 경우가 적지 않기 때문이다. 다시 말해 비록 궁합이 별로 좋지 않아서 부부 사이에 갈등과 마찰과 불화가 웬만큼 생기더라도, 부부 쌍방이나 부부 일방(특히 부부 쌍방)의 사주의 일주(日主) 주위에 관살이 적절하게 잘 짜여져 있으면, 서로 인내심을 발휘하여 힘들게나마 늘그막까지 함께 살아갈 가능성이 많으므로, 궁합이 최악에 해당하지 않는 한 부부 관계를 오랫동안 유지해나가기 힘든 좋지 않은 궁합으로 볼 것이 아니라 비록 만족스럽지는 못해도 부부 관계를 그럭저럭 유지해갈 만한 궁합으로 봐야 할 것이다.

궁합(宮合)이 좋거나 무난한 경우

다음에 제시한 남명(男命)인 경우의 ①~④ 중의 하나 이상과 여명(女命)인 경우의 ①~⑥ 중의 하나 이상이 동시에 해당하면, 궁합(宮合)이 좋거나 무난하다고 본다.

1. 남명(男命)인 경우

① 오행이 상극(相剋)하지 않고 상생(相生)하고 있으면서 중화(中和)를 이루고 있는 경우; 이 경우에는 사실상 희용신만 있고 기구신은 없다고 할 수 있으므로, 가정생활과 사회생활 양면에서 아내의 도움이 크다고 보면 될 것이다.

② 일주(日主: 일간)가 아내의 일주와 상생(相生)하고 있는 경우, 특히 일주가 아내의 일주에게 생조를 받고 있는 경우, 그중에서도 특히 일주가 아내의 일주에게 양대음(陽對陰)이나 음대양(陰對陽)으로 생조를 받고 있는 경우. 단, 〈제2절 궁합(宮合)이 좋지 않은 경우[男命]〉인 ③~⑩ 중의 두 가지 이상에 해당하지 않아야 한다.

③ 아내궁[妻宮]인 일지에 희용신(특히 희용신인 재성)이 있으면서, 기구신의 충(沖)을 받지 않고 오히려 기구신을 충(沖)하고 있는 경우(②의 요건을 동시에 충족하면 아주 좋다); 이 경우엔 가정생활에서 아내의 도움이 크다고 보면 될 것이다.

④ 아내성[妻星]인 재성이 유력한 희용신이면서, 일주 주위[일지(本氣에 한함)나 월간이나 시간]나 월지(본기에 한함)에서 희용신인 식상의 생조를 받고 있거나 용신인 관살을 생조하고 있으며, 기구신인 비겁의 충극(沖剋)을 받지 않고 오히려 기구신인 인성을 충극(沖剋)하며, 일주 외의 천간과 간합(干合)하지 않고 있는 경우(가령 식상생재격이나 재자약살격이 잘 갖추어져 있는 경우)(②의 요건을 동시에 충족하면 아주 좋다); 이 경우엔 사회생활에서 아내의 도움이 크다고 보면 될 것이다.

2. 여명(女命)인 경우

① 오행이 상극(相剋)하지 않고 상생(相生)하고 있으면서 중화(中和)를 이루고 있는 경우; 이 경우에는 사실상 희용신만 있고 기구신은 없다고 할 수 있으므로, 가정생활과 사회생활 양면에서 남편의 도움이 크다고 보면 될 것이다.

② 일주(日主: 일간)가 남편의 일주와 상생(相生)하고 있는 경우, 특히 일주가 남편의 일주를 생조하고 있는 경우, 그중에서도 특히 일주가 남편의 일주를 양대음(陽對陰)이나 음대양(陰對陽)으로 생조하고 있는 경우. 단, 〈제2절 궁합(宮合)이 좋지 않은 경우[女命]〉인 ③~⑮ 중의 두 가지 이상에 해당하지 않아야 한다.

③ 남편성[夫星]인 관살이 유력한 용신인 데다가, 일주 주위[일지(本氣에 한함)나 월간이나 시간]나 월지(본기에 한함)에 있으면서 희신인 재성의 생조를 받고 있으며, 기신인 식상의 충극(沖剋)을 받지 않고 일주 외의 천간과 간합(干合)도 하지 않고 있으며, 인성이 왕하지 않은 경우(가령 관살격이나 재관격이나 재자약살격이 잘 갖추어져 있는 경우)(②의 요건을 동시에 충

족하면 아주 좋다); 이 경우엔 사회생활에서 남편의 도움이 크다고 보면 될 것이다.

④ 남편성[夫星]인 관살이 유력한 희신이면서, 용신인 인성을 생조하고 용신인 인성은 허약한 일주를 생조하며, 기신인 재성은 없거나 있어도 희신인 관살을 생조하느라 용신인 인성을 충극(沖剋)하지 않고 있으며, 일주 외의 천간과 간합(干合)하지 않고 있는 경우(가령 관인상생격이나 살인상생격이 잘 갖추어져 있는 경우)(②의 요건을 동시에 충족하면 아주 좋다); 이 경우에도 사회생활에서 남편의 도움이 크다고 보면 될 것이다.

⑤ 남편성[夫星]인 관살이 유력한 희신이면서, 구신인 식상의 충극(沖剋)을 받지 않고 오히려 기신인 비겁을 충극(沖剋)하여 용신인 재성을 구해주고 있으며, 일주 외의 천간과 간합(干合)하지 않고 있는 경우(②의 요건을 동시에 충족하면 아주 좋다); 이 경우에도 사회생활에서 남편의 도움이 크다고 보면 될 것이다.

⑥ 남편궁[夫宮]인 월지(또는 일지)에 희용신(특히 희용신인 관살)이 있으면서, 기구신의 충(沖)을 받지 않고 오히려 기구신을 충(沖)하고 있는 경우(②의 요건을 동시에 충족하면 아주 좋다); 이 경우엔 가정생활에서 남편의 도움이 크다고 보면 될 것이다.

궁합(宮合)이 좋지 않은 경우

다음에 제시한 남명(男命)인 경우의 ①~⑩ 중의 하나 이상에 해당하거나 여명(女命)인 경우의 ①~⑮ 중의 하나 이상에 해당하면, 궁합(宮合)이 좋지 않다고 본다.

1. 남명(男命)인 경우

① 일주(日主: 일간)가 아내의 일주와 간합(干合)하고 있는 경우. 단, 부부의 사주가 모두 오행이 상극(相剋)하지 않고 상생(相生)하고 있으면서 중화(中和)를 이루고 있으면, 비록 일주가 아내의 일주와 간합(干合)하고 있더라도 궁합이 나쁘지 않다; 이 경우엔 서로에 대한 애정이 많은 반면에 서로에 대한 집착도 강해서, 서로의 자유를 구속하는 면이 많다고 보면 될 것이다.

② 일주가 아내의 일주와 상극(相剋)하고 있는 경우, 특히 일주가 아내의 일주에게 극(剋)을 받고 있는 경우, 그중에서도 특히 일주가 아내의 일주에게 양대양(陽對陽)이나 음대음(陰對陰)으로 극(剋)을 받고 있는 경우, 또 그중에서도 특히 丙火 일주가 아내인 壬水 일주에게 극(剋)을 받고 있거나 丁火 일주가 아내인 癸水 일주에게 극(剋)을 받고 있는 경우. 단, 부부 모두 오행이 상극(相剋)하지 않고 상생(相生)하고 있으면서 중화(中和)를 이루고 있으면, 비록 일주가 아내의 일주와 상극하고 있더라도 궁합이 나쁘지 않다; 이 경우엔 무의식 중에 아내가 남편을 이기려고 하거나, 남편이 아내

를 누르려고 한다고 보면 될 것이다.

　③ 아내궁[妻宮]인 일지에 기구신이 있으면서 세력이 강하거나 월지나 시지의 희용신을 충(沖)하고 있는 경우, 특히 기구신인 일지가 희용신인 월지를 충(沖)하고 있는 경우(午火가 酉金을 극하는 것도 충하는 것으로 본다); 이 경우엔 가정생활에서 아내가 도움이 되기는커녕 오히려 아내가 해로울 가능성이 많다고 보면 될 것이다.

　④ 아내궁[妻宮]인 일지에 희용신이 있지만 월지나 시지의 기구신에게 충(沖)을 당하고 있는 경우, 특히 희용신인 일지가 기구신인 월지에게 충(沖)을 당하고 있는 경우(午火가 酉金을 극하는 것도 충하는 것으로 본다); 이 경우엔 가정생활에서 아내가 도움이 되지 않는다고 보면 될 것이다.

　⑤ 아내성[妻星]인 재성이 기구신이면서 세력이 강하거나 희용신인 인성을 충극(沖剋)[특히 양대양(陽對陽)이나 음대음(陰對陰)의 충극(沖剋)]하고 있는 경우, 특히 탐재괴인격[貪財壞印格: 일주가 기구신인 재성과 합(合)이 되어 있고, 기구신인 재성은 희용신인 인성을 충극(沖剋)하고 있는 격]이 되어 있는 경우; 이 경우엔 사회생활에서 아내가 도움이 되기는커녕 오히려 해로울 뿐 아니라, 아내로 인해 체면이 손상되거나 망신을 당하거나 불명예스러운 일이 생겨 인격에 먹칠을 할 수도 있다고 보면 될 것이다.

　⑥ 기구신인 비겁이 일주 주위[일지(본기에 한함)와 월간과 시간]와 월지(본기에 한함)에 많은 경우, 특히 기구신인 비겁이 일주 주위와 월지에 많은 데다가 희용신인 무력한 재성을 충극(沖剋)[특히 양대양(陽對陽)이나 음대음(陰對陰)의 충극(沖剋)]하고 있는 경우; 이 경우엔 아내의 말을 귀담아 듣지 않고 자기 고집대로 일(특히 형제자매나 친구에 관한 일)을 처리하면서 아내에게 한 치도 양보하지 않고 격렬하게 맞섬으로써, 아내를 무척 힘들게 할 가능성이 많다고 보면 될 것이다.

⑦ 기구신인 식상(특히 상관)이 일주 주위와 월지에 많은 데다가 관살을 충극(沖剋)[특히 양대양(陽對陽)이나 음대음(陰對陰)의 충극(沖剋)]까지 하고 있고, 희용신인 인성은 없거나 있어도 기구신인 재성의 충극(沖剋)[특히 양대양(陽對陽)이나 음대음(陰對陰)의 충극(沖剋)]을 받고 있거나 일주와 멀리 떨어져 있는 경우; 이 경우엔 쾌락적인 성욕이 강해서 여러 여자들과 어지럽게 성관계를 할 가능성이 많을 뿐 아니라, 아내를 얕잡아보고 깔보고 무시하고 업신여기는 정도가 심하다고 보면 될 것이다.

⑧ 아내성[妻星]인 재성이 기구신이면서 일주 주위와 월지에 많은 경우, 특히 정재와 편재가 혼잡(混雜)되어 있는 데다가 천간에도 두 개 이상 투출해 있는 경우; 이 경우엔 아내와 상의하지 않고 집안일을 자기 마음대로 통제하거나 관리하려 하고 낭비벽도 심할 뿐 아니라, 아내도 드세서 남편인 자신의 말을 잘 듣지 않으며, 그 결과 아내에 대한 부담이 커서 아내에 대한 오롯한 마음이 없고 다른 여자들에게 관심이 많으면서 다정다감(多情多感)하다 보니, 외도(外道)를 할 가능성이 많다고 보면 될 것이다.

⑨ 기구신인 인성이 일주 주위와 월지에 많고, 희용신이면서 아내성[妻星]인 재성은 희용신인 유력한 식상의 생조를 받지 못해서 무력하거나 일주와 멀리 떨어져 고립되어 있는 경우; 이 경우에는 매우 태평스럽고 게으르고 나태하고 어머니나 아내에게 의지하려는 마음이 많아서, 무슨 일이든지 손수 해결하려고 하지 않고 아내에게 미루어버릴 뿐 아니라 어머니의 말은 좀처럼 거역하지 못하면서 아내의 말은 잘 듣지 않기까지 함으로써 아내를 무척 힘들게 하며, 일이 잘못되면 태연하게 아내 탓으로 돌리면서 아내를 곤란하게 한다고 보면 될 것이다.

⑩ 일주(日主)가 월간의 정재를 사이에 두고 연간의 비견과 쟁합(爭合)하고 있는 경우나, 일주가 월간이나 시간의 정재와 간합(干合)하고 있고 월간

이나 시간의 정재는 앉은자리인 월지나 시지의 비견(본기에 한함)과 암합(暗合)하고 있는 경우나, 일주가 월간의 정재를 사이에 두고 연간의 비견과 쟁합(爭合)하고 있을 뿐 아니라 시간의 정재와도 투합(妒合)하고 있거나 일지(본기에 한함)의 정재와도 암합(暗合)하고 있는 경우나, 일지(본기에 한함)와 월지(본기에 한함)가 암합하고 있거나 일지(본기에 한함)의 재성과 월지(본기에 한함) 또는 시지(본기에 한함)가 암합하고 있는 경우, 특히 일월지간에 卯申 암합(暗合)이 되어 있거나(그중에서도 특히 일지에 재성인 卯木이나 申金이 있는 경우), 일지(본기에 한함)의 재성과 월지(본기에 한함) 또는 시지(본기에 한함)의 비겁이 암합(暗合)하고 있거나, 일지(본기에 한함)의 정재와 월지(본기에 한함) 또는 시지(본기에 한함)의 비견이 암합(暗合)하고 있으면서 일주도 일지(본기에 한함)의 정재와 암합(暗合)하고 있는 경우나, 일지(본기에 한함)의 재성이 월지(본기에 한함) 또는 시지(본기에 한함)와 삼합(三合)또는 반합(反合)하고 있는 경우[여기서 반합(反合)이라 함은 亥卯 반합이나 卯未 반합이나 寅午 반합이나 午戌 반합이나 巳酉 반합이나 酉丑 반합이나 申子 반합이나 子辰 반합과 같이 왕지(旺支)가 포함된 반합을 말한다], 특히 일지의 재성(본기에 한함)이 월지(본기에 한함)와도 삼합(三合) 또는 반합(反合)하고 있고 시지(본기에 한함)와도 반합(反合)하고 있는 경우나, 천간에 있는 재성이 비록 일주와는 간합(干合)하지 않더라도 바로 곁의 천간(특히 비겁)과 간합(干合)하고 있거나 앉은자리의 지지(본기에 한함)(특히 비겁)와 암합(暗合)하고 있는 경우나, 일지 외의 지지(본기에 한함)에 있는 재성이 바로 위의 천간(특히 비겁)과 암합(暗合)하고 있는 경우; 이 경우엔 의처증이 있거나 심하다고 보면 될 것이다.

2. 여명(女命)인 경우

① 일주(日主: 일간)가 남편의 일주와 간합(干合)하고 있는 경우. 단, 부부의 사주가 모두 오행이 상극(相剋)하지 않고 상생(相生)하고 있으면서 중화(中和)를 이루고 있으면, 비록 일주가 남편의 일주와 간합(干合)하고 있더라도 궁합이 나쁘지 않다; 이 경우엔 서로에 대한 애정이 많은 반면에 서로에 대한 집착도 강해서, 서로의 자유를 구속하는 면이 많다고 보면 될 것이다.

② 일주(日主)가 남편의 일주와 상극(相剋)하고 있는 경우, 특히 일주가 남편의 일주를 극(剋)하고 있는 경우, 그중에서도 특히 일주가 남편의 일주를 양대양(陽對陽)이나 음대음(陰對陰)으로 극(剋)하고 있는 경우, 또 그 중에서도 특히 壬水 일주가 남편인 丙火 일주를 극(剋)하고 있거나 癸水 일주가 남편인 丁火 일주를 극(剋)하고 있는 경우. 단, 부부 모두 오행이 상극(相剋)하지 않고 상생(相生)하고 있으면서 중화(中和)를 이루고 있으면, 비록 일주가 남편의 일주와 상극(相剋)하고 있더라도 궁합이 나쁘지 않다; 이 경우엔 무의식 중에 아내가 남편을 이기려고 하거나, 남편이 아내를 누르려고 한다고 보면 될 것이다.

③ 남편궁[夫宮]인 월지(또는 일지)에 세력이 강한 기구신인 식상(특히 상관)이 있는 경우, 특히 기구신인 월지(또는 일지)의 식상(특히 상관)이 희용신인 일지나 월지나 시지나 연지의 관살(특히 정관)을 충극(沖剋)[특히 양대양(陽對陽)이나 음대음(陰對陰)의 충극(沖剋)]하고 있는 경우; 이 경우엔 (특히 월지나 일지에 기구신인 상관이 있는 경우엔) 남편을 얕잡아보고 깔보고 무시하고 업신여기는 정도가 심해서, 남편복이 없을 뿐만 아니라 남편에게 구타당할 가능성도 많다고 보면 될 것이다.

④ 남편궁[夫宮]인 월지(또는 일지)에 세력이 강한 기구신인 재성이 있는 경우, 특히 기구신인 월지(또는 일지)의 재성이 희용신인 일지나 월지나 시

지나 연지의 인성을 충(沖)하고 있는 경우; 이 경우엔 남편과 상의하지 않고 집안일을 자기 마음대로 통제하거나 관리하려 하며 돈을 아끼는 마음이 없고 돈이 있으면 있는 대로 지출하는 낭비벽이 있어서 남편을 힘들게 하거나(월지 또는 일지가 편재인 경우), 남편에게 사소한 일에까지 간섭이 많고 재물에 대한 욕심과 집착이 강하고 돈을 아끼는 마음이 많아서 남편으로 하여금 함부로 돈을 쓰지 못하도록 철저하게 통제함으로써 남편을 힘들게 하므로(월지 또는 일지가 정재인 경우), 가정생활에서 남편복이 있기는커녕 오히려 남편이 해로울 가능성이 있다고 보면 될 것이다.

⑤ 남편궁[夫宮]인 월지(또는 일지)에 기구신이 있으면서 세력이 강하거나 일지나 월지나 시지나 연지의 희용신을 충(沖)하고 있는 경우(午火가 酉金을 극하는 것도 충하는 것으로 본다); 이 경우엔 남편복이 있기는커녕 오히려 남편이 해롭다.

⑥ 남편궁[夫宮]인 월지(또는 일지)에 희용신이 있으나 일지나 월지나 시지나 연지의 기구신에게 충(沖)을 당하고 있는 경우(午火가 酉金을 극하는 것도 충하는 것으로 본다), 특히 월지(또는 일지)에 희용신인 관살(특히 정관)이 있으나 기구신인 일지나 월지나 시지나 연지의 식상(특히 상관)에게 충(沖)을 당하고 있는 경우; 이 경우엔 남편복이 없으며, 특히 월지나 일지에 기구신인 상관이 있는 경우에는 남편을 얕잡아보고 깔보고 무시하고 업신여기는 정도가 심해서 남편에게 구타당할 가능성이 많다고 보면 될 것이다.

⑦ 기구신인 식상(특히 상관)이 일주 주위[일지(본기에 한함)와 월간과 시간]와 월지(본기에 한함)에 많은 데다가 남편성[夫星]인 관살(특히 정관)을 충극(沖剋)[특히 양대양(陽對陽)이나 음대음(陰對陰)의 충극(沖剋)]까지 하고 있는 경우; 이 경우엔 쾌락적인 성욕이 강해서 여러 남자들과 어지럽게 성관계를 할 가능성이 많을 뿐 아니라, 남편을 얕잡아보고 깔보고 무시

하고 업신여기는 정도가 심해서 남편에게 구타당할 가능성도 많다고 보면 될 것이다.

⑧ 기구신인 식상(특히 상관)이 비록 남편성[夫星]인 관살을 충극(沖剋)하지 않고 있더라도 일주 주위와 월지에 많고, 희용신인 인성은 없거나 있어도 기구신인 재성의 충극(沖剋)[특히 양대양(陽對陽)이나 음대음(陰對陰)의 충극(沖剋)]을 받고 있거나 일주와 멀리 떨어져 있는 경우; 이 경우에도 쾌락적인 성욕이 강해서 여러 남자들과 어지럽게 성관계를 할 가능성이 많을 뿐 아니라, 남편을 얕잡아보고 깔보고 무시하고 업신여기는 정도가 심해서 남편에게 구타당할 가능성도 많다고 보면 될 것이다.

⑨ 남편성[夫星]인 관살(특히 칠살)이 기구신이면서 세력이 강하거나 희용신인 비겁을 충극(沖剋)[특히 양대양(陽對陽)이나 음대음(陰對陰)의 충극(沖剋)]하고 있는 경우; 이 경우엔 아내인 자신에 대한 남편의 간섭과 통제로 인해서, 남편에게 기를 제대로 펴지 못하고 눌려 지내면서 스트레스를 심하게 받을 가능성이 많다고 보면 될 것이다.

⑩ 남편성[夫星]인 관살(특히 칠살)이 기구신이면서 일주 주위와 월지에 많은 경우, 특히 정관과 칠살이 혼잡(混雜)되어 있는 데다가 천간에도 두 개 이상 투출해 있는데, 왕한 관살을 화(化)해줄 희용신인 인성이 없거나 있어도 기구신인 재성의 충극(沖剋)[특히 양대양(陽對陽)이나 음대음(陰對陰)의 충극(沖剋)]을 받고 있어서 무력하거나 일주와 멀리 떨어져 있는 경우; 이 경우엔 아내인 자신에 대한 남편의 간섭과 통제가 심해서, 남편에게 찍 소리도 못하고 눌려 지내면서 스트레스를 심하게 받거나 남편에게 폭행을 당할 가능성이 많으며, 그 결과 남편에 대한 부담이 많아서 남편에 대한 오롯한 마음이 없고 다른 남자들에게 관심이 많으면서 다정다감하다 보니, 외도(外道)를 할 가능성이 많다고 보면 될 것이다.

⑪ 남편성[夫星]인 관살도 일주 주위와 월지에 많고 식상(특히 상관)도 일주 주위와 월지에 많아서 극설교가(剋洩交加)가 되어 일주가 아주 신약한 경우; 이 경우엔 남편에 대한 오롯한 마음이 없고 다른 남자들에게 관심이 많으면서 다정다감하고 쾌락적인 성욕이 강해서 외도(外道)를 할 가능성이 많을 뿐 아니라, 일주 주위와 월지에 식상(특히 상관)이 많을수록 남편을 얕잡아보고 깔보고 무시하고 업신여기는 정도가 심해서 남편에게 구타당할 가능성도 많다고 보면 될 것이다.

⑫ 기구신인 비겁이 일주 주위와 월지에 많고 남편성[夫星]인 관살은 무력하거나 일주와 멀리 떨어져 고립되어 있는데, 희용신인 유력한 재성이 약한 관살을 바로 곁에서 생조해주지 않고 있는 경우; 이 경우엔 지극히 자기중심적이고 고집불통이고 경쟁심이 강해서, 안하무인격(眼下無人格)으로 남편의 말을 전혀 들으려고 하지 않을 뿐 아니라 남편에게 결코 지지 않고 맞서기까지 함으로써, 남편이 안중(眼中)에도 없다고 보면 될 것이다.

⑬ 기구신인 인성이 일주 주위와 월지에 많고, 남편성[夫星]인 관살은 희용신인 유력한 재성의 생조를 받지 못해서 무력하거나 일주와 멀리 떨어져 고립되어 있는 경우; 이 경우에는 매우 태평스럽고 게으르고 나태하고 남편에게 의지하려는 마음이 많아서, 무슨 일이든지(심지어 집안일조차) 손수 해결하려고 하지 않고 남편에게 미루어버림으로써 남편을 무척 힘들게 하며, 일이 잘못되면 태연하게 남편 탓으로 돌리면서 남편을 곤란하게 한다고 보면 될 것이다.

⑭ 기구신인 재성이 일주 주위와 월지에 많고 남편성[夫星]인 관살은 무력하거나 일주와 멀리 떨어져 고립되어 있는 경우; 이 경우엔 남편과 상의하지 않고 집안일을 자기 마음대로 통제하거나 관리하려 하며 돈이 있으면 있는 대로 지출하는 낭비벽이 있거나(일주 주위에 편재가 많은 경우), 재물에

대한 욕심과 집착이 강하고 돈을 아끼는 마음이 많아서 남편으로 하여금 함부로 돈을 지출하지 못하도록 철저하게 통제하므로(일주 주위에 정재가 많은 경우), 가정 생활에서 남편복이 있기는커녕 오히려 남편이 해로울 가능성이 있다고 보면 될 것이다.

⑮ 일주(日主)가 월간의 정관을 사이에 두고 연간의 비견과 쟁합(爭合)하고 있는 경우나, 일주가 월간이나 시간의 정관과 간합(干合)하고 있고 월간이나 시간의 정관은 앉은자리인 월지나 시지의 비견(본기에 한함)과 암합(暗合)하고 있는 경우나, 일주가 월간의 정관을 사이에 두고 연간의 비견과 쟁합(爭合)하고 있을 뿐 아니라, 시간의 정관과도 간합(干合)하고 있거나 월지(본기에 한함)나 일지(본기에 한함)의 정관과도 암합(暗合)하고 있는 경우나, 일지(본기에 한함)와 월지(본기에 한함)가 암합하고 있거나 일지(본기에 한함)의 관살과 월지(본기에 한함) 또는 시지(본기에 한함)가 암합하고 있거나 월지(본기에 한함)의 관살과 일지(본기에 한함) 또는 연지(본기에 한함)가 암합하고 있는 경우, 특히 일월지간에 卯申 암합(暗合)이 되어 있거나(그중에서도 특히 일월지의 卯木과 申金이 관살과 비겁이나 비겁과 관살인 경우), 월지(본기에 한함)의 관살 또는 비겁과 일지(본기에 한함)의 비겁 또는 관살이 암합(暗合)하고 있거나, 일지(본기에 한함)의 관살과 시지(본기에 한함)의 비겁이 암합하고 있거나, 월지(본기에 한함)의 관살과 연지(본기에 한함)의 비겁이 암합하고 있거나, 일지(본기에 한함)의 정관과 월지(본기에 한함) 또는 시지(본기에 한함)의 비견이 암합(暗合)하고 있으면서 일주도 일지(본기에 한함)의 정관과 암합(暗合)하고 있거나, 월지(본기에 한함)의 정관과 일지(본기에 한함) 또는 연지(본기에 한함)의 비견이 암합(暗合)하고 있으면서 일주도 월지(본기에 한함)의 정관과 암합(暗合)하고 있는 경우나, 일지(본기에 한함)의 관살이 월지(본기에 한함) 또는 시지(본기에 한함)와 삼합

(三合)또는 반합(反合)하고 있거나 월지(본기에 한함)의 관살이 일지(본기에 한함) 또는 연지(본기에 한함)와 삼합(三合)또는 반합(反合)하고 있는 경우[여기서 반합(反合)이라 함은 亥卯 반합이나 卯未 반합이나 寅午 반합이나 午戌 반합이나 巳酉 반합이나 酉丑 반합이나 申子 반합이나 子辰 반합과 같이 왕지(旺支)가 포함된 반합을 말한다], 특히 일지의 관살(본기에 한함)이 월지(본기에 한함)와도 삼합(三合)또는 반합(反合)하고 있고 시지(본기에 한함)와도 반합(反合)하고 있거나 월지의 관살(본기에 한함)이 일지(본기에 한함)와도 삼합(三合)또는 반합(反合)하고 있고 연지(본기에 한함)와도 반합(反合)하고 있는 경우나, 천간에 있는 관살이 비록 일주와는 간합(干合)하지 않더라도 바로 곁의 천간(특히 비겁)과 간합(干合)하고 있거나 앉은자리의 지지(본기에 한함)(특히 비겁)와 암합(暗合)하고 있는 경우나, 일지 외의 지지(본기에 한함)에 있는 관살이 바로 위의 천간(특히 비겁)과 암합(暗合)하고 있는 경우; 이 경우엔 의부증이 있거나 심하다고 보면 될 것이다.

부부(夫婦)의 일간(日干)의 관계가 좋은 순서

궁합(宮合)의 구성요소 중의 하나인 부부의 일주(日主: 일간)의 관계는 다음의 순서대로 좋다. 즉, ①이 가장 좋고 ⑪이 가장 나쁜데, 보통 ①~④는 좋고 ⑤⑥은 무난하고 ⑦~⑪은 나쁘다고 보면 될 것이다.

① 아내의 일주가 남편의 일주를 양대음(陽對陰)이나 음대양(陰對陽)으로 생조하고 있는 경우; 가령 아내의 일주는 甲木이고 남편의 일주는 丁火인 경우

② 아내의 일주가 남편의 일주를 양대양(陽對陽)이나 음대음(陰對陰)으로 생조하고 있는 경우; 가령 아내의 일주는 甲木이고 남편의 일주는 丙火인 경우

③ 남편의 일주가 아내의 일주를 양대음(陽對陰)이나 음대양(陰對陽)으로 생조하고 있는 경우; 가령 남편의 일주는 丙火이고 아내의 일주는 己土인 경우

④ 남편의 일주가 아내의 일주를 양대양(陽對陽)이나 음대음(陰對陰)으로 생조하고 있는 경우; 가령 남편의 일주는 丙火이고 아내의 일주는 戊土인 경우

⑤ 남편의 일주와 아내의 일주가 양대음(陽對陰)이나 음대양(陰對陽)으로 같은 오행인 경우; 가령 남편의 일주는 戊土이고 아내의 일주는 己土인 경우

⑥ 남편의 일주와 아내의 일주가 양대양(陽對陽)이나 음대음(陰對陰)으로 같은 오행인 경우; 가령 남편의 일주는 戊土이고 아내의 일주도 戊土인 경우

⑦ 남편의 일주가 아내의 일주를 양대음(陽對陰)이나 음대양(陰對陽)으로 극하고 있는 경우; 가령 남편의 일주는 己土이고 아내의 일주는 壬水인 경우

⑧ 남편의 일주가 아내의 일주를 양대양(陽對陽)이나 음대음(陰對陰)으로 극하고 있는 경우; 가령 남편의 일주는 甲木이고 아내의 일주는 戊土인 경우(특히 남편의 일주는 壬水이고 아내의 일주는 丙火인 경우나, 남편의 일주는 癸水이고 아내의 일주는 丁火인 경우가 가장 나쁘다)

⑨ 아내의 일주가 남편의 일주를 양대음(陽對陰)이나 음대양(陰對陽)으로 극하고 있는 경우; 가령 아내의 일주는 辛金이고 남편의 일주는 甲木인 경우

⑩ 아내의 일주가 남편의 일주를 양대양(陽對陽)이나 음대음(陰對陰)으로 극하고 있는 경우; 가령 아내의 일주는 庚金이고 남편의 일주는 甲木인 경우(특히 아내의 일주는 壬水이고 남편의 일주는 丙火인 경우나, 아내의 일주는 癸水이고 남편의 일주는 丁火인 경우가 가장 나쁘다)

⑪ 남편의 일주와 아내의 일주가 간합(干合)(즉, 甲己合이나 乙庚合이나 丙辛合이나 丁壬合이나 戊癸合)하고 있는 경우; 가령 남편의 일주는 己土이고 아내의 일주는 甲木인 경우

제4절

결혼(結婚)의 시기(時期)

일반적으로 남자의 경우에는 결혼적령기인 2, 30대에 한해서 재성의 운이 들어오는 해에 결혼(結婚)할 가능성이 많으며, 여자의 경우에는 결혼적령기인 2, 30대에 한해서 관살의 운이나 식상의 운이 들어오는 해에 결혼할 가능성이 많다고 한다.

그러나 필자의 임상 경험으로 볼 때, 남자의 경우에는 재성의 운이 들어오는 해에 결혼하는 경우도 있지만, 재성의 운이 아닌 다른 운이 들어오는 해에 결혼하는 경우도 적지 않으며(戊土 일주인 필자도 재성의 운이 아닌 비겁의 운과 관살의 운이 들어온 戊寅年에 결혼했다), 여자의 경우에는 관살의 운이나 식상의 운이 들어오는 해에 결혼하는 경우도 있지만, 관살의 운이나 식상의 운이 아닌 다른 운이 들어오는 해에 결혼하는 경우도 적지 않으므로(甲木 일주인 필자의 아내도 관살의 운이나 식상의 운이 아닌 재성의 운과 비겁의 운이 들어온 戊寅年에 결혼했다), 재성의 운이나 관살의 운이나 식상의 운이 들어오는 해에 결혼할 가능성이 많다는 학설은 타당성이 많지 않다고 생각한다.

그리고 희용신의 운이 들어오는 해에 결혼할 가능성이 많다고 하는 학설도 있는데, 희용신의 운이 들어오는 해에 결혼하는 경우도 있지만 기구신의 운이나 한신의 운이 들어오는 해에 결혼하는 경우도 적지 않으므로(필자와 필자의 아내도 기구신의 운과 한신의 운이 함께 들어온 戊寅年에 결혼했다), 이 학설은 타당성이 별로 없다고 생각한다.

그러므로 필자는 사주의 구조와 운(運)만으로는 결혼의 시기를 예측하는 것이 불가능하다는 결론을 내리고 있다. 다시 말해 결혼의 시기도 죽음의 여부와 자녀의 성별 및 숫자와 마찬가지로, 자평명리학만으로는 접근할 수 없는 다른 인연법(因緣法)의 영역에 속해 있다고 해야 할 것이다.

다만 남자의 사주에 재성이 전혀 없거나 있어도 지지의 여기(餘氣)나 중기(中氣)에만 암장되어 있거나 일주(日主)와 멀리 떨어져 있으면서 무력한 경우나, 여자의 사주에 관살이 전혀 없거나 있어도 지지의 여기(餘氣)나 중기(中氣)에만 암장되어 있거나 일주(日主)와 멀리 떨어져 있으면서 무력한 경우에는, 결혼하기가 쉽지 않거나(적어도 결혼적령기인 2, 30대에 결혼하기는 쉽지 않다고 본다), 결혼해도 사별(死別)하거나 독수공방(獨守空房)하는 신세가 되거나 별거(別居)하거나 일찍 헤어지거나 하여 부부 관계를 오랫동안 유지하기 힘들다고 해석해도 무방할 것이다.

또 남자의 경우에는, 앉은자리에 깊은 뿌리를 내린 재성(특히 정재)이 연간에만 투출해 있으면 조숙해서 일찍(보통 20대 초중반에) 결혼할 가능성이 많고, 앉은자리에 깊은 뿌리를 내린 재성(특히 정재)이 시간에만 투출해 있으면 늦게(보통 30대 후반이나 40대에) 결혼할 가능성이 많다고 볼 수 있으며, 여자의 경우에는, 앉은자리에 깊은 뿌리를 내린 관살(특히 정관)이 연간에만 투출해 있으면 조숙해서 일찍(보통 20대 초중반에) 결혼할 가능성이 많고, 앉은자리에 깊은 뿌리를 내린 관살(특히 정관)이 시간에만 투출해 있으면 늦게(보통 30대 중후반이나 40대에) 결혼할 가능성이 많다고 해석해도 무방할 것이다.또 배우자궁(남자는 일지, 여자는 월지나 일지)이 기구신인 경우에는, 배우자에 대한 부담이 크므로 가급적이면 결혼을 늦게 하거나 결혼을 하지 않고 혼자 사는 것이 좋다고 해석할 수 있다.

한편 〈제21장 제2절 부부(夫婦)의 인연(因緣)〉에서 살펴본 바와 같이 두 번 이상 결혼할 가능성이 많은 사주의 구조도 생각해볼 수 있는데, 남자의 경우에는, 가령 앉은자리에 깊은 뿌리를 내린 재성(특히 정재)이 연간과 월간과 시간에 모두 투출해 있거나 일주(日主)와 가까운 월간과 시간에 투출해 있거나 역시 일주와 가까운 연간과 월간에 투출해 있으면, 두 번 이상 결혼할 가능성이 많다고 할 수 있으며(재성이 비록 앉은자리에 깊은 뿌리를 내리고 있더라도, 월간에는 투출해 있지 않고 연간과 시간에만 투출해 있으면 두 번 이상 결혼할 가능성이 많다고 보지 않는다. 왜냐하면 월간의 다른 성분이 일주와 연간을 가로막고 있어서, 연간의 재성이 일주에게 큰 영향력을 미칠 수 없기 때문이다), 여자의 경우에는, 가령 앉은자리에 깊은 뿌리를 내린 관살(특히 정관)이 연간과 월간과 시간에 모두 투출해 있거나 일주(日主)와 가까운 월간과 시간에 투출해 있거나 역시 일주와 가까운 연간과 월간에 투출해 있으면, 두 번 이상 결혼할 가능성이 많다고 할 수 있다(관살이 비록 앉은자리에 깊은 뿌리를 내리고 있더라도, 월간에는 투출해 있지 않고 연간과 시간에만 투출해 있으면 두 번 이상 결혼할 가능성이 많다고 보지 않는다. 왜냐하면 월간의 다른 성분이 일주와 연간을 가로막고 있어서, 연간의 관살이 일주에게 큰 영향력을 미칠 수 없기 때문이다). 이러한 경우에는 외도(外道)를 할 가능성도 많다고 할 수 있다.

 그 밖에도 남자의 사주에서 일주 주위와 월지에 재성이 많거나, 여자의 사주에서 일주 주위와 월지에 관살이 많으면, 두 번 이상 결혼할 가능성이 많을 뿐 아니라 외도(外道)를 할 가능성도 많다고 할 수 있다. 따라서 배우자궁(남자는 아내궁인 일지, 여자는 남편궁인 월지나 일지)이 설사 희용신이라 하더라도 위와 같이 재성(남자의 경우)이나 관살(여자의 경우)이 많은 경우(특히 일주 주위와 월지에 많은 경우)에는, 결혼을 일찍 하면 초혼에 실패하고 결혼을 두 번 이상 할 가능성이 많으므로, 가능한 한 결혼을 늦게 해야만 해로(偕老)할 수 있는 좋은 배우자를 만나게 될 것이라고 해석할 수 있다.

이혼(離婚)의 시기(時期)

날이 갈수록 이혼(離婚)하는 가정이 늘어나고 있는 추세인데, 그 이유 중의 가장 큰 이유는 옛날과는 달리 여성이 직장을 갖거나 자영업을 영위함으로써 경제적으로 독립하여 남자의 경제력에 의지하지 않는 경우가 많아지면서, 부부 사이의 갈등과 마찰과 불화가 생기면, 힘겹게 견디면서 부부관계를 유지하느니 차라리 헤어짐으로써 구속받지 않고 자유로운 삶을 선택하려고 하기 때문인 것으로 보인다. 이러한 추세가 앞으로 계속된다면, 결손가정(缺損家庭)이 증가하여 사회적으로 적지 않은 문제가 생길 것이다.

그런데 자평명리학으로 이혼의 시기를 예측하는 것은 거의 불가능하다고 해야 할 것이다. 왜냐하면 비록 부부의 궁합(宮合)이 좋지 않다고 하더라도, 특정한 시기에 이혼한다고 단정할 만한 이론적인 근거가 빈약하고, 특정한 시기에 이혼한다고 단정해봐야 잘 맞아떨어지지도 않기 때문이다. 그러므로 사주의 구조와 운뿐만 아니라 환경적인 여러 가지 요인으로 인해서도 발생하는 이혼을 두고서, 사주의 구조와 운만으로 이혼의 시기를 억지로 예측하려고 하는 헛된 노력은 하지 않는 것이 좋을 것이다.

그러나 사주의 구조와 운만으로써, 비록 이혼의 시기를 예측할 수는 없다고 하더라도, 부부 사이에 갈등과 마찰과 불화가 생기거나 깊어질 가능성은 어느 정도나마 예측할 수 있을 것이다.

그러니까 남자의 경우에는, 부부의 궁합(宮合)이 좋지 않으면서, 희용신의 운이든 기구신의 운이든 상관없이, 아내궁[妻宮]인 일지를 충극(沖剋)[특히 양대양(陽對陽)이나 음대음(陰對陰)의 충극(沖剋)]하는 운(특히 세운)이 강력하게 들어오거나, 아내성[妻星]인 재성을 충극(沖剋)[특히 양대양(陽對陽)이나 음대음(陰對陰)의 충극(沖剋)]하거나 아내성[妻星]인 재성과 간합(干合) 또는 암합(暗合)하는 비겁의 운(특히 세운)이 강력하게 들어오면, 아내궁[妻宮]이나 아내성[妻星]의 손상으로 인해 아내를 힘들게 하거나 의처증(疑妻症)이 생겨서, 부부 사이에 갈등과 마찰과 불화가 생기거나 심해질 가능성이 많다고 할 수 있다(이 경우 만약 대운이나 세운에서 들어오는 성분이 희용신이라면, 비록 부부 사이에 갈등과 마찰과 불화가 생기거나 심해질 가능성이 많긴 해도, 그로 인해 심한 스트레스를 받거나 곤경에 처하지는 않겠지만, 만약 대운이나 세운에서 들어오는 성분이 기구신이라면, 부부 사이에 갈등과 마찰과 불화가 생기거나 심해질 가능성이 많을 뿐만 아니라, 그로 인해 심한 스트레스를 받거나 곤경에 처하기도 할 것이다).

그리고 여자의 경우에는, 부부의 궁합(宮合)이 좋지 않으면서, 희용신의 운이든 기구신의 운이든 상관없이, 남편성[夫星]인 관살을 충극(沖剋)[특히 양대양(陽對陽)이나 음대음(陰對陰)의 충극(沖剋)]하는 식상(특히 상관)의 운(특히 세운)이 강력하게 들어오거나, 남편궁[夫宮]인 월지나 일지를 충극(沖剋)[특히 양대양(陽對陽)이나 음대음(陰對陰)의 충극(沖剋)]하는 운(특히 세운)이 강력하게 들어오거나, 남편성[夫星]인 관살이 무력한데 남편성[夫星]인 관살과 부딪치거나[특히 양대양(陽對陽)이나 음대음(陰對陰)으로 부딪치거나] 남편성[夫星]인 관살과 간합(干合) 또는 암합(暗合)하는 비겁의 운(특히 세운)이 강력하게 들어오면, 남편성[夫星]이나 남편궁[夫宮]의 손상으로 인해 남편에게 고분고분하지 않고 자기주장을 강하게 내세우거나 남편을 노골적으로(또는 은근히) 무시하고 얕잡아보면서 사사건건 시비(是非)를 걸거나 남편에게 따지고 대들다가 얻어맞거나 의부증(疑夫症)이 생겨서, 부부 사이에 갈등과 마찰과 불화가 생기거나 심해질 가능성이 많다고 할 수 있다(이 경우 만약 대운이나 세운에서 들어오는 성분이 희용신이라면, 비록 부부 사이에 갈등과 마찰과 불화가 생기거나 심해질 가능성이 많긴 해도, 그로 인해 심한 스트레스를 받거나 곤경에 처하지는 않겠지만, 만약 대운이나 세운에서 들어오는 성분이 기구신이라면, 부부 사이에 갈등과 마찰과 불화가 생기거나 심해질 가능성이 많을 뿐만 아니라, 그로 인해 심한 스트레스를 받거나 곤경에 처하기도 할 것이다).

그 외에도 남자의 경우에는, 부부의 궁합이 좋지 않으면서, 희용신인 인성을 충극(沖剋)[특히 양대양(陽對陽)이나 음대음(陰對陰)의 충극(沖剋)]하는 기구신인 재성의 운(특히 세운)이 강력하게 들어오거나, 희용신인 비겁과 부딪치는[특히 양대양(陽對陽)이나 음대음(陰對陰)으로 부딪치는] 기구신(또는 한신)인 재성의 운(특히 세운)이 강력하게 들어와 희용신인 비겁의 앞길을 가로막으면, 아내로 인해 체면이 손상되거나 망신을 당하거나 불명예스러운 일이 생겨서, 부부 사이에 갈등과 마찰과 불화가 생기거나 심해질 가능성이 많다고 할 수 있다.

그리고 여자의 경우에는, 부부의 궁합이 좋지 않으면서, 사주원국에 희신인 인성이 없거나 아주 무력한 상태에서 용신인 비겁을 충극(沖剋)[특히 양대양(陽對陽)이나 음대음(陰對陰)의 충극(沖剋)]하는 기신인 관살의 운(특히 세운)이 강력하게 들어오거나, 희용신인 식상과 부딪치는[특히 양대양(陽對陽)이나 음대음(陰對陰)으로 부딪치는] 기구신(또는 한신)인 관살의 운(특히 세운)이 강력하게 들어와 희용신인 식상의 앞길을 가로막으면, 남편의 심한 간섭과 통제로 인해서나 남편의 폭언과 폭행으로 인해 억압과 스트레스를 많이 받음과 동시에 반발심(反撥心)이 생겨서, 부부 사이에 갈등과 마찰과 불화가 생기거나 심해질 가능성이 많다고 할 수 있다.

그뿐만 아니라 남자의 경우에는 사주원국에 비겁이 많고 식상은 없거나 있어도 무력한데 운(특히 세운)에서 강력한 재성이 들어와 사주원국의 많은 비겁과 부딪치면 부부 사이에 갈등과 마찰과 불화가 생기거나 심해질 가능성이 많다고 할 수 있으며, 여자의 경우에는 사주원국에 식상이 많고 인성은 없거나 있어도 무력한데 운(특히 세운)에서 강력한 관살이 들어와 사주원국의 많은 식상과 부딪치면 부부 사이에 갈등과 마찰과 불화가 생기거나 심해질 가능성이 많다고 할 수 있다.

이처럼 부부 사이에 갈등과 마찰과 불화가 생기거나 심해지게 되면, 분노나 역겨움을 참지 못하고 이혼하고 마는 경우도 있는 반면에, 일주(日主) 주위에 관살이 있으면 그 관살의 영향으로 인해 이혼하지 않고 힘겹게나마 견디면서 부부 관계를 유지해나가는 경우도 있으므로, 비록 갈등과 마찰과 불화가 생기거나 심해질 것이라고 판단되더라도 반드시 이혼할 것이라고 단정하는 우(愚)를 범해서는 안 될 것이다.

자녀(子女)를 얻을 시기(時期)

　일반적으로 남자의 경우에는 관살의 운이 들어오는 해에 자녀를 얻을 가능성이 많으며, 여자의 경우에는 식상의 운이 들어오는 해에 자녀를 얻을 가능성이 많다고 한다.
　그러나 필자의 임상 경험으로 볼 때, 그렇지 않은 경우도 많다고 본다. 필자의 예를 들어보자면, 필자의 일간은 戊土인데, 己卯年(천간은 겁재운이고 지지는 정관운이다)과 庚辰年(천간은 식신운이고 지지는 비견운이다)에 각각 득남(得男)을 했다. 그리고 필자의 아내의 일간은 甲木인데, 己卯년은 천간은 정재이고 지지는 겁재이며, 庚辰年은 천간은 편관이고 지지는 편재이다. 이렇게 본다면 필자의 처지에서나 아내의 처지에서나 관살이나 식상의 해가 아닌 다른 해에 득남(得男)을 한 셈이 된다. 필자의 경우에는 己卯年의 卯는 정관에 해당하므로 일부는 위의 설(說)과 맞다고 할 수 있지만, 아내의 경우에는 己卯年과 庚辰年 모두 식상에 해당하는 십성이 아예 없다. 다른 부부들의 경우도 위의 설(說)과 다른 해에 자녀를 얻은 경우를 많이 접해보았다.
　따라서 남자는 관살의 대운이나 세운에 자녀를 얻고 여자는 식상의 대운이나 세운에 자녀를 얻는다고 하는 말은 전혀 사실이 아님을 알아야 할 것이다. 그렇다면 자녀를 얻을 수 있는 대운과 세운이 언제인지를 해석할 다른 방법이 있는가? 필자는 사주로써는 앞에서 살펴본 결혼이나 이혼의 시기처럼 자녀를 얻을 시기를 결코 알 수 없다고 생각한다. 물론 사주가 아닌 점괘(占卦)로써는 알 수도 있을 것이라고 생각한다.

그리고 자녀를 몇 명이나 얻을 수 있을지, 또 아들은 몇 명이나 얻을 수 있고 딸은 몇 명이나 얻을 수 있을지 하는 것은 사주로써는 더더욱 알 수 없다고 봐야 할 것이다. 이런 문제는 사주의 영역 밖의 문제라고 봐야 하므로, 애써 사주로 해석하려는 어리석음을 범하지 않는 것이 좋을 것이다.

제27장
질병(疾病)과 수명(壽命)이
사주(四柱)와 관계가 있는가

질병(疾病)

「적천수천미(滴天髓闡微)」를 보면, 오행(五行)이 균형(均衡)을 이루고 있어서 화목하면 한평생 재앙과 질병이 없으나, 오행이 어느 한쪽으로 치우쳐 있거나 이지러져 있어서 불화(不和)하면 일생에 재앙과 질병이 많다는 말이 있다.

필자는 질병(疾病)에 대한 「적천수천미(滴天髓闡微)」의 말에 동의하지 않는다. 왜냐하면 오행이 화목하면 한평생 질병이 없으나 오행이 불화하면 일생에 질병이 많다고 하는 말은 사실과 다른 점이 많기 때문이다. 실제로 비록 오행이 화목하더라도 질병에 걸리는 사람도 있고, 또 비록 오행이 불화하더라도 특별한 질병이 없이 건강하게 살아가는 사람도 있는 것을 볼 때, 오행이 화목한 정도와 질병의 관계는 반드시 정비례하지는 않음을 알 수 있다.

일반적으로 사주의 구조와 운에 따라 오장육부(五臟六腑) 중에서 어느 기관이 튼튼하고[건강하고] 어느 기관이 허약한지 하는 것은 판단할 수 있겠지만, 어떤 질병이 언제 발병(發病)할 것인지에 대해서는 사주의 구조와 운만으로는 알기 어렵다고 해야 할 것이다(물론 사주의 구조와 운이 좋을 때는 질병이 없다가 사주의 구조와 운이 좋지 않을 때는 스트레스를 많이 받아서 질병에 걸리는 경우가 많지만, 반드시 그런 것은 아니라고 하겠다. 왜냐하면 사주의 구조와 운이 좋을 때 발병하는 경우도 전혀 없지는 않을 뿐 아니라, 나이가 들어 기력이 떨어지면 사주의 구조와 운에 상관없이 거의 누구든지 크고 작은 질병에 걸리기 때문이다). 더욱이 오장육부와 아무 상관없이 발병하는 암과 같은 유전병이나 악성피부염·에이즈와 같은 환경병에 대해서는 사주의 구조와 운으로써는 도저히 미리 알아낼 수 있는 방법이 없다고 해야 할 것이다. 이처럼 날이 갈수록 유전인자나 선천적인 체질이나 잘못된 음식 습관이나 환경오염이나 스트레스 따위로 인해 생기는 온갖 질병과 같이 오장육부의 불균형과는 무관하게 발병하는 질병이 늘어나고 있는 실정이므로, 사주의 구조와 운으로써 앞으로 발병할 질병의 종류와 발병의 시기를 예측하는 것은 아무런 효과가 없다고 할 수 있다.

따라서 자평명리학을 배우는 학도(學徒)들은 이러한 자평명리학의 한계를 인식하고서 앞으로 발병할 질병의 종류와 발병의 시기를 미리 알고자 하는 부질없는 노력을 하지 않는 것이 좋을 것이며, 사주의 구조와 운으로써는 오장육부 중에서 어느 기관이 튼튼하고[건강하고] 어느 기관이 허약한지를 판단하여, 음식을 조절하고 생활 습관을 개선하고 스트레스를 받지 않도록 함으로써 허약한 기관을 보양(保養)하는 방법을 강구하는 정도로 그치는 것이 현명한 자세일 것이다.

다만 최근에 의학학술지에서 모든 질병의 80% 정도[특히 우울증과 같은 심인성질병(心因性疾病)은 거의 100%]는 마음의 움직임에서 발생한다고 보고한 것을 볼 때, '만병(萬病)의 근원은 마음'이라는 옛말이 결코 허언(虛言)이 아님을 알 수 있는데, 이처럼 만병의 근원이 마음이라고 한다면 사주원국에서 나타나는 심리적 특성과 운에서 들어오는 심리적 특성을 면밀히 분석하여 우울증(憂鬱症)이나 조현병(調絃病)이나 인격장애(人格障碍)와 같은 심인성질병(心因性疾病)의 발병 가능성을 사주의 구조와 운으로써 예측해볼 수 있는 여지(餘地)는 충분히 있을 것이다. 자평명리학이 앞으로 이런 방면으로 발전해나갈 수 있도록, 자평명리학자들이 탐구심과 열정을 가지고 지속적으로 연구해나가기를 기대해본다.

참고로 일반적으로 통용되고 있는 음양오행(陰陽五行)과 오장육부(五臟六腑)의 관계를 도표로 나타내면 다음과 같다.

오행	음양	십간	십이지	오장육부
木	양	甲	寅	담(膽: 쓸개)
	음	乙	卯	간(肝)
火	양	丙	巳	소장(小腸: 작은 창자), 삼초(三膲: 림프샘)
	음	丁	午	심장(心臟), 심포(心胞)
土	양	戊	辰, 戌	위(胃)
	음	己	丑, 未	비장(脾臟: 지라)
金	양	庚	申	대장(大腸: 큰 창자)
	음	辛	酉	폐(肺: 허파)
水	양	壬	亥	방광(膀胱: 오줌보), 자궁(子宮), 전립선(前立腺)
	음	癸	子	신장(腎臟: 콩팥), 자궁(子宮), 전립선(前立腺)

위 표에서 양(陽)의 간지(干支)는 육부(六腑)를 나타내고, 음(陰)의 간지는 오장(五臟)을 나타낸다.

사주원국에 어느 오행이 없거나 있어도 충극을 받고 있거나 설기가 되어 무력하면, 그 오행에 해당하는 오장육부는 허약하다고 한다. 가령 사주원국에 木이 없거나 있어도 金의 극을 받고 있거나 火에게 설기가 되어 무력하면, 木에 해당하는 담(膽: 쓸개)이나 간(肝)이 허약해서, 그와 관련된 질병(간경화증이나 담쇠약증이나 류머티즘 · 관절염 · 근골통증 · 신경통 · 감기 · 손발저림 증세)이 생기기 쉽다고 한다. 또 가령 사주원국에 金이 없거나 있어도 火의 극을 받고 있거나 水에게 설기가 되어 무력하면, 金에 해당하는 대장(大腸)이나 폐(肺)가 허약해서, 그와 관련된 질병(대장과 폐경락의 질병이나 기침 · 천식 · 구토 · 직장궤양출혈 · 치질 · 코막힘 증세)이 생기기 쉽다고 한다. 또 가령 사주원국에 水가 없거나 있어도 土의 극을 받고 있거나 木에게 설기가 되어 무력하면, 水에 해당하는 방광(膀胱)이나 신장(腎臟)이나 여자의 자궁(子宮)이나 남자의 전립선(前立腺)이 허약해서, 그와 관련된 질병[가령 비뇨기계통의 질병이나 허리통증·무릎통증·구토·설사·오한 증세나 여자의 냉질환·월경불순병이나 남자의 전립선염(前立腺炎)]이 생기기 쉽다고 한다.

또 사주원국에 어느 오행이 지나치게 많으면, 그 오행에 해당하는 오장육부는 정상이 아니라고 한다. 가령 사주원국에 火가 지나치게 많으면, 火에 해당하는 심장(心臟)이나 심포(心胞)나 소장(小腸)이나 삼초(三膲)가 정상이 아니라서, 그와 관련된 질병(가령 심장병이나 심근경색이나 심혈관이 막히는 질병이나 소장에 독소가 생기는 질병)이 생기기 쉽다고 한다. 또 가령 사주원국에 土가 지나치게 많으면, 土에 해당하는 위(胃)나 비장(脾臟)이 정상이 아니라서, 그와 관련된 질병(가령 비장이 손상되는 질병이나 소화기계통의 질병)이 생기기 쉽다고 한다.

이상과 같은 내용도 다 믿을 것은 못 되므로, 그럴 수도 있다는 정도로 참고만 하는 것이 좋을 것이다.

수명(壽命)의 장단(長短)과 죽음

「적천수천미(滴天髓闡微)」의 길흉수요편(吉凶壽夭編)을 보면, 사주의 구조가 매우 좋으면 장수하고 사주의 구조가 매우 나쁘면 요절한다고 하고 있는데, 전혀 틀린 말은 아니지만, 사주의 구조가 상당히 좋아도 오래 살지 못하는 사람도 얼마든지 있고, 사주의 구조가 상당히 나빠도 오래 사는 사람도 얼마든지 있다고 하겠다. 필자의 부친(父親)만 하더라도 사주의 구조가 상당히 좋지 않은데도 89세까지 사셨다. 물론 사주의 구조가 매우 좋고 운까지 좋으면 오래 살 가능성이 많은 것은 분명하다고 하겠지만, 그렇다고 해서 사주의 구조와 운으로써 수명(壽命)의 장단(長短)을 논하는 것은 문제가 많다고 하겠다.

그리고 「적천수천미(滴天髓闡微)」에서 예시한 명조들을 해석한 것을 보면, 운이 아주 나빠서 죽고 말았다는 말이 자주 나오는데, 이 역시 문제가 많은 해석이라고 해야 할 것이다. 운이 아주 나빠서 고통을 견디지 못하고 죽는 사람들이 없지는 않지만, 실제로는 운이 아무리 나빠도 죽지 않고 고통스럽게나마 목숨을 이어가는 사람들이 훨씬 더 많은 것이 현실이다. 그러므로 앞의 말은 운이 아주 나쁘면 죽거나 아니면 죽지 못해 고통스럽고 힘들게 살아간다는 말로 수정해야 할 것이다.

결론적으로 말해서, 수명(壽命)의 장단(長短)과 죽음은 사주의 구조와 운에 달려 있는 것이 아니라, 사주팔자로써는 해석할 수 없는 다른 인연의 법칙에 달려 있다고 해야 할 것이다. 그러니까 사주의 구조와 운이 아무리 좋아도 천재지변으로 인해 어느날 갑자기 죽는 사람도 있고, 사주의 구조와 운이 아무리 나빠도 힘들게나마 질긴 목숨을 오래도록 연명해가는 사람들도 많으므로, 수명의 장단과 죽음을 사주팔자로써 얼마든지 예측할 수 있다는 생각은 하지 않는 것이 좋을 것이다. 비근(卑近)한 예로서 같은 시간대에 태어난 쌍둥이도 질병 따위로 인해 죽는 시기가 서로 다른 것을 보면, 수명의 장단과 죽음을 사주팔자로써 예측할 수 있다는 생각이 얼마나 부질없는가를 알 수 있을 것이다.

참고문헌(參考文獻)

1. 「적천수천미(滴天髓闡微)」 임철초(任鐵樵)
2. 「연해자평(淵海子平)」 서대승(徐子平)
3. 「삼명통회(三命通會)」 만육오(萬育吾)
4. 「자평진전(子平眞詮)」 심효첨(沈孝瞻)
5. 「명학신의(命學新義)」 수요화제관주(水繞花堤館主)
6. 「팔자심리추명학(八字心理推命學)」 하건충(何建忠)
7. 「천고팔자비결총해(千古八字秘訣總解)」 하건충(何建忠)
8. 「팔자명리신해(八字命理新解)」 진춘익(陳椿益)
9. 「마음을 읽는 사주학(四柱學)」 낭월(朗月) 박주현
10. 「사주심리학(四柱心理學)①②」 낭월(朗月) 박주현
11. 「자평명리학(子平命理學)」 낭월(朗月) 박주현
12. 「사주문답(四柱問答)①②③」 낭월(朗月) 박주현
13. 「용신(用神)」 낭월(朗月) 박주현
14. 「운세(運勢)」 낭월(朗月) 박주현
15. 「새로운 적천수(滴天髓)풀이①②③」 나명기
16. 「완역 명학신의(完譯命學新義)」 수요화제관주 원저/나명기 옮김
17. 「새롭게 옮긴 명리약언(命理約言)」 진소암 원저/나명기 옮김